JEAN-JACQUES ROUSSEAU
SCHRIFTEN

Band 1

Herausgegeben von Henning Ritter

Carl Hanser Verlag

ISBN 3-446-12503-5
Hanserbibliothek

Umschlag: Klaus Detjen
Herstellung: Mohndruck, Gütersloh
Printed in Germany

INHALT

VORWORT

Wir wissen aus Rousseaus *Bekenntnissen*, daß den tiefsten Einschnitt in seinem Leben das Erleuchtungserlebnis von Vincennes im Jahre 1749 bezeichnet. Es liegt sozusagen an der Schwelle der Schriften Rousseaus. Unter seinem Eindruck wird er zum Schriftsteller, und diese Wende in dem Leben des fast Vierzigjährigen wird herbeigeführt durch eine Preisfrage der Akademie zu Dijon, die ihm auf dem Weg zu seinem Freund Diderot im Gefängnis von Vincennes beim Durchblättern eines Heftes der Zeitschrift *Mercure de France* zufällig unter die Augen kommt. Die Frage lautet, ob die Wiederherstellung der Wissenschaften und Künste zur Läuterung der Sitten beigetragen habe.

Man muß sich die von Rousseau beschriebene Szenerie mit der in ihr sich ereignenden Inspiration in ihren Einzelheiten vergegenwärtigen, nicht nur weil hier der Ausgangspunkt der schriftstellerischen Laufbahn Rousseaus liegt, sondern weil in ihr die für die Entfaltung seines Werkes bestimmende Zweideutigkeit in der Einschätzung seines Sinnes und seines Wertes erkennbar wird. Rousseaus Äußerungen über das Erlebnis von Vincennes und seine nächsten Folgen schwanken. Einerseits nennt er es einen »glücklichen Zufall«, andererseits ist es der Anfang allen Unglücks, als dessen Verkettung ihm sein weiteres Leben erscheinen wird.

Der früheste und ausführlichste Bericht über die Inspiration von Vincennes findet sich dreizehn Jahre danach in Rousseaus *Briefen an Herrn von Malesherbes*. Rousseau beschreibt den Augenblick, »der auf so einzigartige Weise in mein Leben eingriff«, als den einer zugleich höchsten gedanklichen Erregung und einer unkontrollierbaren physischen Erschütterung, als eine durch die Gewalt der sich ihm eröffnenden Gedanken und durch die Unordnung und Fülle, in der sie sich ihm darbieten, erzeugte Durchdringung von Klarheit und Verwirrung. Dieser Augenblick dehnt sich zur Dauer einer halben Stunde, in der eine solche Fülle von Vorstellungen und Einsichten auf ihn einstürmt, daß nur ein kleinerer Teil dessen, was er damals sah, all das, was er später unter dem nicht nachlassenden Eindruck dieses Erlebnisses schrieb, an Kraft und Klarheit noch übertroffen hätte: »Mit welcher Deutlichkeit hätte ich alle Widersprüche des gesellschaftlichen Systems gezeigt, mit welcher Kraft hätte ich alle Mißbräuche unserer Einrichtungen dargestellt, mit welcher Einfachheit hätte ich gezeigt, daß der Mensch von Natur gut ist, und daß es lediglich von ihren Einrichtungen herrührt, wenn die Menschen böse werden.« Als die Schriften, in denen sich die Eindrücke, Gedanken und Empfindungen dieser halben Stunde niedergeschlagen haben, nennt er die Abhandlung, die auf die Preisfrage der Akademie antwortet, die *Abhandlung über die Ungleichheit* und seinen Traktat über die Erziehung, den *Emile*.

In wesentlichen Zügen stimmt der Bericht, den Rousseau wiederum einige Jahre später, nun fast zwanzig Jahre nach dem Ereignis selbst, in seinen *Bekenntnissen* gibt, mit der Schilderung der *Briefe an Malesherbes* überein. »Im Augenblick, als ich die Frage las, sah ich eine andere Welt und wurde ich ein anderer Mensch.« Aber in diesem zweiten Bericht tritt an die Stelle der Klage über die Unvollständigkeit der literarischen Mitteilung der Inspiration die Klage darüber, diesen Weg überhaupt beschritten zu haben. Dies ist in dem Augenblick geschehen, als er im Gefängnis von Vincennes seinem Freund Diderot von dem Erlebnis berichtet, ihm die flüchtig niedergeschriebene Rede des Fabricius, das einzige unmittelbare Zeugnis der Inspiration, zeigt und sich von ihm ermuntern läßt, seinen Gedanken weiter zu verfolgen und die Preisaufgabe zu beantworten: »Ich tat es, und von diesem Augenblick an war ich verloren. Der ganze Rest meines Lebens und meines Unglücks war die unvermeidliche Wirkung dieses Augenblicks der Verwirrung.« Nach dem Entschluß, der Inspiration von Vincennes mit der Beantwortung der Preisfrage Folge zu leisten, gelingt es Rousseau, die Inspiration in gewisser Weise, aber doch in einer veränderten Konstellation von Gefühl und Gedanke, auf Dauer zu stellen: »Meine Gefühle stimmten sich mit unbegreiflicher Schnelligkeit nach meinen Gedanken. Alle meine kleinen Leidenschaften waren erstickt durch die Begeisterung für die Wahrheit, die Freiheit und die Tugend, und, was am wunderbarsten ist, diese Gärung erhielt sich in meinem Herzen mehr als vier oder fünf Jahre in einem so hohen Grade wie vielleicht niemals in dem Herzen eines anderen Menschen.« An die Stelle der ersten Inspiration tritt unter dem Einfluß des Freundes Diderot eine erste Beschreibung des Erlebnisses, eine Mitteilung der dadurch geweckten Gedanken und der Entschluß, ihnen in einer Abhandlung Ausdruck zu verleihen. Indem die Inspiration festgehalten wird und die theoretische Reflexion anstößt, verwandelt sich der befreiende Augenblick in eine Verkettung von Unglück und Irrtum.

In einer wiederum rund zehn Jahre späteren Aussage über die Wirkung des Vincennes-Erlebnisses verbinden sich die widerstrebigen Elemente der komplexen Erfahrung so, daß die Reinheit der Vision sich in eine ebenso lautere Darstellung übersetzt, die dann aber mißverstanden und von »gemeinen Seelen« entstellt wird, die darin nur ein geistreiches Werk der Beredsamkeit sehen. In den nachgelassenen Gesprächen *Rousseau richtet über Jean-Jacques*, in denen »Rousseau« mit einem »Franzosen« die wahre Physiognomie des zuerst berühmten, dann unglücklichen, mißverstandenen und verfolgten »Jean-Jacques« freizulegen versucht, ist die Vision von Vincennes eine Art Tableau, in welchem sich in einem Augenblick anschaulich enthüllt hat, was dann in einer zehn Jahre dauernden Periode anhaltender Erregtheit und in einer besonderen Anstrengung der Reflexion entwickelt wird: »Eine unglückliche Aufgabe einer Akademie, die er in einem Heft des *Mercure* las, öffnete ihm auf einmal die Augen, entwirrte das Chaos in seinem Kopfe, zeigte ihm eine andere Welt, ein wahres goldenes Zeitalter, menschliche Gesellschaften, deren Mitglieder einfach, tugendhaft, glücklich waren, und ließ ihn auf die Verwirklichung aller seiner Visionen hoffen durch die Ausrottung der Vorurteile, denen er selbst unterworfen gewesen war, von denen er aber in diesem Augenblick den Ursprung aller Laster und allen Elends des Menschengeschlechts herleitete.«

Rousseaus Selbstzeugnisse über den Ursprung seines Werkes in der Vision auf dem Wege nach Vincennes sind späte Stellungnahmen zu seinen Schriften und seiner Lebensgeschichte, keine unmittelbaren Niederschriften, auch wenn eine vollkommene

Präsenz des Ereignisses in der Erinnerung betont wird, wie in den *Briefen an Malesherbes.* Der Erlebniskern der Vision ist eingefaßt in Deutungen und Beurteilungen, durch die Rousseau den Leser in ein bestimmtes Verhältnis zu seinem Werk und zu seinem Leben setzen will. Das Werk der Periode, in der er ganz unter dem Diktat der in jenem Augenblick gewonnenen Eindrücke geschrieben haben will, soll in seiner inneren Einheit durch den Rückbezug auf die Vision authentisiert werden. Das erste Zeugnis der *Briefe an Malesherbes* liegt bereits jenseits jener Periode von erstaunlicher Produktivität, in der nicht nur die Schriften bis zum *Brief an d'Alembert* erscheinen, sondern vor allem die das Rousseau-Bild bis heute bestimmenden großen Werke, der Briefroman die *Neue Héloise,* der *Gesellschaftsvertrag* und der *Emile,* in unmittelbarer Aufeinanderfolge zum Druck kommen. Das meiste von dem, was Rousseau später schreiben wird, steht in der spannungsreichen Kontroverse um den Sinn und die Intention der Schriften dieser eigentlich produktiven und auch in der Wirkungsgeschichte folgenreichsten Periode des Autors Rousseau.

Durch die Rückbeziehung auf die Vision von Vincennes wird jedoch noch etwas anderes, scheinbar damit Unvereinbares geleistet: Anstatt daß das Werk durch diesen Bezug auf einen einheitlichen Ursprung sich in sich abschließt, wird es vielmehr für eine Problematik geöffnet, die für Rousseau erst später aufbricht. Die Katastrophe, die sich äußerlich in dem Bruch mit seinen Freunden, den Philosophen aus dem Kreis um Diderot, in dem Verbot und in der Verbrennung des *Gesellschaftsvertrages* und des *Emile* und in der Vertreibung aus seinen Zufluchtstätten zeigt, wird in den Ursprung der Phase seines großen schriftstellerischen Ruhms zurückverlegt, so daß sie als ein von Anfang sich abzeichnendes Schicksal erscheint. Die Katastrophe ist in dem Augenblick jener glückverheißenden Vision schon vorgezeichnet. Mit dieser Rückprojektion seiner lebensgeschichtlichen Erfahrung auf das von ihm entwickelte »System«, wie Rousseau sie in seinen Spätschriften vollzieht, ist ihm etwas Bemerkenswertes und in dieser Form vielleicht Einzigartiges gelungen. Es ist ihm nicht nur, wie Ernst Howald einmal sagt, gelungen, »die Nachwelt auf das von ihm konstruierte Bild der eigenen Persönlichkeit zu verpflichten«, sondern, was noch erstaunlicher ist, die Problematik der eigenen Persönlichkeit so sehr dem Werk selbst zu unterlegen, daß dieses aus dem Wechselverhältnis mit der Person des Autors und seiner Lebensgeschichte nicht herausgelöst werden kann.

Es handelt sich hierbei nicht allein um die sozusagen lebensgeschichtliche Färbung und Beleuchtung, in welche etwa die *Bekenntnisse* seine Schriften tauchen, sondern um eine Analogie der inneren Struktur der lebensgeschichtlichen Erfahrung und des Erklärungsmodells, mit dem seine Schriften die Genealogie des mißglückten Vergesellschaftungsprozesses aufzeigen. Jean Starobinski, der diese These systematisch in einer Interpretation des Rousseauschen Gesamtwerkes entfaltet hat, hat auf die Entsprechungen hingewiesen, die zwischen dem Vincennes-Erlebnis und der Grundfigur des Erklärungsmodells *Abhandlung über die Ungleichheit* bestehen. Der Dreischritt von Provokation, Antwort und unheilbringenden Folgen, nach welchem die Schilderungen des Vincennes-Erlebnisses strukturiert sind, liegt ebenso dem Rousseauschen Entwurf einer Geschichtsphilosophie zugrunde. Starobinski faßt dieses Modell folgendermaßen zusammen: »Der Mensch ist ursprünglich ein unbewegliches Wesen, einsam, ohne Geschichte, ohne moralisches Empfinden, ohne Werkzeug, ohne Institutionen, ohne Sprache; er ist nur mit virtuellen Fähigkeiten ausgestattet; mit Freiheit und Perfektibilität, die auszuüben er keine Gelegenheit hat . . . Doch plötzlich ereignet sich ein unerklärlicher Wandel in den äußeren Lebensumständen. Die Natur hört auf, Beschützerin und Amme zu sein, und setzt dem Menschen feindliche Kräfte entgegen, stellt ihm Hindernisse in den Weg und erschwert das untätige Dahinleben: dies ist die auslösende Provokation. Die Antwort auf die Herausforderung ist mühevolle Arbeit, der Zusammenschluß zu Horden und Familien, die Erfindung von Werkzeugen, die Entwicklung der Sprache, der allmähliche Aufschwung der intellektuellen und moralischen Kräfte – Reflexion, Imagination, räsonierendes Bewußtsein, aber auch Eigenliebe, Großtun, Ungleichheit.«

Die Analogisierung des Modells der lebensgeschichtlichen Erfahrung, wie es im Vincennes-Erlebnis artikuliert wird, und des in Rousseaus theoretischen Schriften vielfach variierten Erklärungsmodells folgt der Selbstdeutung Rousseaus in den Spätschriften. In ihnen kommt der Prozeß, der in Vincennes beginnt, zu einem Abschluß oder zu einer Art Entspannung, indem das Menschenbild Rousseaus als das Bild seiner Person erscheint, in der es seine Rechtfertigung und den einzigen Fall seiner Anwendung findet. »Sein System kann falsch sein«, heißt es dort, »aber indem er es entwickelte, malte er sich selbst auf eine so entschiedene und sichere Art in seiner wahren Gestalt, daß es unmöglich ist, sich darin zu täuschen«, und »wo kann der Maler und Lobredner der Natur, die heutzutage so verunstaltet und verleumdet ist, sein Muster wohl anders hergenommen haben als aus seinem eigenen Herzen?«

Dies sind bemerkenswerte Sätze im Lichte einer Wirkungsgeschichte, die Rousseau, der in den letzten Jahren seines Lebens nahezu vergessen war, zu einem der ersten »Autoren« der Französischen Revolution gemacht hat, zu ihrem Märtyrer und Heiligen, und angesichts einer Nachwirkung, die ein einzigartiges Drama geistiger Kausalität inszeniert hat, in welchem in Rousseaus Werk der Ursprung des modernen Daseinsgefühls wie des abstrakten Freiheitsbegriffs, der Emanzipationsbewegungen im Zeichen der Aufhebung der Entfremdung, des totalitären Staates wie der modernen Demokratie, sowohl der Durchkreuzung der Intentionen der Aufklärung wie ihre populäre Durchsetzung gesehen wird: *c'est la faute à Rousseau.* Die in den Spätschriften vollzogene lebensgeschichtliche Eingrenzung und Rechtfertigung des durch das Vincennes-Erlebnis hervorgetriebenen »Systems« kann vor diesem Hintergrund wie ein Zurückschrecken vor den nicht beabsichtigten Folgen einer Theorie erscheinen, und tatsächlich ist darin das Motiv wirksam, die Theorie durch die ausdrückliche Bindung an die Intentionen ihres Autors für die Zwecke der Aufklärungskritik unbenutzbar zu machen. Denn ihre Sprengkraft gewinnt Rousseaus Apologie der Menschennatur erst, wenn dadurch die Institutionen dem abstrakten Änderungswillen zur Disposition gestellt werden. Wenn Rousseau seine Lehre von der ursprünglichen Güte der Menschennatur ausdrücklich an den Grundsatz bindet, daß die Natur nicht zurückschreite und der Entwicklungsprozeß keinesfalls umkehrbar und nur in seinen Anfängen aufzuhalten oder zu verlangsamen sei, so ist dies eine Beschwörung der Folgenlosigkeit seiner Theorie, die er der Indienstnahme durch die politische Kritik der fortgeschrittenen Institutionen der modernen bürgerlichen Zivilisation entziehen will. Tatsächlich boten der von Rousseau vorgetragene Angriff auf die Wissenschaften und Künste in der ersten Abhandlung und die Genealogie des die menschliche Natur überformenden und entstellenden Zivilisationsprozesses zum ersten Mal innerhalb der Aufklärung die Handhabe, die Krise der Gesellschaft als ganzer zu konstatieren und die institutionellen Formen insgesamt als haltlos und unvermeidlichen Revolutionen ausgesetzt erkennbar zu machen. Die Zivilisation selbst und die Gesellschaft werden als ganze zum Gegenstand der Kritik, und zwar im Namen einer menschlichen Natur, die sich ihrer außergesellschaftlichen und außerstaatlichen Herkunft vergewissert. Das vorwärtstreibende utopische Motiv seiner Gesellschaftskritik muß Rousseau selbst bewußt geworden sein, als er sich der erstaunlichen Resonanz konfrontiert sah, die seine Verneinung der Preisfrage der Akademie zu Dijon provozierte. Sie ist für ihn zur Schicksalsfrage geworden, indem sie ihn in eine lebenslange Auseinandersetzung um seine wahren Absichten verwickelte, die ihn schließlich als einen Exilierten seines Jahrhunderts in das Asyl einer imaginären Sphäre der meditativen Vergegenwärtigung der von ihm beschworenen ursprünglichen Natur führte. Bis zu dem »me voici donc seul sur la terre . . .«, das die konfliktlose Sphäre der *Träumereien* eröffnet, bleibt Rousseau in einen Prozeß verstrickt, in dem er seine Intentionen entstellt, mißverstanden und sich selbst verfolgt und vielfach verwandelt erfährt.

Erstaunlich dabei ist, daß die *Bekenntnisse*, die *Gespräche* und die *Träumereien*, in denen Rousseau, gleichsam unschuldig plädierend, sich unpolitisch porträtiert, den Anstoß für die Entdeckung seiner politischen Schriften, vor allem des *Gesellschaftsvertrages*, zu Beginn der Französischen Revolution gegeben haben. Zur Wirkung gekommen ist Rousseaus politische Philosophie erst durch einen Rousseaukult, der von den späten Selbstdarstellungen inspiriert wurde, die in den achtziger Jahren (der zweite Teil der *Bekenntnisse* im Jahr der Revolution) erschienen sind. Rousseaus persönlicher Tugendmythos, seine Außenseiterrolle im Ancien Régime, die Verfolgungen, das Rechtfertigungsverlangen, kurz, das Bild vom »armen Jean-Jacques« hat sein Wiederaufleben in der Nachwelt eingeleitet. Rousseaus Nachruhm lebt von der Übertragung seines persönlichen Mythos auf die politisch initiativen Schichten und auf das Volk sowie von einer Art Reinkarnation in Gestalten wie Robespierre, in dem Heine den Rousseauschen Rigorismus im Kampf gegen die Voltairesche Légèreté, den Atheismus und das »laxe Treiben der Esprits« wiederkehren sieht. In Schauspielen, die während der Revolutionsjahre Rousseau als den Einsamen und den unschuldig Leidenden, als den durch den Stand der Großen in seiner Würde verletzten neuen Menschen zeigen, wird ein Rechtfertigungs- und Reinigungsritual vollzogen, ebenso wie die Errichtung seines Grabmals im Pantheon die Repatriierung eines Ausgestoßenen und zugleich Gründungsakt eines neuen politischen Erinnerungskultes ist, für den das Fortleben im Gedächtnis der Bürger die wahre Transzendenz bedeutet.

Jules Michelet hat sich in der 1847 geschriebenen Einleitung zu seiner großen Geschichte der Französischen Revolution von der Eigenart dieses Nachruhms zu seltsamen Bildern inspirieren lassen. Er nennt die *Bekenntnisse* einen »Seufzer aus dem Grabe«, und Rousseau selbst erscheint als ein Revenant, der durch die Revolution zum Leben erweckt wird. Bewußt nimmt Michelet die Einsamkeitsformeln Rousseaus auf und variiert sie: »Und du, armer Arbeiter, unwissend, allein, verlassen, gehaßt von den Philosophen, gehaßt von den Frömmlern, krank mitten im Winter, sterbend im Schnee, du, der du allein widerstehen willst, schreiben (die Tinte gefriert in der Feder), allein aufbegehrend gegen den Tod . . .« Es ist der Rousseau der *Briefe an Malesherbes*, am Beginn der Jahre der Vereinsamung und des Verfolgungswahns, den Michelet beschwört, um seine Wirkung auf die Formel zu bringen, er habe nicht durch seine Kraft, wie sie im *Gesellschaftsvertrag* und im *Emile* erscheine und die diskutiert und bekämpft werden könne, sondern durch seine Schwäche, seine *Bekenntnisse* und seine *Träumereien* gesiegt. »Alle haben geweint«, sagt Michelet, und er spielt damit auf jene in Rousseaus Nachtrag zu den *Bekenntnissen* berichtete Szene an, in der die Lesung aus den *Bekenntnissen* mit einem allgemeinen Schweigen beantwortet wurde.

Seit diesem von Michelet phantasierten Augenblick ist das Schweigen, durch das Rousseau sein Werk bedroht fühlte, gebrochen. Aber nicht ein einfacher Urteilsspruch, der ihn in der Reinheit seiner Absichten bestätigte und ihm seine Identität als Autor und Person zurückgäbe, hat dieses Schweigen abgelöst, sondern der imaginäre Prozeß, den er in den Gesprächen gegen sich selbst inszeniert hat, ist in der Nachwelt fortgesetzt worden. Rousseau in den Augen seiner Gegner ist lange das »Ungeheuer« geblieben, in das er sich plötzlich für seine Zeitgenossen verwandelt gefunden hatte. Unter den Stimmen seiner Verfolger ist es vor allem die Stimme Voltaires, die sich nach jener kurzen Episode einer Versöhnung auf der Bühne der Revolution wieder erhoben hat. Sie wird von Nietzsche aufgenommen, der in dem Kampf zwischen Voltaire und Rousseau eines der »unerledigten Probleme« sieht, die neu zu stellen sind: das Problem der Zivilisation, zu dem eine Stellungnahme möglich wird in dem Augenblick, wo eine Gegeninstanz ins Spiel gebracht ist. Voltaire hat Rousseaus *Abhandlung über die Ungleichheit* sofort auf die Pointe gebracht: »Nie hat man soviel Geist darauf verwendet, uns wieder zu Tieren zu machen, und man bekommt Lust, auf allen vieren zu gehen, wenn man Ihr Werk liest.« Das ist noch eine spielerische Form, eine als ernst gespürte Bedrohung zu erledigen, ehe sie zur Wirkung kommen kann. Das beunruhigend Neue der Rousseauschen Gesellschaftskritik war ja, daß sie der Gesellschaft den Prozeß machte, ohne einen Schuldigen zu benennen. Die gegenwärtigen Übel waren die Folge einer langen Kette von Ursachen für eine Entwicklung, die von außen angestoßen, aber nicht gewollt war und sich in ihrem Fortgang aus der Dynamik der Entfaltung von Möglichkeiten speiste, die auch unentdeckt hätten bleiben können und, wie Rousseau meint, besser unentdeckt geblieben wären. Das Gesellschaftliche selbst und die Kultur haben damit ihren selbstverständlichen Verpflichtungsgehalt verloren: sie sind zum Problem geworden. Wie Nietzsche in seinen Reflexionen über den Streit Rousseau–Voltaire bemerkt, ist dagegen die »soziale Erfindung die schönste, die es für Voltaire gibt: es gibt kein höheres Ziel, als sie zu unterhalten und zu vervollkommnen, eben das ist die honnêteté, die sozialen Gebräuche zu achten; Tugend ein Gehorsam gegen gewisse notwendige ›Vorurteile‹ zugunsten der Erhaltung der Gesellschaft«. Aus dieser Stellung ist die Gesellschaft durch Rousseaus Kritik verrückt. Seine Position war freilich nicht die der einfachen Umkehrung des für Voltaire selbstverständlichen Richtungssinnes der Vervollkommnung, nicht der Rückweg in die Barbarei, den Voltaire ihm unterstellte, sondern die Rechtfertigung, sich in der Gesellschaft der Gesellschaft zu entwinden und durch die Beziehung auf eine unbestimmt bleibende außergesellschaftliche Natur zu den Imperativen der Gesellschaft Distanz zu beziehen.

Von dem Ideal der *honnêteté* her mußte Rousseaus »unverschämte Verachtung alles dessen, was nicht er selbst war«, wie Nietzsche es nennt, als seine größte Provokation empfunden werden. Diese Provokation war auch nicht zu mildern durch das heroische Pathos, mit dem Rousseau das Ertragen der nicht rückgängig zu machenden Naturferne als seine politische Antwort deklariert: »Es kommt aber eine Zeit, in der das Übel so groß ist, daß die Ursachen selbst, die es entstehen ließen, nötig sind, um zu verhindern, daß es weiter zunimmt; man muß das Eisen in der Wunde lassen, damit der Verwundete nicht beim Herausziehen verblute . . .« Denn die politische Antwort war nach Rousseaus Kritik des Vergesellschaftungsprozesses nicht die einzige Antwort, vor allem nicht die Antwort, die für ihn selbst Verpflichtungscharakter gewonnen hätte. Die politische Antwort führt nämlich über die Sphäre hinaus, in der sie Gültigkeit hat, und setzt ein neues Lebensideal in Kraft, welches das der *honnêteté*, wie Nietzsche deutlich gesehen hat, ablösen sollte: das Ideal der vollkommenen Übereinstimmung mit sich selbst, der Wiederholung des Naturzustandes auf der Ebene der Humanität, die Verpflichtung durch eine persönliche Wahrheit, die gegenüber den gesellschaftlichen Konventionen, welche diese Übereinstimmung nicht zu verwirklichen erlauben, ein höheres Recht hat. Wie Leo Strauss in seinen meisterhaften Analysen der Prinzipien der politischen Philosophie Rousseaus, wie sie in den beiden ersten Abhandlungen in nuce enthalten sind, gezeigt hat, rechtfertigt sich die von Rousseau kritisierte bürgerliche Gesellschaft durch die Tatsache, daß sie »einem bestimmten Typus von Einzelperson erlaubt, das höchste Glücksgefühl durch den Rückzug aus dieser Gesellschaft, d. h. durch ein Leben an ihrem Rande zu genießen«. Rousseau hat dies freilich nicht als positive Möglichkeit der ihn umgebenden und in der Zukunft sich abzeichnenden Gesellschaft gesehen, sondern als die schicksalhafte Folge von Einsichten, denen sich unter den Bedingungen seines Jahrhunderts keine widerspruchsfreie Anwendung geben ließ, höchstens in Enklaven des Gesamtprozesses. Ebensowenig hat er einen Namen für die Existenzform gefunden, die sich ihm als einzige Möglichkeit darbot, in Übereinstimmung mit sich, mit seiner eigenen Natur zu leben, außer jener Bezeichnung des *solitaire*, des Einsamen, die nur die Ausnahme formuliert, ohne ihre Berechtigung mitzusetzen. Wie Leo Strauss bemerkt, wird es später der Typus des »Künstlers« sein, der diese über die bürgerliche Gesellschaft in ihr hinausführende Möglichkeit repräsentiert und als »Bürger mit schlechtem Gewissen« sich gleichwohl als »Gewissen der Gesellschaft« betrachtet. Rousseaus Selbstbezeichnung als Eremit, als Einsamer, zugleich als *citoyen de Genève*, antizipiert diesen Typus, aber er bleibt in das Problem seiner Rechtfertigung verstrickt. Er ist nicht der Außenseiter, der sich als dieser anerkannt wissen will, sondern er reklamiert als Außenseiter Tugend und Wahrheit für sich, die in der Gesellschaft nur ein scheinhaftes Dasein haben und deren Schein nur der Verhüllung des Übels dient. Rousseaus Einsamkeit ist ein Urteil über die Gesellschaft: »Wenn einmal die menschlichen Einrichtungen so weit verdorben sind, daß es nicht mehr möglich ist, in ihnen zu leben und Partei zu nehmen, ohne übelzutun, dann darf man niemanden mehr um Rat fragen, man muß dann nur auf sein eigenes Herz hören, denn es ist ungerecht und unehrenhaft, einen ehrenhaften Menschen zu zwingen, uns Übles anzuraten . . .« Mit diesem Urteil aber erneuert Rousseau die Bande, die er durchschneiden sollte. Die Zweideutigkeit der Rousseauschen Einsamkeit hat schon die Zeitgenossen beschäftigt, sie gehörte zu dem Paradox des gefeierten Autors, der durch seinen Angriff auf die ganze Sphäre der gesellschaftlichen Meinung in aller Munde war, der unter den Augen der Gesellschaft mit unübersehbarer Theatralik den Rückzug aus der Gesellschaft inszenierte, aber um in der vollkommenen Abgeschiedenheit ein Werk zu schreiben, das ihm neue Verehrer und Freunde gewinnen würde. Von dieser Zweideutigkeit gab es verschiedene Varianten, die von Rousseau mit einer verwunderlichen Konsequenz gleichsam gesucht zu werden schienen: Der Mann, der die Unbekanntheit lobt und die Literaten angreift, wird durch diesen Angriff berühmt und, wie er nicht anders sagen kann, fast wider seinen Willen zum Schriftsteller; dieser »erklärte Feind der Wissenschaften und Künste schrieb und veröffentlichte dennoch Theaterstücke«, wie es am Schluß der Vorrede zu *Narcisse* heißt, oder dieser erklärte Feind des Theaters erweist sich in seinem *Brief an d'Alembert* als ein leidenschaftlicher Theaterbesucher, der ein Stück, das er kritisiert, am liebsten gleich neu schreiben möchte. Das ließe sich fortsetzen bis zu den Fragen, die man nicht beantworten, sondern denen man nur standhalten kann. Diderots Wort, daß böse allein der Einsame sei, das Rousseau sofort als auf sich gemünzt aufgriff und das zum Bruch der Freundschaft mit Diderot führte und die Feindschaft mit den Philosophen besiegelte, scheint für ihn eine solche verborgene bohrende Frage enthalten zu haben. In Rousseaus großem Bekenntnisbrief an Saint-Germain im Jahre 1770 klingt Diderots Wort, das dreizehn Jahre zuvor gefallen war, immer noch nach. »Obwohl dieser Satz etwas hat, das im Ohr nachklingt, finde ich darin nur Widersinn, und es ist so falsch, daß nur der Böse einsam ist, daß es vielmehr im Gegenteil unmöglich ist, daß ein Mensch, der allein zu leben vermag, böse ist und daß ein Bösewicht allein leben möchte . . .« In dem durch diesen Satz ausgelösten Briefwechsel stellt Diderot eine Frage, die diesen Satz vielleicht zum Klingen bringen konnte, nämlich ob das Zeugnis des Gewissens allein genügen könne und ob man darüber das der anderen Menschen vollkommen vergessen dürfe, und ein anderes Mal setzt er die Bemerkung unter seinen Brief: »Welch eigenartiger Bürger ist doch ein Eremit.« Diderots Fragen müssen Rousseau wie eine Drohung geklungen haben, daß auch in die Unmittelbarkeit der innersten Selbstbeziehung die Anderen eindringen könnten. Wie immer es um die

Berechtigung der Fragen Diderots bestellt sein mag: in ihrer Wirkung haben sie offenbart, daß es Rousseau darum zu tun war, durch die erklärte und sichtbar gemachte Einsamkeit eine permanent gerechtfertigte Lebensform zu besitzen. In Wirklichkeit hat sie ihn in die Lage gebracht, sich permanent rechtfertigen zu müssen.

Ins Zentrum dieses Rechtfertigungsproblems führt es, daß Rousseau sich *schreibend* rechtfertigen will. Mehr als der Weise, als den er sich manchmal sehen wollte, und mehr als der Eremit und Einsame ist Rousseau Schreibender. Im Vincennes-Erlebnis selbst ist er es, als er die Rede des Fabricius aufs Papier wirft, später bedauernd, daß er in diesem Augenblick nicht mehr aufgeschrieben habe; er wird das, was er seither für uns ist, durch ein Schreiben, welches sich gegen das Schreiben richtet, und noch die *Träumereien,* in denen er sich zuletzt als allen Mißverständnissen, Verfolgungen und auch dem eigenen Wunsch, wirken zu wollen, entgangen zeigt, notiert er, oft nur auf Spielkarten, die er bei sich trägt. »Gibt es einen Schriftsteller«, hat Maurice Blanchot gefragt, »der die Folge unkluger Schritte und die immer schwerere Verantwortung, die aus der unverantwortlichen Leichtigkeit des Schreibens entspringt, so vor Augen geführt hat wie er?« Rousseau ist sich zweifellos der Problematik des Schreibens, der ihm eigenen Vergegenwärtigungskraft des Unmittelbaren wie der darin unübersehbaren Entfremdung, also der Zweideutigkeit des Schreibens, außerordentlich bewußt gewesen. Auch hat er selbst die Neuartigkeit eines Projektes wie der *Bekenntnisse* und ihrer Wiederaufnahme (nach einem rätselhaft bleibenden Scheitern der literarischen Form) in den *Gesprächen* und den *Träumereien* deutlich betont, ja, er ist von ihrer Einzigartigkeit mit einer schwer erklärbaren Sicherheit überzeugt, aber dennoch scheint er das Schreiben nur in der anspruchsloseren Form des Notenkopierens, von dem er viele Jahre lang gelebt hat, als Lebensform anerkannt zu haben, während es den Interpreten Blanchot und Starobinski als Schlüssel zur Problematik Jean-Jacques' unmittelbar evident zu sein scheint.

Handelt es sich wiederum um eine der vielen Mythologisierungen, zu denen Rousseau seine Leser seit je anhält, indem er sie mit seinem mythisierten Selbstbild des Naturmenschen konfrontiert und die Anerkennung seiner Wahrheit fordert? Was das Bild des schreibenden Rousseau aufnahmefähig macht für die Züge des Einsamen und des Naturmenschen Rousseau ebenso wie für die des Künstlertypus, den Leo Strauss als die Stimme des schlechten Gewissens der bürgerlichen Gesellschaft in Rousseau erstmals erscheinen sieht, ist die Aufrichtigkeit des Bezuges zu einer unbestimmt bleibenden ursprünglichen Wahrheit, die mit der Wahrheit der Tatsachen nicht zur Deckung zu bringen ist. »Wir können also«, sagt Blanchot, »nie sicher sein, diese Art von Wahrheit gesagt zu haben; dagegen sind wir sicher, daß wir sie immer aufs neue sagen müssen, und daß wir uns keinesfalls einer Verfälschung schuldig machen, wenn wir, indem wir sie ausdrücken, sie abändern oder gar erfinden; denn sie ist im Irrealen wirklicher als unter dem Anschein von Genauigkeit, die sie erstarren und ihre eigentümliche Klarheit einbüßen läßt.« An die Stelle der Wahrheit als Übereinstimmung mit der Realität tritt die Idee der Authentizität, einer inneren Wahrhaftigkeit der Äußerung. Als die Wahrheit des Selbstporträts, dessen Ähnlichkeit durch den aufrichtigen Selbstbezug des Porträtierenden selbst in der äußeren Unähnlichkeit garantiert ist, hat Rousseau den rechtfertigenden Grund seines Schreibens entdeckt, wofür er einmal beiläufig in einem Brief die Formel findet: »Ich bin im übrigen überzeugt, daß man sich immer sehr gut gemalt hat, wenn man sich selbst gemalt hat, auch wenn das Porträt keinerlei Ähnlichkeit aufweist.«

Blickt man auf das Vincennes-Erlebnis zurück, so kann die Funktion, die Rousseau ihm geben wollte, darin gesehen werden, daß es den inneren Wahrheitsanspruch der authentischen Äußerung gleichsam in Sicherheit bringt durch die Garantie einer den Selbstbezug überschreitenden und zur Mitteilung berechtigenden Wahrheit. Die innere Garantie der authentischen Äußerung bleibt für Rousseau in der Spannung und im Konflikt mit Einsichten, die zu diskursiver Darstellung drängen und in der Mitteilung als solche erkannt sein wollen. Die These von Leo Strauss, daß sich Rousseau von vielen seiner Anhänger dadurch unterscheidet, daß er selbst das Mißverhältnis zwischen der von ihm ins Spiel gebrachten unbestimmten und unbestimmbaren Freiheit und den Forderungen der bürgerlichen Gesellschaft noch klar sah, läßt sich auf den Mythos vom authentisch schreibenden Rousseau so anwenden, daß er selbst noch zwischen authentischer Selbstäußerung und mitgeteilter Einsicht unterscheiden konnte und daß er beides miteinander zu verbinden suchte. Der Konflikt zwischen den zwei Wahrheiten liegt dem Drama seines Verfolgungswahns zugrunde, den er in den Gesprächen *Rousseau richtet über Jean-Jacques* diskursiv aufzulösen versucht hat.

Am 24. Februar 1776, zwei Jahre vor seinem Tod, begibt sich Rousseau in der Mittagszeit in die Kirche Notre Dame in Paris, um dort während der ruhigsten Stunde des Tages unbeobachtet auf dem Altar das Manuskript jener Schrift niederzulegen, an der er die vergangenen vier Jahre gearbeitet hat. Sorgfältig hat er diesen Schritt vorbereitet, bei wiederholten Besuchen der Kirche hat er sich dessen vergewissert, zu welcher Stunde des Tages und auf welchem Wege er am ehesten ungehinderten Zugang zum Altar finden kann. Es ist ein Schritt der Verzweiflung. Seit vielen Jahren schon fühlt er sich beobachtet, bedroht, verfolgt und in einen Prozeß verstrickt, dessen Ankläger sich nicht offen zu erkennen gibt, dessen Urteil aber gefällt scheint, ohne ihm doch mitgeteilt zu werden und ohne ihm die Möglichkeit einer Verteidigung zu geben. Auch wird das Urteil nicht vollstreckt, statt dessen wird er überwacht. Untrüglich erkennt er in jedem, der sich ihm nähert, einen Abgesandten der Verschwörung. Nur wenige Vertraute sind ihm geblieben, die aber alle von ihm ferngehalten werden. Die Überwachung erweckt dabei den Anschein der Fürsorge, man schlägt ihm vor, eine neue Ausgabe seiner Werke zu veranstalten, man versucht ihn unauffällig zu unterstützen, um ihn von jenen »Herren«, wie er seine verborgenen Ankläger nennt, abhängig zu machen. Seit er von dieser Verschwörung weiß, versucht er das Geheimnis zu enthüllen, das sie umgibt; es ist ihm nicht gelungen. Seine Schrift, an der er einige Jahre insgeheim gearbeitet hat, ohne irgend jemandem davon etwas zu sagen, auf Blätter notierend, die er sorgfältig verbirgt, ist der Versuch, alles Wissen über seine Verfolger, ihre Beweggründe und ihre Ziele zusammenzutragen, sich selbst mit allen böswilligen und entstellenden Äußerungen zu konfrontieren, die er je über sich gehört hat, und die Verteidigung seiner Person gegenüber der Anklage, die er nur vermuten kann, zu formulieren. Er hat eine Art Prozeßakte geschrieben, in welcher »Der Franzose« und »Rousseau« die Position des Anklägers und des Verteidigers einnehmen, um die Vorwürfe gegen jenen »Jean-Jacques« zu prüfen, gegen den sich die Anklage richtet. Zu Beginn dieser Gespräche hat der Franzose seine Werke nicht gelesen, kennt ihn nur aus dem, was man ihm über ihn gesagt hat, während Rousseau ihn nur aus seinen Schriften kennt, ohne ihm noch begegnet zu sein. Wer ist dieser Jean-Jacques und vor allem, wer wird er sein, wenn eines Tages, vielleicht erst nach seinem Tode, die Anklage öffentlich gegen ihn erhoben wird?

Rousseau hat seine Schrift beendet, aber sie hat ihm, sosehr sie als Gedankenexperiment angelegt war, um das Geheimnis des Komplotts aufzuspüren, nicht die letzte Klarheit über die ihn beunruhigenden Vorgänge gebracht. Jedenfalls aber enthält sie alles, was er gegen die vermutete Anklage aufbieten kann, eine Rechtfertigung seiner selbst, eine, soweit nur irgend möglich, schlüssige Darstellung seiner Gesinnung, seiner Überzeugungen und der Lehren, die er in seinen Schriften vertreten hat. Wer könnte mehr und Verläßlicheres über sich selbst sagen als er, der einzig den vollkommenen Zugang zu sich selbst hat und dessen Leben unter der Devise steht: *vitam impendere vero,* das Leben allein von der Wahrheit abhängig zu machen? Aber wird man die von ihm an sein Leben gebundene Wahrheit annehmen? Wird man nicht vielmehr versuchen, sie zu unterdrücken, sie mit einem erstickenden Schweigen zu beantworten, wie es bei seiner letzten Lesung aus den *Bekenntnissen* im Jahre 1771 geschehen war?

Die *Bekenntnisse,* in denen er sich rückhaltlos und vollständig wie vor dem Jüngsten Gericht darstellen wollte, um das ebenso aufrichtige Urteil, vorweggenommen von jedem Leser vor dem Gerichtshof seines eigenen Gewissens, zu provozieren, scheinen nicht in sich selbst gescheitert, aber ihre Absicht wurde durch ein widerständiges Schweigen blockiert. Nach jener Lesung, die von morgens um neun bis mittags um drei dauerte und über die er in einem Nachtrag zu den *Bekenntnissen* berichtet, hatte Rousseau das

Schweigen mit einer Drohung beantwortet, die das Urteil, dessen er sicher ist, zu erzwingen suchte: »Ich habe die Wahrheit gesagt; wenn jemand das Gegenteil weiß von dem, was ich eben vorgetragen habe, und dies auch tausendfach beweist, so weiß er nur Lug und Trug, und wenn er sich weigert, die Sache mit mir zusammen genau zu untersuchen und aufzuklären, solange ich noch am Leben bin, so liebt er weder die Gerechtigkeit noch die Wahrheit. Ich für meine Person erkläre laut und ohne Scheu: Wer mit eigenen Augen meine Natur, meinen Charakter, meine Sitten, meine Neigungen, meine Vergnügungen, meine Gewohnheiten prüft, auch wenn er meine Werke nicht gelesen hat, und mich dann noch für einen unredlichen Menschen halten kann, der ist wert, erwürgt zu werden.«

Als Geständnisrede setzten die *Bekenntnisse* einen Leser voraus, der sich selbst ebenso rückhaltlos wie der Autor der Idee eines jederzeit möglichen Jüngsten Gerichts zu unterwerfen bereit war. Diese Verwandlung des Lesers in die Rolle des alles unverstellt sehenden und zum Urteil aufgerufenen Beobachters war die Zumutung, die die *Bekenntnisse* stellten. Sie nahmen, mit den Worten von Hans Blumenberg, das Jüngste Gericht »in eigene Regie«, was die Zeitgenossen Rousseaus nicht als die verwegene Säkularisierung einer theologischen Vorstellung schrecken mochte, wohl aber in der Endgültigkeit des Urteils, das der Autor damit über die in sein Leben verwickelte Wirklichkeit fällte. Der Vollzug des Wahrheitsanspruchs der *Bekenntnisse* setzt einen Leser voraus, der in die Szenerie des von Rousseau beschworenen Jüngsten Gerichts einzutreten bereit ist. Der Wahrheitsanspruch, der in der Wendung zum Ausdruck kommt: »Möge die Posaune des Jüngsten Gerichts ertönen, wann sie will: Ich werde mich mit diesem Buch in der Hand dem Weltenrichter stellen«, wird zu einer rücksichtslosen Wahrheitsforderung an den Leser.

Als Rousseau sich, wie bereits geschildert, auf den Weg macht, um das Manuskript seiner *Gespräche* auf dem Altar von Notre Dame der Vorsehung als Pfand zu übergeben, ist das vorweggenommene Jüngste Gericht zu einem anderen Prozeß geworden. Die *Bekenntnisse* setzten voraus, daß Autor und Leser in vollkommener Durchsichtigkeit des dem Urteil unterbreiteten

Lebens Angeklagter, Richter und Zeuge in einem sein könnten. Inzwischen hat sich jenes Publikum in Rousseaus Augen verwandelt. Es ist zum Widersacher seines Wahrheitsanspruchs geworden. Der Blick des Lesers, dem sich Rousseau vollständig und unausgesetzt zeigen wollte, ist, wie Jean Starobinski sagt, »jetzt ein Blick, der alles sehen will, der aber nicht mehr die Wahrheit wissen will . . . Um so wichtiger wird es, *alles zu sagen*, für andere Menschen, für andere Generationen.« Zwischen den *Bekenntnissen* und den Gesprächen *Rousseau richtet über Jean-Jacques* hat sich der Adressat der Rousseauschen Selbstdarstellung und mit ihm die Form und Funktion des Schreibens nicht zum ersten und nicht zum letzten Mal verwandelt. Das Projekt, sich selbst in einer so neuen Weise zu schildern, daß Rousseau auch eine ganz neue Sprache zu benötigen glaubte, besteht zwar unverändert, aber es ist gleichsam aufgeschoben. Es besteht fort, ist aber in seiner Vollendbarkeit gefährdet. Es steht nicht mehr im Zeichen des jederzeit möglichen Jüngsten Gerichts, sondern dieses scheint auf unabsehbare Dauer suspendiert, bis andere Leser, eine andere Generation den Willen zur Wahrheit aufbringen, durch den diese Selbstdarstellung sich einzig vollenden kann. Die *Gespräche* sind der Versuch, diesem idealen Leser vorzuarbeiten und ihn vielleicht gar zu überzeugen dadurch, daß dem in das Komplott gegen Rousseaus Wahrheit verwickelten »Franzosen« Stück für Stück dessen entwunden wird, was die *Bekenntnisse* noch in einfachem Erzählgestus vergegenwärtigen wollten. Bekanntlich wird mit dem zweiten Teil der *Bekenntnisse* und dem sich während der Abschrift des Manuskriptes verdichtenden Verfolgungswahn dieser erzählerische Gestus blockiert, und der Autor unterbricht die eigene Stimme, die den Verdacht des Komplotts noch nicht hinreichend artikuliert.

In dem Augenblick, da Rousseau das Manuskript der *Gespräche* abgeschlossen hat, gibt es für ihn keine wirkliche Person, der er seine Schriften anzuvertrauen wagt, und so ist der Plan entstanden, durch die Niederlegung auf dem Altar von Notre Dame das Manuskript der Vorsehung selbst anzuvertrauen und ihr die Entscheidung über sein Schicksal zu überlassen. Vielleicht wird das Aufsehen, das dieser Schritt erregt, das Manuskript bis vor den

König bringen, vielleicht kann die Verschwörung so noch zu seinen Lebzeiten aufgedeckt und sein Ruf wiederhergestellt werden, vielleicht wird aber erst die Nachwelt davon erfahren und das Urteil der Zeitgenossen korrigieren. Vielleicht aber trügt selbst diese Hoffnung, wie es in dem Augenblick der Fall zu sein scheint, als Rousseau den Chor von Notre Dame betreten will: Er findet den Zugang zum Altar versperrt durch ein Gitter, das er noch nie gesehen hat und das ihn daran hindert, seinen Plan auszuführen.

Berlin, Februar 1978 *Henning Ritter*

ABHANDLUNG

ÜBER DIE FRAGE, OB DIE WIEDERHERSTELLUNG DER WISSENSCHAFTEN UND KÜNSTE ZUR LÄUTERUNG DER SITTEN BEIGETRAGEN HAT?

VON EINEM BÜRGER GENFS

Barbarus hic ego sum, quia non intelligor illis.
Ovid.

1750

VORREDE

Dies ist eine der großen und eine der schönsten Fragen, welche jemals aufgeworfen wurden. Es ist in dieser Abhandlung nicht die Rede von den metaphysischen Spitzfindigkeiten, welche seit einiger Zeit alle Teile der Literatur erfüllen und wovon selbst die Akademieprogramme nicht immer frei sind, sondern es ist von einer derjenigen Wahrheiten die Rede, die mit dem Wohl des ganzen Menschengeschlechts genau verbunden sind.

Ich sehe voraus, daß man die Partei, die ich hier ergriffen habe, nicht leicht billigen wird. Da ich dasjenige, was heute die Welt bewundert, herunterzusetzen suche, so kann ich nichts als ein allgemeines Mißfallen erwarten, und der Beifall einiger Weiser sichert mir nicht den des Publikums. Mein Entschluß ist gefaßt. Ich suche weder den Schöngeistern noch den Leuten nach der Mode zu gefallen. Es wird zu allen Zeiten Leute geben, die sich von den Meinungen ihres Jahrhunderts, ihres Landes und ihrer Gesellschaft fesseln lassen: derjenige, der heutzutage einen Freigeist und Philosophen vorstellt, wäre aus eben dem Grunde zu Zeiten der Liga ein Fanatiker gewesen. Für solche Leute darf man nicht schreiben, wenn man über sein Jahrhundert hinaus leben will.

Noch ein Wort und ich endige. Da ich auf die Ehre, welche mir zuteil geworden, nicht rechnete, so hatte ich diese Abhandlung, nachdem sie schon weggeschickt war, umgeschmolzen und vermehrt, so daß beinahe ein anderes Werk daraus entstanden wäre; jetzt aber glaubte ich verpflichtet zu sein, sie wieder in den Zustand zu bringen, darin man ihr den Preis zuerkannt hat. Ich habe bloß einige Anmerkungen hinzugefügt und zwei Zusätze gelassen, die leicht zu erkennen sind und die die Akademie vielleicht nicht gebilligt hätte. Ich habe geglaubt, daß die Billigkeit, die Hochachtung und die Erkenntlichkeit diese Anzeige von mir erforderten.

ABHANDLUNG

Decipimur specie recti.

Hat die Wiederherstellung der Wissenschaften und der Künste etwas dazu beigetragen, die Sitten zu läutern oder zu verderben? Dies ist hier zu untersuchen. Welche Partei soll ich bei dieser Frage ergreifen? Diejenige, meine Herren, welche einem rechtschaffenen Manne zukommt, der nichts weiß, sich aber deshalb nicht minder schätzt.

Ich sehe, es wird schwer sein, das, was ich zu sagen habe, mit dem Richterstuhl zu vereinbaren, vor welchem ich erscheine. Wie unterstehe ich mich, vor den Augen einer der gelehrtesten Gesellschaften Europas die Wissenschaften zu verachten, in einer berühmten Akademie der Unwissenheit eine Lobrede zu halten und die Verachtung der Studien mit der Hochachtung für die wahren Gelehrten zu vereinigen? Ich sah all diese Widersprüche und fühlte mich nicht abgeschreckt. Ich mißhandle nicht die Wissenschaft, sagte ich zu mir selbst; die Tugend ist es, welche ich vor tugendhaften Personen verteidige. Die Redlichkeit ist dem rechtschaffenen Mann noch lieber als die Gelehrsamkeit den Gelehrten. Was habe ich also zu befürchten? Die Einsicht der Versammlung, die mich anhört? Ich gestehe es, doch dies betrifft nur die Beschaffenheit der Abhandlung und nicht die Meinung des Redners. Gerechte Herrscher haben niemals angestanden, in zweifelhaften Fällen sich selbst zu verurteilen, und es ist die vorteilhafteste Lage für eine gerechte Sache, wenn sie sich gegen eine gerechte und erleuchtete Partei, die in ihrer eigenen Angelegenheit Richter ist, verteidigen soll.

Zu diesem Beweggrund, der mich ermutigt, kommt noch ein anderer, der mich bestimmt: Da ich nach meiner natürlichen Einsicht die Wahrheit behauptet habe, so bleibt mir, wie auch immer mein Erfolg sein mag, eine Belohnung, und diese werde ich in dem Innersten meines Herzens finden.

ERSTER TEIL

Es ist ein großes und würdiges Schauspiel, den Menschen zu sehen, wie er durch eigene Kräfte gewissermaßen aus dem Nichts hervorgeht; wie er die Finsternisse, mit welchen er von Natur umgeben, durch das Licht seiner Vernunft zerteilt; wie er sich über sich selbst erhebt; sich mit dem Geiste bis in die Himmelsgegenden schwingt und gleich der Sonne mit Riesenschritten den unermeßlichen Raum des Weltalls durchwandert und, was noch größer und schwerer ist, in sich zurückkehrt, um daselbst den Menschen kennenzulernen und seine Natur, seine Pflichten und seine Bestimmung zu untersuchen. Alle diese Wunder haben sich seit wenigen Generationen erneuert.

Europa war in die Barbarei der ersten Zeiten zurückgefallen. Die Völker dieses jetzt so aufgeklärten Weltteiles lebten noch vor einigen Jahrhunderten in einem Zustand, der ärger war als die Unwissenheit selbst. Ich weiß nicht, was für ein gelehrtes Gewäsch, welches noch verächtlicher als die Unwissenheit war, unbilligerweise den Namen der Wissenschaft an sich gerissen hatte und ihrer Wiederkehr ein fast unüberwindliches Hindernis in den Weg legte. Es mußte eine Revolution erfolgen, um die Menschen zur gesunden Vernunft zurückzuführen; sie kam endlich, und zwar von einer Seite, woher man es am wenigsten vermutet hätte. Der dumme Muselmann, dieser geschworene Feind der Gelehrsamkeit, war es, der sie unter uns wieder aufweckte. Der Fall des konstantinischen Thrones brachte die Überbleibsel des alten Griechenlandes nach Italien. Frankreich bereicherte sich ebenfalls an diesen kostbaren Resten. Die Wissenschaften folgten bald darauf der Literatur, man vereinigte mit der Kunst zu schreiben die Kunst zu denken, eine Ordnung, die seltsam scheint und die vielleicht nur gar zu natürlich ist. Und man fing an, inne zu werden, daß der Hauptvorteil des Umganges mit den Musen darin bestand, daß sie die Menschen geselliger machten, indem sie ihnen das Verlangen einflößten, einander durch Werke zu gefallen, die ihres wechselweisen Beifalls würdig waren.

Der Geist hat so wie der Leib seine Bedürfnisse. Die letzteren sind die Grundlage der Gesellschaft, die anderen aber das Vergnügen derselben. Während die Regierung und die Gesetze über die Sicherheit und die Wohlfahrt der versammelten Menschen wachen, breiten die Wissenschaften, die Literatur und die Künste, die weniger despotisch, vielleicht aber desto mächtiger sind, über die ihnen angelegten Ketten Blumenkränze aus, ersticken bei ihnen diese Empfindung der ursprünglichen Freiheit, um deretwillen sie doch geboren zu sein schienen, lassen sie ihre Sklaverei lieben und bilden aus ihnen, was man gesittete Völker nennt. Die Notwendigkeit schuf die Throne, die Wissenschaften und die Künste haben sie befestigt. Ihr Mächte der Erde, liebt die Talente und schützt die, welche an ihrer Verbesserung arbeiten.* Ihr gesitteten Völker, verbessert sie: Glückliche Sklaven, ihnen habt ihr den zarten und feinen Geschmack zu verdanken, auf den ihr so stolz seid, diese sanfte Gemütsart und diese Höflichkeit der Sitten, die den Umgang bei euch so vertraulich und so leicht macht, mit einem Wort, den Schein aller Tugenden, ohne eine einzige davon wirklich zu besitzen.

Durch diese Art der Höflichkeit, die desto liebenswürdiger ist, je weniger sie sich zu zeigen sucht, zeichneten sich einst Athen und Rom in den vielgepriesenen Tagen ihrer Pracht und ihres Glanzes aus, und eben dadurch werden unser Jahrhundert und unsere Nation vor allen Zeiten und vor allen Völkern den Vorzug haben. Ein philosophischer Ton ohne Pedanterie, natürliche und doch einnehmende Manieren, gleich weit entfernt von der deutschen Grobheit und dem ultramontanen Gebärdenspiel: Dies

* Die Fürsten sehen allzeit mit Vergnügen, daß sich der Geschmack an den Künsten und dem Überflüssigen, wodurch nicht eben das Geld aus dem Lande geführt wird, unter ihren Untertanen ausbreitet. Denn außerdem, daß dadurch jene Schwäche der Seele, welche sie zur Sklaverei so geschickt macht, genährt wird, wissen sie auch gar zu wohl, daß alle Bedürfnisse, welche sich das Volk schafft, ebensoviele Ketten sind, die es sich anlegt. Als Alexander die Ichthyophagen unter seiner Botmäßigkeit erhalten wollte, zwang er sie, dem Fischfang zu entsagen und sich mit Speisen zu ernähren, die bei andern Völkern im Gebrauche waren. Die Wilden in Amerika, welche ganz nackend einhergehen und bloß von der Jagd leben, konnten nie bezwungen werden. In der Tat, was für ein Joch sollte man wohl Menschen auflegen, die nichts brauchen?

sind die Früchte des Geschmacks, den wir durch die guten Studien erlangt und durch den Umgang mit anderen vollkommen gemacht haben.

Wie angenehm wäre es, unter uns zu leben, wenn das äußerliche gesetzte Wesen jederzeit das Bild der Beschaffenheit unseres Herzens wäre, wenn Anstand Tugend wäre, wenn unsere Grundsätze uns zur Richtschnur dienten, wenn wahre Philosophie von dem Titel des Philosophen unzertrennlich wäre! Allein, so viele treffliche Eigenschaften sind selten beieinander, und die Tugend erscheint selten mit solchem Gepränge. Ein kostbarer Aufzug kann einen begüterten Menschen und Zierlichkeit einen Menschen von Geschmack ankündigen; den gesunden und starken Mann erkennt man an anderen Kennzeichen: nur unter dem bäurischen Kittel des Tagelöhners und nicht unter den Goldtressen eines Höflings findet man Kraft und Stärke des Körpers. Die äußerliche Pracht ist der Tugend, welche die Kraft und die Stärke der Seele ausmacht, nicht weniger fremd. Der redliche Mann ist ein Kämpfer, der am liebsten nackt streitet: er verachtet all diese eitle Zierde, welche nur den Gebrauch seiner Stärke behindern würde und die größtenteils nur erfunden wurde, um gewisse Mängel zu verstecken.

Ehe noch die Kunst unser äußerliches Wesen geformt und unseren Leidenschaften eine gekünstelte Sprache in den Mund gelegt hatte, waren unsere Sitten zwar bäurisch, aber natürlich, und die Verschiedenheit der Lebensart verriet beim ersten Anblick die Verschiedenheit des Charakters. Die menschliche Natur war im Grunde nicht besser, aber die Menschen fanden ihre Sicherheit in der Leichtigkeit, mit der sie sich wechselseitig durchschauten, und dieser Vorteil, dessen Wert wir nicht mehr erkennen, überhob sie vieler Laster.

Heutzutage aber, da man durch spitzfindigere Untersuchungen und einen verfeinerteren Geschmack die Kunst zu gefallen in Regeln gebracht hat, herrscht in unseren Sitten eine niedrige und betrügerische Einförmigkeit, und alle Gemüter scheinen nach einem Muster gebildet zu sein: immer fordert die Höflichkeit und gebietet der Anstand, immer folgt man angenommenen Gebräuchen und niemals seinem eigenen Sinne. Man wagt sich nicht mehr zu zeigen, wie man ist, und unter diesem beständigen Zwang handeln alle Menschen, welche diese Herde, die man Gesellschaft nennt, bilden und sich in einerlei Umständen befinden, immer einförmig, wenn nicht mächtigere Beweggründe sie davon abhalten. Man weiß also niemals recht, mit wem man es zu tun hat, man muß also, wenn man seinen Freund erkennen will, außerordentliche Gelegenheiten abwarten, das heißt, man muß warten, bis es nicht mehr Zeit ist, denn eben für solche außerordentlichen Fälle hätte man ihn schon vorher kennen sollen.

Welcher Schwarm von Lastern wird nicht diese Ungewißheit begleiten? Es gibt keine aufrichtigen Freundschaften mehr, keine wirkliche Hochachtung, kein festes Zutrauen. Argwohn, Mißtrauen, Furcht, Kälte, Zurückhaltung, Haß und Verleumdung werden sich ewig unter diesem einförmigen und betrügerischen Schleier der Höflichkeit, dieser gepriesenen Feinheit der Sitten verstecken, welche wir der Aufklärung unseres Jahrhunderts zu danken haben. Man wird zwar den Namen des Herrn des Alls nicht mehr durch Flüche und Schwüre mißbrauchen, dafür wird man ihn durch Lästerungen entheiligen, ohne daß unser zartes Gehör beleidigt wird. Man wird sich nicht mehr selbst rühmen, dagegen wird man andere heruntersetzen. Seinen Feind wird man nicht mehr offen beleidigen, dafür aber insgeheim verleumden. Der Nationalhaß der Völker wird verlöschen, zugleich aber auch die Liebe zum Vaterland. Man wird einen gefährlichen Pyrrhonismus an die Stelle der verachteten Unwissenheit setzen. Einige Ausschweifungen werden verbannt, einige Laster werden verachtet sein, andere aber wird man mit dem Namen der Tugend belegen; man wird sie entweder wirklich oder doch zum Scheine annehmen müssen. Man rühme mir, wie man will, die Mäßigkeit unserer Weisen, ich halte sie für eine raffinierte Unmäßigkeit, welche ebensowenig zu loben ist wie ihre gekünstelte Einfachheit.*

* Montaigne sagt: »Ich mag mich gerne in einen Streit und in eine Unterredung einlassen, aber nur mit wenigen Menschen und für mich. Denn ein Schauspiel der Großen zu sein und seinen Witz und seine Geschwätzigkeit um die Wette zu zeigen, scheint mir eine Sache, die sich für einen rechtschaffenen Mann gar nicht schickt.« Es ist die Hauptbeschäftigung aller unserer Schöngeister, außer einem.

So ist die Reinheit beschaffen, die unsere Sitten erlangt haben. So ist es zugegangen, daß wir redliche Leute geworden sind. Die Literatur, die Wissenschaften und die Künste mögen das wieder beanspruchen, was ihnen an einem so heilsamen Werk gehört. Ich will nur noch eine Betrachtung hinzufügen. Wenn ein Einwohner einer entlegenen Gegend sich einen Begriff von den Sitten der Europäer machen wollte aufgrund des Zustandes der Wissenschaften unter uns, aufgrund der Vollkommenheit unserer Künste, aufgrund der Sittlichkeit unserer Schauspiele, aufgrund der Artigkeit unseres Betragens, der Leutseligkeit unserer Reden, aufgrund unserer beständigen Freundschaftsversicherungen und dieses stürmischen Wettstreits von Menschen allen Alters und Standes, die von Sonnenaufgang bis Sonnenuntergang mit nichts anderem beschäftigt zu sein scheinen, als einander zu dienen, so würde, sage ich, dieser Fremdling unsere Sitten gerade für das Gegenteil von dem halten, was sie wirklich sind.

Wo keine Wirkung ist, da ist auch keine Ursache zu suchen: hier aber ist die Wirkung gewiß und das Verderben augenscheinlich, unsere Seelen sind in dem Maße verdorben, in dem unsere Wissenschaften und unsere Künste vollkommener geworden sind. Soll man dies nur für ein ungünstiges Schicksal unserer Zeiten halten? Nein, meine Herren, das Übel, welches unsere eitle Wißbegierde verursacht hat, ist so alt wie die Welt. Das tägliche Steigen und Fallen des Meeres richtet sich nicht so genau nach dem Lauf des Gestirnes, welches unsere Nächte erleuchtet, als der Zustand der Sitten und der Redlichkeit nach dem Fortschritt der Wissenschaften und Künste. Je mehr ihr Licht über unserem Gesichtskreis aufging, desto mehr entfernte sich die Tugend, und eben diese Erscheinung ist zu allen Zeiten und überall wahrgenommen worden.

Betrachtet Ägypten, diese erste Schule der Welt, dieses unter einem ehernen Himmel so fruchtbare Klima, dieses so berühmte Land, aus dem Sesostris vorzeiten zog, die Welt zu erobern. Es wurde die Mutter der Philosophie und der schönen Künste, aber bald hernach ein Raub des Kambyses, der Griechen, der Römer, der Araber und endlich der Türken.

Betrachtet Griechenland, welches einst von Helden bewohnt

wurde, die zweimal Asien bezwangen, einmal vor Troja, das andere Mal auf ihrem eigenen Boden. Die damals aufkeimende Literatur hatte noch nicht das Verderben in die Herzen seiner Einwohner gebracht, aber der Fortschritt der Künste, die Auflösung der Sitten und das makedonische Joch folgten schnell aufeinander, und das jederzeit gelehrte, jederzeit wollüstige, jederzeit sklavische Griechenland spürte bei allen seinen Veränderungen bloß, daß es andere Herren bekam. Die ganze Beredsamkeit eines Demosthenes konnte einen Körper nicht wieder beleben, den die Wollust und die Künste entkräftet hatten.

Rom, von einem Hirten erbaut und durch Ackersleute berühmt gemacht, fing zur Zeit des Ennius und des Terenz an zu sinken. Allein, nach Ovid, Catull, Martial und dem ganzen Schwarm schlüpfriger Schriftsteller, deren Name allein schon die Schamhaftigkeit erröten macht, ward endlich aus diesem ehemaligen Tempel der Tugend die Schaubühne aller Laster, der Schandfleck der Nationen und der Spielball der Barbaren. Diese Hauptstadt der Welt fiel endlich selbst unter das Joch, welches sie so vielen Völkern auferlegt hatte, und der Tag ihres Falles war der Vorabend des Tages, an welchem man einen von ihren Bürgern zum Richter des guten Geschmacks machte.

Was soll ich von jener Hauptstadt des morgenländischen Kaisertums sagen, die ihrer Lage nach die Hauptstadt der ganzen Welt zu sein bestimmt schien, von dieser Zuflucht der aus Europa vielleicht eher aus Klugheit als aus Barbarei vertriebenen Wissenschaften und Künste? Alles, was die Ausschweifung und die Verderbtheit nur Schändliches an sich haben, Verräterei, Meuchelmorde, die abscheulichsten Vergiftungen, mit einem Wort die Sammlung aller Laster und Schandtaten macht den Inhalt der Geschichte von Konstantinopel aus, und dieses ist also die reine Quelle, aus welcher die Erleuchtungen, deren unser Jahrhundert sich rühmt, geflossen sind.

Allein, warum suchen wir in vergangenen Zeiten Beweise einer Wahrheit, von der wir Zeugnisse vor unseren Augen haben? Es gibt noch in Asien ein unermeßliches Reich, wo die Gelehrsamkeit geschätzt wird und zu den höchsten Würden des Staates führt. Wenn die Wissenschaften die Sitten läuterten, wenn sie die

Menschen lehrten, ihr Blut für das Vaterland zu vergießen, wenn sie den Mut belebten, so müßten die Völker Chinas klug, frei und unbesiegbar sein. Allein, wenn sich kein Laster findet, welches nicht bei ihnen herrscht, kein Verbrechen, welches ihnen nicht bekannt ist, wenn weder die Einsicht der Staatsdiener noch die angebliche Weisheit der Gesetze, noch die Menge der Einwohner dieses großen Reiches es vor dem Joch der unwissenden, rohen Tataren haben schützen können, wozu haben ihm dann seine Gelehrten gedient? Welchen Vorteil hat es von den Ehrenbezeigungen gehabt, womit dieselben überhäuft wurden? Vielleicht den, daß es jetzt mit Sklaven und Nichtswürdigen bevölkert ist?

Wir wollen diesen Schilderungen das Gemälde der Sitten jener wenigen Völker entgegensetzen, welche von dieser ansteckenden Seuche einer eitlen Gelehrsamkeit frei geblieben, durch ihre Tugend ihr eigenes Glück befördert und anderen Nationen als ein Beispiel gedient haben. Von dieser Art waren die ersten Perser, eine sonderbare Nation, bei der man die Tugend so wie bei uns die Wissenschaften erlernte, die Asien mit so leichter Mühe unterwarf und der allein die Ehre widerfahren ist, daß die Geschichte ihrer Einrichtungen für einen philosophischen Roman gehalten wurde. Von dieser Art waren die Skythen, von welchen man uns so prächtige Lobsprüche hinterlassen hat. Von dieser Art waren die Germanen, deren Einfalt, Unschuld und Tugenden eine Feder mit Vergnügen geschildert hat, welche die Laster und Bosheit eines gelehrten, reichen und wollüstigen Volkes zu schildern müde war. So war selbst Rom zu den Zeiten seiner Armut und seiner Unwissenheit. So ist selbst noch heute jene bäurische Nation, die wegen ihrer Tapferkeit, die durch keine Widrigkeit niedergeschlagen, und wegen ihrer Treue, die durch das Beispiel anderer nicht verdorben werden konnte, so gerühmt wird.*

* Ich wage nicht, von jenen glücklichen Nationen zu sprechen, welchen die Laster, die unter uns kaum unterdrückt werden können, nicht einmal dem Namen nach bekannt sind, von jenen amerikanischen Wilden, deren einfache und natürliche Ordnung Montaigne ohne Zögern nicht allein Platons Gesetzen, sondern auch allem vorzieht, was Philosophie jemals an Vollkommenstem zur Regierung der Völker ersinnen kann. Er führt eine Menge Beispiele an, die demjenigen, der sie bewundern kann, gewiß großen Eindruck machen. »Aber einerlei«, sagte er, »sie tragen keine Beinkleider!«

Diese Völker haben den Übungen des Verstandes keineswegs aus Dummheit andere vorgezogen. Sie wußten wohl, daß in anderen Gegenden müßige Leute ihr Leben damit zubrachten, über das höchste Gut und das Wesen der Tugend und des Lasters zu streiten, und daß aufgeblasene Köpfe sich selbst die größten Lobreden hielten und alle anderen Völker zusammen mit dem verächtlichen Namen der Barbaren belegten; allein, sie haben ihre Sitten betrachtet und gelernt, diese Gelehrsamkeit zu mißachten.*

Könnte ich vergessen, daß selbst mitten in Griechenland sich jene Stadt erhob, die sowohl wegen ihrer glücklichen Unwissenheit als durch die Weisheit ihrer Gesetze so berühmt war, diese Republik, deren Bürger mehr Halbgötter als Menschen waren, so sehr schienen ihre Tugenden die menschliche Natur zu übersteigen? O Sparta, ewiger Vorwurf für eine eitle Gelehrsamkeit! Während sich die Laster, geführt von den schönen Künsten, in Athen einschlichen und ein Tyrann mit so viel Sorgfalt die Werke des Dichterfürsten sammelte, vertriebest du die Künste und Künstler, die Wissenschaften und die Gelehrten aus deinen Mauern.

Der Unterschied zeigte sich in der Folge. Athen wurde der Sitz der Höflichkeit und des guten Geschmacks, der Aufenthalt der Redner und Philosophen. Die Schönheit der Gebäude stimmte mit der Schönheit der Sprache überein. Man erblickte allenthalben Marmor und Leinwand, durch die Hände der geschicktesten Meister belebt. Aus Athen sind jene erstaunlichen Werke gekommen, welche allen verdorbenen Zeiten als Muster dienen werden. Das Gemälde von Lakedämon hingegen ist weniger prächtig. *Dort*, sagten die anderen Völker, *werden die Menschen tugendhaft ge-*

* Man sage mir aufrichtig, was selbst die Athener für einen Begriff von der Beredsamkeit haben mußten, da sie dieselbe so sorgfältig von dem unparteiischen Gericht entfernten, gegen dessen Urteil selbst die Götter keine Berufung einlegten? Was mögen wohl die Römer von der Arzneikunst gedacht haben, da sie dieselbe aus der Republik verbannten? Und als die Spanier ein Rest von Menschlichkeit veranlaßte, ihren Rechtsgelehrten zu verbieten, nach Amerika zu kommen: was mußten sie wohl für einen Begriff von der Rechtsgelehrsamkeit haben? Sollte man nicht sagen, daß sie durch diese einzige Handlung allen Schaden, welchen sie diesen unglücklichen Indianern zugefügt hatten, wiedergutzumachen glaubten?

boren, und selbst die Luft scheint Tugend einzuflößen. Von ihren Einwohnern bleibt uns nichts als das Andenken ihrer heldenmütigen Taten. Sollten wir dergleichen Denkmäler nicht ebenso hochschätzen als die vortrefflichen Marmorbilder, welche uns Athen hinterlassen hat?

Es ist wahr, einige Weise haben sich an dem Aufenthalte der Musen gegen den Strom gestemmt und vor dem Laster gehütet. Allein, man höre das Urteil, welches der weiseste und unglücklichste unter ihnen über die Gelehrten und Künstler seiner Zeit fällte.

»Ich habe«, sagte er, »die Dichter untersucht und halte sie für Leute, deren Geschicklichkeit sie selbst und andere verblendet, die sich für weise ausgeben, die man dafür hält und die gleichwohl nichts weniger als dieses sind.«

»Von den Dichtern«, fährt Sokrates fort, »ging ich zu den Künstlern. Niemand war in den Künsten unerfahrener als ich, niemand glaubte gewisser als ich, die Künstler müßten sehr schöne Geheimnisse besitzen. Gleichwohl habe ich bemerkt, daß es mit ihnen nicht besser als mit den Dichtern steht und daß sie beide einerlei Vorurteil hegen. Sie halten sich für die weisesten Leute, weil die Geschicktesten unter ihnen in ihrer Art vortrefflich sind. Diese Einbildung hat ihr Wissen in meinen Augen sehr getrübt: indem ich mich an die Stelle des Orakels setzte und mich selbst befragte, was ich lieber sein möchte, das, was ich bin oder was sie sind, nämlich zu wissen, was sie gelernt haben, oder zu wissen, daß ich nichts weiß, so habe ich mir selbst und dem Gott geantwortet: Ich will bleiben, wie ich bin.«

»Wir alle – weder Sophisten noch Dichter, weder Redner noch Künstler, weder ich noch andere – wissen, was das Wahre, das Gute und Schöne ist, allein, mit dem Unterschied, daß diese Leute alle, obgleich sie nichts wissen, dennoch etwas zu wissen glauben, während ich, obgleich ich nichts weiß, doch daran ganz und gar nicht zweifle. Der ganze Vorzug an Weisheit, welchen mir das Orakel vor anderen zugesprochen, besteht also bloß darin, daß ich vollkommen überzeugt bin, ich wisse das nicht, was ich nicht weiß.«

Hier sehen wir also, daß der weiseste unter den Menschen nach dem Urteil der Götter und der gelehrteste unter den Athenern nach der Meinung aller Griechen, Sokrates, der Unwissenheit eine Lobrede hält! Glaubt man etwa, unsere Gelehrten und Künstler würden ihn auf andere Gedanken bringen, wenn er jetzt wieder aufstünde? Nein, meine Herren, dieser rechtschaffene Mann würde fortfahren, unsere eitlen Wissenschaften zu verachten, er würde die Menge von Schriften, mit der wir jetzt von allen Seiten überschwemmt werden, nicht vermehren, er würde vielmehr, wie er wirklich getan hat, statt aller Gebote seinen Schülern und unseren Enkeln bloß das Beispiel und das Andenken seiner Tugend hinterlassen. Und wie schön ist es, die Menschen auf solche Art zu unterrichten!

Sokrates hatte in Athen angefangen, und der ältere Cato fuhr in Rom fort, sich jenen listigen und spitzfindigen Griechen zu widersetzen, welche die Tugend verführten und den Mut ihrer Mitbürger schwächten. Allein, die Wissenschaften, die Künste und die Dialektik behielten dennoch wieder die Oberhand: Rom füllte sich mit Philosophen und Rednern, man vernachlässigte die Kriegszucht, man verachtete den Ackerbau, man hing Sekten an und vergaß darüber das Vaterland. Auf die heiligen Namen der Freiheit, der Uneigennützigkeit, der Beobachtung der Gesetze folgten die Namen des Epikur, des Zenon, des Arkesilaos. *Seitdem sich Gelehrte unter uns eingefunden haben*, sagten ihre eigenen Philosophen, *sind die rechtschaffenen Leute verschwunden.* Bis dahin hatten die Römer sich begnügt, die Tugend auszuüben, sobald sie aber anfingen, sie zu erlernen, so war alles verloren.

O Fabricius, was hätte deine große Seele gedacht, wenn du zu deinem Unglück in dieses Leben zurückgekommen wärest und den glänzenden Schimmer dieses durch deinen Arm ehemals geretteten Rom gesehen hättest, welches durch deinen verehrungswürdigen Namen mehr als durch alle seine Eroberungen verherrlicht wurde? »Ihr Götter«, würdest du ausgerufen haben, »wo sind jene Strohhütten, jene bäurischen Herde, wo ehemals die Mäßigkeit und die Tugend wohnten? Welche traurige Herrlichkeit ist der römischen Einfalt gefolgt? Was ist das für eine fremde Sprache? Was sind dies für verweichlichte Sitten? Was bedeuten diese Bildsäulen, diese Gemälde, diese Gebäude? Unbesonnene, was habt ihr getan? Ihr, die Beherrscher aller Nationen, habt euch zu Sklaven dieser liederlichen Menschen gemacht, welche ihr überwunden habt? Redner sind es, die euch regieren? Ihr habt also in Griechenland und in Asien bloß darum so viel Blut vergossen, um eure Baumeister, Maler, Bildhauer und Komödianten zu bereichern? Die Schätze von Karthago werden einem Flötenspieler zur Beute? Römer, eilt, diese Amphitheater zu zerstören, zerbrecht diese Bildsäulen, verbrennt diese Gemälde und verjagt diese Sklaven, welche euch unterjochen und deren schädliche Künste euch verderben. Überlaßt es anderen, sich durch eitle Talente berühmt zu machen, die einzige Kunst der Römer sei, die Welt zu erobern und die Tugend darin auszubreiten. Als Kineas unseren Senat als eine Versammlung von Königen ansah, war er weder durch eitle Pracht noch durch gesuchte Eleganz geblendet. Er hörte dort keineswegs jene leichtfertige Beredsamkeit, diese Bemühung und bezaubernde Lust eitler Menschen. Was sah denn Kineas so Majestätisches? O ihr Bürger! Er sah ein Schauspiel, welches alle eure Reichtümer und alle eure Künste nicht geben können, das würdigste Schauspiel, das jemals unter der Sonne zu sehen war, die Versammlung von zweihundert tugendhaften Männern, welche Rom und die ganze Welt zu regieren würdig waren.«

Allein, wir wollen aus diesen so entfernten Orten und Zeiten zurückkehren und sehen, was in unseren Gegenden und vor unseren Augen geschehen ist, oder wir wollen vielmehr das verhaßte Gemälde, welches unser Zartgefühl nur verletzen würde, entfernen und uns die Mühe ersparen, dasselbe unter anderem Namen zu wiederholen. Ich habe nicht umsonst den Geist des Fabricius angerufen, und was habe ich diesen großen Mann sagen lassen, das ich nicht ebensogut Ludwig XII. oder Heinrich IV. hätte in den Mund legen können? Es ist wahr, bei uns hätte Sokrates kein Gift getrunken, allein er hätte aus einem viel bittereren Kelch schändliche Verspottung und Verachtung, welche weit ärger als der Tod selbst ist, trinken müssen.

Luxus, Zügellosigkeit und Sklaverei sind also zu allen Zeiten die Strafen unserer stolzen Bemühungen gewesen, uns aus der glücklichen Unwissenheit, in welcher uns die ewige Weisheit gelassen hatte, herauszureißen. Der dichte Schleier, hinter welchem sie alle ihre Wirkungen verbarg, schien uns hinlänglich zu erinnern, daß sie uns nicht zu eitlen Untersuchungen bestimmt hat. Allein, haben wir uns auch nur eine ihrer Lehren zunutze zu machen gewußt oder sie uns ungestraft aus dem Sinn geschlagen? Ihr Völker, erkennt also einmal, daß euch die Natur vor der Wissenschaft hat bewahren wollen, so wie eine Mutter ihrem Kinde eine gefährliche Waffe aus den Händen reißt. Erkennt, daß alle Geheimnisse, welche sie euch verbirgt, ebenso viele Übel sind, vor denen sie euch bewahrt, und daß die Mühe, welche ihr anwenden müßt, um etwas zu erlernen, nicht die geringste ihrer Wohltaten ist. Die Menschen sind verdorben, und sie würden noch elender sein, wenn sie das Unglück gehabt hätten, gelehrt geboren zu werden.

Wie erniedrigend sind diese Gedanken für die Menschheit! Wie wird unser Stolz dadurch gekränkt! Wie, die Redlichkeit sollte eine Tochter der Unwissenheit sein? Wissenschaft und Tugend sollten sich nicht miteinander vertragen? Was für Folgerungen würde man nicht aus diesen Vorurteilen ziehen? Allein, um diese scheinbaren Widersprüche zu heben, braucht man nur die Eitelkeit und Nichtigkeit jener prächtigen Titel näher zu untersuchen, welche uns verblenden und die wir so grundlos den menschlichen Kenntnissen beilegen. Wir wollen also die Künste und Wissenschaften an und für sich selbst betrachten. Wir wollen sehen, was aus ihrem Fortgang folgen muß; zögern wir nicht mehr, alle die Punkte zuzugeben, wo unsere Vernunftschlüsse mit den historischen Folgerungen übereinstimmen werden.

ZWEITER TEIL

Es ist eine alte Sage, welche aus Ägypten nach Griechenland gekommen ist, daß ein der Ruhe der Menschen feindseliger Gott der Erfinder der Wissenschaften gewesen sei.* Was für eine Meinung mußten also die Ägypter selbst von ihnen hegen, bei denen sie aufgekeimt waren? Sie kannten nämlich die Quellen von nahem, woraus sie entsprungen waren. In der Tat, man mag die Annalen der Welt nachschlagen oder durch philosophische Untersuchungen die ungewissen Chroniken ergänzen, so wird man doch niemals den Ursprung der Wissenschaften so beschaffen finden, wie wir ihn uns gerne vorstellen. Die Astronomie entstand aus dem Aberglauben; die Beredsamkeit aus dem Ehrgeiz, dem Haß, der Schmeichelei und der Lüge; die Meßkunde aus dem Geiz; die Naturlehre aus einer eitlen Neugierde; alle, und selbst die Moral, aus dem menschlichen Stolz. Unseren Lastern danken die Wissenschaften und die Künste ihre Entstehung: wir wären über ihre Vorzüge weniger im Zweifel, wenn sie aus unseren Tugenden entsprungen wären.

Der Makel ihres Ursprungs zeigt sich nur zu sehr auch an ihren Gegenständen. Was nützten uns die Künste ohne den Luxus, welcher sie nährt? Wozu brauchten wir die Rechtsgelehrtheit, wenn die Menschen keine Ungerechtigkeiten begingen? Was würde aus der Geschichte werden, wenn es keine Tyrannen, keine Kriege, keine Verschwörer gäbe? Mit einem Wort, wer würde seine ganze Lebenszeit mit unfruchtbaren Betrachtungen hinbringen wollen, wenn jeder nichts als die Pflichten eines Menschen und die Bedürfnisse der Natur bedenken und alle seine Zeit dem Vaterlande, den Unglückseligen und seinen Freunden wid-

* Man sieht hierin leicht die Allegorie der Sage von Prometheus, und es scheint auch nicht, daß die Griechen, welche ihn an den Kaukasus geschmiedet vorstellten, viel günstiger von ihm dachten als die Ägypter von ihrem Gott Theuth. »Der Satyr«, sagt eine alte Fabel, »wollte das Feuer küssen und umarmen, als er es zum erstenmal sah; allein Prometheus rief ihm zu: Satyr, du wirst deinen Bart beweinen, denn es brennt, wenn man es anrührt.«

men würde? Sind wir denn geschaffen, um, über den Rand des Brunnens gebeugt, in welchem sich die Wahrheit verborgen hat, zu sterben? Allein diese Betrachtung schon sollte jeden, der sich durch das Studium der Philosophie mit allem Ernste zu unterrichten suchte, gleich beim ersten Schritte abschrecken.

Welche Gefahren, welche Irrwege gibt es nicht bei der Erforschung der Wissenschaften! Durch wie viele Irrtümer, welche tausendmal gefährlicher sind, als die Wissenschaft nützlich ist, muß man nicht hindurch, wenn man zu derselben gelangen will! Der Schaden ist offenbar, denn das Falsche läßt sich auf unendlich viele Weisen verbinden, aber die Wahrheit hat nur eine einzige Weise zu sein. Und außerdem, wer sucht sie aufrichtig? An welchen Zeichen kann man sie, bei dem aufrichtigsten Willen, mit Sicherheit erkennen? Welches wird unser Kriterium* sein, nach welchem wir sie bei dieser Menge verschiedener Meinungen richtig beurteilen können? Und was das Schwerste dabei ist, wenn wir sie glücklicherweise endlich finden, wer von uns wird sie auf eine gute Art anzuwenden wissen?

Wenn unsere Wissenschaften in Ansehung ihres Gegenstandes nichtig sind, so sind sie noch weit gefährlicher durch die Wirkungen, die sie hervorbringen. Da sie aus dem Müßiggang entstanden sind, so leisten sie ihm auch ihrerseits wieder Vorschub, und der unersetzliche Zeitverlust ist der erste Schaden, welchen sie der Gesellschaft zufügen. Es ist in der Politik sowohl wie in der Moral ein großes Übel, wenn man nichts Gutes tut, und jeder unnütze Bürger kann als ein schädlicher Mensch betrachtet werden. Antwortet mir also, ihr berühmten Philosophen, ihr, die ihr uns erklärt, in welchen Verhältnissen die Körper einander im leeren Raum anziehen, wie sich beim Umlauf der Planeten die in gleichen Zeiten durchlaufenen Räume zueinander verhalten, welche Kurven konjugierte Punkte, Beugungs- und Wendepunkte haben, wie der Mensch alles in Gott erblickt, wie die Seele und der

* Je weniger man weiß, desto mehr glaubt man zu wissen. Zweifelten wohl die Peripatetiker an etwas? Hat nicht Descartes die Welt mit Würfeln und Wirbeln erbaut? Und wo ist selbst jetzt in Europa der geringste Naturforscher, der nicht kühn dieses große Geheimnis der Elektrizität erklärt, woran die wahren Philosophen vielleicht für immer verzweifeln werden?

Leib, nicht anders als zwei Uhrwerke, ohne eine gegenseitige Wirkung zusammenstimmen, welche Gestirne bewohnbar sind, welche Insekten sich auf eine außergewöhnliche Weise fortpflanzen. Antwortet mir, sage ich, ihr, von denen wir so viele erhabene Kenntnisse erhalten haben. Wenn ihr uns nichts von all diesen Dingen entdeckt hättet, wären wir weniger zahlreich, würden wir weniger gut regiert, wären wir weniger furchtbar, weniger blühend oder wären wir verdorbener? Betrachtet also einmal die Wichtigkeit eurer Erfindungen, und wenn die Bemühungen unserer erleuchtetsten Gelehrten und unserer besten Bürger uns so wenig Nutzen schaffen, so sagt uns doch, was wir von dem Haufen unbekannter Schriftsteller und gelehrter Müßiggänger denken sollen, welche das Vermögen des Staates ganz nutzlos verschlingen.

Was sage ich, müßig? Wollte Gott, sie wären es wirklich! Die Sitten wären vernünftiger, und die Gesellschaft wäre ruhiger. Allein, diese eitlen und törichten Schwätzer gehen mit ihren unseligen Paradoxen allenthalben umher und untergraben die Grundfesten des Glaubens und vernichten die Tugend. Mit einem spöttischen Lächeln sehen sie auf jene alten Worte von Vaterland und Religion herab und widmen ihre Gaben und ihre Philosophie dem Umsturz und der Verkleinerung alles dessen, was unter den Menschen heilig ist. Nicht daß sie im Grunde die Tugend, noch daß sie unsere Dogmen hassen, sie sind bloß Feinde der allgemein angenommenen Meinungen, und um sie zu den Altären zurückzubringen, brauchte man sie nur für Atheisten zu erklären. O was vermag nicht die Begierde, sich vor anderen auszuzeichnen!

Der Mißbrauch der Zeit ist ein großes Übel. Aber noch weit größere Übel folgen den Wissenschaften und Künsten. So der Luxus, der wie sie aus dem Müßiggang und der Eitelkeit der Menschen entsteht. Der Luxus zeigt sich selten ohne die Wissenschaften und die Künste, und diese niemals ohne jenen. Ich weiß, daß unsere Philosophie, welche an sonderbaren Grundsätzen reich genug ist, gegen die Erfahrung aller Jahrhunderte behaupten will, der Luxus gäbe den Staaten ein herrliches Ansehen; allein, sollte sie, nachdem sie die Notwendigkeit der Gesetze wider die Verschwendung vergessen hat, noch zu leugnen wagen, daß die guten Sitten für die Dauer der Reiche wesentlich sind und daß der Luxus den guten Sitten gerade entgegensteht? Mag der Luxus ein sicheres Zeichen des Reichtums sein, mag er sogar, wenn man will, zu dessen Vermehrung dienen, was aber soll man aus diesem unserer Tage so würdigen Paradox für Folgerungen ziehen, und was wird aus der Tugend, wenn man sich um jeden Preis bereichern muß? Die Politiker der Alten redeten immerfort von Sitten und Tugend, die unsrigen reden von nichts als vom Handel und vom Gelde. Der eine wird uns sagen, daß ein Mensch in dieser oder jener Gegend so viel wert ist, wie er in Algier kosten würde, ein anderer wird nach dieser Rechnung Länder finden, wo ein Mensch gar nichts, und noch andere, wo er weniger als nichts wert ist. Sie schätzen die Menschen wie Herden Vieh. Ihrer Meinung nach hat der Mensch für den Staat keinen anderen Wert als das, was er dort verbraucht. Also wäre ein Sybarit soviel wert gewesen wie dreißig Lakedämonier. Man rate nun, welche von beiden Republiken, Sparta oder Sybaris, von einer Handvoll Bauern unters Joch gebracht wurde, und vor welcher von ihnen Asien erzitterte.

Das Reich des Kyros wurde mit dreißigtausend Mann von einem Fürsten erobert, welcher ärmer war als der geringste persische Satrap, und die Skythen, das ärmste unter allen Völkern, hat den mächtigsten Monarchen der Erde widerstanden. Zwei berühmte Republiken stritten um die Herrschaft der Welt, die eine war sehr reich, die andere hatte nichts, und dennoch richtete diese die andere zugrunde. Das römische Reich seinerseits, nachdem es alle Reichtümer der Erde verschlungen hatte, fiel in die Hände von Völkern, welche nicht einmal wußten, was Reichtum war. Die Franken eroberten Gallien und die Sachsen England mit keinen anderen Schätzen als mit ihrer Tapferkeit und ihrer Armut. Ein Haufen armer Bergbewohner, deren ganze Begierde sich auf einige Schaffelle beschränkte, demütigte den österreichischen Stolz und bezwang das vermögende und gefürchtete Haus Burgund, vor welchem die europäischen Potentaten zitterten. Die ganze Macht und Klugheit des Nachfolgers Karls V., von den Schätzen beider Indien unterstützt, scheiterte dennoch an einer Handvoll Heringsfischer. Möchten doch unsere Staatsmänner ihre Berechnungen hier einen Augenblick vergessen, um über die angeführten Beispiele etwas nachzudenken, und möchten sie doch endlich lernen, daß man für Geld zwar alles haben kann, nur keine Sitten und keine Bürger.

Worum geht es also eigentlich bei dieser Frage des Luxus? Zu erfahren, was für die Reichen das Wichtigste ist, entweder glanzvoll zu sein und kurze Zeit zu bestehen oder tugendhaft und lange zu dauern. Ich sage glanzvoll, aber welch ein Glanz ist dies? Der Geschmack an Prunk vereinigt sich selten in derselben Seele mit dem Geschmack an der Rechtschaffenheit. Nein, es ist nicht möglich, daß sich durch viele unnütze Sorgen erniedrigte Geister jemals zu etwas Großem erheben, und wenn sie auch die Kraft dazu besäßen, so würde es ihnen doch an Mut fehlen.

Jeder Künstler will Beifall erhalten, und der kostbarste Teil seiner Belohnung sind die Lobreden seiner Zeitgenossen. Was wird er also tun, um sie zu erhalten, wenn er so unglücklich ist, in einer Nation und zu einer Zeit geboren zu sein, wo die Gelehrten Mode geworden sind und eine leichtfertige Jugend in den Stand gesetzt haben, den Ton anzugeben; wo die Männer ihren Geschmack den Tyrannen ihrer Freiheit aufgeopfert haben* und wo das eine Geschlecht nichts zu billigen wagt, als was der Kleinmütigkeit des anderen angemessen ist, und wo man folglich die Meisterstücke der dramatischen Poesie nicht mehr schätzt und die Wunderwerke der Harmonie verachtet? Was er tun wird, meine Herren? Er wird seinen Geist zu seinem Jahrhundert herablassen und lieber mittelmäßige Stücke liefern, die während sei-

* Ich bin weit entfernt, diesen Einfluß der Frauen an sich für ein Übel zu halten. Es ist ein Geschenk, welches ihnen die Natur zum Besten des menschlichen Geschlechts verliehen hat: besser angewendet, würde es ebensoviel Gutes hervorbringen, als es jetzt Übles anrichtet. Man sieht den Nutzen noch nicht recht ein, welchen die Gesellschaft davon haben würde, wenn man mehr Sorge auf die Erziehung dieser einen Hälfte des menschlichen Geschlechts wendete, welche die andere beherrscht. Die Männer werden immer das sein, was den Frauen gefällt: will man sie also groß und tugendhaft bilden, so lehre man die Frauen, was Größe der Seele und Tugend sei. Die Betrachtungen hierüber, welche auch Platon schon gemacht, verdienten von jemandem besser auseinandergesetzt zu werden, der, nach einem so großen Meister zu schreiben und eine so große Sache zu verteidigen, würdig wäre.

ner Lebenszeit bewundert werden, als Meisterstücke, welche man erst lange nach seinem Tod bewundern würde. Sagt uns, berühmter Arouet, wieviel männliche und starke Schönheiten habt Ihr unserer falschen Empfindlichkeit aufgeopfert und wieviel große Dinge hat Euch der in kleinen Dingen so fruchtbare Geist der Galanterie gekostet.

Die Lockerung der Sitten, eine notwendige Folge des Luxus, zieht also ihrerseits die Verderbnis des Geschmacks nach sich. Findet sich unter den Menschen mit außerordentlichen Gaben zufällig einer, der Herz genug hat und sich weigert, dem Geist seines Jahrhunderts nachzugeben und sich durch lächerliche Werke herabzusetzen, um so schlimmer für ihn! Er wird in Armut und Vergessenheit sterben. Wäre doch das, was ich hier sage, eine Prophezeiung und keine Erfahrung! Carle, Pierre, der Augenblick ist gekommen, wo eure Pinsel, welche bestimmt waren, die Herrlichkeit unserer Tempel durch erhabene und heilige Bilder zu erhöhen, aus euren Händen fallen oder dadurch entehrt werden, daß sie Kutschentüren mit schlüpfrigen Bildern schmücken müssen. Und du, Nacheiferer des Praxiteles und des Phidias, du, dessen Meißel die Alten gebraucht hätten, ihnen Götter zu verfertigen, die ihren Götzendienst in unseren Augen entschuldigen könnten, unnachahmlicher Pigalle, deine Hand wird sich entschließen, den unförmigen Bauch eines Pagoden zu bearbeiten, oder sie wird müßig bleiben müssen.

Man kann nicht über die Sitten nachdenken, ohne sich zugleich an das Bild der Einfalt der ältesten Zeiten erinnern zu wollen. Es ist ein schönes Ufer, bloß von den Händen der Natur geschmückt, nach welchem man sich beständig umsieht und welches man nur ungern verläßt. Als noch die unschuldigen und tugendhaften Menschen die Götter gern zu Zeugen ihrer Handlungen machten, wohnten sie mit ihnen zusammen in derselben Hütte. Als sie aber bald darauf böse geworden waren, wurden sie dieser beschwerlichen Zuschauer überdrüssig und verwiesen sie in prächtige Tempel. Aus diesen verjagten sie sie endlich wieder, um selbst darin zu wohnen, oder wenigstens waren die Tempel der Götter nicht mehr von den Häusern der Bürger zu unterscheiden. Dies war nun der Gipfel des Verderbens, und man hat die Laster niemals weiter getrieben als damals, als man sie sozusagen am Eingang der Paläste der Großen auf Marmorsäulen ruhen oder in korinthische Kapitelle eingemeißelt fand.

Sowie die Bequemlichkeiten des Lebens sich vermehren, die Künste sich vervollkommnen und der Luxus sich ausbreitet, so wird die wahre Tapferkeit kraftlos, die kriegerischen Tugenden verschwinden, und auch dies ist das Werk der Wissenschaften und all der Künste, die in der Ruhe des Kabinetts ausgeübt werden. Als die Goten Griechenland verwüsteten, blieben alle Bibliotheken nur deswegen vom Feuer verschont, weil einer von ihnen die Meinung aufgebracht hatte, man müsse den Feinden diese Dinge lassen, die so geeignet wären, sie von der Kriegsübung abzubringen und sie mit einer müßigen und sitzenden Beschäftigung zu unterhalten. Karl VIII. sah sich als Herr der Toskana und des Königreiches Neapel, beinahe ohne einen Schwertstreich getan zu haben, und sein ganzer Hof schrieb die unverhoffte Leichtigkeit dieser Eroberung dem zu, daß die Fürsten und der Adel Italiens mehr Gefallen daran fanden, sinnreich und gelehrt als stark und kriegerisch zu werden. Und wirklich, sagt der vernünftige Mann, der diese beiden Geschichten erzählt, zeigen uns alle Beispiele, daß in dieser kriegerischen Ordnung und in allen, die ihr ähnlich sind, die Bemühung um die Wissenschaften weit geschickter ist, die Tapferen weich und weibisch als stark und mutig zu machen.

Die Römer gestanden es selbst, daß sie ihr kriegerisches Wesen verloren, je mehr sie anfingen, sich auf Gemälde, Kupferstiche und goldene Gefäße zu verstehen und die schönen Künste zu pflegen. Gleichsam als ob diese berühmte Gegend den anderen Völkern beständig als Beispiel dienen sollte, haben der Aufstieg der Medici und die Wiederherstellung der schönen Wissenschaften das kriegerische Ansehen, welches Italien vor einigen Jahrhunderten wieder erlangt zu haben schien, aufs neue und vielleicht für immer sinken lassen.

Die alten Republiken Griechenlands hatten mit der Weisheit, die aus den meisten ihrer Einrichtungen hervorleuchtete, ihren Bürgern jeden ruhigen und seßhaften Beruf untersagt, der den Körper schwächt und verdirbt und zugleich die Kraft der Seele angreift. Und wie können denn Menschen dem Hunger, dem Durst, Strapazen, Gefahren und dem Tod ins Auge sehen, wenn die geringste Not sie zu Boden wirft und die geringste Mühe sie abschreckt? Mit welchem Mut sollen die Soldaten die äußersten Anstrengungen ertragen, wenn sie gar nicht daran gewöhnt sind? Mit welchem Eifer sollen sie Gewaltmärsche unter Führung von Offizieren machen, die nicht einmal die Kraft haben, sich zu Pferde fortzubewegen? Man halte mir nicht den so gerühmten Wert der neueren, so klug disziplinierten Krieger entgegen. Man rühmt zwar ihre Tapferkeit in der Schlacht, allein man sagt nicht, wie sie äußerste Anstrengungen, wie sie die strengen Jahreszeiten und die Unbilden der Witterung ertragen. Ein wenig Sonne oder Schnee oder nur der Mangel einiger überflüssiger Dinge genügt, um in wenigen Tagen unsere beste Armee aufzureiben. Unerschrockene Krieger, ertragt einmal die Wahrheit, die ihr so selten zu hören bekommt. Ihr seid tapfer, ich weiß es, ihr hättet mit Hannibal bei Cannae und am Trasimenischen See gesiegt, Cäsar wäre mit euch über den Rubikon gegangen und hätte sein Vaterland unterdrückt, aber mit euch hätte jener niemals die Alpen überstiegen, und dieser hätte mit euch niemals eure Vorfahren besiegt.

Der Erfolg des Krieges besteht nicht nur darin, daß man Kämpfe gewinnt, sondern der Krieg ist für die Generäle eine höhere Kunst als die, Schlachten zu gewinnen. Mancher läuft unerschrocken in das Feuer und ist doch ein sehr schlechter Offizier, und dem Soldaten selbst nützte ein wenig mehr Kraft und Stärke eher als so viel Tapferkeit, welche ihn doch nicht vor dem Tode schützen kann, und was hat der Staat davon, ob seine Truppen durch Fieber und Frost oder durch das Schwert des Feindes umkommen.

Wenn die Bearbeitung der Wissenschaften den kriegerischen Eigenschaften schädlich ist, so ist sie es den sittlichen noch weit mehr. Gleich von unserer Kindheit an putzt eine unvernünftige Erziehung unseren Geist auf und verdirbt unser Urteil. Allenthalben gewahre ich riesige Anstalten, wo die Jugend mit großen Kosten erzogen wird und wo man sie alles lehrt, nur nicht ihre Pflichten. Eure Kinder werden ihre eigene Sprache nicht kennen, doch sie werden andere sprechen, die nirgends in Gebrauch sind. Sie werden Verse machen, die sie kaum verstehen können. Sie werden den Irrtum nicht von der Wahrheit unterscheiden können und gleichwohl die Kunst besitzen, dieselben durch spitzfindige Scheingründe für andere unkenntlich zu machen. Allein, was die Worte Großmut, Billigkeit, Mäßigkeit, Menschenliebe und Tapferkeit bedeuten, wird ihnen ganz unbekannt sein. Der angenehme Name des Vaterlandes wird niemals in ihren Ohren erklingen, und wenn sie von Gott reden hören, so werden sie mehr Schrecken als Furcht empfinden.* Ich wünschte, sagte ein Weiser, daß mein Schüler die Zeit mit Ballspielen zugebracht hätte, wenigstens wäre sein Körper dadurch geschmeidiger geworden. Ich weiß sehr wohl, daß man die Kinder beschäftigen muß und daß der Müßiggang für sie sehr gefährlich ist. Was sollen sie also lernen? Gewiß eine wichtige Frage! Man lehre sie, was sie als Männer tun sollen**, und nicht, was sie vergessen sollen.

* *Pensées philosophiques.*

** Auf diese Art wurden, nach dem Zeugnis ihres größten Königs die Spartaner erzogen. Es ist sehr zu bewundern, sagt Montaigne, daß man in dem vortrefflichen, freilich in seiner Vollkommenheit unnatürlichen Staatswesen des Lykurg, wo man sich um die Pflege der Kinder als um die Hauptaufgabe so sehr kümmerte, selbst in dem Sitz der Musen so wenig des Unterrichts gedachte, gleichsam als ob man dieser edlen Jugend, die jedes andere Joch verachtete, statt unserer Lehrer der Wissenschaft nur Lehrer der Tapferkeit, Klugheit und Gerechtigkeit hätte geben müssen.

Wir wollen nun sehen, wie eben dieser Schriftsteller von den alten Persern redet. Platon, sagt er, erzählt, daß der älteste Sohn ihres Königshauses folgendermaßen erzogen wurde. Gleich nach seiner Geburt wurde er nicht den Frauen, sondern den Verschnittenen übergeben, welche wegen ihrer Tugend bei dem König im größten Ansehen standen. Diese sorgten dafür, seinen Körper schön und gesund zu erhalten, und nach sieben Jahren lehrten sie ihn reiten und jagen. Wenn er das vierzehnte Jahr erreicht hatte, übergaben sie ihn vier Lehrern: dem weisesten, dem gerechtesten, dem mäßigsten und dem tapfersten der Nation. Der erste lehrte ihn die Religion, der zweite, immer wahrhaftig zu sein, der dritte, seine Begierden zu zähmen, der vierte, nichts zu fürchten. Ich will hinzusetzen: Alle suchten ihn gut, keiner aber, gelehrt zu machen.

Bei Xenophon fragt Astyages den Kyros, was seine letzte Lektion gewesen sei. Er antwortete ihm: In unserer Schule hatte ein großer Junge ein kleines Oberkleid, dieses gab er einem seiner Kameraden, welcher kleiner war, und nahm dagegen sein Oberkleid, welches größer war. Unser Lehrer befahl mir, diesen Streit zu schlichten, und ich entschied, daß man es dabei bewenden lassen müsse, weil jedem von

Unsere Gärten sind mit Bildsäulen und unsere Galerien sind mit Gemälden geschmückt. Was denkt ihr wohl, daß diese Meisterwerke, welche öffentlich zur Bewunderung ausgestellt sind, darstellen? Etwa die Verteidiger des Vaterlandes oder die noch größeren Männer, die es durch ihre Tugend noch herrlicher gemacht haben? Nein, es sind Bilder aller Verirrungen des Herzens und des Verstandes, welche man sorgfältig aus der alten Mythologie hervorgesucht hat, um sie der Neugierde unserer Jugend beizeiten darzubieten, zweifellos, damit sie, noch ehe sie lesen können, schon Beispiele schlechter Handlungen vor Augen haben.

Woher entstehen diese Mißbräuche anders als aus der unseligen Ungleichheit, die durch die Unterscheidung der Talente und die Geringschätzung der Tugend unter den Menschen eingeführt wurde? Dies ist die deutlichste Wirkung aller unserer Studien und die gefährlichste aller ihrer Folgen. Man fragt nicht mehr danach, ob ein Mensch rechtschaffen ist, sondern bloß, ob er Talente hat. Man fragt nicht, ob ein Buch nützlich ist, sondern ob es gut geschrieben ist. Die Belohnungen werden an einen witzigen Kopf verschwendet, und die Tugend bleibt ohne Ehren. Auf schöne Abhandlungen hat man tausend Preise gesetzt und nicht einen auf schöne Handlungen. Man sage mir aber, ob die Ehre, die der besten Abhandlung, die den Preis der Akademie erhält, zuteil wird, wohl mit dem Verdienst, den Preis gestiftet zu haben, zu vergleichen ist?

Der Weise läuft dem Glück nicht nach, gleichwohl ist er für den Ruhm nicht unempfindlich, wenn er ihn aber so schlecht verteilt sieht, so ermattet seine Tugend, welche durch einige Aufmunterung der Gesellschaft vielleicht sehr nützlich geworden wäre, und sie erlischt im Elend und in Vergessenheit. Diese Folgen werden

ihnen auf diese Art besser geholfen schien. Allein, er hielt mir vor, daß ich unrecht gehandelt hätte, denn ich hätte nur auf das Wohlbefinden gesehen; man müsse zuerst für die Gerechtigkeit sorgen, wonach niemand in dem, was ihm gehört, gezwungen werden dürfe. Er fügte hinzu, er sei dafür so gestraft worden, wie man uns in unseren Dörfern bestraft, wenn wir den ersten Aorist von τυπτω vergessen haben. Mein Schulmeister müßte mir eine schöne Rede *in genere demonstrativo* halten, ehe er mich überzeugte, daß seine Schule soviel wert ist wie diese.

auf die Dauer unvermeidlich sein, solange man die angenehmen Talente den nützlichen vorzieht, und die Erfahrung hat dies seit der Erneuerung der Wissenschaften und Künste hinlänglich bestätigt. Wir haben Naturforscher, Geometer, Chemiker, Astronomen, Dichter, Musiker und Maler, nur Bürger haben wir nicht mehr, oder wenn wir noch einige haben, so sind sie in unseren ländlichen Einöden zerstreut und gehen dort arm und verachtet zugrunde. Das ist die Lage, in die sie gebracht wurden, und das sind die Empfindungen, die wir gegen diejenigen hegen, die uns mit Brot und unsere Kinder mit Milch versorgen.

Ich gestehe jedoch, daß das Übel nicht so groß ist, wie es hätte werden können. Die ewige Vorsehung, welche verschiedenen schädlichen Pflanzen einfache Heilpflanzen an die Seite gesetzt und in dem Körper mehrerer bösartiger Tiere das Heilmittel wider ihren Biß verborgen hat, hat die Herrscher, die ihre Diener sind, gelehrt, ihre Weisheit nachzuahmen. Nach diesem Beispiel ließ jener große Monarch, dessen Ruhm mit der Zeit immer nur neuen Glanz erhalten wird, aus dem Schoße der Wissenschaften und Künste, diesen Quellen von tausenderlei Verirrungen, jene berühmten Gesellschaften hervortreten, denen zugleich der gefährliche Schatz der menschlichen Kenntnisse und der geheiligte Schatz der Sitten anvertraut ist und die darauf bedacht sind, sie in ihrer ganzen Reinheit zu erhalten und solches von den Mitgliedern, die sie aufnehmen, zu fordern.

Diese weisen Einrichtungen, die von seinem erlauchten Nachfolger noch befestigt und von allen Königen Europas nachgeahmt wurden, werden wenigstens alle Gelehrten im Zaume halten, welche alle nach der Ehre streben, in die Akademien aufgenommen zu werden, und deswegen auf sich selbst acht haben und sich durch nützliche Werke und untadelige Sitten dessen würdig machen müssen. Diejenigen dieser Gesellschaften, die für die Preise, womit sie das Verdienst der Gelehrten belohnen, Gegenstände auswählen, die geeignet sind, in dem Herzen der Bürger die Liebe zur Tugend wieder zu erwecken, werden dadurch beweisen, daß diese Liebe unter ihnen herrscht, und sie werden den Völkern dieses seltene und angenehme Vergnügen gewähren, gelehrte Gesellschaften zu erblicken, die nicht nur angenehme Erkenntnisse, sondern auch heilsame Lehren unter dem Menschengeschlecht zu verbreiten suchen.

Man halte mir also keinen Einwand entgegen, der für mich nur ein neuer Beweis ist. So viele Bemühungen zeigen nur, wie notwendig sie sind, denn wo kein Übel ist, sucht man kein Mittel dagegen. Und warum scheinen selbst diese Mittel ebenso unzureichend wie jedes andere gewöhnliche Heilmittel? Die vielen Anstalten, welche man zum Besten der Gelehrten gemacht hat, sind nur noch mehr geeignet, einen über die Gegenstände der Wissenschaften zu täuschen und die Gemüter zu ermuntern, sie zu bearbeiten. Nach den Maßnahmen, die man ergreift, scheint es, man habe zuviel Landarbeiter und man befürchte einen Mangel an Philosophen. Ich will mich hier auf keinen Vergleich zwischen dem Ackerbau und der Philosophie einlassen, man würde es vielleicht nicht gerne sehen. Ich frage nur: Was ist die Philosophie? Was enthalten die Schriften der bekanntesten Philosophen? Welches sind die Lehren dieser Freunde der Weisheit? Wenn man sie hört, sollte man sie für einen Haufen Scharlatane halten, von denen jeder auf öffentlichem Platze ruft: Kommt zu mir, ich allein betrüge nicht. Der eine behauptet, es gäbe keine Körper und alles sei in der Vorstellung. Der andere, die Materie sei die einzige Substanz, und es sei kein anderer Gott als die Welt. Dieser behauptet, es gäbe weder Tugend noch Laster, und erklärt das moralisch Gute und Böse für ein Hirngespinst. Jener sieht die Menschen als Wölfe an, die sich mit ruhigem Gewissen gegenseitig verschlingen können. O ihr großen Philosophen! Warum behaltet ihr diese nützlichen Lehren nicht für eure Freunde und Kinder? Ihr würdet von ihnen bald den Lohn dafür empfangen, und wir hätten wenigstens nicht zu befürchten, einige von euren Anhängern unter uns zu finden.

Dies sind also die vortrefflichen Männer, die zu Lebzeiten die Achtung ihrer Zeitgenossen in reichem Maße erfuhren und denen die Unsterblichkeit nach ihrem Tode gewiß ist! Dies sind die weisen Maximen, die wir von ihnen empfangen haben und die wir von Geschlecht zu Geschlecht unseren Nachkommen überliefern! Hat das Heidentum, welches allen Verirrungen der menschlichen Vernunft ergeben war, der Nachwelt irgend etwas hinterlassen, das sich mit diesen schändlichen Denkmälern vergleichen ließe, welche die Buchdruckerkunst, unter der Herrschaft des Evangeliums, errichtet hat. Die gottlosen Schriften eines Leukipp und eines Diagoras sind mit ihnen untergegangen. Die Kunst, die Ausschweifungen des menschlichen Geistes zu verewigen, war damals noch nicht erfunden. Den typographischen Lettern* und dem Gebrauch, den wir davon machen, haben wir es zu danken, daß die schädlichen Träumereien eines Hobbes und eines Spinoza ewig bleiben werden. So geht denn hin, ihr berühmten Schriften, zu denen die Unwissenheit und das bäurische Wesen unserer Vorfahren unfähig gewesen wären, begleitet jene noch gefährlicheren Werke, aus denen das Verderben der Sitten unseres Jahrhunderts atmet, zu unseren Nachkommen und überliefert den künftigen Jahrhunderten eine zuverlässige Geschichte des Fortschritts und der Nützlichkeit unserer Wissenschaften und Künste. Wenn sie euch lesen, so werden sie bei der heute aufgeworfenen Frage nicht länger in Ungewißheit bleiben, und wenn sie nicht noch unbesonnener sind als wir, werden sie ihre Hände gen Himmel erheben und in der Bitterkeit ihres Herzens sagen: »Allmächtiger Gott, du, der du die Geister in deinen Händen hältst, erlöse uns von den Einsichten und den verderblichen Künsten

* Wenn man die greuliche Unordnung betrachtet, welche die Buchdruckerei schon in Europa angerichtet hat, und wenn man aus dem Fortschritt, den dieses Übel von einem Tag zum anderen macht, auf die Zukunft schließt, so kann man leicht vorhersehen, daß sich die Herrscher ohne Verzug ebensoviel Mühe geben werden, diese schreckliche Kunst aus ihren Staaten zu verbannen, als sie angewandt haben, um sie dort einzuführen. Der Sultan Achmed gab dem dringenden Verlangen einiger sogenannter Leute von Geschmack nach und ließ zu Konstantinopel eine Buchdruckerei errichten. Die Pressen waren aber kaum im Gange, als man genötigt war, sie zu zerstören und ihre Geräte in einen Brunnen zu werfen. Man sagt, daß der Kalif Omar, als man ihn fragte, was man mit der Bibliothek zu Alexandrien machen sollte, also antwortete: Wenn die Bücher dieser Bibliothek Sachen enthalten, die dem Koran zuwider sind, so sind sie schlecht und man muß sie verbrennen. Wenn sie aber bloß die Lehre des Koran enthalten, so verbrenne man sie gleichfalls, denn sie sind überflüssig. Unsere Gelehrten haben dieses Urteil als den Gipfel der Ungereimtheit angeführt, allein, man setze Gregor den Großen an die Stelle des Omar und das Evangelium an die Stelle des Koran, so wäre die Bibliothek gleichfalls verbrannt worden, und dieses wäre vielleicht der schönste Zug in dem Leben dieses berühmten Papstes.

unserer Väter, gib uns jene Unwissenheit, Unschuld und Armut wieder, wodurch wir allein glücklich werden und die in deinen Augen köstlich sind.«

Allein, wenn der Fortschritt der Wissenschaften und Künste unsere wahre Glückseligkeit nicht vermehrt hat, wenn er unsere Sitten verdorben hat und wenn die Verderbnis der Sitten die Reinheit des Geschmacks angetastet hat, was sollen wir alsdann von dem großen Haufen einfacher Schriftsteller denken, welche die Hindernisse weggeräumt haben, die den Zugang zum Tempel der Musen versperrten und die die Natur selbst dort ausgebreitet hatte, um die Kraft derer zu prüfen, die nach Wissen verlangten? Was sollen wir von den Kompilatoren denken, die das Tor der Wissenschaften in unbescheidener Weise aufgebrochen und eine Menge Volks in ihr Heiligtum hineingeführt haben, welches nicht würdig war, sich ihm zu nähern, während es doch zu wünschen wäre, daß alle diejenigen, welche es in der Gelehrsamkeit nicht weit bringen können, gleich anfangs abgewiesen würden und eine der Gesellschaft nützlichere Kunst ergriffen. Wer sein Leben lang ein schlechter Reimeschmied, ein mittelmäßiger Geometer sein wird, wäre vielleicht ein großer Tuchwirker geworden. Diejenigen, welche die Natur bestimmt hat, Schüler zu haben, brauchten keine Lehrer. Ein Verulam, ein Descartes, ein Newton, diese Lehrer des Menschengeschlechts haben selbst keine gehabt, und welche Führer hätten sie so weit gebracht wie ihr gewaltiges Genie? Gewöhnliche Lehrmeister hätten ihren Verstand nur einengen können, indem sie ihn in den engen Schranken ihrer eigenen Fähigkeit eingeschlossen hätten. Sie haben durch die ersten Hindernisse gelernt, ihre Kräfte anzuspannen, und sich an ihnen geübt, jene unermeßliche Bahn zu durchlaufen, welche sie zurückgelegt haben. Wenn man einigen Menschen erlauben wollte, sich den Wissenschaften und Künsten zu ergeben, so sollten es nur die sein, welche sich stark genug fühlen, allein auf ihren Spuren zu gehen und sie weiterzuführen: nur diesen wenigen kommt es zu, dem Ruhm des menschlichen Geistes Denkmäler aufzurichten. Will man aber, daß ihrem Genie nichts unerreichbar ist, so darf auch nichts ihre Hoffnungen übersteigen. Dies ist die einzige Ermunterung, die sie nötig haben. Die Seele richtet sich unmerklich nach den Gegenständen, mit welchen sie sich beschäftigt, und die großen Gelegenheiten machen große Männer. Der Fürst der Beredsamkeit war Konsul in Rom, und der vielleicht größte Philosoph, den wir haben, Kanzler von England. Glaubt man wohl, daß wenn jener nur einen Lehrstuhl an einer Universität und der andere bloß ein mäßiges Gehalt von einer Akademie bezogen hätte, glaubt man, sage ich, daß ihre Werke nicht ihren Stand verraten würden? Die Könige sollten daher nicht abgeneigt sein, Männer in ihren Rat aufzunehmen, welche am geschicktesten sind, ihnen zu raten. Sie sollten das alte Vorurteil fahren lassen, welches der Stolz der Großen erfunden hat, daß die Kunst, die Völker zu leiten, schwieriger sei als die Kunst, sie aufzuklären. Als ob es leichter wäre, die Menschen zu bewegen, aus freiem Willen Gutes zu tun, als sie mit Gewalt dazu zu zwingen. Die Gelehrten von erstem Range sollten an ihren Höfen eine ehrenvolle Zuflucht finden. Sie sollten dort die einzige ihrer würdigen Belohnung erhalten: durch ihr Ansehen zum Glück der Völker beizutragen, die sie in der Weisheit unterrichtet haben. Erst dann wird man sehen, was Tugend, Wissenschaft und Autorität vermögen, wenn sie, von einem edlen Wettstreit belebt, vereinigt an der Glückseligkeit des Menschengeschlechts arbeiten. Solange aber die Macht allein auf der einen Seite, Einsicht und Weisheit allein auf der anderen Seite stehen, werden die Gelehrten selten Großes denken und die Fürsten noch seltener Gutes tun, und die Völker werden weiter niedrig, verdorben und unglücklich sein.

Wir gemeinen Menschen aber, denen der Himmel keine so großen Gaben verliehen und die er nicht zu solchem Ruhm bestimmt hat, wir wollen in unserer Dunkelheit bleiben. Wir wollen nicht nach einem Ansehen trachten, das uns entgleiten würde und uns unter den gegenwärtigen Umständen niemals wieder ersetzen könnte, was es uns gekostet hätte, wenn wir es auch mit dem besten Rechte fordern können. Wozu sollen wir unser Glück in der Meinung eines anderen suchen, wenn wir es in uns selbst finden können? Wir wollen es anderen überlassen, die Völker ihre Pflichten zu lehren, und uns begnügen, die unsrigen gut zu erfüllen, so brauchen wir nichts weiter zu wissen.

O Tugend! Erhabene Wissenschaft einfältiger Seelen, so viel

Mühe, so viele Anstalten sind nötig, dich kennenzulernen? Sind deine Grundsätze nicht in aller Herzen gegraben, und ist es nicht, um deine Gesetze zu erlernen, genug, daß man in sich selbst zurückkehrt und daß man die Stimme des Gewissens hört, wenn die Leidenschaften schweigen? Dieses ist die wahre Philosophie, daran wollen wir uns begnügen lernen, und ohne die berühmten Männer zu beneiden, welche sich in der gelehrten Welt unsterblich machen, wollen wir uns bemühen, zwischen ihnen und uns den rühmlichen Unterschied zu machen, welchen man ehedem zwischen zwei großen Völkern bemerkte, daß eines von ihnen wohl zu reden, das andere wohl zu handeln wußte.

BRIEF

AN HERRN ABBÉ RAYNAL

1751

Mein Herr, ich schulde denen Dank, die die Bemerkungen, welche Sie mir gütigerweise mitteilen, in Ihre Hände gelegt haben, und ich will versuchen, daraus Gewinn zu ziehen. Freilich muß ich Ihnen gestehen, daß ich meine Richter ein wenig streng mit meiner Logik finde, und ich vermute, daß sie es weniger genau genommen hätten, wenn ich ihrer Ansicht gewesen wäre. Mir scheint wenigstens, wenn sie selbst nur etwas von jener strengen Genauigkeit gehabt hätten, welche sie von mir fordern, dann brauchte ich keine Klärungen, die ich jetzt von ihnen erbitte.

Der Verfasser scheint, sagen sie, *die Lage vorzuziehen, in welcher sich Europa vor der Erneuerung der Wissenschaften befand, ein Zustand, der durch das falsche Wissen oder durch den damals herrschenden Wortkram schlimmer war als die Unwissenheit.* Der Verfasser dieser Bemerkung scheint mich sagen zu lassen, daß das falsche Wissen oder der scholastische Wortkram der Wissenschaft vorzuziehen sei; dabei habe ich selbst gesagt, daß dies schlimmer sei als die Unwissenheit. Was aber versteht er unter dem Wort *Lage*? Wendet er es auf die Kenntnisse oder auf die Sitten an, oder ob er gar diese Dinge, welche ich so sorgfältig zu unterscheiden gesucht, miteinander vermengt? Da es schließlich bei der Frage gerade hierum geht, gestehe ich, daß es sehr ungeschickt wäre, wenn ich nur dem Anschein nach dazu Stellung genommen hätte.

Sie fügen hinzu, daß *der Verfasser die Derbheit der Höflichkeit vorzieht.*

Es ist wahr, daß der Verfasser die Derbheit der stolzen und falschen Höflichkeit unseres Jahrhunderts vorzieht, und er hat dafür die Gründe genannt.

Und er macht alle Gelehrten und alle Künstler herunter. Sei's drum, da man es denn so haben will, so stimme ich zu, alle Unterscheidungen zu unterdrücken, welche ich angebracht habe.

Er hätte, sagen sie weiter, *den Punkt bezeichnen sollen, von wo aus er die Epoche des Niederganges anheben läßt.* Ich habe mehr getan als das: ich habe diesen ersten Grad des Niederganges der Sitten dem ersten Augenblick der Pflege der schönen Wissenschaften in allen Ländern der Welt zugeschrieben und ich habe die Fortschritte dieser beiden Dinge überall in einem Verhältnis gefunden. *Und zu dieser ersten Epoche zurückgehend hätte er einen Vergleich der Sitten jener*

Zeit mit unseren Sitten anstellen sollen. Dies hätte ich in einem Quartband ausführlich getan.

Ohne das sehen wir nicht, bis wohin man zurückgehen müßte, etwa gar bis in die Zeit der Apostel. Ich sehe nicht die Schwierigkeit, die es damit haben könnte, wenn es nur wirklich so wäre. Aber ich bitte den Richter um Gerechtigkeit: ich soll gesagt haben, die Zeit der tiefsten Unwissenheit sei die der Apostel gewesen?

Sie sagen weiter, mit Rücksicht auf den Luxus, in der guten Politik wisse man, daß er in den kleinen Staaten verboten werden müsse, während ein großes Reich wie Frankreich zum Beispiel in einem ganz anderen Fall sei. Die Gründe dafür sind bekannt. Habe ich hier nicht etwas, worüber ich mich beklagen kann? Diese Gründe sind es, denen ich zu antworten versucht habe. Man kann einem Schriftsteller kaum größere Verachtung zeigen, als wenn man ihm mit denselben Gründen antwortet, die er widerlegt hat. Aber muß ich ihnen denn die Schwierigkeiten aufzeigen, welche sie zu lösen haben? Hier ist sie: *Was wird aus der Tugend, wenn man sich um jeden Preis bereichern muß?** Dies habe ich sie gefragt, und ich frage es sie immer noch.

Bei den beiden folgenden Bemerkungen, deren erste mit den Worten beginnt: *Hier ist nun der Einwurf*, und die andere mit den folgenden Worten: *Was näher zum Ziel trifft*, bitte ich den Leser, mir die Mühe ihrer Wiedergabe zu ersparen. Die Akademie hatte mich gefragt, ob die Wiederherstellung der Wissenschaften und Künste dazu beigetragen habe, die Sitten zu läutern. Das war die Frage, die ich zu beantworten hatte, und nun macht man mir hier ein Verbrechen daraus, daß ich nicht eine andere Frage aufgelöst habe. Sicherlich ist jene Kritik etwas durchaus Besonderes, und doch habe ich den Leser fast um Verzeihung zu bitten, daß ich sie vorhergesehen habe, denn das könnte er glauben, wenn er die letzten fünf oder sechs Seiten meiner Abhandlung liest.

Wenn meine Richter im übrigen darauf beharren, noch praktische Schlußfolgerungen zu wünschen, so verspreche ich ihnen einige sehr klar ausgesprochen in meiner ersten Antwort.

Zu der Nutzlosigkeit der Aufwandgesetze, die den einmal vorhandenen Luxus entwurzeln sollen, wird gesagt, daß *dem Verfasser*

* Abhandlung, S. 48.

nicht unbekannt ist, was darüber zu sagen wäre. Wahrhaftig nicht. Mir ist nicht unbekannt, daß man, wenn ein Mensch tot ist, keine Ärzte zu rufen braucht.

Man sollte Wahrheiten, die den allgemeinen Geschmack so sehr geradewegs vor den Kopf stoßen, nicht in allzu helles Licht rücken dürfen, und es ist jeder Ansatzpunkt zur Streiterei zu vermeiden. Ich bin nicht ganz dieser Ansicht und ich glaube, man sollte die Knöchelspiele den Kindern überlassen.

Es gibt auch viele Leser, welche dies in einem ganz glatten Stil eher schätzen werden als in diesem zeremoniellen Gewand, wie es die Akademieabhandlungen verlangen. Ich teile durchaus den Geschmack dieser Leser. Dies ist ein Punkt, in welchem ich der Meinung meiner Beurteiler folgen kann, wie ich es von heute an tue.

Ich weiß nicht, wer der Gegner ist, mit dem man mir in der *Nachschrift* droht. Wer immer es sein mag, ich kann mich schwerlich entschließen, auf ein Werk zu antworten, ehe ich es gelesen habe, noch auch, mich für geschlagen zu halten, ehe ich angegriffen wurde.

Im übrigen, sei es, daß ich den Kritiken antworte, welche mir angekündigt werden, sei es, daß ich mich damit begnüge, das erweiterte Werk zu veröffentlichen, welches man von mir fordert, jedenfalls mache ich meine Richter darauf aufmerksam, daß sie darin die Veränderungen, auf welche sie hoffen, nicht finden werden. Ich sehe voraus, daß ich, wenn es darum gehen wird, mich zu verteidigen, alle Folgerungen aus meinen Prinzipien ohne Bedenken ziehen werde.

Ich weiß im voraus, mit welch großen Worten man mich angreifen wird. Einsicht, Kenntnisse, Gesetze, Moral, Vernunft, Wohl, Achtung, Sanftmut, Freundlichkeit, Höflichkeit, Erziehung usw. All dem werde ich nicht anders als mit zwei anderen Worten erwidern, die noch viel kräftiger in meinen Ohren klingen. Tugend, Wahrheit, werde ich unaufhörlich rufen: Tugend, Wahrheit! Wenn einer darin nur Worte vernimmt, dann habe ich ihm nichts mehr zu sagen.

BEMERKUNGEN

VON J. J. ROUSSEAU AUS GENF
ÜBER DIE ANTWORT
DES KÖNIGS VON POLEN
AUF SEINE
ABHANDLUNG

1751

Dem ungenannten Schriftsteller, der meine Abhandlung einer Antwort würdigte, sollte ich eher danken als wieder antworten. Allein, die Pflicht der Dankbarkeit wird mich die Pflicht gegenüber der Wahrheit nicht vergessen lassen, und ich werde auch nicht vergessen, daß, sobald es um die Vernunft geht, die Menschen zum Recht der Natur zurückkehren und ihre ursprüngliche Gleichheit wieder annehmen.

Die Abhandlung, welche ich hier zu beantworten habe, enthält viele wahre und sehr gut bewiesene Sätze, denen ich nichts entgegensetzen kann: denn obgleich man mich darin zum Doktor erklärt, so wäre ich doch sehr ärgerlich, zu denen zu zählen, welche auf alles eine Antwort wissen. Meine Verteidigung wird mir jedoch nicht schwer. Ich werde mich damit begnügen, die Wahrheiten, welche man mir entgegensetzt, mit meiner Meinung zu vergleichen, und wenn ich beweise, daß sie sie gar nicht umstoßen, so glaube ich meine Sache hinlänglich verteidigt zu haben.

Alle Sätze meines Gegners kann ich auf zwei Hauptsätze einschränken, wovon der eine das Lob der Wissenschaften enthält und der andere von ihrem Mißbrauch handelt. Ich werde jeden einzeln untersuchen. Nach dem Ton dieser Abhandlung scheint es, als wenn man wünschte, ich hätte mehr Übles von den Wissenschaften gesagt, als ich wirklich gesagt habe. Man glaubt, daß das Lob, welches ich ihnen am Anfang meiner Abhandlung beilege, mich sehr viel gekostet haben müsse; es ist dem Verfasser zufolge ein Geständnis, welches mir die Wahrheit abgezwungen, und das ich unverzüglich widerrufen habe.

Wenn die Wahrheit mir dieses Geständnis abgezwungen hat, so muß man also glauben, daß ich von dem Guten, das ich von den Wissenschaften gesagt habe, selbst überzeugt war. Das Gute also, das der Verfasser selbst darüber sagt, ist meiner Meinung gar nicht entgegen. Dieses Geständnis, sagt man, ist erzwungen: desto besser für meine Sache, denn man sieht hieran, daß die Wahrheit bei mir die Neigung überwältigt. Aber woraus kann man schließen, daß dieses Lob erzwungen ist? Vielleicht weil es schlecht geraten ist? Es würde jedem aufrichtigen Schriftsteller schlecht ergehen, wenn man seiner Aufrichtigkeit nach diesem neuen Grundsatz den Prozeß machen wollte. Vielleicht weil es zu kurz geraten ist? Es scheint mir, ich hätte leicht weniger Dinge auf mehr Seiten sagen können. Deswegen, sagt man, weil ich es widerrufen habe. Ich weiß nicht, an welcher Stelle ich diesen Fehler begangen habe, und ich kann weiter nichts darauf antworten, als daß dies nicht meine Absicht gewesen ist.

Die Wissenschaft ist sehr gut an sich selbst, dies ist offensichtlich, und man müßte der gesunden Vernunft abgeschworen haben, um das Gegenteil zu behaupten. Der Urheber aller Dinge ist die Quelle der Wahrheit, die Allwissenheit ist eine seiner göttlichen Eigenschaften. In gewisser Weise hat man also teil an der höchsten Intelligenz, wenn man nach Kenntnissen strebt und seinen Verstand aufzuklären sucht. In diesem Sinne habe ich das Wissen gelobt, und in diesem Sinne lobt es auch mein Gegner. Er redet noch viel von den verschiedenen Arten des Nutzens, den der Mensch aus Künsten und Wissenschaften ziehen kann, und ich hätte gerne ebensoviel gesagt, wenn es zu meinem Thema gehört hätte. Wir sind also in diesem Punkte ganz einig.

Allein, wie kommt es, daß die Wissenschaften, deren Quelle so rein und deren Endzweck so löblich ist, so viele Gottlosigkeiten, so viele Ketzereien, so viele Irrtümer, so viele alberne Lehrgebäude, so viele Widersprüche, so viele Ungereimtheiten, so viele bittere Satiren, so viele schlechte Romane, so viele unzüchtige Verse und schlüpfrige Bücher erzeugen? Warum findet man bei ihren Verehrern so viel Stolz, so viel Geiz, so viel Bosheit, so viel Tücke, so viel Eifersucht, so viel Lügen, so viele schlechte Taten, so viel Verleumdung, so viel niedrige und schändliche Schmeichelei? Deswegen, sagte ich, weil die Wissenschaft, so schön und erhaben sie ist, dennoch nicht für den Menschen gemacht ist. Sein Geist ist zu eingeschränkt, als daß er in ihr jemals große Fortschritte machen könnte, und sein Herz ist zu sehr voller Leidenschaften, als daß er sie nicht übel anwenden sollte. Sein einziges Bestreben sollte sein, seine Pflichten ganz kennenzulernen, und zu dieser Kenntnis hat jeder Verstandeskräfte genug von der Natur erhalten. Mein Gegner gesteht selbst, daß die Wissenschaften durch den Mißbrauch schädlich werden können und daß viele Menschen sie wirklich mißbrauchen. Hierin, dünkt mich, sind wir beide kaum uneinig, und ich setze noch hinzu, daß man sie wahrhaftig oft und beständig mißbraucht, und ich glaube nicht, daß man in der Antwort das Gegenteil behauptet hat.

Ich kann also versichern, daß unsere Grundsätze und daher auch alle Folgerungen, welche man daraus herleiten kann, einander gar nicht entgegengesetzt sind, und dieses wollte ich nur beweisen. Allein, am Ende sind unsere beiden Schlußfolgerungen gegensätzlich. Mein Schluß war, daß, weil die Wissenschaften die Sitten mehr verderben als sie der Gesellschaft Nutzen bringen, es daher zu wünschen wäre, daß sich die Menschen weniger eifrig damit beschäftigten. Der Schluß meines Gegners ist, daß, obgleich die Wissenschaften viel Übel hervorbringen, man sie wegen des Guten, welches aus ihnen entspringen kann, dennoch befördern müsse. Ich überlasse es nicht dem Publikum, sondern der kleinen Anzahl wahrer Philosophen, zu urteilen, welche von beiden Schlußfolgerungen vorzuziehen sei.

Ich habe nur noch einige flüchtige Bemerkungen über verschiedene Stellen dieser Antwort zu machen, welche mir nicht so richtig zu sein schienen wie die übrigen, deren Richtigkeit ich gerne bewundere, und welche daher den Verfasser zu dem Irrtum seiner Schlußfolgerung verleitet haben können.

Das Werk beginnt mit einigen persönlichen Anspielungen, welche ich nur anführen werde, insofern sie zur Sache gehören. Der Verfasser beehrt mich mit verschiedenen Lobeserhebungen, und dies eröffnet mir gewiß eine schöne Laufbahn, allein, das Mißverhältnis ist hier zu groß, und ein ehrfurchtsvolles Stillschweigen vor dem Gegenstand unserer Bewunderung ist oft schicklicher als ein unvorsichtiges Lob.*

* Solange es noch Höflinge und Literaten gibt, werden alle Fürsten, sie seien gut oder schlecht, ohne Unterschied gelobt werden. Fürsten, die zugleich große Männer sind, gebührt ein maßvolles, aber gewählteres Lob. Die Schmeichelei beleidigt ihre Tugend, und selbst das Lob kann ihre Ehre schon verdunkeln. Wenigstens weiß ich gewiß, daß Trajan in meinen Augen viel größer wäre, wenn Plinius niemals geschrieben hätte. Wäre Alexander wirklich der große Mann gewesen, als der er erscheinen wollte, so hätte er weder an sein Porträt noch an seine Bildsäule gedacht. Seine Lobrede hätte er nur einem Lakedämonier überlassen dürfen, auf die Gefahr, daß er nie eine erhalten hätte. Das einzige eines Königs würdige Lob hört man nicht aus dem käuflichen Munde eines Redners, sondern durch die Stimme eines freien Volkes.

Meine Abhandlung, sagt man, erregt Erstaunen*, mich dünkt, daß man sich hierüber deutlicher ausdrücken müßte. Man ist auch erstaunt, sie gekrönt zu sehen, es ist jedoch gar kein Wunder, daß oft eine mittelmäßige Schrift den Preis erhält. In jedem anderen Sinne wäre dieses Erstaunen für die Akademie zu Dijon ebenso ehrenvoll, wie beleidigend für die Ehre der Akademien überhaupt, und man kann sich leicht denken, welchen Vorteil ich daraus für meine Sache ziehen würde.

Man beschuldigt mich in sehr schön gesetzten Worten, daß mein Verhalten und meine Lehre einander widersprechen, man wirft mir vor, daß ich die Studien, welche ich verachte, selbst betrieben habe**, und da man behauptet, daß ich zu beweisen suche, daß Wissenschaft und Tugend nicht vereinbar sind, so fragt man mich eindringlich, wie ich von der einen Gebrauch machen und mich für die andere erklären könne.

Es gehört viel Geschicklichkeit dazu, mich selbst mit in die Sache hineinzuziehen, und diese persönliche Anspielung muß meine Antwort (oder eher meine Antworten, denn unglücklicherweise habe ich mehr als eine zu geben) notwendigerweise erschweren. Wenigstens soll die Richtigkeit meiner Antworten die Annehmlichkeit, welche ich ihnen nicht geben kann, ersetzen.

1. Ich habe mich unterstanden, zu behaupten, daß die Bearbeitung der Wissenschaften die Sitten einer Nation verderbe, und ich

* Die Frage selbst könnte Erstaunen wecken, die größte und schönste Frage, die jemals aufgeworfen wurde und die so bald nicht wieder erneuert werden wird. Die Académie Française hat jetzt für das Jahr 1752 für den Preis der Beredsamkeit ein Thema vorgeschlagen, welches dem unseren sehr ähnlich ist. Es gilt die These zu verfechten, daß die *Liebe zu den schönen Wissenschaften die Liebe zur Tugend weckt.* Die Akademie wollte eine so wichtige Frage nicht zweifelhaft lassen, und diese weise Gesellschaft hat bei dieser Gelegenheit die Zeit verdoppelt, welche sie sonst den Verfassern selbst für die schwierigsten Aufgaben bewilligte.

** Ich will mich nicht, wie viele andere, damit verteidigen, daß unsere Erziehung nicht von uns abhängt und daß man uns nicht fragt, wenn man uns vergiften will: ich habe mich selbst aus freiem Willen den Studien ergeben, und als ich gewahr wurde, welche Unruhe in meiner Seele durch sie entstand, ohne daß jedoch mein Verstand etwas dabei gewonnen hätte, so habe ich sie von ganzem Herzen wieder verlassen. Ich will nichts mehr von einer trügerischen Beschäftigung wissen, wo man vieles für die Weisheit zu tun glaubt, aber alles für die Eitelkeit tut.

glaube es auch bewiesen zu haben. Allein, wie sollte ich sagen können, daß Tugend und Wissenschaft bei jedem einzelnen Menschen nicht zu vereinigen sind, ich, der ich die Fürsten ermahnt habe, wahre Gelehrte an ihre Höfe zu berufen und ihnen ihr Vertrauen zu schenken, damit man einmal einsehen lerne, was Wissenschaft und Tugend miteinander vereinigt für das Glück des menschlichen Geschlechts ausrichten können? Ich gestehe es zwar, diese wahren Gelehrten sind selten, denn um die Wissenschaften recht anwenden zu können, muß man zugleich große Talente und große Tugenden besitzen, und dies kann man vielleicht von gewissen vorzüglichen Köpfen, nicht aber von einem ganzen Volk erwarten. Man kann also aus meinen Grundsätzen nicht schließen, daß ein Mensch nicht zugleich gelehrt und tugendhaft sein könne.

2. Wenn auch dieser angebliche Widerspruch wirklich existierte, so könnte man mich dennoch nicht deswegen persönlich angreifen. Ich verehre die Tugend, mein Herz gibt mir dieses Zeugnis, es sagt mir aber auch zu deutlich, welch ein großer Schritt noch von dieser Liebe bis zu ihrer Ausübung ist, die den Menschen tugendhaft macht. Übrigens bin ich weit entfernt, viel Wissenschaft zu besitzen, geschweige denn, dies vorzugeben. Ich glaubte, daß das aufrichtige Bekenntnis, welches ich am Anfang meiner Abhandlung abgelegt habe, mich von dieser Beschuldigung freisprechen würde. Ich fürchtete vielmehr, man würde mich beschuldigen, daß ich Dinge beurteile, welche ich nicht verstehe. Man kann sich also leicht denken, wie unmöglich es für mich war, diesen beiden Beschuldigungen auszuweichen. Und weiß ich, ob man nicht so weit gehen würde, sie beide zu vereinigen, wenn ich mich nicht beeilen würde, im letzteren Fall mein Unrecht einzugestehen, so wenig berechtigt es sein mag?

3. Ich könnte mich bei dieser Gelegenheit auf das berufen, was die Kirchenväter über die irdische Wissenschaft gesagt haben, die sie verachteten und deren sie sich dennoch bedienten, um die heidnischen Philosophen zu widerlegen. Ich könnte auch den von ihnen oft angestellten Vergleich mit den ägyptischen Gefäßen, welche von den Israeliten gestohlen wurden, anführen, allein ich will mich begnügen, als letzte Antwort die folgende Frage zu stel-

len: Wenn mich ein Mörder überfiele und ich hätte das Glück, mich seiner Waffe zu bemächtigen, wäre es mir dann verboten, ehe ich sie wegwerfe, sie gegen ihn zu gebrauchen und ihn dadurch von mir zu entfernen?

Wenn also der Widerspruch, den man mir vorwirft, nicht besteht, so braucht man nicht zu glauben, daß ich mich nur an einem leichtfertigen Paradox vergnügen wollte, und dies um so weniger, als mein Stil, so schlecht er auch sein mag, gar nicht von der Art ist, wie man ihn sonst in geistreichen Schriften anzutreffen pflegt.

Es ist Zeit, von dem zu schweigen, was mich selbst betrifft; man gewinnt niemals dabei, wenn man von sich selbst redet, und das Publikum verzeiht diese Unbesonnenheit nur selten, selbst dann nicht, wenn man dazu gezwungen ist. Die Wahrheit selbst ist so unabhängig von denen, die sie bestreiten, wie von denen, die sie verteidigen, daß die Schriftsteller, die darüber streiten, sich gegenseitig ganz vergessen sollten, man würde so viel Papier und Tinte sparen. Allein, diese Regel, welche mit mir so leicht zu befolgen ist, ist dies keineswegs gegenüber meinem Gegner, und dieser Unterschied ist für meine Erwiderung keineswegs ein Vorteil.

Der Verfasser bemerkt, daß ich die Wissenschaften bloß wegen ihres schädlichen Einflusses auf die Sitten angreife, und antwortet mir daher, indem er den großen Nutzen aufzählt, welcher durch sie in allen Ständen entsteht, gerade als wenn es genug wäre, einen Angeklagten dadurch zu verteidigen, daß man beweist, er sei gesund, sehr geschickt und besitze viele Reichtümer. Sobald man mir nur zugibt, daß die Künste und Wissenschaften die Rechtschaffenheit verdrängen, so stelle ich im übrigen nicht in Abrede, daß sie uns viel Bequemlichkeit verschaffen; dies ist eine Ähnlichkeit mehr, die sie mit den meisten unserer Laster haben.

Der Verfasser geht weiter und behauptet, daß das Studium für uns notwendig sei, um die Schönheiten der Welt zu bewundern, und daß das Schauspiel der Natur, welches scheinbar zum Unterricht der Einfältigen so unverhüllt vor unseren Augen liegt, viel Kenntnisse bei den Beobachtern erfordere, um wahrgenommen zu werden. Ich gestehe, daß mich dieser Satz befremdet: sollte es also allen Menschen geboten sein, Philosophen zu sein, oder nur den Philosophen, an Gott zu glauben? Die Heilige Schrift ermahnt uns an tausend Stellen, die Größe und Güte Gottes in den Wundern seiner Werke zu verehren; ich glaube nicht, daß sie uns an einer einzigen Stelle gebietet, Physik zu studieren, oder daß das Gebet von mir, der ich nichts weiß, dem Schöpfer der Natur weniger angenehm ist als das Gebet dessen, der die Zeder und den Ysop, den Rüssel einer Fliege und den eines Elephanten kennt.

Man glaubt immer, genug erklärt zu haben, was die Wissenschaften tun, wenn man sagt, was sie tun sollten. Dies scheint mir jedoch etwas sehr Verschiedenes zu sein: Ich weiß wohl, daß die Kenntnis des Universums den Menschen zu seinem Schöpfer erheben sollte, stattdessen aber vermehrt sie nur die menschliche Eitelkeit. Der Philosoph, welcher sich schmeichelt, die Geheimnisse Gottes zu durchschauen, untersteht sich, seine vermeintliche Weisheit mit der ewigen Weisheit zu vereinigen: er billigt, er verwirft, er verbessert, er schreibt der Natur Gesetze vor und schränkt die Gottheit ein, und während er mit seinen eitlen Lehrgebäuden beschäftigt ist und sich unendliche Mühe gibt, die Weltmaschine einzurichten, sieht der Landmann den Regen und die Sonne wechselweise sein Feld befruchten und bewundert, lobt und segnet die Hand, die ihm all dieses gibt, ohne daß er sich um die Art kümmert, wie es ihm zufließt. Er sucht seine Unwissenheit und seine Laster nicht durch Unglauben zu entschuldigen. Er tadelt nicht die Werke Gottes und lehnt sich nicht gegen seinen Herrn auf, um die Stärke seines Selbstbewußtseins zu beweisen. Die gotteslästerliche Rede Alfons X. käme nie in den Sinn des gemeinen Mannes, diese Lästerung blieb einem gelehrten Munde vorbehalten.

Die natürliche Neugierde des Menschen, fährt der Verfasser fort, *erweckt in ihm das Verlangen, etwas zu erlernen.* Er sollte also suchen, dieses Verlangen so wie jede andere seiner natürlichen Neigungen zu unterdrücken. *Seine Bedürfnisse machen es ihm notwendig.* In vieler Hinsicht sind Kenntnisse nützlich, allein die Wilden sind auch Menschen und sie fühlen diese Notwendigkeit nicht. *Seine Geschäfte legen ihm diese Pflicht auf.* Viel häufiger gebieten sie ihm, aller Wissenschaft zu entsagen, um seinen Pflichten nachkommen zu können.* *Je weiter er fortschreitet, desto mehr Vergnügen findet er daran.* Eben deswegen sollte er der Wissenschaft nicht trauen. *Seine ersten Entdeckungen vermehren seine Wißbegierde.* Dies geschieht wirklich bei denen, die Talent haben. *Je mehr er weiß, desto mehr sieht er ein, wieviel er noch zu lernen hat,* das heißt, daß er in der ganzen Zeit, welche er verloren hat, nichts weiter lernt, als künftig noch mehr Zeit zu verlieren. Aber es gibt nur sehr wenige Männer von Genie, die in dem Maße, in dem sie lernen, immer mehr ihre Unwissenheit gewahren, und nur für diese kann das Studium gut sein. Kleine Geister haben kaum angefangen, etwas zu lernen, so glauben sie schon, alles zu wissen, und davon überzeugt, ist ihnen keine Albernheit zu groß, um sie nicht vorzubringen oder zu begehen. *Mit der Vermehrung seiner Kenntnisse vermehrt sich auch das Vergnügen, anderen Gutes zu tun.* Man sieht wohl, daß der Verfasser, indem er dieses schrieb, mehr seinem Herzen folgte, als die Menschen betrachtete.

Er glaubt auch, daß man das Böse kennenlernen müsse, um es vermeiden zu können, und gibt zu verstehen, daß man nicht eher auf seine Tugend bauen könne, ehe man sich nicht auf die Probe gestellt habe. Diese Grundsätze sind mindestens zweifelhaft und vieler Auslegungen fähig. Es ist nicht gewiß, daß man jede Art, Böses zu tun, vorher kennenlernen müsse, ehe man Gutes zu tun lernt. Wir haben eine innere Richtschnur, welche weit untrüglicher ist als alle Bücher und die uns in der Not niemals verläßt. Dies würde genügen, uns in Unschuld zu erhalten, wenn wir sie nur jedesmal anhören wollten, und wie sollte man verpflichtet sein, seine Kräfte zu prüfen, um sich seiner Tugend zu vergewissern, da die Vermeidung der Gelegenheit zum Laster eine der Übungen der Tugend ist?

Der Weise ist beständig auf seiner Hut und verläßt sich niemals auf seine Kräfte: er spart allen seinen Mut für den Notfall auf und begibt sich niemals unnötigerweise in Gefahr. Der Leichtsinnige rühmt sich beständig mehr, als er tun kann, und läßt sich, nachdem er jedermann beleidigt und beschimpft hat, bei der ersten

* Es ist ein schlechtes Zeichen für eine Gesellschaft, wenn diejenigen, die sie anführen, so viel Wissenschaft nötig haben. Wären die Menschen so, wie sie sein sollen, so brauchte es wenig Wissenschaft, um das zu erlernen, was man zu tun hat.

Gelegenheit überwinden. Ich frage nun, welche dieser beiden Schilderungen am meisten Ähnlichkeit mit einem Philosophen hat, der gegen seine Leidenschaften kämpft.

Man wirft mir vor, daß ich meine Beispiele von Tugenden mit Bedacht immer von den Alten genommen habe. Es scheint so, als hätte ich noch mehr davon anführen können, wenn ich noch tiefer in das Altertum hätte zurückgehen können. Ich habe auch ein neueres Volk angeführt, und es ist nicht meine Schuld, wenn ich nur eines gefunden habe. Man wirft mir auch vor, ich hätte mich, einem allgemeinen Grundsatz folgend, gehässiger Vergleiche bedient, worin mehr Haß gegen mein Vaterland und meine Zeitgenossen als Sorgfalt und Billigkeit herrschen. Allein, vielleicht liebt niemand sein Land und seine Mitbürger so wie ich. Darüber hinaus habe ich nur ein Wort zu sagen. Ich habe meine Gründe genannt, und diese muß man untersuchen. Meine Gesinnungen zu beurteilen, muß man allein dem überlassen, dem es zukommt.

Ich kann hier einen wichtigen Einwurf nicht übergehen, der mir schon von einem Philosophen gemacht worden ist*:

Sollte man nicht vielmehr, sagt er, *im Klima, im Temperament, im Mangel an Gelegenheit, im Mangel an Gegenständen, in der Art der Regierung, den Gebräuchen, den Gesetzen und in jeder anderen Sache als in den Wissenschaften den Grund jener Verschiedenheit der Sitten unter den Völkern verschiedener Länder und Zeiten suchen?*

Diese Frage enthält große und wichtige Dinge und verlangt zu weitläufige Erklärungen, um sie hier beantworten zu können. Im übrigen müßte man die ganz verborgenen, aber sehr wesentlichen Verhältnisse untersuchen, welche zwischen der Regierungsform und dem Geist, den Sitten und den Kenntnissen der Bürger bestehen, und dies würde mich in sehr feine Erörterungen verwikkeln und mich von meinem Zwecke abführen. Es würde mir überdies sehr schwer werden, von der Regierungsform zu reden, ohne meinem Gegner zuviel über mich einzuräumen, und wenn man alles wohl bedenkt, so lassen sich dergleichen Untersuchungen am besten in Genf und unter anderen Umständen anstellen.

Ich komme zu einer weit wichtigeren Beschuldigung, als es der

* Vorrede zur *Encyclopédie*.

vorhergehende Einwurf war. Ich werde sie hier wörtlich anführen, denn es ist nötig, daß ich sie dem Leser getreu vor Augen lege.

Je mehr der Christ die Echtheit seiner Urkunden prüft, desto mehr befestigt er sich in seinem Glauben, und je mehr er die Offenbarung untersucht, desto mehr wächst sein Vertrauen auf die Religion. In der Heiligen Schrift entdeckt er ihren Ursprung und ihre Größe, und die gelehrten Schriften der Kirchenväter zeigen ihm ihre Entwicklung durch die Jahrhunderte; in moralischen Büchern und den heiligen Geschichtsschreibern findet er die Beispiele und lernt sie auf sich selbst anwenden.

Wie? Diese mächtigen Stützen der Religion und der Tugend sollen also durch die Unwissenheit erschüttert werden! Und ein Doktor zu Genf lehrt öffentlich, daß diese nämliche Religion an dem Verderbnis unserer Sitten schuld sei! Man würde sich noch mehr verwundern, ein so sonderbares Paradox behauptet zu sehen, wenn man nicht wüßte, daß die Sonderbarkeit einer Lehre, wenn sie auch noch so gefährlich ist, für den, der sich vor anderen auszeichnen will, nur noch ein mächtigerer Antrieb ist, sie zu behaupten.

Ich wage es, den Verfasser zu fragen, wie er meine Grundsätze jemals auf eine solche Art auslegen konnte? Wie konnte er mich beschuldigen, daß ich das Studium der Religion verwerfe, ich, der ich nur deswegen jene eitlen Wissenschaften tadle, weil sie uns von unseren Pflichten ablenken? Und was ist denn die Kenntnis der Pflichten eines Christen anderes als die Kenntnis seiner Religion?

Ich hätte mich freilich gegen jene scholastischen Spitzfindigkeiten ausdrücklich erklären sollen, durch welche man, unter dem Vorwand, die Grundsätze der Religion aufzuklären, deren Geist gänzlich vernichtet und einen wissenschaftlichen Stolz an die Stelle der christlichen Demut setzt. Ich hätte mich heftiger gegen jene unbesonnenen Priester erheben sollen, welche zuerst Hand an das Gewölbe legten, um mit ihrem schwachen Verstand ein Gebäude zu stützen, welches Gott selbst aufgeführt hatte. Ich hätte jene leichtsinnigen Menschen verabscheuen sollen, welche durch ihre elenden Grübeleien die erhabene Einfalt des Evangeliums verunstaltet und die Lehre Christi in Syllogismen gebracht haben. Allein, ich soll mich hier verteidigen, und nicht angreifen.

Ich sehe wohl, daß ich diesen ganzen Streit durch die Geschichte und die Tatsachen endigen müßte. Wenn ich mit wenigen Worten hier bestimmen könnte, was die Wissenschaften und die Religion von ihrem Ursprung an gemein hatten, so würde das vielleicht helfen, die Frage in diesem Punkte zu entscheiden.

Das auserwählte Volk Gottes hat niemals die Wissenschaften getrieben, und man hat ihm ihr Studium auch niemals angeraten, und wenn die Wissenschaften zu etwas gut wären, so hätte es sie mehr als jedes andere Volk nötig gehabt. Im Gegenteil gaben sich seine Anführer alle Mühe, es so viel als möglich von den abgöttischen und aufgeklärten Völkern, die es umgaben, getrennt zu halten. Diese Vorsicht war bei ihnen in der einen Hinsicht nötiger als in der anderen, denn dieses schwache und grobe Volk ließ sich leichter durch die List der Baalspriester als durch die Scheingründe der Philosophen hintergehen.

Nach mehrmaliger Zerstreuung unter die Ägypter und Griechen kostete es noch viel Mühe, ehe die Wissenschaften in den Köpfen der Hebräer Wurzel faßten. Josephus und Philo, die überall sonst nur mittelmäßige Köpfe gewesen wären, waren bei ihnen Wundermänner. Die Saduzäer, welche man an ihrem Unglauben erkannte, waren die Philosophen Jerusalems, und die Pharisäer, die große Heuchler waren*, waren ihre Lehrer. Letztere, obgleich sie ihre Wissenschaft fast nur auf die Erlernung der Gesetze einschränkten, machten sie doch von ihr sehr viel Wesens und betrieben sie mit aller dogmatischen Anmaßung. Sie beobachteten auch sehr eifrig alle Religionsübungen. Allein, das Evangelium belehrt uns über den Geist dieser Strenge und darüber, was von ihm zu halten war. Überdies besaßen sie alle sehr wenig Wissenschaft und sehr viel Stolz, und darin unterschieden sie sich sehr wenig von unseren heutigen Lehrern.

* Zwischen diesen beiden Sekten herrschten wechselseitig jener Haß und jene Verachtung, die zu allen Zeiten zwischen den Lehrern und den Philosophen herrschen, das heißt zwischen denen, die in ihrem Kopf die Wissenschaft anderer zusammensammeln, und denen, die sich einbilden, eine eigene Wissenschaft zu besitzen. Man bringe den Musik- und den Tanzmeister aus *Le Bourgeois Gentilhomme* zusammen, und man wird den Altertumskenner und den Schöngeist, den Chemiker und den Gelehrten, den Rechtsgelehrten und den Arzt, den Geometer und den Dichter, den Theologen und den Philosophen finden. Um alle diese Leute richtig zu beurteilen, genügt es, sich auf sie selbst zu berufen und zu hören, was jeder, nicht von sich selbst, sondern von den anderen sagt.

Bei der Errichtung des neuen Bundes wollte Christus seine Lehre und sein Lehramt keineswegs Gelehrten übertragen. Er zeigte in seiner Wahl jene Liebe für die Armen und Einfältigen, welche man bei jeder Gelegenheit an ihm bemerkt hat. Und in den Unterweisungen, die er seinen Jüngern gab, findet man nicht ein Wort von Studien und Wissenschaften, und dies kann vielleicht zum Beweis dafür dienen, daß er sie geringschätzte.

Nach dem Tode Christi unternahmen es zwölf arme Fischer und Handwerksleute, die Welt zu lehren und zu bekehren. Ihre Lehrart war einfältig, ihr Vortrag ungekünstelt, allein sie predigten mit gerührtem Herzen, und von allen Wundern, mit denen Gott ihren Glauben ehrte, war die Heiligkeit ihres Wandels am auffallendsten. Ihre Schüler folgten ihrem Beispiel, und der Erfolg war unglaublich. Die heidnischen Priester waren besorgt und gaben den Fürsten zu verstehen, daß der Staat verloren sei, weil die Opfer sich verminderten. Die Verfolgungen fingen an, und die Verfolger beförderten dadurch nur noch mehr diese Religion, welche sie unterdrücken wollten. Alle Christen wurden zu Märtyrern, und das Volk ließ sich haufenweise taufen: die Geschichte dieser ersten Zeiten ist eine fortlaufende Erzählung von Wundern.

Unterdessen waren die Priester der Götzenbilder nicht zufrieden, die Christen zu verfolgen, und sie fingen an, sie zu verleumden, und die Philosophen, die bei einer Religion, welche die Demut predigt, ihre Rechnung nicht fanden, vereinigten sich mit ihren Priestern. Spott und Beschimpfung verfolgten allenthalben die neue Sekte. Man mußte sich endlich mit der Feder verteidigen. Der heilige Justinus der Märtyrer* schrieb zuerst eine Ver-

* Die ersten Schriftsteller, welche das Zeugnis ihrer Feder mit ihrem Blut besiegelten, wären heute sehr anstößig, denn sie vertraten gerade dieselbe Meinung wie ich. Der heilige Justinus in seinem Gespräch mit Tryphon untersucht alle philosophischen Sekten, welchen er früher angehangen, und macht sie so lächerlich, daß man glaubt, ein Lukianisches Gespräch zu lesen. Auch erhellt aus der Apologie des Tertullian, wie sehr die ersten Christen sich beleidigt glaubten, wenn man sie für Philosophen hielt.

Es würde der Philosophie durchaus nicht zur Ehre gereichen, wenn man all die schädlichen und gottlosen Glaubenssätze ihrer verschiedenen Sekten anführen wollte. Die Epikuräer leugneten die Vorsehung, die Akademiker zweifelten an dem

teidigung seines Glaubens. Man griff nun seinerseits die Heiden an, und bei jedem Angriff wurden sie überwunden. Die ersten Erfolge machten anderen Schriftstellern Mut: Unter dem Vorwand, die Schändlichkeit des Heidentums aufzudecken, fing man an, die Mythologie und die Wissenschaften* zu erlernen, man wollte gelehrt und geistvoll sein, die Bücher erschienen in Menge und die Sitten fingen an zu sinken.

Bald begnügte man sich nicht mehr mit der Einfalt des Evangeliums und dem Glauben der Apostel, man wollte mehr Verstand

Dasein Gottes und die Stoiker an der Unsterblichkeit der Seele. Die weniger berühmten Sekten hegten keine besseren Meinungen; hier ist eine Probe davon aus Theodoros, welcher das Haupt des einen der beiden Zweige der Kyrenaiker war, die Diogenes Laertius anführt. *Sustulit amicitiam quod ea neque insipientibus neque sapientibus adsit. . . . Probabile dicebat prudentem virum non seipsum pro patria periculis exponere, neque enim pro insipientium commodis ammittendam esse prudentiam. Furto quoque et adulterio et sacrilegio cum tempestivum erit daturum operam sapientem. Nihil quippe horum turpe natura esse. Sed auferatur de hisce vulgaris opinio, quae e stultorum imperitorumque plebecula conflata est . . . sapientem publice absque ullo pudore ac suspicione scortis congressurum.*

Dies sind absonderliche Meinungen, ich weiß es, allein gibt es nur eine einzige Sekte, welche nicht einem gefährlichen Irrtum verfallen ist? Und was sollen wir von der Unterscheidung der zwei Lehren denken, welche von allen Philosophen so begierig angenommen wurde und vermöge welcher sie im Geheimen anders dachten, als sie öffentlich lehrten? Pythagoras war der erste, welcher eine innere Lehre annahm, und diese eröffnete er seinen Schülern erst, nachdem er sie lange geprüft hatte, und unter dem größten Geheimnis; heimlich lehrte er sie den Atheismus, und öffentlich opferte er dem Jupiter Hekatomben. Die Philosophen fanden diese Lehrart so bequem, daß sie sich binnen kurzem in Griechenland und dann in Rom ausbreitete, wie man es aus den Schriften des Cicero sieht, welcher sich mit seinen Freunden über die unsterblichen Götter lustig machte, die er doch in seinen Reden auf der Tribüne so feierlich anflehte. Die innere Lehre ist nicht von Europa nach China gekommen, sondern sie ist auch dort zugleich mit der Philosophie entstanden, und ihr haben die Chinesen die Menge Atheisten und Philosophen zu danken, welche unter ihnen sind. Die Geschichte dieser unheilvollen Lehre, von einem kundigen und aufrichtigen Manne geschrieben, würde der alten und neueren Philosophie einen ziemlichen Stoß geben. Allein die Philosophie wird immer der Vernunft, der Wahrheit und selbst der Zeit trotzen, weil sie ihre Quelle in dem menschlichen Stolz hat, welcher stärker ist als alles.

* Man hat mit Recht Clemens von Alexandrien beschuldigt, daß er in seinen Schriften zu viel heidnische Gelehrsamkeit gezeigt habe, welche einem Christen wenig anstehen. Indessen scheint dies damals zu entschuldigen, weil man die Lehre studieren mußte, um sie zu bestreiten. Allein, wer kann ohne Lachen heute die Bemühungen unserer Gelehrten ansehen, die Träumereien der Mythologie aufzuklären?

besitzen als alle Vorfahren. Man fing an, über alle Lehrsätze zu grübeln, jeder wollte seine Meinung behaupten und keiner wollte nachgeben. Die Begierde, Anführer einer Sekte zu sein, fing an, sich zu regen, und alsbald kamen von allen Seiten Ketzereien zum Vorschein.

Haß und Gewalttätigkeit fingen nun an, jeden Streit zu begleiten. Die so sanften Christen, welche sonst von nichts wußten, als ihren Hals dem Messer darzubieten, verfolgten sich untereinander selbst auf die grausamste Art und ärger als die Heiden: alle verfielen in dieselbe Ausschweifung, und die Sache der Wahrheit wurde nicht mit mehr Mäßigung verteidigt als die Sache des Irrtums.

Ein anderes, weit gefährlicheres Übel entstand aus derselben Quelle, die Vermischung der alten Philosophie mit der christlichen Lehre. Je mehr man die griechischen Philosophen studierte, um so mehr glaubte man Ähnlichkeit mit dem Christentum in ihnen zu finden. Man wagte sogar zu glauben, die Religion würde dabei an Ansehen gewinnen, wenn sie durch die Autorität der Philosophie unterstützt würde. Es war eine Zeit, wo man Platoniker sein mußte, um rechtgläubig zu sein, und es fehlte wenig, daß zuerst Platon und nach ihm Aristoteles auf den Altären an die Seite Christi gesetzt worden wären.

Die Kirche eiferte sehr oft gegen diese Mißbräuche. Ihre größten Verteidiger beklagten sie oft in den heftigsten Ausdrücken und sie versuchten einige Male, alle weltliche Wissenschaft zu verbannen, weil sie nur die Reinheit der ersten Lehre verdunkelte. Einer der berühmtesten Päpste ging in seinem Eifer so weit, daß er behauptete, es wäre schändlich, daß man das Wort Gottes den Regeln der Grammatik unterwerfe.

Allein, sie hatten gut klagen. Von dem Strome fortgerissen, waren sie genötigt, die Gebräuche, welche sie verwarfen, selbst zu beobachten, und die meisten fingen an, auf eine sehr gelehrte Art gegen den Fortschritt der Wissenschaften zu eifern.

Nach langem Streit wurde die Ruhe endlich wiederhergestellt. Gegen das zehnte Jahrhundert hörte die Fackel der Wissenschaften auf, die Erde zu erleuchten, die Geistlichkeit versank in einer solchen Unwissenheit, die ich gar nicht billigen will, weil sie ebensowohl Dinge betraf, die man wissen sollte, als auch Dinge, die unnütz waren, wobei aber die Kirche ein wenig mehr Ruhe erhielt als sie vorher genossen hatte.

Nach der Wiedergeburt der Gelehrsamkeit begannen die Streitigkeiten bald von neuem und noch heftiger als vorher. Der Streit wurde von gelehrten Männern angefacht, von gelehrten Männern wurde er in Gang gehalten, und die fähigsten erwiesen sich immer als die hartnäckigsten. Man richtete vergebens Versammlungen von Gelehrten der verschiedenen Sekten ein, keiner war zum Versöhnen geneigt und vielleicht auch nicht zur Wahrheit, alle suchten sich auf Kosten ihres Gegners hervorzutun, jeder wollte siegen, keiner wollte sich unterrichten, der Stärkere legte dem Schwächeren Stillschweigen auf, der Streit endigte sich immer mit Schimpfworten, und die Verfolgung war jedesmal sein Ergebnis. Gott allein weiß es, wann alle diese Übel enden werden.

Die Wissenschaften stehen heutzutage in Blüte, die Literatur und die Künste glänzen unter uns; welchen Nutzen hat nun die Religion daraus gezogen? Man frage jene Menge von Philosophen, die sich etwas darauf einbilden, keine zu haben. Unsere Bibliotheken sind voller theologischer Schriften, und Kasuisten gibt es in Menge bei uns. Früher hatten wir Heilige und keine Kasuisten. Die Wissenschaft breitet sich aus und der Glaube verschwindet. Jedermann will lehren, Gutes zu tun, und niemand will es lernen. Wir sind alle Doktoren geworden und haben aufgehört, Christen zu sein.

Nein, nicht mit so viel Kunst und mit solchem Prunk hat sich das Evangelium in der ganzen Welt ausgebreitet und hat seine reizende Schönheit alle Herzen durchdrungen. Dieses göttliche Buch, das einzige, das einem Christen nötig ist, und das selbst denen nützlich ist, welche keine Christen sind, braucht nur gelesen zu werden, um in der Seele die Liebe zu ihrem Schöpfer zu erregen und den Willen, seine Gebote zu befolgen. Niemals hat die Tugend eine so reizende Sprache gesprochen, niemals hat sich die tiefste Weisheit so kräftig und einfältig ausgedrückt. Man legt das Buch nie weg, ohne sich jedesmal besser zu fühlen. O ihr Priester des mir angekündigten Gesetzes, spart eure Mühe, mich so viele unnötige Dinge zu lehren. Behaltet all diese gelehrten Bücher, welche mich weder überzeugen noch rühren. Werft euch nieder vor diesem Gott der Barmherzigkeit, welchen ihr mich wollt kennen und lieben lehren, und bittet ihn für euch selbst, daß er euch jene tiefe Demut verleihe, welche ihr mich lehren sollt. Prahlet nicht vor meinen Augen mit jener stolzen Wissenschaft und jener unziemlichen Pracht, die euch entehren und mich zur Empörung reizen: seid selbst gerührt, wenn ihr wollt, daß ich es sei, und zeigt mir in eurem Verhalten die Befolgung jenes Gesetzes, welches ihr mich lehren wollt. Mehr braucht ihr darüber nicht zu wissen und mich zu lehren, und eure Pflicht ist erfüllt. Man braucht dazu weder schöne Wissenschaften noch Philosophie. Auf diese Art muß man dem Evangelium nachleben und es predigen, und auf diese Art haben es seine ersten Verfechter unter allen Nationen triumphieren lassen, *non Aristotelico more*, sagten die Kirchenväter, *sed Piscatorio*.

Ich merke, daß ich weitläufig werde, allein, ich glaubte nicht umhin zu können, mich über eine so wichtige Sache näher zu erklären. Überdies kann der ungeduldige Leser hier einsehen lernen, welch eine bequeme Sache die Kritik ist, denn da, wo man mit einem Wort angegriffen wird, muß man sich mit vielen Seiten verteidigen.

Ich komme nun zum zweiten Abschnitt der Antwort und werde mich bemühen, mich kürzer zu fassen, obgleich ich kaum weniger dabei anzumerken habe.

Nicht aus den Wissenschaften, sagt man mir, *sondern aus den Reichtümern sind zu allen Zeiten die Weichlichkeit und das Vergnügen am Luxus entstanden*. Ich habe auch nicht behauptet, daß der Luxus aus den Wissenschaften entstanden sei, sondern daß sie zugleich miteinander entstanden sind, und daß eins selten ohne das andere zu gehen pflegt. Ich will sehen, wie ich deren Entstehung bestimmen kann. Die erste Quelle des Übels ist die Ungleichheit, aus der Ungleichheit entsprangen die Reichtümer, denn die Worte reich und arm sind relativ, und überall, wo die Menschen gleich sind, wird es weder Reiche noch Arme geben. Aus dem Reichtum entstanden der Luxus und der Müßiggang, aus dem Luxus entstanden die schönen Künste und aus dem Müßiggang die Wissenschaften. *Die Gelehrten sind zu keiner Zeit reich gewesen*. Gerade hierin liegt das größte Übel, die Reichen und die Gelehrten verderben sich wechselseitig. Wären die Reichen gelehrter oder die Gelehrten reicher, so würden letztere weniger feige Schmeichler sein, und erstere würden die niedrige Schmeichelei weniger lieben, und beide würden besser sein. Dies kann man an der kleinen Zahl derer sehen, die gelehrt und reich zugleich sind. *Für einen Platon, der mit Reichtum überhäuft, und einen Aristipp, der ein Hofmann war, gibt es eine Menge Philosophen, die am Bettelstab gehen und bloß in ihre Tugend gehüllt ihr Leben unbekannt und in der Einsamkeit zubringen.* Ich leugne nicht, daß es sehr viele arme Philosophen gibt, welchen ihre Armut sehr drückend ist: ich zweifle auch gar nicht, daß sie ihre Philosophie nicht allein ihrer Armut zu danken haben; allein, wenn ich ihnen auch Tugend zutrauen möchte, wie soll sich das Volk nach ihren Sitten richten, da es sie nicht sieht? *Die Gelehrten haben weder Lust noch Zeit, Reichtümer zu erwerben.* Ich glaube auch, daß sie keine Zeit dazu haben. *Sie lieben das Studium.* Derjenige, welcher seinen Beruf nicht liebte, wäre ein unvernünftiger oder ein elender Mensch. *Sie leben sehr mäßig.* Man muß sehr für sie eingenommen sein, um ihnen dies zum Verdienst anzurechnen. *Ein arbeitsames und mäßiges Leben, welches man in der Stille der Einsamkeit und bloß mit Lesen und Arbeit beschäftigt zubringt, ist gewiß kein wollüstiges und lasterhaftes Leben.* Freilich nicht in den Augen der Menschen, doch es kommt allein auf das Innere an. Ein Mensch kann gezwungen sein, ein solches Leben zu führen, und dennoch ein sehr verdorbenes Herz haben, und was nützen ihm denn Tugend und Mäßigkeit, wenn die Arbeiten, mit denen er sich beschäftigt, den Müßiggang fördern und den Geist seiner Mitbürger verderben? *Obgleich die Bequemlichkeiten des Lebens oft die Kunst belohnen, sind sie doch nicht das Erbteil der Künstler.* Ich glaube kaum, daß sie sich etwas abgehen lassen; besonders diejenigen, welche ganz unnütze und daher sehr einträgliche Künste treiben, sind eher in der Lage, sich alles zu verschaffen, was sie sich wünschen. *Sie arbeiten bloß für die Reichen.* Nach dem Lauf, den die Dinge nehmen, zu schließen, würde ich mich gar nicht wundern, wenn einst die Reichen für sie arbeiteten. *Und diese müßigen Reichen genießen die Früchte ihrer Arbeit.* Ich muß noch einmal wiederholen, daß ich unsere Künstler nicht für so einfach und mäßig halte. Der Luxus könnte nicht im Stand der

Bürger herrschen, ohne bald in verschiedenen Abwandlungen alle anderen zu ergreifen und allenthalben die gleiche Zerstörung anzurichten.

Der Luxus verdirbt alles, sowohl den Reichen, der ihn genießt, als den Armen, der ihn begehrt. Man kann zwar nicht sagen, daß es ein Übel sei, Manschetten aus Spitzen, einen bestickten Rock zu haben und Emailledosen bei mir zu tragen; allein, sobald man auf diese Kleinigkeiten großen Wert legt, das Volk glücklich schätzt, welches sie besitzt, und um dergleichen auch erwerben zu können, Zeit und Mühe aufwendet, welche jeder Mensch edleren Dingen schuldet, alsdann wird es zum Übel. Ich brauche nicht erst zu fragen, was für ein Gewerbe ein Mensch treibt, welcher solche Ansichten hegt, um zu wissen, wie ich ihn zu beurteilen habe.

Ich habe das glänzende Gemälde, welches man uns hier von den Gelehrten gibt, übergangen, und ich glaube mir diese Gefälligkeit als Verdienst anrechnen zu dürfen. Mein Gegner ist weniger nachsichtig; er gibt mir nicht nur nicht das Geringste zu, wo er mich widerlegen kann, sondern er verteidigt lieber die Heuchelei, als daß er das Übel verdammt, welches ich in unserer eitlen und falschen Höflichkeit sehe. Er fragt mich, ob ich wünsche, daß das Laster sich offen zeige. Freilich wünschte ich dies. Vertrauen und Achtung würden alsdann unter allen Rechtschaffenen wieder herrschen, man würde sich vor den Lasterhaften in acht nehmen können, und die ganze Gesellschaft würde sicherer dabei sein. Ich will lieber, daß mein Feind mich offen angreift, als daß er mich verräterisch von hinten erschlägt. Wie? Also soll zum Laster auch noch Ärgernis hinzukommen? Ich weiß es nicht, aber ich wünschte doch, daß keine Hinterlist damit verknüpft wäre. Die vielen Sätze über das öffentliche Ärgernis, welche man uns beständig vorpredigt, sind wirklich für die Lasterhaften sehr bequem. Wenn man sie nun jedesmal genau befolgen wollte, so müßte man sich bestehlen, verraten und ermorden lassen, ohne jemals einen zu bestrafen. Denn es ist ein großes öffentliches Ärgernis, wenn ein Übeltäter auf dem Rade liegt. Aber die Heuchelei ist eine Huldigung des Lasters an die Tugend? Ja, so wie Cäsar von seinem Mörder geehrt wurde, der sich vor ihm niederwarf, um ihn desto sicherer zu ermorden. Dieser Gedanke mag noch so prächtig klingen und mag sich auch auf den berühmten Namen seines Autors berufen können, er ist aber dennoch nicht richtig. Kann man von einem Dieb, welcher die Livree eines Hauses anzieht, um desto sicherer zu stehlen, wohl sagen, daß er dem Herrn, den er bestiehlt, huldige? Nein, seine Laster mit dem schändlichen Mantel der Heuchelei zu bedecken, dies heißt nicht die Tugend ehren; man schändet sie vielmehr, indem man ihre Zeichen mißbraucht. Die Niederträchtigkeit und die Arglist kommen dann noch zu den übrigen Lastern hinzu, und man versperrt sich für immer die Rückkehr zur Redlichkeit. Es gibt erhabene Charaktere, die selbst in das Laster eine gewisse Größe und einen Edelmut tragen, welche uns noch einige Funken von jenem himmlischen Feuer in ihnen zeigen, welches edle Seelen begeistern soll. Allein, die schlechte und niedrige Seele eines Heuchlers gleicht einem Leichnam, wo man weder Feuer, noch Wärme, noch Quellen des Lebens mehr antrifft. Ich berufe mich auf die Erfahrung. Man hat große Übeltäter gesehen, die, in sich selbst zurückgekehrt, den Rest ihres Lebens anständig zugebracht haben und als Auserwählte gestorben sind. Man hat aber noch nie gesehen, daß aus einem Heuchler ein ehrlicher Mann geworden wäre; die Bekehrung des Cartouche hätte man vernünftigerweise versuchen können, niemals aber hätte ein kluger Mann es unternommen, Cromwell zu bessern.

Ich habe behauptet, daß das Angenehme und Höfliche in unserem Betragen dem Wiederaufleben der schönen Wissenschaften zu danken sei. Der Verfasser der Antwort leugnet mir dieses, und ich erstaune darüber. Denn da er unsere Höflichkeit und unsere Wissenschaften so sehr schätzte, so begreife ich nicht, welchen Nutzen er sich davon erhofft, wenn er der einen Sache die Ehre nimmt, daß die andere durch sie entstanden sei. Doch wir wollen seine Gründe untersuchen; es sind die folgenden: *Die Gelehrten sind selten höflicher als andere Menschen, sie sind es im Gegenteil oft weit weniger, also entsteht die Höflichkeit nicht aus den Wissenschaften.*

Ich muß vorerst anmerken, daß hier weniger von Wissenschaften als von Literatur, von schönen Künsten und von Werken des Geschmacks die Rede ist, und unsere schönen Geister, so wenig gelehrt sie sein mögen, dafür aber so höflich, so gewandt, so glänzend und zierlich, werden sich schwerlich in dem verdrießlichen und pedantischen Wesen, welches der Verfasser der Antwort ihnen geben möchte, erkennen. Allein, wir wollen ihm dies durchgehen lassen; wir wollen ihm sogar zugeben, daß die Gelehrten, die Dichter und die Schöngeister alle gleich lächerlich sind, daß die Herren von der Académie des Belles-Lettres, von der Académie des Sciences und von der Académie Française grobe Leute wären, welche weder Lebensart noch Höflichkeit besitzen und ihrem Stande nach von aller guten Gesellschaft ausgeschlossen sind. Der Verfasser wird dadurch wenig gewinnen und wird dadurch nicht mit mehr Recht leugnen können, daß die Höflichkeit, welche unter uns herrscht, eine Folge des guten Geschmacks sei, welchen man erst aus den Alten geschöpft und dann bei den Völkern Europas in angenehmen Schriften, die man dort allenthalben veröffentlicht, verbreitet hat.* Wie der beste Tanzmeister nicht immer das beste Auftreten hat, so kann man auch die Höflichkeit andere sehr gut lehren, ohne selbst sehr höflich sein zu wollen oder zu können. Jene gewichtigen Kommentatoren, von denen man uns sagt, daß sie alles in den Alten kannten, ausgenommen die Anmut und Feinheit, haben uns dennoch in ihren nützlichen, aber jetzt verachteten Schriften auf jene Schönheiten aufmerksam gemacht, welche sie selbst nicht kannten. Das nämliche läßt sich von dem angenehmen Umgang und der Zierlichkeit der Sitten sagen, welche ihre Reinheit verdrängt hat und

* Wenn man von so allgemeinen Gegenständen spricht wie den Sitten und der Lebensart eines Volkes, so muß man sich hüten, seinen Blick auf einzelne Beispiele einzuengen. Dies wäre gerade das Mittel, die Quellen der Dinge niemals zu entdekken. Um zu erfahren, ob ich recht habe, wenn ich die Höflichkeit auf die Pflege der schönen Wissenschaften zurückführe, muß man nicht suchen, ob dieser oder jener Gelehrte höfliche Leute sind, sondern man muß die Verhältnisse untersuchen, welche sich zwischen Gelehrsamkeit und Höflichkeit finden können, und dann sehen, welches die Völker sind, bei denen diese Dinge vorliegen, die auf die Sitten einer Nation Einfluß haben und über die ich täglich so viele elende Betrachtungen mir anhören muß. Wenn man all dieses im kleinen und an einzelnen Menschen untersucht, so heißt dies nicht philosophieren, sondern man verliert seine Zeit und die Frucht seiner Beobachtungen, denn man kann Hans und Anna von Grund auf kennen und dennoch sehr wenig Fortschritte in der Menschenkenntnis gemacht haben.

die sich bei allen Völkern zeigt, die die Wissenschaften verehren, in Athen, in Rom und in China, überall hat man die Zierlichkeit der Sprache wie des Betragens nicht die Gelehrten und die Künstler, sondern die Wissenschaften und die schönen Künste begleiten sehen.

Der Verfasser verwirft anschließend das Lob, welches ich der Unwissenheit beigelegt habe, und indem er sagt, ich hätte mehr wie ein Redner als wie ein Philosoph gesprochen, beschreibt er selbst die Unwissenheit, und man kann sich leicht denken, daß er die häßlichsten Farben dazu ausgesucht hat.

Ich leugne nicht, daß er recht hat, aber ich glaube nicht, daß ich unrecht habe. Es kommt nur auf eine richtige und wahre Unterscheidung an, um uns beide zu vereinigen.

Es gibt eine grobe und niedrige Unwissenheit*, die aus einem bösen Herzen und einem falschen Sinn entspringt, eine schändliche Unwissenheit, welche sich bis auf die Pflichten der Menschheit erstreckt, die Laster vervielfältigt, die Vernunft erniedrigt, die Seele schwächt und den Menschen zum Vieh herabsetzt: diese Unwissenheit greift der Verfasser an und gibt eine sehr häßliche und sehr ähnliche Schilderung von ihr. Es gibt aber auch eine andere Art von vernünftiger Unwissenheit, welche darin besteht, daß man seine Wißbegierde auf das Maß der Fähigkeiten, die man empfangen hat, einschränkt, eine bescheidene Unwissenheit, die aus lebhafter Liebe zur Tugend entspringt und eine gewisse Gleichgültigkeit gegen alles hervorbringt, was nicht würdig ist, die Seele des Menschen zu beschäftigen, und nicht dazu beiträgt, ihn zu bessern; eine stille und kostbare Unwissenheit, der Schatz einer reinen und mit sich zufriedenen Seele, welche ihre ganze Glückseligkeit in sich selbst und in dem Bewußtsein ihrer Un-

* Es sollte mich sehr wundern, wenn einer meiner Kritiker den Beispielen vieler unwissender und tugendhafter Völker, die ich angeführt habe, nicht die Reihe all der Räuberbanden entgegensetzt, welche die Erde unsicher gemacht haben und die gemeinhin keine gelehrten Leute waren. Ich rate ihnen im voraus ab, sich mit dieser Untersuchung abzumühen, es sei denn, daß sie sie für notwendig halten, um ihre Bildung zu zeigen. Wenn ich gesagt hätte, man brauche nur unwissend zu sein, um tugendhaft zu sein, so wäre ich keiner Antwort würdig, und eben darum glaube ich nicht verpflichtet zu sein, denjenigen zu antworten, die ihre Zeit vergeuden, indem sie das Gegenteil behaupten.

schuld findet und in der Meinung, die andere von ihrer Einsicht haben könnten, kein falsches und eitles Glück zu finden braucht. Dieses ist die Unwissenheit, welche ich gelobt habe und um die ich den Himmel anflehe, zur Strafe für das Ärgernis, das ich den Gelehrten gegeben habe, indem ich die menschlichen Wissenschaften öffentlich verachtet habe.

Man vergleiche, sagt der Verfasser, *jene Zeiten der Unwissenheit und der Barbarei mit diesen glücklichen Zeiten, wo die Wissenschaften durchgängig Ordnung und Gerechtigkeit gestiftet haben.* Diese glücklichen Zeiten sind sehr schwer zu finden, allein man wird andere sehr leicht finden, wo dank der Wissenschaften die Namen von Ordnung und Gerechtigkeit nur noch leere Worte sind, womit man das Volk schreckt und wovon man nur noch den Schein annimmt, um die Sache selbst ungestraft auszutilgen. *Heutzutage sind die Kriege seltener, aber gerechter.* Man nehme, welche Zeit man will, wie kann der Krieg auf der einen Seite gerechter sein, ohne auf der anderen ungerechter zu sein? Ich begreife das nicht. *Die Taten sind nicht mehr so auffallend, aber heldenhafter.* Niemand wird meinem Gegner gewiß das Recht absprechen, den Heldenmut zu beurteilen, allein, wie kann er glauben, daß das, was für ihn nicht auffallend ist, es auch für uns nicht sei? *Die Siege sind weniger blutig, aber desto ruhmwürdiger, die Eroberungen nicht so rasch, aber desto sicherer, die Krieger sind weniger grausam, aber desto furchtbarer, sie wissen mit Mäßigkeit zu siegen, und behandeln die Überwundenen mit Menschlichkeit, die Ehre ist ihr Anführer und der Ruhm ihre Belohnung.* Ich gebe es meinem Gegner zu, daß es große Leute unter uns gibt, es würde ihm zu leicht sein, mir Beweise zu geben; was aber nicht hindert, daß die Völker dennoch sehr verdorben sind. Überdies ist dies so allgemein gesprochen, daß man es beinahe von jedem Zeitalter sagen könnte, und es ist unmöglich, darauf zu antworten, weil man ganze Bibliotheken durchblättern und Folianten zusammenschreiben müßte, um es zu beweisen oder zu widerlegen.

Als Sokrates die Wissenschaften mißhandelte, da konnte er, dünkt mich, weder den stoischen Stolz, noch die epikuräische Weichlichkeit, noch das Gewäsch der Pyrrhoniker darunter verstehen, denn alle diese Leute gab es zu seinen Zeiten noch nicht. Allein, dieser kleine Anachronismus kleidet meinen Gegner nicht übel, er hat sein Leben besser angewandt, als nur Daten zu berichtigen, und man kann ihm ebensowenig zur Last legen, daß er seinen Diogenes Laertius nicht auswendig kann, als man mir es verdenken kann, daß ich keiner Schlacht beigewohnt habe.

Ich gebe es also zu, daß Sokrates nur die Fehler der damaligen Philosophen aufdecken wollte, allein, ich kann weiter nichts daraus schließen, als daß damals die Laster zugleich mit den Philosophen aufkeimten. Man antwortet mir hierauf, daß es bloß ein Mißbrauch der Philosophie war, und ich glaube, ich habe nicht das Gegenteil gesagt. Wie? Soll man denn alles ausrotten, woraus Mißbrauch entstehen kann? Ich antworte Ja, ohne mich zu bedenken: alles das, was unnütz ist, alles das, dessen Mißbrauch mehr Übel als sein Gebrauch Gutes hervorbringt.

Man verweile einen Augenblick bei diesem letzten Satz und hüte sich, daraus zu schließen, daß man heutzutage alle Bibliotheken verbrennen und alle Universitäten und Akademien aufheben müsse. Wir würden Europa nur wieder in die Barbarei zurücksinken lassen, und die Sitten würden nichts dabei gewinnen.* Es schmerzt mich, daß ich eine große und unangenehme Wahrheit hierher setzen muß. Vom Wissen zur Unwissenheit ist nur ein Schritt, und der Übergang vom einen zum anderen findet sich häufig bei den Nationen, man hat aber noch niemals ein verdorbenes Volk zur Tugend zurückkehren sehen. Vergebens versichert ihr, die Quellen des Übels zerstören zu wollen, vergebens nimmt man ihnen alles, was die Eitelkeit, den Müßiggang und den Luxus nährt, vergebens auch führt ihr die Menschen zu jener ursprünglichen Gleichheit zurück, die die Unschuld erhält und die Quelle aller Tugend ist. Ihre Herzen sind einmal verdorben und werden es bleiben. Es gibt kein anderes Heilmittel als eine große Revolution, die vielleicht ebensosehr zu fürchten wäre wie das Übel, welches dadurch geheilt werden könnte, und es ist ebenso verwerflich, sie zu wünschen, wie unmöglich, sie vorherzusehen.

Man lasse also die Wissenschaften und Künste gewissermaßen

* *Das Laster würde uns immer anhängen*, sagt der Philosoph, den ich oben angeführt habe, *und wir hätten obendrein noch die Unwissenheit*. In den wenigen Zeilen, die dieser Schriftsteller über eine so wichtige Sache geschrieben hat, sieht man, daß er seinen Blick auf diese Seite gerichtet und weit gesehen hat.

die Wildheit der Menschen, welche sie verdorben haben, besänftigen, man suche die Menschen weise zu zerstreuen und ihren Leidenschaften eine andere Richtung zu geben. Man gebe diesen Tigern Futter, damit sie unsere Kinder nicht verzehren. Das Wissen des Lasterhaften ist weniger zu fürchten als seine grobe Unwissenheit, wenigstens macht es ihn vorsichtiger, Übles zu tun, wenn er die Strafe kennt, die ihn erwartet.

Ich habe die Akademien und ihre Stifter gerühmt, und ich will dieses Lob gerne wiederholen. Ist das Übel unheilbar, so verordnet der Arzt bloß lindernde Mittel und richtet die Arznei weniger nach dem Bedürfnis des Patienten als nach seinem Temperament ein. Weise Gesetzgeber können diese Klugheit nachahmen, und da sie einem kranken Volk nicht mehr die bestmögliche Gesittung geben können, so mögen sie ihm, so wie Solon, wenigstens die beste geben, die es ertragen kann.

Es gibt in Europa einen großen Fürsten, und, was noch mehr ist, einen tugendhaften Bürger, der in dem Vaterland, welches er angenommen hat und das er glücklich macht, verschiedene Einrichtungen zum Besten der Gelehrsamkeit gestiftet hat. Er hat hierin eine Probe seiner Weisheit und seiner Tugend abgelegt. Wo es sich um politische Stiftungen handelt, wird alles durch die Zeit und den Ort bestimmt. Die Fürsten müssen aus den angeführten Ursachen um ihres eigenen Besten willen die Wissenschaften und Künste fördern, und beim gegenwärtigen Stand der Dinge müssen sie dieselben sogar zum Besten ihrer Völker fördern. Wenn jetzt bei uns irgend ein Monarch noch kurzsichtig genug wäre, anders zu denken und zu handeln, so würden seine Untertanen arm und unwissend und nichtsdestoweniger lasterhaft bleiben. Mein Gegner hat sich dieses große und für seine Sache so vorteilhaft scheinende Beispiel nicht zunutze gemacht; vielleicht ist er der einzige, dem es unbekannt war oder dem es nicht eingefallen ist. Er erlaube also, daß man ihn daran erinnere, und lasse großen Dingen das Lob zuteil werden, welches sie verdienen; er bewundere sie so wie wir und halte doch nicht zu stark an ihnen fest gegen die Wahrheiten, welche er bestreitet.

BRIEF

VON J. J. ROUSSEAU AUS GENF
AN HERRN GRIMM
ÜBER DIE WIDERLEGUNG
SEINER ABHANDLUNG
DURCH
HERRN GAUTIER.

1751

Ich übersende Ihnen, mein Herr, den *Mercure* des Oktober, welchen Sie so gütig waren, mir zu leihen. Ich habe darin die Widerlegung meiner Abhandlung von Herrn Gautier mit Vergnügen gelesen, allein ich glaube nicht, daß ich, wie Sie behaupten, verpflichtet bin, darauf zu antworten, und dies aus folgenden Gründen:

1. Ich kann mich nicht überreden, daß man, um recht zu haben, unbedingt verpflichtet ist, jedesmal das letzte Wort zu behalten.

2. Je mehr ich die Widerlegung durchlese, desto mehr überzeuge ich mich, daß ich Herrn Gautier nicht besser erwidern kann, als indem ich ihn auf die Abhandlung selbst verweise, welche er widerlegt hat. Ich bitte Sie, lesen Sie in beiden Schriften die Abschnitte vom Luxus, vom Krieg, von den Akademien und von der Erziehung noch einmal durch, lesen Sie die Reden Ludwigs des Großen und des Fabricius, lesen Sie endlich die Schlußfolgerung des Herrn Gautier und die meinige, und Sie werden leicht begreifen, was ich sagen will.

3. Ich denke in allem so verschieden von Herrn Gautier, daß, wenn ich alle Stellen anführen wollte, wo wir nicht einig sind, ich mich gezwungen sähe, ihn selbst in den Dingen zu widerlegen, die ich ebenso gesagt hätte, und dieses gäbe mir zu sehr das Ansehen, als wenn ich bloß zu widersprechen suchte, was ich doch gerne vermeiden wollte. Zum Beispiel, wenn er von der Höflichkeit spricht, gibt er ganz deutlich zu verstehen, daß man erst ein Heuchler sein müsse, um ein rechtschaffener Mann zu werden, und daß die Falschheit ein sicherer Weg zur Tugend sei. Er sagt ferner, daß die Laster, wenn sie unter der Maske der Höflichkeit versteckt sind, gar nicht ansteckend seien, sondern nur dann, wenn sie sich offen und ohne Scheu zeigten; daß die Kunst, die Menschen auszuforschen, ebenso hoch gestiegen sei wie die Kunst, sich zu verstellen; daß man nicht glaube, ihnen trauen zu dürfen, wenn man ihnen nicht gefällt oder nützlich sein kann, und daß man wohl wisse, was von ihren trügerischen Höflichkeitsversicherungen zu halten sei; das heißt vermutlich, daß, wenn zwei Leute sich Komplimente machen, und der eine zum andern in seinem Herzen sagt: *Ich halte Euch für einen Dummkopf und lache Euch aus*, der andere ihm heimlich antwortet: *Ich weiß wohl, daß ihr mir*

etwas vorlügt, allein, ich gebe es Euch so gut wie möglich zurück. Wenn ich die bitterste Ironie hätte anwenden wollen, so hätte ich es vielleicht fast ebenso sagen können.

4. Man sieht auf jeder Seite der Widerlegung, daß der Verfasser das Werk, das er widerlegt, entweder nicht versteht oder nicht verstehen will, was für ihn gewiß sehr bequem ist, denn indem er immer seine eigenen Gedanken beantwortet und nicht die meinigen, so hat er die schönste Gelegenheit, zu sagen, was ihm beliebt. Auf der anderen Seite wird meine Verteidigung dadurch um so schwerer, aber auch um so unnötiger, denn man hat noch nie gehört, daß ein Maler, welcher ein Gemälde öffentlich ausstellt, verpflichtet sei, die Augen seiner Zuschauer zu untersuchen oder all denen Brillen zu leihen, die welche nötig haben.

Übrigens würde man mich vielleicht nicht verstehen, auch wenn ich antworten wollte. Ich würde zum Beispiel zu Herrn Gautier sagen: Ich weiß, daß unsere Soldaten keine Réaumur und keine Fontenelle sind, und dies ist um so schlimmer für sie selbst, für uns und vor allem für die Feinde. Ich weiß, daß sie unwissend, daß sie grob und liederlich sind, und trotzdem habe ich gesagt und sage ich immer noch, daß die Wissenschaften, die sie verachten, und die Schönen Künste, die sie nicht kennen, sie weichlich gemacht haben. Es ist einer der großen Nachteile der Pflege der Gelehrsamkeit, daß sie für einige Menschen, die sie aufklärt, eine ganze Nation völlig verdirbt. Sie sehen also, mein Herr, daß dies noch ein Paradox für Herrn Gautier sein würde, für diesen Herrn Gautier, der mich in einem überheblichen Ton fragt, was die Soldaten und die Akademien miteinander gemein haben, ob die Soldaten tapferer wären, wenn sie schlecht gekleidet und beköstigt würden; was ich damit sagen wolle, wenn ich behaupte, daß man, indem man die Talente belohne, die Tugenden darüber vergesse, und viele andere dergleichen Fragen, welche im Sinne dessen, der sie aufwirft, unmöglich deutlich zu beantworten sind. Sie werden, glaube ich, selbst eingestehen, daß es nicht der Mühe verlohnt, mich ein zweites Mal zu erklären, um vielleicht ebensowenig verstanden zu werden wie das erste Mal.

5. Wenn ich den ersten Teil der Widerlegung des Herrn Gautier beantworten wollte, so würde ich kein Ende finden. Herr

Gautier hält es für gut, mir die Schriftsteller anzugeben, die ich anführen und die ich verwerfen soll. Seine Wahl ist ganz natürlich: er verwirft all diejenigen Autoritäten, die für mich sind, und will mir andere aufdrängen, die er für meine Gegner hält. Vergebens würde ich ihm sagen wollen, daß ein einziges Zeugnis zu meinen Gunsten entscheidend ist, und daß hundert Zeugnisse nichts gegen meine Meinung ausrichten, weil die Zeugen Partei in dem Prozeß sind; vergebens bäte ich ihn, einen Unterschied zwischen den Beispielen zu machen, welche er anführt; vergebens würde ich ihm sagen, daß Barbar und Verbrecher zweierlei sind, und daß die wahrhaft verdorbenen Völker weniger die sind, welche schlechte Gesetze haben, als die, welche die Gesetze verachten. Man kann leicht erraten, was er hierauf antworten wird. Wie kann man gewissen anstößigen Schriftstellern glauben, welche Barbaren, die nicht lesen und schreiben können, zu loben wagen! Wie kann man Leuten, die nackend gehen, überhaupt Schamhaftigkeit zutrauen und Tugend bei denen suchen, die rohes Fleisch essen! Man muß also streiten. Hier steht also Herodot, Strabo, Pomponius Mela gegen Xenophon, Justinus, Quintus Curtius und Tacitus, und wir sind also in eine kritische gelehrte Untersuchung des Altertums geraten. Die Broschüren werden zu dicken Bänden, die Bücher vermehren sich und die Sache selbst wird darüber vergessen. Dies ist der Ausgang aller gelehrten Streitigkeiten, denn nachdem man mit Folianten angefangen hat, weiß man am Ende nicht mehr, wovon die Rede ist: es lohnt nicht die Mühe anzufangen.

Wollte ich auf den zweiten Teil antworten, so wäre das bald getan, aber niemand würde etwas daraus lernen. Herr Gautier begnügt sich, um mich zu widerlegen, überall dort Ja zu sagen, wo ich Nein gesagt habe, und Nein überall, wo ich Ja gesagt habe. Ich brauche also weiter nichts zu tun, als noch einmal Nein zu sagen an allen Stellen, wo ich Nein gesagt habe, und Ja, wo ich Ja gesagt habe, und alle Beweise wegzulassen, so habe ich ihm förmlich geantwortet. Nach Art des Herrn Gautier kann ich beide Teile der Widerlegung nicht beantworten, ohne entweder zu viel oder zu wenig zu sagen: weder das eine noch das andere würde ich gerne tun.

6. Ich könnte einen anderen Weg wählen und jede Überlegung von Herrn Gautier wie auch den Stil der Widerlegung einzeln untersuchen.

Bei der Untersuchung seiner Überlegungen würde es mir nicht schwer fallen, zu beweisen, daß sie alle falsch sind, daß der Verfasser die Frage nicht recht überlegt und daß er mich nicht verstanden hat.

Herr Gautier bemüht sich zum Beispiel, mir zu sagen, daß es gewisse lasterhafte Völker gibt, die unwissend sind, und ich habe schon immer meine Zweifel gehabt, daß die Kalmücken, Beduinen und Kaffern Wunder an Tugend wie an Bildung sind. Hätte sich Herr Gautier die Mühe gegeben, mir ein Volk aufzuweisen, welches gelehrt und nicht lasterhaft wäre, so hätte ich mich sehr verwundert. An allen Stellen legt er meine Gedanken so aus, als wenn ich die Wissenschaften die einzige Quelle aller Verderbnis bei den Menschen genannt hätte. Wenn er dieses im Ernste geglaubt hat, so bewundere ich die Geduld, mit der er mir geantwortet hat.

Er sagt, daß man die Höflichkeit, auf die ein Weltmann so viel hält, aus dem Umgang der Welt erlerne, und daher, schließt er, kann man dieses Verdienst nicht den Wissenschaften zuschreiben. Allein, wem soll man es sonst zuschreiben dürfen? Seitdem Menschen in Gesellschaft zusammenleben, gab es höfliche Völker und andere, die es nicht waren. Herr Gautier hätte uns die Ursache dieses Unterschiedes angeben sollen.

Herr Gautier bewundert überall die Reinheit unserer heutigen Sitten. Diese gute Meinung, welche er über sie hegt, macht seinen Sitten Ehre, aber zeugt auch von wenig Erfahrung. Nach dem Ton zu urteilen, in dem er darüber spricht, glaubt man, er hätte die Menschen, so wie die Peripatetiker die Physik, studiert, ohne aus seinem Kabinett zu kommen. Ich aber habe meine Bücher weggelegt, habe den Menschen zuerst zugehört und dann ihre Taten gesehen. Es ist daher kein Wunder, daß wir uns in unseren Urteilen nicht begegnet sind, da wir so verschiedene Methoden erwählt haben. Ich gestehe, daß man keine sittsamere Sprache haben kann als die unseres Jahrhunderts, und dieses bewundert Herr Gautier; allein, ich gestehe auch, daß man keine verdorbeneren Sitten haben kann als die unsrigen, und dieses ärgert mich. Glauben wir denn, bloß deswegen rechtschaffene Leute geworden zu sein, weil wir unsere Laster unter schicklichen Namen verstecken und daher nicht mehr dabei erröten?

Er sagt ferner, daß, wenn man wirklich beweisen könnte, daß die Lockerung der Sitten immer zugleich mit den Wissenschaften hervorgetreten sei, daraus doch nicht folge, daß das Geschick der Redlichkeit von ihrem Fortschritt abhänge. Nachdem ich den ersten Teil meiner Abhandlung verwendet habe, um zu beweisen, daß beide Dinge immer zugleich aufgetreten sind, habe ich im zweiten Teil beweisen wollen, daß wirklich eins vom anderen abhänge. Wem will also Herr Gautier hier antworten?

Meine Gedanken über die Erziehung in den Schulen scheinen ihm besonders anstößig. Er erzählt mir, wie viele schöne Dinge man die Jugend dort lehre, die ihnen einst, wenn sie erwachsen sind, zum Zeitvertreib dienen können, worin ich aber keine Beziehung auf die Pflichten des Bürgers finde, welche man ihnen doch vor allem einprägen sollte. »Wir fragen gerne: Kann er Griechisch, kann er Lateinisch? Schreibt er Verse oder Prosa? Allein, die Hauptsache, ob er besser oder klüger geworden, setzt jeder hintan. Ruft über einen Vorübergehenden unserem Volk zu: *O der gelehrte Mann!* und über einen anderen: *O der gute Mann!* Es wird unfehlbar seine Augen und seine Achtung dem ersten zuwenden. Doch ein dritter müßte ausrufen: *O ihr schalen Köpfe!*«

Ich habe gesagt, daß die Natur uns vor den Wissenschaften bewahren wollte, so wie eine zärtliche Mutter den Händen ihres Kindes eine gefährliche Waffe entreißt, und daß die Mühe, welche wir aufwenden müssen, um etwas zu erlernen, nicht die kleinste ihrer Wohltaten gegen uns ist. Herr Gautier wünschte so sehr, daß ich so gesagt hätte: Ihr Völker, lernt einmal einsehen, daß die Natur nicht will, daß ihr euch bloß von den Früchten der Erde nährt; die Mühe, welche ihr aufwenden müßt, um sie anzubauen, ist ein Beweis, daß ihr sie unbebaut lassen sollt. Herr Gautier hat vermutlich nicht daran gedacht, daß man mit ein wenig Fleiß mit Sicherheit Brot machen kann, daß man aber mit aller Wissenschaft durchaus nicht gewiß sein kann, schließlich einen rechtschaffenen Mann zu bilden. Übrigens hat er vielleicht nicht bedacht, daß diese Bemerkung meine Meinung noch mehr bestätigt; denn warum hat die Natur uns notwendige Arbeiten auferlegt, wenn nicht, um uns dadurch vom Müßiggang abzuhalten? Aus der Verachtung, welche er gegen den Ackerbau bezeugt, erhellt deutlich, daß, wenn es bloß von ihm abhinge, alle Ackersleute ihre Felder bald verlassen würden, um in den Schulen zu argumentieren, welche Beschäftigung, nach der Meinung des Herrn Gautier und vieler anderer Professoren, zum Glück des Staates unendlich viel beiträgt.

Als ich über eine Stelle des Platon nachdachte, geriet ich auf die Vermutung, daß vielleicht die alten Ägypter nicht jene hohe Meinung von den Wissenschaften gehegt haben, die man ihnen gerne zuschreibt. Der Verfasser der Widerlegung fragt mich, wie sich diese Vermutung mit der Aufschrift vereinigen läßt, welche der König Osymandias über seine Bibliothek zu setzen befahl. Dieser Einwurf wäre zu den Lebzeiten des Königs sehr gut gewesen. Jetzt aber, da er tot ist, frage ich meinerseits, warum man die Meinung des Osymandias und die der ägyptischen Weisen notwendig miteinander vereinigen müsse. Hätte der König die Stimmen gesammelt und jede Meinung wohl überlegt, so wäre vielleicht das Wort *Gift* an die Stelle des Wortes *Heilmittel* gesetzt worden. Allein, wir wollen diese prächtige Aufschrift lassen. Ich gebe es zu, daß diese Heilmittel vortrefflich sind, und ich habe es auch selbst schon oft genug wiederholt, allein, folgt denn daraus, daß sie für jeden gut sind, und muß man nicht erst auch das Temperament des Kranken untersuchen, ehe man sie anwendet? Ein Nahrungsmittel kann an sich sehr gut sein, und doch in einem schwachen Magen nichts als verdorbene Säfte und Unverdaulichkeiten hervorbringen. Was würde man von einem Arzt denken, der eine Lobrede auf kräftige Fleischspeisen hielte und dann daraus folgern wollte, daß man sie jedem Kranken ohne Unterschied verordnen müsse?

Ich habe gezeigt, daß die Wissenschaften und Künste die Tapferkeit schwächen. Herr Gautier nennt dies eine sonderbare Art zu schließen und sieht die Verbindung nicht, welche zwischen Tapferkeit und Tugend besteht. Dies ist jedoch nach meinem Bedünken nicht so schwer zu begreifen. Derjenige, welcher sich einmal gewöhnt hat, die Erhaltung seines Lebens der Beobachtung seiner Pflichten vorzuziehen, wird nicht lange anstehen, ihr auch jede andere Bequemlichkeit des Lebens vorzuziehen.

Ich habe behauptet, daß die Wissenschaften nur für einige große Köpfe gut sind, daß sie aber dem Volk, welches sich ihnen ergibt, allzeit schädlich sind. Herr Gautier sagt, Sokrates und Cato hätten beide die Wissenschaften verachtet und seien dennoch sehr gelehrte Leute gewesen: und dies nennt er mich widerlegen.

Ich habe gesagt, daß Sokrates der Gelehrteste unter den Athenern gewesen sei, und daraus leite ich die Autorität seines Zeugnisses her; dessen ungeachtet läßt sich Herr Gautier nicht hindern, mir zu verstehen zu geben, daß Sokrates ein gelehrter Mann war.

Er tadelt mich, daß ich behauptet habe, Cato hätte die griechischen Philosophen verachtet, und er stützt sich darauf, daß Cato bloß deswegen gegen die griechische Literatur eingenommen war, weil Karneades sich ein Vergnügen daraus machte, dieselben Sätze zu verteidigen und zu widerlegen. Herr Gautier hätte uns auch sagen sollen, woher dieser Karneades war und womit er sich beschäftigte.

Freilich war Karneades der einzige Philosoph oder der einzige Gelehrte, der sich rühmte, das Für und Wider einer Sache zu behaupten, denn sonst wäre alles, was Herr Gautier hier gesagt, falsch. Ich verlasse mich hier auf seine Belesenheit.

Wenn die Widerlegung auch nicht viele gute Gründe enthält, so enthält sie desto mehr schöne Redensarten. Der Verfasser verbirgt den Mangel an Gegengründen, auf welche er uns am Anfang Hoffnung machte, durch die Zierlichkeit der Schreibkunst, und während er selbst in einer Widerlegung alle Kunst des Redners verschwendet, wirft er mir vor, das nämliche in einer akademischen Preisschrift getan zu haben.

Wozu dienen, sagt Herr Gautier, *all die prächtigen Deklamationen des Herrn Rousseau?* Die eitlen Deklamationen der Schulen so viel wie möglich auszurotten. *Wer wird nicht in Hitze geraten, wenn er ihn behaupten hört, daß wir den Schein aller Tugenden haben, ohne eine wirklich zu besitzen?* Ich gestehe es, es war etwas zu sehr geschmeichelt, als ich behauptete, daß wir den Schein davon haben, allein, mich dünkt, Herr Gautier hätte mir vor allen anderen diesen Fehler verzeihen sollen. *Und warum sind wir nicht mehr tugendhaft? Deswegen, weil man die Schöne Literatur, die Wissenschaften und die Künste pflegt.* Eben deswegen. *Wäre man unhöflich, grob und unwissend, ein Gote, Hunne oder Vandale, so würde man vielleicht den Beifall des Herrn Rousseau erhalten.* Warum nicht? Schließt einer von diesen Namen die Tugend aus? *Wird man nie aufhören, gegen die Menschen zu schimpfen?* Werden die Menschen nie aufhören, lasterhaft zu sein? *Glaubt man sie dadurch tugendhafter zu machen, daß man ihnen sagt, sie hätten keine Tugend?* Glaubt man sie zu bessern, wenn man sie überredet, sie wären gut? *Kann man die Stützen der Sitten wegnehmen, unter dem Vorwand, sie zu verbessern?* Muß man unter dem Vorwand, den Geist aufzuklären, das Herz verderben? *O süßes Band der Gesellschaft! Einziger Reiz wahrer Philosophen, liebenswürdige Tugenden! Ihr herrscht durch euren eigenen Glanz in allen Herzen und verdankt eure Herrschaft weder einer stoischen Strenge, noch ungesitteten Redensarten, noch dem Rate eines bäurischen Stolzes.*

Ich will zunächst nur eine Sonderbarkeit berühren. Von allen Sekten der alten Philosophen, welche ich als zur Tugend unnütz verworfen habe, läßt mir Herr Gautier einzig und allein die Stoiker und scheint sie auf meine Seite stellen zu wollen. Er hat recht, ich werde aber nicht stolz darauf sein.

Allein, ich will sehen, ob ich nicht mit anderen Worten den Sinn des vorhergehenden Ausrufs genau wiedergeben kann: *O liebenswürdige Tugenden! Ihr herrscht durch euren Glanz in allen Herzen. Ihr braucht nicht jenen Pomp der Unwissenheit und Roheit. Ihr wißt den Weg zu den Herzen auf eine einfachere und natürlichere Art zu finden. Man braucht bloß die Rhetorik, die Logik, die Physik, die Metaphysik und die Mathematik zu verstehen, um das Recht zu erwerben, euch zu besitzen.*

Hier ist noch ein Beispiel für den Stil des Herrn Gautier.

Sie wissen, daß die Wissenschaften, welche man junge Philosophen auf Universitäten lehrt, die Logik, Metaphysik, Physik und die Anfangsgründe der Mathematik sind. Wenn ich dieses auch gewußt habe, so habe ich es wieder vergessen, so wie dies überhaupt geschieht, wenn wir anfangen, vernünftig zu werden. *Nach Ihrer Meinung sind dieses also bloß fruchtlose Spekulationen?* Fruchtlos nach der allgemeinen

Meinung, nach meiner Meinung aber sehr fruchtbar an nichtswürdigen Dingen. *Die Universitäten sind Ihnen viel Dank dafür schuldig, daß Sie sie gelehrt haben, die Wahrheit aller dieser Wissenschaften habe sich in einem Brunnen verborgen.* Ich habe dieses niemanden lehren wollen. Dieser Satz ist auch nicht meine Erfindung, denn er ist so alt wie die Philosophie selbst. Übrigens weiß ich es, daß die Universitäten mir keinen Dank schuldig sind, und ich wußte auch sehr wohl, daß ich nicht zur gleichen Zeit den Menschen schmeicheln und der Wahrheit huldigen konnte. *Große Philosophen, welche die Wissenschaften ganz inne haben, werden sich freilich sehr verwundern, wenn sie hören, daß sie nichts wissen.* Ich glaube selbst, daß diese großen Philosophen, welche alle diese großen Wissenschaften so ganz inne haben, sich sehr verwundern werden, wenn man ihnen sagt, daß sie nichts wissen. Ich würde mich aber noch mehr verwundern, wenn diese großen Leute, die so viel wissen, jemals dieses wüßten.

Ich bemerke, daß, obgleich Herr Gautier mir überall sehr höflich begegnet, er doch keine Gelegenheit vorbeiläßt, mir Feinde zu erwecken. Seine Aufmerksamkeit erstreckt sich hierbei von den Schulrektoren bis zum Regenten. Herr Gautier tut sehr wohl, die Gebräuche der Welt zu rechtfertigen, man sieht wohl, daß er sehr darin erfahren ist. Allein, ich kehre zu der Widerlegung zurück.

Diese ganze Art zu schreiben und zu denken, die einen Mann von Herrn Gautiers Geist so übel kleidet, hat mich zu einer Vermutung verleitet, welche Sie zwar gewagt finden werden, die ich aber für vernünftig halte. Er beschuldigt mich ernstlich, ohne es jedoch zu glauben, daß ich selbst nicht von dem, was ich behaupte, überzeugt sei. Ich aber verdächtige ihn, mit mehr Grund, daß er heimlich meiner Meinung ist. Die Stelle, die er bekleidet, und die Umstände, in denen er sich befindet, haben ihn vielleicht gezwungen, gegen mich zu schreiben. Der Anstand unseres Jahrhunderts ist zu vielen Dingen nützlich; er hat mich also vermutlich des Anstands wegen widerlegt; er wird aber alle Vorkehrungen getroffen und alle Kunst angewandt haben, daß niemand durch seine Widerlegung überzeugt wird.

In dieser Absicht fängt er an, ganz unnötigerweise zu erklären, daß die Sache, welche er verteidigt, das Wohl der Versammlung, vor der er spricht, und den Ruhm des großen Fürsten, unter dessen Gesetzen er das Glück hat zu leben, sehr nahe beträfe. Das heißt gerade soviel, als wenn er sagte: Sie können, meine Herren, nicht ohne gegen Ihren ehrenwerten Beschützer undankbar zu sein, mir Unrecht geben, und übrigens ist es Ihre eigene Sache, die ich heute vor Ihnen verteidige. Von welcher Seite Sie also meine Gründe betrachten, so bin ich berechtigt, auf Ihre Nachsicht gegenüber ihrer Stichhaltigkeit zu zählen. Ich behaupte, daß jeder, der so spricht, mehr sucht, die Leute zum Stillschweigen zu bewegen, als sie zu überzeugen.

Wenn Sie die Widerlegung aufmerksam durchlesen, so werden Sie beinahe keine Zeile finden, die nicht die Antwort vorzubereiten scheint. Ein einziges Beispiel wird hinreichend sein, um mich verständlich zu machen.

Die Siege, die die Athener über die Perser und sogar über die Lakedaimonier davongetragen, beweisen deutlich, daß die Künste und die soldatische Tapferkeit nicht unvereinbar sind. Ich frage nun, ob dies nicht eine List ist, um in Erinnerung zu rufen, was ich von der Niederlage des Xerxes gesagt habe, und um mich an den Ausgang des Peloponnesischen Krieges zu erinnern. *Ihre Regierungsform, welche unter Perikles bestechlich geworden, gewinnt eine andere Gestalt; die Liebe zum Vergnügen erstickt die Tapferkeit, die größten Ämter werden verunehrt, die Anzahl der schlechten Bürger vermehrt sich, weil das Laster ungestraft bleibt, die Kriegsgelder werden zur Erhaltung der Weichlichkeit und des Müßiggangs verwendet. Was haben aber diese Ursachen der Verderbnis mit den Wissenschaften gemein?*

Herr Gautier erinnert hier nur an den zweiten Teil meiner Abhandlung, wo ich diese Verbindung gezeigt habe. Man muß hier die Geschicklichkeit bewundern, mit welcher er die Wirkungen der Verderbnis an die Stelle der Ursachen setzt, um jeden vernünftigen Menschen zu bewegen, von selbst zur ersten Ursache jener vorgeblichen Ursachen zurückzugehen. Man bemerke ferner, wie sorgfältig er, vermutlich, um dem Leser Gelegenheit zum Selbstdenken zu geben, nicht zu wissen vorgibt, was er wirklich wissen muß und was alle Geschichtsschreiber einhellig sagen, daß nämlich die Verderbnis der Sitten und der Regierungsform der Athener das Werk der Redner gewesen sei. Eine solche Widerlegung kann also nur dazu dienen, mir die Antworten anzuzeigen, welche ich ihr entgegensetzen soll.

Dieses ist jedoch eine bloße Vermutung, die ich nicht mit Gewißheit aussprechen will. Herr Gautier würde mir vielleicht wenig Dank wissen, wenn ich seine Wissenschaft auf Kosten seiner Aufrichtigkeit rechtfertigen wollte. Wenn er aber bei der Widerlegung meiner Abhandlung aufrichtig gesprochen hat, warum hat Herr Gautier, Professor der Geschichte und Mathematik, Mitglied der Akademie zu Nancy, nicht einiges Mißtrauen in diese Titel gesetzt, die er trägt?

Ich werde also Herrn Gautier nicht antworten, dies habe ich beschlossen. Ich könnte ihm im Ernst nicht antworten und seiner Widerlegung Schritt für Schritt folgen. Sie sehen selbst, warum ich dies nicht kann, und es wäre Undankbarkeit gegen die Ehre, welche mir Herr Gautier erweist, wenn ich das *ridiculum acri*, die Ironie und den bitteren Scherz dazu brauchen wollte. Ich befürchte ohnehin, daß er Ursache hat, sich über diesen Brief zu beklagen. Wenigstens wußte er wohl, als er seine Widerlegung schrieb, daß er es mit einem Menschen zu tun hat, der die Höflichkeit nicht so sehr schätzt, um ihretwegen seine Meinung zu verbergen.

Übrigens will ich Herrn Gautier völlig Gerechtigkeit widerfahren lassen. Aus seiner Schrift erhellt, daß er ein Mann von Geist und großen Kenntnissen ist. Andere glauben vielleicht auch viel Philosophie darin zu finden, ich für mein Teil finde viel Belesenheit darin.

Ich habe die Ehre, von ganzem Herzen zu sein, etc.

Nachschrift. Soeben lese ich die Unrechter Zeitung vom 22. Oktober und finde darin eine prächtige Rezension der Schrift des Herrn Gautier, und diese Rezension scheint eigens dazu gemacht, mich vollends in meiner Vermutung zu bestätigen. Ein Verfasser, der einiges Zutrauen zu seinem Werke hat, überläßt es anderen, es der Welt anzupreisen, und begnügt sich, einen guten Auszug daraus zu machen. Der Auszug seiner Widerlegung ist mit so viel Geschick abgefaßt, daß, obgleich nur einige kleine Stellen, welche ich als Übergänge gebraucht habe, darin angegriffen werden, es nicht eine einzige gibt, worüber ein verständiger Leser mit Herrn Gautier einerlei Meinung sein könnte.

Es ist nicht wahr, sagt er, daß die Geschichte durch die Laster der Menschen ihr hauptsächliches Interesse gewinnt.

Ich brauchte hier keine Vernunftbeweise anzuführen, und um Herrn Gautier auf seinem Gebiet zu treffen, werde ich ihm Autoritäten anführen.

Glücklich die Völker, deren Könige in der Geschichte keinen großen Namen erhalten haben.

Wenn jemals die Menschen weise werden, so wird ihre Geschichte nicht mehr unterhaltend sein.

Herr Gautier sagt mit Recht, daß eine Gesellschaft, auch wenn sie nur aus rechtschaffenen Menschen zusammengesetzt wäre, dennoch nicht ohne Gesetze bestehen könnte, und daraus schließt er nun, daß es nicht wahr sei, daß die Rechtsgelehrtheit ohne die Ungerechtigkeiten der Menschen nutzlos sei. Wie kann ein so gelehrter Mann die Rechtsgelehrtheit mit den Gesetzen verwechseln?

Ich könnte hier immer noch die Vernunftbeweise weglassen und, um Herrn Gautier auf seinem Gebiet zu treffen, einige Tatsachen anführen. Die Lakedaimonier hatten weder Rechtsgelehrte noch Advokaten, ihre Gesetze waren nicht einmal geschrieben, und dennoch hatten sie Gesetze. Ich überlasse es der Gelehrsamkeit des Herrn Gautier, zu untersuchen, ob die Gesetze zu Lakedaimon schlechter beobachtet wurden als in den Ländern, wo es von Rechtsgelehrten wimmelt.

Ich werde mich bei allen Kleinigkeiten, welche Herr Gautier in der Zeitung anführt, nicht aufhalten, sondern ich endige mit einer einzigen Bemerkung, welche ich Ihrem Urteil unterwerfe.

Ich will Herrn Gautier vollkommen Recht geben und alle Stellen meiner Abhandlung, die er angreift, wegstreichen, und meine Beweise werden nichts von ihrer Stärke verloren haben. Man streiche in der Schrift des Herrn Gautier alle Stellen weg, die gar nicht zur Sache gehören, und es wird gar nichts übrig bleiben.

Ich komme daher immer noch zu dem Schluß, daß Herrn Gautier nicht zu antworten sei.

Paris, den 1. November 1751.

LETZTE ANTWORT
AN BORDES

Ne, dum tacemus, non verecundiae
sed diffidentiae causa tacere videamur.
Cyprian. contra Demet.

1752

Mit dem äußersten Widerwillen muß ich die müßigen Leser noch einmal mit meinem Streit unterhalten, obgleich sie nicht viel Anteil an der Wahrheit nehmen: allein, die Art, wie man sie bestreitet, zwingt mich noch einmal, mich zu ihrem Verteidiger aufzuwerfen, damit mein Stillschweigen von der Menge nicht für Nachgeben und von den Philosophen für Verachtung gehalten werde.

Ich muß mich wiederholen, dies fühle ich, und das Publikum wird es schwerlich verzeihen. Allein, die Weisen werden sagen: Dieser Mann hat es nicht nötig, ständig nach neuen Beweisen zu suchen, und dies zeugt von der Richtigkeit seiner ersten Schlüsse.*

Da diejenigen, die mich angreifen, sich immer von der Sache selbst entfernen und die wesentlichen Unterschiede, welche ich angebracht habe, verschweigen, muß ich sie beständig wieder dahin zurückführen. Hier ist also eine Zusammenfassung der Sätze, die ich behauptet habe und die ich so lange behaupten werde, als das Interesse an der Wahrheit mein einziger Führer sein wird.

Die Wissenschaften sind das Meisterstück des Genies und der Vernunft. Der Nachahmungsgeist brachte die schönen Künste hervor, und die Erfahrung hat sie verbessert. Den mechanischen Künsten haben wir viele nützliche Entdeckungen zu danken, welche das Vergnügen und die Bequemlichkeit des Lebens ver-

* Es gibt unzweifelhafte Wahrheiten, welche dem ersten Anschein nach ungereimt scheinen und bei den meisten Menschen immer dafür werden gehalten werden. Man sage einem gemeinen Mann, daß die Sonne im Sommer näher bei uns ist als im Winter oder daß sie schon untergegangen ist, wenngleich wir sie noch sehen, und er wird darüber lachen. Mir geht es mit meiner Meinung ebenso. Die allerseichtesten Köpfe waren immer gleich bereit, mich zu widerlegen. Die wahren Philosophen eilen weniger, und wenn ich so glücklich war, einige Proselyten zu machen, so gewiß nur unter den letzteren. Ehe ich mich äußerte, habe ich meiner Sache lange und tief nachgedacht und mich bemüht, sie von allen Seiten zu betrachten. Ich zweifle sehr, ob meine Gegner das nämliche sagen können. Wenigstens finde ich in ihren Schriften keine von jenen erleuchtenden Wahrheiten, welche ebenso wegen ihrer Neuheit als wegen ihrer Gewißheit Erstaunen erregen und die Frucht eines reifen Nachdenkens sind. Ich wage es zu behaupten, daß sie mir keinen vernünftigen Einwurf gemacht haben, den ich nicht vorhergesehen oder vorher beantwortet hätte. Dies ist die Ursache, warum ich genötigt bin, mich immer zu wiederholen.

mehrt haben. Diese Wahrheiten gebe ich sehr gerne zu. Wir wollen jetzt aber diese Kenntnisse in ihrer Verbindung mit den Sitten betrachten.*

Wenn höhere Wesen sich mit den Wissenschaften beschäftigten, so würde nichts als Gutes daraus entspringen; eben dieses sage ich auch von jenen großen Männern, die die anderen zu führen bestimmt sind. Der gelehrte und tugendhafte Sokrates war die Zierde der Menschheit, allein, die erhabensten Wissenschaften werden durch die Fehler der gemeinen Menschen vergiftet und gereichen daher den Nationen zum Schaden; der Lasterhafte zieht viel Schädliches aus ihnen, und der Gute gewinnt nichts dabei. Hätte Sokrates allein in Athen der Philosophie sich rühmen können, so hätte das Blut eines Gerechten nicht gegen das Vaterland der Wissenschaften und Künste nach Rache geschrien.**

Es ist noch ungewiß, ob es nützlich wäre für die Menschen, wenn sie die Wissenschaften trieben, vorausgesetzt, daß das, was

* *Die Kenntnisse machen den Menschen sanft*, sagt jener berühmte Philosoph, dessen gründliches und zum Teil erhabenes Werk überall die Liebe zur Menschheit atmet. In diesen wenigen Worten und, was sehr selten ist, ohne Prahlerei, hat er all das gesagt, was mit Sicherheit zum Vorteil der Gelehrsamkeit gesagt werden kann. Wahr ist es, die Wissenschaften machen den Menschen sanft: allein die Sanftmut, obgleich die liebenswürdigste aller Tugenden, ist manchmal auch eine Schwäche der Seele. Die Tugend ist nicht allzeit sanft, sie weiß sich im rechten Moment mit Strenge gegen das Laster zu waffnen und entbrennt in Empörung gegen das Verbrechen.

Und der Gerechte kann dem Lasterhaften nicht vergeben.

Weise war die Antwort, welche ein lakedämonischer König denen gab, die ihm die außerordentliche Güte seines Kollegen Charillus lobten. *Wie kann er gut sein*, sagte er, *wenn er nicht auch zugleich ein Schrecken der Lasterhaften zu sein vermag?* Brutus war nicht sanft, und wer hätte die Stirn, ihm die Tugend abzusprechen? Im Gegenteil, es gibt gewisse kleine und feige Seelen, welche weder Stärke noch Mut besitzen und die bloß aus Gleichgültigkeit gegen das Gute und Böse sanftmütig sind. Von dieser Art ist die Sanftmut, die den Völkern den Geschmack an der Gelehrsamkeit eingibt.

** Es hat Sokrates das Leben gekostet, genau dasselbe gesagt zu haben wie ich. In dem Prozeß, der gegen ihn geführt wurde, verteidigte einer seiner Ankläger die Künstler, der andere die Redner, der dritte die Dichter, und alle unter dem Vorwand der Sache der Götter. Die Dichter, Künstler, Fanatiker und Redner siegten, und Sokrates wurde zum Tode verdammt. Ich befürchte, daß ich meinem Jahrhundert zuviel Ehre erwiesen habe, wenn ich behauptete, daß Sokrates bei uns nicht den Schierling getrunken hätte.

sie so nennen, diesen Namen wirklich verdient, allein, es ist Torheit, zu behaupten, daß die philosophischen Grillen und die Irrtümer und Lügen der Philosophen jemals zu etwas nützlich sein könnten. Werden wir uns immer durch bloße Worte verblenden lassen? Und werden wir niemals einsehen, daß Studium, Kenntnisse, Wissenschaft und Philosophie eitle Bilder sind, welche der menschliche Stolz erfunden hat und die den prächtigen Namen, welchen er ihnen beilegt, gar nicht verdienen?

Sowie sich der Geschmack an diesen Kleinigkeiten bei einer Nation ausbreitet, so verliert dieselbe das Gefühl für wahre Tugend, denn es ist viel leichter, sich durch bloßes Geschwätz auszuzeichnen als durch gute Sitten, sobald man nicht mehr rechtschaffen zu sein braucht, wenn man bloß angenehm ist.

Je mehr das Innere verdirbt, desto mehr gibt man aufs Äußere*, und auf diese Art entstand aus der Pflege der Wissenschaften nach und nach die Höflichkeit. Der Geschmack entspringt derselben Quelle. Da der allgemeine Beifall die höchste Belohnung literarischer Arbeiten ist, so ist es natürlich, daß diejenigen, die sich damit beschäftigen, auf Mittel sinnen, um zu gefallen, und durch diese Überlegungen entsteht endlich der Stil, der Geschmack wird verfeinert und alles wird geschmackvoller und annehmlicher. Alle diese Dinge können wohl, wenn man so will, eine Zugabe zur Tugend sein, aber niemals wird man sagen können, daß sie die Tugend selbst sind, und nur sehr selten verbindet sie sich mit ihnen. Folgender Unterschied wird immer bleiben, daß nämlich derjenige, welcher sich nützlich macht, für andere arbeitet, wohingegen derjenige, der sich nur angenehm zu machen sucht, immer für sich allein arbeitet. Der Schmeichler zum Beispiel spart keine Mühe, sich gefällig zu machen, und dennoch stiftet er lauter Böses.

* Ich sehe niemals eine Komödie von Molière aufführen, ohne zugleich das Zartgefühl der Zuschauer zu bewundern. Ein etwas freies Wort, ein mehr grober als unflätiger Ausdruck, alles beleidigt ihre zarten Ohren, und ich glaube gewiß, daß die Verdorbensten auch die am meisten Entrüsteten sind. Wenn man nun die Sitten zu Molières Zeiten mit den unsrigen vergliche, glaubt man wohl, daß wir dabei gewinnen würden? Sobald die Einbildungskraft einmal beschmutzt ist, so ist ihr alles ein Ärgernis, und sobald man nichts Gutes mehr hat als das Äußerliche, so verdoppelt man die Mühe, es zu erhalten.

Aus der Eitelkeit und dem Müßiggang, woraus unsere Wissenschaften entstanden sind, entsteht auch der Luxus. Der Geschmack am Luxus begleitet immer den Geschmack an Wissenschaften, und oft begleitet auch der Geschmack an Wissenschaften den Geschmack am Luxus.* Alle diese Dinge trennen sich ungern voneinander, weil sie aus gleichen Lastern entsprungen sind.

Wenn die Erfahrung diese Sätze nicht bestätigte, so müßte man die besonderen Ursachen dieses Widerspruchs aufsuchen. Aber der erste Gedanke zu diesen Sätzen war selbst die Frucht eines tiefen Nachdenkens über die Erfahrung, und um sich zu überzeugen, daß diese sie bestätigt, lese man nur die Geschichte der Welt.

Die ersten Menschen waren sehr unwissend. Wie kann man denn behaupten, daß sie verdorben waren, zu einer Zeit, wo die Quellen der Verderbnis noch nicht geöffnet waren?

Mitten durch die Dunkelheit der alten Zeiten und die bäurischen Sitten der alten Völker hindurch bemerkt man an verschiedenen von ihnen sehr hohe Tugenden, besonders aber strenge Sitten, welches ein untrügliches Zeichen ist für ihre Reinheit, Aufrichtigkeit, Gastfreiheit, Gerechtigkeit und, was am wichtigsten ist, ihren großen Abscheu vor der Ausschweifung**, der Mutter aller Laster. Die Tugend ist also mit der Unwissenheit nicht unvereinbar.

* Man hat mir an einer Stelle den asiatischen Luxus entgegengehalten, und dies aus eben dem Grund, aus dem man mir die Laster der unwissenden Völker entgegengehalten hat. Aber durch ein Unglück, das meine Gegner verfolgt, täuschen sie sich sogar in den Dingen, die nichts gegen mich beweisen. Ich weiß wohl, daß die morgenländischen Völker ebenso unwissend sind wie wir; dies hindert jedoch nicht, daß sie ebenso eitel sind und fast ebenso viele Bücher schreiben. Um die Mitte des vorigen Jahrhunderts zählten die Türken, welche die Literatur am wenigsten schätzen, dennoch fünfhundertachtzig klassische Dichter.

** Ich bin gar nicht willens, den Frauen zu schmeicheln, und ich will gerne den Namen eines Pedanten von ihnen erhalten, welchen unsere Modephilosophen so sehr fürchten. Ich bin grob, mürrisch und unhöflich aus Grundsätzen, und ich vertrage keine Lobredner; so will ich also die Wahrheit frei heraussagen.

Der Mann und die Frau sind geschaffen, um sich zu lieben und zu vereinigen, doch außer dieser rechtmäßigen Verbindung ist jede Liebe eine scheußliche Quelle der Unordnung in der Gesellschaft und in den Sitten. Es ist gewiß, die Frauen allein könnten die Rechtschaffenheit und die Ehrbarkeit unter uns wieder einführen, al-

Sie ist auch nicht immer ihre Begleiterin; denn es gibt verschiedene sehr unwissende und sehr lasterhafte Völker. Die Unwissenheit verhindert weder das Gute noch das Böse, sie ist bloß der natürliche Zustand des Menschen.*

Von der Wissenschaft kann man dieses nicht sagen. Alle gelehrten Völker waren verdorben, und dies ist schon ein schlimmes Zeichen, das gegen sie spricht. Allein, da der Vergleich zwischen zwei Völkern sehr schwer anzustellen ist, da viele Dinge dazu herangezogen werden müssen und es dennoch auf der einen oder anderen Seite immer an Genauigkeit mangelt, so geht man allemal sicherer, wenn man die Geschichte eines einzigen Volkes untersucht und die Fortschritte seiner Kenntnisse mit den Verände-

lein, sie verlangen, diese Macht nicht aus den Händen der Tugend, sondern nur durch ihre eigenen Reize zu erhalten, und so tun sie lauter Übles und strafen sich oft selbst dafür. Man kann es kaum begreifen, wie bei einer so reinen Religion die Keuschheit eine so niedrige Mönchstugend werden konnte, die in der Lage ist, jeden Mann, und ich möchte fast sagen, jede Frau lächerlich zu machen, die es wagte, sich dessen zu rühmen, während die Heiden diese Tugend allgemein verehrten und sie als Eigenschaft großer Männer betrachteten und an ihren größten Helden bewunderten. Ich kann drei anführen, welche gewiß keinem anderen weichen werden und die ohne Religion der Welt denkwürdige Beispiele von Enthaltsamkeit gegeben haben: Kyros, Alexander und der junge Scipio. Von allen Kostbarkeiten, welche das Kabinett des Königs enthält, wünschte ich nur den silbernen Schild zu sehen, welcher letzterem von den Spaniern verehrt wurde und auf welchem der Triumph seiner Taten eingegraben war. Auf diese Art überwanden die Römer die Völker ebenso durch ihre verehrungswürdigen Sitten als durch die Gewalt ihrer Waffen; auf diese Art wurde die Stadt der Falisker erobert und Pyrrhus als Sieger aus Italien verjagt.

Ich erinnere mich, irgendwo eine schöne Antwort des Dichters Dryden an einen jungen englischen Herrn gelesen zu haben, der ihm vorwarf, daß in einem seiner Trauerspiele Kleomenes sich mit seiner Geliebten vertraulich unterhalte, anstatt etwas seiner Liebe Würdiges zu wagen. Wenn ich bei einer Schönen bin, so weiß ich die Zeit besser anzuwenden, sagte der junge Lord. Ich glaube es wohl, sagte Dryden, dafür aber sind Sie auch kein Held.

* Ich kann mich kaum des Lachens enthalten, wenn ich so viele gelehrte Männer mich mit ihrer Kritik beehren sehe und sie mir beständig die Laster einer Vielzahl unwissender Völker entgegenhalten, gerade als wenn dies die Frage etwas anginge. Weil Wissenschaft notwendigerweise Laster erzeugt, folgt denn daraus, daß Unwissenheit Tugend erzeugen müsse? Diese Art zu schließen kann wohl gut sein für Redner oder auch für die Kinder, durch welche man mich in meinem Land hat widerlegen lassen, aber Philosophen müssen anders schließen.

rungen seiner Sitten vergleicht. Das Resultat dieser Untersuchung wird sein, daß die Zeit der Unwissenheit auch zugleich die glücklichste und tugendhafteste Zeit jedes Volkes gewesen ist und sowie es gelehrt, künstlerisch und philosophisch geworden ist, es auch seine Sitten und seine Rechtschaffenheit verloren hat, und in dieser Hinsicht ist es zu jenen unwissenden und lasterhaften Nationen herabgesunken, welche eine Schande der Menschheit sind. Wenn man darauf besteht, hier einen Unterschied zu machen, so kann ich einen angeben, und hier ist er: alle barbarischen Völker, selbst diejenigen, welche keine Tugend besitzen, verehren doch immer die Tugend, während die gelehrten und philosophischen Völker mit ihrem Fortschritt es endlich so weit bringen, daß sie die Tugend verachten und lächerlich machen. Ist eine Nation einmal so weit, so kann man gewiß sagen, daß die Verderbnis ihren höchsten Grad erreicht hat und daß keine Besserung mehr zu hoffen ist.

Dies ist die Zusammenfassung dessen, was ich behauptet und was ich glaube bewiesen zu haben. Ich will nun die Lehre untersuchen, die man mir entgegensetzt.

»Die Menschen sind böse von Natur; schon vor der Bildung der Gesellschaft waren sie böse; und da, wo das Licht der Wissenschaften sich nicht ausgebreitet, waren die Völker bloß ihren *natürlichen Trieben* überlassen und gleich den Löwen und Bären auf ein animalisches Leben eingeschränkt und blieben also in der Barbarei und im Elend.

In den alten Zeiten war Griechenland das einzige Land, welches dachte und sich *durch die Vernunft* zu all dem erhob, was ein Volk auszeichnet. Philosophen bildeten seine Sitten und gaben ihm Gesetze.

Sparta war zwar vermöge seiner Gesetze und aus eigener Wahl unwissend und arm, aber seine Gesetze waren sehr fehlerhaft, seine Bürger hatten einen großen Hang zur Verderbnis, seine Ehre war nicht beständig und es verlor bald seine Einrichtungen, seine Gesetze und seine Sitten.

Athen und Rom sanken ebenfalls. Das eine unterlag der makedonischen Machtfülle, das andere fiel unter seiner eigenen Größe, weil die Gesetze einer kleinen Stadt nicht hinreichend waren, die

Welt zu regieren. Wenn man manchmal findet, daß der Ruhm großer Reiche nicht lange mit den Wissenschaften bestanden hat, so liegt der Grund dafür darin, daß ihr Ruhm schon zu seiner Höhe gestiegen war, als die Wissenschaften anfingen, und weil es überhaupt das Los aller menschlichen Dinge ist, nicht lange zu dauern. Wenn man also auch zugibt, daß die Veränderung der Gesetze und der Sitten ihren Einfluß auf diese großen Begebenheiten gehabt hat, so kann man hieraus noch nicht folgern, daß die Künste und die Wissenschaften dazu beigetragen haben. Man kann im Gegenteil das Verhältnis leicht bemerken, welches immer zwischen dem Fortschritt und dem Verfall der Wissenschaften und dem Glück und der Erniedrigung der Reiche besteht.

Diese Wahrheit bestätigt sich durch die Erfahrung der jüngsten Zeiten, wo man in einer großen und mächtigen Monarchie das Wohl des Staates, die Pflege der Wissenschaften und Künste und die kriegerische Tapferkeit zugleich zum Ruhm und zur Größe des Reiches beitragen sieht.

Unsere Sitten sind die bestmöglichen, verschiedene Laster haben bei uns gänzlich aufgehört, und diejenigen, die uns noch anhängen, haben ihren Ursprung in der menschlichen Schwachheit, und die Wissenschaften haben keinen Anteil daran.

Auch der Luxus hat keine Gemeinschaft mit ihnen, so daß die Unordnungen, die durch ihn entstehen können, ihnen keineswegs zugeschrieben werden dürfen. Übrigens ist der Luxus in einem großen Staat notwendig und bringt mehr Gutes als Böses hervor. Er ist nützlich, indem er die müßigen Bürger beschäftigt und den Armen Unterhalt verschafft.

Die Höflichkeit müßte man eher zu den Tugenden als zu den Lastern zählen: sie hindert die Menschen, sich so zu zeigen, wie sie sind, und diese Vorsicht ist sehr nötig, um sie einander erträglich zu machen.

Die Wissenschaften haben selten den Zweck erreicht, welchen sie sich vorgesetzt, aber wenigstens streben sie danach. In der Kenntnis der Wahrheit kommt man nur schrittweise weiter, was nicht hindert, daß man darin Fortschritte macht.

Wenn es endlich wahr wäre, daß die Wissenschaften und Künste den Mut entkräften, sollen wir das unzählige Gute, das sie uns verschaffen, nicht jener barbarischen und rauhen Tugend vorziehen, vor der die Menschheit zittert?« Ich übergehe die unnütze und prächtige Beschreibung dieser Güter, und um allem Gewäsche zuvorzukommen, will ich bei diesem Punkt mit einem Geständnis beginnen und ein für allemal erklären, daß ich, wenn jemals etwas die Verderbnis der Sitten aufwiegt, bereit bin zuzugestehen, daß die Wissenschaften mehr Gutes als Böses bewirken. Ich gehe nun weiter.

Ich könnte alles, was gesagt worden, ohne viel zu verlieren, als bewiesen annehmen, da unter so vielen zuversichtlich behaupteten Sätzen sehr wenige sind, welche den Kern unserer Frage betreffen, und noch weniger, aus welchen man einen gründlichen Schluß gegen meine Meinung ziehen könnte, ja, die meisten würden sogar als neue Beweise für mich dienen, wenn ich sie nötig hätte.

1. Sind die Menschen von Natur böse, so ist es vielleicht möglich, daß die Wissenschaften in ihren Händen etwas Gutes hervorbringen können, allein, es ist ganz gewiß, daß sie viel mehr Übel hervorbringen werden: Wahnsinnigen darf man keine Waffen in die Hände geben.

2. Wenn die Wissenschaften ihren Zweck selten erreichen, so geht allemal mehr Zeit darüber verloren, als gut angewendet wird. Und wenn es auch wahr wäre, daß wir die besten Methoden besitzen, so wären unsere meisten Arbeiten doch ebenso lächerlich wie die Bemühung eines Menschen, der in der Gewißheit, sich genau nach dem Senkblei zu richten, einen Brunnen bis zum Mittelpunkt der Erde graben wollte.

3. Man soll uns nicht so viel Angst vor dem rein animalischen Leben machen und es nicht als den schrecklichsten Zustand vorstellen, in den wir geraten können, denn es ist allemal besser, wenn man einem Schaf als wenn man einem bösen Geist gleicht.

4. Griechenland erhielt seine Sitten und Gesetze von Philosophen und Gesetzgebern. Ich gebe es zu. Ich habe schon hundertmal gesagt, daß es gut ist, daß es Philosophen gibt, nur soll sich das Volk nicht darunter mischen.

5. Da man sich nicht traut, die Güte der spartanischen Gesetze zu tadeln, so sagt man, daß sie große Fehler gehabt haben: Auf

diese Art kehrt man also meinen Vorwurf um, den ich den aufgeklärten Völkern gemacht habe, daß sie nämlich immer verdorben gewesen seien, und tadelt an den unwissenden Völkern, daß sie nicht den höchsten Grad der Vollkommenheit erreicht haben.

6. Der Fortschritt der schönen Wissenschaften steht in einem Verhältnis zur Größe der Reiche. Mag sein. Ich sehe, man spricht immer von Reichtum und Größe. Ich hingegen sprach von Sitten und Tugend.

7. Unsere Sitten sind die besten, die so verdorbene Menschen wie wir nur haben können. Das kann sein. Wir haben verschiedene Laster ausgerottet, ich gebe es zu. Ich beschuldige die Menschen dieses Jahrhunderts nicht aller Laster. Sie haben nur die Laster feiger Seelen, sie sind nur Verräter und Spitzbuben. Was die Laster betrifft, welche Mut und Entschlossenheit erfordern, so halte ich sie dazu für unfähig.

8. Der Luxus kann notwendig sein, um den Armen Brot zu verschaffen. Allein, wenn kein Luxus da wäre, so wären auch keine Armen da.* Er beschäftigt die müßigen Bürger. Und warum gibt es denn müßige Bürger? Solange der Ackerbau geehrt wurde, gab es weder Elend noch Müßiggang und es gab weit weniger Laster.

9. Ich sehe wohl, daß einem die Sache des Luxus sehr am Herzen liegt und daß man sie von der der Wissenschaften und Künste gerne absondern möchte. Weil man es denn unbedingt haben will, so gebe ich zu, daß der Luxus den Staaten als Stütze dient, so wie die Karyatiden dazu dienen, den Palast zu stützen, den sie zieren, oder besser, wie die Balken, mit denen man morsche Gebäude stützt, oft dazu beitragen, sie gänzlich zum Einsturz zu bringen.

* Der Luxus ernährt hundert Arme in unseren Städten, und hunderttausend kommen durch ihn auf dem Lande um: Das Geld, das durch die Hände der Reichen und der Künstler geht, ist für den Unterhalt der Bauern verloren, und dieser hat keinen Rock, nur weil andere Tressen auf dem ihren brauchen. Die Verschwendung der Stoffe, die den Menschen zur Nahrung dienen, sollte uns allein schon gegen den Luxus aufbringen. Es ist ein Glück für meine Gegner, daß die schändliche Feinheit unserer Sprache mir verbietet, weitläufiger von einer Sache zu reden, worüber sie erröten müßten, weil sie sie verteidigt haben. Wir brauchen Soßen in unseren Küchen, daher mangelt es so vielen Kranken an Fleischbrühe. Wir brauchen Liköre auf unseren Tafeln, daher trinkt der Landmann bloß Wasser. Wir brauchen Puder für unsere Perücken, deswegen haben so viele Arme kein Brot.

Menschen, seid klug und weise und verlaßt jedes Haus, das man stützt!

Dies mag zeigen, wie leicht es mir wäre, die meisten Dinge, die man mir entgegenhalten will, zu meinen Gunsten zu wenden, allein, offen gesagt, ich finde sie nicht gründlich genug bewiesen, um den Mut zu haben, mich darauf zu berufen.

Man sagt, daß die ersten Menschen böse waren, und hieraus schließt man nun, daß der Mensch von Natur böse sei.* Dieser Satz ist von großer Wichtigkeit, und mir scheint, es lohnte die Mühe, ihn zu beweisen. Die Annalen der verschiedenen Völker, welche man zum Beweis anführt, sprechen vielmehr für die gegenteilige Annahme, und es brauchte viele Zeugnisse, bis man mich dahin bringt, eine Ungereimtheit zu glauben. Man sage mir doch, worin die Laster und Verbrechen bestehen konnten, welche man den Menschen so sehr vorwirft, zu einer Zeit, wo die schrecklichen Worte des *Mein* und *Dein* noch nicht erfunden waren, wo es noch nicht jene grausamen und harten Menschen gab, die man Herren nennt, und jene andere Art schmeichlerischer und lügnerischer Menschen, die man Sklaven nennt, wo die Menschen noch nicht so abscheulich waren, daß sie es wagten, Überfluß zu besitzen, während andere Menschen Hungers starben, ehe noch eine wechselseitige Abhängigkeit sie zwang, Verräter, Diebe und Neider zu werden. Man versichert mir, daß man das goldene Zeitalter längst für ein Hirngespinst hält. Warum setzt man nicht noch hinzu, daß man die Tugend auch längst für ein Hirngespinst hält?

Ich habe behauptet, daß die ersten Griechen tugendhaft waren, ehe sie durch die Wissenschaften verdorben wurden, und ich

* Diese Anmerkung ist für die Philosophen; anderen rate ich, sie zu überschlagen.

Ist der Mensch von Natur böse, so ist es ganz klar, daß ihn die Wissenschaften nur verschlimmern würden; ihre Sache ist also allein durch diese Voraussetzung schon verloren. Allein, man beachte wohl, daß, obgleich der Mensch von Natur gut ist, wie ich es glaube und so glücklich bin, es auch zu fühlen, so sind die Wissenschaften ihm dennoch nicht heilsam, denn jede Lage, welche die Völker nötigt, sich damit zu beschäftigen, zeugt notwendig von einer einreißenden Verderbnis, welche alsdann durch dieselben nur befördert wird. Dann bringt die mangelhafte Verfassung alles Übel hervor, welches durch die mangelhafte Natur hätte entstehen können, und schädliche Vorurteile vertreten die Stelle der schädlichen Neigungen.

werde dieses nicht widerrufen, obgleich ich bei genauer Betrachtung wenig auf die Tugend eines so schwatzhaften Volkes, noch auf das Lob, welches es sich so gerne selbst beilegte und das von niemand bestätigt wird, bauen kann. Was für einen Einwurf kann man mir aber dagegen machen? Vielleicht den, daß die ersten Griechen, deren Tugend ich so rühme, aufgeklärt und gelehrt sein mußten, weil sie ihre Sitten und Gesetze von Philosophen erhielten. Aber kann man nach dieser Art zu schließen nicht das nämliche von allen Nationen sagen? Hatten nicht die Perser ihre Magier, die Assyrer ihre Chaldäer, die Inder ihre Gymnosophisten, die Kelten ihre Druiden? War Ochus nicht bei den Phönikern, Atlas bei den Lydiern, Zoroaster bei den Persern und Zamolxis bei den Thrakern berühmt? Und haben nicht verschiedene behauptet, daß die Philosophie bei den Barbaren entstanden sei? Auf diese Art waren also alle diese Völker gelehrt. *Neben den beiden Helden Miltiades und Themistokles*, sagt man mir, *findet man den Aristides und den Sokrates*. Neben ihnen, wenn man will, denn was macht mir das? Indessen, die Helden Miltiades, Themistokles und Aristides lebten zu einer Zeit, und die Philosophen Sokrates und Platon zu einer anderen; sobald man aber anfing, öffentliche Schulen der Philosophie zu errichten, so hatte das erniedrigte und ausgeartete Griechenland bereits seine Tugend verloren und seine Freiheit verkauft.

Das prächtige Asien mit seinen ungeheuren Kräften mußte einer Handvoll Menschen weichen, welche die Philosophie zum Ruhm führte. Es ist wahr: die Philosophie des Lebens führt zum wahren Ruhm, allein, diese erlernt man nicht aus Büchern. *Dies ist die unausbleibliche Wirkung der Erkenntnisse des Geistes*. Ich bitte den Leser, auf diesen Schluß aufmerksam zu sein. Die *Sitten und Gesetze sind die einzige Quelle des wahren Heldentums*. Die Wissenschaften tragen also nichts dazu bei. *Mit einem Wort, Griechenland hat alles den Wissenschaften zu danken, und die übrige Welt dankt Griechenland alles*. Weder Griechenland noch die Welt haben also den Sitten und Gesetzen etwas zu verdanken. Ich bitte meine Gegner um Verzeihung, aber diesen Trugschluß kann ich ihnen nicht durchgehen lassen.

Wir wollen den Vorzug, welchen man den Griechen vor allen anderen Völkern geben möchte, noch einen Augenblick untersuchen. *Ich will die Völker gerne bewundern, welche ihr Leben im Krieg oder auf dem Acker zubringen, auf der Erde schlafen und sich von Früchten ernähren.* Diese Bewunderung ist in der Tat eines Philosophen durchaus würdig; nur der blinde und dumme Pöbel kann Leute bewundern, die ihr Leben damit zubringen, nicht ihre Freiheit zu verteidigen, sondern sich wechselweise zu verraten und zu bestehlen, um dadurch ihre Weichlichkeit und ihren Ehrgeiz zu befriedigen, und die es wagen, ihren Müßiggang mit dem Schweiß, dem Blut und der Arbeit einer Million Unglücklicher zu nähren. *Aber soll man das Glück bei diesen großen Leuten suchen?* Es wäre viel vernünftiger, es bei ihnen zu suchen als die Tugend bei den anderen. *Was für ein Anblick wäre es, wenn das ganze Menschengeschlecht nur aus Bauern, Soldaten, Schäfern und Jägern bestünde?* Der Anblick würde unendlich viel schöner sein als jetzt, da es aus Köchen, Dichtern, Buchdruckern, Goldschmieden, Malern und Musikern besteht. Nur das Wort *Soldat* müßte man aus dem ersten Bild wegnehmen. Der Krieg ist oft eine Pflicht, aber deswegen muß man kein Handwerk daraus machen. Jeder Mensch ist Soldat, sobald es die Verteidigung seiner Freiheit betrifft, keiner aber soll es sein, um den anderen die Freiheit zu rauben, und die Ehre, für das Vaterland zu sterben, ist zu groß, als daß man sie Söldnern anvertrauen sollte. *Muß man also, um des Namens ›Mensch‹ würdig zu sein, gleich den Löwen und Bären leben?* Wenn ich so glücklich bin, einen einzigen unparteiischen und wahrheitsliebenden Leser zu haben, so ersuche ich ihn, die jetzige Gesellschaft zu beobachten und zu bemerken, wer unter ihnen gleich den Löwen und Bären, den Tigern und den Krokodilen lebt. *Kann man denn die natürlichen Triebe, sich zu nähren, fortzupflanzen und sich zu verteidigen, zu Tugenden erheben?* Es sind Tugenden, das ist gewiß, sobald sie von der Vernunft geleitet und weislich eingeschränkt werden, und besonders sind es Tugenden, wenn man sie zur Unterstützung unserer Mitmenschen anwendet. *Ich finde hierin nichts als animalische Tugenden, welche der Würde unseres Wesens nicht sehr angemessen sind. Der Körper wird geübt, aber die sklavische Seele krümmt sich und schmachtet.* Wenn ich die aufwendigen Forschungen aller unserer Akademien durchgehe, so würde ich gerne sagen: »Hier finde ich nichts als erkünstelte Grübeleien, welche der Würde unseres Wesens wenig angemessen sind. Der Geist wird geübt, aber die sklavische Seele krümmt sich und schmachtet.« *Man nehme der Welt die Künste,* sagt man uns an anderer Stelle, *was wird übrig bleiben? Die Leibesübungen und die Leidenschaften.* Man sehe doch, wie man Vernunft und Tugend so gerne vergißt. *Durch die Künste haben wir ein Vergnügen der Seele erhalten, welches allein unser würdig ist.* Das heißt, man hat an die Stelle des Wohltuns, welches unser weit würdiger ist, ein anderes Vergnügen gesetzt. Wenn man all dieses recht überlegt, so wird man, wie in allen Überlegungen der meisten meiner Gegner eine so übertriebene Begeisterung für die Wunder des Verstandes finden, daß jenes andere Vermögen, welches weit höher und weit geschickter ist, unsere Seele zu erheben und zu veredeln, für nichts gerechnet wird. Dieses ist die unausbleibliche Wirkung der Bearbeitung der schönen Wissenschaften. Ich bin überzeugt, daß alle Gelehrten gegenwärtig die Beredsamkeit des Cicero höher schätzen als seinen Eifer und lieber wünschten, die Catilinarischen Reden geschrieben, als ihr Vaterland errettet zu haben.

Die Verlegenheit meiner Gegner zeigt sich, sooft die Rede von Sparta ist. Was gäben sie nicht darum, daß dieses Sparta nie dagewesen wäre! Und sie, die glauben, große Handlungen seien nur dazu da, gerühmt zu werden, was gäben sie nicht dafür, wenn es die seinen nie gegeben hätte! Es ist sehr übel, daß mitten in dem berühmten Griechenland, das seine Tugend nur der Philosophie zu danken hatte, der Staat, in dem die Tugend am lautersten war und am längsten sich erhalten hat, just keine Philosophen hatte. Die spartanischen Sitten dienten ganz Griechenland immer zum Muster; ganz Griechenland war verdorben, nur in Sparta wohnte noch die Tugend; Griechenland war ganz versklavt, nur Sparta hatte noch seine Freiheit. Das ist betrüblich. Aber das stolze Sparta verlor schließlich seine Sitten und seine Freiheit, so wie das gelehrte Athen sie schon verloren hatte. Sparta fiel. Was kann ich hierauf antworten?

Noch zwei Bemerkungen über Sparta, und ich gehe weiter. Hier ist die erste. *Nachdem Athen schon mehrfach im Begriff war zu siegen, wurde es endlich selbst überwunden, das ist wahr; und man muß sich wundern, daß dies nicht eher geschehen ist, da Attika ein offenes Land war, welches sich nur durch überlegene Siege verteidigen konnte.* Athen hätte aus allen möglichen Ursachen siegen müssen. Es war größer und viel volkreicher als Lakedaimon, es hatte große Einnahmen und mehrere Völkerschaften zahlten ihm Tribut; von all diesem hatte Sparta nichts. Athen hatte vor allem durch seine Lage einen Vorteil, welcher Sparta mangelte, und vermöge dessen es mehrfach den Peloponnes verwüsten konnte und der allein Athen die Herrschaft über Griechenland sichern mußte. Das war der große und bequeme Hafen, das war die fürchterliche Seemacht, welche es der Vorausschau jenes ungehobelten Themistokles zu danken hatte, der nicht einmal auf der Flöte spielen konnte. Man könnte sich also wirklich wundern, wie Athen bei so großen Vorteilen doch endlich überwunden wurde. Allein, obgleich der Peloponnesische Krieg, der ganz Griechenland verwüstete, keiner von beiden Republiken zur Ehre gereichte und besonders von seiten der Lakedaimonier ein Bruch der Grundsätze ihres weisen Gesetzgebers war, so darf man sich dennoch nicht wundern, wenn der wahre Mut endlich die Vorteile besiegt und die Lakedaimonier durch den Ruf, in dem sie standen, einige Vorteile erhielten, welche ihnen den Sieg erleichterten. Ich schäme mich wirklich, daß ich all dieses weiß und daß ich mich gezwungen sehe, es zu sagen.

Die zweite Bemerkung ist nicht weniger wichtig. Ich will dem Leser den ganzen Text hierher setzen.

Wenn alle Staaten Griechenlands die spartanischen Gesetze befolgt hätten, was bliebe uns von diesem berühmten Land? Kaum hätten wir seinen Namen erfahren. Man hätte es für unnötig gehalten, Geschichte zu schreiben, um die Nachwelt von seinem Ruhm zu unterrichten, das Gemälde seiner rohen Tugenden wäre für uns verloren gewesen; es wäre also gleichgültig gewesen, ob sie jemals dagewesen oder nicht. Die zahlreichen philosophischen Lehrgebäude, die alle nur möglichen Verknüpfungen unserer Vorstellungen ausgeschöpft haben und die, wenn sie auch die Grenzen unseres Verstandes nicht sehr erweitert haben, uns wenigstens entdeckt haben, wo sie liegen; diese Meisterwerke der Beredsamkeit und Dichtkunst, die uns alle Wege des Herzens gewiesen haben; die nützlichen und angenehmen Künste, die das Leben erhalten und verschönern; endlich die unschätzbare Überlieferung der Gedanken und Taten der großen Männer, die den Ruhm und das Glück ihrer Mitmenschen geschaffen haben: all diese kostbaren Reichtümer des Geistes wären für uns für immer verloren gewesen. Jahrhunderte wären verflossen, Generationen von Menschen wären aufeinandergefolgt so wie bei den Tieren, und dies alles ohne Nutzen für die Nachkommen, und man hätte von ihnen nur eine dunkle Erinnerung übrigbehalten; die Welt wäre älter geworden und die Menschen wären in einer ewigen Kindheit geblieben.

Wir wollen uns unsererseits einen Augenblick vorstellen, daß ein Lakedaimonier, von der Stärke dieser Gründe durchdrungen, sie seinen Landsleuten darlegen wollte, und uns die Rede ausdenken, die er auf dem öffentlichen Platz zu Sparta hätte halten können.

»Mitbürger, öffnet endlich eure Augen! Mit Verdruß sehe ich, daß ihr bloß trachtet, tugendhaft zu werden, euren Mut zu üben und eure Freiheit zu erhalten, und unterdessen vergeßt ihr das Wichtigste, nämlich die künftigen müßigen Nachkommen zu unterhalten. Sagt mir doch, wozu nützt einem die Tugend, wenn man sie vor der Welt nicht zeigt? Was hilft euch eure Rechtschaffenheit, wenn niemand mehr von euch spricht? Was fragen die künftigen Jahrhunderte danach, daß ihr bei den Thermopylen für die Athener mutig in den Tod gegangen seid, wenn ihr nicht gleich ihnen philosophische Lehrgebäude, Verse, Komödien und Bildsäulen hinterlaßt?* Verlaßt also rasch die Gesetze, die euch bloß glücklich machen können; trachtet nur danach, daß viel über euch geredet wird, wenn ihr nicht mehr seid, und vergeßt die

* Perikles besaß große Talente, war sehr beredt, großzügig und hatte Geschmack: Er verschönerte Athen mit den prächtigsten Bildsäulen, kostbaren Gebäuden und den Meisterwerken aller Künste. Er ist aber auch von der Menge der Schriftsteller bis zum Himmel erhoben worden! Es fragt sich jedoch, ob Perikles ein guter Regent war: denn bei der Führung der Staaten kommt es nicht darauf an, schöne Bildsäulen zu errichten, sondern die Menschen gut zu regieren. Ich will mich nicht dabei aufhalten, die geheimen Beweggründe des Peloponnesischen Krieges zu untersuchen, welcher die Republik umstürzte; ich will nicht untersuchen, ob der Rat des Alkibiades gut oder schlecht war, ob Perikles mit Recht oder mit Unrecht der Veruntreuung beschuldigt wurde; ich frage bloß, ob die Athener unter seiner Regierung besser oder schlimmer wurden; man nenne mir nur einen Bürger, einen Sklaven, ja selbst eines von seinen eigenen Kindern, aus dem er einen rechtschaffenen Mann gebildet hätte. Und dies, dünkt mich, ist doch die erste Pflicht eines Regenten und Herrschers. Denn das einfachste und sicherste Mittel, die Menschen glücklich zu machen, besteht nicht in der Verzierung ihrer Städte oder im Reichtum, sondern darin, daß man sie zu rechtschaffenen Leuten bildet.

Lehre nicht: Wenn große Leute nicht berühmt würden, so lohnte es nicht die Mühe, groß zu werden.«

Dieses ungefähr, dünkt mich, hätte jener Mann sagen können, wenn ihn die Ephoren nicht daran gehindert hätten.

Dies ist nicht die einzige Stelle, wo man uns darauf aufmerksam macht, daß die Tugend bloß dazu da sei, um sich einen Namen zu machen. Man rühmt noch an einer anderen Stelle die Gedanken eines Philosophen, weil sie unvergeßlich und zur Bewunderung aller Jahrhunderte bestimmt sind, *während andere ihre Gedanken mit dem Tag, der Zeit und den Umständen ihrer Entstehung wieder verschwinden sehen. So verschlingt bei drei Vierteln der Menschen ein Tag den anderen, ohne daß die geringste Spur übrigbleibt.* Ach, in dem Zeugnis eines guten Gewissens, in der Vorstellung des Unglücklichen, dem man geholfen, in der Erinnerung guter Handlungen und in dem Andenken jenes wohltätigen Gottes, dem man still gedient hat, bleibt doch eine Spur. Tot oder lebendig, sagte der gute Sokrates, ist der rechtschaffene Mann von den Göttern niemals vergessen. Man wird mir vielleicht antworten, daß man über solche Art Gedanken nicht sprechen wollte, und ich werde erwidern, daß alle anderen Gedanken nicht verdienen, daß man von ihnen spricht.

Es ist leicht vorzustellen, daß, da man Sparta so wenig schätzt, man die alten Römer ebensowenig achtet. *Man gibt zu, daß es große Leute waren, obgleich sie nur kleine Taten verrichtet haben.* So gesehen, gestehe ich es gerne, daß man schon seit langer Zeit nichts als große Taten tut. Man tadelt an ihrer Mäßigkeit und ihrem Mut, daß sie nicht wahre Tugenden, sondern erzwungene Eigenschaften gewesen seien.* Allein, auf den folgenden Seiten gesteht man

* Ich sehe wohl, daß die meisten witzigen Köpfe meiner Zeit findig darin sind, die Ehre der schönen und großen Taten der Alten herabzusetzen, indem sie ihnen eine niedrige Auslegung geben und ihnen nichtige Umstände und Ursachen unterlegen. Großer Scharfsinn! Man gebe mir die schönste und reinste Handlung und ich will wahrscheinlicherweise fünfzig schlechte Absichten dazu finden. Gott weiß, wenn man sich weitere Mühe gäbe, in wieviel verschiedenen Bildern unser innerer Wille dargestellt werden kann. Die Verleumdung dieser scharfsinnigen Köpfe entsteht nicht so sehr aus Bosheit als aus dummer Grobheit. Dieselbe Mühe, welche man anwendet, um diese großen Namen zu schänden, und dieselbe Freiheit wünschte ich mir, ihnen unter die Arme zu greifen, um sie noch mehr zu erhöhen. Ich würde nicht müde werden, diese seltenen, durch den Beifall der Weisen als Beispiele für die Welt auserlesenen Gestalten, soweit meine Erfindungskraft reichte, durch Aus-

zwar, daß Fabricius das Gold des Pyrrhus verachtete, und man weiß, daß die römische Geschichte voll ist von den Beispielen jener Regenten und verehrungswürdigen Krieger, denen es so leicht gewesen wäre, sich zu bereichern und die ihre Armut so sehr schätzten.* Was den Mut betrifft, so weiß man wohl, daß die Feigheit keine Vernunft annimmt und daß ein Feiger dennoch flieht, wenn er auch gewiß ist, daß er auf der Flucht getötet wird. *Wenn man große Staaten an die kleinen Tugenden der kleinen Republiken erinnern wollte, so wäre es ebensoviel, als wenn man einen starken und großen Mann zwingen wollte, wieder in einer Wiege zu stammeln.* Diese Redensart ist vermutlich an den Höfen nicht neu. Sie wäre des Tiberius und der Katharina von Medici durchaus würdig gewesen, und ich zweifle nicht, daß beide ähnliche Sätze gebraucht haben.

Es wäre schwer vorzustellen, daß die Moral mit dem Instrument eines Feldmessers zu messen wäre. Jedoch kann man nicht sagen, daß die Größe eines Reiches keinen Einfluß auf die Sitten der Bürger habe. Es gibt gewiß ein bestimmtes Verhältnis zwischen diesen Dingen, und ich weiß nicht, ob sie nicht in einem umgekehrten Verhältnis zueinander stehen.** Dies ist eine sehr wichtige Frage, und man kann sie noch als unentschieden betrachten, ungeachtet des mehr verächtlichen als philosophischen Tons, in welchem sie hier kurz abgefertigt wird.

Dies war, so fährt man fort, *die Torheit des Cato: Mit den Anlagen und Vorurteilen behaftet, welche in seiner Familie erblich zu sein schienen, deklamierte er, solange er lebte, stritt und starb endlich, ohne etwas für das*

legung und günstige Umstände zu ehren. Und man muß glauben, daß ihr Verdienst unsere Erdichtungen weit übertrifft. Rechtschaffenen Leuten kommt es zu, die Tugend so schön als möglich zu malen. Und es würde uns nicht übel kleiden, wenn wir beim Anblick so heiliger Gestalten außer uns gerieten. Dies alles sagt nicht Rousseau, sondern Montaigne.

* Curius schlug die Geschenke der Samniter aus, indem er sagte, er wolle lieber Leute regieren, die Gold hätten, als selber welches besitzen. Curius hatte recht. Die, die Reichtümer lieben, sind zum Dienen und die, die sie verachten, zum Herrschen bestimmt. Nicht das Gold unterwirft den Armen dem Reichen, sondern daß jene selbst nach Reichtum streben, und ohne dies wären sie gewiß die Herren.

** Der Hochmut meiner Gegner würde mich schließlich zudringlich machen, wenn ich weiter mit ihnen streiten würde. Sie glauben, daß sie mir mit ihrer Verachtung für die kleinen Staaten Eindruck machen: fürchten sie nicht, daß ich sie einmal frage, ob es gut ist, daß es große gibt?

Vaterland getan zu haben. Ich weiß nicht, ob er nicht etwas für sein Vaterland getan hat, aber ich weiß, daß er viel für die Menschen getan hat, indem er ihnen den Anblick und das Beispiel der reinsten Tugend hinterließ: diejenigen, die aufrichtig die wahre Ehre liebten, lernten durch ihn, den Lastern ihrer Zeitgenossen zu widerstehen und jenen abscheulichen Satz der Weltleute zu verachten, daß man tun müsse, was die anderen tun; mit diesem Grundsatz würden sie es weit bringen, wenn sie unglücklicherweise an die Bande eines Cartouche gerieten. Unsere Nachkommen werden es einst erfahren, daß man in diesem Jahrhundert der Weisen und Philosophen den Tugendhaftesten unter den Menschen lächerlich gemacht und ihn als einen Narren vorgestellt hat, weil er seine große Seele nicht mit den Lastern seiner Zeitgenossen beflecken und weil er kein Spießgeselle Cäsars und anderer Räuber seiner Zeit werden wollte.

Man sieht, wie unsere Philosophen von Cato sprechen. Wir wollen nun sehen, wie die alten Philosophen von ihm sprachen: *Ecce spectaculum dignum ad quod respiciat, intentus operi suo, Deus. Ecce par Deo dignum, vir fortis cum mala fortuna compositus. Non video, inquam, quid habeat in terris Jupiter pulchrius, si convertere animum velit, quam ut spectet Catonem, iam partibus non semel fractis, nihilominus inter ruinas publicas erectum.*

Man sehe ferner, wie man an anderer Stelle von den ersten Römern spricht. *Ich bewundere einen Brutus, einen Decius, einen Lukrez, einen Virginius und einen Scaevola.* In der Zeit, in der wir leben, ist dieses etwas! *Allein, ich bewundere einen mächtigen und wohlregierten Staat noch weit mehr.* Einen mächtigen und wohlregierten Staat, den bewundere ich gewiß auch! *Wo die Bürger nicht zu so grausamen Tugenden verbunden sind.* Ich verstehe, man lebt viel bequemer in Umständen, wo man der Mühe, tugendhaft zu sein, überhoben ist. Allein, wenn die Bürger dieses Staates durch Unglück gezwungen wären, der Tugend zu entsagen oder diese grausamen Tugenden auszuüben, und sie dann Mut genug hätten, ihre Pflicht zu tun, wäre dies ein Grund, sie deswegen minder zu schätzen?

Wir wollen das für unser Zeitalter schrecklichste Beispiel nehmen und das Betragen des höchsten Staatsbeamten Brutus prüfen, der seine Söhne umbringen ließ, welche sich in einem kritischen Augenblick wider den Staat verschworen hatten, wo eine Kleinigkeit ihn ganz umstürzen konnte. Es ist gewiß, daß sein Kollege alle ihre Mitschuldigen verschont hätte und die Republik verloren gewesen wäre, sobald er ihnen vergeben hätte. Was schadet das, wird man mir sagen? Weil man dies für so gleichgültig hält, so wollen wir setzen, die Republik hätte fortgedauert und Brutus hätte einen Übeltäter zum Tode verdammt und dieser hätte ihm also geantwortet: »Konsul, warum läßt du mich sterben? Habe ich übler getan, als mein Vaterland zu verraten und bin ich nicht auch dein Kind?« Ich wünschte, daß man mir sagte, was Brutus hierauf hätte antworten können.

Brutus, wird man noch sagen, hätte lieber das Konsulat niederlegen sollen, als seine Kinder selbst zugrunde zu richten. Ich antworte hierauf, daß jede Magistratsperson, die unter so gefährlichen Umständen die Sache des Vaterlandes verläßt und ihr Amt niederlegt, ein Verräter ist, welcher den Tod verdient.

Es war hier kein Mittelweg zu wählen. Entweder war Brutus ein Verräter oder die Köpfe des Titus und des Tiberinus mußten auf seinen Befehl unter dem Beil der Liktoren fallen. Ich gebe es jedoch zu, daß sehr wenige ein Gleiches würden getan haben.

Obgleich man den ersten Roms die letzten Zeiten nicht öffentlich vorzieht, so gibt man es dennoch genug zu verstehen, und man scheint ebensoviel Mühe zu haben, unter jener Einfalt große Männer zu finden, als ich anwenden muß, um unter der Pracht der letzteren einen ehrlichen Mann zu finden. Dem Fabricius setzt man den Titus entgegen, allein man vergißt, den Unterschied zu machen, daß zur Zeit des Pyrrhus jeder Römer ein Fabricius und daß Titus zur Zeit seiner Regierung der einzige rechtschaffene Mann gewesen ist.* Wenn man will, werde ich die Heldentaten der ersten Römer und die Laster der letzten gerne vergessen, aber nicht vergessen kann ich, daß die einen die Tugend verehrt und die anderen sie verachtet haben und daß, sobald

* Wäre Titus nicht Kaiser geworden, so hätten wir niemals etwas von ihm gehört, denn er hätte so gelebt wie die anderen: er fing erst an, rechtschaffen zu werden, als er aufhörte, sich nach dem Beispiel seines Jahrhunderts zu richten, und die Macht bekam, anderen ein besseres zu hinterlassen. *Privatus atque etiam sub patre principe, ne odio quidem, nedum vituperatione publica caruit. At illi ea fama pro bono cessit, conversaque est in maximas laudes.*

man anfing, die Sieger bei den öffentlichen Spielen mit einer Krone zu belohnen, es keine mehr für denjenigen gab, welcher einem Mitbürger das Leben rettete. Man glaube aber nicht, daß dies bloß auf Rom anzuwenden wäre. Es gab eine Zeit, da die Republik Athen reich genug war, um unermeßliche Summen für Schauspiele zu verwenden und ihre Schriftsteller, Schauspieler, ja selbst die Zuschauer reichlich zu belohnen. Zu eben dieser Zeit fehlte es an Geld, um den Staat gegen die Unternehmungen des Königs Philipp zu verteidigen.

Man kommt endlich zu den neueren Völkern; ich werde mich aber sehr hüten, das fortzusetzen, was man hierüber zu sagen für gut befunden hat. Ich will bloß anmerken, daß sehr wenig Ehre dabei ist, wenn man seinen Gegner nicht widerlegt, sondern ihn nur hindert, seine Meinung zu sagen.

Ich werde mich auch bei den Gedanken nicht aufhalten, welche man über den Luxus, die Höflichkeit, die bewunderungswürdige Erziehung unserer Kinder*, über die beste Art, unsere Kenntnisse zu erweitern, über den Nutzen der Wissenschaften und die Annehmlichkeit der Schönen Künste und über viele andere Sachen hingesetzt hat, wovon viele mich gar nichts angehen, einige sich selbst widerlegen und andere schon widerlegt sind. Ich will mich begnügen, noch einige auf gut Glück ausgewählte Stücke durchzugehen, welche mir einige Erklärungen zu erfordern scheinen. Ich muß mich auf einzelne Sätze beschränken, denn ich finde es unmöglich, eine Widerlegung zu verfolgen, die nur aus unzusammenhängenden Gedanken besteht.

Man behauptet, daß die unwissenden Nationen, welche *Begriffe von Ehre und Tugend hatten, eine sonderbare Ausnahme sind, aus welcher*

* Väter und Lehrer werden ganz gewiß mit viel Sorgfalt darauf sehen, daß meine schädlichen Schriften nicht in die Hände ihrer Kinder und Zöglinge fallen können. Und was würde es für eine Unordnung hervorbringen und wie unschicklich wäre es, wenn diese wohlerzogenen Kinder anfingen, all die schönen Dinge zu verachten, und die Tugend den Wissenschaften vorzögen. Hierbei erinnere ich mich an die Antwort eines lakedaimonischen Lehrers, den man scherzhaft fragte, was er seinen Schülern lehren wolle. *Ich werde ihn lehren, rechtschaffen zu sein,* sagte er. Wenn ich einen solchen Mann unter uns anträfe, so würde ich ihm heimlich sagen: Hütet Euch ja, so zu sprechen, Ihr werdet wenig Schüler bekommen; sagt lieber, daß Ihr sie lehren wollt, schön zu schwatzen, und Euer Glück ist gemacht.

man nichts gegen die Wissenschaften schließen kann. Sehr wohl, allein, alle gelehrten Nationen haben mit ihren schönen Begriffen von Tugend und Ehre immer die Liebe zu deren Ausübung verloren. Dies ist ohne Ausnahme: wir wollen nun den Beweis hören. *Um sich davon zu überzeugen, wollen wir auf den unermeßlichen Kontinent Afrikas blicken, wo noch kein Sterblicher gewagt hat einzudringen oder glücklich genug war, es ungestraft zu tun.* Weil man also in die Mitte Afrikas noch nicht eingedrungen ist, weil man nicht weiß, was darin vorgeht, so muß man glauben, daß die Einwohner lasterhaft sind: erst dann, wenn wir ihnen unsere Laster mitgeteilt haben, könnte man dieses mit Recht folgern. Wäre ich Herr einer Völkerschaft in Nigritien, so erklärte ich öffentlich, daß ich an den Grenzen meines Landes Galgen errichten ließe, woran ich jeden Europäer, der in das Land käme, und jeden Einwohner, der aus dem Lande wollte, ohne Gnade aufhängen ließe.* *Amerika liefert uns Beispiele, welche der Menschheit nicht weniger zur Schande gereichen.* Ja, besonders seit die Europäer hingekommen sind. *Unter hundert barbarischen oder wilden Völkern in der Unwissenheit findet man ein tugendhaftes.* Es sei, wenigstens findet man eines, aber gelehrte und zugleich tugendhafte Völker hat man nie gesehen. *Die Erde, die nicht angebaut wird, bleibt nicht untätig, sie bringt Gifte und Ungeheuer hervor.* Dies tut sie seit einiger Zeit in den Ländern, wo der Geschmack an nichtswürdigen Kleinigkeiten den Geschmack am Ackerbau vertrieben hat. *Unsere Seele*, kann man auch sagen, *ist nicht untätig, wenn die Tugend sie verläßt. Sie bringt Erdichtungen, Romane, Satiren, Verse hervor und erzeugt das Laster.*

Die Barbaren machten Eroberungen, weil sie sehr ungerecht waren. Ich bitte, man sage mir doch, was wir waren, als wir die so bewunderte Eroberung von Amerika machten? Aber freilich, wie können Leute, die Kanonen, Seekarten und den Kompaß haben, ungerecht handeln! Will man etwa sagen, daß der Sieg den Mut jener Eroberer bestätigte? Nein, er bestätigt bloß ihre List und ihre

* Man wird vielleicht sagen, daß ein Bürger, welcher aus dem Lande zieht und nicht wieder hineinkommt, dem Staate keinen Schaden zufügen kann. Er schadet den anderen durch das böse Beispiel, das er gibt, er schadet sich selbst, weil er dem Laster entgegengeht. Auf alle Fälle muß das Gesetz dem zuvorkommen, und es ist besser für ihn, daß er hänge, als daß er ein schlechter Mensch werde.

Geschicklichkeit, er bestätigt den Satz, daß ein verschlagener Mensch mit List alles das ausrichten kann, was der Tapfere bloß seinem Mut erwartet. Wir wollen unparteiisch sein. Wen halten wir für tapferer, den verhaßten Cortez, der Mexiko mit Pulver, Hinterlist und Verrat eroberte, oder den unglücklichen Guatimozin, der, als ihn ehrbare Europäer auf glühende Kohlen legten, um seine Schätze zu bekommen, einen seiner Offiziere, der ein gleiches Schicksal hatte und der vor Schmerz schrie, mit stolzen Worten verwies und sagte: Liege ich denn auf Rosen?

Wenn man behauptet, daß die Wissenschaften aus dem Müßiggang entstanden sind, so ist es ein bloßes Wortspiel: sie sind aus Muße entstanden und bewahren uns vor dem Müßiggang. Ich verstehe nicht, wie man Muße und Müßiggang voneinander unterscheiden kann. Soviel aber ist gewiß, daß kein rechtschaffener Mann Muße hat, solange er noch Gutes tun kann, solange er noch ein Vaterland hat und solange es noch Unglückliche auf der Welt gibt; und ich fordere jeden auf, nach diesen Sätzen mir einen ehrenhaften Begriff von dem Wort ›Muße‹ zu geben. *Der Bürger, der hinter dem Pflug hergeht, arbeitet darum nicht mehr als der Mathematiker und der Anatom.* Nicht mehr als die Kinder, wenn sie Kartenhäuser bauen, allein seine Arbeit ist nützlicher. *Deswegen, weil wir Brot brauchen, soll also jedermann die Erde bebauen?* Warum nicht? Man gehe sogar auf die Weide, wenn es nötig ist. Ich sehe die Menschen lieber auf dem Felde Gras fressen, als daß sie sich in den Städten gegenseitig verschlingen. Es ist wahr, nach meinem Sinn wären die Menschen den Tieren ziemlich ähnlich, so wie sie aber jetzt sind, gleichen sie sehr den Menschen.

Der Stand der Unwissenheit ist der Stand der Furcht und der Bedürfnisse. Alles ist dann eine Gefahr für unsere Anfälligkeit. Der Tod grollt über unserem Haupt, er liegt im Gras verborgen, durch das wir gehen: Wenn man also alles fürchtet und alles nötig hat, dann ist es sehr vernünftig, wenn man alles erkennen will. Man braucht nur die Unruhe der Ärzte und der Anatomen anzusehen, die sie um ihr Leben und ihre Gesundheit empfinden, um sich zu überzeugen, daß die Kenntnis der Gefahr uns gar nicht beruhigt. Da wir durch die Kenntnisse immer mehr erfahren, als wogegen wir vorbeugen können, so darf man sich eben nicht wundern, wenn wir furchtsam und kleinmütig dadurch werden. Die Tiere wissen von all dem nichts und leben deswegen nicht schlechter. Das Kalb braucht nicht die Botanik zu studieren, um zu lernen, sein Futter zu finden, und der Wolf verzehrt seine Beute, ohne an ihre Unverdaulichkeit zu denken. Sollte man hier wohl die natürlichen Triebe gegen die Vernunft verteidigen wollen? Dies ist eben, was ich wünsche.

Es scheint, sagt man uns, *als wenn man zu viele Bauern hätte und man befürchtete, daß es zu wenig Philosophen gäbe. Ich frage aber, ob man nicht befürchtet, daß man zu wenig Hände für die einträglichen Berufe habe. Dies hieße die Habsucht sehr schlecht kennen. Von Kindheit an werden wir in die nützlichen Stände gedrängt. Und welche Vorurteile muß man nicht überwinden, welche Standhaftigkeit muß man nicht haben, um ein Descartes, Newton oder Locke zu werden?*

Leibniz und Newton sind sehr reich an Gütern und Ehren gestorben und sie verdienten, noch reicher zu sein. Wollte man behaupten, daß sie nur aus Bescheidenheit sich dem Pflug entzogen haben? Ich kenne die Gewalt der Habsucht genug, um zu wissen, daß uns alles zu einträglichen Berufen hinzieht; daher behaupte ich eben, daß uns alles von den nützlichen Berufen abzieht. Ein Hebert, ein Lafrenaye, ein Dulac, ein Martin verdienen an einem Tage mehr Geld als alle Bauern einer Provinz in einem ganzen Monat. Ich könnte zu der Stelle, die mich gerade beschäftigt, eine sonderbare Aufgabe stellen. Man nehme die beiden ersten Zeilen weg und lese das übrige gesondert und rate alsdann, ob es aus meinen Schriften oder aus den Schriften meiner Gegner gezogen ist.

Gute Bücher sind für schwache Köpfe, das heißt für drei Viertel des Menschengeschlechts, der einzige Schutz gegen das böse Beispiel. Erstens werden die Gelehrten niemals so viele gute Bücher schreiben, wie sie schlechte Beispiele geben. Zweitens gibt es immer mehr schlechte als gute Bücher. Drittens sind die Vernunft und das Gewissen der beste Führer eines rechtschaffenen Mannes: *Paucis est opus litteris ad mentem bonam.* Diejenigen aber, welche einen unlauteren Geist und ein verstocktes Gewissen haben, werden durch das Lesen niemals gebessert werden. Endlich braucht jeder Mensch keine anderen Bücher als die der Religion, die einzigen, welche ich immer verehrt habe.

Man möchte, daß wir die Erziehung der Perser wieder zurückwünschen. Man bemerke, daß Platon dies will. Ich glaube, mich durch die Autorität dieses Philosophen schützen zu können, ich sehe aber ein, daß nichts mich vor der Erbitterung meiner Gegner beschützen kann: *Tros Rutulusve fuat,* sie durchbohren sich lieber selbst, ehe sie mir etwas zugeben, und tun sich selbst viel mehr Übles als mir.* *Diese Erziehung ruhte auf barbarischen Grundsätzen,* sagt man, *weil man für jede Tugend einen Lehrer einsetzte, während doch die Tugend unteilbar ist, weil man sie eingeben und nicht bloß lehren soll, und endlich, weil man ihre Ausübung lieben und nicht nur ihre Theorie kennen soll.* Was könnte ich nicht alles hierauf antworten! Aber nein, ich will den Leser nicht dadurch beleidigen, daß ich ihm alles sage. Ich will nur zwei Dinge anmerken. Erstens, derjenige, welcher ein Kind erzieht, soll am Anfang nicht von Ausübung der Tugend sprechen, denn es würde ihn nicht verstehen, sondern er müßte es zunächst lehren, aufrichtig, dann mäßig, dann beherzt usw. zu sein, und ihm schließlich sagen, daß diese Dinge zusammengenommen Tugend genannt werden. Zweitens bemerke ich, daß nur wir uns damit begnügen, die Theorie zu lehren, während die Perser die Ausübung lehrten. Siehe meine *Abhandlung* [S. 53, Fn.].

Alle Vorwürfe, die man der Philosophie macht, betreffen den menschlichen Geist. Ich gebe dies zu. *Oder vielmehr den Urheber der Natur, der uns so geschaffen hat, wie wir sind.* Wenn er uns denn zu Philosophen geschaffen hat, warum geben wir uns so viele Mühe, um es zu werden? *Die Philosophen waren Menschen, sie konnten also irren, darf man sich hierüber verwundern?* Man würde sich mehr wundern, wenn sie sich nicht mehr irrten. *Laßt uns sie bedauern, laßt uns aus ihren Fehlern lernen und uns bessern!* Ja, laßt uns uns bessern und nicht mehr philosophieren . . . *Tausend Wege führen zum Irrtum, nur einer zur Wahrheit.* Das ist eben das, was ich gesagt habe. *Darf man sich denn wundern, daß man sie so oft verfehlt und daß sie erst so spät entdeckt wurde?* Ah, wir haben sie also endlich entdeckt!

* Mir fällt eben ein neuer Verteidigungsplan ein, und ich will nicht in Abrede stellen, daß ich ihn nicht doch eines Tages ausführen werde. Diese Verteidigung wird nur darin bestehen, lauter Gründe aus den Philosophen anzuführen. Daraus wird nun folgen, daß, wenn man ihre Gründe seicht findet, sie bloße Schwätzer gewesen sind, wie ich es haben will; findet man sie aber gut, so habe ich meine Sache gewonnen.

Man setzt uns ein Urteil des Sokrates entgegen, welches sich nicht gegen die Gelehrten, sondern gegen die Sophisten, nicht gegen die Wissenschaft, sondern gegen deren Mißbrauch richtete. Was kann derjenige mehr verlangen, welcher behauptet, daß alle unsere Wissenschaften bloßer Mißbrauch und alle Gelehrten Sophisten sind? *Sokrates war das Haupt einer Sekte, welche an allem zu zweifeln lehrte.* Ich würde Sokrates sehr wenig schätzen, wenn ich glaubte, daß er so dumm und eitel war, das Haupt einer Sekte sein zu wollen. *Und er eiferte mit Recht gegen den Hochmut derer, die alles zu wissen vorgaben.* Das heißt, er eiferte wider den Hochmut aller Gelehrten. *Wahre Wissenschaft ist weit entfernt von dieser Eitelkeit.* Es ist wahr, aber hier ist die Rede von unserer Wissenschaft. *Sokrates zeugt hier gegen sich selbst.* Dies scheint mir schwer zu verstehen. *Der Gelehrteste unter allen Griechen schämt sich seiner Unwissenheit nicht.* Der Gelehrteste aller Griechen wußte nichts, nach seinem eigenen Bekenntnis; man schließe also davon auf die übrigen. *Die Wissenschaften entspringen also nicht aus den Lastern.* Die Wissenschaften entspringen also aus unseren Lastern. *Sie entstehen also nicht alle aus dem menschlichen Stolz.* Hierüber habe ich mich schon erklärt. *Es ist eine übertriebene Deklamation, wodurch nur schwache Köpfe sich verblenden lassen können.* Hierauf kann ich nichts antworten.

Wenn man von der Einschränkung des Luxus spricht, behauptet man, in dieser Sache dürfe nicht von der Vergangenheit auf die Zukunft geschlossen werden. *Als die Menschen noch nackt gingen, wurde der, der zuerst Holzschuhe trug, für einen Wollüstling gehalten; von Jahrhundert zu Jahrhundert hat man fortgefahren, gegen die Verderbtheit zu eifern, ohne zu wissen, was man sagte.*

Es ist wahr, bis heute wurde der Luxus, obgleich er schon oft herrschte, zu allen Zeiten für die unheilvolle Quelle unendlicher Übel gehalten. Es war Herrn Melon vorbehalten, als erster diese vergiftete Lehre zu verbreiten, deren Neuheit ihm mehr Anhänger verschafft hat als die Gründlichkeit seiner Schlüsse. Ich glaube übrigens nicht der einzige meiner Zeit zu sein, welcher gegen diese schädlichen Sätze eifert, die die Tugend zerstören und schänden und nichts als Reiche und Elende, das heißt in jedem Falle schlechte Menschen, hervorbringen.

Man glaubt mich in Verlegenheit zu setzen, indem man mich

fragt, wie weit man den Luxus einschränken müsse. Meine Meinung ist, man schaffe ihn ganz ab. Alles, was über die physischen Bedürfnisse hinausgeht, ist eine Quelle des Übels. Die Natur hat uns ohnehin Bedürfnisse genug gegeben und es ist zumindest eine große Unbesonnenheit, wenn man sie ohne Not vermehrt und dadurch seine Seele in noch größere Abhängigkeit stürzt. Sokrates wünschte sich nicht ohne Ursache Glück, als er die Auslage eines Kramladens sah, daß er nichts von all dem bedürfe. Es ist hundert gegen eins zu wetten, daß der erste, der Holzschuhe trug, ein strafwürdiger Mensch war, sofern er keine schlimmen Füße hatte. Wir aber sind ihm viel Dank schuldig, daß er uns Schuhe verschafft und uns der Pflicht, tugendhaft zu sein, überhoben hat.

Ich habe anderswo schon gesagt, daß ich nicht verlange, daß die Gesellschaft zerstört werde, daß man die Bibliotheken und alle Bücher verbrennen und die Schulen und Akademien zerstören müsse, und ich setze hier noch hinzu, daß ich nicht verlange, daß die Menschen sich nur mit dem Notdürftigen begnügen. Ich sehe wohl, daß man das chimärische Vorhaben, sie zu rechtschaffenen Leuten zu bilden, aufgeben muß, allein, ich glaubte mich verpflichtet, die Wahrheit ohne Scheu herauszusagen, nachdem man mich gefragt. Ich sah das Übel und bemühte mich, den Grund dafür zu finden: Andere, die vielleicht beherzter oder unbesonnener sind als ich, mögen die Mittel dagegen suchen.

Ich bin müde und lege die Feder nieder, um sie in diesem allzu langen Streit nie wieder zu ergreifen. Ich höre, daß sich eine Menge Schriftsteller daran gemacht haben, mich zu widerlegen.*

* Selbst in den kleinen kritischen Blättern, die zur Unterhaltung unserer Jugend geschrieben werden, hat man mir die Ehre erwiesen, mich zu beachten. Ich habe keines davon gelesen und ich werde ganz gewiß keines von allen lesen, dies hindert aber nicht, daß ich sie gehörig zu schätzen weiß, und ich glaube, daß sie alle sehr artig geschrieben sind.

Man versichert mir, daß Herr Gautier mir wieder geantwortet habe, obgleich ich ihm nicht geantwortet und sogar die Gründe angegeben habe, warum ich es nicht tat. Vermutlich findet Herr Gautier meine Gründe nicht überzeugend genug, so daß er sich die Mühe gibt, sie zu widerlegen. Ich sehe wohl, ich muß Herrn Gautier nachgeben und ich gestehe gerne, daß ich unrecht tat, ihm nicht zu antworten. So sind wir also einig. Ich bedaure nur, daß ich meinen Fehler nicht wiedergutmachen kann. Aber es ist jetzt leider zu spät, und niemand würde mehr wissen, wovon ich rede.

Ich bedaure sehr, daß ich nicht allen antworten kann, allein, ich glaube, durch die Wahl derjenigen, welchen ich geantwortet, hinlänglich gezeigt zu haben, daß mich nicht Furcht vor den übrigen zurückhält.

Ich habe mich bemüht, ein Denkmal zu errichten, zu dessen Festigkeit die Kunst nichts beigetragen hat. Die Wahrheit allein, der ich es geweiht habe, hat das Recht, es unerschütterbar zu machen. Und wenn ich noch einmal die Streiche abwende, die gegen es geführt werden, so geschieht dies mehr, um mich zu ehren, wenn ich die Wahrheit verteidige, als ihr eine Hilfe zu leisten, deren sie ganz entbehren kann.

Schließlich erlaube man mir zu erklären, daß allein die Menschenliebe und die Liebe zur Tugend mich bewogen haben, nicht länger zu schweigen, und daß die Bitterkeit meiner Schmähreden gegen die Laster, deren Zeuge ich bin, allein aus dem Kummer entspringt, den sie mir einflößen, und aus dem eifrigen Verlangen, die Menschen glücklicher zu sehen und vor allem würdiger, es zu sein.

BRIEF

VON JEAN-JACQUES ROUSSEAU, AUS GENF ÜBER EINE NEUE WIDERLEGUNG SEINER ABHANDLUNG, VON EINEM MITGLIEDE DER AKADEMIE ZU DIJON

1752

Mein Herr, soeben erhalte ich eine Schrift mit dem Titel: *Abhandlung, welche den Preis der Akademie zu Dijon im Jahre 1750 davongetragen, nebst einer Widerlegung dieser Abhandlung, von einem Mitgliede der Akademie zu Dijon, welches ihm seine Stimme versagt hatte,* und indem ich diese Schrift durchblätterte, dachte ich: anstatt sich so weit herabzulassen und der Herausgeber meiner Abhandlung zu werden, hätte derjenige, der mir seine Stimme versagt, weit besser getan, wenn er das Werk, dem er seine Stimme gegeben, veröffentlicht hätte; dies wäre die beste Art gewesen, meine Abhandlung zu widerlegen.

Hier ist also einer meiner Richter, der mich nicht zu gering schätzt, mein Gegner zu werden, und der es seinen Kollegen sehr verdenkt, daß sie mir den Preis zuerkannt haben. Ich gestehe gerne, daß ich mich selbst sehr darüber wunderte; ich bemühte mich, ihn zu verdienen, habe aber keinen Schritt getan, um ihn zu erhalten. Übrigens, obwohl ich wußte, daß die Akademien die Meinung derer, die sie krönen, niemals annehmen, und daß der Preis nicht demjenigen zuerkannt wird, der die beste Sache verteidigt, sondern dem, der am schönsten gesprochen hat, so war ich, wenn ich mich auch im letzteren Falle denke, doch weit entfernt, von einer Akademie diese Unparteilichkeit zu erwarten, welche so wenige Gelehrte besitzen, sobald ihr Vorteil es erfordert.

Ich war über die Billigkeit meiner Richter erstaunt, allein ich gestehe, daß ich mich nicht weniger über die Geschwätzigkeit meiner Gegner wunderte. Wie können sie sich unterfangen, ihren Verdruß über die Ehre, die mir widerfahren ist, so öffentlich zu bezeugen? Sehen sie nicht ein, wie sehr sie sich selbst und ihrer Sache dadurch schaden? Sie schmeicheln sich vergebens, daß man die wahre Ursache ihres Neides nicht erraten könnte: sie sind nicht darüber aufgebracht, daß meine Abhandlung, obgleich schlecht geschrieben, dennoch den Preis erhalten hat; man krönt täglich noch weit schlechtere, und sie schweigen dazu; allein, sie haben einen anderen Grund, der ihnen näher am Herzen liegt und den man sehr leicht erraten kann. Ich wußte wohl, daß die Wissenschaften die Sitten verderben, daß sie die Menschen ungerecht und neidisch machen und sie dahin bringen, ihrem Eigennutz und ihrer Eitelkeit alles aufzuopfern, aber ich glaubte, daß all dies mit mehr Bescheidenheit und List geschähe. Ich hörte die Gelehrten beständig von Billigkeit, Mäßigung und Tugend sprechen, und wußte wohl, daß sie sich unter dem Schutz dieser heiligen Namen ungestraft ihren Leidenschaften und Lastern überließen, aber ich hätte nicht geglaubt, daß sie frech genug wären, die Unparteilichkeit ihrer Mitbrüder öffentlich zu tadeln. Überall sonst machen sich die Richter eine Ehre daraus, nach der Billigkeit und ohne Rücksicht auf ihren Eigennutz zu urteilen; nur die Wissenschaften verbieten es denen, die sich mit ihnen beschäftigen, aufrichtig zu sein: wahrlich, dies ist ein schönes Privileg.

Ich wage es zu sagen, die Akademie zu Dijon hat, indem sie mich so sehr ehrte, zugleich auch viel zu ihrer eigenen Ehre getan: Die Gegner meiner Sache werden künftig aus diesem Urteil den für sie vorteilhaften Schluß ziehen, daß Wissenschaft mit Billigkeit und Uneigennützigkeit zusammen bestehen kann. Alsdann werden die Verteidiger der Wahrheit ihnen antworten: Dies ist ein sonderbares Beispiel, das gegen uns zu sprechen scheint. Allein, man erinnere sich des Ärgernisses, welches dieses Urteil seither unter allen Gelehrten erregte, und der Art, wie sie sich darüber beschwerten, und schließe dann auf ihre Grundsätze.

Es ist, meiner Ansicht nach, keine geringere Unbesonnenheit, sich darüber zu beklagen, daß die Akademie diese Sache zu einer Streitfrage aufgeworfen hat. Denn, so wenig wahrscheinlich es auch war, daß bei dem allgemeinen Enthusiasmus, welcher heute herrscht, einer den Mut hätte, freiwillig auf den Preis zu verzichten, indem er sich für die negative Antwort erklärte, so kann ich nicht begreifen, daß Philosophen darüber aufgebracht sind, weil man ihnen Fragen zur Entscheidung vorlegt. Fürwahr eine feine Liebe zur Wahrheit, welche fürchtet, daß man das Für und Wider einer Sache untersucht! Das beste Mittel bei philosophischen Untersuchungen, eine Meinung verdächtig zu machen, ist es, die entgegengesetzte Meinung auszuschließen. Jeder, der so handelt, macht den Eindruck eines unredlichen Menschen, der seiner Sache nicht vertraut. Ganz Frankreich erwartet begierig die Schrift, welche dieses Jahr den Preis der Académie Française erhalten wird, sie wird nicht nur meine Abhandlung ganz gewiß in den

Schatten stellen, was auch sehr leicht ist, sondern man kann vermuten, daß sie ein Meisterstück sein wird. Was wird dies aber zur Auflösung der Frage beitragen? Gar nichts, denn jeder wird, nachdem er sie gelesen, sagen: *Diese Abhandlung ist sehr schön; aber wenn der Verfasser die Freiheit gehabt hätte, die gegenteilige Meinung anzunehmen, so wäre sie vielleicht noch schöner geworden.*

Ich habe die neue Widerlegung (denn es gibt noch eine andere) durchflogen, und ich weiß nicht, warum ich in den Schriften meiner Gegner, die diesen so entschiedenen Titel führen, immer am schlechtesten widerlegt werde. Ich habe also diese Widerlegung durchflogen, ohne meinen Entschluß, niemandem mehr zu antworten, im geringsten zu bereuen. Ich will mich begnügen, eine einzige Stelle anzuführen, und der Leser mag urteilen, ob ich recht oder unrecht habe. Hier ist sie.

Ich gebe es zu, daß man ohne Talent ein ehrlicher Mann sein kann; aber gehört man zur Gesellschaft nur, um ehrlich zu sein? Und was ist ein ehrlicher Mensch, der unwissend und ohne Talent ist? Er ist eine nutzlose Last, selbst für die Erde, usw. Einem Schriftsteller, der fähig ist, so zu schreiben, werde ich gewiß nicht antworten, und mich dünkt, er sollte mir dafür danken.

Es wäre auch kaum möglich, es sei denn, man wollte auch ebenso weitschweifig und unzusammenhängend schreiben, um auf die große Sammlung lateinischer Stellen, von Versen aus La Fontaine, Boileau, Molière, Voiture, Regnard, Gresset oder auf die Geschichte von Nimrod oder die von den pikardischen Bauern zu antworten. Denn was kann man einem Philosophen antworten, der uns versichert, daß er die Unwissenden hasse, bloß weil sein Pächter in der Pikardie, der kein Doktor ist, ihn zwar richtig bezahlt, aber ihm doch nicht genug Einnahmen aus seinem Gut verschafft? Der Verfasser ist mit seinen Gütern so beschäftigt, daß er sogar von den meinigen spricht. Ich ein Gut besitzen! Das Gut des Jean-Jacques Rousseau! Wirklich, ich rate ihm, mich auf feinere Art zu verleumden.*

* Wenn der Verfasser mir die Ehre erweist, auch diesen Brief zu widerlegen, so ist nicht zu zweifeln, daß er auf eine sehr schöne und gelehrte Art und durch bündige Schlüsse und gewichtige Autoritäten gestützt beweisen wird, daß es kein Verbrechen sei, ein Gut zu besitzen, und wirklich, es kann sein, daß es für andere keines ist, aber für mich wäre es eines.

Wenn ich einem Teil der Widerlegung zu antworten hätte, so wären es die Personen, von denen diese Kritik voll ist. Da sie aber nichts mit der Sache zu tun haben, werde ich mich nicht von meinem festen Grundsatz, den ich immer befolgt habe, entfernen und mich nur auf die Sache beschränken, die ich behandele, ohne etwas Persönliches darein zu mischen. Die wirkliche Achtung vor dem Publikum erfordert, daß man es nicht mit unangenehmen Wahrheiten, die ihm nützlich sein können, wohl aber mit all dem kleinen Autorengezänk* verschont, von dem jetzt alle Streitschriften voll sind und wodurch man nur seinem schändlichen Haß genugzutun sucht. Man behauptet, daß ich bei Clénard** ein Wort des Cicero entlehnt habe, es sei; daß ich Sprachschnitzer gemacht habe, nun gut; daß ich die schönen Wissenschaften und die Musik betreibe, ungeachtet des Üblen, das ich von ihnen

* Man kann an der Abhandlung aus Lyon ein schönes Beispiel finden, auf welche Art es Philosophen geziemt, einander ohne persönliche Bitterkeit zu bekämpfen. Ich schmeichle mir, daß man auch an meiner Antwort, die im Druck ist, ein Muster dafür finden wird, auf welche Art man das verteidigen kann, was man für wahr hält, mit aller Kraft, deren man fähig ist, und ohne Bitterkeit gegen die, die es bestreiten.

** Wenn ich sagen würde, daß ein so absonderliches Zitat gewiß von jemandem kommt, der die griechische Grammatik Clénards besser kennt als die *Officia* Ciceros und sich daher ganz grundlos für einen Verteidiger guter Gelehrsamkeit ausgibt; wenn ich ferner sagen würde, daß es Berufe gibt, wie zum Beispiel die Chirurgie, wo man sich so vieler griechischer Begriffe bedient und daß diejenigen, welche sie treiben, notwendig einige Elementarkenntnisse dieser Sprache erwerben müssen, so verfiele ich in den Ton meines neuen Gegners und antwortete, wie er vielleicht an meiner Stelle getan hätte. Ich meinerseits kann antworten, daß ich, als ich auf das Wort *investigation* verfiel, unserer Sprache einen Dienst leisten wollte, indem ich versuchte, ein sanftes harmonisches Wort in sie einzuführen, dessen Sinn bereits bekannt ist und wofür es kein Synonym im Französischen gibt. Unter diesen Bedingungen, meine ich, kann man diese wohltätige Freiheit wohl entschuldigen:

Ego cur, acquirere pauca
Si possum, invideor; cum lingua Catonis et Enni
Sermonem Patrium ditaverit?

Vor allem suchte ich meine Idee richtig auszudrücken, und ich weiß, daß die erste Regel aller unserer Schriftsteller darin besteht, richtig und, wie sie es nennen, französisch zu sprechen, denn sie haben Ansprüche und wollen als korrekt und elegant gelten. Da ich mich aber nicht darum kümmere, was man von meinem Stil denkt, so ist meine erste Regel, mich deutlich auszudrücken, und sobald ich finde, daß ich mich stärker oder deutlicher durch Solezismen ausdrücken kann, so schwanke ich niemals. Sobald mich nur die Philosophen recht verstehen, so mögen die Puristen immer den Worten nachlaufen.

denke. Ich gebe es zu, ich muß in reiferen Jahren die Schuld meiner Jugendtorheiten abtragen. Allein, was geht dies alles das Publikum an und was trägt es zum Streit über die Wissenschaften bei? Rousseau mag schlecht französisch sprechen, und die Grammatik wird dennoch nicht mehr zur Tugend beitragen. Jean-Jacques mag schlechte Sitten haben, die der Gelehrten sind darum nicht besser. Dies ist alles, was ich darauf antworten werde, und, ich glaube, auch alles, was ich auf diese neue Widerlegung antworten muß.

Ich endige diesen Brief und was ich über eine so lange erörterte Materie zu sagen habe, mit einem guten Rat an meine Gegner, welchen sie zwar ganz gewiß verachten werden, der aber der Sache, welche sie verteidigen wollen, nützlicher hätte sein können, als sie denken. Er lautet: Man lasse sich niemals von dem Eifer so weit hinreißen, daß man darüber vergesse, erst seine Kräfte zu prüfen und *quid valeant humeri*. Sie werden mir zwar sagen, ich hätte diesen Rat selbst beherzigen sollen, und dies mag wahr sein, aber wenigstens bleibt der Unterschied zwischen uns, daß ich auf meiner Seite ganz allein war, ihrer aber war ein ganzer Haufen, so daß die zuletzt Gekommenen sich nicht zum Wettstreit stellen oder es besser machen mußten als die anderen.

Damit man diesen Rat nicht für stolz oder verwegen halte, gebe ich noch eine Probe davon, wie meine Gegner schließen, wonach man über die Richtigkeit und Gründlichkeit ihrer Kritik urteilen kann. Ich habe gesagt: *Die Völker Europas lebten noch vor einigen Jahrhunderten in einem Zustand, der ärger war als die Unwissenheit selbst. Ich weiß nicht, was für ein gelehrtes Gewäsch, welches noch verächtlicher als die Unwissenheit war, unbilligerweise den Namen der Wissenschaft an sich gerissen hatte und ihrer Wiederkehr ein fast unüberwindliches Hindernis in den Weg legte. Es mußte eine Revolution erfolgen, um die Menschen zur gesunden Vernunft zurückzuführen.* Die Völker hatten die gesunde Vernunft verloren, nicht weil sie unwissend, sondern weil sie so dumm waren zu glauben, daß sie mit den großen Worten des Aristoteles und der abgeschmackten Lehre des Raimundus Lullus etwas wüßten. Es mußte eine Revolution erfolgen, um sie zu lehren, daß sie nichts wußten, und unter uns wäre sie gleichfalls nötig, um uns von dieser Wahrheit zu überzeugen. Hier ist nun das

Argument meiner Gegner: *Diese Revolution ist den Schönen Wissenschaften zuzuschreiben; sie haben, nach dem Geständnis des Verfassers, die Vernunft wiedereingeführt, aber nach seiner Meinung haben sie auch die Sitten verdorben: ein Volk muß also der Vernunft entsagen, um gute Sitten zu haben.* Drei Schriftsteller nacheinander haben diesen schönen Schluß wiederholt. Ich frage sie nun, wen ich nach ihrem Willen anklagen soll, entweder ihren Verstand, weil er den Sinn dieser so deutlichen Stelle nicht durchdringen konnte, oder ihre Falschheit, daß sie taten, als wenn sie mich nicht verstünden? Ihre Wahl wird bald getroffen sein, denn es sind Gelehrte. Aber was soll man von der gefälligen Auslegung meines Titelkupfers sagen, welche dieser letzte Gegner gibt? Ich hätte geglaubt, meine Leser zu beleidigen und sie wie Kinder zu behandeln, wenn ich ihnen ein so deutliches Sinnbild noch erklärt und ihnen gesagt hätte, daß die Fackel des Prometheus die Fackel der Wissenschaften ist, wodurch große Geister erleuchtet werden, daß der Satyr, der, als er das Feuer zum erstenmal sieht, hinläuft und es umarmen will, die gemeinen Menschen vorstellt, die vom Glanz der Schönen Wissenschaften geblendet sich unbescheiden dem Studium widmen, und daß Prometheus, der ihnen zuruft und sie vor der Gefahr warnt, der Bürger von Genf ist. Dieses Sinnbild ist richtig, schön und, ich wage es zu glauben, erhaben. Was soll man nun von einem Schriftsteller denken, der es betrachtet und doch nicht verstanden hat? Man kann sich denken, daß er unter seinen Freunden, den Ägyptern, eben kein großer Doktor geworden wäre.

Ich bin so frei, meinen Gegnern, und besonders meinem letzten, diese weise Lehre eines Philosophen über eine andere Materie zu geben: Wisset, daß keine Einwürfe eurer Sache so viel schaden können wie schlechte Erwiderungen; wisset, daß wenn ihr seichte Dinge vorbringt, so wird man eure Sache herabsetzen und euch die Ehre erweisen zu glauben, daß sie nicht besser verteidigt werden konnte.

Ich bin, usw.

VORREDE
ZU ›NARCISSE‹

1753

Ich habe dieses Theaterstück im Alter von achtzehn Jahren geschrieben, und ich habe mich gehütet, es zu zeigen, solange ich noch auf mein Ansehen als Schriftsteller bedacht war. Schließlich habe ich den Mut gehabt, es zu veröffentlichen, doch niemals werde ich den Mut haben, darüber etwas zu sagen. Es geht hier also nicht um mein Stück, sondern um mich selbst.

Trotz meines Widerwillens dagegen muß ich über mich sprechen, ich muß das Unrecht zugeben, welches man mir zuschreibt, oder ich muß mich rechtfertigen. Daß die Waffen nicht gleich sein werden, sehe ich wohl, denn man wird mich mit Spott angreifen, und ich werde mich nur mit Gründen verteidigen. Doch gesetzt, daß ich meine Gegner überführe, es kümmert mich wenig, sie zu überzeugen. Indem ich mich bemüht habe, meine eigene Achtung zu verdienen, habe ich gelernt, auf die der anderen, die in ihrer Mehrzahl gut ohne die meine auskommen, zu verzichten. Allein, auch wenn es mir kaum wichtig ist, daß man gut oder schlecht von mir denkt, so liegt mir doch daran, daß niemand das Recht hat, schlecht von mir zu denken, und es ist für die Wahrheit, die ich vertreten habe, wichtig, daß ihr Verteidiger keinesfalls zu Recht angeklagt werden kann, ihr seine Unterstützung nur aus Laune und Eitelkeit gegeben zu haben, ohne sie zu lieben und ohne sie zu kennen.

Die Partei, die ich in der Frage, welche ich vor einigen Jahren untersuchte, ergriffen habe, hat mir eine Menge Gegner* einge-

* Man versichert mir, daß viele es schlimm finden, daß ich meine Gegner meine Gegner nenne, und dies erscheint mir ganz glaubhaft in einem Jahrhundert, wo man nichts bei seinem Namen zu nennen wagt. Ich höre auch, daß jeder meiner Gegner, wenn ich andere Einwürfe als die seinen beantworte, sich beklagt, daß ich meine Zeit damit verlöre, gegen Chimären zu kämpfen; das beweist mir etwas, was ich schon ahnte, daß sie nämlich ihre Zeit nicht damit vergeuden, einander zu lesen und zuzuhören. Was mich betrifft, so habe ich geglaubt, diese Mühe auf mich nehmen zu müssen, und ich habe die zahlreichen Schriften, welche sie gegen mich veröffentlicht haben, gelesen, von der ersten Antwort, die mir ehrend zuteil wurde, bis zu vier deutschen Reden, deren eine etwa in dieser Weise beginnt: *Meine Brüder, wenn Sokrates zu uns zurückkehren würde und den blühenden Zustand sähe, in welchem sich die Wissenschaften in Europa, was sage ich in Europa: in Deutschland, was sage ich in Deutschland: in Sachsen, was sage ich in Sachsen: in Leipzig, was sage ich in Leipzig: an dieser Universität befinden, so würde Sokrates, von Staunen ergriffen und von Respekt durchdrungen, sich bescheiden unter unsere Schüler setzen, ergeben unsere Lektionen empfangen und*

bracht, die vielleicht dem Interesse der Gelehrten mehr Aufmerksamkeit gewidmet haben als der Ehre der Gelehrsamkeit. Ich hatte es vorausgesehen und es mir schon gedacht, daß ihr Verhalten bei dieser Gelegenheit mehr zu meinen Gunsten beweisen würde als alle meine Abhandlungen. In der Tat haben sie weder ihre Überraschung noch ihr Bedauern verhehlt, daß eine Akademie sich so zur Unzeit unbestechlich gezeigt hatte. Sie haben es ihr gegenüber weder an zudringlichen Schmähungen noch gar an Unrichtigkeiten* fehlen lassen, um das Gewicht des Urteils der Akademie zu schwächen. Auch ich bin in ihren Deklamationen nicht vergessen worden. Mehrere haben es unternommen, mich lautstark zu widerlegen: die Weisen haben sehen können, mit welcher Beweiskraft, und das Publikum, mit welchem Erfolg sie es getan haben. Andere, die geschickter waren und die Gefahr erkannten, gegen bewiesene Wahrheiten direkt zu kämpfen, haben schlau auf meine Person die Aufmerksamkeit umgelenkt, die man allein meinen Gründen widmen mußte, und die Prüfung der Anklagen, welche sie gegen mich erhoben haben, hat die gewichtigeren Anklagen vergessen lassen, die ich selbst gegen sie gerichtet hatte. Ihnen also muß einmal geantwortet werden.

Sie behaupten, daß ich nicht ein Wort von den Wahrheiten

bald mit uns jene Unwissenheit verlieren, die er so sehr zu Recht beklagt hat. Ich habe all dieses gelesen und habe nur wenige Antworten gegeben, vielleicht immer noch zu viele, allein ich bin froh, daß diese Herren sie gefällig genug gefunden haben, um auf jede Bevorzugung eifersüchtig zu sein. Was die Leute angeht, denen das Wort *Gegner* anstößig ist, so willige ich herzlich gerne ein, es ihnen zuliebe aufzugeben, vorausgesetzt daß sie mir ein anderes Wort zeigen, womit ich nicht nur all jene bezeichnen kann, die gegen meine Meinung gestritten haben, sei es durch Schriften oder sei es, klüger und bequemer für sie, in den Zirkeln der Frauen und Schöngeister, wo sie sicher sein konnten, daß ich nicht zu meiner Verteidigung einschreiten würde, sondern auch jene, die heute so tun, als hätte ich keine Gegner, zunächst aber fanden, daß die Erwiderungen meiner Gegner einer Antwort bedurften, und mich, als ich dann geantwortet hatte, tadelten, es getan zu haben, denn ihnen zufolge hatte man mich gar nicht angegriffen. Einstweilen werden sie erlauben, daß ich fortfahre, meine Gegner meine Gegner zu nennen, denn ungeachtet der Höflichkeit meines Jahrhunderts bin ich grob wie die Makedonier zu Philipps Zeiten.

* Im *Mercure* vom August 1752 kann man den Widerruf der Akademie zu Dijon lesen, irgendeine Schrift betreffend, die von ihrem Verfasser fälschlich einem der Mitglieder dieser Akademie zugeschrieben wurde.

denke, die ich aufgestellt habe, und daß ich, wenn ich einen Satz beweise, weiterhin doch das Gegenteil glaube. Das heißt, daß ich so aberwitzige Dinge bewiesen habe, daß man behaupten kann, ich hätte sie nur zum Spaß vertreten. Eine schöne Ehre erweisen sie da der Wissenschaft, die allen anderen zur Grundlage dient, und man muß glauben, daß die Kunst, zu schließen, der Entdekkung der Wahrheit sehr dienlich ist, wenn man sieht, wie sie mit Erfolg angewandt wird, um Tollheiten zu beweisen!

Sie behaupten, daß ich nicht ein Wort von den Wahrheiten denke, die ich aufgestellt habe, und dies ist zweifellos von ihrer Seite eine neue und bequeme Weise, auf unbeantwortbare Argumente zu antworten, sogar die Beweise des Euklid zu widerlegen und überhaupt alles, was es im Universum an Bewiesenem gibt. Mir jedenfalls scheint, daß die, die mich so vermessen anklagen, gegen mein Denken zu sprechen, selber nicht groß Bedenken tragen, gegen das ihre zu sprechen, denn sicherlich haben sie weder in meinen Schriften noch in meinem Verhalten etwas gefunden, was ihnen diesen Gedanken eingeben mußte, wie ich bald beweisen werde; und es ist ihnen nicht erlaubt, zu verkennen, daß man, seit ein Mensch ernsthaft spricht, denken muß, daß er glaubt, was er sagt, außer wenn seine Handlungen oder seine Reden ihn widerlegen, und selbst dann genügt dies nicht immer, um sich zu versichern, daß er nichts davon glaubt.

Sie können also schreien, soviel sie wollen, daß ich, indem ich mich gegen die Wissenschaften erklärte, gegen meine Überzeugung gesprochen hätte. Auf eine so kühne Behauptung, die gleichermaßen unbewiesen wie unwahrscheinlich ist, kann ich nur eine einzige Antwort geben; sie ist kurz und nachdrücklich, und ich bitte, sie sich zu merken.

Sie behaupten auch, daß mein Verhalten in Widerspruch stünde zu meinen Grundsätzen, und man kann sicher sein, daß sie diesen zweiten Vorwurf vorbringen, um den ersten abzusichern, denn es gibt viele Leute, die Beweise für das zu finden wissen, was nicht ist. Sie werden also sagen, daß es einem, wenn man Musik und Verse macht, schlecht anstehe, die schönen Künste herunterzumachen, und daß es in der Literatur, die ich zu verachten vorgebe, tausend lobenswertere Beschäftigungen gebe, als

Theaterstücke zu schreiben. Auch diese Anklage muß beantwortet werden.

Erstens, auch wenn man ihr in aller ihrer Schärfe stattgeben würde, so würde sie, sage ich, beweisen, daß ich mich schlecht aufführe, nicht aber, daß ich nicht im guten Glauben spreche. Wenn es erlaubt wäre, aus den Handlungen der Menschen den Beweis ihrer Überzeugungen zu ziehen, dann müßte man sagen, daß die Liebe zur Gerechtigkeit aus allen Herzen verbannt ist und daß es keinen einzigen Christen auf Erden gibt. Man zeige mir Menschen, die immer folgerichtig nach ihren Grundsätzen handeln, und ich verdamme die meinen. Es ist das Los der Menschheit, daß die Vernunft uns das Ziel zeigt und die Leidenschaften uns davon entfernen. Wenn es wahr wäre, daß ich nicht nach meinen Grundsätzen handelte, so hätte man doch keinen Grund, mich allein deswegen anzuklagen, daß ich gegen meine Überzeugung spreche, noch auch gegen meine heuchlerischen Grundsätze Anklage zu erheben.

Wenn ich aber in diesem Punkte Unrecht eingestehen wollte, so würde es genügen, wenn ich die Zeiten vergliche, um die Dinge zu versöhnen. Ich habe nicht immer das Glück gehabt, so zu denken, wie ich es tue. Lange war ich verführt durch die Vorurteile meines Jahrhunderts, und ich hielt die Studien für die einzige Beschäftigung, die eines Weisen würdig wäre, ich betrachtete die Wissenschaften nur mit Achtung und die Gelehrten mit Bewunderung.* Ich begriff nicht, daß man in die Irre gehen konnte, wenn man immer Weisheit zeigte, und daß man Übel tun konnte, wenn man immer von ihr sprach. Erst nachdem ich die Dinge von nahem gesehen hatte, habe ich sie nach ihrem wirklichen Wert einschätzen gelernt, und obwohl ich bei meinen Untersuchungen immer gefunden habe, daß *satis loquentiae, sapientiae parum*, hat es

* Jedesmal, wenn ich an meine alte Einfalt denke, kann ich nicht umhin zu lachen. Ich las kein Buch der Moral und der Philosophie, ohne zu glauben, daß ich darin die Seele und die Grundsätze des Verfassers sähe. Ich betrachtete alle diese gewichtigen Schriftsteller als mäßige, weise, tugendhafte und tadellose Menschen. Ich machte mir himmlische Vorstellungen von dem Umgang mit ihnen, und ich hätte mich dem Hause von einem von ihnen nur wie einem Heiligtum genähert. Dann habe ich sie gesehen: dieses kindische Vorurteil hat sich aufgelöst, und dies ist der einzige Irrtum, von dem sie mich geheilt haben.

viel Nachdenken, viele Beobachtungen und viel Zeit gebraucht, um in mir die Täuschung durch jenen eitlen wissenschaftlichen Prunk zu zerstören. Es ist nicht erstaunlich, daß ich während dieser Zeit der Vorurteile und der Irrtümer, als ich die Schriftstellerei so sehr schätzte, manchmal danach gestrebt habe, sie selbst auszuüben. So also kamen die Verse und die meisten anderen Schriften zustande, die meiner Feder entstammen, unter anderem auch diese kleine Komödie. Es wäre freilich hart, wenn man mich heute wegen der Vergnügungen meiner Jugend tadeln würde, und mindestens wäre man im Unrecht, wenn man mich anklagen wollte, daß ich damit Grundsätzen widersprochen hätte, die damals noch gar nicht die meinen waren. Schon lange verbinde ich mit diesen Dingen keinerlei Anspruch mehr, und wenn ich sie unter diesen Umständen, nachdem ich so klug gewesen bin, sie so lange zu bewahren, dem Publikum übergebe, so sage ich damit eigentlich, daß ich Lob und Tadel, die sie vielleicht verdienen, gleichermaßen fürchte, denn ich denke nicht mehr wie der Verfasser, dessen Werk sie sind. Es sind illegitime Kinder, die man immer noch mit Vergnügen herzt, errötend darüber, daß man ihr Vater ist, denen man sein letztes Lebewohl gesagt hat und die man ausschickt, ihr Glück zu suchen, ohne sich viel zu beunruhigen, was aus ihnen wohl werden mag.

Doch dies heißt zuviel räsonnieren nach wesenlosen Voraussetzungen. Wenn man mich ohne Grund beschuldigt, die Literatur zu pflegen, die ich verachte, so verteidige ich mich ohne Not, denn wenn dies wahr wäre, so wäre daran nichts inkonsequent. Das bleibt mir zu beweisen.

Ich werde dabei, so wie es bei mir Brauch ist, die einfache und leichte Methode befolgen, die der Wahrheit eignet. Ich werde nochmals die Frage formulieren, und ich werde nochmals meine Überzeugung darlegen, und ich erwarte, daß man anhand dieser Darlegung mir zeigen wird, worin meine Handlungen meinen Reden widersprechen. Meine Gegner ihrerseits werden um eine Antwort nicht verlegen sein, denn sie besitzen die wunderbare Kunst, für und wider alle Arten von Themen zu sprechen. Sie werden, nach ihrem Brauch, beginnen, indem sie frei nach ihrer Phantasie eine andere Frage zum Gegenstand machen, sie werden sie mich auflösen lassen, ganz wie es ihnen genehm ist, und um mich bequemer angreifen zu können, werden sie mich nicht nach meiner Weise, sondern nach ihrer Weise schließen lassen. Sie werden den Blick des Lesers geschickt von dem wesentlichen Gegenstand ablenken, um ihn rechts und links festzuhalten. Sie werden ein Phantom bekämpfen und werden behaupten, sie hätten mich besiegt, aber ich werde getan haben, was ich tun muß, und ich beginne nun.

»Die Wissenschaft ist zu nichts gut und hat immer nur Böses bewirkt, denn sie ist von ihrer Natur her schlecht. Sie ist so wenig trennbar vom Laster wie die Unwissenheit von der Tugend. Alle gebildeten Völker sind immer verderbt gewesen, und alle unwissenden Völker waren tugendhaft, mit einem Wort, Laster gibt es nur bei den Gelehrten, und tugendhaft ist nur der Mann, welcher nichts weiß. Es gibt also für uns ein Mittel, um wieder ehrenhafte Leute zu werden: wir müssen uns eilen, die Wissenschaft und die Gelehrten zu ächten, unsere Bibliotheken verbrennen, unsere Akademien, unsere Kollegien, unsere Universitäten schließen und ganz in die Barbarei der ersten Zeiten zurücktauchen.«

Dies ist es, was meine Gegner sehr gut widerlegt haben, allein ich habe von all dem auch nie ein Wort gesagt oder gedacht, und man könnte sich nichts ausdenken, was meinem System mehr entgegen ist als diese widersinnige Lehre, welche sie die Güte haben, mir zuzuschreiben. Hier nun aber, was ich gesagt habe und was man nicht widerlegt hat.

Es ging darum, zu wissen, ob die Widerherstellung der Wissenschaften und der Künste dazu beigetragen habe, unsere Sitten zu läutern.

Indem man zeigte, wie ich es getan habe, daß unsere Sitten sich keineswegs geläutert haben*, war die Frage so gut wie aufgelöst.

* Wenn ich gesagt habe, daß unsere Sitten verdorben wurden, so habe ich damit nicht sagen wollen, daß die unserer Ahnen gut waren, sondern bloß, daß die unseren noch schlechter sind. Es gibt bei den Menschen Tausende Quellen der Verderbtheit, und obgleich die Wissenschaften vielleicht die reichste und rascheste sind, so sind sie doch noch lange nicht die einzige. Der Zerfall des römischen Reiches und der Einbruch eines Haufens von Barbaren haben eine Mischung aller Völker hervorgebracht, welche notwendig die Sitten und Gebräuche eines jeden von ihnen zerstören mußte. Die Kreuzzüge, der Handel, die Entdeckung beider

Es war in ihr jedoch eine andere allgemeinere und wichtigere Frage enthalten über den Einfluß, den die Pflege der Wissenschaften bei jeder Gelegenheit auf die Sitten der Völker haben muß. Diese Frage, von welcher die erste bloß eine Folge ist, hatte ich mir vorgesetzt, sorgfältig zu prüfen. Ich begann mit den Tatsachen und zeigte, daß die Sitten bei allen Völkern der Welt in dem Maße ausgeartet sind, als der Geschmack an den Studien und an den schönen Wissenschaften sich bei ihnen ausbreitete.

Das war nicht genug, denn ohne verneinen zu können, daß diese Dinge immer miteinander einhergegangen sind, konnte man verneinen, daß eines das andere nach sich gezogen habe. Ich befleißigte mich also, zu zeigen, daß diese Verbindung notwendig ist. Ich machte deutlich, daß die Quelle unserer Irrtümer in diesem Punkte daraus entspringt, daß wir unsere eitlen und täuschenden Erkenntnisse mit dem höchsten Verstande verwechseln, der mit einem Blick die Wahrheit aller Dinge sieht. Die Wissenschaft in ihrer abstrakten Form verdient alle unsere Bewunderung. Die verrückte Wissenschaft der Menschen verdient nur Gelächter und Verachtung.

Der Geschmack an der Gelehrsamkeit kündigt bei einem Volke immer nur den Beginn der Verderbtheit an, welche er schnellstens beschleunigt. Denn dieser Geschmack kann bei einer ganzen Nation nur aus zwei üblen Quellen entspringen, welche ihrerseits

Indien, die Seefahrt, die weiten Reisen und noch andere Ursachen, die ich nicht nennen will, haben die Unordnung aufrechterhalten und vermehrt. Alles, was den Austausch zwischen den verschiedenen Nationen erleichtert, trägt nicht zu den einen die Tugenden der anderen, sondern ihre Verbrechen, und verändert bei allen die Sitten, welche ihrem Klima und der Beschaffenheit ihrer Regierung angemessen sind. Die Wissenschaften haben also nicht alles Böse getan, sondern nur ihren Teil dazu beigetragen, und zwar vor allem das, was ihnen eigentümlich ist, nämlich unseren Lastern eine angenehme Färbung und ein gewisses ehrenhaftes Aussehen zu geben, was uns hindert, Schrecken davor zu empfinden. Als man zum ersten Mal die Komödie *Le Méchant* spielte, hat man, wie ich mich erinnere, nicht finden können, daß die Hauptrolle dem Titel entsprach. Cléon erschien nur als ein ganz gewöhnlicher Mann, er war, wie man sagte, wie jedermann. Dieser abscheuliche Schurke, dessen so gut dargestellter Charakter all jene, die das Unglück haben, ihm zu gleichen, vor sich selbst hätte erzittern lassen müssen, erschien als ein völlig mißglückter Charakter, und seine Bosheiten gingen als Artigkeiten durch, weil jeder, der sich ganz als ehrenhafter Mann fühlte, sich darin Zug für Zug erkannte.

die Studien erhalten und vermehren, nämlich aus dem Müßiggang und dem Verlangen, sich zu unterscheiden. In einem wohlverfaßten Staat hat jeder Bürger seine Pflichten zu erfüllen, und seine wichtigen Aufgaben sind ihm zu kostbar, um ihm die Muße zu leichtfertigen Spekulationen zu lassen. In einem wohlverfaßten Staat sind die Bürger so sehr einander gleich, daß keiner den anderen als der gelehrteste und nicht einmal als der geschickteste, wohl aber als der beste vorgezogen werden kann, und selbst die letztgenannte Unterscheidung ist oft gefährlich, denn sie erzeugt Betrüger und Heuchler.

Der Geschmack an der Gelehrsamkeit, welcher aus dem Verlangen entsteht, sich zu unterscheiden, erzeugt notwendig Übel, die unendlich gefährlicher sind, als jedes ihrer Güter nützlich ist, denn schließlich machen sich die, die sich diesem Geschmack ergeben, sehr wenig Gewissen aus den Mitteln, mit welchen sie Erfolg haben können. Die ersten Philosophen schufen sich ein großes Ansehen, indem sie die Menschen lehrten, ihre Pflichten und die Prinzipien ihrer Tugend auszuüben. Aber bald waren diese Lehren allgemein geworden, und man mußte sich unterscheiden, indem man entgegengesetzte Wege einschlug. Hier liegt der Ursprung der widersinnigen Systeme eines Leukipp, eines Diogenes, eines Pyrrho, eines Protagoras, eines Lukrez. Die Hobbes, Mandeville und tausend andere haben sich in eben dieser Weise unter uns hervortun wollen, und ihre gefährliche Lehre hat so sehr Frucht getragen, daß man, obgleich es bei uns noch wahre Philosophen gibt, die danach trachten, in unseren Herzen die Gesetze der Menschlichkeit und der Tugend wieder in Erinnerung zu rufen, entsetzt ist zu sehen, bis zu welchem Punkt unser vernünftelndes Jahrhundert in seinen Grundsätzen die Verachtung der Pflichten des Menschen und des Bürgers getrieben hat.

Der Geschmack an der Gelehrsamkeit, an der Philosophie und den schönen Künsten vernichtet die Liebe zu unseren ersten Pflichten und zum wahren Ruhm. Wenn sich die Talente einmal der Ehrerbietung, welche man der Tugend schuldet, bemächtigt haben, dann will jeder ein liebenswürdiger Mann sein, aber niemand bemüht sich, ein guter Mensch zu sein. Daraus entsteht noch jene andere Inkonsequenz, daß man den Menschen nur die

Eigenschaften lohnt, die nicht von ihnen selbst abhängen, denn unsere Talente werden mit uns geboren, nur unsere Tugenden gehören ganz uns.

Die erste und nahezu einzige Sorge, welche man unserer Erziehung widmet, ist Frucht und Keim dieser lächerlichen Vorurteile. So quält man unsere arme Jugend, um sie die schönen Wissenschaften zu lehren, und wir kennen alle Regeln der Grammatik, ehe wir von den Pflichten des Menschen sprechen hörten. Wir wissen alles, was sich bis heute zugetragen hat, ehe man uns ein Wort darüber sagt, was wir tun sollen, und wenn man nur unser Geschwätz übt, so sorgt sich niemand darum, ob wir zu handeln oder zu denken verstehen. Mit einem Wort, man soll gelehrt nur in den Dingen sein, die uns zu nichts dienen können, und unsere Kinder werden genauso wie die Athleten der öffentlichen Spiele bei den Alten aufgezogen, die sich, da ihre kräftigen Glieder nur einer nutzlosen und überflüssigen Übung geweiht waren, hüteten, sie jemals zu irgendeiner nutzbringenden Arbeit zu verwenden.

Der Geschmack an der Gelehrsamkeit, an der Philosophie und an den schönen Künsten schwächt den Körper und die Seele. Die Arbeit im Kabinett macht die Menschen zartfühlend, schwächt ihr Temperament, und nur schwer bewahrt die Seele ihre Kraft, wenn der Körper die seine verloren hat. Das Studium verschleißt die Maschine, erschöpft die Geister, zerstört die Kraft, schwächt den Mut, und dies allein zeigt hinreichend, daß es nicht für uns gemacht ist. Man wird dadurch träge und verzagt, unfähig, gleichermaßen dem Schmerz wie den Leidenschaften zu widerstehen. Jedermann weiß, wie wenig sich die Bewohner der Städte dazu eignen, die Mühen des Krieges zu ertragen, und nicht unbekannt ist der Ruf der Gelehrten in Sachen der Tapferkeit.* Nichts freilich ist mit mehr Recht verdächtig als die Ehre eines Feiglings.

* Hier ist ein Beispiel aus der neueren Zeit für die, die mich tadeln, daß ich nur solche aus alten Zeiten anführe. Die Republik Genua hat, als sie die Korsen leichter zu unterwerfen suchte, kein sichereres Mittel gefunden, als eine Akademie bei ihnen zu errichten. Es würde mir nicht schwerfallen, diese Anmerkung zu verlängern, aber dies würde dem Verstand der einzigen Leser, an welchen mir gelegen ist, unrecht tun.

Soviel Nachdenken über die Schwäche unserer Natur dient oft nur dazu, uns von großzügigen Unternehmungen abzulenken. Durch das Meditieren über das Elend der Menschheit läßt unsere Einbildungskraft uns sein Gewicht spüren, und zu viel Voraussicht nimmt uns den Mut, indem sie uns der Sicherheit beraubt. Ganz vergeblich wollen wir uns vor unvorhergesehenen Zufällen schützen: »Wenn die Wissenschaft sich bemüht, uns mit neuen Mitteln gegen die natürlichen Leiden zu bewaffnen, so hat sie eher deren Größe und Gewicht in unsere Phantasie eingegraben, als daß ihre Gründe und eitlen Spitzfindigkeiten uns dagegen schützten.«

Der Geschmack an der Philosophie lockert alle Bande der Achtung und des Wohlwollens, die die Menschen an die Gesellschaft binden, und dies ist vielleicht das gefährlichste der Übel, die sie hervorbringt. Der Zauber des Studierens verdirbt bald den Geschmack an jeder anderen Neigung, und dadurch, daß der Philosoph über die Menschheit nachdenkt, dadurch, daß er die Menschen beobachtet, lehrt er, sie nach ihrem wahren Wert zu schätzen, und es ist schwer, Zuneigung für das zu empfinden, was man verachtet. Bald vereinigt er in seiner Person alle Anteilnahme, welche die tugendhaften Menschen für ihresgleichen haben; seine Verachtung für die anderen kommt seinem Hochmut zugute, und seine Eigenliebe wächst in demselben Maße wie seine Gleichgültigkeit für das übrige Universum. Die Familie und das Vaterland werden für ihn sinnleere Worte; er ist nicht Vater, nicht Bürger, nicht Mensch, er ist Philosoph.

Zu eben der Zeit, in welcher die Pflege der Wissenschaften das Herz des Philosophen in gewisser Weise aus dem Getümmel zurückzieht, wird das des Literaten in einem anderen Sinne, aber gleichermaßen zum Schaden für die Tugend, darein verwickelt. Jeder Mensch, der mit angenehmen Talenten seine Zeit verbringt, will gefallen, bewundert werden, und er will mehr bewundert werden als ein anderer. Der öffentliche Beifall gehört ihm allein; ich würde sagen, daß er alles tut, um ihn zu erhalten, wenn er nicht noch mehr täte, um seine Konkurrenten um diesen Beifall zu bringen. Daraus entstehen einerseits die Feinheiten des Geschmacks und der Lebensart, gemeine und niedrige Schmeichelei, verführerische, hinterlistige und kindische Sorgfalt, welche mit der Zeit die Seele herabsetzen und das Herz verderben, und andererseits entstehen daraus die Eifersüchteleien, Rivalitäten und Feindschaften so angesehener Künstler, üble Verleumdung, Betrug, Verrat, alle Feigheit und alle Widerwärtigkeit, die das Laster überhaupt nur haben mag. Während der Philosoph die Menschen verachtet, wird der Künstler bald von den Menschen verachtet, und beide wirken schließlich zusammen, die Menschen verächtlich erscheinen zu lassen.

Das ist noch nicht alles, und von allen Wahrheiten, die ich den Weisen zu erwägen gegeben habe, ist die folgende die erstaunlichste und grausamste. Alle unsere Schriftsteller betrachten als das Meisterwerk der Politik unseres Jahrhunderts die Wissenschaften, die Künste, den Handel, die Gesetze und die anderen Bande, welche unter den Menschen den Knoten der Gesellschaft* durch das persönliche Interesse knüpfen, sie alle in eine wechselseitige Abhängigkeit voneinander bringen, ihnen gegenseitige Bedürfnisse und gemeinsame Interessen geben und jeden von ihnen verpflichten, zum Glück der anderen beizutragen, um das seine machen zu können. Diese Ideen sind ohne Zweifel schön und bieten sich in günstigem Lichte dar, doch wenn man sie aufmerksam und unparteiisch prüft, muß man viel von den Vorzügen abstreichen, die sie zuerst zu haben scheinen.

Es ist doch ein sehr bewunderungswürdiges Ding, daß man die Menschen dahin gebracht hat, daß es ihnen unmöglich ist, miteinander zu leben, ohne sich gegenseitig zu beschuldigen, beiseite zu drängen, zu täuschen, zu verraten und zu vernichten! Fortan muß man darauf achten, daß wir uns nicht so sehen, wie wir sind, denn auf zwei Menschen, deren Interessen übereinstimmen, kommen vielleicht zehntausend, die ihnen entgegenstehen, und um Erfolg zu haben, gibt es kein anderes Mittel, als alle diese Leute zu täuschen oder zugrunde zu richten. Dies ist die unheil-

* Ich beklage, daß die Philosophie jene Bande der Gesellschaft, welche durch Achtung und gegenseitiges Wohlwollen gebildet werden, lockert, und ich beklage, daß die Wissenschaften, die Künste und alle übrigen Gegenstände des Handels die Bande der Gesellschaft durch das persönliche Interesse wieder fester knüpfen. Denn man kann in der Tat keines dieser Bande fester knüpfen, ohne daß das andere sich in demselben Maße lockert. Hierin liegt also keinerlei Widerspruch.

volle Quelle der Gewalttätigkeiten, der Verräterei, der Hinterhältigkeiten und all der Schrecken, die in einem Zustand der Dinge notwendig sind, wo jeder vorgibt, an dem Glück und dem Ansehen der anderen zu arbeiten, und nur sein Glück auf ihre Kosten über sie zu erheben strebt.

Was haben wir damit gewonnen? Viel Geschwätz der Reichen und der Vernünftler, das heißt, der Feinde der Tugend und des gesunden Menschenverstandes. Dafür haben wir die Unschuld und die Sitten verloren. Die Menge krümmt sich im Elend, und alle sind die Sklaven des Lasters. Die nicht begangenen Verbrechen sind schon im Grunde des Herzens da, und zu ihrer Ausführung fehlt nur die Zusicherung der Straffreiheit.

Seltsame und verhängnisvolle Verhältnisse, wo die schon aufgehäuften Reichtümer die Mittel, noch größere zu erwerben, fördern und wo es für den, der nichts hat, unmöglich ist, etwas zu erwerben; wo der gute Mensch kein Mittel hat, aus dem Elend herauszukommen, wo die Schurken am meisten geehrt werden und wo man notwendig der Tugend entsagen muß, um ein ehrenhafter Mann zu werden! Ich weiß, daß die Deklamatoren dies alles schon hundertmal gesagt haben, aber sie haben es mit Phrasen gesagt, und ich sage es mit Gründen; sie haben das Übel wahrgenommen, und ich entdecke seine Ursachen und mache vor allem etwas sehr Tröstliches und Nützliches sichtbar, indem ich zeige, daß alle diese Laster nicht so sehr zum Menschen, sondern zum schlecht regierten Menschen* gehören.

* Ich bemerke, daß gegenwärtig in der Welt viele kleine Grundsätze herrschen, welche die einfachen Menschen durch den falschen philosophischen Schein, den sie sich geben, verführen und sich darüber hinaus sehr bequem dazu eignen, alle Streitigkeiten mit einem gewichtigen und entschiedenen Ton zu beenden, ohne die Frage prüfen zu wollen. Hier ist ein solcher Grundsatz: »Die Menschen haben überall dieselben Leidenschaften, überall werden sie von der Eigenliebe und dem Interesse geleitet, also sind sie überall gleich.« Wenn die Mathematiker eine Voraussetzung gemacht haben, welche sie von Schluß zu Schluß zu einer widersinnigen Folgerung führt, dann gehen sie ihren Weg zurück und beweisen so die Falschheit der Voraussetzung. Wenn man dieselbe Methode auf den fraglichen Grundsatz anwenden würde, so würde man leicht seine Widersinnigkeit beweisen können: aber schließen wir anders. Ein Wilder ist ein Mensch, und ein Europäer ist ein Mensch. Der Halbphilosoph schließt gleich, daß der eine nicht mehr wert ist als der andere, aber der Philosoph sagt: die Regierung, die Gesetze, die Gebräuche, das Interesse,

Dies sind die Wahrheiten, die ich entwickelt und in den verschiedenen Schriften, welche ich zu diesem Thema veröffentlicht habe, zu beweisen versucht habe. Hier nun die Schlußfolgerungen, die ich daraus gezogen habe.

Die Wissenschaft ist nicht für den Menschen im allgemeinen gemacht. Er verirrt sich ohne Unterlaß bei seinen Forschungen, und wenn er einmal zum Ziel kommt, so geschieht dies fast nie ohne Nachteile. Er ist geboren zum Handeln und Denken, nicht aber zum Nachdenken. Das Nachdenken dient nur dazu, ihn unglücklicher zu machen, ohne daß es ihn besser oder weiser machte: es läßt ihn die vergangenen Güter beklagen und hindert ihn, das gegenwärtige zu genießen, es stellt ihm die Zukunft glücklich dar, um ihn durch seine Einbildungskraft zu verführen und durch seine Wünsche zu quälen, und es stellt ihm die Zukunft unglücklich dar, um sie ihn vorweg spüren zu lassen. Die Studien verderben seine Sitten, schwächen seine Gesundheit, zerstören sein Temperament und trüben oft seinen Verstand, und wenn er

all dieses bringt in Europa die einzelnen zu der Notwendigkeit, sich wechselseitig und ohne Unterlaß zu täuschen, alles macht ihnen das Laster zur Pflicht und sie müssen böse sein, um weise sein zu können, denn es gibt keine größere Verrücktheit, als das Glück der Schurken auf Kosten des eigenen Glücks zu machen. Bei den Wilden spricht das Eigeninteresse ebenso stark wie bei uns, aber es sagt nicht dieselben Dinge: die Liebe zur Gesellschaft und die Sorge für ihre gemeinsame Verteidigung sind das einzige Band, welches sie eint. Das Wort *Eigentum*, welches unsere ehrenhaften Männer so viele Verbrechen kostet, hat bei ihnen so gut wie keinen Sinn, es gibt bei ihnen keinerlei Interessenstreit, der sie spaltete, nichts zwingt sie dazu, sich gegenseitig zu täuschen, die öffentliche Achtung ist das einzige Gut, wonach jeder von ihnen strebt und das sie alle verdienen. Es ist durchaus möglich, daß ein Wilder eine üble Handlung begeht, allein es ist nicht möglich, daß er die Gewohnheit, Übles zu tun, annimmt, denn dies wäre ihm zu nichts nütze. Ich glaube, man kann eine genaue Schätzung der Sitten der Menschen nach der Vielzahl der Geschäfte machen, die sie miteinander haben: je mehr sie miteinander handeln, je mehr sie ihre Talente und ihren Kunstfleiß bewundern, um so mehr begaunern sie sich mit Anstand und Geschicklichkeit und um so mehr verdienen sie Verachtung. Ich sage es mit Bedauern: der gute Mensch ist der, der niemanden zu täuschen braucht, und der Wilde ist dieser Mensch.

Illum non populi fasces, non purpura Regum
Flexit, et infidos agitans discordia fratres;
Non res Romanae, perituraque regna. Neque ille
Aut doluit miserans inopem, aut invidit habenti.

durch sie auch etwas lernte, so wäre das immer noch eine sehr geringe Entschädigung.

Ich gestehe, daß es einige erhabene Genies gibt, die den Schleier, in welchen die Wahrheit gehüllt ist, zu durchdringen verstehen, einige ausgezeichnete Seelen, die der blöden Eitelkeit, der niedrigen Eifersucht und allen übrigen Leidenschaften, welche der Geschmack an den schönen Wissenschaften erzeugt, zu widerstehen vermögen. Die wenigen, die das Glück haben, diese Eigenschaften in sich zu vereinigen, sind das Licht und die Ehre des Menschengeschlechts, und nur ihnen steht es zu, sich für das Wohl aller mit Studien abzumühen, und selbst diese Ausnahme bestätigt die Regel. Denn wären alle Menschen Sokrates, so wäre die Wissenschaft für sie nicht schädlich, aber sie hätten auch kein Bedürfnis nach ihr.

Jedes Volk, welches Sitten hat und folglich seine Gesetze achtet und die alten Gebräuche nicht verfeinern möchte, muß sich sorgfältig vor den Wissenschaften hüten und vor allem vor den Gelehrten, deren eingängige und dogmatische Grundsätze sie bald lehren werden, ihre Gebräuche und ihre Gesetze zu verachten, und dies kann eine Nation nicht tun, ohne sich zu verderben. Die geringste Änderung in den Gebräuchen, und wäre sie sogar in gewisser Hinsicht vorteilhaft, schlägt immer zum Nachteil der Sitten aus. Denn die Gebräuche sind die Moral des Volkes, und sobald es aufhört sie zu achten, hat es keinen anderen Maßstab mehr als seine Leidenschaften und keine Zügel als die Gesetze, die manchmal die Bösen zurückhalten, niemals aber sie gut machen können. Im übrigen findet die Philosophie, wenn sie einmal ein Volk gelehrt hat, seine Gebräuche zu verachten, sehr schnell das Geheimnis heraus, wie seine Gesetze zu umgehen sind. Ich sage also, daß es mit den Sitten eines Volkes so geht wie mit der Ehre eines Mannes, die ein Schatz ist, der bewahrt werden muß, die man jedoch nicht zurückgewinnen kann, wenn man sie einmal verloren hat.*

* Ich finde in der Geschichte ein einziges, aber schlagendes Beispiel, welches diesem Grundsatz zu widersprechen scheint. Es ist das Beispiel der Gründung Roms durch eine Bande von Räubern, deren Nachfahren in wenigen Generationen das tugendhafteste Volk geworden sind, das es jemals gab. Es fiele mir nicht schwer, diese Tatsache zu erklären, wenn hier dafür der Ort wäre, allein ich werde mich

Wenn aber ein Volk einmal bis zu einem bestimmten Grade verderbt ist, ob nun die Wissenschaften dazu beigetragen haben oder nicht, muß man sie dann verbannen oder sie bewahren, um das Volk besser zu machen oder um es zu hindern, schlechter zu werden? Dies ist eine andere Frage, welche ich eindeutig verneinend beantwortet habe. Denn erstens, da ein lasterhaftes Volk niemals zur Tugend zurückkehrt, handelt es sich nicht darum, diejenigen gut zu machen, die es nicht mehr sind, sondern diejenigen so zu erhalten, die das Glück haben, noch gut zu sein. Zweitens dienen dieselben Ursachen, welche die Völker verdorben haben, manchmal dazu, eine größere Verderbnis zu verhindern, so wie der, der sich das Temperament durch einen unzeitigen Gebrauch der Medizin verdorben hat, gezwungen ist, auf die Ärzte zurückzugreifen, um sich am Leben zu erhalten, und so sind die Künste und die Wissenschaften, nachdem sie die Laster zur Blüte gebracht haben, notwendig, um zu verhindern, daß sie zu Verbrechen werden. Sie bedecken sie zumindest mit einem Glanz, der es nicht erlaubt, daß sich das Gift ganz frei verbreitet. Sie zerstören die Tugend, aber sie lassen von ihr das öffentliche Götzenbild*, was immer etwas Schönes ist. An seiner Stelle führen sie die feine Lebensart und den Anstand ein, und an die Stelle der Angst davor, böse zu scheinen, setzen sie die Angst, lächerlich zu wirken.

damit begnügen, anzumerken, daß die Gründer Roms nicht so sehr Männer gewesen sind, deren Sitten verderbt waren, als vielmehr Menschen, deren Sitten sich noch nicht gebildet hatten. Sie verachteten nicht die Tugend, sondern sie kannten sie noch gar nicht, denn die Worte *Tugenden* und *Laster* sind Allgemeinbegriffe, welche nur aus dem Umgang der Menschen miteinander entstehen. Außerdem würde man aus diesem Einwurf einen schlechten Vorteil zugunsten der Wissenschaften ziehen, denn von den beiden Königen Roms, die der Republik eine Gestalt gegeben und ihre Bräuche und Sitten eingerichtet haben, beschäftigte sich der eine nur mit der Kriegführung und der andere nur mit heiligen Riten, den beiden Dingen, die von der Philosophie am weitesten entfernt sind.

* Dieses Götzenbild ist eine gewisse Sanftheit der Sitten, welche manchmal an die Stelle ihrer Reinheit tritt, ein gewisser Schein der Ordnung, der eine fürchterliche Verwirrung verhindert, eine gewisse Bewunderung schöner Dinge, welche verhindert, daß die guten Dinge ganz in Vergessenheit geraten. Es ist das Laster, welches hier die Maske der Tugend aufsetzt, nicht wie die Heuchelei, um zu täuschen und zu verraten, sondern um sich unter diesem liebenswerten und heiligen Bilde von dem Schrecken freizumachen, den es sich einflößt, wenn es sich unbedeckt sieht.

Mein Rat ist also, und ich habe ihn schon mehr als einmal gegeben, die Akademien, die Schulen, die Universitäten, die Bibliotheken und das Schauspiel sowie alle anderen Vergnügungen, welche von der Bosheit der Menschen eine gewisse Ablenkung geben können, bestehen zu lassen und sie sogar sorgfältig aufrechtzuerhalten, um die Menschen daran zu hindern, ihren Müßiggang an gefährlichere Dinge zu wenden. Denn in einem Lande, in dem es keine ehrenhaften Leute und keine guten Sitten mehr gäbe, wäre es dennoch besser, mit Schurken zusammenzuleben als mit Räubern.

Ich frage nun, wo ist der Widerspruch, daß ich bei mir selbst den Geschmack bilde, dessen Fortschritte ich mißbillige? Es geht nicht mehr darum, Völker dahin zu bringen, gut zu handeln, es gilt nur, sie davon abzuhalten, Übles zu tun, man muß sie mit Nichtigkeiten beschäftigen, um sie von bösen Handlungen abzulenken, man muß sie unterhalten, statt ihnen zu predigen. Wenn meine Schriften die kleine Zahl der Guten erbaut haben, so habe ich ihnen all das Gute getan, welches von mir abhing, und vielleicht dient man ihnen auch dadurch in nützlicher Weise, daß man den anderen Gegenstände der Zerstreuung bietet, welche sie hindern, an jene Guten zu denken. Ich würde mich glücklich schätzen, wenn ich alle Tage ein Stück zu geben hätte und damit für zwei Stunden die üblen Pläne auch nur eines einzigen Zuschauers aufhalten und die Ehre der Tochter oder der Frau seines Freundes, das Geheimnis seines Vertrauten oder das Vermögen seines Gläubigers retten könnte. Sobald es keine Sitten mehr gibt, braucht man nur noch an das gesittete Betragen zu denken, und man weiß hinreichend, daß die Musik und das Schauspiel dabei die wichtigste Rolle spielen.

Wenn meine Rechtfertigung noch einige Schwierigkeiten übrig läßt, so weder, wie ich kühn behaupten möchte, gegenüber dem Publikum noch gegenüber meinen Gegnern, sondern allein gegenüber mir selbst, denn nur indem ich mich selbst beobachte, kann ich beurteilen, ob ich mich zu der genannten kleinen Zahl rechnen darf und ob meine Seele die Bürde literarischer Übungen tragen kann. Mehr als einmal habe ich ihre Gefahren gespürt, mehr als einmal habe ich sie aufgegeben in der Absicht, sie nie wieder aufzunehmen, und indem ich ihrem verführerischen Zauber entsagte, habe ich dem Frieden meines Herzens die einzigen Vergnügungen geopfert, die ihm noch schmeicheln konnten. Wenn ich sie in der Mattigkeit, die mich heimsucht, wenn ich sie am Ende einer mühseligen und schmerzlichen Laufbahn noch einmal für einige Augenblicke aufzunehmen gewagt habe, um mein Elend zu verschönen, so glaube ich zumindest weder genug Interesse noch auch genug Anspruch hineingelegt zu haben, als daß ich in dieser Hinsicht den gerechten Vorwurf verdiente, welchen ich den Literaten gemacht habe.

Ich brauchte eine Probe, um die Erkenntnis meiner selbst vollenden zu können, und ich habe sie ohne zu zögern gemacht. Nachdem ich die Verfassung meiner Seele bei literarischen Erfolgen erkannt hatte, blieb mir übrig, sie unter umgekehrten Verhältnissen zu prüfen. Ich weiß jetzt, was ich davon zu denken habe, auch wenn ich mit dem schlechtesten Publikum rechne. Mein Stück hatte das Schicksal, das es verdiente und das ich vorausgesehen hatte, doch bei aller Langeweile, die es mir bereitete, habe ich die Vorstellung viel zufriedener mit mir selbst verlassen, und dies mit viel mehr Berechtigung, als wenn es Erfolg gehabt hätte.

Ich rate also denen, die so begierig darauf sind, mir Vorwürfe zu machen, daß sie meine Grundsätze doch besser untersuchen und mein Verhalten besser beobachten möchten, ehe sie mich des Widerspruchs oder der Inkonsequenz beschuldigen. Wenn sie jemals bemerken, daß ich um den Beifall des Publikums zu werben beginne oder Eitelkeit zeige, weil ich hübsche Lieder geschrieben habe, oder erröte, weil ich schlechte Stücke verfaßt habe, oder wenn ich versuche, der Ehre meiner Mitbewerber zu schaden, oder wenn ich von den großen Männern meines Jahrhunderts schlecht zu sprechen scheine, um mich auf ihre Stufe zu heben, indem ich sie zu mir herabziehe, oder wenn ich in Akademien einen Platz erstrebe, oder Frauen, welche den Ton angeben, den Hof mache oder die Dummheit der Großen beweihräuchere, oder wenn ich nicht mehr von der Arbeit meiner Hände leben möchte und den Beruf, den ich mir ausgewählt habe, dem Schimpf aussetze und mich aufs Glück zubewege, mit einem Wort, wenn sie bemerken, daß der Wunsch nach Ansehen mich die Liebe zur Tugend vergessen läßt, dann bitte ich sie, mich darauf, sogar öffentlich, aufmerksam zu machen, und ich verspreche ihnen, daß ich augenblicklich meine Schriften und Bücher ins Feuer werfen und alle Irrtümer bekennen will, die sie mir vorhalten mögen.

Einstweilen werde ich Bücher schreiben und Verse und Musik machen, wenn ich dafür Talent, Zeit, Kraft und Willen habe. Ich werde fortfahren, ganz offen alles Schlechte, das ich über die Literatur und die, die sie ausüben*, denke, zu sagen, und ich werde mich deswegen nicht geringer schätzen.

Es ist wahr, daß man eines Tages wird sagen können: Dieser erklärte Feind der Wissenschaften und der Künste schrieb und veröffentlichte dennoch Theaterstücke, und dies wird eine sehr bittere Satire nicht meiner, sondern meines Jahrhunderts sein.

* Ich wundere mich, wie die meisten Literaten sich in dieser Angelegenheit irreführen ließen. Als sie gesehen haben, daß die Wissenschaften und die Künste angegriffen wurden, haben sie geglaubt, man wolle ihnen persönlich etwas anhaben, obgleich sie, ohne sich selbst zu widersprechen, alle ebenso wie ich denken konnten, daß es, obwohl diese Dinge der Gesellschaft viel Schaden zugefügt hatten, sehr wesentlich sei, sich ihrer wie einer Arznei gegen das Übel zu bedienen, welches sie verursacht haben, oder wie jener giftigen Tiere, die man über ihrem Biß zermalmen muß. Mit einem Wort, es gibt keinen Literaten, der nicht, wenn er in seinem Verhalten die Probe im Sinne des vorhergehenden Abschnittes besteht, zu seinen Gunsten sagen könnte, was ich bereits mir zugutegehalten habe. Diese Art zu schließen, scheint mir ihnen umso angemessener zu sein, als sie sich, unter uns gesagt, sehr wenig aus den Wissenschaften machen, vorausgesetzt, daß sie den Gelehrten weiterhin Ehren einbringen. Es ist wie bei den Priestern des Heidentums, die nur so lange an der Religion festhielten, als sie ihnen Ansehen brachte.

ABHANDLUNG

ÜBER DEN URSPRUNG UND DIE GRUNDLAGEN DER UNGLEICHHEIT UNTER DEN MENSCHEN

Non in depravatis, sed in his quae bene
secundum naturam se habent,
considerandum est quid sit naturale
Aristot. Politic. L. 2

1755

AN DIE REPUBLIK ZU GENF

Gnädige und hochgebietende Herren!
Hochgeehrte Herren!

Seit dreißig Jahren befleißige ich mich schon, die Ehre zu verdienen, Ihnen eine öffentliche Huldigung darzubringen, denn ich war stets überzeugt, daß nur die Ehrenbezeigungen eines tugendhaften Mannes seinem Vaterlande angenehm sein könnten. Was ich nun mit allen meinen Bemühungen nicht habe erhalten können, das wird durch gegenwärtige erwünschte Gelegenheit zum Teil ersetzt, und ich halte es mir für erlaubt, mehr auf den Eifer, der mich beseelt, als auf das Recht, das ich dazu habe, sehen zu dürfen. Wie kann ich, der ich das Glück habe, unter Euch geboren zu sein, über die Gleichheit unter den Menschen, die sich von der Natur herschreibt, und die Ungleichheit, welche sie selbst eingeführt haben, Betrachtungen anstellen, ohne an jene wunderbare Weisheit zurückzudenken, durch welche beide in diesem Staate so glücklich vereinigt sind und dabei zur Aufrechterhaltung der allgemeinen Ordnung und zur Glückseligkeit aller Einwohner so vortrefflich zusammenstimmen, daß diese Einrichtung dem natürlichen Gesetz am nächsten kommt und der Gesellschaft den größten Vorteil bringt? Indem ich die besten Maximen aufgesucht habe, die von der gesunden Vernunft dem Stifter einer Regierung vorgeschrieben werden, bin ich sehr davon gerührt worden, daß ich sie alle in Ihrem Staate wirklich im Schwange angetroffen, daß ich, hätte ich auch nicht zwischen Euren Mauern das Licht erblickt, nicht umhin gekonnt hätte, diesen Abriß der menschlichen Gesellschaft einem Volke zu weihen, das unter allen Völkern der Erde aus der Gesellschaft die größten Vorteile zu ziehen und den Mißbräuchen am geschicktesten vorgebeugt zu haben scheint.

Hätte es in meiner Macht gestanden, mir einen Geburtsort zu erlesen, so hätte ich eine Gesellschaft gewählt, deren Größe von den Grenzen der menschlichen Fähigkeiten, das heißt, von der

Möglichkeit, gut regiert zu werden, eingeschränkt wäre, wo ein jeder seinem Amte hinlänglich vorstehen könnte, wo niemand gezwungen wäre, einem andern die Verwaltung aufzutragen, die ihm anvertraut worden ist, ein Staat, dessen Bürger einander kennen, wo die dunklen und geheimen Kunstgriffe des Lasters sowie die Bescheidenheit der Tugend vor den Blicken und dem Urteil des Publikums nicht verborgen bleiben können und wo die süße Gewohnheit, sich zu sehen und zu kennen, die Liebe zum Vaterlande mehr auf die Bürger als auf das Land lenken würde.

Ich hätte mir gewünscht, in einem Lande geboren zu sein, wo der Souverän und das Volk einerlei Interesse haben, damit alle Bewegungen der Maschine auf die allgemeine Glückseligkeit abzielen. Dieses kann nirgend anders sein, als wo der Souverän und das Volk in einer einzigen Person vereinigt sind. Folglich würde ich nur wünschen, in einer mit Weisheit gemäßigten demokratischen Regierung geboren zu sein.

Ich hätte frei leben und sterben wollen, das heißt, ich hätte mich nur solchen Gesetzen unterwerfen wollen, deren ehrwürdiges Joch weder von mir noch von einem andern abgeschüttelt werden könnte, dieses heilsame, dieses süße Joch, das die stolzesten Häupter desto folgsamer ertragen, je weniger sie irgend ein anderes zu ertragen aufgelegt sind.

Ich hätte also gewünscht, es sollte sich keiner in dem Staate über die Gesetze hinwegsetzen und keiner von außen dem Staate welche vorschreiben können. Denn eine Regierung mag eingerichtet sein, wie sie will, sobald nur ein einziger Mensch den Gesetzen nicht unterworfen ist, so stehen alle übrigen Einwohner ihm zu Gebote. (I.)* Gibt es aber zwei Oberherren, deren einer aus der Nation und der andere ein Fremder ist, so mögen sie die Autorität unter sich teilen, wie sie wollen, es wird immer noch unmöglich sein, beiden den erforderlichen Gehorsam zu leisten, und der Staat wird nicht gut regiert werden können.

Ich hätte in keiner Republik wohnen wollen, die erst jüngst entstanden wäre, ihre Gesetze hätten noch so vortrefflich sein mögen. Ich hätte befürchtet, daß die Regierung, die vielleicht an-

* Die römischen Ziffern verweisen auf die Anmerkungen im Anschluß an den zweiten Teil der Abhandlung (hier: S. 266). (Hg.)

ders angelegt wäre, als es zur Zeit erfordert wird, sich nicht für die Einwohner oder die Einwohner nicht für die neue Regierungsform schicken möchten und daß daher der Staat leicht erschüttert und gleich nach seiner Entstehung umgerissen werden könnte. Denn mit der Freiheit ist es nicht anders als mit jenen derben und saftigen Speisen oder mit den starken Weinen beschaffen. Für feste und starke Temperamente, die sich daran gewöhnt haben, sind sie nahrhaft, allein sie überladen, verderben und berauschen die schwachen und zärtlichen Menschen, die nicht für sie geschaffen sind. Völker, die gewohnt sind, Oberherren über sich zu haben, können sie nicht mehr entbehren. Je mehr sie sich Mühe geben, das Joch abzuschütteln, desto mehr entfernen sie sich von der Freiheit. Eine Zügellosigkeit, die der Freiheit gerade entgegengesetzt ist, nehmen sie dafür an, und sie geraten durch die vielfältigen Revolutionen lauter Verführern in die Hände, die ihre Ketten nur immer mehr beschweren. Das römische Volk selbst, dieses Muster aller freien Völker, war nicht mehr imstande, sich selbst zu regieren, sobald es von der Unterdrükkung der Tarquinier befreit war. Die Sklaverei und die schändliche Arbeit, welche ihnen von diesen Unterdrückern auferlegt worden war, hatte sie allzusehr erniedrigt. Es war zunächst nur ein dummes Gesindel, das man schonen und mit der größten Weisheit regieren mußte, damit sie sich nach und nach gewöhnen möchten, die heilsame Luft der Freiheit zu atmen. Diese geschwächten oder vielmehr unter der Tyrannei verdummten Seelen gelangten erst nach und nach zu jener Strenge in den Sitten, zu dem stolzen Mut, durch den sie das verehrungswürdigste unter allen Völkern geworden sind. Ich hätte daher eine glückliche und ruhige Republik als mein Vaterland ausgesucht, deren Altertum sich gewissermaßen in den Wolken der Zeit verliert, die niemals andere Versuchungen ausgestanden hat als solche, durch die der Mut und die Liebe zum Vaterlande in den Herzen der Einwohner befestigt und der Welt kund werden. Die Bürger müßten von altem Herkommen an eine weise Unabhängigkeit gewöhnt und nicht nur frei sein, sondern auch verdienen, frei zu sein.

Ich hätte mir ein Vaterland aussuchen wollen, das durch einen glücklichen Mangel an Macht von der wilden Liebe zu Eroberungen abgehalten würde, das aber durch eine noch glücklichere Lage von der Furcht befreit wäre, von einem benachbarten Staate erobert zu werden. Eine freie Stadt, die zwischen vielen Völkern gelegen wäre, deren keines besondere Interesse es erforderte, sie unter sich zu bringen, deren jedes Interesse hingegen es erforderte, alle anderen daran zu hindern, mit einem Worte, eine Republik, die von dem Ehrgeiz ihrer Nachbarn nichts zu befürchten und sich im Notfall vielmehr auf ihren Beistand zu verlassen hätte. Sie würde folglich in einer so glücklichen Lage niemanden weiter als sich selbst zu fürchten haben, und wenn sich die Bürger in den Waffen übten, so würde es nur geschehen, um das kriegerische Feuer und den stolzen Mut nicht vergehen zu lassen, der sich für die Freiheit so sehr schickt, indem er die Neigung ernährt, die die Bürger zu ihr haben, aber keineswegs aus Notwendigkeit, über ihre eigene Verteidigung zu wachen.

Ich hätte ein Land gewählt, wo das Recht, Gesetze zu geben, allen Bürgern gemein wäre, denn wer kann besser verstehen als sie selbst, unter welchen Bedingungen sie am besten miteinander in einer Gesellschaft leben können? Ich hätte aber jene Plebiszite, die zu Rom im Schwange waren, nicht gebilligt, da die Vornehmsten des Staates und diejenigen, denen am meisten an seiner Erhaltung gelegen ist, von allen Beratschlagungen ausgeschlossen gewesen sind, die nicht selten das Wohl der ganzen Republik betrafen, so daß auf eine sehr ungereimte Weise jeder schlechte Bürger sich solcher Rechte zu erfreuen hatte, deren die Obrigkeitspersonen beraubt waren.

Ich hätte vielmehr verlangt, um allen eigennützigen und schlecht überlegten Projekten sowie allen gefährlichen Neuerungen, die die Athener zugrunde gerichtet haben, zuvorzukommen, daß nicht jeder die Macht haben sollte, nach seinem Gutdünken neue Gesetze vorzuschlagen. Der Obrigkeit müßte einzig und allein dieses Recht zukommen. Die Obrigkeit selbst müßte mit diesem Recht sehr behutsam umgehen, das Volk müßte sich enthalten, so leicht in neue Gesetze zu willigen, und die Bekanntmachung derselben dürfte nicht ohne große Feierlichkeit geschehen, damit man Zeit habe, bevor man die alte Einrichtung erschüttert, wohl zu überlegen, daß die Gesetze durch ihr altes

Herkommen heilig und verehrungswürdig sind, daß das Volk solche Gesetze nicht achtet, die alle Tage verändert werden, und daß man oft größere Übel einführt, um kleine zu verbessern, wenn man das Volk gewöhnt, unter dem Vorwand, es besser zu machen, die alten Gebräuche abzuschaffen.

Ich hätte besonders eine solche Republik gemieden, deren Bürger sich selbst die Verwaltung der bürgerlichen Angelegenheiten und die Ausübung ihrer eigenen Gesetze vorbehalten hätten, weil sie sich einbildeten, die Obrigkeit entbehren oder ihr wenigstens nicht mehr als eine erbettelte Autorität lassen zu können: eine solche Republik kann unmöglich gut regiert werden. Diese ungeschlachte Einrichtung scheinen jene ersten Regierungen gehabt zu haben, als sie unmittelbar aus dem Stande der Natur heraustraten, und dieses ist abermals eines der Laster gewesen, wodurch Athen zugrunde gegangen ist.

Eine solche Republik aber hätte mir gefallen, wo sich die Privatpersonen begnügten, die Gesetze zu genehmigen und in ihren Versammlungen die wichtigsten öffentlichen Angelegenheiten zu entscheiden, die ihnen die Obrigkeit vorgetragen hätte. Sie würden Gerichte einsetzen, die man in Ehren halten müßte, und diese sorgfältig in verschiedene Abteilungen gliedern. Sie würden von Jahr zu Jahr die geschicktesten und ehrlichsten Bürger aussuchen, Recht und Gerechtigkeit zu handhaben und den Staat zu regieren. Da nun also die Tugend der Obrigkeit ein Zeugnis für die Weisheit des Volkes ablegen würde, so würden das Volk und die Obrigkeit einander verehren. Wenn sich wirklich einmal betrübliche Mißverständnisse zwischen ihnen entspinnen und die öffentliche Einhelligkeit stören sollten, so müßte sich dieser Zeitpunkt der Blindheit und der Irrungen durch eine gewisse Mäßigung, durch eine gegenseitige Achtung und durch eine allgemeine Ehrerbietung für die Gesetze hervortun, die alle eine aufrichtige und beständige Aussöhnung prophezeien und dafür die Gewähr leisten.

Dieses, *gnädige und hochgebietende, hochgeehrte Herren*, sind die Vorzüge, die ich in einem Lande finden müßte, wenn ich es mir zum Vaterlande aussuchen sollte. Wenn nun die Vorsehung dieses alles mit einer vortrefflichen Lage, mit einem mäßigen Klima, mit einem fruchtbaren Grunde und mit der angenehmsten Aussicht von der Welt verbunden hätte, so hätte ich, um meine Glückseligkeit aufs Höchste zu bringen, nichts mehr gewünscht, als alle diese Güter in dem Schoße dieses glücklichen Vaterlandes genießen zu können, mit meinen Mitbürgern in einer ruhigen und angenehmen Gesellschaft zu leben, ihnen gegenüber und nach ihrem Beispiel, Menschlichkeit, Freundschaft, und alle übrigen Tugenden auszuüben und das ehrwürdige Andenken eines rechtschaffenen Mannes und ehrlichen und tugendhaften Patrioten nach mir zurückzulassen.

Wäre ich nun entweder nicht so glücklich oder erst spät klug geworden und hätte ich mich genötigt gesehen, in einem anderen Weltstriche meine schwache und schmachtende Laufbahn zu beschließen und allzu spät die Ruhe und den Frieden zu beklagen, um die mich meine jugendliche Unbedachtsamkeit gebracht hätte, so hätte ich dennoch nicht aufgehört, diese Gesinnung in meiner Seele zu hegen, obgleich ich sie in meinem Lande nicht hätte brauchen können, und von einer zärtlichen und uneigennützigen Zuneigung für meine entfernten Mitbürger durchdrungen, hätte ich sie aus dem innersten Herzen ungefähr folgendermaßen angeredet:

Geliebte Mitbürger oder vielmehr Brüder! Da wir durch das Geblüt sowohl als durch die Gesetze so genau vereinigt sind, so ist mir nichts in der Welt angenehmer, als daß ich niemals an euch denken kann, ohne mir alle Güter vorzustellen, die ihr genießt und deren Wert vielleicht niemand unter euch so gut erkennt wie ich, nachdem ich sie verloren habe. Je mehr ich über eure politische und bürgerliche Situation nachsinne, desto weniger kann ich mir vorstellen, daß nach der Natur der menschlichen Dinge eine bessere möglich wäre. Wenn man in einer jeden anderen Regierung das Wohl des Gemeinwesens auf sicheren Fuß setzen will, so bringt man es niemals weiter als auf idealische Vorschläge oder höchstens auf bloße Möglichkeiten. Euer Glück hingegen ist schon gemacht, und ihr braucht es nur zu genießen. Um vollkommen glücklich zu sein, bedürft ihr nichts mehr, als zu wissen, wie man zufrieden ist, wenn man glücklich ist. Die Souveränität, die ihr euch erworben oder durch Hilfe eurer Waffen wiedererlangt und zwei Jahrhunderte hindurch mit viel Tapferkeit und Weisheit behauptet habt, ist endlich vor aller Welt vollkommen anerkannt worden. Durch rühmliche Verträge sind eure Grenzen festgesetzt, eure Rechte auf sicheren Fuß gebracht und eure Ruhe ist befestigt worden. Eure Verfassung ist vortrefflich. Die allererhabenste Vernunft hat sie vorgeschrieben und freundschaftliche und ehrwürdige Mächte leisten dafür die Gewähr. Ihr lebt in einem ruhigen Zustande. Ihr habt weder Kriege noch Eroberer zu befürchten. Ihr kennt keinen andern Oberherrn als die weisen Gesetze, die ihr selbst gegeben habt und die von aufrichtigen Magistratspersonen, welche eure Wahl getroffen hat, verwaltet werden. Ihr seid weder zu reich, um euch von der Weichlichkeit schwächen zu lassen und in eitlen Vergnügungen den Geschmack der wahren Glückseligkeit und der beständigen Tugend zu verlieren, noch zu arm, um mehr auf fremde Hilfe zu hoffen als auf diejenige, die ihr durch euren Fleiß hervorbringen könnt, und die Erhaltung dieser kostbaren Freiheit, die große Nationen nicht ohne unmäßige Steuern erlangen können, kostet euch fast gar nichts.

O daß eine solche Republik, die so glücklich und so weise angelegt ist, zur Glückseligkeit ihrer Bürger und zum Muster für alle übrigen Völker ewig dauerte! Dieses ist der einzige Wunsch, den ihr noch zu tun, und die einzige Mühe, die ihr euch noch zu geben habt. Es liegt nunmehr an euch, nicht euer Glück erst zu machen, denn eure Voreltern haben euch dieser Mühe überhoben, sondern es durch einen weisen Gebrauch recht dauerhaft zu machen. Von eurer beständigen Vereinigung, von dem Gehorsam, den ihr den Gesetzen leistet und von eurer Hochachtung für ihre Verweser hängt eure eigene Erhaltung ab. Ist irgend noch der mindeste Keim der Bitterkeit und des Mißtrauens unter euch anzutreffen, so säumt nicht, ihn auszurotten. Aus diesem verderblichen Sauerteig kann über kurz oder lang euer Unglück und der Untergang des Staates entspringen. Geht in euch, ich beschwöre euch, forscht im Inneren eures Herzens und zieht die geheimste Stimme eures Gewissens zu Rate! Hat jemand unter euch in der ganzen Welt eine rechtschaffenere, eine erleuchtetere oder ehrwürdigere Gesellschaft angetroffen als eure Obrigkeit? Spiegeln euch nicht alle ihre Glieder das Beispiel der Mäßigung, der Einfachheit in den Sitten, der Ehrerbietung für die Gesetze und der aufrichtigsten Verträglichkeit vor? Weigert euch also nicht, einer so weisen Obrigkeit das heilsame Zutrauen, das die Vernunft jederzeit der Tugend schuldig ist, ohne den geringsten Vorbehalt entgegenzubringen. Bedenkt, daß ihr sie gewählt, daß ihre Aufführung eure Wahl gerechtfertigt hat und daß die Ehre, welche denjenigen widerfährt, die von euch in ihre Würde eingesetzt worden sind, unfehlbar auf euch zurückfallen muß. Es kann keiner von euch so wenig Einsicht besitzen, daß er glauben sollte, es könnte jemand dort sicher oder frei bleiben, wo die Gesetze ihren Nachdruck und die Beschützer derselben ihre Autorität verloren haben. Was fordert man von euch mehr, als daß ihr aus gutem Herzen und mit einem gerechten Zutrauen dasjenige tun sollt, wozu euch euer wahrer Nutzen, eure Pflicht und eure Vernunft verbinden? Laßt euch von keiner sträflichen und gefährlichen Gleichgültigkeit gegen die Aufrechthaltung eurer Verfassung verführen, die weisen Vorschriften derjenigen im Notfall geringzuschätzen, die am erleuchtetsten und am eifrigsten unter euch sind: Laßt die Billigkeit, die Mäßigung, die ehrerbietigste Standhaftigkeit euch auf allen euren Wegen leiten und der ganzen Welt in euch das Muster eines stolzen und bescheidenen Volkes vorlegen, das ebensosehr auf seinen Ruhm wie auf seine Freiheit hält. Hütet euch vornehmlich (dieses ist der letzte Rat, den ich euch gebe), hütet euch, jenen übelgesinnten Auslegungen und vergifteten Reden jemals Gehör zu geben, deren geheime Beweggründe oft noch gefährlicher sind als die Handlungen selbst, die sie zum Gegenstande haben. Bei dem ersten Geschrei eines guten und treuen Hauswächters, der niemals bellt, als wenn sich Diebe sehen lassen, erwacht das ganze Haus und gerät in Aufruhr. Wie verhaßt ist uns aber die Unerträglichkeit jener lärmenden Tiere, die unaufhörlich die öffentliche Ruhe stören, und weil ihre Nachrichten so oft zur Unzeit kommen, so kehren wir uns selbst in dem Augenblick, wo sie nötig sind, nicht mehr daran.

Ihr aber, *gnädige und hochgebietende Herren*, würdige und verehrungswerte Obere eines freien Volkes, erlaubt mir, Euch insbesondere meine Ehrfurcht und meine Schuldigkeit abzustatten. Wenn je in der Welt ein Rang diejenigen verherrlichen kann, die ihn bekleiden, so ist es ganz gewiß ein solcher, den man durch Talente und Tugenden erlangt, so ist es ganz gewiß derjenige, dessen Ihr Euch würdig gemacht und zu dem Euch Eure Mitbürger erhoben haben. Ihre eigenen Verdienste verleihen den Eurigen noch einen neuen Glanz, und da Euch Leute, die fähig sind, andere zu regieren, erwählt haben, sie zu regieren, so ist kein Zweifel, daß Ihr ebensosehr über andere Magistratspersonen erhaben seid, wie ein freies Volk und besonders ein Volk wie dasjenige, das Ihr die Ehre habt anzuführen, an Einsicht und Vernunft über den Pöbel anderer Staaten erhoben ist. Man erlaube mir, ein Beispiel anzuführen, von dem bessere Spuren hätten übrigbleiben sollen und das beständig in meinem Herzen eingegraben bleiben wird. Ich kann nie ohne die süßeste Regung dieses tugendhaften Bürgers gedenken, der mich gezeugt und mich in meiner Kindheit oft zu der Ehrfurcht angehalten hat, die man Euch schuldig ist. Mich dünkt, ich sehe ihn noch vor mir, wie er von seiner Handarbeit lebt und seine Seele mit den erhabensten Wahrheiten nährt. Ich sehe den Tacitus, Plutarch und Grotius unter den Werkzeugen seines Berufes vor ihm liegen. Ich sehe einen geliebten Sohn an seiner Seite, bei dem die zarten Lehren, die er von dem besten Vater bekommt, allzuwenig fruchten. Jedoch, wenn mich gleich die Ausschweifungen einer törichten Jugend diese weisen Lektionen auf einige Zeit haben vergessen lassen, so habe ich doch das Glück zu sehen, daß eine Erziehung, an der das Herz teilnimmt, nicht auf ewig verloren sein kann, man mag noch so sehr zum Laster geneigt sein.

So sind, *gnädige und hochgebietende Herren*, die Bürger, ja so sind die schlichten Einwohner beschaffen, die in dem Staate geboren sind, der von Euch regiert wird. So unterrichtet, so gescheit sind diejenigen Leute, von welchen man bei anderen Völkern unter dem Namen von Handwerksleuten und des Pöbels so niedrige und so falsche Begriffe zu haben gewohnt ist. Mein Vater, ich gestehe es mit Freuden, hatte unter seinen Mitbürgern keinen Vorrang. Er war nichts mehr, als was sie alle sind, und so wie er war, glaube ich nicht, daß es irgendein Land gibt, wo die rechtschaffensten Leute nicht seine Gesellschaft gesucht und ihrer mit Nutzen gepflogen hätten. Es geziemt mir nicht, und gottlob, es ist nicht nötig, Euch etwas von der Achtung zu sagen, die Leute von dieser Art von Euch erwarten können, die Euch durch die Erziehung, durch das Recht der Natur und der Geburt gleich sind, die Euch aber willig über sich gesetzt haben kraft des Vorzugs, den sie Euren Verdiensten schuldig sind, den sie ihnen auch wirklich eingeräumt haben und um dessentwillen Ihr ihnen wiederum eine Art von Erkenntlichkeit schuldig seid. Ich werde mit der lebhaftesten Zufriedenheit gewahr, mit wie viel Milde und Herablassung Ihr die Strenge mäßigt, die den Verwesern der Gesetze zukommt, und wie sehr Ihr ihnen an Wertschätzung und Aufmerksamkeit dasjenige vergütet, was sie Euch an Gehorsam und Hochachtung schuldig sind, eine Haltung, die voller Gerechtigkeit und Weisheit ist, geschickt, das Andenken solcher unglücklichen Begebenheiten immer mehr zu entfernen, die man vergessen muß, wenn man sie niemals wieder sich ereignen sehen will, eine Haltung, die um so viel vernünftiger ist, weil sich dieses gerechte und großmütige Volk ein Vergnügen aus seinen Pflichten macht, weil es Euch von Natur gerne verehrt und weil diejenigen am meisten geneigt sind, auf Eure Rechte zu halten, die am eifrigsten sind, ihre eigenen zu unterstützen.

Man sollte sich nicht zu sehr wundern, wenn man sieht, daß den Oberen einer bürgerlichen Gesellschaft an dem Ruhm und der Glückseligkeit derselben gelegen ist; es geschieht aber für die Ruhe der Menschen allzu selten, daß Leute, die in einem heiligeren und erhabeneren Vaterlande Magistratspersonen und Oberherren sein wollen, zu diesem irdischen Vaterlande, von dem sie leben, einige Liebe bezeugen. Wie freue ich mich, daß ich zu unserem Besten diese seltene Ausnahme machen kann, daß ich diese eifrigen Verwahrer der heiligen Lehren, die ihr Ansehen von den Gesetzen erhalten haben, diese ehrwürdigen Seelenhirten, deren lebhafte und süße Beredsamkeit die Herzen um soviel leichter mit den Lehren des Evangeliums anfüllen können, weil sie durch ihre eigene Ausübung jederzeit den Grund dazu legen, daß ich diese, sage ich, unter unsere besten Bürger zählen kann. Es ist bekannt, wie weit man zu Genf die große Kunst zu predigen getrieben hat. Allein man ist so sehr gewohnt, anders reden und anders tun zu sehen, daß die wenigsten Leute wissen, wie sehr der Geist des

Christentums, die Heiligkeit der Sitten, die Strenge gegen sich selbst und die Milde gegen andere unter unseren Geistlichen herrschen. Vielleicht kann einzig die Stadt Genf das erbauliche Beispiel einer vollkommenen Einigkeit zwischen Theologen und Gelehrten aufweisen. Auf ihre Weisheit, auf ihre wohlbekannte Mäßigung, auf ihren Eifer für die Glückseligkeit des Staates stützt sich größtenteils meine Hoffnung, daß die Ruhe desselben ewig dauern wird, und ich bemerke mit einem Vergnügen, worunter sich Verwunderung und Ehrfurcht mischen, wie sehr sie die greulichen Maximen jener heiligen und barbarischen Männer verabscheuen, von denen wir so manches Beispiel in der Geschichte antreffen und die um die vermeinten Rechte Gottes oder besser, um ihr eigenes Interesse zu unterstützen, um so mehr Menschenblut verschwendeten, je mehr sie sich schmeichelten, daß man das ihrige in Ehren halten würde.

Könnte ich wohl jene teure Hälfte der Republik übergehen, auf welcher die Glückseligkeit der anderen Hälfte beruht und deren Annehmlichkeit und Weisheit den Frieden und die guten Sitten in dem Staate aufrechterhalten? Liebenswürdige und tugendhafte Bürgerinnen, die Herrschaft über unser Geschlecht bleibt ewig das Los der eurigen. Welch ein Glück, wenn sich eure keusche Gewalt nur in der ehelichen Verbindung äußert und sich niemals anders als zum Ruhme des Staates und zur allgemeinen Glückseligkeit empfinden läßt. So und nicht anders geboten die Weiber zu Sparta, und so und nicht anders verdient ihr, in Genf zu gebieten. Welcher Mann ist so barbarisch, daß er der Stimme der Ehre und der Vernunft in dem Munde einer zärtlichen Ehegattin widerstehen könnte? Wer wird nicht alle eitle Üppigkeit verachten, wenn er euren einfältigen und bescheidenen Putz betrachtet, welcher durch den Glanz, den er von euch entlehnt, der Schönheit am vorteilhaftesten zu sein scheint? Es geziemt euch also, durch eure liebenswürdige und unschuldige Herrschaft und durch eure Art, sich beliebt zu machen, die Liebe zu den Gesetzen in dem Staate und die Einigkeit unter seinen Bürgern zu erhalten, getrennte Familien durch glückliche Eheverbindungen zu vereinigen, und hauptsächlich durch die einnehmende Süßigkeit eurer Lehren, durch die bescheidene Annehmlichkeit eurer Unterredungen die Unart eurer Jünglinge zu bessern, die sie in fremden Ländern zu lernen pflegen, in Ländern, aus welchen sie statt vieler nützlicher Dinge, die sie sich hätten zunutze machen können, nichts als einen kindischen Ton, ein lächerliches Betragen, das sie dem schlüpfrigen Frauenzimmer abgelernt, und die Bewunderung einer ich weiß nicht was für eingebildeten Größe mitbringen, lauter läppische Entschädigungen für die Knechtschaft, die niemals so viel wert sind wie die herrliche Freiheit. Bleibt also ewig das, was ihr seid; bleibt die keuschen Wächterinnen der Sitten und das holde Band des Friedens. Fahrt fort, das Recht des Herzens und der Natur bei jeder Gelegenheit zum Besten der Pflichten und der Tugend in ihren Wert einzusetzen.

Ich hoffe, von der Erfahrung nicht wiederlegt zu werden, wenn ich auf solche Gewährleistung die Hoffnung stütze, daß die allgemeine Glückseligkeit der Bürger und der Ruhm der Republik ununterbrochen fortwähren werden. Ich gestehe es, mit allen diesen Vorzügen wird sie nie in jenem Glanze strahlen, der die meisten Augen blendet und der, wenn man einen kindischen und gefährlichen Geschmack an ihm findet, der ärgste Todfeind aller Glückseligkeit und Freiheit ist. Mag sich doch die ungebundene Jugend anderwärts leichte Ergötzlichkeiten und anhaltende Reue suchen. Laßt jene, die sich einbilden, Geschmack zu haben, die Größe der Paläste, die schönen Equipagen, den vortrefflichen Hausrat, den Pomp der öffentlichen Schauspiele und alles, woran Weichlichkeit und Üppigkeit gekünstelt haben, anderwärts bewundern. Zu Genf soll man nur Menschen finden. Aber auch dieses Schauspiel hat seinen Wert, und die es besuchen werden, sind gewiß nicht schlechter als diejenigen, die alles übrige bewundern.

Ich bitte, *meine gnädigen, hochgebietenden und hochzuverehrenden Herren* wollen alle den Anteil, den ich an Eurer allgemeinen Glückseligkeit nehme, mit einerlei Güte aufnehmen. Wenn ich so unglücklich gewesen bin, diese lebhafte Ergießung meines Herzens irgend mit einer unbesonnenen Hitze versehen zu haben, so bitte ich Euch, der zärtlichen Zuneigung eines wahren Patrioten und dem brennenden Eifer eines Menschen zu verzeihen, der nach keiner größeren Glückseligkeit strebt, als Euch alle glücklich zu sehen.

Ich bin mit der größten Hochachtung,

meine gnädigen hochgebietenden
und hochzuehrenden Herren,

Euer untertänigster und gehorsamster Diener und Mitbürger

Jean-Jacques Rousseau

Chambéry, den 12. Juni 1754

VORREDE

Die Kenntnis des Menschen hat unter allen seinen Wissenschaften den größten Nutzen und scheint mir noch am wenigsten ausgearbeitet. (II.) Ich unterstehe mich zu behaupten, daß die größten moralischen Bücher kein so wichtiges und schweres Gebot enthalten wie die Aufschrift auf dem Tempel zu Delphi. Ich halte auch den Gegenstand dieser Abhandlung für eine der interessantesten Fragen, die in der Philosophie aufgeworfen werden können, und zu unserem Unstern ist sie auch zugleich eine der schwierigsten Aufgaben, die von den Philosophen aufzulösen sind. Denn wie kann man die Quelle der Ungleichheit unter den Menschen kennen, wenn man sie nicht erst selber kennt? Und wie kann es der Mensch jemals dahin bringen, daß er sich in der Gestalt betrachte, die ihm die Natur gegeben hat, nachdem die Folge der Zeiten und der Dinge so vieles an seiner ursprünglichen Beschaffenheit geändert hat? Und wie vermag er zu unterscheiden, was er aus seinem eigenen Grunde hat und was die Umstände und seine Fortschritte seinem ursprünglichen Zustand hinzugefügt oder an ihm verändert haben? So wie des Glaukos Bildsäule durch die Zeit und die ungestümen Witterungen so sehr entstellt worden ist, daß sie eher einem wilden Tiere als einem Gott ähnlich gesehen hat, ebenso hat sich die menschliche Seele in dem Schoße der Gesellschaft verändert. Tausend Ursachen, die mit jedem Augenblick von neuem entstehen, eine Menge Einsichten und Irrtümer, die sie erlangt hat, die Veränderungen der Leibesbeschaffenheit und das anhaltende Toben der Leidenschaften haben sozusagen ihr Angesicht so entstellt, daß man sie jetzt kaum erkennen kann. Statt eines Wesens, das beständig nach sicheren und unwandelbaren Grundsätzen handelt, statt jener himmlischen und majestätischen Einfalt, die ihr der Schöpfer eingeprägt hat, findet man nichts als den häßlichsten Kontrast eines rasenden Verstandes neben einer Leidenschaft, die sich vernünftig dünkt.

Das Grausamste hierbei ist, daß das menschliche Geschlecht durch seinen eigenen Fortgang immer mehr von seinem ursprünglichen Zustand abgeführt wird. Je mehr Einsichten wir sammeln, desto mehr benehmen wir uns das Mittel, zur wichtigsten darunter zu gelangen. Je fleißiger wir den Menschen studieren, desto weniger können wir ihn erkennen.

Es ist leicht zu begreifen, daß aus dieser allmählichen Veränderung der menschlichen Beschaffenheit alle Verschiedenheiten entsprungen sind, die wir zwischen den Menschen antreffen, denn niemand zweifelt daran, daß die Menschen von Natur einander ebenso gleich sein sollten, als es alle anderen Tiere untereinander sind, solange noch nicht verschiedene physische Ursachen hinzugekommen sind, die bei einigen von ihnen die Abarten herbeigeführt haben, die wir an ihnen bemerken. Es ist in der Tat nicht zu begreifen, daß alle diese ersten Veränderungen, sie mögen hergekommen sein, wo sie wollen, auf einmal entstanden sind und alle einzelnen Glieder eines Geschlechts auf einerlei Art betroffen haben sollten. Notwendig müssen einige besser oder schlimmer geworden sein und gute oder böse Eigenschaften angenommen haben, die ihnen von Natur nicht zukamen, indessen andere eine längere Zeit in ihrem ursprünglichen Zustand verblieben sind. Daher entsprang die erste Ungleichheit unter den Menschen, und dies kann, so allgemein genommen, leicht bewiesen werden. Es hält aber schwer, die wahren Ursachen genau anzuzeigen.

Meine Leser mögen ja nicht glauben, ich schmeichelte mir, dasjenige gesehen zu haben, wovon ich selbst gestehe, daß es schwer zu sehen ist. Nur einige Vermutungen habe ich wagen wollen. Ich habe mir nicht eben Hoffnung gemacht, die Aufgabe völlig aufzulösen, allein, meine Absicht war, sie in einiges Licht zu setzen und gehörig einzuschränken. Andere werden ohne sonderliche Mühe in dieser Bahn weiter fortfahren können, das Ziel wird aber niemand so leicht erreichen. Es ist kein kleines Unternehmen, in der wirklichen Natur des Menschen das Ursprüngliche von dem Künstlichen zu unterscheiden und einen Zustand zu ergründen, der nicht mehr zu finden, vielleicht niemals dagewesen ist, und künftig auch, allem Ansehen nach, nie vorkommen wird. Dessenungeachtet aber muß man richtige Begriffe von demselben haben, wenn man über unseren gegenwärtigen Zustand urteilen will. Es wird sogar mehr Philosophie erfordert, als man glaubt, wenn man die Vorsicht genau bestimmen wollte, die derjenige gebrauchen muß, der über diese Materie gründliche Beobachtungen anstellen will. Die Auflösung folgender Aufgabe scheint mir für die Aristoteles und Plinius unserer Zeit keine unwürdige Beschäftigung zu sein: *Durch welche Untersuchungen könnten wir zu der Erkenntnis des natürlichen Menschen gelangen, und was für Mittel hat man, diese Untersuchungen mitten in der Gesellschaft anzustellen?* Weit gefehlt, daß ich mich unterstehen sollte, diese Aufgabe auflösen zu wollen, ich glaube im Gegenteil schon so viel über diese Materie nachgedacht zu haben, daß ich im voraus versichern kann, daß es keine geringeren als die größten Philosophen erfordert, um diese Untersuchungen zu leiten, und die mächtigsten Regenten, um sie machen zu lassen. Die Hoffnung, daß diese jemals zusammenkommen werden, ist fast wider die Vernunft, wenn man noch dazu bedenkt, wie sehr sie auf ihrem Vorsatz beharren müssen, und wieviel Einsicht und guter Wille von beiden Seiten erfordert werden, damit sie ihren Zweck erreichen mögen.

Diese Untersuchungen, die so schwer anzustellen sind und an die bisher noch so wenig gedacht worden ist, sind dessenungeachtet die einzigen Mittel, eine Menge von Schwierigkeiten zu heben, womit die Kenntnis der wirklichen Grundlagen der menschlichen Gesellschaft umgeben ist. Diese Unwissenheit über die Natur des Menschen macht die wahre Definition des natürlichen Rechts dunkel und ungewiß. Der Begriff vom Recht, sagt Herr Burlamaqui, und vornehmlich vom natürlichen Recht, bezieht sich offenbar auf die Natur des Menschen. Daher muß man, fährt dieser Schriftsteller fort, von der Natur des Menschen, von seiner Beschaffenheit und von seinem Zustand die Grundsätze dieser Wissenschaft herleiten.

Man kann nicht ohne Erstaunen oder vielmehr nicht ohne Ärgernis zusehen, wie wenig die Schriftsteller, die von dieser Materie gehandelt haben, miteinander einig sind. Kaum findet man zwei der gründlichsten, die hierüber einerlei Meinung hegen. Ich mag an die alten Philosophen nicht denken, die sich beflissen zu haben scheinen, einander in den allerersten Grundsätzen zu widersprechen. Die römischen Rechtsgelehrten haben den Menschen, so wie alle Arten der Tiere, ohne Unterschied einem und ebendemselben Gesetze der Natur unterworfen, denn sie verstanden unter diesem Namen eher das Gesetz, das sich die Natur selbst auferlegt, als dasjenige, welches sie andern vorgeschrieben hat. Sie haben das Wort Gesetz in einem besonderen Verstande genommen und hier bei dieser Gelegenheit nur gewisse allgemeine Verhältnisse damit anzeigen wollen, die die Natur zwischen allen beseelten Wesen um ihrer eigenen Erhaltung willen festgesetzt hat. Die Neueren hingegen verstehen unter dem Wort Gesetz nur eine gewisse Regel, die einem moralischen Wesen, das heißt einem verständigen und freien Wesen, das mit anderen Wesen in einem gewissen Verhältnis steht, vorgeschrieben worden ist. Nach ihrer Meinung also kommt niemandem das natürliche Gesetz zu als einem mit Vernunft begabten Wesen, oder, was ebensoviel ist, niemandem als dem Menschen. Da aber ein jeder das Gesetz nach seiner Art erklärt, so legen sie solche metaphysischen Sätze zugrunde, die selbst bei uns von sehr wenigen Leuten verstanden werden und daher um so viel weniger haben gefunden werden können. Sosehr sich also die Erklärungsarten dieser Gelehrten sonst widersprechen, so stimmen sie dennoch alle darin überein, daß kein anderer als ein geschickter Kopf oder ein tiefsinniger Metaphysiker das Naturgesetz verstehen und folglich ihm Gehorsam leisten kann. Das heißt, die Menschen haben zur Einführung der Gesellschaft solche Einsichten nötig gehabt, die mitten in der Gesellschaft selbst von sehr wenig Leuten und nicht ohne große Mühe erlangt werden können.

Da wir also die Natur so wenig kennen und über das Wort *Gesetz* so wenig einig sind, so wird man nicht leicht eine gute Erklärung des natürlichen Gesetzes geben können. Diejenigen, welche in den Büchern angetroffen werden, haben nicht allein den Fehler, daß sie nicht miteinander übereinkommen, sondern sie scheinen auch solche Erkenntnisse vorauszusetzen, die die Menschen von Natur nicht haben konnten, und solche Vorteile und Absichten, von denen man nicht eher einen Begriff haben konnte, als nachdem die Menschen den Stand der Natur verlassen hatten. Man sucht die Regeln auf, über welche sich die Menschen um des allgemeinen Besten willen einigen sollten. Dem Inbegriff aller dieser

Regeln gibt man dann den Namen natürliches Gesetz und man führt nichts anderes zum Beweis an als den Nutzen, den die allgemeine Ausübung dieser Regel gewähren kann. Dieses ist wahrlich eine sehr bequeme Art, Definitionen zu geben und die Natur der Dinge durch eine fast willkürliche Übereinkunft zu erklären.

Solange wir aber den natürlichen Menschen nicht kennen, bemühen wir uns vergebens, das Gesetz zu bestimmen, das er angenommen hat oder das sich am besten für ihn schickt. Nichts sehen wir deutlicher von diesem Gesetz ein, als daß es nimmermehr ein Gesetz sein könne, wenn sich der Wille desjenigen, den es verbinden soll, ihm nicht mit Erkenntnis und Bewußtsein unterwirft, und daß es nimmermehr ein natürliches Gesetz heißen könne, wenn es nicht mit der Stimme der Natur unmittelbar zu uns spricht.

Ich habe daher alle wissenschaftlichen Bücher beiseite gesetzt, die uns in den Menschen nur das erkennen lassen, wozu sie sich selber gemacht haben. Ich habe über die allerersten und einfachsten Wirkungen der menschlichen Seele nachgedacht und glaube darin zwei Urquellen wahrgenommen zu haben, die vor aller Vernunft hergehen. Die eine macht uns für unser eigenes Wohlsein besorgt und treibt uns an, für unsere Erhaltung zu sorgen, die andere aber macht, daß wir kein empfindendes Wesen und vornehmlich keines von unseresgleichen ohne Widerwillen untergehen oder leiden sehen können. Ohne zu der Neigung zur Geselligkeit meine Zuflucht zu nehmen, glaube ich bloß aus dem Zusammenfluß und der Kombination, die unsere Seele von diesen beiden Urquellen machen kann, alle Regeln des natürlichen Rechts herleiten zu können. Sobald aber die Vernunft durch ihre allmählichen Entwicklungen in den Stand kommt, die Natur zu ersticken, so muß sie neue Stützen suchen, um diese Regeln darauf zu gründen.

Man hat also nicht nötig, den Menschen erst zum Philosophen zu machen, bevor man ihn zum Menschen macht. Die langsamen Lektionen der Weisheit waren es nicht allein, die ihm seine Pflichten gegen andere vorgeschrieben haben. Solange er nicht dem inneren Triebe des Mitleidens mit Gewalt widersteht, so lange wird er keinem anderen Menschen, ja nicht einmal einem anderen empfindenden Wesen Leid zufügen können. Ich nehme den einzigen in der Billigkeit gegründeten Fall aus, wenn er seine eigene Erhaltung auf das Spiel setzen muß: alsdann ist er befugt, sich selbst den Vorzug zu geben. Dadurch wird zugleich der verjährte Streit beigelegt, inwieweit die Tiere an dem natürlichen Gesetz teilnehmen sollten. Denn es ist offenbar, daß Wesen, die weder Einsicht noch Freiheit haben, kein Gesetz zu erkennen fähig sind. Da sie aber mit Empfindungen begabt sind und dadurch etwas von unserer Natur haben, so müssen sie insoweit gewissermaßen Teil an dem natürlichen Recht nehmen, und der Mensch wird gegen sie eine Art von Pflicht zu beobachten haben. Wenn ich verpflichtet bin, meinesgleichen kein Leid zuzufügen, so geschieht es, wie es scheint, mehr, weil es mit Empfindung begabt ist, als weil es Vernunft besitzt. Da nun Menschen und Tiere das Vermögen zu empfinden miteinander gemein haben, so hat ein jedes das Recht, nicht umsonst von dem anderen mißhandelt zu werden.

Ja, alle Schwierigkeiten, die wir haufenweise antreffen, wenn wir den Ursprung der moralischen Ungleichheit, die wahren Stützen des politischen Körpers und die gegenseitigen Rechte seiner Glieder erwägen oder wenn wir tausend andere Fragen beantworten wollen, die ebenso wichtig und bisher so schlecht ins Licht gesetzt worden sind, alle diese Schwierigkeiten, sage ich, können durch keinen anderen Weg besser gehoben werden, als wenn wir, nach unserer Art, dem ursprünglichen Menschen, seinen wahren Bedürfnissen, und den Urquellen seiner Pflichten nachspüren.

Betrachten wir die menschliche Gesellschaft mit ruhigen und uneigennützigen Augen, so scheint sie uns anfangs nichts als die Gewalttätigkeit der Mächtigen und die Unterdrückung der Schwächeren darzubieten. Unsere ganze Seele lehnt sich wider die Härte der ersteren auf, und die Blindheit der letzteren bewegt uns zum Mitleiden. Da aber nichts Unbeständigeres bei den Menschen anzutreffen ist als diese äußerlichen Verhältnisse von Reichtum und Armut, Macht und Unvermögen, die öfter von ungefähr als durch Weisheit zu kommen pflegen, so scheinen die Einrichtungen, welche von den Menschen gemacht sind, dem ersten Anblick nach einem Gebäude zu gleichen, das auf lockern Sand gegründet ist. Wenn man es aber in der Nähe betrachtet, wenn man allen Staub und Sand, mit welchem das Gebäude umgeben ist, auf die Seite räumt, alsdann kann man den festen Grund sehen, darauf es gebaut ward, alsdann fängt man an, seine Fundamente mit Ehrfurcht zu betrachten. Ohne eine gründliche Untersuchung des Menschen, seiner natürlichen Fähigkeiten und ihrer allmählichen Entwicklung kann man niemals in den Stand kommen, diese Einteilung zu machen und in der wirklichen Beschaffenheit der Dinge zu erkennen, was dem göttlichen Willen gemäß ist und was die menschliche Kunst hat hinzutun wollen. Die politischen und moralischen Untersuchungen, zu denen die wichtige Frage, von der ich handeln werde, Anlaß gibt, haben also einen vielfältigen Nutzen, und die Menschen finden in der hypothetischen Geschichte der Regierungen eine Lektion, die ihnen auf allerhand Art und Weise lehrreich ist. Wenn wir erwägen, was aus uns hätte werden müssen, wenn wir uns selbst überlassen worden wären, so lernen wir jene wohltätige Hand segnen, die unsere Einrichtung gebessert und auf einen ruhigen und unwandelbaren Fuß gesetzt, die allen Unordnungen vorgebeugt hat, welche daraus haben entstehen können, und die unsere Glückseligkeit aus eben den Quellen hat entspringen lassen, aus welchen allem Anschein nach das größte Elend entstanden wäre.

Quem te Deus esse
Jussit et humana qua parte locatus es in re,
Disce.

Hinweis zu den Anmerkungen

Ich habe diesem Werk einige Anmerkungen anhängen müssen, weil ich aus einer gewohnten Trägheit immer stückweise zu arbeiten pflege. Diese Anmerkungen führen oft so weit von meinem Vorhaben ab, daß sie sich nicht wohl mit dem Text zusammen lesen lassen. Ich habe sie daher bis zum Ende meiner Abhandlung aufgespart, um in der Abhandlung selbst, so gut ich konnte, den geradesten Weg fortzugehen. Die sich die Mühe nehmen wollen, wieder von vorne anzufangen, können die Anmerkungen zu gleicher Zeit mit durchlaufen, und will man sie gar nicht lesen, so kann das auch nicht viel schaden.

AUFGABE

DER AKADEMIE ZU DIJON:

WELCHES IST DER URSPRUNG DER UNGLEICHHEIT UNTER DEN MENSCHEN, UND IST SIE DURCH DAS NATÜRLICHE GESETZ GERECHTFERTIGT?

ABHANDLUNG ÜBER DEN URSPRUNG UND DIE GRUNDLAGEN DER UNGLEICHHEIT UNTER DEN MENSCHEN

Vom Menschen habe ich zu reden, und die Aufgabe, die ich untersuche, bezeugt, daß ich auch mit Menschen zu reden habe, denn wenn man sich die Wahrheit zu krönen scheut, so pflegt man dergleichen Fragen nicht aufzuwerfen. Ich werde also die Sache der Menschheit vor dem Angesicht der Weisen, die mich dazu einladen, zuversichtlich verteidigen, und ich will mit mir nicht unzufrieden sein, wenn ich mich würdig machen werde, einen solchen Gegenstand vor solchen Richtern abzuhandeln.

Ich nehme zwei Arten von Ungleichheit unter den Menschen an. Eine nenne ich die natürliche oder physische Ungleichheit, weil sie von der Natur eingeführt worden ist. Sie besteht in der Verschiedenheit des Alters, der Gesundheit, der körperlichen Stärke und der Geistes- oder Seelenkräfte. Die andere könnte man eine sittliche oder politische Ungleichheit nennen, weil sie von einer Art von Übereinkunft abhängt und durch die Einwilligung aller Menschen eingeführt oder wenigstens gebilligt worden ist. Sie besteht in verschiedenen Freiheiten, welche einige zu anderer Nachteil genießen, nämlich reicher, angesehener, mächtiger zu sein als diese oder sich sogar Gehorsam von ihnen leisten zu lassen.

Man kann nicht fragen, woher die natürliche Ungleichheit entstanden ist, denn in der bloßen Worterklärung liegt bereits die Antwort hierauf. Viel weniger kann man zu wissen verlangen, ob diese beiden Ungleichheiten wesentlich verknüpft sind; dieses wäre nichts anderes, als mit veränderten Worten gefragt, ob einer, der befiehlt, notwendig besser sein müsse als einer, der ihm Gehorsam leistet, ob Leibesstärke und Seelenkräfte, ob Tugend und Weisheit allezeit bei denselben Individuen mit Macht und Reichtum verbunden anzutreffen sind. Dergleichen Fragen möchten vielleicht gut sein, von Sklaven in Gegenwart ihrer Herren abgehandelt zu werden, aber freien und vernünftigen Menschen, die sich um die Wahrheit bekümmern, geziemen sie nicht.

Wovon wird also in dieser Abhandlung die Rede sein? Man soll im Laufe der Zeit den Augenblick ausfindig machen, da die Gewalt vom Recht verdrängt und die Natur dem Gesetz unterworfen worden ist. Man soll den Zusammenfluß von Wundern begreiflich machen, wodurch der Starke sich bequemt, dem Schwächeren zu dienen, und das Volk, seine Glückseligkeit für eine eingebildete Ruhe dahinzugeben.

Die Philosophen, die über die Gründe, auf welche sich die Gesellschaft stützt, nachgedacht haben, haben es alle für nötig befunden, bis auf den Stand der Natur zurückzugehen. Es ist aber keiner unter ihnen dahin gelangt. Einige haben kein Bedenken getragen anzunehmen, der Mensch könnte in diesem natürlichen Stande schon Begriffe haben, von dem was billig oder unbillig ist. Sie haben aber nicht bewiesen, daß es angenommen werden könne, ja nicht einmal, daß diese Begriffe dem Menschen damals nützlich gewesen wären. Andere haben von einem natürlichen Rechte geredet, das ein jeder hat, was ihm zugehört, zu behalten. Sie haben aber nicht erklärt, was sie unter zugehören verstehen. Noch andere haben den Stärkeren gleich anfangs ein Recht über die Schwächeren eingeräumt und solchergestalt sogleich eine Art Regierung entstehen lassen, ohne an die Zeit zu denken, die da hat verfließen müssen, bevor die Menschen die Begriffe von Autorität und Regierung erlangt haben. Endlich reden alle von Bedürfnissen, von Habsucht, von Unterdrückung, von Begierden und vom Stolz, und versetzen Begriffe in den Stand der Natur, die sie in der Gesellschaft erlangt haben. Sie wollen vom wilden Menschen reden, und malen den gesitteten ab. Ja, den wenigsten von diesen Leuten ist es jemals in Gedanken gekommen zu zweifeln, ob es auch einen Stand der Natur gegeben hat, da es sich doch aus der Heiligen Schrift deutlich genug ergibt, daß der erste Mensch Erleuchtung und Gebote unmittelbar von Gott empfangen hat, folglich in diesem Stand niemals gewesen ist, und wenn man den Büchern Moses den Glauben geben will, den ihm ein jeder christliche Weise schuldig ist, so müßte man behaupten, die Menschen hätten sich sogar vor der Sündflut niemals in einem bloßen Stande der Natur befunden, es sei denn, sie sind durch eine außerordentliche Begebenheit wieder darein zurückgefallen. Ein Paradox, das schwerlich verteidigt und unmöglich bewiesen werden kann.

Wir wollen also alles, was geschehen ist, zunächst beiseite setzen, denn es gehört nicht zu unserem Vorhaben. Man muß die Untersuchungen, die dazu nötig sind, nicht als historische Wahrheiten, sondern, wie es die Naturkundigen zu machen pflegen, wenn sie von dem Ursprung der Welt handeln wollen, als bedingte und hypothetische Vernunftschlüsse betrachten, die mehr die Natur der Dinge beleuchten, als ihren wahren Ursprung zeigen. Die Religion befiehlt uns, zu glauben, daß die Menschen, die Gott selbst aus dem Stande der Natur gerissen hat, nur deswegen unter sich selbst ungleich sind, weil Gott gewollt hat, daß sie es sein sollen; aber sie verbieten uns nicht, aus der bloßen Natur des Menschen und der Wesen, die ihn umgeben, Mutmaßungen herzunehmen, wie es dem menschlichen Geschlecht ergangen sein würde, wenn es sich selbst überlassen worden wäre. Dieses ist die Frage, die mir vorgelegt wird und die ich in dieser Abhandlung untersuchen will. Da der Gegenstand meiner Untersuchung das ganze menschliche Geschlecht angeht, so werde ich mich bemühen, eine Sprache zu reden, die sich für alle Nationen schickt, oder vielmehr, ich werde den Unterschied der Zeiten und der Orte aus den Augen setzen, und um an die Menschen zu denken, mit welchen ich rede, werde ich mir einbilden, ich befände mich in dem Lyzeum zu Athen, ich wiederholte die Lektionen meiner Lehrmeister und hätte Männer wie Platon und Xenokrates zu Richtern und das ganze menschliche Geschlecht zu Zuhörern.

Höre mich, o Mensch, aus welcher Weltgegend du immer seist und welche Meinung du auch hegst. Höre deine ganze Geschichte! Ich habe sie nicht in den Büchern deiner Brüder aufgesucht, die alle lügen, nein, in der Natur selbst, die niemals trügt, habe ich sie gelesen. Was ich von ihr haben werde, das wird wahr sein, und sollte sich etwas Unrichtiges in meinen Reden finden, so werde ich es unbemerkt von dem Meinigen daruntergemengt haben. Ich werde von Zeiten reden, die sehr entfernt sind: wie sehr hast du dich seitdem verändert! Ich werde sozusagen das Leben deiner Art schildern und dich selbst nach den Eigenschaften beschreiben, die du erhalten hast, die durch deine Erziehung und deine Gewohnheit verderbt, aber niemals gänzlich haben aufgerieben werden können. Ich weiß, es gibt ein Alter, bei welchem ein jeder einzelne Mensch gern stehenbleiben möchte. Suche das Alter, bei welchem du wünschest, daß dein ganzes Geschlecht stehengeblieben wäre! Mit deinem gegenwärtigen Zustand unzufrieden aus Gründen, die deiner unglücklichen Nachkommenschaft eine weit größere Unzufriedenheit ankündigen, wirst du vielleicht gerne zurückkehren wollen. Diese Gesinnung wäre eine Lobrede auf deine Vorfahren, eine Kritik deiner Zeitgenossen und ein Schrecken für diejenigen, die das Unglück haben werden, nach dir zu leben.

ERSTER TEIL

So nötig es auch immer sein mag, den Menschen von seinem Ursprung an zu betrachten und gleichsam das Embryo seines Geschlechts in Erwägung zu ziehen, wenn man von seinem natürlichen Zustand richtig urteilen will, so bin ich dennoch nicht willens, seine Organisation durch ihre allmähliche Entwicklung zu verfolgen. Ich werde mich nicht dabei aufhalten, in dem tierischen System aufzusuchen, was der Mensch anfangs gewesen sein mag, um daraus endlich zu erraten, was er ist. Ich werde nicht ausmachen, ob seine langgewachsenen Nägel nicht, wie Aristoteles sagt, anfangs krumme Klauen gewesen sind; ob seine Haut nicht dem Pelz eines Bären ähnlich war und ob seine Augen nicht, da er noch auf vier Füßen ging (III.) beständig gegen die Erde gekehrt und durch den Horizont von einigen Schritten, auf welche sie eingeschränkt waren, zugleich den Charakter und die Grenzen seiner Begriffe angezeigt haben. Hierüber könnte ich nichts als ungewisse und fast eingebildete Vermutungen vorbringen. Mit der vergleichenden Anatomie ist man noch nicht so weit gekommen, und die Beobachtungen der Naturforscher sind noch allzu ungewiß, als daß man ein gründliches System darauf bauen könnte. Ich werde also alles, was uns eine übernatürliche Erkenntnis über diesen Punkt lehrt, beiseite setzen, ja ich werde mich um die Veränderungen nicht bekümmern, die in der innerlichen oder äußerlichen Beschaffenheit des Menschen vorgegangen sein dürften, nachdem er seine Glieder zu neuem Gebrauch geübt und sich mit neuen Nahrungsmitteln zu ernähren angefangen hat. Ich werde mir vorstellen, der Mensch sei von jeher so gebildet gewesen, wie ich ihn jetzt vor Augen sehe, er sei auf zwei Füßen dahergegangen, habe sich seiner Hände so wie wir zu bedienen gewußt, die ganze Natur beschaut und den weiten Himmelsraum mit seinen Augen gemessen.

Indem ich dergestalt diesem Wesen alle übernatürlichen Gaben, die es hat erlangen können, sowohl als die durch die Kunst und wiederholte Übungen erworbenen Geschicklichkeiten nehme, indem ich es, mit einem Wort, so betrachte, wie es vermutlich aus den Händen der Natur hervorgekommen ist, so sehe ich ein Tier vor mir, das von anderen an Stärke oder an Hurtigkeit übertroffen wird, alles in allem gerechnet aber am vorteilhaftesten unter allen organisiert ist. Ich sehe es, wie es sich unter einer Eiche sättigt, aus der ersten Quelle seinen Durst stillt und unter eben dem Baum sein Ruhebett findet, der ihm sein Mittagsmahl gereicht hat. Hiermit sind alle seine Bedürfnisse befriedigt. Die Erde, die ihrer natürlichen Fruchtbarkeit überlassen (IV.) und von unermeßlichen Wäldern bedeckt ist, die noch kein Beil verstümmelt hat, bietet den Tieren von allerlei Art auf jedem Schritt Behälter und Schutzlöcher an. Die Menschen, die zwischen ihnen zerstreut leben, beobachten ihren Fleiß, ahmen ihn nach und erheben sich dergestalt bis zu dem Instinkt der Tiere, ja sie haben ihnen noch einen Vorteil voraus, denn während eine jede Art von Tieren nur einen ihr eigenen Instinkt besitzt, so eignet der Mensch, dem vielleicht kein besonderer zuteil geworden ist, sich alle zu, nährt sich ohne Unterschied von den meisten Arten der verschiedenen Nahrungsmittel (V.), in welche sich die Tiere gleichsam geteilt haben, und findet daher sein Auskommen weit leichter als sie alle.

Indem die Menschen sich nun von Jugend an gewöhnen, die unmäßigen Witterungen und strengen Jahreszeiten zu vertragen, indem sie sich zur Arbeit abhärten und gezwungen sind, nackt und ohne Waffen ihr Leben und ihren Raub wider die andern wilden Tiere zu beschützen oder davonzulaufen, so beschaffen sie sich selbst ein festes und fast unveränderliches Temperament. Die Kinder, die von ihren Vätern eine vortreffliche Leibesbeschaffenheit mit auf die Welt bringen und sie durch eben die Übungen noch fester machen, erwerben sich dergestalt alle Stärke, zu welcher das menschliche Geschlecht aufgelegt ist. Die Natur geht mit ihnen um wie ein gewisses Gesetz zu Sparta mit den Kindern der Bürger umgegangen ist: die von guter Leibesbeschaffenheit waren, macht sie stärker und fester, und die übrigen läßt sie umkommen, während jetzt das gesellschaftliche Leben die Kinder, die in einem Staate ihren Vätern zur Last werden, ohne Unterschied vor der Geburt tötet.

Da der Körper das einzige Werkzeug ist, das der wilde Mensch kennt, so gebraucht er ihn zu verschiedenen Dingen, wozu die unsrigen aus Mangel an Übung nicht aufgelegt sind. Unser Fleiß benimmt uns die Kraft und Behendigkeit, die zu erlangen den Wilden die Notwendigkeit antreibt. Hätte der Mensch mit der Faust so starke Zweige zerbrochen, wenn er ein Beil gehabt hätte? Wenn er eine Schleuder gehabt hätte, würde er sich wohl so sehr angestrengt haben, einen Stein mit der Hand zu werfen? Hätte er so leicht auf einen Baum klettern können, wenn er eine Leiter gehabt hätte? Würde er so hurtig auf seinen Beinen sein, wenn er ein Pferd gehabt hätte? Laßt den gesitteten Menschen die Zeit, alle seine Maschinen um sich zu versammeln, so wird er den Wilden ohne Zweifel leicht überwinden. Will man aber einen Kampf sehen, wo auf einer Seite noch mehr Vorteil ist, so stelle man sie nackt und entwaffnet gegeneinander. Man wird bald erkennen, wie groß der Vorzug ist, wenn man alle seine Kräfte beständig in Bereitschaft hat, wenn man auf alles gefaßt ist und sich sozusagen beständig bei sich führt (VI.).

Hobbes behauptet, der Mensch sei von Natur unerschrocken und suche nichts als Angreifen und Streiten. Ein erleuchteter Philosoph glaubt das Gegenteil, und Cumberland und Pufendorf versichern es ebenfalls, daß nichts so furchtsam ist wie der Mensch im Stande der Natur; daß er beständig zittert und im Begriff ist, auf den mindesten Lärm, den er hört, auf die mindeste Bewegung, die er wahrnimmt, davonzulaufen. Dieses könnte wahr sein, solange er die Gegenstände noch nicht kennt. Wenn sich ein neues Schauspiel zeigt, so muß er ganz gewiß erschrecken, solange er das physisch Gute und Üble, das ihm daraus entstehen mag, nicht unterscheiden und seine Kräfte mit der Gefahr nicht vergleichen kann, die er zu befürchten hat. Im Stande der Natur muß dieses sich selten ereignen, weil in demselben alles auf einerlei Art fortgeht, ohne von den plötzlichen und anhaltenden Veränderungen unterbrochen zu werden, die aus den Leidenschaften und aus der Unbeständigkeit der vereinigten Völker zu entspringen pflegen. Der wilde Mensch, der beständig unter den Tieren lebt, kann sich beizeiten mit denselben messen und den Vergleich anstellen. Sobald er nun befindet, daß sein Vorzug an Geschicklichkeit größer sei, als der ihrige an Kraft, so hört er auf, sie zu fürchten. Laßt einen Bären oder einen Wolf mit einem Wilden ins Handgemenge kommen, der stark, hurtig und, wie sie alle, tapfer ist und zugleich mit Steinen und mit einem Stecken bewaffnet. Man wird die Gefahr wenigstens auf beiden Seiten gleich finden, und die Tiere, die sich untereinander nicht gern anfallen, werden ebensogern von dem Menschen ablassen, wenn sie durch einige Versuche innegeworden sind, daß er ebenso wild ist wie sie. In Ansehung derjenigen Tiere, die wirklich mehr Kraft besitzen als er Geschicklichkeit, wird es sich mit ihm wie mit vielen anderen Arten verhalten, die weit schwächer sind und dennoch bleiben können. Der Mensch hat noch einen Vorteil mehr, denn indem er ebenso geschickt zum Laufen ist wie sie und sich fast immer auf die Bäume retten kann, so hat er beständig das Tun und Lassen in dem Kampf, und er kann nach seinem Gutbefinden entweder streiten oder davonlaufen. Zudem scheint es nicht, daß irgendein Tier von Natur mit dem Menschen Krieg zu führen geneigt wäre, wenn es sich nicht selbst zu verteidigen hat oder durch einen außerordentlichen Hunger dazu getrieben wird. Kein Tier hingegen bezeigt wider das menschliche Geschlecht eine so heftige Antipathie, aus welcher man gemeiniglich erkennt, daß eine Art von der Natur der anderen zur Nahrung bestimmt ist.

Daraus ist es unstreitig zu erklären, warum die Neger und die Wilden sich so wenig vor den reißenden Tieren, die sie in den Wäldern antreffen mögen, fürchten. Die Kariben in Venezuela etwa leben in dieser Hinsicht in der tiefsten Sicherheit und ohne den mindesten Schaden dadurch zu nehmen. Obgleich sie fast ganz nackt, sagt François Corréal, nur mit Pfeilen und Bogen bewaffnet, kühn in den Wäldern umherschwärmen, hat man noch nie gehört, daß einer von ihnen durch reißende Tiere umgekommen ist.

Der Mensch hat aber schrecklichere Feinde zu fürchten, gegen welche er sich nicht so leicht verteidigen kann. Ich meine die natürlichen Schwachheiten, die Kindheit, das Alter und die Krankheiten, mit welchen eine jede Art behaftet ist. Traurige Merkmale unserer Schwachheit, von denen die beiden ersten allen Tieren zukommen, letzteres aber hauptsächlich dem Menschen, der in der Gesellschaft lebt, zuteil geworden ist. In Ansehung der Kindheit finde ich sogar, daß es der menschlichen Mutter leichter fällt, ihr Kind zu ernähren, als den Weibchen der meisten Tiere. Jene trägt ihr Kind allenthalben mit sich herum, diese aber sind genötigt, mit vielen Beschwerlichkeiten hin und her zu gehen, bald dahin, ihr Futter zu suchen, bald dorthin, ihre Jungen zu säugen oder zu füttern. Es ist wahr, stirbt die Mutter, so steht das Kind in der größten Gefahr, mit zu vergehen. Allein, hundert andere Arten, deren Junge sich nicht sogleich ihre Nahrung suchen können, stehen in eben der Gefahr. Unsere Kindheit dauert länger, dafür leben wir auch länger, und also kommt von dieser Seite alles fast auf eines hinaus (VII.) Ich übergehe noch andere Regeln, die für die Dauer der Kindheit und für die Anzahl der Jungen (VIII.) festgesetzt worden sind und die nicht zu meinem Thema gehören. Bei den Alten nimmt der Hunger mit dem Vermögen, sich Nahrung zu verschaffen, ab, weil sie wenig arbeiten und wenig ausdünsten. Und da die Menschen den Schwachheiten, die vom Alter herrühren, am wenigsten abhelfen können, und da das wilde Leben sie von der Gicht und dem Rheumatismus befreit, so verlöschen sie, ohne daß man einen Verfall an ihnen wahrnimmt und kaum, daß sie es selbst bemerken.

Was die Krankheit betrifft, so werde ich die eitlen und falschen Klagen nicht wiederholen, in welche die meisten Leute, die sich wohl befinden, wider die Arzneigelehrtheit ausbrechen. Allein, ich frage nur dieses: Haben wir eine sichere Erfahrung, woraus man schließen könnte, daß das mittlere menschliche Leben in einem Lande, wo diese Kunst am wenigsten geachtet wird, kürzer sei als in einem andern, wo man ihr mit dem größten Fleiße obliegt. Jedoch wie kann dieses sein, da sich die Menschen mehr Krankheiten zuziehen, als die Arzneiwissenschaft Heilmittel darbietet? Die gewaltige Ungleichheit in der Lebensart, der überschwengliche Müßiggang bei diesen, die überschwengliche Arbeit bei jenen, die geringe Schwierigkeit, die es macht, unsere Empfindlichkeit und unsere Begierden zu reizen und ihnen nachzuhängen, die allzu gekünstelten Speisen der Reichen, die sich mit erhitzenden Säften ernähren und ihren Magen mit Unverdaulichem beschweren, die schlechte Kost der Armen, an der es ihnen doch meistens fehlt, wodurch sie verleitet werden, sich, wenn sie es haben können, damit zu überladen, das Wachen, die Ausschweifungen von allerlei Art, das aufgebrachte Gemüt in einer unmäßigen Leidenschaft, die schwere Arbeit und die Erschöpfung der Seelenkräfte, das Ungemach und die unzähligen Verdrießlichkeiten, die man in allen Ständen ohne Unterlaß erdulden muß, diese alle sollen mir die traurige Gewähr leisten, daß wir die meisten Übel, die uns zustoßen, selbst über uns gerufen haben und daß wir sie hätten vermindern können, wenn wir so ungekünstelt, so einfach und so in der Stille hätten leben wollen, wie es uns die Natur vorgeschrieben hat. Hat sie uns wirklich bestimmt, gesund zu sein, so scheue ich mich nicht, zu behaupten, daß das Nachdenken ein widernatürlicher Zustand und ein Mensch, der sich in Betrachtungen vertieft, ein aus der Art geschlagenes Tier sei. Bedenkt man die gute Leibesbeschaffenheit der Wilden, wenigsten derer, die wir noch nicht durch unsere starken Getränke verdorben haben, erwägt man, daß sie fast von keiner anderen Krankheit wissen als von Wunden und Alter, so wird man geneigt zu glauben, daß in der Geschichte der gesitteten Gesellschaften zugleich die Geschichte der menschlichen Krankheiten liegen müßte. Wenigstens war Platon dieser Meinung. Er behauptete, daß gewisse Arzneimittel, die von Podaleirios und Machaon bei der Belagerung von Troja gebraucht oder gebilligt worden sind, verschiedene Krankheiten unter die Menschen gebracht haben müßten, von welchen man vorher nichts gewußt hat, und Celsus erzählt, daß die jetzt so unentbehrliche Diät erst von Hippokrates erfunden worden sei.

Indem sich also bei dem Menschen, solange er im Stande der Natur lebt, wenige Quellen für Krankheiten finden, so muß er leicht die meisten Arzneimittel und leichter noch die Ärzte entbehren können. Es steht in diesem Stück nicht schlechter um das menschliche Geschlecht als um alle anderen Tiere, und man kann es leicht von Jägern erfahren, ob sie auf der Jagd viele kränkliche Tiere antreffen. Man findet wohl welche, an deren gut verheilten Narben man erkennt, daß sie stark verwundet gewesen sind, die sich gewisse Knochen, ja ganze Glieder gebrochen haben, und alle diese Schäden hat ihnen kein anderer Wundarzt als die Zeit geheilt und sie haben keine andere Diät geführt als ihre gewöhnliche Lebensart. Dennoch sind sie ebenso vollkommen hergestellt, als wenn sie von Wundärzten geschnitten, mit Apothekerzeug gemartert und durch Fasten entkräftet worden wären. Kurz, die Arzneiwissenschaft mag, wenn man sie recht zu handhaben weiß, unter uns noch so viel Nutzen stiften, so bleibt es doch immer gewiß, daß ein kranker Wilder, der sich selbst überlassen wird, zwar von niemandem anders als von der Natur Hilfe zu erwarten, dafür aber auch nichts anderes als seine Krankheit zu befürchten hat, und deswegen können seine Umstände den unsrigen oft vorzuziehen sein.

Man hüte sich also, den wilden Menschen mit denjenigen zu verwechseln, die wir vor Augen haben. Die Natur geht mit allen Tieren, die ihrer Vorsorge überlassen sind, mit solcher vorzüglichen Liebe um, woraus zu sehen ist, wie eifrig sie auf ihre Rechte hält. Das Pferd, die Katze, der Ochse und der Esel selbst haben in den Wäldern eine ansehnliche Gestalt, eine festere Leibesbeschaffenheit, mehr Härte, mehr Kraft und mehr Mut als in unseren Häusern. Wenn sie zahm werden, so verlieren sie die Hälfte ihrer Vorzüge, und es scheint, als wenn alle unsere Sorge, diese Tiere wohl zu halten und zu ernähren, sie nur desto mehr entkräftete. Es geht dem Menschen nicht besser: sowie er gesellig und sklavisch wird, so wird er schwach, feige und kriechend, und seine weichliche und verzärtelte Lebensart schwächt endlich völlig seinen Mut und seine Stärke. Noch mehr, wenn der Zustand der Wildheit mit dem Zustand des gesitteten Lebens verglichen wird, so muß der Unterschied zwischen Mensch und Mensch noch größer sein als der Unterschied zwischen Tier und Tier. Denn da die Natur mit Menschen und Tieren auf einerlei Art verfahren ist, so müssen alle Bequemlichkeiten, mit welchen der Mensch sich selbst sorgfältiger versieht als die Tiere, die er aufzieht, ebensoviele Ursachen sein, durch die er weit mehr ausartet.

Es war also kein sonderliches Unglück für die ersten Menschen, ja noch viel weniger ein so großes Hindernis für ihre Selbsterhaltung, daß sie nackt gehen, an Wohnungen und an allen diesen entbehrlichen Kleinigkeiten Mangel leiden mußten, die wir für so nötig halten. Sie hatten keine pelzige Haut, allein, in den warmen Weltgegenden brauchten sie keine und in den kälteren wußten sie sich bald der Häute derjenigen Tiere zu bedienen, die sie überwunden hatten. Sie waren nur mit zwei Füßen versehen, allein, sie hatten Hände, sich zu beschützen und ihre Bedürfnisse zu versorgen. Ihre Kinder fingen spät und mit großer Mühe an, gehen zu lernen, allein, die Mütter konnten sie leicht allenthalben herumtragen, ein Vorzug, den sie vor allen anderen Arten voraus haben, denn wenn deren Mütter verfolgt werden, so müssen sie entweder ihre Jungen verlassen oder ebenso langsam gehen wie sie.* Kurz, wenn man nicht einen Zusammenfluß von seltenen und bloß zufälligen Umständen voraussetzen will, von dem ich weiter unten reden werde und der sich vielleicht niemals ereignet hat, so ist es in allen Fällen gewiß, daß sich der erste, der sich ein Kleid oder eine Wohnung verschaffte, mit sehr entbehrlichen Dingen versehen hat. Denn hat er sie bis dahin entbehren können, so sieht man nicht, warum er als ein Mann nicht eben die Lebensart ertragen können sollte, an welche er von Kindheit an gewöhnt war.

Der wilde Mensch, der einsam, müßig und niemals von der Gefahr weit entfernt ist, muß gerne schlafen, und der Schlaf muß ihn so leicht überraschen wie die Tiere, die wenig denken und sozusagen während der Zeit, da sie nicht denken, immer schlafen. Da die Erhaltung seiner selbst fast alle seine Sorgen ausmacht, so müssen sich diejenigen Fähigkeiten bei ihm am meisten entwikkeln, die sich hauptsächlich mit dem Angriff und der Verteidigung beschäftigen, wodurch er entweder einen Raub an sich bringt oder sich selbst beschirmt, daß er nicht der Raub eines anderen werde. Diejenigen Gliedmaßen hingegen, welche nur durch Weichlichkeit und Verzärtelung vollkommener werden können, müssen bei ihm ungeschliffen bleiben und von keiner zärtlichen Empfindlichkeit angesteckt sein. Seine Sinne werden also hierin

* Es kann hierbei einige Ausnahmen geben, zum Beispiel jenes Tier in der Provinz Nikaragua, das in der Gestalt mit einem Fuchs viel Ähnlichkeit, beinahe menschenähnliche Hände und, nach Corréal, unter dem Bauch einen Beutel hat, in dem es seine Jungen aufnimmt, wenn es zu fliehen genötigt ist. Es ist unstreitig dasselbe Tier, das in Mexiko Tlaquatzin heißt, und dessen Weibchen Laët zu demselben Gebrauch einen gleichen Beutel zuschreibt.

geteilt sein, sein Gefühl und sein Geschmack außerordentlich rauh, Gesicht, Gehör und Geruch aber sehr fein. So ist es mit allen Tieren überhaupt und nach den Berichten der Reisenden auch mit den meisten wilden Völkern beschaffen. Man muß sich also nicht verwundern, daß die Hottentotten auf dem Vorgebirge der guten Hoffnung die ankommenden Schiffe mit bloßen Augen von ebenso fern entdecken wie die Holländer mit ihren Fernrohren, daß die wilden Amerikaner so gut wie die besten Hunde die Spanier nach ihren Fußstapfen aufspüren können, noch, daß alle diese barbarischen Völker ihre Nacktheit so leicht ertragen, ihren Geschmack durch viel herbe Kräuter schärfen und die stärksten europäischen Getränke wie Wasser trinken können.

Bisher habe ich nur den physischen Menschen in Erwägung gezogen. Nunmehr wollen wir ihn von der metaphysischen und moralischen Seite betrachten.

Ich sehe in einem jeden Tiere nichts als eine kunstvolle Maschine, welche die Natur mit Sinnen begabt hat, um sich selbst aufziehen und gewissermaßen vor allem bewahren zu können, was sie zu verderben oder in Unordnung zu bringen droht. In der menschlichen Maschine werde ich eben dasselbe gewahr. Der Unterschied ist nur dieser: bei den Verrichtungen der Tiere muß die Natur alles wirken, während der Mensch als ein freihandelndes Wesen zu seinen Verrichtungen vieles beiträgt. Jene wählen und verwerfen aus einem bloßen Instinkt, dieser aus Freiheit. Daher kann das Tier von der Regel, die ihm vorgeschrieben worden ist, und sollte es ihm auch nützlich sein, niemals abweichen: der Mensch hingegen weicht oft zu seinem Nachteil davon ab. So kann eine Taube bei einer Schüssel voll Fleisch und eine Katze bei einer Menge Früchte oder Getreide Hungers sterben, obgleich sie sich beide von der Kost ernähren könnten, die sie stehen lassen, wenn sie es nur wagen wollten, sie zu versuchen. So können unordentliche Menschen sich den Ausschweifungen überlassen und sich dadurch ein Fieber oder gar den Tod zuziehen. Denn der Verstand verdirbt die Sinne, und der Wille redet noch, wenn die Natur schon schweigt.

Ein jedes Tier hat Begriffe, denn ein jedes Tier hat Sinne. Ja, es kann noch bis zu einem gewissen Punkt einige Begriffe miteinander verknüpfen, und der Unterschied zwischen Tier und Mensch besteht bloß in dem Mehr oder Weniger. Einige Philosophen haben behauptet, der Unterschied zwischen einem Menschen und dem andern sei manchmal größer als der Unterschied zwischen gewissen Menschen und gewissen Tieren. Dasjenige also, wovon sich Menschen und Tiere unterscheiden, muß mehr in der Freiheit zu handeln als in dem Verstande liegen. Die Natur befiehlt einem jeden Tier, und das Vieh gehorcht. Der Mensch bekommt ebendenselben Eindruck, aber er spürt, daß es bei ihm steht, dem Eindruck zu folgen oder zu widerstehen. Vor allem in dem Bewußtsein dieser Freiheit zeigt die Seele die Eigenschaften eines Geistes; denn die Physik reicht einigermaßen zu, den mechanischen Bau der Sinne und die Entstehung der Begriffe zu erklären, aber das Vermögen, zu wollen oder vielmehr zu wählen, und das Bewußtsein von diesem Vermögen sind allein Handlungen eines Geistes, die sich durch keine mechanischen Gesetze begreifen lassen.

Wenn man auch wider diesen Unterschied zwischen Menschen und Tieren noch Schwierigkeiten machen könnte, so gibt es dennoch eine besondere Eigenschaft, wodurch sich diese Arten unterscheiden und die außer allem Streit ist, ich meine das Vermögen, sich vollkommener zu machen. Ein Vermögen, das, wenn ihm die Umstände zu Hilfe kommen, alle übrigen Fähigkeiten nach und nach entwickelt und sowohl bei unserer Art im ganzen, als bei einem jeden insbesondere anzutreffen ist. Das Tier hingegen wird in seinem Leben nichts anderes, als was es in etlichen Monaten geworden ist, und die ganze Art bleibt nach tausend Jahren in eben dem Zustand, worin sie das erste dieser tausend Jahre war. Wie kommt es, daß der Mensch allein schwachsinnig werden kann? Kommt es nicht daher, weil der Mensch wieder in seinen ursprünglichen Stand zurückkehrt und durch das Alter oder durch andere Zufälle alles wieder verlieren kann, was er durch sein *Vermögen, sich vollkommener zu machen*, erlangt hat? Wenn dieses geschieht, so muß er noch tiefer fallen als das Vieh, denn da dieses nichts erlangt, so kann es auch nichts verlieren und bleibt immer bei seinem Instinkt. Es wäre nicht gut, wenn wir gestehen müßten, diese vorzügliche und fast unumschränkte Fähigkeit des Menschen sei die Quelle seiner Trübsal, daß sie ihn durch die Länge der Zeit aus dem ursprünglichen Zustande reiße, darin seine Tage ruhig und unschuldig hätten dahinfließen können, daß sie ihn endlich zum Tyrannen seiner selbst und der Natur gemacht hat, indem sie mit jedem Jahrhundert neue Einsichten und neue Irrtümer, seine Tugenden und seine Laster an das Licht bringt (IX.). Das wäre entsetzlich, wenn wir es eine Wohltat nennen müßten, daß jemand die Einwohner an den Ufern des Orinoko gelehrt hat, an den Schläfen ihrer Kinder Bretter zu befestigen, weil er ihnen doch wenigstens einen Teil ihrer Dummheit und ursprünglichen Glückseligkeit erhalten wollte.

Der wilde Mensch also, der von Natur bloß mit einem Instinkt oder, wenn ihm dieser mangelt, mit anderen Fähigkeiten begabt ist, die die Stelle des Instinktes vertreten und den Menschen weit über ihn hinaus erheben können, wird anfänglich nichts als tierische Funktionen haben (X.). Wahrnehmen und Fühlen wird seinen ersten Zustand, den er mit allen Tieren gemein hat, ausmachen. Wollen und Nichtwollen, Begehren und Fürchten werden die ersten und fast die einzigen Bewegungen seiner Seele sein, bis durch neue Umstände auch neue Fähigkeiten sich darin entwikkeln werden.

Die Sittenlehrer mögen sagen, was sie wollen, der menschliche Verstand hat den Leidenschaften vieles zu verdanken, so wie von diesen ein jeder gesteht, daß sie dem Verstande vieles schuldig sind. Unsere Vernunft wird durch die Wirksamkeit der Leidenschaften vollkommener gemacht. Wir suchen Einsicht, weil wir genießen wollen. Unmöglich kann man sich vorstellen, daß sich einer die Mühe geben sollte, zu denken, der weder von Furcht noch von Begierden dazu angetrieben würde. Die Leidenschaften hingegen entstehen aus unseren Bedürfnissen und werden durch unsere Einsichten vermehrt. Denn es verlangt uns nach etwas oder wir fürchten es nicht anders als entweder nach den Begriffen, die wir davon haben, oder durch einen bloßen Antrieb der Natur. Der wilde Mensch, dem es an Einsichten mangelt, kann nur den Leidenschaften der letzteren Art unterworfen sein. Seine Begierden gehen nicht weiter als seine physischen Bedürfnisse (XI.). Nahrung, Frau und Schlaf sind alle Güter, die er in der Welt kennt, und alle Übel, die er fürchtet, sind Schmerz und Hunger. Ich sage Schmerz und nicht Tod, denn ein Tier wird nimmermehr wissen, was Sterben sei. Die Kenntnis des Todes und der Schrecknisse, die ihn begleiten, gehören mit zu denjenigen Dingen, die der Mensch erst dann erlangt, nachdem er sich von seinem tierischen Stande entfernt hat.

Wenn es nötig wäre, so könnte ich diese Meinung durch die Erfahrung unterstützen und beweisen, daß der Verstand bei allen Völkern der Erde nach Maßgabe ihrer Bedürfnisse zugenommen hat, der Bedürfnisse, die sie entweder von der Natur oder durch andere Umstände erlangt haben, folglich, daß sich der Verstand nach den Leidenschaften gerichtet hat, welche die Menschen angetrieben, ihre Bedürfnisse zu versorgen. Ich könnte zeigen, wie die Künste in Ägypten entstanden sind und sich mit den Überschwemmungen des Nils ausgebreitet haben. Ich könnte sie in ihrem Fortgange bei den Griechen verfolgen, wo sie in dem sandigen Boden und auf dem Fels von Athen Wurzel gefaßt haben, gewachsen sind und sich bis an den Himmel erhoben, ohne an den fruchtbaren Ufern des Euphrat fortkommen zu wollen. Ich könnte anführen, daß die nördlichen Völker überhaupt fleißiger sind als die südlichen, weil sie den Fleiß weniger entbehren können, als wenn die Natur alle Dinge hätte gleich machen wollen, und daher den Verstand fruchtbar sein ließ, wo es die Erde nicht ist.

Jedoch, alle ungewissen Zeugnisse der Geschichte beiseite gesetzt, scheint der wilde Mensch nicht auf jede Art und Weise von der Versuchung und von den Mitteln abgehalten zu werden, sich aus seiner Wildheit zu reißen? Seine Einbildungskraft bietet ihm keine Bilder dar, sein Herz fordert nichts. Seinen mäßigen Bedürfnissen kann er leicht genug tun, und er ist von allen Einsichten, ohne welche man niemals nach größeren Bedürfnissen strebt, so weit entfernt, daß er weder etwas vorhersehen noch neugierig sein kann. Er wird an den Schauplatz der Natur so lange gewöhnt, bis er ihn mit gleichgültigen Augen ansehen muß. Immer einerlei Ordnung, immer einerlei Dinge, die gehen und wiederkommen. Er hat den Verstand nicht, über die größten Wunder zu erstaunen, und bei ihm muß man die Philosophie gewiß nicht suchen, die der Mensch haben muß, wenn er das, was er täglich sieht, einmal recht beobachten soll. Seine Seele, die von nichts bewegt wird, überläßt sich der bloßen Empfindung ihres gegenwärtigen Daseins, ohne den mindesten Begriff von dem Zukünftigen zu haben, es mag noch so nahe bevorstehen. Seine Entwürfe, die ebenso eingeschränkt sind wie seine Anschauungen, erstrecken sich kaum bis an das Ende eines einzigen Tages. Nicht weiter erstreckt sich noch heutigentags die Voraussicht des Kariben. Des Morgens verkauft er sein baumwollenes Bett, und am Abend kommt er mit Tränen, es wieder abzukaufen, weil er nicht vorher bedacht hat, daß er es den nächsten Abend brauchen wird.

Je mehr man hierüber nachdenkt, desto weiter scheinen uns die einfachsten Erkenntnisse von der bloßen Sinnlichkeit entfernt zu sein. Man kann es unmöglich begreifen, wie der Mensch bloß durch seine eigenen Kräfte, ohne die Hilfe der Verbindung mit anderen oder ohne vom Stachel der Notwendigkeit fortgetrieben zu werden, einen so großen Zwischenraum hat zurücklegen können. Wieviele Jahrhunderte sind vielleicht verstrichen, ehe die Menschen ein anderes Feuer zu sehen bekommen haben, als das am Himmel leuchtet? Auf wieviele Dinge haben sie durch den bloßen Zufall geraten müssen, ehe sie auf den gewöhnlichsten Nutzen gekommen sind, den dieses Element gewähren kann? Wie oft werden sie es haben ausgehen lassen, ehe sie die Kunst gekannt, es wieder anzuzünden? Und wie oft werden nicht dergleichen Geheimnisse mit ihrem Erfinder zugleich gestorben sein? Was soll ich erst vom Ackerbau sagen? Diese Kunst erfordert so viel Arbeit und Vorsorge für die Zukunft, hängt auch so sehr von anderen Künsten ab, daß sie nirgends anders als in einer wenigstens angehenden Gesellschaft auszuüben ist. Sie dient auch überdies nicht so sehr, unsere Nahrung aus der Erde zu locken, weil die Erde solche niemals versagt hat, sondern ihre Absicht ist größtenteils, die Erde zu solchen Hervorbringungen zu zwingen, die mehr nach unserem Geschmack sind. Jedoch, gesetzt, die Menschen hätten sich so sehr vermehrt, daß die natürlichen Gewächse nicht hinlänglich waren, sie zu ernähren (im Vorbeigehen will ich nur bemerken, daß diese Voraussetzung dem damaligen Zustand des Menschen einen großen Vorzug gibt), gesetzt, die

Geräte, die zum Ackerbau nötig sind, wären ohne Schmieden und andere Werkstätten vom Himmel in die Hände der Wilden gefallen, sie hätten endlich allen Haß, den sie alle für eine jede anhaltende Arbeit haben, auf einmal abgelegt, und ihre Bedürfnisse soweit im voraus zu besorgen gelernt, gesetzt, sie hätten erraten, wie man die Erde bestellen, den Samen ausstreuen und die Bäume pflanzen müsse, sie hätten die Kunst gefunden, das Korn zu mahlen und die Trauben gähren zu lassen, lauter Dinge, die sie wahrlich nicht haben von sich selbst lernen können, wenn sie nicht irgend von den Göttern darin unterrichtet worden sind: wer wird aber bei all diesem so wahnwitzig sein, sich mit dem Anbau eines Landes abzugeben, das der erste beste, Vieh oder Mensch, den nach der Ernte davon gelüsten wird, plündern kann? Wie kann sich jemand entschließen, seine Zeit mit einer so beschwerlichen Arbeit zuzubringen, da er ihre Früchte, je notwendiger sie ihm sind, desto weniger genießen wird? Kurz, wie kann es den Menschen in den Sinn kommen, die Erde anzubauen, solange sie solche noch nicht unter sich geteilt, das heißt, solange sie den Stand der Natur noch nicht aufgehoben haben?

Wenn wir auch annehmen wollten, daß ein Wilder in der Kunst zu denken so geschickt sein könnte, wie es sich unsere Philosophen von ihm vorstellen, wenn wir ihn auch nach ihrem Beispiel, zu einem Philosophen machen wollten, der allein die erhabensten Wahrheiten findet und durch eine Reihe von abstrakten Schlüssen, aus der Liebe zur allgemeinen Ordnung oder aus einem geoffenbarten göttlichen Willen auf gewisse Maximen der Gerechtigkeit und der Vernunft gekommen wäre, kurz, wenn wir in seiner Seele so viel Verständigkeit und Einsicht voraussetzen, wie er haben muß und wirklich an Dummheit und Unverstand besessen hat, was würde das ganze menschliche Geschlecht für Nutzen von seiner Metaphysik haben, die sich nicht unter ihm ausbreiten könnte und die notwendig mit ihrem eigenen Erfinder vergehen müßte? Wie weit kann es das menschliche Geschlecht darin bringen, wenn es in den Wäldern zwischen den Tieren zerstreut ist? Oder wie wenig können sich die Menschen untereinander vollkommener machen und erleuchten, wenn sie weder eine beständige Wohnstatt haben, noch einer des anderen je bedürfen, wenn sie sich vielleicht kaum zweimal in ihrem Leben treffen, ohne einander zu kennen und ohne miteinander zu sprechen?

Man bedenke, wie viele Begriffe wir erst durch den Gebrauch der Rede erlangt haben, und wie sehr die Grammatik unseren Verstand geübt und seine Tätigkeiten erleichtert hat? Man überlege, wieviel unbeschreibliche Mühe und wieviel Zeit die erste Erfindung der Sprachen gekostet haben muß. Endlich denke man wiederum an unsere vorigen Betrachtungen zurück, so wird man leicht erkennen, daß viele tausend Jahrhunderte haben vorbeigehen müssen, ehe die Menschen die Tätigkeit, zu dem ihre Seele aufgelegt war, allmählich entwickeln konnten.

Man erlaube mir, hier einen Augenblick die Schwierigkeiten in Erwägung zu ziehen, die wir bei dem Ursprung der Sprache antreffen. Vielleicht wäre es genug, wenn ich die Untersuchungen, die der Abbé de Condillac über die Materie angestellt hat, anführen oder wiederholen wollte, weil sie meine Meinung vollkommen bestätigen und mich selbst vielleicht zuerst auf diese Gedanken gebracht haben. Allein, die Art und Weise, wie dieser Philosoph die Schwierigkeiten auflöst, die er sich über den Ursprung der angenommenen Zeichen selber macht, bezeugt, daß er das vorausgesetzt hat, was ich hier erst ausmachen will; ich meine, er hat eine Art von Gesellschaft angenommen, die bereits unter den Erfindern der Sprache gestiftet gewesen ist. Ich werde also meine Gedanken zu den seinigen hinzutun müssen, um die Schwierigkeiten in einem Licht zu zeigen, das sich für mein Vorhaben schickt. Die erste Schwierigkeit, die sich anbietet, liegt in der Erklärung, wie die Zeichen haben notwendig werden können. Denn da die Menschen keine Gemeinschaft miteinander hatten und auch gar keine Gemeinschaft unter ihnen nötig gewesen ist, so begreift man nicht, welche Notwendigkeit sie zu einer solchen Erfindung geführt hat oder wie eine Erfindung gar möglich war, die sie so leicht haben entbehren können? Ich könnte mich leicht, wie viele andere getan haben, bescheiden und annehmen, die Sprachen wären in dem Umgang einer Familie von Vätern, Müttern und Kindern entstanden. Allein, damit würde ich wider die angeführten Einwürfe nichts ausrichten, und ich hätte noch dazu den Fehler begangen, in welchen viele andere, die von dem Stande der Natur haben handeln wollen, verfallen sind. Sie brachten die Begriffe, die sie in der menschlichen Gesellschaft erlangt hatten, mit sich in die Natur, sie glaubten allenthalben Familien anzutreffen, die in einer Behausung miteinander wohnen und deren Glieder in einer freundschaftlichen und dauerhaften Eintracht leben, wie wir es jetzt tun, da wir durch so mannigfache Interessen vereinigt sind. Allein, es verhält sich mit diesem uralten Zustande des Menschen ganz anders. Da man weder Haus noch Hütte, noch eine andere Art von Eigentum hatte, so wohnte ein jeder, wo er hinkam, und oft nur auf eine Nacht. Die Weiber und Männer vermischten sich, wie sie sich begegneten und wie sie Gelegenheit und Lust dazu hatten, und es ist ihnen eben keine Sprache nötig gewesen, um einander, was sie sich zu sagen hatten, zu verstehen zu geben: sie gingen ebenso leicht wieder auseinander (XII.). Anfangs säugte die Mutter ihre Kinder um ihrer selbst willen, weil sie sich der Milch entledigen wollte; endlich wurden ihr die Kinder durch den Umgang lieb, und alsdann tat sie es der Kinder halber; sobald sie Kräfte genug hatten, ihre Nahrung zu suchen, verließen sie die Mutter von selbst. Ja, sie dürften sich in ihrem Leben nicht wieder erkannt haben, weil man sich gar nicht aus den Augen lassen durfte, wenn man sich wieder finden wollte. Man bedenke auch, daß der größte Teil der Erfindung der Sprache eigentlich von den Kindern herrühren mußte, weil diese alle ihre Bedürfnisse ausdrücken und folglich der Mutter mehr, als sie ihnen, zu sagen haben mußten. Dadurch wäre die Sprache so vielfältig geworden, wie es einzelne Geschöpfe gab, die sie zu reden hatten. Zudem hätte das herumirrende Leben keiner Mundart die Zeit gelassen, sich festzusetzen. Denn wollte man sagen, die Mütter könnten ihre Kinder die Worte lehren, die sie nötig hatten, eines oder das andere zu fordern, so würde man dadurch zeigen, wie jemand in einer bereits eingeführten Sprache unterrichtet würde, aber nicht wie die Sprachen selbst eingeführt werden könnten.

Wir wollen endlich setzen, man habe diese Schwierigkeiten überwunden, wir wollen den ungeheuren Raum in einem Augenblick zurücklegen, der sich zwischen dem reinen Stande der Natur und dem Bedürfnis der Sprachen erstrecken mußte, und nachdem wir die Sprachen als notwendig erkennen (XIII.), laßt uns untersuchen, wie sie haben eingeführt werden können. Eine neue Schwierigkeit, die noch größer ist als die vorige. Denn haben die Menschen eine Sprache nötig gehabt, um denken zu lernen, so wird es um soviel mehr vonnöten gewesen sein, denken zu können, um eine Sprache zu erfinden, und wenn man auch wirklich verstünde, wie die Töne willkürlich bestimmt worden sind, gewisse Begriffe auszudrücken, so ist immer noch die Frage, wie man diese Art von Verabredung in Ansehung derjenigen Begriffe hat treffen können, die sich auf keine sinnlichen Gegenstände beziehen und folglich weder durch Gebärden, noch durch die Stimme haben angezeigt werden konnten? Solchergestalt hat man kaum erträgliche Mutmaßungen von der Art und Weise, wie die Kunst entstanden ist, die Gedanken einem anderen mitzuteilen und zwischen Geistern eine Art von Verständnis aufzurichten. Eine erhabene Kunst, die jetzt schon so fern von ihrem Ursprung, aber in den Augen der Philosophen noch erstaunlich weit von ihrer Vollkommenheit entfernt ist. Ja, ich glaube nicht, daß jemand so kühn sein kann zu behaupten, sie würde jemals dahin gelangen können, wenn auch allen Revolutionen, die die Zeit notwendig mit sich bringt, ihretwegen Einhalt geschähe und alle Akademien die Vorurteile ablegen oder wenigstens zum Schweigen bringen und sich ganze Jahrhunderte ohne Unterlaß mit dieser knotigen Materie beschäftigen sollten.

Die erste Sprache, deren sich die Menschen bedienten, die allgemeinste, nachdrücklichste Sprache und die einzige, die ihnen damals nützlich war, ehe sie noch eine ganze Versammlung zu überreden gebraucht ward, bestand in einem bloßen natürlichen Schreien. Ja, dieses Geschrei wurde ihnen nur in gewissen bedrängten Umständen durch eine Art von Instinkt entrissen, um entweder bei einer dringenden Gefahr um Hilfe oder in heftigen Schmerzen um Linderung zu flehen. In dem ordentlichen Lebenslaufe, in welchem gelindere Empfindungen zu herrschen pflegen, konnten sie sich dessen nur sparsam bedienen. Sowie sich die Begriffe der Menschen auszubreiten und zu vermehren und sie selbst in eine genauere Gemeinschaft zu treten anfingen, so bemühten sie sich, die Anzahl der Zeichen zu vervielfältigen und die Sprache auszubreiten. Die Stimme wurde mit verschiedenen Modulationen bereichert und mit gewissen Bewegungen der Gliedmaßen begleitet, die den Sinn deutlicher ausdrücken, und nicht so sehr von einer vorhergegangenen willkürlichen Bestimmung abhängen. Damals drückte man die sichtbaren und beweglichen Gegenstände durch Gebärden und die Gegenstände des Gehörs durch nachahmende Töne aus. Allein, durch die Gebärden konnten nur die gegenwärtigen und leicht zu beschreibenden Gegenstände oder sichtbaren Handlungen angedeutet werden, und auch dazu konnten sie nicht immer dienen, denn die Dunkelheit oder ein anderer Gegenstand, der dazwischen kam, mußte sie unbrauchbar machen; zudem scheinen sie unsere Aufmerksamkeit mehr zu fordern, als rege zu machen. Daher war man endlich bedacht, an ihrer Stelle gewisse Artikulationen der Stimme einzuführen, die zwar selbst mit unseren Begriffen nichts gemein haben, aber dennoch, nachdem sie einmal angenommen wurden, weit geschickter waren, sie alle als vereinbarte Zeichen auszudrücken. Diese Änderung konnte ohne eine allgemeine Einwilligung nicht getroffen werden, und die Ausführung muß ihnen damals sehr schwer geworden sein, weil die Organe der Sprache noch rauh und ungeübt waren. Weit schwerer aber ist die einmütige Übereinstimmung an sich selbst zu begreifen, denn ohne Beweggründe konnten sie niemals dazu gebracht werden, und also scheint es, daß man ohne den Gebrauch der Sprache nie eine Sprache hat einführen können.

Notwendig müssen die Worte, deren sich die Menschen anfangs bedienten, eine viel weitläufigere Bedeutung gehabt haben als diejenigen, die jetzt in ausgebildeten Sprachen im Gebrauch sind, ja sie müssen durch jedes Wort einen ganzen Satz ausgedrückt haben, weil sie ihre Reden noch nicht in gehörige Stücke einteilen konnten. Nachdem sie allmählich das Subjekt vom Attribut und das Verb von dem Substantiv zu unterscheiden anfingen, was gewiß nicht ohne besondere Anstrengung des Genies ins Werk gerichtet werden konnte, so waren dennoch alle Substantive nichts mehr als Eigennamen und der Infinitiv die einzige Zeitform des Verbs. Der Begriff der Adjektive muß sich erst lange Zeit nachher entwickelt haben, weil ein jedes Adjektiv einen abstrakten Begriff andeutet, die Abstraktionen an sich selbst aber sehr mühsame und fast unnatürliche Tätigkeitsweisen unserer Seele sind.

Ein jeder Gegenstand wurde damals zunächst mit einem besonderen Namen belegt. Die Arten und Geschlechter konnten nicht in Betracht kommen, weil die ersten Spracherfinder sie nicht unterscheiden konnten. Ein jeder Gegenstand mußte sich ihnen unter einer eigenen abgesonderten Gestalt zeigen, unter welcher er in dem Gemälde der Natur wirklich angetroffen wird. Wenn dieser Eichbaum A benannt wurde, so mußte jener schon mit dem Namen B belegt werden, denn der erste Begriff, den man von zwei Dingen sich ableitet, ist der Begriff ihrer Verschiedenheit, und es erfordert oft viel Zeit zu beobachten, worin sie übereinkommen, und solchergestalt mußte das Wörterbuch desto weitläufiger sein, je eingeschränkter die Kenntnis der Dinge war. Die Beschwerlichkeit dieses Namenregister konnte so leicht nicht behoben werden, denn man hätte die Eigenschaften der Dinge und dasjenige, woran sie unterschieden werden, wohl kennen müssen, wenn man sie in unterschiedene Klassen bringen und mit allgemeinen Namen hätte belegen wollen; das heißt, man hätte von der Naturgeschichte und von der Metaphysik mehr verstehen müssen, als die Menschen damals haben verstehen können.

Zudem können sich die allgemeinen Begriffe nicht anders als vermittelst der Worte in unsere Seele einpflanzen, und der Verstand begreift sie nicht anders als durch Sätze. Dieses ist eine der Ursachen, warum sich die Tiere keine solchen Begriffe machen und niemals das Vermögen, sich vollkommener zu machen, erlangen können, das von den allgemeinen Begriffen abhängt. Glaubt man, daß ein Affe, wenn er ohne Zögern von einer Nuß zur anderen geht, von dieser Art Früchte einen allgemeinen Begriff hat und daß er das in seiner Seele abgedrückte Bild mit den einzelnen Gegenständen vergleicht? Gewiß nicht, aber der Anblick einer Nuß bringt ihm die Empfindungen, die er von der anderen gehabt hat, in sein Gedächtnis zurück, und seine Augen, die auf eine gewisse Art dabei verändert werden, machen in ihm den Geschmack rege, den er vorhin davon empfunden hat. Alle allgemeinen Begriffe rühren einzig und allein vom Verstande her, und sobald sich die Einbildung in das Spiel mischt, so hören sie auf, allgemein zu sein. Man versuche es, ob man sich ein Bild von einem Baume im allgemeinen machen kann. Man wird es niemals dahin bringen, man wird gezwungen sein, sich einen großen oder kleinen, einen dichten oder lockeren, einen hellen oder dunklen Baum vorzustellen, und wenn es möglich wäre, sich nur dasjenige davon einzubilden, was allen Bäumen überhaupt zukommt, so würde das Bild keinem Baum mehr ähnlich sehen. Alle rein abstrakten Wesen können ebensowenig anders als durch Worte gesehen und begriffen werden. Wir können keinen richtigen Begriff von einem Dreieck anders erlangen als durch die Definition. Sobald sich unsere Seele ein Bild davon machen will, so wird es dieses und kein anderes Dreieck vorstellen; die Linien werden sichtbar oder die Fläche wird gefärbt sein müssen. Will man also allgemeine Begriffe haben, so muß man sie in Sätzen ausdrücken, so muß man reden. Denn wenn die Einbildungskraft ausgeschlossen wird, so kann sich die Seele an nichts als an Worte halten. Wenn nun die ersten Spracherfinder unmöglich solchen Begriffen haben Namen beilegen können, die sie gar nicht gehabt haben, so müssen die ersten Substantive nichts anderes als Eigennamen gewesen sein.

Nachdem unsere neuen Sprachlehrer auf eine mir unbegreifliche Art ihre Begriffe zu erweitern und die Worte allgemeiner zu machen angefangen haben, mußte die Unwissenheit dieser Erfinder ihre neue Methode noch in sehr enge Grenzen eingeschlossen haben. So wie sie vorher die Worte aus Mangel an Begriffen von Arten und Geschlechtern unnötig vervielfältigt hatten, so teilten sie nunmehr im Gegenteil alle Wesen in zu wenige Arten und Geschlechter ein, weil ihnen zu wenige Unterscheidungszeichen bekannt waren. Eine sich weit genug erstreckende Einteilung hätte mehr Erfahrung und Einsicht erfordert, als die Menschen damals besaßen, und mehr Fleiß und Arbeit, als sie damals daran wenden wollten. Wenn man selbst heute noch täglich neue Arten entdeckt, die sich bisher unseren Beobachtungen entzogen, wie viele Arten müssen den Menschen damals entgangen sein, da sie von allen Wesen nur nach dem ersten Anblick urteilten? Daß sie von den ganzen oberen Klassen und von den allgemeinsten Begriffen gar nichts wissen konnten, daran brauche ich nicht zu erinnern.

Wie konnten sie zum Beispiel die Worte Materie, Geist, Substanz, Modus, Figur und Bewegung sich vorstellen oder begreifen, da es unseren Philosophen sogar schwerfällt, sie zu verstehen, und da sie in der Natur kein Muster für die Begriffe gefunden haben, die durch die Worte angedeutet werden, weil sie bloß einen metaphysischen Sinn haben.

Ich halte mich vielleicht bei dem ersten Schritt zu lange auf, und ich bitte meine Richter, hier mit dem Lesen ein wenig innezuhalten, um aus der Erfindung der bloßen physischen Substantive, welcher Teil einer Sprache am leichtesten zu erfinden ist, auf den großen Weg zu schließen, den die Sprache noch zurücklegen mußte, bevor sie geschickt war, alle menschlichen Gedanken auszudrücken, eine unveränderliche Gestalt anzunehmen, in öffentlichen Versammlungen geredet zu werden und auf die menschliche Gesellschaft einen Einfluß zu haben. Ich bitte sie, zu bedenken, wie viel Einsicht nötig gewesen ist, ehe man die Zahlen (XIV.), die abstrakten Worte, die Aoriste und alle übrigen Zeiten der Verben, die Partikel und die Syntax erfunden, die Sätze und Schlußformen miteinander verknüpft und eine Logik der Sprache festgesetzt hat. Was mich betrifft, so haben mich die gehäuften Schwierigkeiten so sehr abgeschreckt, und ich bin von der fast erwiesenen Unmöglichkeit, daß die Sprachen jemals durch bloß menschliche Kräfte haben entstehen können, so sehr überzeugt, daß ich einem jeden, der es versuchen will, die Auflösung dieser schweren Aufgabe überlasse, ob eine bereits gestiftete Gesellschaft notwendiger zur Einführung der Sprache oder die Erfindung der Sprache notwendiger zur Stiftung der Gesellschaft erfordert werde?

Es sei dem wie ihm wolle, da sich die Natur so wenig Mühe gegeben hat, die Menschen durch gegenseitige Bedürfnisse zusammenzubringen und ihnen den Gebrauch der Sprache leichter zu machen, so sieht man, wie wenig sie für die Gesellschaftlichkeit der Menschen besorgt gewesen ist, und daß sie von dem ihrigen sehr wenig beigetragen hat, die Menschen durch Bande der Gesellschaft zu vereinigen. Wahrlich, man kann sich unmöglich vorstellen, warum der Mensch in diesem ursprünglichen Stand mehr als Affen oder Wölfe bedürfen sollte, und wenn wirklich eines des anderen bedürfte, was für Beweggründe die Menschen dahin bringen könnten, jenem Bedürfnis zu entsprechen, und wie sie unter diesen Bedingungen einig werden könnten? Ich weiß wohl, daß man unaufhörlich wiederholt, der Mensch wäre in diesem Zustand ein sehr elendes Geschöpf gewesen; wenn das aber wahr ist, was ich bewiesen zu haben glaube, daß nämlich ganze Jahrhunderte haben vergehen müssen, ehe der Mensch Lust und Gelegenheit bekam, seinen Zustand zu verändern, so hätte man der Natur und nicht den Menschen das Urteil gesprochen. Jedoch, wenn ich das Wort *elend* recht verstehe, so muß es entweder gar keinen Sinn haben oder eine schmerzhafte Beraubung und ein Leiden des Körpers und der Seele bedeuten. Nun sage man mir, wie ein freies Wesen elend sein kann, wenn sein Gemüt ruhig und sein Leib gesund ist? Ich frage, ob das natürliche oder das gesittete Leben dem Menschen leichter überdrüssig werden kann? Wir sehen um und um nichts als Leute, die sich über ihr Dasein beklagen, und so manche, die sich dessen gar berauben, soviel es in ihrer Macht steht. Das göttliche und menschliche Gesetz haben sich beide wider diese Unordnung gesetzt und ihr kaum steuern können. Hat man jemals einen Wilden gesehen, der in Freiheit war und sich über sein Leben beklagte oder sich gar dasselbe nahm? Man urteile also nicht mit so viel Stolz, auf welcher Seite das wahre Elend zu finden sei. Hingegen wäre nichts Elenderes gewesen als ein Wilder, wenn dieser durch Verstand geblendet und von Leidenschaften gequält worden und geschickt genug gewesen wäre, an einen anderen Stand vernünftig zu denken. Eine sehr weise Vorsehung hat es also geordnet, daß sich die Fähigkeiten des Menschen nicht eher entwickeln sollen, als bis sich Gelegenheit trifft, sie zu gebrauchen, damit sie ihm vor der Zeit nicht überflüssig und zur Last seien, in der Not aber nicht zu spät und unnütz kommen mögen. Der Instinkt ist alles, was man in einem Stande der Natur braucht, und eine ausgebildete Vernunft wird nicht eher erfordert, als wenn man in der Gesellschaft leben will.

Man sieht leicht, daß die Menschen, die damals in keiner moralischen Verbindung miteinander gestanden und keine Pflichten gekannt haben, weder gut noch böse, weder tugendhaft noch lasterhaft haben sein können, es sei denn man wolle diese Worte in einem physischen Verstande nehmen und die Eigenschaften, die zu der Erhaltung eines einzelnen Dinges schädlich sind, Laster, diejenigen hingegen, die zu seiner Erhaltung beitragen, Tugenden nennen. In diesem Falle würde der am tugendhaftesten sein, der den Trieben der Natur am wenigsten widerstünde. Ich halte aber für besser, wir ließen diesen Worten ihre gewöhnliche Bedeutung, setzten ein Mißtrauen in unsere Vorurteile und verschöben unser Urteil über den Zustand des Menschen, bis wir gleichsam abgewogen haben werden, ob unter den gesitteten Menschen mehr Tugend oder mehr Laster zu finden sei oder ob ihnen die Tugenden mehr Vorteil als die Laster Schaden stiften, ob sie der Zuwachs an Einsichten für die Übel schadlos halte, die sie gegeneinander zuwege bringen, indem sie erfahren, wie viel Gutes sie sich tun sollten, oder ob sie, alles in allem gerechnet, nicht in glückseligeren Umständen wären, wenn sie von niemandem Gutes zu hoffen oder Übel zu befürchten hätten, als wenn sie sich einer allgemeinen Abhängigkeit unterwerfen und sich verpflichten müssen, alles von denjenigen zu empfangen, die sich nicht verpflichtet haben, ihnen etwas zu geben.

Daß man aber ja nicht mit Hobbes schließe, der Mensch müsse von Natur böse sein, weil er keinen Begriff von der Güte hat, er müsse lasterhaft sein, weil er keine Tugend kennt, er würde seinesgleichen alle Dienstgefälligkeit versagen, weil er nicht glauben könne, daß ihm solches obliege, oder er würde sich mit der wahnwitzigen Einbildung tragen, er sei ganz allein der Eigentümer der ganzen Welt, weil er sich mit Recht alles zueignen kann, was er nötig hat. Hobbes hat wohl eingesehen, wie fehlerhaft die Definitionen sind, die die Neueren von dem natürlichen Rechte gegeben, aber die Folgerungen, auf die ihn seine eigene Definition leitet, bezeugen, daß sie ebenfalls unrichtig sein muß. Nach den Grundsätzen, die eben dieser Schriftsteller festgesetzt hat, hätte er vielmehr sagen sollen, der Stand der Natur sei unserer eigenen Erhaltung zuträglich, ohne der eines anderen nachteilig zu sein, und folglich ein Stand, der zum Frieden am meisten aufgelegt ist und sich am besten für das menschliche Geschlecht schickt. Allein, er behauptet gerade das Gegenteil hiervon, weil er in die

Sorge für die Erhaltung eines Wilden das Bedürfnis mithereingebracht hat, einer Menge Leidenschaften genugzutun, die aus der Gesellschaft entspringen und um deretwillen Gesetze haben eingeführt werden müssen. Der Bösewicht, sagt er, ist ein starkes Kind; nun wird noch die Frage sein, ob auch ein Wilder für ein starkes Kind zu halten sei? Gesetzt, man gäbe ihm dieses zu, was kann er daraus schließen? Daß ein solch starker Mensch, wenn er mit anderen Menschen ebensoviel zu schaffen hat als jetzt, da er schwächer ist, allerhand Ausschweifungen begehen müsse. Er würde nämlich seine Mutter schlagen, wenn sie ein wenig zögerte, ihm die Brust zu reichen, einen von seinen kleinen Brüdern würgen, wenn er ihn ein wenig beunruhigte, und den anderen in die Füße beißen, wenn er ihn gestoßen oder sonst irgend gehindert hätte. Allein, man nimmt hier zwei Dinge an, die sich im Stande der Natur widersprechen. Der Mensch soll stark und von anderen abhängig sein, also ist er schwach, und er muß mündig sein, wenn er stark sein soll. Hobbes hat nicht bedacht, daß dieselbe Ursache, die die Wilden hindert, ihre Vernunft zu gebrauchen, wie unsere Rechtsgelehrten vorgeben, sie gleichzeitig davon abhält, ihre Fähigkeiten zu mißbrauchen, wie er selbst meint. Dergestalt kann man sagen, der Wilde sei eben deswegen nicht boshaft, weil er nicht wisse, was gut sein heißt. Denn ihn kann weder die Entwicklung seiner Einsichten, noch der Zaum der Gesetze abhalten, Böses zu tun, sondern er tut nichts Böses, weil er von Leidenschaften befreit ist und von keinem Laster etwas weiß; *tanto plus in illis proficit vitiorum ignoratio quam in his cognitio virtutis.* Es gibt noch einen anderen Grundsatz, den Hobbes nicht bedacht hat. Dem Menschen ist ein Trieb gegeben worden, in gewissen Fällen die Wildheit seiner Eigenliebe oder, ehe man diese Leidenschaft gekannt hat, die Sorge für seine Erhaltung zu zähmen. (XV.) Der ihm angeborene Widerwille, seinesgleichen leiden zu sehen, mäßigt den Eifer für sein eigenes Wohlsein. Ich glaube nicht, daß ich einen Widerspruch zu befürchten hätte, weil ich dem Menschen diese einzige natürliche Tugend einräume; der halsstarrigste Verleumder menschlicher Tugenden, muß ihnen dieses zugestehen. Ich meine, das Mitleid, eine Neigung, die sich für so schwache und so vielen Übeln unterworfene Geschöpfe, wie wir es sind, sehr wohl schickt. Sie ist eine allgemeine und dem Menschen ungemein nützliche Tugend, weil sie bei ihm vor aller Überlegung hereilt, und sie ist so natürlich, daß man nicht selten selbst bei den Tieren gewisse merkliche Zeichen davon antrifft. Ohne an die Zärtlichkeit der Mütter für ihre Jungen zu denken und an die Gefahren, denen sie trotzen, um ihre Kinder davon zu befreien, bemerkt man täglich bei den Pferden eine Art von Widerwillen, einen lebendigen Körper mit Füßen zu treten. Kein Tier geht ohne einige Unruhe an einem Leichnam seiner Art vorüber. Es gibt sogar einige, die ihre Toten begraben. Das jämmerliche Brüllen eines Viehs, wenn es in ein Schlachthaus geführt wird, bezeugt, daß der greuliche Anblick einen gewaltigen Eindruck auf dasselbe machen muß. Man sieht mit Vergnügen, wie der Verfasser der *Bienenfabel* sich genötigt findet, den Menschen als ein mitleidiges und empfindliches Geschöpf zu erkennen. In dem Beispiel, das er dafür anführt, legt er seine frostige und gekünstelte Schreibart ab, um uns das pathetische Bild eines eingesperrten Menschen vorzustellen, der einem wilden Tier zusehen muß, das draußen ein Kind aus dem Schoß der Mutter reißt, die schwachen Gliederchen mit seinem mörderischen Zahn zerbricht und mit seinen Krallen die zappelnden Eingeweide zerreißt. Was für greuliche Bewegungen muß dieser Augenzeuge verspüren, der doch an der Begebenheit selbst keinen persönlichen Anteil nimmt? Wie sehr muß ihm dieser Anblick das Herz beklemmen, daß er weder der in Ohnmacht gesunkenen Mutter noch dem sterbenden Kind Hilfe leisten kann.

So viel vermag das reine natürliche Gefühl, das aller Überlegung zuvorkommt, so viel Macht hat das natürliche Mitleiden, daß es dem Ruchlosesten noch schwer ankommt, es zu unterdrücken. Man sieht täglich unsere Schaubühne einen solchen Menschen rühren und über das Unglück eines Unschuldigen zum Weinen bringen, der, wenn er an der Stelle des Tyrannen gewesen wäre, seinen Feind vielleicht noch schrecklicher gequält hätte wie der blutdürstige Sulla, der so empfindlich gegen Schmerzen war, die er nicht verursacht hatte, oder jener Alexander von Pherä, der keiner Vorstellung eines Trauerspiels beiwohnen wollte, aus Furcht, daß man ihn mit Andromache oder Priamus seufzen sähe, während er täglich unbewegt das Geschrei so vieler Bürger anhörte, die man auf seinen Befehl vor seinen Augen erwürgte:

Mollissima corda
Humano generi dare se Natura fatetur,
Quae lacrimas dedit.

Mandeville hat wohl eingesehen, daß die Menschen mit aller ihrer Sittenlehre Ungeheuer geblieben wären, wenn ihnen die Natur nicht in dem Mitleid eine Stütze der Vernunft gegeben hätte. Er wußte aber nicht, daß aus dieser Eigenschaft allein alle gesellschaftlichen Tugenden entspringen, die er dem Menschen abstreiten will. In der Tat, was ist die Großmut, die Milde und die Menschlichkeit anderes, als ein Mitleiden mit einem Schwächeren, einem Schuldigen oder mit dem menschlichen Geschlecht überhaupt? Die Gewogenheit und die Freundschaft selbst entspringen, wenn man sie von der rechten Seite betrachtet, aus einem beständigen Mitleiden, das auf einen besonderen Gegenstand geheftet ist: denn was heißt das Verlangen, daß ein anderer nicht leiden soll, anders als verlangen, daß er glücklich sein möchte? Gesetzt, das Mitleid sei nichts als ein Gefühl, das uns an die Stelle des Leidenden setzt, ein Gefühl, das bei einem Wilden dunkel und lebhaft, bei dem gesitteten Menschen hingegen aufgeklärt, aber schwach sein muß: wird nicht eben dieser Begriff dem, was ich gesagt habe, noch mehr Nachdruck geben? Unstreitig muß das Mitleid desto heftiger sein, je fähiger das zuschauende Tier ist, sich an die Stelle des Leidenden zu setzen; nun ist gewiß, daß diese Gleichsetzung in dem Stande der Natur unendlich viel enger gewesen sein muß als in dem Stande der grübelnden Vernunft. Die Vernunft hat die Eigenliebe gezeugt, und die Überlegung hat ihr Nahrung und Stärke gegeben. Sie hat den Menschen in sich selbst eingehüllt, sie hat ihn von allem entfernt, was ihm Zwang antun oder ihn beleidigen kann. Die Philosophie hat ihn vereinzelt. Sie hat ihn gelehrt, bei dem Anblick eines Leidenden heimlich zu sagen: Stirb, wenn du willst, ich bin in Sicherheit. Nur solche Gefahren, die der ganzen Gesellschaft drohen, können den ruhigen Schlaf eines Philosophen stören und ihn aus seinem Bette reißen. Man kann ungestraft seinesgleichen unter seinem Fenster erwürgen, er braucht nur den Finger in das Ohr zu stekken und etwas zu argumentieren, so kann er die Natur unterdrükken, die sich in ihm empört und ihn antreibt, sich selbst als die Person zu betrachten, die man erdrosselt. Der Wilde weiß von dieser bewundernswürdigen Geschicklichkeit nichts, und er überläßt sich dem ersten Eindruck der Menschlichkeit, weil er weder Vernunft noch Weisheit besitzt. Wenn ein Lärmen, wenn ein Streit auf den Straßen entsteht, so versammelt sich der gemeine Haufe, und der Kluge macht sich davon. Der Pöbel, die Marktweiber reißen die streitenden Personen auseinander und verhindern, daß ehrliche Leute einander ums Leben bringen.

Es ist also gewiß, daß das Mitleid ein natürliches Gefühl und der wechselseitigen Erhaltung des ganzen Geschlechtes zuträglich ist, indem es bei einer jeden einzelnen Person die Wirksamkeit der Eigenliebe mäßigt. Diese Empfindung bringt uns dazu, daß wir einem jeden Leidenden ohne Überlegung Hilfe leisten; sie vertritt in dem Stande der Natur die Stelle der Gesetze, der Sitten und der Tugend, und hat noch dieses voraus, daß niemand in Versuchung kommt, ihrer süßen Stimme den Gehorsam zu versagen. Sie hält einen jeden starken Wilden ab, einem zarten Kind oder einem kraftlosen Alten den Unterhalt zu entziehen, den sie sich nicht ohne Mühe erworben haben, wenn er selbst hoffen kann, den seinigen anderswo zu finden. Sie flößt allen Sterblichen anstatt dieser erhabenen Maxime der durch die Vernunft erfundenen Gerechtigkeit: *Verhalte dich gegen andere wie du willst, daß man sich gegen dich verhalte*, eine andere zwar nicht so vollkommene, aber vielleicht nützlichere Maxime ein: *Befördere dein Bestes, aber laß es andern so wenig zum Nachteil gereichen, als möglich ist.* Mit einem Wort, der Grund, warum jeder Mensch bei sich einen Widerwillen verspürt, anderen Böses zu tun, ist eher in dieser natürlichen Empfindung als in subtilen Vernunftschlüssen anzutreffen. Sokrates und anderen Geistern seines Schlages mag es immer gelungen sein, durch die Vernunft tugendhaft zu werden; das menschliche Geschlecht würde dennoch schon längst nicht mehr anzutreffen sein, wenn seine Erhaltung nur auf den Vernunftschlüssen seiner Glieder beruhte.

Waren die Menschen also mit solchen nicht sehr wirksamen Leidenschaften und mit einem so heilsamen Zaume versehen, so müssen sie mehr ungebunden als boshaft, mehr vorsichtig, daß ihnen nichts Übles widerfahre, als bedacht, anderen Übles zuzufügen, und folglich keinen sehr gefährlichen Zwistigkeiten unterworfen gewesen sein. Sie hatten nicht die mindeste Gemeinschaft unter sich, und wußten folglich weder von Eitelkeiten noch von Ansehen, weder von Hochachtung noch von Geringschätzung. Sie hatten nicht die mindeste Kenntnis von dem Mein und Dein, noch einen rechten Begriff von der Gerechtigkeit. Die Gewalt, die ihnen widerfuhr, betrachteten sie als ein Übel, das leicht zu beseitigen ist, aber nicht als ein Unrecht, das man bestrafen müsse. Wenn sie auf Rache dachten, so geschah es vielleicht bloß mechanisch und auf der Stelle, so wie der Hund in den Stein beißt, den man nach ihm wirft. Daher konnten ihre Streitigkeiten selten von blutigen Folgen sein, wo sie nicht irgend einen wichtigeren Gegenstand gehabt haben als ihre Kost. Jedoch ich sehe einen gefährlicheren Gegenstand, und von diesem muß ich noch reden.

Eine von den Leidenschaften, die das menschliche Herz in Bewegung setzen, ist ungemein heftig und ungestüm, ich meine diejenige, durch welche sich ein Geschlecht nach dem andern sehnt, eine Leidenschaft, die allen Gefahren trotzt, alles, was ihr im Weg steht, mit sich fortreißt, und in ihrer Wut mehr, das menschliche Geschlecht aufzureiben als zu erhalten, bestimmt zu sein scheint. Wie wird es also um die Menschen stehen, wenn sie dieser ausgelassenen viehischen Raserei zum Raube werden und sich beständig ohne Scham und Zurückhaltung den Gegenstand ihrer Liebe auf Tod und Leben einander mit Blutvergießen streitig machen?

Man muß gestehen: je heftiger die Leidenschaften sind, desto nötiger sind die Gesetze, sie in Schranken zu halten. Allein, wie wenig die Gesetze in diesem Betracht zureichen, läßt sich aus den Lastern und Unordnungen abnehmen, die noch täglich zwischen uns aus den Leidenschaften entspringen, ja hier wäre noch die Frage, ob diese Unordnungen nicht mit den Gesetzen zugleich entstanden sind. Denn sollten je Unordnungen durch Gesetze unterdrückt werden können, so müßten diese wenigstens einem Übel Einhalt tun, das ohne sie gar nicht wäre.

Wir wollen anfangs in der Empfindung der Liebe das Sittliche von dem Physischen unterscheiden. Das Physische darin ist ein allgemeines Verlangen, das ein jedes Geschlecht trägt, sich mit dem anderen zu vermischen; das Sittliche in der Liebe bestimmt dieses Verlangen und setzt es auf einen einzigen Gegenstand entweder mit Ausschließung aller anderen oder wenigstens mit einem vorzüglichen Grade der Heftigkeit fest. Man kann leicht sehen, daß das Moralische der Liebe eine gemachte Empfindung ist. Es ist aus der eingeführten Gewohnheit der Gesellschaft entstanden, und die Weiber haben mit viel Geschicklichkeit und Sorgfalt darauf zu halten gewußt, wodurch sie ihre Herrschaft gegründet und einem Geschlechte die Regierung verschafft haben, das eigentlich Gehorsam leisten sollte. Bei keinem Wilden findet diese Empfindung statt, sie stützt sich auf gewisse Begriffe von Verdienst und Schönheit, die er nicht haben, und auf gewisse Vergleichungen, die er nicht anstellen kann. Denn da er noch keine abstrakten Begriffe von Regelmäßigkeit und Verhältnis hat, so kann sein Herz weder von Bewunderung noch von Liebe eingenommen sein, weil Bewunderung und Liebe sich immer auf solche Begriffe stützen, auch wenn man es nicht merkt. Der Wilde gehorcht allein dem Temperament, das er von der Natur empfangen hat, aber nicht dem Geschmack, den er erst hätte erlangen müssen. Eine jede Frau muß ihm gut genug sein.

Die Menschen hatten also nichts als das physische Gefühl der Liebe, und sie waren glücklich, daß sie von keinem Unterschied wußten, durch den die Empfindung nur mehr gereizt und die Schwierigkeiten gehäuft werden. Daher wird sich die Glut, die von dem Temperament herrührt, selten und nicht sehr heftig entzünden, und die Zwistigkeit, die irgend zwischen ihnen entstand, konnte keine grausamen Folgen nach sich gezogen haben. Die Einbildung, die zwischen uns so viele Verwüstungen anrichtet, hat auf das Herz eines Wilden gar keinen Einfluß; er wartet den Antrieb der Natur ruhig ab, überläßt sich ihm ohne Wahl mehr mit Vergnügen als mit Raserei, und die Begierde verschwindet, sobald dem Bedürfnisse Genüge geschehen ist.

Es ist also ausgemacht, daß die Liebe sowohl als alle anderen Leidenschaften erst in dem gesellschaftlichen Leben die lodernde Hitze erlangt haben, durch die sie dem menschlichen Geschlecht oft so schädlich werden. Die Erfahrung selbst bezeugt, daß es ungereimt ist, wenn man sich vorstellt, die Wilden müßten einander unaufhörlich umbringen, um ihre viehischen Begierden zu sättigen. Die Kariben, ein Volk, das bisher noch am wenigsten von dem Stande der Natur abgegangen ist, sind in ihrer Liebe am friedlichsten und der Eifersucht am wenigsten unterworfen, obgleich sie in einem heißen Landstrich wohnen, wo diese Leidenschaften am heftigsten sein sollten.

Was die Folgerungen betrifft, die man von verschiedenen Arten der Tiere auf die Menschen ziehen könnte, wie z. B. von den blutigen Kämpfen des männlichen Geflügels, die jederzeit unsere Hühnerhöfe mit Blut besudeln, oder der Tiere, die in der Brunstzeit die Wälder mit ihrem Geschrei füllen, indem sie einander die Weibchen streitig machen: so muß man erstens alle Arten davon ausschließen, zwischen deren Geschlechtern und ihren Kräften die Natur augenscheinlich ganz andere Verhältnisse festgesetzt hat als zwischen den unsrigen. Daher läßt sich von dem Kampf der Hähne kein Schluß auf das menschliche Geschlecht herleiten. Bei allen anderen Arten, wo diese Proportion besser beobachtet worden ist, können keine Kämpfe entstehen, als entweder, wenn von den Weibchen eine weit geringere Anzahl vorhanden ist als von den Männchen oder wenn jene zu gewissen Zeiten diese nicht annehmen wollen. Die zweite Ursache kommt mit der ersten auf eines hinaus. Denn wenn das Weibchen nur zwei Monate im Jahr das Männchen erduldet, so ist es, was unseren Fall betrifft, ebensoviel, als wenn die Anzahl der Weibchen um fünf Sechstel verringert worden wäre. Allein, keiner von diesen beiden Fällen läßt sich auf das menschliche Geschlecht anwenden. Meistenteils sind unter demselben mehr Weiber als Männer, und man hat noch niemals gehört, daß die Weiber der Wilden, wie die anderer Arten, gewisse Zeiten der Brunst und Enthaltung hätten. Zudem finden sich einige von diesen Tieren, bei denen die ganze Art auf einmal von der heftigen Glut entzündet wird, und zu einer solchen Zeit entsteht eine allgemeine Brunst und daher Aufruhr, Unordnung und Streit; bei dem Menschen ist die Liebe nicht auf bestimmte Zeiten eingeschränkt, daher kann diese Unruhe bei ihm nicht stattfinden. Wenn sich also auch gewisse Tiere um den Besitz ihrer Weibchen streiten, so kann dennoch daraus nicht geschlossen werden, daß es die Menschen im Stande der Natur ebenso machen müßten. Und wenn dieser Schluß auch richtig wäre, so ist es doch gewiß, daß diese Uneinigkeiten so wenig das menschliche Geschlecht aufreiben könnten, so wenig je eine andere Art von Tieren davon untergegangen ist. Ja, es steht zu vermuten, daß sie im Stande der Natur noch weniger Verwüstung anrichten müßten als in dem gesellschaftlichen Leben und besonders in solchen Ländern, wo die Sitten noch etwas gelten, in welchen alsdann aus der Eifersucht der Liebhaber und der Rache der Männer so mancher Zweikampf, so mancher Mord, ja noch schlimmere Folgen zu entstehen pflegen, wo die Schuldigkeit, jemandem ewig treu zu sein, die Weiber zu Ehebrecherinnen macht und die Gesetze der Enthaltsamkeit und der Ehre notwendig nur Unkeuschheit und Abtreibungen vermehren.

Laßt uns daher schließen, daß der wilde Mensch, der in Wäldern herumirrt ohne Fertigkeiten, ohne Sprache, ohne Wohnhaus, ohne Krieg und ohne Verbindung, ohne seinesgleichen zu bedürfen, und ohne Begierde, ihnen Übles zuzufügen, daß ein solcher Mensch, sage ich, der wenig Leidenschaften unterworfen ist und an sich selbst genug hat, keine anderen Empfindungen und Einsichten haben könne, als die sich für seinen Zustand schicken, daß er nichts anderes als seine wahren Bedürfnisse fühlt, auch nichts anderes betrachtet, als wovon er glaubt, daß es ihn angehe, und daß endlich sein Verstand nicht weiter fortschreitet als seine Eitelkeit. Geriet er unvermutet auf irgendeine Entdeckung, so konnte er sie niemandem mitteilen, weil ihm sogar seine eigenen Kinder unbekannt sein mußten. Die Kunst verging zugleich mit dem Erfinder derselben; da war weder Erziehung noch Besserung, die Geburten folgten aufeinander, aber ohne Nutzen; sie mußten alle immer wieder von demselben Punkte ausgehen; Jahrhunderte verstrichen, und die Menschen verharrten in der Rauheit der ersten Zeiten, das Geschlecht war schon alt, und der Mensch blieb noch ein Kind.

Ich habe mich vielleicht bei der Voraussetzung, wie es mit dem ursprünglichen Zustand des Menschen mag beschaffen gewesen sein, zu lange aufgehalten. Allein, da ich eingewurzelte Irrtümer und alte Vorurteile zu bestreiten hatte, glaubte ich bis zur Wurzel graben zu müssen, um in dem Gemälde von dem wahren Stande der Natur zu zeigen, daß sogar die natürliche Ungleichheit lange nicht so viel Wirklichkeit und Einfluß in diesem Zustand hat, wie unsere Schriftsteller uns einreden wollen.

Es ist wahrlich leicht zu beweisen, daß viele Unterschiede, darin die Menschen voneinander abweichen, für natürlich gehalten werden, während sie doch eigentlich nur von der Gewohnheit und den verschiedenen Lebensarten herrühren, welche die Menschen in dem gesellschaftlichen Leben angenommen haben. Ein starkes oder zärtliches Temperament, die Stärke oder die Schwachheit selbst, die daraus entspringen, sind oft mehr einer harten oder weibischen Erziehung als der verschiedenen ursprünglichen Leibesbeschaffenheit zuzuschreiben. Mit den Seelenkräften hat es dieselbe Bewandtnis. Durch die Erziehung unterscheiden sich nicht allein die ausgebildeten Geister von denjenigen, die sich selbst überlassen werden, sondern jene selbst weichen voneinander ab, je nachdem sie mit mehr oder weniger Sorgfalt ausgebildet werden; denn wenn ein Riese und ein Zwerg in einer Bahn laufen, so wird der Riese mit jedem Schritt immer mehr vorankommen. Man vergleiche also die unbeschreiblichen Verschiedenheiten zwischen den vielerlei Erziehungen und Lebensarten, die in dem bürgerlichen Leben herrschen, mit dem gleichförmigen und einfachen Wesen des tierischen wilden Lebens, da sich alle von einerlei Speisen ernähren, auf einerlei Art leben und einerlei Dinge verrichten, so wird man finden, daß der Unterschied zwischen Mensch und Mensch in dem Stande der Natur weit geringer sein müsse als in dem Stand des gesellschaftlichen Lebens, und daß die bei dem menschlichen Geschlecht eingeführte Ungleichheit die natürliche um ein Vielfaches vermehrt haben müsse.

Allein, gesetzt die Natur hätte wirklich ihre Gaben so ungleich ausgeteilt, wie man vorgibt, was könnten ihre vorzüglichen Lieblinge zum Nachteil anderer für Vorteil daraus ziehen, da noch alle Umstände nicht die mindeste Gemeinschaft unter ihnen zuließen? Was nützt die Schönheit, wenn keine Liebe vorhanden ist? Was hilft den Menschen der Witz, wenn sie nicht reden können, oder die List, wenn sie keine Geschäfte haben? Man wiederholt immer, daß die Stärkeren die Schwächeren unterdrücken werden, aber was versteht man unter dem Wort unterdrücken? Diese werden mit Gewalt herrschen, und jene in ihrem Joche seufzen und ihrem Eigensinne untertänig sein müssen. Nun ja, bei uns sehe ich dieses wohl, wie es aber von wilden Menschen gesagt werden könne, denen man kaum die Begriffe von Dienstbarkeit und Herrschaft beibringen kann, das begreife ich nicht. Einer kann dem anderen wohl die Früchte, die er sich abgebrochen, das Wild das er erschlagen oder die Höhle, die ihm zum Schutz gedient hat, wegnehmen, aber wie kann er ihn je zum Gehorsam zwingen und mit welchen Ketten können Menschen voneinander abhängen, die gar nichts besitzen? Man verjagt mich von einem Baum, ich kann mir einen anderen suchen; man quält mich hier an diesem Ort, wer verwehrt es mir, anderswo hinzugehen? Findet sich irgendeiner, der mir an Macht so weit überlegen ist, der noch überdies boshaft, faul und wild genug ist, selbst müßig zu gehen und mich zu zwingen, daß ich für seinen Unterhalt sorge: so muß er sich entschließen, mich nicht einen Augenblick aus seinem Blick zu lassen, mich mit großer Sorgfalt, solange er schläft, gebunden zu halten, damit ich ihn nicht umbringe oder davonlaufe, das heißt, er muß eine größere Beschwerlichkeit freiwillig auf sich nehmen, als er zu vermeiden und mir aufzuerlegen glaubt. Wenn seine Wachsamkeit nur einen Augenblick nachläßt oder wenn er bei einem unvermuteten Lärm nur den Kopf wendet, so brauche ich nur zwanzig Schritte in den nächsten Wald hineinzulaufen, um mich aus seiner Knechtschaft zu befreien und ihm ewig nicht wieder unter die Augen zu kommen.

Wir wollen diese besonderen Fälle nicht weitläufiger ausführen, und es muß einem jeden in die Augen leuchten, daß die Fesseln der Knechtschaft nicht anders als durch die Abhängigkeit der Menschen voneinander und durch ihre gegenseitigen Bedürfnisse haben geschmiedet werden können, und daß wir unmöglich einen Menschen untertänig machen können, wenn wir ihn nicht dahin gebracht haben, daß er eines anderen nicht entbehren kann. Hat es also in dem Stande der Natur niemals einen solchen Zustand gegeben, so müssen die Menschen darin von allem Joch befreit und das Gesetz des Stärkeren muß kraftlos gewesen sein.

Nachdem ich nunmehr bewiesen habe, daß die Ungleichheit in dem Stande der Natur unmerklich ist und fast gar keinen Einfluß auf die menschlichen Handlungen hat, so werde ich noch den Ursprung dieser Ungleichheit und die Art, wie sie mit der allmählichen Entwicklung des menschlichen Verstandes zugenommen hat, zu zeigen haben. Man hat gesehen, daß das *Vermögen sich vollkommener zu machen*, die gesellschaftlichen Tugenden und alle übrigen Fähigkeiten, zu welchem der Mensch in dem Stande der Natur aufgelegt ist, sich niemals von selbst haben entwickeln können, und daß zu diesem Ende viele äußerliche Ursachen zufälligerweise haben zusammenstoßen müssen, die wirklich hätten ausbleiben können, und wenn sie ausgeblieben wären, den Menschen beständig in seinem ursprünglichen Zustand gelassen hätten. Ich werde also die verschiedenen Zufälle betrachten und zusammenbringen müssen, die den menschlichen Verstand vollkommener gemacht haben, indem sie die Gattung verschlimmerten, die ihn selbst ruchloser gemacht haben, indem sie ihn gesellig werden ließen, die endlich Menschen und Welt von so weit her bis auf den Punkt haben bringen können, wo wir sie jetzt antreffen.

Ich gestehe, daß diese Begebenheiten sich auf vielerlei Weise haben zutragen können und daß ich mich bloß auf Mutmaßungen stützen kann, wenn ich unter ihnen eine Wahl treffen will. Allein, einesteils werden die Mutmaßungen zu Vernunftgründen, wenn sie die wahrscheinlichsten sind, die aus der Natur der Dinge gezogen werden können, und die einzigen Mittel, durch welche die Wahrheit zu entdecken ist; andernteils sollen die Folgerungen, die ich aus meinen Mußmaßungen ziehen will, mehr als bloße Mutmaßungen sein. Denn nach den Grundsätzen, die ich festgesetzt habe, mag man ein Lehrgebäude aufrichten, welches man will, so wird man immer auf dieselben Folgen, immer auf dieselben Schlüsse hinauskommen müssen.

Es wird daher nicht nötig sein, weitläufige Betrachtungen anzustellen, wie gewisse Begebenheiten durch die Länge der Zeit wahrscheinlich werden können; wie oft sehr geringe Ursachen eine erstaunliche Gewalt haben, wenn sie ohne Unterlaß wirken; wie es zuzeiten unmöglich ist, eine Hypothese fahren zu lassen, obgleich auf der anderen Seite ihre Gewißheit nicht durch geschehene Dinge bestätigt werden kann; wie uns die Geschichte die unbekannten oder für unbekannt gehaltenen Begebenheiten angeben soll, die sich zwischen zwei anderen bekannten Begebenheiten zugetragen haben, und wie sie sie verbinden soll; wie aber, wenn uns die Geschichte fehlt, durch die Philosophie geschlossen werden muß, wie sich alles ereignet haben mag und wie diese bekannten Begebenheiten miteinander verknüpft gewesen sein mögen, kurz, wie alle Dinge, die sich zugetragen haben, durch die Ähnlichkeit in eine viel geringere Anzahl von verschiedenen Klassen eingeschränkt werden können, als man sich einbildet. Es ist mir genug, daß ich alles dieses meinen Richtern zu bedenken vorlege, so daß gemeine Leser nicht mehr nötig haben, es länger in Betracht zu ziehen.

ZWEITER TEIL

Der erste, welcher ein Stück Landes umzäunte, sich in den Sinn kommen ließ zu sagen: *dieses ist mein*, und einfältige Leute antraf, die es ihm glaubten, der war der wahre Stifter der bürgerlichen Gesellschaft. Wieviel Laster, wieviel Krieg, wieviel Mord, Elend und Greuel hätte einer nicht verhüten können, der die Pfähle ausgerissen, den Graben verschüttet und seinen Mitmenschen zugerufen hätte: »Glaubt diesem Betrüger nicht; ihr seid verloren, wenn ihr vergeßt, daß die Früchte euch allen, der Boden aber niemandem gehört.« Allein, allem Ansehen nach muß es damals schon so weit gekommen gewesen sein, daß es nicht mehr auf dem alten Fuße hat bleiben können. Der Begriff des Eigentums hat nicht auf einmal in dem menschlichen Verstande entstehen können, denn er hängt von vielen vorhergehenden Begriffen ab, die sich alle erst nach und nach entwickelt haben müssen. Fleiß und Einsicht müssen erst sehr zugenommen, von Alter zu Alter mitgeteilt und fortgepflanzt worden sein, bevor der Stand der Natur dergestalt seinen letzten Zeitpunkt erreicht hat. Wir wollen also noch früher anfangen und die langsame Folge von Begebenheiten und Einsichten in ihrer natürlichen Ordnung unter einen einzigen Gesichtspunkt versammeln.

Die erste Empfindung des Menschen war die Empfindung seines Daseins und seine erste Sorge die Sorge für seine Erhaltung. Die Erde brachte ihm alles hervor, was er nötig hatte, und der Instinkt trieb ihn an, sich dieser Dinge zu bedienen. Der Hunger und verschiedene andere Begierden ließen ihn eine mannigfache Abwechslung seines Daseins erproben und darunter fand sich eine, welche ihn sein Geschlecht fortzupflanzen anreizte. Die Folgen dieses blinden Triebes, der von keiner Empfindung des Herzens begleitet ward, konnten nichts anderes als eine bloß tierische Handlung sein. War die Begierde gestillt, so kannten sich die Geschlechter nicht mehr, und das Kind selbst hatte mit der Mutter nichts mehr zu schaffen, sobald es ihrer nicht mehr bedurfte.

Dieses war der Zustand des menschlichen Geschlechts nach seiner Entstehung; so lebte damals dieses Tier, als sein ganzes Leben noch in bloßen Empfindungen bestand, als es sich der Gaben, mit welchen es die Natur beschenkt hatte, noch kaum zunutze zu machen wußte und um so weniger darauf bedacht war, ihr Geschenke zu entreißen. Jedoch es zeigten sich bald Schwierigkeiten, die der Mensch zu übersteigen trachten mußte. Bäume, die zu hoch waren, als daß er ihre Früchte erreichen konnte, eine Menge von Tieren, die nach eben diesen Früchten strebten, weil sie davon leben mußten, und die oft so wild waren, daß sie nach seinem Leben trachteten, nötigten ihn, sich auf Übungen des Leibes zu legen. Er mußte sich hurtig, zum Laufen behende und zum Kampf handfest machen. Die natürlichen Waffen, Zweige und Steine, waren ihm bei der Hand. Er lernte die Hindernisse der Natur übersteigen, andere Tiere, wenn es nötig war, zu bekämpfen, den Menschen selbst ihren Unterhalt streitig zu machen und sich schadlos zu halten, wenn er irgend einem Stärkeren etwas abtreten mußte.

Als sich das menschliche Geschlecht ausbreitete, vermehrten sich die Ungemächlichkeiten so, wie die Menschen zunahmen. Die Verschiedenheit des Erdbodens, der Weltgegenden und der Jahreszeiten veranlaßten sie auch, ihre Lebensart verschieden einzurichten. Unfruchtbare Zeiten, lange und strenge Winter, brennende und alles verzehrende Sommer nötigten ihnen einen neuartigen Fleiß ab. Am Meere und an den Flüssen erdachten sie Angel und Haken, wurden Fischer und Fischesser. In den Wäldern machten sie sich Bogen und Pfeile, wurden Jäger und Kriegsleute; in den kalten Ländern erlegten sie Tiere und bedeckten sich mit ihren Häuten. Der Blitz, ein feuerspeiender Berg oder sonst ein glücklicher Zufall machte ihnen das Feuer bekannt, dessen sie sich vornehmlich wider die strenge Kälte bedienen konnten. Sie lernten das Mittel, dieses Element zu verwahren, hernach es wieder anzuzünden und endlich die Speisen dadurch zuzubereiten, die sie vorher roh verschlucken mußten.

Sowie sich diese Geschöpfe, welche sich selbst und einer dem andern so ungleich waren, immer mehr und mehr auf dergleichen Erfindungen legten, entstanden natürlicherweise bei ihnen gewisse Begriffe von Verhältnis und Verwandtschaft, die wir durch groß, klein, stark, schwach, behende, langsam, zaghaft und kühn und ähnliche Begriffe auszudrücken pflegen. Und wenn sie diese Begriffe mit ihren Bedürfnissen verglichen, so mußten sie auf eine Art von Überlegung oder mechanischer Klugheit verfallen, um auf allerhand Art dasjenige zu besorgen, was zu ihrer Sicherheit nötig war.

Die neuen Einsichten, welche sie solchergestalt erlangten, gaben ihnen ihre Herrschaft über die Tiere zu erkennen, und eben dadurch wurde diese Herrschaft immer größer. Sie übten sich darin, ihnen Fallen zu stellen, sie betrogen sie auf tausenderlei Art und obgleich sich unter denjenigen, die ihnen nützlich sein oder schaden konnten, einige fanden, die ihnen an Macht oder an Behendigkeit überlegen waren, so wurden sie doch mit der Zeit über diese Herr und Meister und für jene eine Züchtigung. So machte der erste Blick, den der Mensch auf sich selbst warf, in ihm die erste Bewegung des Stolzes rege, und als er noch kaum die Stände unterscheiden konnte und sich selbst nur in Ansehung seiner Gattung als überlegen betrachtete, bereitete er sich schon vor, einst als Individuum darauf Anspruch zu erheben.

Er vergaß die übrigen, die seinesgleichen waren, bei dieser Beobachtung nicht, obgleich sie ihm das nicht waren, was sie jetzt uns sind, und obgleich er mit ihnen nicht viel mehr Umgang hatte als mit den anderen Tieren. Aus der Gleichförmigkeit, die Mann und Frau mit der Zeit unter sich wahrgenommen haben, konnten sie auf das schließen, was sie nicht zu sehen bekamen, und da ein jeder sah, daß der andere eben das tut, was er in solchen Fällen gleichfalls getan haben würde, so schlossen sie, daß die Art zu denken und zu empfinden bei beiden vollkommen gleich sein müßte. Wenn diese Wahrheit in das Gemüt des Menschen eingedrungen ist, so leitet sie ihn durch eine Ahnung ebenso sicher und schneller als die Dialektik auf die besten Regeln der Aufführung, die er zu seinem Vorteile und zu seiner Sicherheit zu beobachten hat.

Die Erfahrung, welche ihn lehrte, daß die Neigung zum Wohlsein die einzige Triebfeder aller menschlichen Handlungen ist, setzt ihn endlich in den Stand, die seltenen Fälle zu unterscheiden, da das allgemeine Beste ihm einige Hoffnung auf den Beistand seinesgleichen machen kann, und die noch selteneren, da er ein Mißtrauen in seine Mitmenschen zu setzen hat, weil sie mit ihm nach einerlei Dingen streben. In dem ersten Falle versammelte er sich mit ihnen in einen Haufen oder höchstens in eine Art von Gesellschaft, in welcher niemand zu etwas verbunden ist und die nur so lange währt, bis das Bedürfnis vorüber ist, weshalb sie gestiftet wurde. In dem zweiten hingegen bediente sich ein jeder seiner Vorteile, der Stärkere seiner Gewalt und der Schwächere seiner Geschicklichkeit oder seiner Verschlagenheit.

Solchergestalt haben die Menschen unvermerkt einige grobe Begriffe von gegenseitiger Verbindung und von dem Vorteile, den ihre Erfüllung bringt, erlangen können. Sie konnten hierin aber nur so weit gehen, als es der gegenwärtige augenscheinliche Nutzen erforderte, denn die Vorsorge für das Künftige war ihnen unbekannt, und sie bekümmerten sich nicht allein um keine entfernte Zukunft, sie dachten nicht einmal an den folgenden Tag. Wollte man einen Hirsch jagen, so merkte ein jeder wohl, daß er auf seinen Posten acht geben müsse. Wenn einer aber einen Hasen neben ihm hin laufen sah, so ist kein Zweifel, daß er ihm nachgesetzt und sich um die Beute seiner Mitgesellen wenig bekümmert haben wird, wenn er nur die seinige erreicht hat.

Man begreift sehr leicht, daß die Menschen zu dieser Gemeinschaft eben keine gekünsteltere Sprache nötig hatten als die Raben oder Affen, die sich fast auf eben die Art in Haufen versammeln. Ein unartikuliertes Schreien, mit vielerlei Stellungen verbunden, und einige nachahmende Laute mußten eine lange Zeit die ganze allgemeine Sprache ausgemacht haben. Kamen hierzu noch in gewissen Weltgegenden einige artikulierte und vereinbarte Zeichen, deren Einführung, wie wir oben erinnert, nicht leicht zu erklären ist, so entstanden daraus einige besondere, aber grobe und unvollkommene Sprachen, dergleichen man fast noch jetzt bei vielen wilden Völkern antrifft. Die Länge der Zeit, welche hat verstreichen müssen, bevor es hiermit so weit gekommen ist, die Menge von Dingen, die ich zu sagen habe, und der fast unmerkliche Fortschritt, den sie anfangs haben gewinnen können, nötigen mich, viele Jahrhunderte auf einmal zu durcheilen; je langsamer die Begebenheiten aufeinander folgen, desto geschwinder muß man sie in der Beschreibung durchlaufen.

Nachdem die Menschen schon so weit gekommen waren, so waren sie imstande, schnellere Fortschritte zu machen. Je mehr sich ihr Geist aufklärte, desto vollkommener waren die Werke ihres Fleißes. Man sah sie nicht mehr unter dem ersten besten Baume einschlafen oder sich in Höhlen verkriechen; sie fanden bald harte und schneidende Steine, deren sie sich bedienen konnten, um Holz abzubauen, die Erde umzugraben, sich Hütten aus Laubwerk aufzurichten, die man nachher anfing, mit Ton und Erde zu bekleben. Dieses war der Zeitpunkt einer ersten Revolution, durch welche die Einteilung in besondere Familien und eine Art Eigentum eingeführt worden ist. Daraus mag schon damals Zank und Streit genug entstanden sein. Da aber die Stärkeren, die ersten gewesen sein werden, die sich Wohnplätze erbaut haben, weil sie wußten, daß sie sie beschützen konnten, so werden die Schwächeren vermutlich lieber den kürzesten und sichersten Weg gegangen sein, jene nachzuahmen, als sich zu unterstehen, sie aus ihren Hütten zu verjagen. Wer sich nun selbst eine erbaut hatte, konnte wenig Verlangen tragen, sich der Hütte seines Nachbarn zu bemächtigen. Nicht so sehr, weil sie nicht sein, als weil sie ihm unnütz war und weil er ihrer nicht habhaft werden konnte, ohne mit der Familie, die sie im Besitz hatte, einen hitzigen Streit anzufangen.

Aus diesem neuen Zustande, der Mann und Frau, Vater und Kinder in eine gemeinschaftliche Wohnung versammelte, entsprangen die ersten Entwicklungen des menschlichen Gemüts. Die Gewohnheit, welche sie erlangten, miteinander zu leben, erzeugte die angenehmsten Empfindungen, die die Menschen je gekannt haben, die eheliche und väterliche Liebe. Aus einem jeden Geschlecht wurde eine kleine Gesellschaft, die nicht anders als in Einigkeit leben konnte, weil sie bloß durch das Band der Freiheit und der gegenseitigen Zuneigung verknüpft gewesen ist. Das männliche und weibliche Geschlecht, die bis dahin auf einerlei Art gelebt hatten, fingen jetzt an, eine verschiedene Lebensart anzunehmen. Die Weiber blieben fleißiger zu Hause, um auf die Hütte und auf die Kinder acht zu haben, und die Männer gingen aus, den gemeinschaftlichen Unterhalt einzuholen. Beide Geschlechter fingen endlich an, durch ein etwas weichlicheres Leben, einen Teil ihrer Wildheit und Stärke zu verlieren. War aber ein jeder einzeln nicht mehr so geschickt, die wilden Tiere zu bekämpfen, so konnten sie sich im Gegenteil leichter versammeln und ihnen gemeinschaftlich Widerstand leisten.

Die Menschen, welche in diesem neuen Zustande ein einsames und ungekünsteltes Leben führten mit sehr eingeschränkten Bedürfnissen, und die mit den nötigen Werkzeugen versehen waren, sie zu befriedigen, wendeten ihre Muße an, sich mit vielen Bequemlichkeiten zu versorgen, von denen ihre Väter nichts gewußt haben. Dieses war das erste Joch, dem sie sich, ohne daran zu denken, unterwarfen, und die erste Quelle der Übel, die sie für ihre Nachkommenschaft zubereiteten. Sie schwächten sich nicht nur dadurch Leib und Seele, sondern die Bequemlichkeiten selbst verloren durch die Gewohnheit ihre Annehmlichkeit und schlugen zu gleicher Zeit in wahre Bedürfnisse aus. Nunmehr behagte ihnen der Besitz derselben nicht so sehr, als ihnen die Beraubung Verdruß verursachte. Sie waren nicht glücklich, wenn sie sie hatten, aber doch unglücklich, wenn sie ihnen fehlten.

Nunmehr versteht man etwas besser, wie der Gebrauch der Sprache in dem Schoße einer jeden Familie eingeführt oder wenigstens unvermerkt verbessert wurde. Man kann sogar auf gewisse Mutmaßungen kommen, wie gewisse häusliche Umstände die Sprache unentbehrlich gemacht und dadurch Anlaß gegeben haben, ihre Grenzen weiter auszudehnen und darin leichter fortzukommen. Manche bewohnten Landstriche wurden durch große Überschwemmungen mit Wasser oder durch Erdbeben mit diesen Schlünden umgeben. Oft wurden Stücke vom festen Boden durch große Revolutionen, die auf der Erdkugel vorgingen, losgerissen und in Inseln abgeteilt. Man sieht leicht, daß Menschen, die solchergestalt sich näher versammeln und miteinander leben mußten, weit eher eine gemeinschaftliche Mundart haben annehmen können, als solche, die auf dem Festland in den Wäldern herumirrten. Die Insulaner haben uns dann, nachdem sie sich in der Schiffahrt einigermaßen versucht, den Gebrauch ihrer Sprache sehr leicht bringen können; und es ist wenigstens höchst wahrscheinlich, daß Geselligkeit und Sprache auf den Inseln zuerst haben entstehen und vervollkommnet werden können, bevor sie den Einwohnern des festen Landes bekannt geworden sind.

Alles gewinnt nunmehr ein anderes Aussehen. Die Menschen, die bisher in den Büschen herumgestreift waren, nehmen jetzt einige Stetigkeit an, sie kommen langsam näher zusammen, sie versammeln sich in verschiedenen Haufen und bilden in einer jeden Weltgegend eine besondere Nation von einerlei Sitten und Charakter, nicht sosehr durch Verordnungen und Gesetze als durch die Lebensart, die Speisen und den Einfluß des Klimas, die Glieder einer jeden Nation miteinander gemein haben. Zwischen beständig benachbarten Familien mußten endlich gewisse Verbindungen entstehen. Das junge Volk von beiderlei Geschlecht wohnt in Hütten nebeneinander, und die kurze und unstete Gemeinschaft, zu der die Natur sie einlädt, verleitet sie zu einem dauerhafteren Umgang, der mit nicht weniger Annehmlichkeit verknüpft ist. Man wird gewohnt, verschiedene Gegenstände zu beschauen und Vergleiche zwischen ihnen anzustellen. Man gerät dadurch unvermerkt auf Begriffe von Verdienst und Schönheit, die uns alsdann für gewisse Gegenstände etwas Vorzügliches empfinden lassen. Man sieht einander so oft, bis man sich beständig zu sehen wünscht. Eine zärtliche und süße Empfindung pflanzt sich in die Seele ein, die in die heftigste Wut ausbricht, wenn ihr das kleinste Hindernis im Wege steht. Mit der Liebe erwacht die Eifersucht, die Zwietracht herrscht, und der angenehmsten der Leidenschaften wird Menschenblut zum Opfer gebracht.

Sowie Begriffe und Empfindungen zunahmen, sowie sich Geist und Herz in steter Übung erhielten, so fuhr das menschliche Geschlecht fort, sich nach und nach zu bezähmen, die Gemeinschaft breitete sich weiter aus und die Bande schlossen sich fester zusammen. Man fing an, sich vor den Hütten oder um einen großen Baum zu versammeln. Singen und Tanzen, die echten Kinder der Liebe und Muße, wurden ein Zeitvertreib oder vielmehr eine Beschäftigung für das müßige Volk beiderlei Geschlechts, das hier zusammenkam. Ein jeder bemerkte alle anderen und hatte Lust, wiederum von ihnen bemerkt zu werden. Die öffentliche Hochachtung erlangte einen Wert. Wer am besten singen, wer am besten tanzen konnte, der Schönste, der Stärkste, der Geschickteste oder der Beredteste wurde am meisten bemerkt. Dieses war der erste Schritt zur Ungleichheit und zugleich der erste Schritt zum Laster. Der erste Vorrang, den man einigen einräumte, erzeugte hier Stolz und Verachtung, dort Scham und Neid, und aus dem Gähren dieses ungewohnten Sauerteigs entstanden schädliche Beimischungen für die Glückseligkeit der Menschen und für ihre Unschuld.

Hatten nun die Menschen einmal angefangen, ihren Wert zu bestimmen und die Begriffe von Hochachtung zu erlangen, so glaubte ein jeder, ein Recht dazu zu haben, und man konnte es niemandem ungestraft entziehen. Daraus entstanden, sogar unter den Wilden, die ersten Pflichten der Geselligkeit, und ein jedes Unrecht, das mit Willen geschah, wurde eine Beleidigung genannt, nicht nur wegen des Übels, das aus der Beschimpfung entstand, sondern weil dem Beleidigten oft die Verachtung unerträglicher war als das Übel selbst. Je mehr ein jeder von sich hielt, desto härter bestrafte er die Geringschätzung, die ein anderer für ihn bezeugt hatte; die Rache wurde schrecklich, und die Menschen wurden blutdürstig und grausam. In genau diesem Zustand befanden sich die meisten wilden Völker zu der Zeit, da sie uns bekannt wurden, und wenn einige daraus haben schließen wollen, daß der Mensch von Natur grausam sei und durch eine Polizei bezähmt werden müsse, so hatten sie aus Übereilung die Begriffe nicht genug auseinandergesetzt und nicht genug darauf achtgegeben, wie weit diese Völker damals schon von dem Stande der Natur entfernt waren. Es ist nichts zahmer als der Mensch in seinem ursprünglichen Zustande, da ihn die Natur von der Dummheit der Tiere und von den schädlichen Einsichten des gesitteten Menschen gleich weit entfernt, da Vernunft und Instinkt nur darauf abzielen, daß er sich vor einem Übel hüte, von dem er bedroht wird, und da er durch ein natürliches Mitleid abgehalten wird, jemals Böses zu tun, auch wenn es ihm von einem anderen zugefügt wird, und nichts kann ihn dazu antreiben, es ihm wiederum zu vergelten. Nach des weisen Locke Grundsatz *gibt es kein Unrecht, wo kein Eigentum ist.*

Man bemerke aber dies: Nachdem das gesellschaftliche Leben angefangen hat und die Verhältnisse zwischen den Menschen eingeführt worden sind, mußten sie vieles ändern, was ihre ursprüngliche Beschaffenheit mit sich brachte. Die Sittlichkeit fing an, bei den menschlichen Handlungen ihren Platz einzunehmen, und da ein jeder vor Einführung der Gesetze sein eigener Richter war und die Beleidigungen selbst bestrafte, die ihm ein anderer zugefügt hatte, so konnte er bei der Entstehung der Gesellschaften die Güte nicht mehr behalten, die dem reinen Stande der Natur zukam. Ja, die Strafen mußten umso härter werden, je häufiger und gewöhnlicher die Gelegenheit war, einem andern Leides zu tun, weil die Furcht vor der Rache statt des Zaums der Gesetze dienen mußte. Obgleich nun die Menschen in diesem Zustande schon weniger aushalten und ihr natürliches Mitleid schon ziemlich verändert hatten, so war dennoch diese Zeit, da sich ihre Fähigkeiten entwickelten, vielleicht die glücklichste und dauerhafteste Zeit für die Menschen, weil sie zwischen der Faulheit des ursprünglichen Zustandes und der törichten Wirksamkeit unserer Eigenliebe die wahre Mitte hält. Je mehr man dieser Sache nachdenkt, desto mehr wird man finden, daß dieser Zustand den Revolutionen am wenigsten unterworfen war und dem Menschen am besten ansteht. (XVI.) Ein heilloser Zufall, der zum allgemeinen Besten sich nimmermehr hätte ereignen sollen, muß sie aus diesem Zustande gerissen haben. Die Wilden, die man meistens an diesem Punkte angetroffen, scheinen durch ihr Beispiel zu bestätigen, daß dem Menschengeschlecht bestimmt war, in diesem Zustande zu verbleiben, daß er eigentlich das jugendliche Weltalter genannt zu werden verdiente, und daß ein jeder Schritt, den man weiter tat, allem Anschein nach der Vollkommenheit des Individuums fortgeholfen hat, aber ein Schritt näher zur Verderbnis seines Geschlechts gewesen ist.

Solange die Menschen es sich genügen ließen, in bäurischen Hütten zu wohnen, ihre Kleidungen aus verschiedenen Häuten mit Fischgräten oder Dornen zusammenzuheften, sich mit Federn und Muschelwerk zu putzen, Bogen und Pfeile auszubessern oder mit Zierat zu versehen und mit schneidenden Steinen einige Fischerkähne oder einige grobe musikalische Instrumente zu verfertigen, mit einem Worte, solange sie sich noch auf Handwerke legten, die ein jeder selbst lernen und ausüben konnte, solange sie noch an keine Künste dachten, zu denen viele Hände erfordert werden, solange waren sie so frei, so gesund, so gütig und so glücklich, als es ihre eigene Natur erlaubte, und genossen ohne Unterlaß einen freien unabhängigen Umgang. Sobald aber ein Mensch der Hilfe eines andern zu bedürfen anfing, sobald man für nützlich hielt, daß ein Mensch Vorrat genug besaß, zwei zu unterhalten, so verschwand die Gleichheit, und das Eigentum ward an seiner Stelle eingeführt. Große, weit ausgedehnte Wälder wurden in lachende Felder verwandelt, die der Landmann mit seinem Schweiße befeuchten mußte und darauf man Elend und Sklaverei zugleich mit der Ernte aufkommen sah.

Die Erfindung der Erzbearbeitung und des Ackerbaues brachten diese große Revolution zuwege. Der Dichter findet in Gold und Silber und der Weltweise in Eisen und Getreide die beiden Dinge, die die Menschen gesittet gemacht und das menschliche Geschlecht verderbt haben. Beide waren den wilden Amerikanern unbekannt, und daher blieben sie immer auf dem alten Fuße. Alle übrigen Völker sind noch Barbaren geblieben, solange sie eine von diesen Künsten ohne die andere getrieben haben, und unter den Ursachen, warum Europa, wo nicht zuerst, doch wenigstens am beständigsten und am besten jederzeit gesittet gewesen ist, mag eine von den vornehmsten sein, daß es an Korn und an Eisen den größten Überfluß hat.

Es ist sehr schwer, durch Mutmaßungen herauszubringen, wie die Menschen das Eisen kennen und brauchen gelernt haben. Man kann nicht glauben, daß sie von selbst darauf gefallen wären, den Stoff aus den Schächten hervorzuholen und zum Schmelzen zu bereiten, bevor sie noch gewußt, was daraus werden wird. Man kann diese Entdeckung noch weniger einer zufälligen Entzündung der Erzgruben zuschreiben, weil diese nirgend anders, als in einem rauhen Boden, auf dem weder Bäume noch Pflanzen vorkommen, anzutreffen sind. Die Natur scheint alle nötige Vorsicht gebraucht zu haben, dieses heillose Geheimnis vor unseren Augen zu verstecken. Es muß also notwendig ein sehr außerordentlicher Umstand hinzugekommen sein, als nämlich ein feuerspeiender Berg flüssiges Erz ausgeworfen, und den Beobachtern Anlaß gegeben hat, dieses Kunststück der Natur nachzuahmen. Auch dann müßte man diesen Leuten mehr Mut und Vorsicht zuschreiben, als sie damals haben konnten, um sich einer solchen mühsamen Arbeit zu unterziehen und von ferne den Nutzen einzusehen, den sie davon haben könnten. Hierzu scheinen nur fertige und erfahrene Geister aufgelegt zu sein.

In Ansehung des Ackerbaues aber müssen die Grundsätze dieser Kunst lange Zeit vorher bekannt gewesen sein, bevor sie zum Gebrauch eingeführt worden sind. Es ist fast unmöglich, daß die Menschen unaufhörlich beschäftigt gewesen sein sollten, von Bäumen und Pflanzen ihren Unterhalt einzusammeln, ohne der Natur die Wege abzusehen, deren sie sich bedient, die Pflanzen zum Gedeihen zu bringen. Hingegen wandte sich ihr Fleiß wahrscheinlich sehr spät auf diese Seite, sei es, weil sie an den Baumfrüchten, der Jagd und der Fischerei Lebensmittel genug hatten, sei es, daß sie nicht gewußt haben, wie das Getreide zu brauchen sei, sei es, daß ihnen die Werkzeuge gefehlt haben, zu arbeiten, sei es, daß sie für ihre künftigen Bedürfnisse keine Vorsorge getroffen haben oder endlich, weil sie niemanden abhalten konnten, sich der Früchte ihres Schweißes zu bemächtigen. Nachdem die Menschen arbeitsamer geworden sind, müssen sie den Anfang damit gemacht haben, einige Hülsenfrüchte und Wurzeln um ihre Hütten herum zu säen, die sie mit einem scharfen Stein oder zugespitzten Stab in die Erde versenkt haben. Sie konnten damals weder die Kenntnis haben, wie das Getreide zubereitet werden mußte, noch die Werkzeuge, die zum Ackerbau im großen erfordert werden, ganz zu schweigen davon, daß Geister von der Art der Wilden, die kaum des Morgens daran denken, was ihnen des Abends fehlen wird, sich unmöglich überwinden können, die Saat verloren zu geben, um sie in der Folge mit Gewinn wieder zu bekommen, ohne welche Überlegung man sich niemals der mühsamen Beschäftigung, die Erde zu bearbeiten, unterziehen wird.

Es müssen also erst ganz andere Künste erfunden worden sein, die das menschliche Geschlecht nötigten, sich auf den Ackerbau zu legen. Sobald Menschen aufstanden, die sich beschäftigten, das Eisen zu schmelzen und zu hämmern, mußten andere Menschen darauf bedacht sein, diese zu ernähren. Je mehr Handwerksleute sind, desto weniger Hände arbeiten für den nötigen Unterhalt, und die Anzahl der Mäuler, die ihn verzehren, wird deswegen nicht geringer; da nun diese sich Lebensmittel für ihr Eisen eintauschen mußten, so fanden jene das Geheimnis, die Lebensmittel vermittelst des Eisens zu vermehren. Solchergestalt entstand hier die Kunst, die Erde anzubauen, und dort die Kunst, Metalle zu bearbeiten und zu vielen Dingen brauchbar zu machen.

Aus dem Ackerbau entsprang die Notwendigkeit, die Erde aufzuteilen, und das einmal festgesetzte Eigentum leitete auf die ersten Regeln der Gerechtigkeit. Denn soll man einem jeden das Seinige lassen, so muß erst jeder etwas besitzen können. Ja, es konnte niemand auf die Gedanken kommen, einem andern unbilligerweise etwas wegzunehmen, ohne von ihm eine Vergeltung zu befürchten, weil sie alle für das Künftige besorgt zu werden anfingen und ein jeder etwas besaß, das ihm genommen werden konnte. Dieser Ursprung des Eigentums ist sehr natürlich; man kann nicht einsehen, wie der Begriff davon hat entstehen können, wenn nicht die Handarbeit dazu Anlaß gegeben haben soll. Was konnte der Mensch anders tun, um sich das Eigentum über ein Ding anzumaßen, das er nicht gemacht hat, als daran zu arbeiten? Die Arbeit gab dem Ackersmann ein Recht auf die Früchte eines Feldstückes, das er bestellt hat, und folglich, wenigstens bis zur Ernte, auch auf den Grund selbst, und ununterbrochener Besitz von Jahr zu Jahr verwandelte sich in ein Eigentum. Als die Alten, sagt Grotius, durch den Titel der Gesetzgeberin, den sie der Ceres beilegten, und durch den Namen Thesmophorien, den sie einem Feste gaben, das ihr zu Ehren gefeiert wurde, zu verstehen gegeben haben, daß die Aufteilung des Bodens ein neues Recht aufgebracht hat, nämlich das Eigentumsrecht, das von allen Rechten, die aus dem natürlichen Gesetze entspringen, weit unterschieden ist.

Wären die Talente gleich gewesen, das heißt, hätten zum Beispiel die Nutzanwendung des Eisens und der Verzehr der Lebensmittel einander die Waage gehalten, so hätte alles auf diesem Fuße bleiben können. Allein, das gehörige Verhältnis wurde durch nichts unterstützt und mußte daher bald aufgehoben werden. Der Stärkere konnte mehr verfertigen, der Geschicktere aus seiner Arbeit mehr Nutzen ziehen und der Sinnreichere vieles mit weniger ausrichten. Der Ackersmann hatte oft mehr Eisen oder der Schmied mehr Getreide nötig, und wenn beide gleich viel arbeiteten, verdiente dieser sehr viel und jener hatte kaum zu leben. So entwickelte sich die natürliche Ungleichheit unvermerkt mit derjenigen, die hinzugekommen ist, und die Verschiedenheit der Menschen, die sich in den verschiedenen Umständen, in welchen sie sich befanden, entwickelt hat, wird merklicher und anhaltender in ihren Wirkungen, bis sie endlich auf das Schicksal eines jeden einen großen Einfluß erlangt.

Ist es nun erst so weit gekommen, so wird man sich leicht alles übrige einbilden können. Ich werde mich nicht aufhalten, die allmähliche Erfindung aller übrigen Künste, den Fortgang in den Sprachen, die Prüfung und Anwendung der Talente, die Ungleichheit der Glücksumstände, den Gebrauch oder Mißbrauch der Reichtümer, noch alle besonderen Umstände zu beschreiben, die hierauf gefolgt sind. Ein jeder kann dieses leicht selbst hinzusetzen. Ich will nur auf das Menschengeschlecht noch einen Blick werfen, das wir jetzt in eine neue Verfassung gesetzt sehen.

Nunmehr sind alle unsere Fähigkeiten entwickelt, die Einbildungskraft und das Gedächtnis nehmen ihren Gang, die Eigenliebe kommt mit ins Spiel, die Vernunft erlangt ihre Tätigkeit und der Geist erreicht beinahe die Stufe der Vollkommenheit, zu der er aufgelegt ist. Nunmehr fangen alle natürlichen Eigenschaften zu wirken an. Der Rang und das Schicksal eines jeden Menschen ist nicht allein in Ansehung der Glücksgüter oder der Macht, anderen zu dienen und zu schaden, sondern auch in Ansehung des Verstandes, der Schönheit, der Leibesstärke, der Geschicklichkeit und der Verdienste oder der Talente festgesetzt, und da diese Eigenschaften die einzigen Mittel waren, sich Hochachtung zu erwerben, so mußte man welche davon besitzen oder sie vortäuschen. Man mußte zu seinem eigenen Besten sich anders stellen, als man war. Sein und Scheinen wurden zwei ganz verschiedene Dinge, und aus diesem Unterschiede entsprang die täuschende Hoheitsmiene, die betrügerische List und ihr Gefolge, alle übrigen Laster. Von der anderen Seite sieht man, wie der Mensch, der vorhin frei und unabhängig war, wegen einer Menge hinzukommender Bedürfnisse sozusagen der ganzen Natur, und was noch schlimmer ist, seinesgleichen unterliegen muß. Er wird anderer Menschen Sklave sogar, indem er ihr Herr wird. Der Reiche bedarf anderer Menschen Dienste, der Arme ihres Beistandes und der im mittelmäßigen Stande lebt, kann ihrer ebensowenig überhoben sein. Ein jeder muß sich also Mühe geben, andere an seinem Schicksal zu interessieren und an seinem Besten entweder wirklich oder nur dem Anscheine nach ihren eigenen Nutzen finden zu lassen. Man bedient sich gegen diesen des Betrugs und der List, gegen jenen der Strenge und der Herrschaft, und konnte man jemandem weder den Gehorsam aufzwingen noch sein Interesse daran finden, ihm mit Nutzen treue Dienste zu leisten, so mußte er hinter das Licht geführt werden. Der alles verschlingende Ehrgeiz und die Begierde, seine Glücksumstände im Vergleich mit anderen zu erheben und sich über seinesgleichen hinwegzusetzen, flößte allen Menschen den schwarzen Trieb ein, einander schädlich und auf ihre vorzüglichen Güter insgeheim eifersüchtig zu sein, eine Leidenschaft, die desto gefährlicher ist, da sie oft die Maske der Gewogenheit annimmt, um ihre Streiche sicherer austeilen zu können. Mit einem Worte, hier bewarben sich viele um einerlei Gut, dort widersetzen sich einige den Absichten der andern, weil sie aus entgegengesetzten Interessen handelten, und alle hatten im Verborgenen eine Begierde, ihr Glück auf anderer Kosten zu machen. Diese Übel waren die ersten Früchte des Eigentums und das unzertrennliche Gefolge der entstehenden Ungleichheit.

Ehe man über gewisse Zeichen einig geworden war, um Reichtum dadurch auszudrücken, bestand er in nichts als in Acker und Herden. Dies sind die einzigen Güter, welche die Menschen damals besitzen konnten. Als die Erbgüter an Anzahl und Ausdehnung so sehr zugenommen hatten, daß sie den ganzen Boden bedeckt und einander berührt haben, konnte niemand die Grenzen seiner Landgüter anders als zum Nachteil eines anderen erweitern, und die Überzähligen, die zu schwach oder zu träge waren, auch etwas zu erwerben, wurden arm, ohne jemals Schaden gelitten zu haben, denn alles um sie herum veränderte seinen Zustand, nur sie hatten sich nicht verändert. Sie mußten daher ihren Unterhalt aus den Händen der Reichen entweder erwarten oder mit Gewalt reißen, und nach der Verschiedenheit ihrer Gemütsneigungen verfielen sie bald auf Herrschaft und Dienstbarkeit, bald auf Gewalt und Raubsucht. Auf der anderen Seite hatten die Reichen kaum einen Geschmack an dem Vergnügen zu befehlen gefunden, als sie schon alle anderen Menschen mit Verachtung ansahen; sie bedienten sich ihrer alten Sklaven, um neue ihrer Botmäßigkeit zu unterwerfen, und dachten an nichts, als ihre Nachbarn zu unterdrücken und in ihr Joch zu bringen, wie ausgehungerte Wölfe, die sobald sie Menschenfleisch nur einmal gekostet haben, alle andere Nahrung verwerfen und nichts als Menschen verschlingen wollen.

Indem der Mächtigste also durch seine Gewalt und der Elendeste durch seine Notdurft ein Recht auf fremde Güter zu haben glaubten, das ebenso gültig wäre wie das Recht des Eigentums, so war die aufgehobene Gleichheit schuld an den größten Unordnungen. Die Gewaltsamkeiten der Reichen, die Plünderungen der Armen, die ungebundenen frechen Leidenschaften, die das natürliche Gefühl des Mitleidens unterdrückten, und die damals noch schwache Stimme der Gerechtigkeit machten die Menschen geizig, boshaft und ehrsüchtig. Das Recht des Stärkeren war mit dem Recht des ersten Besitzers in beständigem Streit, der sich niemals anders als durch Mord und Schlägerei endigte (XVII.). Die kaum entstandene Geselligkeit wich dem Stande des Krieges, und das trostlose und erniedrigte menschliche Geschlecht konnte weder zurückgehen noch auf alle Unglücksgüter Verzicht tun, die es erworben hatte. Es arbeitete zu seiner eigenen Schande immer fort, und durch den Mißbrauch der Fähigkeiten, die ihm zur Zierde gegeben worden, befand es sich jetzt am Rande seines Verderbens.

Attonitus novitate mali, divesque miserque,
Effugere optat opes, quae modo voverat, odit.

Notwendig mußten die Menschen damals über ihren bedauernswürdigen Zustand und über die Drangsale, die sie zu Boden drückten, Betrachtungen anstellen. Die Reichen werden bald innegeworden sein, wie nachteilig ihnen ein beständiger Krieg sei, der bloß auf ihre Kosten geführt wird und in dem alle Menschen ihr Leben und sie insbesondere auch ihre Glücksgüter auf das Spiel setzen mußten. Sie mochten den Usurpationen einen Anstrich geben, welchen sie wollten, so konnte ihnen dennoch nicht verborgen bleiben, daß sich ihr Recht auf keinen wahren Grund, sondern auf einen Mißbrauch stützte, und daß sie sich nicht beklagen könnten, wenn ihnen dasjenige durch Gewalt wieder weggenommen würde, was sie sich durch Gewalt erworben hatten. Selbst die durch eigenen Fleiß reich geworden waren, konnten ihr Eigentum auf kein besseres Recht stützen. Sie mochten sagen: Ich habe mir diese Mauer aufgeführt, ich habe mir durch meine Arbeit dieses Grundstück verdient. Wohl, allein, wer hat euch diesen Bezirk ausgegrenzt, könnte man ihnen antworten, wodurch wollt ihr euch eine Arbeit auf unsere Kosten bezahlen lassen, die euch niemand aufgetragen hat? Wißt ihr nicht, daß viele von euren Brüdern darben oder daran Not leiden, wovon ihr zu viel habt? Wißt ihr nicht, daß sich das ganze menschliche Geschlecht erst einmütig entschließen muß, euch den Teil des allgemeinen Unterhalts einzuräumen, den ihr nicht notwendig braucht? Diese nun hatten weder tüchtige Gründe, sich zu rechtfertigen, noch Kräfte genug, sich zu verteidigen. Einzelne Menschen konnten sie vielleicht unterdrücken, aber einem zusammengerotteten Haufen mußten sie selbst unterliegen. Der Reiche war jetzt in bedenklichen Umständen. Er war allein gegen viele und die gegenseitige Eifersucht ließ ihm keine Hoffnung übrig, mit einigen seinesgleichen in ein Bündnis zu treten und seinen Feinden, die sich durch Raubsucht wider ihn vereinigt hatten, gemeinschaftlich zu widerstehen. Er geriet endlich auf den wohlausgesonnensten Anschlag, den der menschliche Verstand je erdacht hat: die Kräfte seiner Feinde selbst wendete er zu seinem Besten an, und seine Gegner wurden seine Beschützer. Er flößte ihnen andere Maximen ein, er gab ihnen andere Gesetze, die ihm mehr Vorteil brachten, als er von dem Rechte der Natur Nachteil zu befürchten hatte.

Demzufolge wird er seinen Nachbarn vor Augen gestellt haben, wie greulich eine Situation sei, die sie alle einen wider den andern in Harnisch bringt, in der der Besitz nicht weniger beschwerlich ist als das Bedürfnis und in der weder Reiche noch Arme froh und sicher leben könnten. Er wird ihnen Scheingründe genug eingebildet haben, um sie nach seinem Zwecke zu lenken. »Wir wollen uns vereinigen«, mag er zu ihnen gesagt haben, »wir wollen die Schwächeren vor Unterdrückung bewahren, die Ehrsüchtigen in Schranken halten und einen jeden dasjenige in Sicherheit besitzen lassen, was ihm gehört. Wir wollen Verordnungen der Gerechtigkeit und des Friedens vorschreiben, die die Menschen verpflichten sollen, miteinander verträglich zu sein. Niemand soll davon ausgenommen sein, und dadurch wollen wir dem Eigensinn des Glückes die Waage halten, indem wir Starke und Schwache einerlei Pflichten gegeneinander unterwerfen. Kurz, statt unsere Kräfte zu unserem Verderben anzuwenden, wollen wir sie lieber in eine einzige obere Gewalt versammeln, die uns nach weisen Gesetzen regieren, alle Glieder der Gesellschaft beschützen und verteidigen, den allgemeinen Feind zurücktreiben und uns in einer unveränderlichen Eintracht erhalten soll.«

Seine Rede brauchte nur halb so gut zu sein, um diese groben und leicht zu verführenden Menschen auf seine Seite zu bringen. Sie hatten auch überdies so viele Dinge unter sich auszumachen, daß sie nicht länger ohne Schiedsrichter, und so viel Geiz und Ehrsucht, daß sie nicht länger ohne Oberherrn bleiben konnten. Alle liefen in ihre Ketten, indem sie sich frei zu machen glaubten, denn sie waren vernünftig genug, die Vorteile, die eine politische Verfassung mit sich bringt, einzusehen, es fehlte ihnen aber an Erfahrung, die Gefährlichkeit derselben vorauszuwissen. Die sich vielleicht am meisten auf die Mißbräuche der neuen Einrichtung verstanden, dachten eben ihre Rechnung dabei zu finden, und die Weisesten unter dem Volke sahen wohl, daß sie einen Teil ihrer Freiheit aufopfern mußten, um den Rest in Sicherheit zu setzen, so wie sich ein Verwundeter den Arm abnehmen läßt, um den übrigen Körper zu retten.

Die Gesetze und die Gesellschaften, die auf diese Art entweder wirklich entstanden oder wenigstens entstehen konnten, hielten die Armen noch fester im Zaume und den Reichen legten sie neue Kräfte bei, (XVIII.) richteten unsere natürliche Freiheit ohne Rettung zugrunde, setzten das Gesetz des Eigentums und der

Ungleichheit auf ewig fest, verwandelten eine geschickte Usurpation in ein unwiderrufliches Recht, und einigen Ehrsüchtigen zum Besten verdammten sie das ganze menschliche Geschlecht zu Arbeit, Dienstbarkeit und Jammer. Sobald nur eine einzige Gesellschaft erst gestiftet war, so sieht man leicht, daß ihr alle anderen haben nachfolgen müssen. Man mußte sich auch zusammentun, um jener mit vereinigten Kräften die Spitze bieten zu können. So vermehrten sich die Gesellschaften oder breiteten sich schnell aus und bedeckten bald die ganze Erde. Da war schon kein Winkel mehr auf dem ganzen Erdboden, da man von dem Joche frei sein und sein Haupt dem nicht selten schlecht geführten Schwerte entziehen konnte, das ein jeder Mensch unaufhörlich über sich schweben sah. Das bürgerliche Gesetz wurde zur allgemeinen Richtschnur aller Bürger, und das natürliche Gesetz fand nirgends mehr als zwischen verschiedenen Gesellschaften statt, oder man wurde stillschweigend darüber einig, das natürliche Gesetz durch eine Art von Völkerrecht gewissermaßen einzuschränken, die Gemeinschaft zwischen den Gesellschaften zu erleichtern und dadurch dem natürlichen Mitleiden aufzuhelfen. Denn dieser Trieb hatte zwischen Gesellschaft und Gesellschaft fast alle Kraft verloren, die sich zwischen Mensch und Mensch zu äußern pflegt, und nur die großen Geister einiger Weltbürger überschritten die eingebildeten Grenzen, durch die sich die Völker trennten, und umfaßten nach dem Beispiele ihres Schöpfers das ganze menschliche Geschlecht mit ihrer Wohltätigkeit.

Die politischen Körper, die so in dem natürlichen Zustande verblieben, fingen endlich an, die Unbequemlichkeiten zu fühlen, durch die die einzelnen Menschen genötigt worden waren, den Naturzustand zu verlassen, ja die Folgen waren zwischen diesen großen Körpern noch schrecklicher, als sie es anfangs zwischen den Individuen gewesen waren, aus denen sie zusammengesetzt sind. Daher entstanden Nationalkriege, Schlachten, Meuchelmorde und Repressalien, die die Natur zum Seufzen bringen und die Vernunft beleidigen, sowie alle schrecklichen Vorurteile, die die Ehre, Menschenblut zu vergießen, auf die Stufe der Tugenden erheben. Die rechtschaffensten Männer hielten es für ihre Pflicht, ihresgleichen zu erwürgen. Die Menschen richteten sich zu tausenden hin, ohne zu wissen warum, und an dem Tage einer Schlacht wurden mehr Meuchelmorde und bei der Einnahme einer einzigen Stadt mehr Greuel begangen, als in dem Stande der Natur in Jahrhunderten auf dem ganzen Erdboden begangen worden sind. Dieses sind die ersten Wirkungen, zu welchen die Einteilung des menschlichen Geschlechts in verschiedene Gesellschaften geführt hat. Wir wollen zu ihrer Einrichtung zurückkehren.

Ich weiß, daß viele die politischen Gesellschaften aus ganz andern Urquellen haben entspringen lassen, nämlich aus den Eroberungen des Stärksten oder aus der Vereinigung der Schwachen. Man mag von diesen Ursachen wählen, welche man will, es tut der Sache nichts, die ich festsetzen werde. Allein ich halte die Art, wie ich diesen Ursprung erklärt habe, aus folgenden Ursachen für die natürlichste: 1. Weil in dem ersten Falle auf das ungültige Recht der Eroberung keine anderen Rechte haben gegründet werden können; der Eroberer und die eroberten Völker bleiben beständig im Kriegszustand, wo die Nation nicht, nachdem sie ihre völlige Freiheit wiedererlangt, ihren Überwinder aus freien Stücken zum Oberherrn gewählt hat. Man mag Kapitulationen gemacht haben, so viel man will, solange sie sich auf nichts anderes als auf die Gewalt stützten, konnte weder eine wahre Gesellschaft, noch ein politischer Körper, noch irgend ein anderes Gesetz daraus entspringen als das Gesetz des Stärkeren. 2. Weil die Worte *stark* und *schwach* in letzterem Falle gleichbedeutend sind. Zwischen der Zeit, da das Recht des Eigentums oder des ersten Besitzers eingeführt worden ist, und derjenigen, da die Regierungen entstanden, muß sich der Sinn dieser Worte besser durch *arm* und *reich* ausdrücken lassen, denn was für Mittel hatten die Menschen, bevor es Gesetze gab, ihresgleichen sich unterwürfig zu machen, als entweder ihre Habseligkeiten anzugreifen oder ihnen von dem ihrigen etwas mitzuteilen? 3. Weil die Armen, die nichts als ihre Freiheit verlieren konnten, sehr töricht gehandelt hätten, wenn sie sich ihrer freiwillig begeben hätten, ohne etwas Besseres dafür einzutauschen; es war weit leichter, den Reicheren Übles zu tun, weil sie in allen Teilen ihrer Habseligkeiten gleichsam empfindlich waren; folglich mußten sie weit eher auf Mittel denken, sich in acht zu nehmen, und die, die in einer Sache ihren Vorteil finden, werden sie vermutlich eher erfunden haben als diejenigen, denen sie schädlich ist.

Die Regierungsform kann nach ihrer Entstehung weder beständig noch regelmäßig gewesen sein. Aus Mangel an Philosophie und an Erfahrung konnten die Menschen nichts als die gegenwärtigen Unbequemlichkeiten eingesehen haben; an die übrigen dachte man nicht eher, als nachdem sie sich zeigten. Trotz aller Mühe, die sich die weisesten Gesetzgeber gegeben haben, mußte der politische Staat noch immer unvollkommen sein, weil er sozusagen ein Werk des bloßen Zufalls gewesen ist. Er ward schlecht angefangen, und die Zeit, die seine Mängel entdeckte und Hilfsmittel dagegen an die Hand gab, konnte nie alle Mängel dieser ersten Einrichtung beheben. Man besserte immer etwas aus, ohne zu bedenken, daß man, wie Lykurg zu Sparta getan hat, erst den Platz freimachen und die alten Materialien beiseite schaffen muß, um ein festes Gebäude aufführen zu können. Die Gesellschaft bestand anfangs bloß in einem allgemeinen Vertrage, den sich alle Privatpersonen anheischig gemacht hatten zu halten, und die ganze Gemeinde war Bürge für einen jeden. Die Erfahrung hat ihnen zeigen müssen, wie diese Einrichtung war und wie leicht einer, der das Gesetz übertreten hatte, es vermeiden konnte, seines Verbrechens überführt und bestraft zu werden, wenn das ganze Volk allein Zeuge und Richter sein sollte. Man muß das Gesetz erst auf tausenderlei Art hintergangen, die Beschwerlichkeiten und Unordnungen müssen sich beständig vermehrt haben, bevor man auf den Gedanken gekommen ist, gewissen Leuten die Autorität des ganzen Volks, diesen gefährlichen Schatz, anzuvertrauen und Magistratspersonen zu bestellen, die auf alle Beschlüsse des Volks acht haben sollen. Denn wollte man sagen, man hätte Oberhäupter gewählt, ehe die Menschen Bündnisse gestiftet haben, oder es hätte Verwalter der Gesetze gegeben, bevor noch Gesetze eingeführt worden waren, so würde man eine Meinung behaupten, die keine ernsthafte Wiederlegung verdient.

Ebensowenig kann man glauben, daß sich die Völker gleich anfangs ohne Bedingungen und auf ewig in die Arme eines unumschränkten Beherrschers geworfen hätten, oder daß die stolzen und unbezwinglichen Menschen, die ein Mittel finden wollten, die allgemeine Sicherheit zu erhalten, sogleich auf den Entschluß gefallen wären, sich in die Sklaverei zu stürzen. In der Tat, würden sie sich wohl Oberherren gesetzt haben, wenn es nicht geschehen wäre, um der Unterdrückung zu steuern und Güter, Freiheit und Leben, die Bestandteile ihres Daseins, zu beschützen? Da nun in dem Verhältnis von Mensch zu Mensch niemandem ein größeres Übel zustoßen kann, als wenn er sich dem Eigenwillen eines andern unterwerfen muß, so würde der unvernünftig handeln, der einem Oberherrn dasjenige freiwillig abtreten wollte, zu dessen ungestörtem Besitz er eigentlich seines Verstandes bedarf. Was für ein Äquivalent konnte der Regent ihnen für dieses kostbare Recht versprechen? Oder wenn er dreist genug gewesen ist, es ihnen abzufordern unter dem Vorwand, sie zu verteidigen, hat er nicht sogleich die Antwort hören müssen: Was kann uns der Feind Arges tun? Es ist also gewiß, und das ganze politische Recht ist auf diese Grundmaxime gebaut, daß die Völker sich Oberhäupter genommen haben, ihre Freiheit zu beschützen, aber nicht um ihnen untertänig zu sein. *Wir haben nur deswegen einen Fürsten,* sagte Plinius zu Trajan, *damit er uns davor bewahrt, einen Herrn zu haben.*

Die Politiker haben über die Liebe zur Freiheit eben die Trugschlüsse gemacht, von welchen sich die Philosophen in Ansehung des Standes der Natur haben verleiten lassen. Von dem, was sie sahen, schlossen sie auf das, was sie nicht sahen, und weil die Menschen, die jetzt vorhanden sind, das Joch der Dienstbarkeit mit Geduld ertragen, so eigneten sie allen Menschen überhaupt einen natürlichen Hang zur Knechtschaft zu. Allein, sie bedachten nicht, daß es hierin mit der Freiheit dieselbe Bewandtnis habe wie mit der Unschuld und Tugend. Man erkennt ihren Wert nur so lange, als man sie besitzt: man verliert aber ihren Geschmack, sobald man sie selbst verloren hat. Ich kenne die Fröhlichkeiten deines Landes, sagte Brasidas zu einem Satrapen, der das Leben zu Sparta mit dem Leben zu Persepolis verglich, aber die Vergnügungen meines Landes müssen dir unbekannt sein.

So wie ein unbezähmtes Roß die Mähnen sträubt, auf den Boden stampft und mit Ungestüm um sich schlägt, sobald man ihm Zaumzeug anlegen will, ein zugerittenes Pferd Sporen und Rute geduldig erträgt, ebenso weigert sich ein wilder Mensch, sich in das Joch zu schmiegen, welchem ein Gesitteter ohne Murren unterliegt. Eine ungestüme Freiheit ist ihm erwünschter als die ruhigste Untertänigkeit. Aus der Erniedrigung aller dienstbaren Völker läßt sich also keine Folgerung auf die natürlichen Neigungen des Menschen, weder für noch wider die Dienstbarkeit, ziehen. Man muß vielmehr bedenken, was für Wunder alle freien Nationen getan haben, sich vor Unterdrückung zu bewahren. Jene loben unaufhörlich die Ruhe und den Frieden, die sie in den Ketten genießen, und: *miserrimam servitutem pacem appellant.* Man betrachte hingegen, wie die freien Nationen Ergötzlichkeiten, Ruhe, Reichtümer und das Leben selbst für ein Gut dahingeben, das jene nur verachten, weil sie es verloren haben, man betrachte die Tiere, welche frei geboren werden und die Gefangenschaft verabscheuen, wie sie sich die Köpfe an den Türen ihres Gefängnisses zerstoßen, man betrachte die große Menge der Wilden, die nackt alle Wollüste der Europäer verachten, Hunger, Feuer und Schwert und dem Tode selbst trotzen, bloß um ihre Unabhängigkeit zu behalten, so wird man finden, daß es Sklaven nicht anstehe, über die Freiheit zu urteilen.

Einige haben die unumschränkte Herrschaft sowie die Geselligkeit in ihrem ganzen Umfange von der in der Natur gegründeten väterlichen Autorität herleiten wollen. Allein, ohne zu den Gegengründen eines Locke, eines Sidney meine Zuflucht zu nehmen, gebe ich nur zu bedenken, daß nichts in der Welt von dem ungebundenen Geiste einer despotischen Gewalt mehr entfernt ist als diese gelinde Autorität, die mehr den Vorteil desjenigen, der Gehorsam leistet, zur Absicht hat, als den Nutzen des Befehlshabers selbst. Ja, der Vater ist in dem Stande der Natur nicht länger Herr über sein Kind, als solange es seines Beistandes bedarf. Sobald dieser Zeitpunkt vorüber ist, so werden sie einander gleich. Das Kind, welches dann von seinem Vater nicht mehr abhängt, ist ihm wohl Ehrerbietung, aber keinen Gehorsam mehr schuldig, denn die Erkenntlichkeit ist eine Pflicht, die man einem anderen leisten muß, aber man hat kein Recht dazu, sie zu fordern. Anstatt daß man also die bürgerliche Gesellschaft von der väterlichen Gewalt herzuleiten sucht, hätte man vielmehr das Gegenteil tun sollen, weil diese Macht erst durch die Gesellschaft den größten Nachdruck erlangt. Man erkennt niemals eine einzelne Person als den Vater von vielen Kindern, als wenn diese um ihn versammelt bleiben. Die Güter, die ein Vater wahrhaft besitzt, sind die Bande, welche seine Kinder im Gehorsam erhalten, und er kann sie nur dann an seinen Habseligkeiten teilnehmen lassen, wenn sie sich durch beständigen Gehorsam seine Gunst erworben haben. Können Untertanen aber von ihrem despotischen Beherrscher eine solche Wohltat erwarten? Sie selbst und alles, was sie haben, gehört ihm, wenigstens will er es so haben, und sie müssen alles als eine Wohltat ansehen, was er ihnen von dem ihrigen läßt. Wenn er ihnen alles raubt, so übt er Gerechtigkeit aus, und wenn er sie leben läßt, so erzeugt er Gnade.

Fährt man fort, diese Begebenheiten mit den Augen der Gerechtigkeit anzusehen, so wird man finden, daß in der freiwilligen Einrichtung einer tyrannischen Regierungsform ebensowenig Bestand als Wahrheit liegen kann. Welche Gültigkeit kann ein Vertrag haben, der nur einen von beiden Teilen verpflichtet, der einen Partei alles einräumt und der anderen alles entzieht und der auf nichts als auf den Nachteil dessen abzielt, der sich verpflichtet. Jetzt haben sogar weise und gute Monarchen und besonders die Könige von Frankreich dieses verhaßte System verworfen. Man kann dieses aus verschiedenen Stellen in ihren Edikten und besonders aus folgenden Zeilen in einem Schreiben ersehen, welches im Jahre 1667 im Namen und auf Befehl Ludwig XIV. veröffentlicht wurde. »Man sage also nicht, der Souverän sei den Gesetzen seines Staates nicht unterworfen, das Gegenteil ist eine Wahrheit, die sich auf das Völkerrecht stützt. Die Schmeichelei hat sie nicht selten bestritten, aber gute Fürsten haben sie, gleichsam wie Schutzgötter ihrer Staaten, ohne Unterlaß unter ihren Schirm genommen. Weit billiger ist es, mit dem weisen Platon übereinzustimmen, der es für die einzige Glückseligkeit eines Königreichs hält, wenn die Untertanen den Fürsten und der Fürst den Gesetzen Gehorsam leisten, das Gesetz aber gerecht und zum allgemeinen Besten eingerichtet ist.« Ich werde mich nicht lange bei der

Untersuchung aufhalten, ob man nicht seine eigene Natur erniedrigt, ob man sich nicht jenen Sklaven des blinden Instinkts, den Tieren, gleich macht und den Urheber seines Daseins beleidigt, wenn man der Freiheit, diesem edelsten aller menschlichen Vermögen, diesem kostbaren Geschenk Gottes, entsagt, sich zu allem Unfug versteht, vor dem er uns warnt, bloß um einem wilden und unsinnigen Beherrscher zu gefallen, und ob der erhabenste Werkmeister sein edles Werk nicht lieber aufgerieben als solchergestalt entehrt sehen will? Ich berufe mich nicht einmal auf die Autorität von Barbeyrac, der nach Locke geradeheraus erklärt, niemand könne seine Freiheit soweit verkaufen, daß er sich der völlig beliebigen Behandlung einer willkürlichen Gewalt überlasse. *Denn,* so fügt er hinzu, *das hieße sein eigenes Leben verkaufen, über das man nicht Herr ist.* Ich frage nur, mit welchem Recht die, die sich nicht gescheut haben, sich selbst so sehr zu verunehren, ihre Enkel dieser Schmach unterwerfen können? Wie haben sie für ihre Nachkommenschaft einem Gut zu entsagen vermocht, das gar nicht von ihrer Freigebigkeit herkam und ohne welches das Leben selbst denjenigen unerträglich ist, die zu leben verdienen.

Pufendorf sagt, man kann durch Vergleiche und Verträge zu jemandes Besten seiner Freiheit entsagen, so wie man sein Vermögen an jemanden verschenken kann. Ich glaube, die Folgerung ist falsch. Erstens, wenn ich ein Gut veräußere, so habe ich nichts mehr damit zu schaffen; es kann mir gleich sein, ob man es mißbraucht. Meine Freiheit aber wird mir niemals gleichgültig. Ich darf nicht zulassen, daß man sie mißbrauche; die Schuld alles Bösen, wozu man mich anhalten wird, fällt auf mich zurück, weil ich eingewilligt habe, ein Werkzeug der Laster zu werden. Überdies ist das Eigentumsrecht nur durch Übereinkunft und menschliche Einrichtung entstanden, daher kann ein jeder mit dem Seinigen schalten, wie er will. Mit den wesentlichen Geschenken der Natur aber, mit Leben und Freiheit, hat es eine andere Bewandtnis: Ein jeder kann sie genießen; ob aber ein jeder das Recht habe, sich ihrer zu begeben, ist noch nicht ausgemacht. Entsagt man dieser, so erniedrigt man sein Wesen; nimmt man sich jenes, so vernichtet man sich, soweit man kann. Ist es nun gewiß, daß uns kein zeitliches Gut für sie entschädigen könnte, so kann man ihnen für keinen Preis in der Welt entsagen, ohne Natur und Vernunft zu beleidigen. Jedoch, gesetzt man könnte seine Freiheit so wie seine Güter veräußern, so bleibt doch in Ansehung der Kinder der Unterschied noch sehr groß: die väterlichen Güter sind ihnen durch Erbschaft zugefallen, aber die Freiheit haben sie als Menschen von der Natur erhalten, und ihre Eltern sind nicht berechtigt, ihnen dieses Geschenk der Natur zu rauben. Es ist also gewiß: so wie man der Natur hat Gewalt antun müssen, um die Sklaverei einzuführen, so hat man sie völlig ändern müssen, um dieses Recht fortzupflanzen, und die Rechtsgelehrten, die zuversichtlich behauptet haben, das Kind eines Sklaven sei zum Sklaven geboren, haben, mit anderen Worten, geurteilt, ein Mensch sei nicht zum Menschen geboren.

Ich halte es daher für gewiß, daß die Regierungsformen nicht von der willkürlichen Gewalt ihren Anfang haben nehmen können, weil diese eigentlich der Verfall und die letzte Stufe aller Regierungsformen ist, wodurch sie wieder auf das Gesetz des Stärkeren zurückgeworfen werden, dem sie eigentlich haben Einhalt gebieten sollen. Ja, wenn sie auch wirklich solchergestalt ihren Anfang genommen hätten, so haben sich dennoch auf diese von Natur unrechtmäßige Gewalt weder die Rechte der Gesellschaft noch die Ungleichheit der Stände stützen können.

Ich mag mich für diesmal in die Untersuchung nicht einlassen, die man noch über die Natur des Grundvertrages, darauf sich die Regierung überhaupt stützt, anzustellen hat; ich will bei der gemeinen Meinung bleiben und die Aufrichtung des politischen Körpers als einen wahren Kontrakt zwischen dem Volke und demjenigen Oberherrn, den sie sich wählen, betrachten. Beide Teile verpflichten sich vermittelst dieses Kontraktes, gewisse Gesetze, die darin festgelegt sind und die das Band ihrer Vereinigung ausmachen, zu halten. Das Volk vereinigt alle seine Willensmeinungen in Ansehung der gesellschaftlichen Verhältnisse in eine einzige. Die Artikel, über die sich dieser Wille erklärt, werden zu lauter Grundgesetzen, die alle Glieder des Staats ohne Ausnahme verpflichten. Eines von diesen setzt die Wahl und die Gewalt der Magistratspersonen fest, die dafür sorgen müssen, daß die übrigen Grundgesetze befolgt werden. Diese Gewalt geht nicht weiter, als die einmal geschaffene Einrichtung zu erhalten, aber nicht zu ändern. Man hat gewisse Ehrenbezeigungen hinzugetan, um die Gesetze und ihre Verweser ehrwürdig zu machen, besonders hat man diesen letzteren gewisse persönliche Vorzüge eingeräumt, um sie für die mühsame Arbeit zu entschädigen, die die rechtschaffene Verwaltung ihres Amtes sie kostet. Die Magistratspersonen verpflichten sich von ihrer Seite, die Gewalt, welche ihnen anvertraut worden ist, niemals anders als nach Vorschrift derer zu gebrauchen, von welchen sie ihnen aufgetragen worden, das heißt, einen jeden in dem ruhigen Besitze des Seinigen zu unterstützen und ihren besonderen Nutzen dem allgemeinen Besten hintanzusetzen.

Solange man weder aus der Erfahrung gelernt, noch durch die Kenntnis des menschlichen Herzens hat inne werden können, wie viele Mißbräuche diese Einrichtung nach sich zieht, hat sie den Menschen desto besser scheinen müssen, je mehr den Verwaltern selbst an ihrer Aufrechthaltung gelegen gewesen ist. Der Magistrat und alle seine Rechte stützen sich auf die Grundgesetze; werden diese vernichtet, so verlieren sie selbst ihr gesetzmäßiges Ansehen, und das Volk ist nicht mehr gehalten, ihnen Gehorsam zu leisten. Da das Wesen des Staats damals noch nicht in der Obrigkeit, sondern in dem Gesetz bestand, würde ein jeder mit Recht zu seiner natürlichen Freiheit zurückkehren.

Wenn man der Sache ein wenig nachsinnt, so wird man neue Gründe finden, die dieses bestätigen, und die Natur des Kontraktes selbst beweist, daß er wirklich widerrufen werden konnte. Denn wenn keine obere Gewalt vorhanden wäre, die für die Aufrichtigkeit beider kontraktschließenden Teile einstehen und sie nötigen könnte, ihrer gegenseitigen Verbindlichkeit nachzukommen, so müßten die Parteien selbst Richter über ihre eigenen Händel sein. Eine jede wäre berechtigt, den Kontrakt aufzukündigen, sobald sie fände, daß die andere die Bedingungen übertreten hat, die darin festgesetzt worden sind, oder sobald ihr diese nicht mehr gefielen. Das Recht, sich von einer Sache loszusagen, kann sich, wie ich glaube, auf nichts anderes als auf diesen Grundsatz stützen. In unserem Fall also, da wir die Einrichtung der Menschen überhaupt betrachten, ist es gewiß, daß wenn die obrigkeitlichen Personen, die alle Gewalt in den Händen haben und sich alle Vorteile zuschreiben, zu denen ihnen der Kontrakt Anlaß gibt, der Autorität entsagen können, so muß das Volk, welches für alle Fehler seines Oberhauptes büßen muß, um so viel eher sich von der Abhängigkeit befreien können. Nachdem aber diese gefährliche Gewalt greuliche Mißhelligkeiten und unzählige Unordnungen nach sich gezogen hat, so ward man inne, daß die menschlichen Regierungen einen festeren und dauerhafteren Grund haben müßten als die bloße Vernunft und daß es der allgemeinen Ruhe zuträglich sei, daß sich ein göttlicher Wille mit in das Spiel mische, dem Ansehen der obrigkeitlichen Personen einen heiligen und unverbrüchlichen Charakter zu geben und dem Volke das Recht zu nehmen, sich von dieser Autorität zu befreien. Wenn den Menschen aus der Religion auch sonst nichts Gutes entstanden wäre als dieses, so hätten sie immer noch Ursache genug, sie zu lieben und sich, ihrer Mißbräuche ungeachtet, an sie zu halten. Sie verschont noch jetzt mehr Menschenblut als der blinde Fanatismus je vergossen hat. Jedoch ich kehre zu meiner Hypothese zurück.

Je nachdem, ob der Unterschied zwischen den Leuten in dem Augenblick, da sie eine Regierung einführen wollten, groß oder klein war, entstanden verschiedene Arten von Regierungsformen. Tat sich einer besonders an Macht, an Tugend, an Reichtum oder an Ansehen hervor, so wurde er allein zur Magistratsperson erlesen, und der Staat wurde eine Monarchie. Fanden sich viele, die einander fast gleich waren und vor allen andern einen Vorzug verdienten, so wurden sie miteinander gewählt, und die Regierung war eine Aristokratie. Die weder durch Glücksgüter noch durch Talente allzusehr von einander unterschieden und solchergestalt nicht so sehr vom Stande der Natur entfernt waren, verwalteten den Staat mit vereinigten Kräften, und dieses war eine Demokratie. Die Zeit unterrichtete die Menschen, welche Regierungsform ihnen am vorteilhaftesten sei. Diese blieben bloß den Gesetzen untertan, und jene fingen bald darauf an, den Herren Gehorsam zu leisten. Die Bürger wollten ihre Freiheit behalten, und die Untertanen waren bemüht, sie ihren Nachbarn zu rauben. Sie konnten nicht ertragen, daß andere ein Gut genießen sollten, das sie selbst nicht mehr genossen. Mit einem Wort, hier fand man Eroberungen und Reichtümer und dort Glück und Tugend.

In allen diesen Regierungsformen, wurden die Magistratspersonen anfangs gewählt, und wenn der Reichtum nicht den Preis davontrug, so erhielt das Verdienst den Vorzug, weil es dem Menschen einen natürlichen Anspruch auf die obrigkeitliche Herrschaft verleiht, oder das hohe Alter, welches meistens Erfahrenheit in den Verrichtungen und Vorsicht in den Beratschlagungen mit sich zu bringen pflegt. Die Ältesten der Hebräer, die Geronten der Spartaner, der Senat zu Rom und sogar die Etymologie des Wortes *seigneur* beweist, wie ehrfurchtgebietend vormals das hohe Alter gewesen ist. Je mehr die Wahl auf bejahrte Leute gefallen war, desto öfter mußte sie wiederholt werden und desto mehr Beschwerlichkeiten sind daraus entstanden. Die Zwietracht wurde endlich eingeführt, man rottete sich zusammen, die Parteien wurden erbittert, Bürgerkriege entstanden, das Blut der Einwohner wurde dem vermeinten Wohl des Staates geopfert, und man war im Begriff, in die Anarchie der alten Zeiten wieder zurückzufallen. Die ehrgeizigen Vornehmen machten sich diese Umstände zunutze, um die Ehrenämter, die sie bekleideten, in ihren Familien zu verewigen. Das Volk, welches schon gewohnt war, von anderen abzuhängen und ruhig und gemächlich zu leben, war nicht mehr imstande, seine Ketten zu zerschlagen, und um seine Ruhe nicht zu stören, ließ es geduldig die Last seiner Knechtschaft vermehren. Da nun die Oberhäupter sahen, daß ihre obrigkeitliche Würde erblich geworden war, so betrachteten sie sie endlich gleichsam wie ein Familiengut, sie hielten sich selbst für Eigentümer des Staats, während sie anfangs nur dessen Bediente gewesen waren, sie nannten ihre Bürger ihre Sklaven, sahen sie nicht anders an als das Vieh, das sie zu den Dingen zählen können, die ihnen gehörten, und nannten sich selbst Götter der Erde und Könige der Könige.

Wollten wir den Fortgang der Ungleichheit in diesen verschiedenen Revolutionen betrachten, so würden wir finden, daß die Festsetzung des Eigentumsrechts und der Gesetze der erste Zeitpunkt, die Einführung der Magistratswürde der zweite und die Verwandlung der rechtmäßigen Gewalt in eine willkürliche der dritte und letzte gewesen ist. In dem ersten Zeitraum kam also der Stand des Reichtums und der Armut auf, in dem zweiten der Stand der Macht und der Schwäche und in dem dritten der Stand der Herrschaft und der Sklaverei. Dieses ist die letzte Stufe der Ungleichheit, worauf alle übrigen Stufen zuletzt hinführen, bis endlich neue Revolutionen hinzukommen und die Regierung entweder gar aufheben oder näher an die rechtmäßige Einrichtung heranführen.

Wollen wir begreifen, warum dieser Fortgang nicht anders hat sein können, so müssen wir nicht so sehr auf die Beweggründe sehen, die zu der Aufrichtung eines politischen Körpers Anlaß gegeben haben, als auf die Gestalt, die er in der Tat angenommen, und auf die Ungemächlichkeit, die er nach sich gezogen hat. Eben die Laster, um deretwillen es nötig gewesen ist, gewisse gesellige Einrichtungen zu schaffen, eben diejenigen Laster, sage ich, machen, daß der Mißbrauch dieser Verfassungen unvermeidlich wird. Ich nehme das einzige Sparta aus, wo das Gesetz vornehmlich auf die Erziehung der Kinder gehalten, und wo Lykurg solche Sitten eingepflanzt hat, durch die es fast unnötig geworden ist, Gesetze hinzuzutun. Von allen Gesetzen sonst ist es klar, daß sie nicht so stark sind wie die Leidenschaften, und folglich die Menschen zwar in Schranken halten, aber nicht ändern können. Man kann daher sehr leicht beweisen, daß eine jede Regierung, die sich beständig ihrem ursprünglichen Endzweck gemäß erhält und niemals verdorben oder verändert wird, ohne Not eingeführt worden ist; in einem Lande, wo niemand weder die Gesetze übertritt, noch die Magistratswürde mißbraucht, sind weder Magistratspersonen noch Gesetze nötig.

Die politische Verschiedenheit der Stände mußte notwendig eine bürgerliche Verschiedenheit nach sich ziehen. Die Ungleichheit, die zwischen dem Volk und seinen Oberen beständig zunahm, schleicht endlich auch zwischen besonderen Personen ein und zeigt sich unter tausend Gestalten, je nach den Leidenschaften, den Talenten und vorkommenden Fällen. Wollte die Obrigkeit sich eine unrechtmäßige Gewalt anmaßen, so mußte sie notwendig gewisse Leute zu ihren Geschöpfen machen und ihnen einen Teil dieser Gewalt einräumen. Andererseits können die

Bürger nicht eher unterdrückt werden, als bis sie von einer blinden Ehrbegierde hingerissen werden, dergestalt, daß sie mehr unter sich als über sich sehen. Nur dann konnte ihnen die Regierung lieber sein als die Unabhängigkeit, und nur dann trugen sie die Ketten willig, in welche man sie geschlagen hatte, um wiederum ihren Untergeordneten welche anlegen zu können. Wer niemandem zu befehlen gedenkt, ist schwer zum Gehorsam zu bringen, und die verschlagenste Politik wird es nicht dahin bringen können, Menschen untertänig zu machen, die nur verlangen, frei zu sein. Hingegen breitet sich die Ungleichheit zwischen ehrsüchtigen und niederträchtigen Seelen sehr leicht aus; diese geben ihr Glück aufs Geratewohl dahin, sie wollen herrschen oder dienstbar sein, je nachdem es ihnen gelingen oder fehlschlagen wird. So muß einst eine Zeit gekommen sein, wo Zauberwerk die Augen des Volks so sehr geblendet hat, daß seine Vorgesetzten nur zu dem Niedrigsten unter allen Menschen zu sagen nötig hatten: »Werde groß, du selbst und dein ganzes Geschlecht«, so mußte dieser schon der ganzen Welt und sich selbst groß erscheinen. Seine Nachkömmlinge erhoben sich immer mehr, je weiter sie sich von ihm entfernten. Je älter und ungewisser die Ursache war, desto mehr nahm die Wirkung zu, und je mehr Müßiggänger eine Familie aufweisen konnte, desto herrlicher war sie.

Wenn hier der Ort dazu wäre, könnte ich leicht begreiflich machen, wie notwendig und unvermeidlich, sogar ohne daß die Regierung sich einmischt, eine Ungleichheit in dem Ansehen einzelner Personen ist (XIX.), sobald sie in eine Gesellschaft zusammengetreten sind und dadurch genötigt wurden, zwischen sich einen Vergleich anzustellen und die verschiedenen Dienste, die sie einander zu leisten hatten, gegeneinander zu berechnen. Diese Unterschiede können auf vielerlei Art verschieden sein, da aber Reichtum, Adel, Rang, Macht und persönliche Verdienste hauptsächlich die Vorzüge ausmachen, nach welchen man sich in der Gesellschaft zu messen pflegt, so würde ich beweisen, daß die Übereinstimmung oder der Streit dieser Arten von Gewalt miteinander die sicherste Anzeige für die gute oder schlechte Einrichtung eines Staates sind. Ich würde zeigen, daß die persönlichen Eigenschaften zwar die Quelle der drei übrigen Arten von

Ungleichheit gewesen sind, daß hingegen der Reichtum als die letzte Ungleichheit endlich alle übrigen verschlingt. Dieser trägt zu unserm Wohlsein unmittelbar das Seinige bei und kann sehr leicht anderen mitgeteilt werden; man wendet ihn daher an, um alles übrige dafür einzukaufen. Durch diese Beobachtung kann man sehr genau urteilen, wie weit sich ein Volk von seinem ursprünglichen Zustande entfernt oder wie nahe es dem letzten Ziel seines Verderbens gekommen ist. Ich würde bemerken, wie das allgemeine Verlangen nach einem guten Leumund, nach Ehre, nach Vorzügen, welches uns alle verzehrt, die Talente und Kräfte in Übung erhält und miteinander vergleicht, wie viele Leidenschaften es bei uns rege macht und vervielfältigt, wie es alle Menschen zu Konkurrenten, Nebenbuhlern oder gar zu Feinden macht und dadurch täglich bald Widerwärtigkeit, bald glücklichen Fortgang und allerlei Katastrophen verursacht, indem sich viele um dieselbe Sache bewerben. Ich würde zeigen, wie wir der brennenden Begierde, beständig von sich reden zu machen, der Wut, sich hervorzutun, die uns fast beständig außer uns sein läßt, alles zu verdanken haben, was Gutes oder Schlechtes unter den Menschen zu finden ist. Ich meine unsere Tugenden, unsere Laster, unsere Wissenschaften, unsere Irrtümer, unsere Weltbezwinger und unsere Philosophen, viele schlimme Dinge, die mit wenig Gutem untermengt sind! Ich würde die Ursache angeben, warum man eine Handvoll Mächtiger und Reicher auf dem Gipfel der Größe und des Glücks sieht, während der gemeine Haufen im Finstern und im Elend kriecht. Nämlich, weil jene nur dann auf gewisse Dinge Wert legen, wenn sie ihnen mangeln, und auch wenn sie ihren Zustand nicht veränderten, so würden sie dennoch nicht mehr glücklich sein, sobald das Volk nicht mehr elend wäre.

Die Ausführung dieser besonderen Umstände würde schon Stoff genug zu einem ansehnlichen Werk abgeben, in welchem man die Vorteile und Unbequemlichkeit einer jeden Regierungsform, wenn sie mit dem Recht des Standes der Natur verglichen wird, abwägen und die verschiedenen Gestalten zeigen könnte, unter welchen sich die Ungleichheit bisher gezeigt hat oder künftig noch zeigen wird, je nach Natur der Regierungsform und der

Beschaffenheit der Revolutionen, die mit der Zeit notwendig entstehen werden. Man würde sehen, wie das Volk durch die Vorsicht selbst, die es gebraucht hat, sich gegen alles zu wehren, was ihm von außen droht, dadurch selbst von innen unterdrückt wird; man würde die Unterdrückung beständig zunehmen sehen, ohne daß die Unterdrückten wüßten, wann sie ein Ende nehmen würde oder was für rechtmäßige Mittel übrig wären, ihr Einhalt zu tun. Man würde sehen, wie die Rechte der Bürger und die Nationalfreiheiten nach und nach verlöschen, und wie die Klagen der Schwächeren als ein aufrührliches Murren betrachtet werden. Man würde sehen, wie die Staatskunst den Ruhm, das allgemeine Beste zu beschützen, nur auf einen kleinen bezahlten Teil des Volks einschränkt. Man würde daraus die Notwendigkeit der Steuern entspringen sehen, und wie der Bauer, dem der Mut genommen wird, seinen Pflug sogar zu Friedenszeiten verläßt und sich das Schwert umgürtet. Man würde die verdammten und wunderlichen Regeln des Ehrenkodex entstehen sehen. Endlich würde man sehen, wie die Beschützer des Vaterlandes zu Feinden des Vaterlandes werden, wie sie beständig den Dolch gegen ihre Mitbürger erheben, und es würde eine Zeit kommen, da man sie zu den Unterdrückern ihres Landes würde sagen hören:

Pectore si fratris gladium juguloque parentis
Condere me jubeas, gravidaeque in viscera partu
Conjugis, invita peragam tamen omnia dextra.

Aus dieser aufs äußerste gebrachten Ungleichheit der Stände und des Glücks, aus der Verschiedenheit der Leidenschaften und der Talente, aus den unnützen Künsten, aus den schädlichen Künsten, aus den eitlen Wissenschaften entsprangen eine Menge von Vorurteilen, die eines wie das andere der Vernunft, der Glückseligkeit und der Tugend schnurstracks zuwiderlaufen. Man würde sehen, wie die Befehlshaber alles zum Gedeihen bringen, was die Kräfte der vereinigten Menschen schwächt, indem es sie trennt; was der Gesellschaft das äußerliche Ansehen einer Einhelligkeit gibt, während es insgeheim den Samen einer wahrhaften Trennung ausstreut; was den verschiedenen Ständen Mißtrauen und gegenseitigen Haß einflößen kann, indem ihre Rechte und ihre Interessen einander entgegengesetzt werden, kurz, was die Macht befestigen kann, in welcher jene alle gehalten sind.

Mitten in dieser Unordnung, in diesen Revolutionen erhebt die despotische Gewalt ihr scheußliches Haupt, verschlingt alles, was sie in einem Staate Gutes und Gesundes angetroffen hat, und gelangt endlich dahin, daß sie Volk und Gesetze mit Füßen tritt und auf den Ruinen der Republik ihren Tempel aufrichtet. Die Zeiten, welche vor dieser letzten Veränderung hergehen, werden voller Unruhe und Drangsal sein, aber endlich wird dieses Ungeheuer alles unter sich bringen, und die Völker werden statt Oberherren und Gesetze nichts anderes als Tyrannen haben. Da wird man weder nach Sitten noch nach Tugend fragen, denn wo der Despotismus regiert, *cui ex honesto nulla est spes*, da wird kein anderer Herr geduldet; er braucht nur den Mund zu öffnen, so hat er weder Frömmigkeit noch Pflicht zu Rate zu ziehen. Ein blinder Gehorsam ist die einzige Tugend der Sklaven.

Dieses ist die letzte Stufe der Ungleichheit und der äußerste Zeitpunkt, der den Zirkel schließt und an den Punkt grenzt, mit welchem wir angefangen haben. Die Menschen werden wieder einander gleich, weil sie alle nichts sind. Die Untertanen haben kein anderes Gesetz als den Willen ihres Oberherren, und der Regent keine andere Richtschnur als seine Leidenschaften, und die Begriffe vom Guten, die Grundsätze der Gerechtigkeit sind wiederum dahin. Alsdann geht alles wieder nach dem Gesetze des Stärkeren, und folglich entsteht ein neuer Stand der Natur, der von demjenigen, mit welchem wir den Anfang gemacht haben, nur darin unterschieden ist, daß jener der Stand der Natur in seiner Reinheit gewesen, dieser hingegen nichts anderes ist als die Frucht einer überschwenglichen Verderbnis. Außer diesem sind diese beiden Zustände so wenig unterschieden, und der Vertrag, vermöge dessen die Regierung eingeführt worden ist, wird durch den Despotismus so sehr vernichtet, daß der despotische Regent nur so lange die Herrschaft behält, als er die größte Gewalt hat, und sobald man ihn vertreiben kann, hat er gegen die Gewalt nicht mehr Einspruch zu erheben. Ein Aufruhr, in welchem ein Sultan stranguliert oder entthront wird, geschieht ebensowohl nach allen Rechten wie das Urteil, welches eben dieser Sultan tags vorher über das Leben und die Glücksgüter seiner Untertanen abgefaßt hatte. Die Gewalt hat ihn erhoben, die Gewalt kann ihn auch wieder stürzen. Alles geht nach der natürlichen Ordnung, und es mag aus diesen kurzen und häufigen Revolutionen entstehen, was da will, es darf sich niemand über anderer Ungerechtigkeit beschweren, sondern nur über seine Unvorsichtigkeit und über seinen Unstern.

Wenn man so die verlorenen Wege wieder entdeckt und betreten hat, welche den Menschen von dem Stande der Natur in den Stand des bürgerlichen Lebens haben führen können, wenn man zu den Zwischenfällen, die ich berührt habe, noch diejenigen hinzutut, die ich aus Mangel der Zeit unterdrückt oder an welche ich aus Mangel der Einbildungskraft nicht gedacht habe, so wird ein jeder aufmerksame Leser über die unermeßliche Zeit, welche diese beiden Stände voneinander trennt, erstaunen. In dieser langsamen Folge der Dinge aufeinander wird er eine Menge moralischer und politischer Aufgaben aufgelöst finden, die noch kein Philosoph hat auflösen können. Da er findet, daß das menschliche Geschlecht in einem Weltalter von dem menschlichen Geschlecht in einem anderen Weltalter sehr unterschieden ist, so wird er den Grund angeben können, warum Diogenes keinen Menschen gefunden hat, nämlich, weil er unter seinen Zeitgenossen Menschen aus einer längst verstrichenen Zeit hat antreffen wollen. Cato, wird er sagen, ist mit Rom und mit der Freiheit zugleich untergegangen, weil Cato in seinem Jahrhundert zur Unzeit gelebt hat. Fünfhundert Jahre vorher würde dieser größte Mann die Welt beherrscht haben, und jetzt tat er nicht mehr, als daß er sie in Erstaunen setzte. Mit einem Worte, er wird begreifen, wie sich die Seele und die Leidenschaften des Menschen unmerklich verändert und sozusagen eine andere Natur angenommen haben; warum wir immer andere Dinge zu Gegenständen unserer Bedürfnisse und unserer Ergötzlichkeiten machen; warum der ursprüngliche Mensch allmählich verschwunden ist, und der Weise in der ganzen Gesellschaft nichts anderes findet als eine Versammlung von gekünstelten Menschen und gemachten Leidenschaften, die aus neuen Verhältnissen entsprungen und in der Natur gar nicht gegründet sind. Was wir hiervon durch Nachsinnen herausgebracht haben, wird durch die Erfahrung vollkommen bestätigt: Der wilde und der gesittete Mensch weichen in dem Grunde ihres Herzens und in ihren Neigungen so weit voneinander ab, daß der eine verzweifeln würde, wenn er das hätte, wobei sich der andere glücklich schätzt. Jener sehnt sich nur nach Ruhe und Freiheit, er will nur leben und untätig bleiben. Gegen alles übrige ist er noch gleichgültiger als der unempfindlichste Stoiker. Der immer tätige Bürger hingegen schwitzt, arbeitet und quält sich unaufhörlich, um sich noch mühsamere Beschäftigungen zu verschaffen. Er arbeitet sich tot, um leben zu können, oder nimmt sich das Leben, um unsterblich zu werden. Er macht den Großen den Hof, die er im Herzen haßt, und den Reichen, die er verachtet. Er spart nichts, um zu der Ehre zu gelangen, ihnen aufwarten zu können. Er ist stolz auf seine Niederträchtigkeit und auf ihren Schutz. Er rühmt sich seiner Sklaverei, und redet von denen mit Verachtung, die die Ehre nicht haben, daran teilzunehmen. Was für ein Schauspiel für einen Kariben, wenn er die mühsame und von anderen beneidete Arbeit eines europäischen Staatsministers sehen könnte. Wievielmal lieber wird dieser träge Wilde nicht eines grausamen Todes sterben, als ein so greuliches Leben führen wollen, das oft nicht einmal durch das Vergnügen, wohl zu tun, versüßt wird? Will er aber den Zweck wissen, auf welchen alle diese Sorgen abzielen, so müßten die Worte *Macht* und *Leumund* in seiner Seele erst eine Bedeutung haben; so müßte er erst lernen, daß es Leute gibt, die es für etwas Wichtiges halten, wenn die ganze Welt auf sie sieht, die ihre Glückseligkeit und ihre Zufriedenheit mehr auf das Zeugnis anderer bauen als auf ihr eigenes. Nichts anderes als dieses ist die wahre Ursache aller dieser Verschiedenheiten. Der wilde Mensch lebt in sich, der gesellige hingegen ist immer außer sich und lebt nur in der Meinung, die andere von ihm haben. Selbst die Empfindung seines Daseins nimmt er nur aus ihrem Urteil. Es ist mein Werk nicht, zu zeigen, wie man bei einer solchen Gemütsverfassung der besten moralischen Diskurse ungeachtet gegen Gut und Böse noch immer unempfindlich bleibt; wie jetzt, weil alles doch nur auf den Schein ankommt, auch alles nur gemacht und gestellt ist, Ehre, Freundschaft, Tugend und die Laster selbst oft nicht ausgenommen, weil man endlich das Geheimnis gefunden hat, sich ihrer öffentlich zu rühmen; warum eben deswegen, weil wir immer andere fragen, was wir sind, und uns niemals unterstehen, diese Frage an uns selbst zu tun, wie es daher kommt, sage ich, daß wir aller Philosophie, Menschlichkeit, Höflichkeit und aller erhabenen Maximen ungeachtet dennoch nicht mehr haben als einen täuschenden äußeren Anstrich von Ehre ohne Tugend, Verstand ohne Weisheit und Vergnügen ohne Glückseligkeit. Es ist mir genug, daß ich bewiesen habe, daß dieser Zustand nicht der ursprüngliche des Menschen ist, und daß es vielmehr der Geist der Geselligkeit und der von ihr eingeführten Ungleichheit ist, die alle unsere natürlichen Neigungen verändern.

Ich habe mir Mühe gegeben, den Ursprung und Fortgang der Ungleichheit, sowie die Einführung und den Mißbrauch der politischen Gesellschaften zu zeigen, und soweit das Licht der Vernunft hinreicht, diese Dinge von der Natur des Menschen herzuleiten. Ich habe die geheiligten Lehren solange aus den Augen gesetzt, welche die Sanktion des göttlichen Rechts der allerhöchsten Autorität zuschreiben. Ich habe gefunden, daß so gut wie keine Ungleichheit im Stande der Natur stattfinde, daß ihre Kraft so wie ihr Wachstum aus der Entwicklung unserer Vermögen und aus dem Fortgang des menschlichen Verstandes entspringe und daß die Einführung des Eigentums und der Gesetze diese Ungleichheit dauerhaft und rechtmäßig macht. Hieraus folgt zugleich, daß die moralische Ungleichheit dem natürlichen Rechte zuwider ist, wenn sie nur durch ein positives Gesetz eingeführt und der physischen Ungleichheit nicht vollkommen proportioniert ist. Man sieht hieraus deutlich genug, was man nach dieser Seite betrachtet von jener Ungleichheit zu halten habe, die jetzt bei allen gesitteten Völkern eingeführt ist. Es widerstreitet offenbar dem Gesetze der Natur, man mag es erklären, wie man will, daß ein Kind einem Alten befiehlt, der Weise unter der Führung eines Blödsinnigen steht und eine Handvoll Menschen in Überfluß erstickt und eine ausgehungerte Menge des Notwendige entbehrt.

ANMERKUNGEN

An die Republik zu Genf

I (S. 168). Herodot erzählt, daß sich die sieben Brüder Persiens, nachdem Pseudosmerdis hingerichtet war, versammelten, um über die Regierungsform, die sie in dem Staate einführen sollten, Rats zu pflegen. Otanes bestand auf der republikanischen, eine außerordentliche Meinung in dem Munde eines Satrapen, nicht allein weil er selbst auf das Reich Anspruch machen konnte, sondern weil die Großen insgeheim eine Regierungsform, die sie zwingt, die Menschen in Ehren zu halten, mehr als den Tod zu fürchten pflegen. Otanes fand, wie man sich leicht vorstellen kann, kein Gehör. Er sah vielmehr zur Königswahl schreiten, und da er weder befehlen noch Gehorsam leisten wollte, so überließ er das Recht, das er auf die Krone hatte, freiwillig seinen Mitbewerbern und behielt sich zur Entschädigung nichts mehr vor, als daß er und seine Nachkommenschaft frei und unabhängig bleiben möchten. Man bewilligte ihm dieses. Hätte uns auch Herodot die Einschränkung nicht überliefert, die man zu dieser vorzüglichen Freiheit hinzutat, so müßte man sie dennoch notwendig voraussetzen. Denn da Otanes zu keinem Gesetz verpflichtet gewesen ist und niemanden von seiner Aufführung Rechenschaft zu geben gehabt hat, so wäre er in seinem Staate allmächtig und noch mächtiger gewesen als der König selbst. Allein, allem Ansehen nach wird ein Mensch, der imstande war, sich mit dieser vorzüglichen Freiheit zu begnügen, niemals imstande sein, dieselbe zu mißbrauchen. Man sah auch wirklich nicht, daß aus diesem Recht, weder durch den weisen Otanes selbst noch durch einen von seiner Nachkommenschaft, die geringste Unruhe in dem Königreich entstanden wäre.

Vorrede

II (S. 181). Ich gründe mich gleich anfangs zuversichtlich auf eine Autorität, die alle Philosophen anerkennen müssen, weil sie sich auf einen festen und erhabenen Grund stützt, den niemand als sie finden und fühlen können.

»Soviel uns auch an der Erkenntnis unserer selbst gelegen sein muß, so zweifele ich dennoch, ob wir nicht alles besser kennen, was nicht mit uns zu tun hat. Die Natur hat uns mit Organen versehen, die bloß zu unserer Erhaltung dienen sollen, und wir wenden sie nur an, um zu fremden Begriffen zu gelangen, wir suchen uns nach außen zu verbreiten und außer uns zu existieren. Wir sind allzusehr beschäftigt, die Verrichtungen unserer Sinne zu erweitern und die äußerliche Ausdehnung unseres Wesens zu vergrößern, und selten bedienen wir uns jenes inneren Sinns, der uns auf unsere wahren Ausmessungen einschränkt und alles von uns absondert, was nicht dazu gehört. Dennoch können wir uns nie erkennen, wenn wir uns nicht dieses Sinnes bedienen wollen, er ist das einzige Mittel, von uns selbst zu urteilen. Wie kann man unsere Seele, in der dieser Sinn anzutreffen ist, von den Blendwerken unseres Geistes befreien? Wir haben die Fertigkeit verloren, ihn zu gebrauchen, mitten im Aufruhr aller körperlichen Empfindungen ist er ungebraucht liegen geblieben. Das Feuer der Leidenschaften hat ihn ausgetrocknet, das Herz, der Geist, die Sinne, alles hat wider ihn gearbeitet.«

Abhandlung

III (S. 195). Die Veränderung, die durch eine lange Gewohnheit, auf zwei Füßen zu gehen, in der menschlichen Bildung hat entstehen können, die Ähnlichkeit, welche man zwischen seinen Händen und den Vorderfüßen der Tiere wahrgenommen hat, und die Induktion aus der Art, wie diese letzteren dahergehen, haben uns in Zweifel setzen können, welcher Gang dem Menschen am natürlichsten sei. Alle Kinder gehen anfangs auf allen vieren und wir müssen ihnen mit unserem Beispiel und mit Unterricht zu Hilfe kommen, wenn sie aufrecht gehen lernen sollen. Es gibt sogar wilde Völker, wie die Hottentotten, die unachtsam mit ihren Kindern verfahren und sie lange Zeit auf den Händen gehen lassen, bis sie endlich mit großer Beschwerlichkeit aufgerichtet werden müssen. Ebenso machen es die Kinder der Kariben. Man hat viele Beispiele von vierfüßigen Menschen, und ich kann unter anderem ein Kind anführen, das man im Jahr 1344 in Hessen gefunden hat, wo es von Wölfen ernährt worden ist. Dieses Kind sagte nachher am Hofe des Prinzen Heinrich, es hätte lieber zu den Wölfen zurückkehren als unter den Menschen leben wollen, wenn man ihm die Wahl gelassen hätte! Es war so sehr gewohnt, auf allen vieren zu gehen, daß man Holzstöcke an ihm festmachen mußte, um es zu zwingen, daß es sich aufrecht und auf zwei

Füßen im Gleichgewicht halte. Mit einem anderen Kind, welches 1694 in den litauischen Wäldern gefunden wurde und das allda unter Bären lebte, verhielt es sich ebenso. Man fand an ihm, sagt der Herr von Condillac, nicht das mindeste Kennzeichen einer Vernunft, es ging auf Händen und Füßen, hatte keine Sprache und formte bloß Töne, die gar keiner menschlichen Stimme ähnlich waren. Der kleine hannoversche Wilde, der vor vielen Jahren an den englischen Hof gebracht wurde, mußte mit großer Mühe auf zwei Füßen gehen lernen, und 1719 fand man zwei Wilde in den Pyrenäen, die nicht anders als die Tiere über die Berge hinwegliefen. Der Einwurf, daß man den Menschen solchergestalt des Gebrauchs seiner Hände beraubt, von dem wir doch so großen Nutzen haben, ist von keiner Wichtigkeit, denn erstens bezeugt das Beispiel der Affen, daß man sich der Hände auf beiderlei Art bedienen kann. Überdies beweist dieses alles nicht mehr, als daß der Mensch seine Glieder zu einem bequemeren Gebrauch bestimmen kann, als wozu sie ihm von Natur gegeben worden sind; daraus folgt aber nicht, daß die Natur den Menschen bestimmt habe, anders zu gehen, als wie sie es ihn gelehrt hat.

Jedoch ich halte dafür, man hat weit bessere Gründe, zu behaupten, daß der Mensch zweifüßig sei. Denn hätte man gleich bewiesen, der Mensch habe anders beschaffen sein und dennoch dasjenige werden können, was er nunmehr ist, so folgt daraus noch nicht, daß es sich wirklich also zugetragen hat. Will man behaupten, diese Veränderungen seien wirklich vorgegangen, so ist es mit der bewiesenen Möglichkeit derselben nicht genug: man muß erst wenigstens ihre Wahrscheinlichkeit zeigen. Zudem hat dieses System nicht mehr als die einzige Beobachtung auf seiner Seite, daß die Arme den Menschen wirklich im Notfalle statt der Füße dienen können; hingegen hat man eine große Anzahl anderer Beobachtungen, die diesem System zuwider sind. Ich will die vornehmsten anführen. Der Blick der Tiere hat eine horizontale Richtung, und die Art und Weise, wie das menschliche Haupt an dem Rumpf befestigt ist, leidet nicht eher eine horizontale Richtung, als wenn der Mensch aufrecht geht; geht er aber auf allen vieren, so sind seine Augen senkrecht auf die Erde gekehrt; eine Situation, die zu seiner Erhaltung nicht sehr vorteilhaft ist. Alle Tiere haben einen Schweif, und er ist ihnen nützlich; der Mensch hat keinen, und er braucht ihn auch nicht, wenn er auf zwei Füßen geht. Die Brust der Frau hat eine vortreffliche Lage für ein zweifüßiges Tier, welches den Säugling in den Armen hält; für ein vierfüßiges hingegen ist diese Lage sehr ungeschickt, und man trifft sie auch bei keinem Tiere an. Der hintere Teil des Menschen ist ungleich höher als die Vorderfüße, und daher kommt es, daß wir uns auf den Knien fortschleppen müssen, wenn wir auf allen vieren gehen wollten. Der Mensch würde also eine sehr unschickliche Proportion und einen höchst unbequemen Gang haben. Hätte er das Bein so platt auf die Erde gesetzt wie die Hand, so würde er an dem Hinterfuß ein Gelenk weniger gehabt haben, ich meine dasjenige, durch welches das Sprungbein (canon) an dem Schienbein (tibia) befestigt ist. Will er aber nur die Spitze aufsetzen, so wie er ganz gewiß hätte tun müssen, so ist fürs erste Fußwurzel (tarsus) allzu dick und auch aus allzu viel Knochen zusammengesetzt, als daß sie die Stelle des canon vertreten könnte, zudem stehen ihre Gelenke zwischen dem mittleren Fuß (metatarsus) und dem Schienbein (tibia) allzu dicht beieinander, um das menschliche Bein in dieser Stellung so biegsam zu machen wie das Bein der Tiere. Das Beispiel der Kinder beweist nichts, denn ihre natürlichen Kräfte sind nicht entwickelt und ihre Glieder noch nicht fest genug. Man könnte ebensowohl sagen, die Hunde wären nicht zum Gehen bestimmt, weil sie einige Wochen nach ihrer Geburt nur kriechen. Einzelne besondere Fälle vermögen auch nichts wider der Gewohnheit aller Menschen und sogar aller Nationen, die, indem sie miteinander gar keine Gemeinschaft hatten, auch einander nicht nachahmen konnten. Ein Kind, das, ehe es noch gehen gelernt hat, in einem Walde allein gelassen und von einem Tiere ernährt wurde, wird vermutlich dem Beispiel seiner Pflegemutter gefolgt sein und sich wie sie zu gehen angewöhnt haben. Die Gewohnheit muß ihm manches leicht gemacht haben, wozu es von Natur nicht aufgelegt gewesen ist, und so wie Leute, die keine Hände haben, durch stete Übung es endlich dahin bringen, daß sie alles mit den Füßen machen, so kann auch dieses Kind endlich gelernt haben, seine Hände statt der Füße zu gebrauchen.

IV (S. 196). Sollten einige von meinen Lesern in der Naturlehre so schlecht beschlagen sein, daß sie mir wegen dieser angenommenen Fruchtbarkeit der Erde Schwierigkeit machen wollten, so mag folgende Stelle ihnen allen Zweifel nehmen.

»Die Pflanzen ziehen mehr Nahrung aus der Luft und aus dem Wasser als aus der Erde: daher geben sie, wenn sie verfaulen, der Erde mehr, als sie von ihr genommen haben. Ein Wald kann auch Regen bewirken, indem er die Dünste auffängt. Wenn man also einen Wald unberührt stehen ließe, so müßte die Erdschicht, die zum Wachstum nützlich ist, beträchtlich zunehmen. Da aber die Tiere der Erde nicht so viel wiedergeben, als sie aus ihr ziehen, und da die Menschen erstaunlich viel Holz und Pflanzen zum Verbrennen und zu anderen Dingen verbrauchen, so muß die Erdschicht, die zum Wachstum dient, in einem bewohnten Lande beständig abnehmen und dem Boden von Arabien oder von anderen orientalischen Provinzen gleich werden. Diese Länder sind am allerersten bewohnt gewesen, und man findet allda nichts anderes als Salz und Sand. Denn das feste Salz der Pflanzen und der Tiere bleibt zurück, und die übrigen Teilchen verfliegen.«

Man kann dieses durch die Erfahrung bestätigen. Fast alle unbewohnten Inseln, die man in den letzten Jahrhunderten gefunden hat, sind mit einer großen Menge von allerlei Pflanzen und Bäumen bedeckt gewesen. Die Geschichte lehrt, daß man allenthalben, wo die Erde bevölkert und kultiviert worden ist, unermeßliche Wälder hat umhauen müssen. Ich will noch folgende drei Anmerkungen hinzutun. Erstens, wenn es Pflanzen gibt, die den Verlust an nahrhafter Materie, den die Tiere, nach Buffons Meinung, verursachen, ersetzen können, so sind es hauptsächlich die Gebüsche, deren Wipfel und Blätter mehr Wasser und Dünste einsaugen und mit ihrer Substanz vereinigen als alle anderen Pflanzen. Zweitens, der Boden muß desto eher verderben, daß heißt, er muß desto mehr nahrhafte Substanz verlieren, je mehr die Erde bearbeitet wird, und je fleißiger und arbeitsamer die Einwohner sind, desto mehr Gewächse verzehren sie. Die dritte und wichtigste Anmerkung, die ich zu machen habe, besteht darin, daß die Baumfrüchte den Tieren mehr Nahrung verschaffen als andere Gewächse. Ich habe diese Erfahrung selber gemacht, indem ich zwei Stücke Landes, eines mit Kastanienbäumen bepflanzt, das andere mit Korn besät und die Produkte miteinander verglichen habe.

V (S. 196). Bei den vierfüßigen Tieren sind die Zähne und die Beschaffenheit der Eingeweide die beiden allgemeinsten Zeichen, woran man die Raubtiere erkennt. Die Tiere, die sich von Pflanzen ernähren, haben stumpfe Zähne, wie das Pferd, der Ochse, das Lamm und der Hase. Die Raubtiere hingegen haben spitzige Zähne, wie die Katze, der Hund, der Wolf und der Fuchs. Was die Eingeweide betrifft, so findet man bei den pflanzenfressenden Tieren einige, z.B. den Grimmdarm, dergleichen die Raubtiere nicht haben. Da nun die Zähne und Eingeweide des Menschen so wie die der pflanzenfressenden Tiere beschaffen sind, so scheint es, als müßte er zu ihrer Klasse gerechnet werden. Diese Meinung wird nicht nur durch anatomische Beobachtungen bestätigt, sondern auch die Zeugnisse des Altertums stimmen völlig damit überein. »Dikaiarch«, sagt der hl. Hieronymus, »erzählt in seinen Büchern über die griechischen Altertümer, daß unter der Regierung des Saturn, da die Erde noch von selbst fruchtbar war, kein Mensch Fleisch gegessen, sondern alles sich von Früchten und Gemüsen, die auf natürliche Weise gewachsen sind, ernährt habe.« (Lib. 2, Adv. Jovinian.) Auch kann man diese Meinung durch die Berichte vieler moderner Reisender unterstützen. Unter anderem erzählt François Corréal, daß der größte Teil der Einwohner der Lukayischen Inseln, die die Spanier nach Kuba, San Domingo und anderswohin verpflanzten, starben, weil sie Fleisch gegessen hatten. Man sieht daraus, daß ich verschiedenes übergangen habe, das ich mir hätte zunutze machen können. Denn da die Beute fast der einzige Gegenstand ist, um den sich die fleischfressenden Tiere schlagen, die pflanzenfressenden Tiere hingegen in einem beständigen Frieden miteinander leben, so muß das menschliche Geschlecht, welches zu den letzteren gehört, notwendig in dem Stande der Natur viel leichter auskommen können und weit weniger Notwendigkeit oder Anlaß gefunden haben, diesen Stand zu verlassen.

VI (Seite 197). Alle Erkenntnisse, zu welchen Überlegung erfordert wird, die man nicht anders als durch eine aneinanderhängende Kette von Begriffen erlangt und die nur nach und nach vollkommener werden, scheinen gänzlich über das Denkungsvermögen eines Wilden hinauszugehen, weil er seine Begriffe auf keinerlei Weise seinesgleichen mitteilen kann, das heißt, weil er weder das zu dieser Mitteilung nötige Werkzeug hat, noch irgend durch eine Notdurft angetrieben wird, sich damit zu versehen. Springen, laufen, sich schlagen, einen Stein werfen und einen Baum hinaufklettern, darin besteht sein Wissen und sein Fleiß. Jedoch, wenngleich er nichts als dergleichen Dinge weiß, so weiß er diese weit besser als wir, weil sie uns nicht mehr so nötig sind. Ja, der erste Mensch hat in diesen Dingen so geschickt sein können wie seine letzte Nachkommenschaft, denn es wird dazu weder eine Mitteilung noch eine Art von Fortgang von einem zum andern, sondern bloß eine anhaltende Leibesübung erfordert.

Die Reisenden erzählen uns tausend Beispiele von der Kraft und Leibesstärke der Menschen bei den barbarischen und wilden Völkern. Sie rühmen ebensosehr ihre Geschicklichkeit und ihre Behendigkeit. Da zu dieser Art von Beobachtungen nichts mehr als Augen nötig sind, so finde ich keinen Grund, warum man in den Bericht der Augenzeugen noch einen Zweifel setzen wollte. Ich werde aus den erstbesten Büchern, die mir in die Hände kommen, einige Beispiele hierfür anführen.

»Die Hottentotten«, sagt Kolbe, »verstehen sich besser auf die Fischerei als die Europäer, die am Kap wohnen. Mit gleicher Fertigkeit benutzen sie Netz, Angel, und Wurfspieß, sowohl in den Buchten wie in den Flüssen. Sie können die Fische ebenso geschickt mit den Händen fangen. Sie schwimmen mit einer unvergleichlichen Geschicklichkeit und auf eine Art, die ihnen eigen und recht erstaunlich ist. Sie halten den Kopf gerade beim Schwimmen und strecken die Hände aus dem Wasser heraus, und man sollte glauben, sie gingen auf der Erde. Wenn das Meer noch so sehr stürmt und die Wellen wie Berge in die Höhe stehen, so tanzen sie gleichsam auf dem Rücken der Wasserwogen und steigen wie ein Stück Kork auf und nieder.«

»Die Hottentotten«, sagt ebenderselbe Schriftsteller, »zeigen auf der Jagd eine erstaunliche Geschicklichkeit, und ihre Behendigkeit im Laufen übertrifft alle Einbildungskraft.« Er verwundert sich darüber, daß sie sich nicht öfter ihrer Hurtigkeit bedienen, um Unfug anzurichten. Dies pflegt dennoch nicht selten zu geschehen, wie man aus einem Beispiel, das er anführt, ersehen kann. »Ein holländischer Bootsmann, der am Kap landete, befahl einem Hottentotten, ihm mit einer Rolle Tabak von ungefähr zwanzig Pfund in die Stadt zu folgen. Als sie sich beide von den übrigen etwas entfernt hatten, fragte der Hottentotte den Bootsmann, ob er laufen könne? ›Laufen!‹ versetzte der Holländer, ›o ja, vortrefflich.‹ ›Laßt sehen‹, erwiderte der Afrikaner, lief mit seinem Tabak davon und verschwand fast in eben demselben Augenblick. Der Schiffsmann stutzte über diese erstaunliche Geschwindigkeit, und ließ sich's gar nicht in den Sinn kommen, dem Wilden nachzusetzen. Er bekam auch nie seinen Tabak noch den Träger wieder zu Gesicht.

Sie haben ein so schnelles Auge und zielen mit der Hand so sicher, daß es ihnen kein Europäer gleichtun kann. Hundert Schritt weit treffen sie mit einem Stein ein Ziel, das nicht größer ist als ein halber französischer Sou. Und das Wunderbarste dabei ist, daß sie ihre Augen nicht so wie wir auf das Ziel richten und haften lassen, sondern beständig verdrehen und herumbewegen. Es scheint, als ob eine unsichtbare Hand ihren Stein lenkte.«

Der Pater du Tertre erzählt von den Wilden auf den Antillen fast ebendasselbe, was man hier von den Hottentotten auf dem Kap der guten Hoffnung gelesen hat. Er rühmt besonders die Genauigkeit, mit welcher sie die Vögel in ihrem Fluge und die Fische im Schwimmen zu treffen wissen, die sie nachher im Untergehen ergreifen. Die Wilden im nördlichen Teil von Amerika sind nicht weniger berühmt für ihre Geschicklichkeit und Leibesstärke. Man kann aus folgendem Beispiel ersehen, wie weit es die Einwohner des südlichen Teils von Amerika hierin gebracht haben.

Im Jahre 1746 schlug ein Indianer aus Buenos Aires, den man zu Cadix auf die Galeere verbannt hatte, dem Gouverneur vor, er wolle seine Freiheit mit einer Lebensgefahr erkaufen, der er sich bei einem öffentlichen Feste aussetzen wollte. Er versprach, ganz allein und ohne andere Waffen als einen bloßen Strick dem wütendsten Stier beizukommen. Er wollte ihn zu Boden werfen und mit seinem Strick, an welchem Teile man ihm es vorschreiben würde, festhalten. Er wollte ihm endlich Sattel und Zaum anlegen, auf ihm reiten und dergestalt sitzend gegen zwei andere von den allerwildesten Stieren, die man in die Arena ließe, kämpfen und einen nach dem andern in dem Augenblick, da man es ihm befehlen wird, umbringen, ohne daß ihm jemand helfen sollte. Man willigte ein. Der Indianer hielt Wort und führte alles aus, wie er es versprochen hatte. Wie er es angefangen hat und was eigentlich bei dem Kampfe vorgefallen ist, kann im ersten Band der »Observations sur l'Histoire Naturelle« von Herrn Gautier nachgeschlagen werden, woraus ich diese Begebenheit entlehnt habe, S. 262.

VII (S. 199). »Die Dauer des Lebens der Pferde«, sagt Buffon, »steht, so wie bei allen andern Arten der Tiere, mit der Dauer ihrer Wachstumsjahre in einem Verhältnis. Der Mensch, der vierzehn Jahre zu wachsen hat, kann sechs- oder siebenmal so lange leben, d.h. neunzig oder hundert Jahre. Das Pferd, das in vier Jahren sein Wachstum vollendet, kann gleichermaßen sechs- oder siebenmal so lange leben, nämlich fünfundzwanzig bis dreißig Jahre. Die Fälle, in welchen diese Regel nicht stattfindet, sind so selten, daß sie nicht einmal als eine Ausnahme, daraus wichtige Folgen zu ziehen wären, betrachtet werden können. Die großen und starken Pferde, die weniger Zeit zu ihrem Wachstum brauchen als die kleineren, haben auch weniger Zeit zu leben und mit vierzehn Jahren sind sie schon alt.«

VIII (S. 199). Ich glaube zwischen den fleischfressenden und pflanzenfressenden Tieren einen noch allgemeineren Unterschied bemerkt zu haben als derjenige ist, den ich in der Anmerkung V angeführt habe: einen solchen nämlich, der sich sogar bis auf die Vögel erstreckt. Dieser Unterschied besteht in der Zahl der Jungen, deren man bei denjenigen Tierarten, die von Pflanzen leben, nicht mehr als zwei auf jeden Wurf, bei den fleischfressenden Tieren hingegen gewöhnlichermaßen mehr als zwei zählen kann. In Ansehung dessen kann die Bestimmung der Natur aus der Anzahl der Brüste erkannt werden. Die erste Art hat niemals mehr als zwei Brüste, wie die Stute, die Ziege, die Hirschkuh und das Schaf usw. Die Weibchen der anderen Art hingegen haben deren sechs oder acht, wie die Hündin, die Katze, die Wölfin, die Tigerin usw. Die Henne, die Gans und die Ente und alle übrigen fleischfressenden Vögel, wie der Adler, der Sperber und der Kauz brüten sehr viele Eier auf einmal aus. Hingegen brüten die Taube, die Turteltaube und alle übrigen Vögel, die durchaus nichts anderes als Körner essen, niemals mehr als zwei Eier auf einmal aus. Der Grund, den man für diesen Unterschied angeben kann, besteht darin, daß die Tiere, die von Kräutern und Pflanzen leben, beständig ihr Futter suchen und sehr viel Zeit aufwenden müssen, ihre Nahrung zu finden. Sie haben daher nicht Zeit genug übrig, viele Junge zu ernähren. Die Raubtiere hingegen finden eine ganze Mahlzeit auf einmal und können leichter und öfter ihre Jungen besuchen und dann wieder auf Raub ausgehen, um den großen Verlust an Milch wiederum zu ersetzen. Man könnte hierüber viele sonderbare Beobachtungen und Betrachtungen anstellen, allein, es ist hier nicht der Ort dazu, und ich begnüge mich, von dieser Seite das allgemeinste System der Natur gezeigt zu haben, ein System, daraus ein neuer Grund hergenommen werden kann, den Menschen aus der Klasse der fleischfressenden in die Klasse der pflanzenfressenden Tiere zu versetzen.

IX (S. 205). Ein berühmter Schriftsteller hat die Güter und die Übel des menschlichen Lebens berechnet, und nachdem er die Summen miteinander verglichen, so fand er, daß die Summe der letzteren ungleich größer sei als der ersteren und daß alles in allem das Leben für die Menschen ein schlechtes Geschenk sei. Ich verwundere mich über diese Schlußfolgerung gar nicht. Er hat alle seine Vernunftschlüsse aus der Beschaffenheit des gesitteten Menschen hergenommen. Wäre er aber auf den natürlichen Menschen zurückgegangen, so hätte er, wie ich glaube, ganz andere Summen herausgebracht, so hätte er erkannt, daß den Menschen wenig Übel zustoßen, die sie sich nicht selber zuziehen; folglich hätte er die Natur entschuldigt. Es ist uns sauer geworden, daß wir uns so unglücklich gemacht haben. Betrachtet man auf der einen Seite die unbeschreibliche Arbeit, die die Menschen gehabt haben, so viele Wissenschaften zu ergründen und so viel Künste zu ersinnen, und die Kräfte, die sie haben anwenden müssen, Gräben aufzufüllen, Berge niederzureißen, Steine zu brechen, Flüsse schiffbar zu machen, Land anzubauen, Teiche zu graben, Moraste auszutrocknen, ungeheure Gebäude auf dem trokkenen Lande aufzuführen und das Meer mit Schiffen und Bootsleuten zu bedecken, und erwägt man hingegen auf der anderen Seite mit einiger Überlegung, was für wahren Nutzen alles dieses zu der menschlichen Glückseligkeit gehabt hat, so muß man über die gewaltige Ungleichheit des Verhältnisses zwischen diesen beiden Dingen erstaunen, und man kann sich nicht enthalten, die Blindheit des Menschen zu beklagen, der sich, um seinen närrischen Stolz und ich weiß selbst nicht was für eine eitele Bewunderung seiner selbst zu nähren, alles Elend mit dem größten Eifer zuzieht, dazu er nur aufgelegt ist und davon ihn die wohltätige Natur sorgfältig entfernt hat.

Die Menschen sind böse. Eine traurige und stete Erfahrung überhebt uns der Mühe, einen Beweis hierfür anzuführen. Ich habe aber, wie ich glaube, erwiesen, daß der Mensch von Natur gut ist. Was hat ihn so sehr verderben können, wenn es nicht die Veränderungen, die zu seiner ursprünglichen Beschaffenheit hinzugekommen sind, die Fortschritte, die er gemacht, und die Einsichten, die er erlangt hat, getan haben sollen? Man bewundere die menschliche Gesellschaft, so sehr man will, es wird dennoch immer wahr bleiben, daß sie schuld ist, daß die Menschen einander immer mehr hassen in dem Maße, wie ihre Interessen zunehmen, daß sie einander scheinbare Dienstgefälligkeiten leisten und wirklich alle nur ersinnlichen Übel zufügen. Was soll man von einer Gesellschaft denken, in der die Vernunft einem jeden einzelnen nach Maximen zu handeln anrät, die den Maximen, welche die öffentliche Vernunft dem Gemeinwesen vorschreibt, schnurstracks entgegengesetzt sind, und darin ein jeder durch anderer Unglück auf seine Kosten kommt? Kaum wird man einen bemittelten Mann finden, dem nicht begierige Erben und oft sogar seine eigenen Kinder insgeheim den Tod wünschen; kaum ein einziges Schiff auf dem Meer, dessen Untergang nicht eine gute Zeitung für einen oder den anderen Handelsmann wäre; vielleicht nicht ein einziges Haus, das nicht mancher Schuldner mit allen Papieren, die darin liegen, gerne von den Flammen verzehrt sehen würde; vielleicht nicht ein einziges Volk, das sich nicht über das Unglück seiner Nachbarn freute. Wir finden immer unseren Vorteil in dem Verlust unserer Mitmenschen, und eines Unglück macht allzeit des anderen Glück. Das gefährlichste hierbei ist, daß nicht selten eine Menge Einwohner auf allgemeine Not hoffen. Diese warten auf Krankheiten, jene aufs Sterben, andere auf Krieg und noch andere auf Teuerung. Ich habe abscheuliche Menschen aus Verdruß weinen gesehen, wenn es sich zu einem gesegneten Jahr angelassen hat, und die große und beklagenswerte Feuersbrunst zu London, die so viele Unglückliche das Leben oder ihre ganzen Habseligkeiten gekostet hat, machte mehr als zehntausend Personen glücklich. Ich weiß, daß Montaigne Demades, einen Athener, tadelt, daß er einen Handwerksmann bestraft hat, welcher durch den Tod der Bürger sich bereicherte, indem er die Särge sehr teuer verkaufte, allein, der Grund, den Montaigne anführt, daß man nämlich solchergestalt alle Menschen bestrafen müßte, befestigt meine Gründe. Man dringe einmal durch unsere läppischen Gefälligkeitsbezeigungen hindurch und betrachte, was in unserem Herzen vorgeht: man bedenke, was das für ein Zustand sein muß, in welchem die Menschen einander schmeicheln und sich gegenseitig aufreiben, wo sie aus Pflicht Feinde und aus Eigennutz Betrüger werden müssen. Man wird vielleicht sagen, die Gesellschaft sei so beschaffen, daß ein jeder seinen Vorteil findet, wenn er anderen dient, allein ich antworte hierauf, dieses wäre sehr gut, wenn er nur nicht mehr Vorteil fände, anderen zu schaden. Nicht ein einziger rechtmäßiger Verdienst ist so groß, wie derjenige, den man unrechtmäßigerweise haben kann, und das Unrecht, das man seinem Nächsten tut, bringt allzeit mehr ein als der Dienst, den man ihm leistet. Man hat also nur auf Mittel bedacht zu sein, wie man sich vor der Strafe in Sicherheit setzen will, und hieran wenden die Mächtigen alle ihre Gewalt und die Schwachen alle ihre List.

Hat der Wilde des Mittags gegessen, so ist er mit der ganzen Natur zufrieden und ein Freund von seinesgleichen. Will man ihm sein Mittagsmahl streitig machen, so wird er es gewiß nicht eher zu Schlägen kommen lassen, als nachdem er überlegt hat, ob es schwerer sei, zu siegen oder anderwärts seine Nahrung zu finden, und der Streit endet höchstens durch ein paar Faustschläge, weil sich von beiden Seiten kein Stolz in das Spiel mischt. Der Sieger ißt, der Besiegte sucht sein Glück anderwärts, und alles ist wieder ruhig. Bei einem Menschen hingegen, der in der Gesellschaft lebt, gibt es ganz andere Händel. Erstens muß man für das Nötige sorgen, alsdann für das Überflüssige, endlich kommen die Ergötzlichkeiten, alsdann unermeßliche Reichtümer, dann Untertanen, dann Sklaven. Nicht ein einziger Augenblick ist ruhig. Was das seltsamste hierbei ist: Man findet, daß je weniger das Bedürfnis natürlich und dringend ist, desto heftiger die Leidenschaft danach wird oder, was noch schlimmer ist, desto größere Macht erlangt man, dieses Bedürfnis zu befriedigen. Nachdem es unserem Helden lange Zeit nach Wunsch gegangen ist, nachdem er viele Schätze verschlungen und viele Menschen betrübt hat, wird er noch zuletzt alles um sich herum erwürgen, um allein Herr über die ganze Welt zu sein. Wenn dieses moralische Gemälde nicht auf das menschliche Leben paßt, so ist es wenigstens ein kurzer Abriß alles dessen, was sich jeder gesittete Mensch innerlich wünscht.

Man halte ohne Vorurteil den Stand des gesitteten und des wilden Menschen gegeneinander und betrachte außer der Bosheit, den Bedürfnissen und dem Elend, wie viele neue Türen der erstere allein für Schmerzen und Tod geöffnet hat. Man bedenke die Gemütsunruhen, die uns verzehren, die heftigen Leidenschaften, die uns entkräften und betrüben, die überschwengliche Arbeit, mit welcher die Armen beladen sind, die noch gefährlichere Weichlichkeit, der sich die Reichen überlassen, und wodurch jene aus Not und diese aus Überfluß sterben. Denkt man an die ungeheuere Vermischung von Speisen, an die schädliche Zurichtung derselben, an die verdorbenen Lebensmittel, an das verfälschte Zeug, das hier und da verkauft wird, an die Betrügerei derjenigen, die es verkaufen, und an den Irrtum anderer, die jene wiederum bedienen, an das Gift der Gefäße, in denen es zubereitet wird, erwägt man die epidemischen Krankheiten, die aus der üblen Luft zwischen versammelten Menschen entstehen, an andere Krankheiten wiederum, woran unsere verzärtelte Lebensart, der wechselweise Übergang aus dem Innersten unseres Hauses an die Luft, eine etwas zu geringe Sorgfalt beim Ankleiden und Auskleiden und tausend dergleichen Bequemlichkeiten schuld sind, die alle durch unsere überschwenglichen Empfindlichkeiten zu notwendigen Gewohnheiten geworden sind, die man nunmehr, ohne das Leben oder wenigstens die Gesundheit in Gefahr zu setzen, nicht vernachlässigen oder gar entbehren kann; man setze die Feuersbrünste und die Erdbeben mit auf die Rechnung, durch die nicht selten ganze Städte verheert wurden; mit einem Worte, man vereinige die Gefahren, die von all diesen Ursachen herrühren und sich über unserem Haupt versammeln, so wird man finden, wie teuer uns die Natur die Verachtung bezahlen läßt, mit welcher wir ihre Lehren ansehen.

Ich mag hier nicht wiederholen, was ich anderswo vom Kriege gesagt habe. Aber ich wünschte, daß Leute, die es wissen, der Welt alle Greuel umständlich beschreiben wollten oder dürften, die von denjenigen bei der Armee begangen werden, welche Lebensunterhalt liefern oder Hospitäler unterhalten. Man würde gewiß sehen, wie ihre nicht gar zu geheimen Kunstgriffe die stärksten Kriegsheere aufreiben und mehr Soldaten umbringen als das feindliche Schwert selbst. Nicht weniger erstaunt man über die Anzahl der Menschen, die jährlich das Meer verschlingt durch Hunger, Skorbut, Seeräuber, Feuer und Schiffbruch. Es ist klar, daß auf die Rechnung des eingeführten Eigentums und folglich auf die Rechnung der Gesellschaft alle Ermordungen, Vergiftungen, Straßenräubereien und die Bestrafung dieser Laster selbst gesetzt werden müssen; ich sage, die Bestrafung, denn diese ist zwar, um größerem Übel vorzubeugen, unentbehrlich, indem sie aber um eines einzigen Totschlags willen, zwei oder mehr Menschen ums Leben bringt, so verdoppelt sie in der Tat den Verlust, den das menschliche Geschlecht leidet. Was soll ich von den schändlichen Mitteln sagen, die man erdacht hat, die Geburten zu verhindern und die Natur zu betrügen? Sowohl durch jenen säuischen und verderbten Geschmack, der das herrliche Werk derselben schändet, einen Geschmack, den weder Wilde noch Tiere jemals gekannt haben und der nur in gesitteten Ländern durch eine verkehrte Einbildungskraft entstanden ist, oder durch geheime Abtreibungen, diese würdigen Früchte der Schwelgerei und der lasterhaften Ehre, oder auch durch die öffentliche Aussetzung oder sogar Hinrichtung der Kinder, die entweder das Opfer der bedrängten Umstände ihrer Eltern oder der barbarischen Furcht ihrer Mütter vor der Schande werden müssen; sowie endlich durch die Verstümmelung einiger Unglücklicher, denen ein Teil ihres Daseins und ihre Nachkommenschaft ganz geraubt und läppischen Liedern oder, was noch schlimmer ist, der viehischen Eifersucht einiger Ehemänner aufgeopfert wird: eine Verstümmelung, die in diesem letzteren Falle die Natur zweifach beleidigt, einmal durch die Art und Weise, wie man mit diesen Menschen verfährt, und wiederum durch den Gebrauch, zu welchem sie bestimmt sind.

Aber gibt es nicht noch tausend noch häufigere und gefährlichere Fälle, in denen die elterlichen Rechte offenbar die Menschheit beleidigen? Wie viele Talente werden nicht vergraben, wie vielen Neigungen des liebenden Herzens wird nicht durch unbesonnenen Zwang der Väter Gewalt angetan? Wie viele Menschen würden sich in einem ihnen angemessenen Stande ausgezeichnet haben, die unglücklich und ruhmlos in einem anderen Stande sterben, für den sie keine Neigung hatten! Wie viele glückliche, aber ungleiche Ehen sind nicht zerrissen oder zerstört und wie viele Mädchen, die keusche Gattinnen gewesen wären, durch diese immer mit der Natur in Widerspruch stehenden Ordnungen der Stände entehrt worden! Wie viele andere widersinnige Verbindungen, vor denen Liebe und Vernunft floh, hat nicht der Eigennutz gestiftet! Wie viele selbst rechtschaffene und tugendhafte Gatten machen nicht ihr Leben gegenseitig zur Qual, weil sie nicht zueinander passen. Wie viele junge und unglückliche Opfer des Geizes ihrer Eltern versinken nicht ins Laster oder bringen ihre traurigen Tage in Tränen hin und seufzen in unauflöslichen Banden, vor denen ihrem Herzen graut und die das Gold allein geschmiedet hat! Glücklich zuweilen, wenn ihre Tugend und ihr Mut selbst sie dem Leben entreißt, ehe eine grausame Gewalttätigkeit sie zwingt, es im Laster oder in der Verzweiflung zuzubringen. Vergebt mir, ihr für immer bejammernswerten Eltern, ungern schärfe ich eure Schmerzen, aber mögen sie ein ewiges und schreckendes Beispiel für jeden sein, der im Namen der Natur selbst das geheiligteste ihrer Rechte zu verletzen wagt.

Wenn ich hier nur von jenen übel geknüpften Verbindungen spreche, die das Werk unserer Kultur sind, meint man darum, daß bei den anderen, die Liebe und Sympathie leitete, sich gar nichts Schlimmes findet? Was wird man sagen, wenn ich sogar zeigen wollte, wie das menschliche Geschlecht in seinem Ursprunge und in dem allerheiligsten aller Bande angefochten wird, da man die Natur schon nicht mehr hört, wenn nicht erst das Glück um Rat gefragt worden ist, und da eine bürgerliche Unordnung Laster und Tugenden so sehr miteinander vermengt hat, daß man die Enthaltsamkeit für eine lasterhafte Vorsicht und es hingegen für eine sehr menschliche Tat hält, wenn jemand durchaus nicht seinesgleichen das Leben erteilen will. Jedoch ich mag den Vorhang nicht zerreißen, der soviel Greuel verdeckt. Wir wollen uns also begnügen, ein Übel anzuzeigen, dem andere abhelfen sollten.

Man tue zu diesem allen noch die Menge der ungesunden Handwerke hinzu, die entweder die Tage der Arbeiter verkürzen oder ihre Gesundheit verderben. Von dieser Art sind die Arbeiten in den Minen, die verschiedene Bearbeitung der Metalle und der Mineralien, vornehmlich des Bleis, des Kupfers, des Quecksilbers, von Kobalt, Arsen und Schwefel, auch jene gefährlichen Berufe, die täglich eine Menge Handwerksleute das Leben kosten, ich meine die Dachdecker, die Zimmerleute, Maurer und Steinmetzen. Man vereinige, sage ich, alle diese Gegenstände, so wird man in der Einführung und Verbesserung der Gesellschaften den Grund finden, warum das menschliche Geschlecht immer abnimmt, was schon mehr als ein Philosoph bemerkt hat.

Der Luxus, von welchem solche Menschen, die auf ihre eigene Bequemlichkeit erpicht sind und bei anderen gerne in Ansehen stehen wollen, nicht abzubringen sind, kam bald hinzu und vollendete, was die Gesellschaft nur angefangen hatte. Unter dem Vorwand, solchen armen Leuten ihren Unterhalt zu geben, die es nicht verdienen, bringt man alle übrigen Einwohner an den Bettelstab und entvölkert über kurz oder lang den ganzen Staat.

Der Luxus ist ein Heilmittel, das noch schlimmer ist als das Übel selbst, dem es abhelfen soll, oder besser gesagt, er ist das größte Übel, das einem Staat, er mag groß oder klein sein, zustoßen kann, denn er drückt den Ackersmann und den Bürger und richtet sie zugrunde, bloß um eine Menge von Knechten und Elenden zu ernähren, die er selbst zu Knechten und elenden Leuten gemacht hat: so wie jene brennenden Südwinde Kräuter und Pflanzen mit verheerendem Ungeziefer bedecken, den nützlichen Tieren ihr Futter rauben und allenthalben, wo sie hinkommen, Mangel und Tod mit sich führen.

Aus der Gesellschaft und aus dem Luxus, den sie erzeugt, entstehen die freien und mechanischen Künste, der Handel, die Gelehrsamkeit und alle diese unnützen Dinge, wodurch das Gewerbe befördert und der Staat mit Reichtümern angefüllt und zugrunde gerichtet wird. Nichts ist leichter, als den Grund dieses Verderbens anzugeben. Der Ackerbau bringt von Natur am wenigsten ein, denn weil sein Produkt allen Menschen unentbehrlich ist, so muß der Preis nach dem Vermögen der ärmsten Leute angesetzt werden. Aus eben demselben Grundsatz kann die allgemeine Regel gezogen werden, daß die Künste überhaupt desto mehr einbringen, je weniger sie nützlich sind, und daß daher die nötigsten Künste am wenigsten getrieben werden. Man bedenke nunmehr, welchen wahren Vorteil man sich von dem Gewerbe und welche Wirkungen von seinem Fortgange zu versprechen hat.

Dieses sind die augenscheinlichen Ursachen allen Jammers, in den der Überfluß die am meisten bewunderten Nationen gestürzt hat. Sowie sich Gewerbe und Künste ausbreiten und in Blüte zu kommen anfangen, so wird der Bauer verachtet, mit Auflagen beschwert, die zur Unterhaltung des Luxus notwendig sind, und er findet sich genötigt, sein Leben zwischen Hunger und Arbeit zuzubringen; er verläßt endlich seine Felder, um in den Städten, wohin er eigentlich Brot bringen sollte, sein Brot zu suchen. Je mehr die Augen des dummen Volkes die Hauptstädte mit Bewunderung angaffen, desto mehr sollte man seufzen, daß die Felder verlassen werden, die Äcker brachliegen und die Landstraßen mit unglücklichen Bürgern angefüllt sind, die

Bettler oder Räuber geworden sind und eines Tages ihr Elend auf dem Rade oder auf dem Misthaufen werden endigen müssen. Solchergestalt bereichern sich die Staaten von einer Seite und schwächen und entvölkern sich von der anderen Seite, und eben daher kommt es, daß die mächtigsten Monarchien, nachdem sie lange Zeit gearbeitet, sich reich zu machen und gleichzeitig zu veröden, endlich eine Beute für arme Nationen werden, die sich der gefährlichen Versuchung nicht erwehren können, jene unter sich zu bringen. Diese bereichern und schwächen sich auf eben die Art, bis endlich wieder andere kommen, die sie überfallen und aufreiben.

Man nehme sich einmal die Mühe, uns zu erklären, woher jene Barbarenhorden entsprungen sind, die während so vieler Jahrhunderte Europa, Asien und Afrika haben überschwemmen können. Hat sie der Fleiß ihrer Künste, die Weisheit ihrer Gesetze oder die Vortrefflichkeit ihrer Kultur so volkreich gemacht? Wenn uns doch unsere Gelehrten die Ursache angeben wollten, warum sich diese wilden und viehischen Menschen, ohne Einsichten, ohne Zaum, ohne Gesetz nicht vielmehr für ihre Weide oder ihre Jagd totgeschlagen, als so sehr vermehrt haben. Wenn sie doch erklären wollten, wie diese Elenden das Herz gehabt, uns unter die Augen zu treten, die wir so geschickte Leute waren, eine so vortreffliche Kriegdisziplin und so weise Gesetze hatten; endlich warum man, nachdem sich die Gesellschaft in nördlichen Ländern verbessert und man alle Mühe angewendet hat, den Menschen ihre gegenseitigen Pflichten und die Kunst, annehmlich und friedfertig miteinander zu leben, beizubringen, warum man seit dieser Zeit, sage ich, niemals eine so große Menge Volks hat von dorther kommen sehen, wie es vorher oft zu geschehen pflegte. O, ich fürchte sehr, daß jemand mir zuletzt noch antworten wird, alle diese großen Dinge, die Künste, die Wissenschaften und die Gesetze seien von den Menschen sehr weislich, gleichsam wie eine heilsame Pest, erfunden worden, um der überschwenglichen Vermehrung der Menschen zuvorzukommen, damit uns nicht diese Welt, die uns zur Wohnung bestimmt ist, endlich zu eng werden möchte.

Wie aber? Wird man die Gesellschaften zerstören, das Mein und Dein aufheben und wieder in die Wälder zurückkehren müssen, um dort mit den Bären zusammenzuleben? Dies ist eine Folgerung, die vielleicht meine Gegner werden ziehen wollen. Ich will ihr ebenso gern zuvorkommen wie ihnen die Schande lassen, diese gezogen zu haben. O ihr, die ihr die göttliche Stimme niemals vernommen habt und die ihr nur als einzige Bestimmung eures Geschlechts erkennt, das kurze Leben in Frieden dahinzubringen, die ihr alles Schädliche, das ihr euch zugezogen habt, eure unruhigen Gemüter, eure verkehrten Herzen, eure ungebundenen Begierden in den Städten zurücklassen könnt, nehmt eure alte und erste Unschuld wieder an, es liegt nur an euch: sucht die Wälder auf, um dort die Laster eurer Zeitgenossen aus den Augen und aus dem Andenken zu verlieren, fürchtet euch nicht, das menschliche Geschlecht zu entehren, wenn ihr seinen Einsichten entsagt, um zugleich seinen Lastern zu entsagen. Was aber die Menschen meinesgleichen betrifft, deren Leidenschaften schon auf ewig ihre ursprüngliche Einfalt unterdrückt haben, die nicht mehr von Kräutern und Eicheln leben und die weder Gesetze noch Oberherren entbehren können, jene, deren erste Väter mit übernatürlichen Lehren beehrt worden sind, jene, welche in der Absicht, den menschlichen Handlungen sogleich eine Sittlichkeit zu verschaffen, die sie sonst in sehr langer Zeit nicht hätten erlangen können, welche in dieser Absicht, sage ich, den Grund finden, warum ein Gebot gegeben wurde, die an und für sich gleichgültig und in einem anderen System zu begreifen ist, mit einem Worte, jene, welche überzeugt sind, daß die göttliche Stimme das ganze menschliche Geschlecht zu den Einsichten und zu der Glückseligkeit der himmlischen Geister gerufen hat, sie alle, sage ich, werden sich durch die Ausübung solcher Tugenden, zu welchen sie sich verpflichten, indem sie sie lehren, um den ewigen Preis bemühen, den sie dafür zu erwarten haben. Sie werden die heiligen Bande der Gesellschaft, deren Mitglieder sie sind, hochschätzen, sie werden ihren Nächsten lieben und ihm, soviel in ihrer Macht steht, dienen, sie werden die Gesetze gewissenhaft beobachten und denjenigen, die sie gegeben haben und die sie verwalten, Gehorsam leisten, sie werden vornehmlich die guten und weisen Fürsten verehren, die geschickt sind, jener Menge von Mißbräuchen und Übeln, die uns alle Augenblicke zu unterdrücken drohen, zuvorzukommen, abzuhelfen oder sie zu lindern; sie werden diesen würdigen Oberhäuptern ohne Furcht und ohne Schmeichelei die Wichtigkeit ihres Berufes und die Strenge ihrer Pflichten zeigen und dadurch ihren Eifer anfeuern, aber sie werden dessenungeachtet eine Verfassung verachten, die nicht anders erhalten werden kann als vermittels so vieler ehrwürdiger Leute, die man öfter wünscht, als man sie findet, und aus welcher trotz aller Vorsorge immer noch mehr wirkliche Drangsale als scheinbare Vorteile entspringen.

X (S. 205). Unter den Menschen, welche wir teils selbst, teils durch Geschichtsschreiber und Reisende kennengelernt haben, sind einige schwarz, andere weiß und noch andere rot, einige tragen lange Haare, andere haben nur eine Art krauser Wolle, einige sind fast ganz mit Haaren bewachsen, andere haben nicht einmal einen Bart. Es hat Völker gegeben, und vielleicht gibt es noch dergleichen, die aus Menschen von riesenhafter Größe bestanden haben, und wenn wir auch die Fabel von den Pygmäen beiseite setzen, weil sie vielleicht allzusehr übertrieben sein mag, so finden wir dennoch, daß die Lappländer und vornehmlich die Grönländer insgemein weit größer sind als andere Menschen; man will so gar versichern, daß gewisse Völker so wie die Tiere mit Schwänzen versehen sein sollen, und ohne alles, was Herodot und Ktesias erzählen, so blindlings anzunehmen, kann man doch wenigstens diese sehr wahrscheinliche Meinung daraus folgern, daß wir gewiß in der Figur und in der Leibesbeschaffenheit der Menschen weit mehr Verschiedenheiten wahrgenommen hätten, wenn man in den alten Zeiten, als die Völker noch einer verschiedeneren Lebensart gefolgt sind als jetzt, richtige Beobachtungen hätte anstellen können. Alle diese Begebenheiten in der Natur, für die man leicht unwidersprechliche Beweise anführen kann, können nur solche Leute in Erstaunen setzen, die nichts anderes zu betrachten gewohnt sind als die Gegenstände, die um sie herum sind, und die von den Wirkungen nichts wissen, welche von der Verschiedenheit des Klimas, der Luft, der Speisen, der Lebensart und der Gewohnheiten überhaupt verursacht werden können, besonders wenn alle diese Ursachen durch eine ununterbrochene Wirkung auf eine lange Reihe von Geburten, immer mehr Kraft erlangen. Jetzt, da der Handel, die Reisen und die Eroberungen die verschiedenen Völker vereinigen und ihre Lebensarten durch einen beständigen Umgang einander immer näher kommen, bemerkt man, daß die Nationalunterschiede abgenommen haben; zum Beispiel wird jeder finden, daß die jetzigen Franzosen nicht mehr die großen, weißen und blonden Körper haben, wie sie uns die lateinischen Geschichtsschreiber beschreiben, obgleich die Zeit und die Vermischung der Franken und Normannen, die selbst blond und weiß waren, wiederum hätte herstellen können, was dem Einfluß des Klimas auf die Leibesbeschaffenheit und Farbe der Einwohner durch den Umgang mit den Römern genommen worden ist. Alle diese Beobachtungen über die Verschiedenheit, welche aus tausenderlei Ursachen in dem menschlichen Geschlechte hat entstehen können und wirklich entstanden ist, geben mir Anlaß zu zweifeln, ob gewisse Tiere, die mit dem Menschen viel Ähnlichkeit haben und von den Reisenden allzeit ohne Bedenken für Tiere gehalten worden sind, entweder weil sie einigen Unterschied in ihrer äußerlichen Bildung wahrgenommen oder vielleicht bloß weil sie nicht reden konnten, ob diese Tiere, sage ich, nicht wirkliche wilde Menschen sind, deren Stamm sich in alten Zeiten in den Wäldern verloren hat und die keine Gelegenheit gefunden haben, ihre angeborenen Fähigkeiten zu entwickeln, und die dadurch keinen Grad der Vollkommenheit haben erlangen können und noch immer in dem ursprünglichen Naturzustand geblieben sind. Wir wollen ein Beispiel anführen.

»Man findet«, sagt der Übersetzer der »Histoire des Voyages«, »in dem Königreich des Kongo eine Menge von großen Tieren, die man in Ostindien *Orang-Utan* nennt und die eine Art von Mitte halten zwischen dem menschlichen Geschlecht und den Pavianen. Battel erzählt, daß man in dem Königreich Loango in den mayombaischen Wäldern zwei Arten von Mißgeburten antreffe, von denen die größten *Pongos* und die anderen *Enjokos* genannt werden. Jene haben eine sehr genaue Ähnlichkeit mit dem Menschen, aber sie sind dicker und länger. Sie haben ein menschliches Gesicht mit sehr tiefliegenden Augen. Ihre Hände, ihre Backen, ihre Ohren sind glatt, außer den Augenbrauen, welche sehr lang sind. Obgleich der ganze Körper sonst haarig ist, stehen die Haare dennoch nicht sehr dicht und ihre Farbe ist braun. Das Bein ist der einzige Teil ihres Körpers, der sie von dem Menschen unterscheidet, denn sie haben keine Waden. Sie gehen aufrecht und halten die Haare, die sie am Halse haben, in der Hand. Sie flüchten in die Wälder, sie schlafen auf den Bäumen und machen sich da eine Art von Dach, um vor dem Regen geborgen zu sein. Sie ernähren sich von Früchten oder von wilden Nüssen. Fleisch essen sie gar nicht. Die Neger, die durch die Wälder streifen, sind gewohnt, sich bei nächtlicher Weile Feuer anzuzünden, und sie haben gefunden, daß sich des Morgens, wenn sie aufbrechen, die Pongos um das Feuer setzen und nicht eher weggehen, bis es aus ist. So geschickt sie sind, so haben sie dennoch nicht Verstand genug, Holz anzulegen und das Feuer brennend zu erhalten.

Sie gehen oft in ganzen Horden und erschlagen die Neger, die durch die Wälder streifen. Sie fallen sogar über die Elefanten her, welche an den Orten, wo sie sich aufhalten, weiden wollen. Sie plagen sie so sehr mit Faust- oder Stockschlägen, daß sie genötigt sind, mit einem großen Geschrei die Flucht zu nehmen. Man kann keine Pongos lebendig fangen, denn sie sind so stark, daß zehn Menschen nicht hinreichen, einen von ihnen festzuhalten. Aber die Neger fangen eine

Menge Junge, indem sie die Mutter, an deren Körper sich die Kleinen festhalten, umbringen. Wenn eines von diesen Tieren stirbt, so bedecken es die anderen mit Zweigen oder Laubwerk. Purchass setzt hinzu, er habe von Battel selbst in einer Unterredung, die er mit ihm gepflogen, gehört, daß ihm ein Pongo einst einen kleinen Neger gestohlen und daß dieser Neger einen ganzen Monat in der Gesellschaft dieser Tiere zugebracht habe. Denn sie tun den Menschen nichts zuleide, und zwar besonders, wie der kleine Neger gefunden, wenn man sie nicht ansieht. Die zweite Art von wilden Tieren hat Battel nicht beschrieben.

Dapper bestätigt, daß das Königreich Kongo voll von solchen Tieren ist, die in Indien Orang-Utan heißen, was Waldbewohner bedeutet. Die Afrikaner nennen sie Quojas-Morros. Dieses Tier, sagt er, hat so viel Ähnlichkeit mit dem Menschen, daß es einem Reisenden in den Sinn gekommen ist, zu sagen, sie könnten aus der Vermischung einer Frau mit einem Affen entsprungen sein, eine Chimäre, die von den Negern selbst verworfen wird. Eines von diesen Tieren wurde von Kongo nach Holland gebracht und dort dem Prinzen von Oranien, Friedrich Heinrich, vorgestellt. Es war so groß wie ein Kind von drei Jahren, von durchschnittlicher Leibesfülle, vierschrötig und wohlgebildet, sehr hurtig und sehr lebhaft. Die Beine waren fleischig und stark, der vordere Teil des Körpers nackt, der hintere mit schwarzen Haaren bedeckt. Bei dem ersten Anblick schien sein Gesicht einem menschlichen Gesicht ähnlich, jedoch die Nase war platt und krumm, seine Ohren sahen ebenfalls wie menschliche aus, sein Busen, denn es war ein Weibchen, war füllig, sein Nabel tiefliegend, seine Schultern sehr gelenkig, die Hände in Finger und Daumen abgeteilt, Waden und Ferse dick und fleischig. Es ging oft aufrecht auf den Füßen und war imstande, ziemlich schwere Lasten aufzuheben und zu tragen. Wenn es trinken wollte, so hielt es den Deckel in der einen Hand und mit der anderen hielt es den Boden des Gefäßes, und hernach brachte es die Lippen artig daran. Es legte sich mit dem Kopf auf ein Kissen und deckte sich so geschickt zu, daß man geglaubt hätte, es läge ein Mensch im Bett. Die Neger erzählen wunderbare Dinge von diesen Tieren. Sie versichern, daß sie Weiber und Mädchen notzüchtigen und oft bewaffnete Menschen anfallen. Mit einem Wort, es scheint, als wären dies die Satyrn, von denen die Alten reden. Merolla meint vielleicht nichts anderes als diese Tiere, wenn er erzählt, daß die Neger manchmal auf der Jagd wilde Männer und Weiber zu fangen pflegen.«

In dem dritten Teil eben dieser »Histoire des Voyages« wird von diesen menschenartigen Tieren unter dem Namen von *Beggos* und *Mandrills* gesprochen. Aber um uns nur an die vorhergehende Erzählung zu halten, so findet man in der Beschreibung dieser vermeinten Ungeheuer erstaunlich viel Ähnlichkeit mit dem menschlichen Geschlecht und eine nicht so große Verschiedenheit, wie man oft zwischen Mensch und Mensch selbst anzutreffen pflegt. Man sieht an diesen Stellen gar keinen Grund, warum die Gelehrten diese Tiere nicht für wilde Menschen halten wollten, man kann aber leicht vermuten, daß dies wegen ihrer großen Dummheit oder, weil sie nicht redeten, geschehen ist. Diese Gründe sind aber für diejenigen zu schwach, denen nicht unbekannt ist, daß zwar die Organe der Sprache, aber nicht die Sprache selbst dem Menschen natürlich ist, und wie sehr das Vermögen, sich vollkommener zu machen, den gesitteten Menschen über seinen natürlichen Zustand erheben kann. Die wenigen Zeilen, in welchen diese Beschreibungen enthalten sind, zeigen klar, daß man diese Tiere schlecht beobachtet und mit vielen Vorurteilen angesehen hat. Man hält sie zum Beispiel für Mißgeburten, und man gesteht, daß sie Kinder zeugen. Battel sagt an einer Stelle, die Pongos bringen die Neger um, die durch die Wälder streifen, und Purchass setzt an anderer Stelle hinzu, sie täten ihnen auch dann, wenn sie von ihnen gefangen werden, nichts zuleide, wenigstens solange sich die Neger nicht einfallen lassen, sie anzusehen. Die Pongos versammeln sich um ein Feuer, das die Neger angezündet haben, und weichen nicht eher, als bis es ausgeht. Dieses hat man wahrgenommen. Nun sehe man die Auslegung, die der Beobachter hinzugetan hat: *So geschickt sie auch sind, so haben sie dennoch nicht Verstand genug, Holz anzulegen und das Feuer zu unterhalten.* Ich möchte wohl erraten, woher es Battel oder Purchass, der ihn kompiliert hat, wissen, daß sich die Pongos mehr aus Dummheit, als weil es ihnen so gefällt, zurückziehen? In einem Klima wie dem zu Loango haben die Tiere das Feuer eben so nötig nicht. Die Neger zünden sich welches an, nicht so sehr gegen die Kälte, als um die wilden Tiere zu erschrecken. Es ist also sehr natürlich, daß die Pongos, nachdem sie sich lange genug an der Flamme belustigt oder gewärmt haben, endlich überdrüssig werden, immer an einem Orte zu verbleiben, und daher weggehen, ihr Futter zu suchen, welches ihnen mehr Zeit wegnimmt, als wenn sie Fleisch äßen. Es ist überdies bekannt, daß die meisten Tiere, den Menschen selbst nicht ausgenommen, von Natur faul sind und keine Arbeit gern unternehmen, welche nicht unumgänglich notwendig ist. Ja, es scheint sehr seltsam, daß die Pongos, deren Geschicklichkeit und Stärke so sehr gerühmt wird, die Pongos, die ihre Toten begraben und sich aus Laub Dächer machen können, daß diese nicht verständig genug sein sollten, ein paar Brände in das Feuer zu stoßen. Ich habe einen Affen das tun sehen, wozu man hier die Pongos für ungeschickt hält. Es ist wahr, da ich damals nicht eigentlich hierauf meine Gedanken gerichtet hatte, so beging ich eben diesen Fehler, den ich unseren Reisenden vorgeworfen habe: ich habe nämlich zu untersuchen vergessen, ob es die Absicht des Affen gewesen ist, das Feuer brennend zu erhalten, oder ob er, wie ich glaube, nur die menschliche Handlung hat nachahmen wollen. Es sei nun, wie ihm wolle, es ist ausgemacht, daß die Affen gewiß keine besondere Art von Menschen sind, sowohl weil ihnen das Vermögen zu reden mangelt, als hauptsächlich, weil sie kein Vermögen besitzen, sich vollkommener zu machen, worin des Menschen Unterscheidungsmerkmal eigentlich besteht. In Ansehung der Pongos und der Orang-Utans hingegen hat man die Untersuchung noch mit allzu geringer Sorgfalt angestellt, als daß man diese Folgerung daraus ziehen können sollte. Wenn aber die Orang-Utans oder andere dergleichen wirklich eine Art Menschen sind, so gibt es dennoch ein Mittel, wodurch sich die ungeschicktesten Beobachter mit einer völligen Gewißheit dessen versichern können. Es würde jedoch mehr als eine einzige Generation zu dieser Untersuchung erfordert werden, und zudem ist dieser Vorschlag auch von einer anderen Seite nicht tunlich, weil man erst überzeugt sein müßte, daß die Voraussetzung, welche durch die Erfahrung bestätigt werden soll, wahr sei, ehe es erlaubt wäre, unvoreingenommen den Beweis dafür zu erbringen.

Wenn man sich in seinem Urteile übereilt und von keiner erleuchteten Vernunft leiten läßt, so kann man sehr leicht in Ausschweifungen verfallen. Eben die Geschöpfe, welche von den Alten unter dem Namen von *Satyrn, Faunen* und *Silvanen* für Gottheiten gehalten wurden, werden von unseren jetzigen Reisenden unter dem Namen *Pongo, Mandrill* und *Orang-Utan* ohne Bedenken für Tiere ausgegeben. Wenn man sie genauer untersuchen wird, so wird man vielleicht finden, daß sie weder Tiere, noch Götter, sondern Menschen sind. Indessen glaube ich, man kann deshalb Merolla, welcher ein gelehrter Geistlicher, ein Augenzeuge und bei aller Naivität dennoch ein geistvoller Mann war, ebensosehr trauen wie dem Kaufmann Battel, Dapper, Purchass oder sonst anderen Kompilatoren.

Was würden wohl solche Beobachter von dem Kinde geurteilt haben, welches im Jahr 1694 gefunden worden ist? Ich habe dieses Kind schon vorhin erwähnt, man fand nicht das geringste Kennzeichen von Vernunft bei ihm, es ging auf allen vieren, hatte keine Sprache und formte Töne, die keiner menschlichen Stimme ähnlich waren. Es dauerte sehr lange, fährt eben dieser Philosoph fort, von welchem ich diese Begebenheit entlehnt habe, ehe es einige Worte aussprechen konnte, und auch dann klangen sie noch sehr rauh. Sobald es reden konnte, befragte man es über seinen früheren Zustand, allein, es konnte sich dessen ebensowenig erinnern, als wir uns zu entsinnen wissen, was uns in der Wiege begegnet ist. Wäre nun dieses Kind zu seinem Unglück unseren Reisenden in die Hände gefallen, so bin ich sicher, daß sie, sobald sie sein Stillschweigen und seine Dummheit bemerkt hätten, es wieder in den Wald laufen lassen oder es wohl gar in eine Menagerie eingesperrt hätten. Hernach hätten sie in einer schönen Erzählung von diesem Kinde sehr gelehrt als von einem überaus merkwürdigen Tier gesprochen, das dem Menschen ziemlich ähnlich sieht.

Seit drei oder vier Jahrhunderten haben die Einwohner von Europa alle übrigen Teil der Welt zu überschwemmen angefangen und immer neue Sammlungen von Reisebeschreibungen und Reisegeschichten herausgegeben. Dennoch, glaube ich, sind uns keine anderen Menschen bekannt als die Europäer. Ja, die lächerlichen Vorurteile, die sogar bei gelehrten Leuten nicht selten gefunden werden, bezeugen, daß fast jeder mit der Prahlerei, den Menschen zu studieren, nichts mehr als seine Landsleute studiert. Die gemeinen Leute mögen noch so lange hin und her reisen, die Philosophie scheint immer zu Hause zu bleiben. Die Philosophie eines jeden Volkes schickt sich auch sehr wenig für ein anderes. Die Ursache hierfür ist wenigstens in Ansehung der entlegensten Gegenden ziemlich offenbar. Man findet kaum mehr als vier Arten von Menschen, die sehr weit reisen: die Seefahrer, die Kaufleute, die Soldaten und die Missionare. Von den drei ersten Klassen hat man sich gewiß nicht viele gute Beobachter zu versprechen. Die der vierten Klasse sind so sehr mit ihrem erhabenen Berufe beschäftigt, daß sie sich gewiß nicht mit Untersuchungen abgeben werden, die nur der Neugierde zu schmeicheln scheinen und durch die sie von ihren wichtigen Geschäften abgehalten werden könnten. Zudem braucht man, um das Evangelium mit Nutzen zu predigen, nicht mehr als Eifer; Gott verleiht das übrige. Will man aber die Menschen kennenlernen, so muß man Talente besitzen, die Gott niemanden zu geben verheißen hat und die den Heiligen nicht immer zuteil geworden sind. Man findet nicht eine einzige Reisebeschreibung, worin nicht Charaktere und Sitten beschrieben werden, aber man muß erstaunen, wenn man sieht, daß diese Leute von allen Dingen, von denen sie so viel schreiben, nichts mehr anführen, als was ein jeder weiß, daß sie am anderen Ende der Welt nichts mehr wahrgenommen haben als solche Dinge, die sie hätten erfahren können, ohne aus ihrer Straße herauszukommen, und daß jene wahren Züge, jene echten Unterschiede zwischen den Völkern, wovon scharfsichtige Augen am meisten gerührt werden, den ihren fast immer entgangen sind. Daher haben wir jenen vortrefflichen Spruch in der Sittenlehre, an den sich unsere Afterphilosophen am meisten halten, daß die Menschen allenthalben einerlei Leidenschaften und einerlei Laster hätten und daß die Bemühung, die verschiedenen Völker zu charakterisieren, ganz unnütz wäre. Dies ist so vortrefflich geschlossen, als wenn man sagen wollte, Pierre sei von Jacques nicht zu unterscheiden, weil sie beide Nase, Mund und Augen haben.

Werden diese glücklichen Zeiten niemals wiederkommen, da sich die Völker nicht mit Philosophieren abgegeben haben, da Platon, Thales und Pythagoras, von einer brennenden Wißbegierde angetrieben, die weitesten Reisen unternahmen, bloß um sich zu unterrichten, in der Ferne die Nationalvorurteile abzulegen, die Menschen in ihrer Gleichförmigkeit und Verschiedenheit kennenzulernen und allgemeine Erkenntnisse zu sammeln, die nicht bloß für ein Jahrhundert oder für ein besonderes Land, sondern für alle Zeiten und Orte gelten und das allgemeine Wissen der Weisen ausmachen?

Man bewundert einige Neugierige, die mit großen Unkosten, mit Gelehrten oder Malern, in den Orient gereist sind oder haben reisen lassen, um allda ein altes Gemäuer abzuzeichnen und Inschriften zu entziffern oder abzuschreiben. Aber ich kann kaum begreifen, wie es zuginge, daß sich in einem Jahrhundert, da man so gern etwas wissen zu wollen scheint, nicht zwei Menschen zusammentun sollten, die beide reich wären, aber einer an Geld der andere an Verstand, und beide den Ruhm liebten und unsterblich zu werden wünschten, und daß der eine zehntausend Taler von seinem Gelde und der andere zehn Jahre von seinem Leben aufopferte, um eine berühmte Reise vorzunehmen, deren Absicht nicht wäre, Steine und Pflanzen auszukundschaften, sondern die Menschen und ihre Sitten kennenzulernen und nach vielen hundert Jahren, die man angewendet hat, das Haus zu messen und zu betrachten, endlich auch einmal auf die Leute achtzugeben, die darin wohnen.

Die Mitglieder der Akademie, welche den nördlichen Teil von Europa und den südlichen Teil von Amerika durchreist haben, hatten mehr die Absicht, sich als Erdmesser denn als Philosophen umzusehen. Indessen, da sie beides zugleich waren, kann man diejenigen

Teile der Welt, die von einem Condamine, von einem Maupertius besehen und beschrieben worden sind, nicht gänzlich für unbekannt halten. Der Juwelier Chardin, der wie Platon gereist ist, hat von Persien alles gesagt, was man hat verlangen können. Die Jesuiten scheinen China gut beobachtet zu haben. Kempfer gibt einen ziemlich guten Begriff von dem wenigen, das er in Japan gesehen hat. Außer durch diese Nachrichten kennen wir die ostindischen Völker gar nicht, denn sie werden immer von Europäern besucht, die begieriger sind, ihren Beutel als ihren Kopf anzufüllen. Wir haben noch ganz Afrika und seine zahlreichen Einwohner, die an Charakter und Gesichtsfarbe eine solche Ausnahme sind, zu untersuchen. Die Erde ist mit Völkern bedeckt, die wir nur dem Namen nach kennen, und wir wollen schon das menschliche Geschlecht beurteilen? Gesetzt Montesquieu, Buffon, Diderot, Duclos, d'Alembert und Condillac oder andere ihres Schlages würden durch die Welt reisen, um ihre Zeitgenossen zu unterrichten, sie würden die Türkei, Ägypten, die Berberei, Marokko, Guinea, die Länder der Kaffern, den innersten Teil von Afrika und seine östlichen Küsten, die Malabaren, Mogul, die Ufer des Ganges, die Königreiche Siam, Pegu und Ava, China, die Tartarei und besonders Japan, hernach auf der anderen Erdhalbkugel Mexiko, Peru, Chile, die Länder an der Magellanstraße, ohne die Patagonier, es mag sie nun geben oder nicht, zu vergessen, Tucuman, Paraguay, wenn es angeht, Brasilien, die Länder der Kariben, Florida und alle übrigen wilden Länder durchreisen und, so gut sie es verstehen, beschreiben, welches die wichtigste Reise unter allen wäre, und sie müßte auch mit der größten Sorgfalt angestellt werden. Gesetzt diese neuen Herkules kämen von ihrer merkwürdigen Reise zurück und wollten dann bei Gelegenheit eine moralisch-politische Geschichte von allem, was sie gesehen haben, herausgeben, dann würden wir eine neue Welt unter ihrer Feder hervorkommen sehen, wodurch wir die unsrige besser kennenlernen könnten. Wenn dergleichen Beobachter sagen werden, dieses Geschöpf ist ein Mensch und jenes ein Tier, dann kann man es glauben. Man müßte aber sehr einfältig sein, wenn man sich hierin auf ungeschickte Beobachter verlassen wollte, bei welchen man oft eben dasjenige fragen möchte, was sie bei anderen Geschöpfen so leicht entscheiden wollen.

XI (S. 205). Dieses scheint mir in dem höchsten Grade evident, und ich weiß nicht, woher unsere Philosophen die Leidenschaften entstehen lassen wollen, die sie dem natürlichen Menschen zuschreiben.

Nimmt man das physisch Notwendige aus, das von der Natur selbst verlangt wird, so sind alle unsere Bedürfnisse entweder durch die Gewohnheit erst zu Bedürfnissen geworden, sie haben es also vorher nicht sein können, oder sie sind aus unseren Begierden entsprungen, und wir können dasjenige nicht begehren, wovon wir nichts wissen. Da nun der wilde Mensch nichts anderes verlangen kann, als was er kennt, und nichts anderes kennt als Dinge, die er hat oder die er leicht erlangen kann, so muß nichts in der Welt stiller sein als seine Seele und nichts mehr eingeschränkt als sein Verstand.

XII (S. 210). Ich finde in Lockes Abhandlung über die bürgerliche Regierung einen Einwurf, der zu wichtig scheint, als daß ich ihn verschweigen könnte. »Da der Endzweck der Gesellschaft«, sagte dieser Weltweise, »in welcher Mann und Frau zusammen leben, nicht allein ist, Kinder zu zeugen, sondern auch die Art fortdauernd zu machen, so muß diese Gesellschaft auch nach der Erzeugung noch dauern, wenigstens solange sie noch zur Ernährung und Erhaltung der erzeugten Kinder notwendig ist, das heißt so lange, bis sie imstande sein werden, ihre Bedürfnisse selbst zu versorgen. Wir sehen, daß die Geschöpfe, die niedriger sind als der Mensch, dieser Regel beständig und genau nachleben, welche die unendliche Weisheit des Schöpfers allen Werken seiner Hände vorgeschrieben hat. Bei denjenigen Tieren, die von Pflanzen leben, dauert die Gesellschaft zwischen Mann und Frau nicht länger als der Beischlaf. Denn da die Brüste der Mutter zureichen, die Jungen so lange zu erhalten, bis sie selbst das Gras fressen können, so begnügen sich die Väter damit, die Kinder zu zeugen, und nachher bekümmern sie sich weder um die Frau noch um die Jungen, die ohne ihren Beistand zu leben haben. Bei den Raubtieren hingegen dauert die Gesellschaft länger. Denn da der Weg, sich vom Raube zu ernähren, weit mühsamer und gefährlicher ist als der, von Pflanzen zu leben, so kann die Mutter allein unmöglich für ihren eigenen Unterhalt sorgen und zugleich die Kinder unterhalten; daher wird der Verstand des Männchens zu dem Unterhalt der gemeinschaftlichen Familie, wenn ich mich so ausdrücken kann, unumgänglich erfordert. Denn solange die Jungen nicht selbst auf Raub ausgehen können, müssen sie von der Vorsorge des Männchens und Weibchens leben. Man bemerkt eben dieses bei allen Vögeln, wenn einige Hausvögel ausgenommen werden, die in einem beständigen Überfluß leben und dadurch das Männchen der Sorge für den Unterhalt der Jungen überheben können. Man sieht Männchen und Weibchen Nahrung in das Nest tragen, solange die Jungen, die darin sind, dessen bedürfen, und sie fahren damit fort, bis diese Jungen ausfliegen und sich selbst versorgen können.

Und hierin besteht, wie ich glaube, die vornehmste, wo nicht die einzige Ursache, warum Mann und Frau beim menschlichen Geschlecht zu einer längeren Gemeinschaft verpflichtet sind als bei allen anderen Geschöpfen. Dieser Grund besteht darin, daß die Frau empfangen, schwanger werden und ein Kind gebären kann, lange Zeit bevor das vorhergehende Kind die Hilfe seiner Eltern entbehren und sich selbst versorgen kann. Ist nun also der Vater verbunden, für die Kinder, die er gezeugt hat, zu sorgen und damit lange Zeit fortzufahren, so wird ihm auch obliegen, mit derjenigen Frau, mit welcher er sie gezeugt hat, in einer ehelichen Gemeinschaft zu leben und länger darin zu verharren als andere Geschöpfe, deren Junge sich, noch ehe die neue Geburt kommt, schon von selbst versorgen können. Denn hier löst sich das Eheband von selbst wieder, und sowohl Männchen als Weibchen haben wieder ihre völlige Freiheit, bis die Jahreszeit, die sie antreibt, sich zu vermischen, ihnen Anlaß geben wird, neue Verbindungen zu suchen. Hier kann man die Weisheit des Schöpfers nicht genug bewundern, die, indem sie den Menschen mit Eigenschaften versehen hat, durch die er sowohl für das Zukünftige als für das Gegenwärtige sorgen kann, zu gleicher Zeit gewollt und gemacht hat, daß die menschliche Gesellschaft zwischen Mann und Weib länger dauern soll als die Gesellschaft aller anderen Tiere, damit die Absicht, ihre Kinder zu versorgen und ihnen Vermögen zu hinterlassen, Mann und Frau zu einem größeren Fleiß aufmuntern und ihre Interessen genauer vereinige. Denn nichts kann für die Kinder nachteiliger sein als eine ungewisse und flüchtige Verbindung oder eine leichte und häufige Trennung der ehelichen Gemeinschaft.

Eben die Liebe zur Wahrheit, die mich veranlaßt hat, diesen Einwurf aufrichtig vorzutragen, eben dieselbe, sage ich, fordert es, daß ich einige Anmerkungen hinzutue, um den Einwurf, wo nicht völlig zu beantworten, doch wenigstens in ein helleres Licht zu setzen.

1. Ich bemerke zunächst, daß die moralischen Beweise in physischen Dingen kein großes Gewicht haben, und daß sie eher dazu dienen, den Grund anzugeben, warum sich gewisse Dinge zugetragen, als darzutun, daß sie sich wirklich zugetragen haben. Nun ist der Beweis, dessen sich Locke an der angeführten Stelle bedient, wirklich von dieser Art. Denn wenn auch eine stete Vereinigung zwischen Mann und Weib dem menschlichen Geschlechte nützlich sein sollte, so folgt dennoch nicht, daß es die Natur also eingerichtet hat. Sonst müßte man sagen, sie hätte auch die bürgerliche Gesellschaft, die

Künste, den Handel und alles, was man den Menschen für nützlich ausgibt, eingeführt.

2. Ich weiß nicht, woher es Locke hat, daß die Gesellschaft zwischen Männchen und Weibchen bei den Raubtieren länger daure als bei denjenigen, die von Pflanzen leben, und daß sie einander helfen, ihre Jungen zu ernähren. Man sieht nicht, daß der Hund, der Kater, der Bär oder der Wolf ihre Weibchen besser kennen als der Hengst, der Stier, der Ochs, der Hirsch oder andere vierfüßige Tiere. Im Gegenteil, wenn die Frau der Hilfe des Mannes bedarf, um ihre Kinder zu erhalten, so scheint es, daß es bei den Tierarten, welche von Pflanzen leben, nötiger ist als bei allen anderen, weil die Mutter mehr Zeit braucht, um zu weiden, und während dieser Zeit ihre Jungen verlassen muß. Hingegen verschlingt die Wölfin ihren Raub in einem Augenblick und sie kann, ohne Hunger zu leiden, ihre Jungen säugen. Diese Gründe werden von einer Anmerkung über das Verhältnis zwischen der Anzahl der Brüste und der Jungen bestätigt, die ich oben in der achten Anmerkung angeführt habe, und wodurch sich die fleischfressenden von den pflanzenfressenden Tieren unterscheiden. Wenn diese Beobachtung richtig und ohne Ausnahme ist, so haben wir noch einen starken Grund zu zweifeln, daß das menschliche Geschlecht von Natur fleischfressend ist, weil die Frau nur zwei Brüste hat und nicht mehr als ein einziges Kind auf einmal gebährt. So scheint es, als wenn man nach Lockes Art zu schließen gerade das Gegenteil von seiner Meinung behaupten müsse. Eben dasselbe, Unterscheidungsmerkmal ist in Ansehung der Vögel nicht stichhaltiger als in Ansehung der Tiere. Wer wird sich bereden lassen, daß die Vereinigung zwischen Mann und Weib bei Geiern oder Raben dauerhafter ist als bei den Turteltauben? Wir haben zweierlei Art von zahmem Geflügel, die Enten und die Tauben, deren Beispiel schnurstracks wider das System unseres Schriftstellers zeugt. Der Tauber, der von Samenkörnern lebt, bleibt mit der Taube zusammen, und sie helfen einander, ihre Jungen zu ernähren. Der Enterich hingegen, dessen gefräßige Raubsucht bekannt ist, kennt weder sein Weibchen noch seine Jungen und trägt zu ihrem Unterhalt nichts bei. Der Hahn, der fast ebenso stark fleischfressend ist, kümmert sich gar nicht um die Brut. Wenn man hingegen bei anderen Arten findet, daß das Männchen die Sorge für die Jungen mit dem Weibchen teilt, so geschieht es deswegen, weil die Vögel, die anfangs nicht fliegen und von der Mutter nicht gesäugt werden können, den Beistand ihres Vaters weit weniger entbehren können als die vierfüßigen Tiere, denn diese haben mit der Brust ihrer Mutter wenigstens eine Zeitlang genug.

3. An der Begebenheit selbst, auf die sich Locke in seinen Schlüssen gründet, ist noch vieles ungewiß. Will man überzeugt sein, ob er mit Recht annimmt, daß die Frau in dem bloßen Stande der Natur gewöhnlich schon wieder schwanger ist und sogar schon wieder ein Kind zur Welt bringt, bevor noch das vorhergehende imstande ist, für seine Notdurft zu sorgen, so müßte man erst Erfahrungen haben, die Locke gewiß nicht angestellt hat, und die niemand machen kann. Das beständige Beisammensein von Mann und Frau kann leicht die Ursache sein, die zu einer neuen Schwangerschaft Anlaß gibt. Hingegen ist es schwer zu glauben, daß eine zufällige Begegnung oder ein Antrieb des Temperaments in dem Stande der Natur ebenso vielfältige Wirkungen hervorbringen sollte als im Stande der ehelichen Gemeinschaft. Diese Langsamkeit mag vielleicht dazu dienen, die Kinder stärker zu machen, und es kann sein, daß sie wieder von einer anderen Seite ausgeglichen wird, indem vielleicht die Weiber das Vermögen zu empfangen länger behalten, wenn sie es in der Jugend nicht mißbrauchen. Was die Kinder betrifft, so hat man sehr viele Gründe zu glauben, daß sich ihre Kräfte und Organe unter uns weit langsamer entwickeln als in dem ursprünglichen Zustand, von dem ich handele. Die angeborene Schwäche, die ihnen von der Beschaffenheit ihrer Eltern mitgeteilt wird, die Sorgfalt, die man anwendet, ihren Gliedern Zwang anzutun, indem man sie einwickelt, die Weichlichkeit, in welcher sie erzogen werden und vielleicht der Gebrauch der fremden Milch, alles dieses widersetzt sich der Natur und hält ihre ersten Fortschritte auf. Auch kann die Gewohnheit, sie zu tausenderlei Dingen anzuhalten, auf welche man ihre Aufmerksamkeit richtet, während die Leibeskräfte nicht geübt werden, ihrem Wachstum ebenso hinderlich sein. Wenn man also, statt ihren Geist sogleich auf tausenderlei Art zu beschweren und zu ermüden, vielmehr ihren Körper sich in den Bewegungen üben ließe, die ihnen die Natur zu empfehlen scheint, so würden sie vermutlich weit eher imstande sein, zu gehen, zu handeln und selbst für ihre Bedürfnisse zu sorgen.

4. Endlich beweist Locke nicht mehr, als daß der Mann einen Beweggrund haben könnte, mit der Frau zusammenzuleben, wenn sie ein Kind hat, aber nicht daß er vor der Niederkunft und in den neun Monaten der Schwangerschaft hätte bei ihr bleiben sollen. Kann eine Frau aber, während dieser neun Monate ihrem Manne gleichgültig sein, kann sie ihm sogar unbekannt werden, warum wird er ihr nach der Niederkunft Hilfe leisten? Warum wird er ihr ein Kind erziehen helfen, da er doch gar nicht weiß, daß es ihm gehört, und seine Geburt

weder beschlossen noch vorausgesehen hat? Herr Locke setzt augenscheinlich das voraus, worüber erst gestritten werden soll. Die Frage ist gewesen, warum sich der Mensch nach dem Beischlaf bei der Frau aufhalten wird, aber nicht, warum er sich nach der Niederkunft bei ihr aufhalten wird. Ist die Lust gestillt, so hat weder der Mann dieser Frau noch die Frau diesen Mann mehr nötig. Dieser kümmert sich gar nicht um die Folgen, die aus seiner Handlung entstehen werden, und er kann auch nicht den mindesten Begriff davon haben. Der eine geht dahin, der andere dorthin, und es scheint nicht, daß sie sich in neun Monaten entsinnen werden, daß sie sich einst gekannt haben. Denn diese Art von Gedächtnis, durch welche eine einzelne Person sich eine andere einzelne Person vorzüglich zum Beischlaf bestimmt, erfordert, wie im Text bewiesen wird, mehr Fortschritt oder mehr Verderbnis im menschlichen Verstand, als man in diesem tierischen Zustand, von dem hier die Rede ist, voraussetzen kann. Eine andere Frau kann die neuen Begierden des Mannes ebenso bequem stillen wie die Frau, die er gekannt hat, und ein anderer Mann kann die Frau ebenso leicht vergnügen, wenn dieselbe Begierde sie während der Schwangerschaft anwandeln sollte, woran doch noch sehr zu zweifeln ist. Wenn aber die Frau in dem Stande der Natur, sobald sie schwanger wird, die Leidenschaft der Liebe nicht mehr verspürt, so wird sie um so viel weniger mit dem Manne zusammen bleiben, weil sie dann weder den Mann, der sie geschwängert, noch irgendeinen anderen nötig hat. Der Mann hat also keinen Grund, diese Frau wieder aufzusuchen, und die Frau hat keinen Grund, diesem Manne ferner nachzustellen. Lockes Schlüsse fallen also über den Haufen, und die ganze Dialektik dieses Weltweisen hat ihn vor dem Fehler nicht schützen können, den Hobbes und andere begangen haben. Sie wollten eine Begebenheit im Stande der Natur erklären, das heißt, in einem Stande, in dem die Menschen abgesondert leben und wo dieser Mensch keinen Beweggrund haben kann, warum er bei jenem Menschen wohnen soll, ja was noch schlimmer ist, wo die Menschen überhaupt vielleicht keinen Grund haben, beieinander zu wohnen, und sie haben nicht daran gedacht, über die Jahrhunderte der Gesellschaft hinauszugehen, das heißt, sich in Zeiten zu versetzen, in denen die Menschen immer einen Grund haben, miteinander zu wohnen, und wo ein Mann oft einen Grund hat, sich bei jenem Manne oder bei jener Frau aufzuhalten.

XIII (S. 210). Ich werde es nicht wagen, mich in die philosophischen Betrachtungen einzulassen, die man über die Vorteile und Unbequemlichkeiten anstellen kann, die aus der Einführung der Sprachen entsprungen sind. Mir erlaubt man gewiß nicht, die gemeinen Irrtümer zu bekämpfen, und der gelehrte Pöbel hält zu viel auf seine Vorurteile, als daß er meine angeblichen Paradoxe erdulden könnte. Wir wollen also solche Leute reden lassen, denen man es niemals als ein Laster angerechnet hat, daß sie sich manchmal wider die gemeine Meinung auf die Seite der Vernunft gestellt haben. *Nec quidquam felicitati humani generis decederet, si, pulsa tot linguarum peste et confusione, unam artem callerent mortales, et signis, motibus, gestibusque licitum foret quidvis explicare. Nunc vero ita comparatum est, ut animalium, quae vulgo bruta creduntur, melior longe quam nostra hac in parte videatur conditio, ut pote quae promptius et forsan felicius, sensus et cogitationes suas sine interprete significent, quam ulli queant mortales, praesertim, si peregrino utantur sermone.*

XIV (S. 215). Platon zeigt, wie nötig die Begriffe von Zahlen und ihren Verhältnissen in den leichtesten Künsten sind, und scherzt mit Recht über die Schriftsteller seiner Zeit, die da vorgegeben haben, Palamedes hätte bei der Belagerung von Troja erst die Zahlen erfunden. Als wenn Agamemnon, sagt dieser Philosoph, vorher nicht gewußt hätte, wieviel Füße er hat. In der Tat, es ist unmöglich, daß es mit der Gesellschaft und mit den Künsten schon so weit gekommen war wie bei der Belagerung von Troja, ohne daß man den Gebrauch der Zahlen und des Rechnens gekannt haben sollte. Allein, deswegen ist die Erfindung der Zahlen noch nicht leichter zu begreifen, weil sie zu allen andern Kenntnissen notwendig erfordert wird. Kennt man erst die Namen der Zahlen, so kann man leicht ihren Sinn erklären, und bei anderen die Begriffe hervorbringen, die durch sie vorgestellt werden sollen. Wenn man diese Begriffe selbst aber erfinden will, so muß man sich erst an ein philosophisches Nachdenken gewöhnt haben, so muß man gelernt haben, alle Dinge durch ihr Wesen und von allen näheren Bestimmungen abgesondert zu betrachten, eine Abstraktion, die sehr mühsam, sehr metaphysisch, sehr wenig natürlich ist und ohne welche diese Begriffe doch niemals von einem Geschlecht oder von einer Gattung in eine andere versetzt und die Zahlen allgemein haben werden können. Ein Wilder kann seinen rechten Fuß gesondert und seinen linken wieder gesondert betrachten oder er kann sie zusammen ansehen, ohne sich etwas anderes als den unzertrennlichen Begriff eines Paars vorzıstellen, er wird aber nicht wissen, daß es ihrer zwei sind. Denn der vorstellende Begriff, der uns einen Gegenstand abmalt, ist etwas anderes, und der numerische Begriff, der ihn determiniert, ist wieder etwas anderes. Noch viel weniger konnte er bis fünf zählen, und obgleich er seine Finger hatte übereinanderlegen und bemerken können, daß sie aufeinander passen, war er dennoch weit davon entfernt, an ihre numerische Gleichheit zu denken. Er konnte seine Finger ebensowenig zählen wie seine Haare, und wenn man ihm die Begriffe der Zahlen beigebracht hätte und es hätte ihm jemand gesagt, daß er ebensoviel Finger am Fuß habe wie an der Hand, so würde er sich vielleicht verwundern, wenn er den Vergleich machen und finden würde, daß es wahr ist.

XV (S. 218). Man darf die Eigenliebe nicht mit der Selbstliebe vermengen: diese beiden Leidenschaften sind durch ihre Natur und durch ihre Wirkungen voneinander unterschieden. Die Selbstliebe ist eine natürliche Empfindung, die jedes Tier dahin bringt, daß es über seine eigene Erhaltung wacht; aus ihr entspringen bei dem Menschen, wenn sie von der Vernunft geleitet und Mitleid eingeschränkt wird, Tugend und Menschlichkeit. Die Eigenliebe ist eine relative Empfindung, die in der Gesellschaft entsteht und jedem einzelnen Geschöpf eingibt, mehr Wesens von sich als von allen anderen Dingen zu machen, und die Menschen zu allem Übel verleitet, das sie einander tun, und sie ist die wahre Quelle, aus der die Ehre entspringt.

Dieses wohl verstanden, behaupte ich, daß in unserem anfänglichen Zustand, in dem wahren Stand der Natur, keine Eigenliebe vorhanden gewesen ist. Denn da jeder Mensch insbesondere sich selbst als den einzigen Zuschauer betrachtet, der auf ihn achtgibt, als das einzige Wesen, das an seinem Schicksal teilnimmt, als den einzigen Richter seiner eigenen Verdienste, so kann unmöglich eine Gesinnung in seiner Seele aufkommen, die sich auf Vergleiche stützt, zu welchen er nicht aufgelegt ist. Ein solcher Mensch kann also weder Haß noch Rachsucht haben, denn diese Leidenschaften entspringen nur aus dem Gedanken einer Beleidigung, die man empfangen zu haben sich einbildet. Da aber die Beleidigung nicht in dem Übel, sondern in der Verachtung und in der Absicht, Schaden zu tun, besteht, so können Leute, die sich weder schätzen noch miteinander vergleichen können, wenn es ihnen Nutzen bringt, tausend Gewalttätigkeiten gegeneinander ausüben, ohne einander zu beleidigen. Mit einem Wort, da ein jeder Mensch seinesgleichen nicht anders als irgendwelche Tiere von einer anderen Art betrachtet, so kann er einem Schwächeren die Beute aus den Händen reißen, aber einem Stärkeren die seinigen abtreten, ohne diese Plündereien anders denn als natürliche Begebenheiten zu betrachten, ohne die mindeste Bewegung von Trotz oder Verdruß und ohne eine andere Leidenschaft als Lust oder Unlust über den glücklichen oder unglücklichen Ausgang zu verspüren.

XVI (S. 238). Es ist eine sehr merkwürdige Sache, daß die Europäer die sich so lange Zeit schon quälen, um die Wilden in verschiedenen Weltgegenden zu ihrer Lebensart zu bewegen, noch nicht einen einzigen haben gewinnen können, auch nicht einmal dann, wenn sie das Christentum zu Hilfe nahmen. Unsere Missionare machen sie zuweilen zu Christen, aber niemals zu gesitteten Leuten. Wären nun diese armen Wilden so unglücklich, wie man vorgibt, durch was für eine unbegreifliche Verderbnis der Urteilskraft bestehen sie darauf, niemals nach unserem Beispiel gesittet zu werden oder unter uns glücklich zu leben? Aber man liest wohl an tausend Stellen, daß nicht selten Franzosen oder andere Europäer sich aus freien Stücken unter diese Völker begeben und da ihr Leben zubringen, ohne nachher eine so seltene Lebensart wiederum verlassen zu können, und daß sogar vernünftige Missionare an die stillen und ruhigen Tage, die ihnen bei diesen verachteten Völkern dahingeflossen sind, niemals ohne Wehmut haben denken können. Will man einwenden, sie hätten nicht Einsicht genug, über ihren Zustand und den unsrigen ein vernünftiges Urteil zu fällen, so antworte ich, daß die Schätzung der Glückseligkeit weniger Sache der Vernunft als des Gefühls ist. Zudem kann dieser Einwurf mit größerem Nachdruck gegen uns gewendet werden. Unsere Begriffe sind von der Bereitschaft, in welcher sich ein Verstand befinden muß, wenn er an der Lebensart der Wilden Vergnügen finden soll, viel weiter entfernt, als die Begriffe der Wilden von der Art zu denken entfernt sind, die zu unserer Lebensart erfordert wird. In der Tat, wenn sie nur ein wenig aufmerksam auf unsere Bemühungen sind, so können sie leicht sehen, daß sie alle auf zwei Endzwecke hinauslaufen, nämlich auf die Bequemlichkeiten des Lebens für uns selbst und auf das Ansehen bei den anderen. Wie können wir uns aber das Vergnügen vorstellen, das ein Wilder darin findet, sein ganzes Leben in einem Wald oder mit dem Fischfang zuzubringen oder eine schlechte Flöte zu blasen, ohne so geschickt zu sein, einen Ton herauszubringen und ohne es je lernen zu wollen?

Man hat öfter Wilde nach Paris, nach London und an andere Orte gebracht, man hat sich beflissen, unsere Pracht, unsere Reichtümer, alle unsere Künste, sowohl die nützlichen wie die, welche die Neugierde reizen, vor ihren Augen auszukramen, und niemals haben diese Dinge bei ihnen mehr als eine dumme Verwunderung ohne die mindeste Regung einer neidvollen Begierde erwecken können. Ich erinnere mich unter anderem der Geschichte des Häuptlings eines nordamerikanischen Stammes, den man vor dreißig Jahren an den englischen Hof brachte. Man ließ ihm tausenderlei Dinge in die Augen kommen, um ihm etwas, das ihm gefallen würde, zum Geschenk zu machen. Man fand aber nichts, was ihm besonders gefallen hätte. Unsere Waffen schienen ihm schwer und unbequem, unsere Schuhe drückten ihm die Füße, unsere Kleider engten ihn ein; endlich sah man, daß er eine wollene Decke genommen hatte und Lust zu haben schien, sich die Schultern damit zu bedecken. So gesteht Ihr doch wenigstens, fragte man ihn in dem Augenblick, daß dies etwas Nützliches ist? Ja, antwortete er, dies scheint mir fast ebensogut wie ein Tierfell. Auch dies hätte er nicht gesagt, wenn er die wollene Decke im Regen getragen hätte.

Man wird vielleicht sagen, die Gewohnheit mache es, daß sich jeder an seine Lebensart hält und daß daher der Wilde nicht merken könne, welches Gute in der unsrigen anzutreffen ist. Wenn dies aber so ist, muß es wenigstens sehr außerordentlich scheinen, daß die Gewohnheit mehr Gewalt hat, die Wilden in dem Wohlgefallen an ihrem Elend als die Europäer in dem Genuß ihrer Glückseligkeit zu erhalten. Allein, ohne die jungen Wilden anzuführen, bei welchen man umsonst alle Mühe angewendet hat, sie gesittet zu machen, ohne von den Grönländern und Isländern zu reden, die man in Dänemark auferziehen wollte und die aus Traurigkeit oder aus Verzweiflung entweder durch eine Abzehrung oder durch das Meer, in welchem sie ihr Vaterland schwimmend wieder zu erreichen versuchten, gestorben sind, ohne hieran zu denken, sage ich, will ich den letzten Einwurf dergestalt beantworten, daß man nicht ein Wort dagegen zu sagen haben wird. Ich will nur ein einziges gut beglaubigtes Beispiel anführen und das will ich allen Bewunderern der europäischen Gesittung zu bedenken geben.

»Die holländischen Missionare auf dem Kap der guten Hoffnung haben mit allen ihren Bemühungen nicht einen einzigen Hottentotten bekehren können. Van der Stel, der auf dem Kap Gouverneur war, ließ einen von Kindheit an in den Grundsätzen der christlichen Religion und in der Ausübung aller europäischen Gebräuche auferziehen. Man kleidete ihn prächtig, man ließ ihn in verschiedenen Sprachen unterrichten und seine Fortschritte waren so groß als die Sorgfalt, die man an seine Erziehung wendete. Der Gouverneur, der sich von seinem Verstand vieles versprach, schickte ihn mit einem Generalkommissar nach Indien, um ihn allda zu den Geschäften der Kompanie zu gebrauchen. Nach dem Tode des Kommissars kam er wieder auf dem Kap an. Einige Tage nach seiner Wiederkunft, als er einige Hottentotten von seinen Verwandten besucht hatte, entschloß er sich, den europäischen Schmuck wegzuwerfen und sich wieder mit einem Schafsfell zu bekleiden. In diesem neuen Aufzug kam er in das Fort zurück und trug ein Päckchen bei sich, worin seine vorigen Kleider waren. Er überreichte es dem Gouverneur und hielt ihm folgende Rede:

Haben Sie die Güte zu merken, mein Herr, daß ich diesem Anzug auf ewig entsage. Ich entsage auch der christlichen Religion für die Zeit meines Lebens, mein Entschluß ist, mit meiner Religion und mit meiner Voreltern Weise und Gewohnheit zu leben und zu sterben. Die einzige Gnade, um welche ich bitte, ist, daß man mir das Halsband und den Säbel lasse. Aus Liebe zu Euch möchte ich diese Stücke gerne behalten. Sobald er dieses gesagt hatte, machte er sich, ohne van der Stels Antwort zu erwarten, auf die Flucht, und man sah ihn niemals wieder das Kap betreten.«

XVII (S. 244). Man könnte mir einwenden, daß sich die Menschen bei einer so großen Unordnung lieber zerstreuen, als einander halsstarrig das Leben rauben würden, wenn ihrer Zerstreuung keine Grenzen gesetzt wären. Allein, erstens können sie sich doch nicht weiter zerstreuen als auf dieser Erde, und wenn man an die übermäßige Bevölkerung denkt, die im Stande der Natur nicht ausbleiben kann, so wird man leicht erkennen, daß die Erde bald mit Menschen bedeckt sein muß und daß diese also genötigt sein werden, beieinander zu bleiben. Zudem würden sie sich vielleicht zerstreut haben, wenn das Übel auf einmal und die Veränderung sozusagen von heute auf morgen entstanden wäre. Allein, sie wurden unter dem Joch geboren, und als sie die Last fühlten, waren sie schon gewohnt, sie zu tragen, und sie begnügten sich, die Gelegenheit, sie abschütteln zu können, abzuwarten. Endlich war man schon tausenderlei Bequemlichkeiten gewohnt, um deretwillen man beieinander leben mußte, und die Zerstreuung war keine so leichte Sache mehr wie am Anfang, wo niemand einen anderen als sich selbst nötig hatte und da ein jeder tat, was ihm gefiel, ohne zu warten, ob ihm ein anderer Beifall geben werde.

XVIII (S. 246). Der Marschall von Villars erzählt, daß einst durch die Betrügereien eines Lieferanten auf einem seiner Feldzüge die ganze Armee Not litt und zu murren anfing. Er scholt ihn wacker aus und drohte, er wolle ihn hängen lassen. »Mit dieser Drohung werde ich nicht gemeint sein«, antwortete der Betrüger mit Dreistigkeit, »und ich mache Sie gerne darauf aufmerksam, daß ein Mann, der über hunderttausend Thaler verfügt, nicht gehängt wird.« Ich weiß nicht, wie es kam, setzt der Marschall auf eine naive Art hinzu, er wurde wirklich nicht gehängt, obgleich er es hundertmal verdient hatte.

XIX (S. 259). Die ausgleichende Gerechtigkeit selbst würde sich einer genauen Gleichheit, wie sie im Stande der Natur stattfindet, widersetzen, wenn sie auch sonst in der bürgerlichen Gesellschaft tunlich wäre, und da alle Mitglieder dem Staat nach ihren Kräften und Talenten dienen müssen, so werden die Bürger nach Maßgabe ihrer Verdienste anderen vorgezogen werden müssen. In diesem Sinne muß man eine Stelle bei Isokrates nehmen, in welcher er die ersten Athener lobt, daß sie so wohl zu unterscheiden gewußt haben, welche von den beiden Arten der Ungleichheit, von denen eine in der Mitteilung eben derselben Vorzüge an alle Bürger ohne Unterschied und die andere in der Austeilung nach Verdienst besteht, ihnen am zuträglichsten sei. Diese geschickten Politiker, setzt der Redner hinzu, verbannten die ungerechte Ungleichheit, die zwischen bösen und rechtschaffenen Leuten keinen Unterschied macht, und hielten sich bloß an diejenige Art von Ungleichheit, die einen jeden nach Verdienst belohnt und bestraft. Allein, erstens ist niemals eine Gesellschaft vorhanden gewesen, sie hätte noch so verderbt sein mögen, in welcher man gar keinen Unterschied zwischen bösen und rechtschaffenen Leuten gemacht hätte. In Ansehung der Sitten ist die Einrichtung sehr weise, daß das Schicksal und der Rang der Bürger nicht von dem Ermessen der Obrigkeit abhängt, denn da die Gesetze hierin kein richtiges Maß festsetzen können, nach welchem sich die Obrigkeit zu richten hätte, so ist es besser, daß ihr das Urteil über die Personen verboten und nur über die Handlungen noch freigestellt wird. Nur solche Sitten, die so rein sind wie die Sitten der alten Römer, können Zensoren vertragen. Ein solches Tribunal würde bei uns in einer kurzen Zeit alles über den Haufen werfen. Man muß die allgemeine Meinung zwischen bösen und rechtschaffenen Leuten einen Unterschied machen lassen. Die Obrigkeit urteilt nach dem strengen Recht, das Volk hingegen richtet die Sitten. In diesem Stück ist das

Volk ein redlicher und sogar ein einsichtsvoller Richter. Man hintergeht es oft, aber man kann es niemals bestechen. Man muß also den Rang der Bürger nicht nach ihren persönlichen Verdiensten einrichten, denn dieses würde der Obrigkeit freistellen, die Gesetze nach ihrem Gutdünken zu drehen, sondern nach den wirklichen Diensten, die sie dem Staat geleistet haben, welche weit richtiger geschätzt werden können.

BRIEF

AN HERRN PHILOPOLIS

Sie wollen, mein Herr, daß ich Ihnen antworte, denn Sie stellen Fragen an mich. Überdies kommt hier eine meinen Mitbürgern gewidmete Schrift ins Spiel, und ich muß also diese verteidigen, um die Ehre zu rechtfertigen, die sie mir erzeigt haben, indem sie meine Zueignung annahmen. Ich übergehe ganz, was Ihr Brief im Guten oder Bösen von mir sagt, weil eines ungefähr das andere aufwiegt, weil mich überhaupt wenig und das Publikum noch weniger rührt und weil all das mit der Untersuchung der Wahrheit nichts zu tun hat. Ich fange also mit der Überlegung an, die Sie mir vorlegen als wesentlich für die Frage, die ich aufzulösen versuchte.

Der Zustand der Gesellschaft, sagen Sie mir, ist ein unmittelbares Resultat der Fähigkeiten des Menschen und folglich seiner Natur. Zu wollen, daß der Mensch nicht in Gesellschaft trete, hieße also so viel, als wollen, daß er nicht Mensch sei, und man greift das Werk Gottes selbst an, wenn man sich gegen die menschliche Gesellschaft auflehnt. Erlauben Sie mir, mein Herr, daß ich Ihnen meinerseits eine Schwierigkeit vorlege, ehe ich die Ihrige auflöse. Ich würde Ihnen diesen Umweg ersparen, wenn ich einen sichereren Weg kennen würde, zum Ziel zu gelangen.

Lassen Sie uns voraussetzen, daß Gelehrte einst das Geheimnis fänden, das Altwerden zu beschleunigen, und die Kunst, die Menschen dazu zu überreden, daß sie von dieser trefflichen Erfindung Gebrauch machten. Dies letztere zu tun, dürfte vielleicht so schwer nicht sein, wie es dem ersten Anblick nach scheint, denn die Vernunft, dieses große Vehikel aller unserer Torheiten, würde uns schwerlich auch wohl bei dieser im Stich lassen. Die Philosophen insbesondere und die vernünftigen Leute würden, um das Joch der Leidenschaften abzuschütteln und die kostbare Ruhe der Seele zu genießen, mit großen Schritten das Alter eines Nestor zu erreichen suchen und sehr gerne den Wünschen entsagen, die man befriedigen kann, um sich vor denen zu sichern, welche die Pflicht zu unterdrücken gebietet. Es möchten vielleicht nur einige Leichtsinnige übrigbleiben, die indes doch selbst über ihre Schwachheit erröteten, daß sie törichterweise lieber jung und glücklich sein als altern wollten, um weise zu werden.

Lassen Sie uns annehmen, daß irgendein sonderbarer Kauz von

Mann und, um das Ärgste zu sagen, ein Paradoxienjäger es sich einfallen ließe, den anderen die Ungereimtheit ihrer Grundsätze vorzuwerfen, ihnen zu beweisen, daß sie dem Tode entgegeneilen, indem sie nach Ruhe suchen, daß sie bei aller ihrer Weisheit doch nur träumerische Narren seien, und daß sie, wenn sie, wie die Notwendigkeit es mit sich brächte, einst doch von selbst alt werden müßten, wenigstens streben sollten, es so spät als möglich zu werden.

Es ist keine Frage, daß unsere Sophisten in ihrer Furcht, ihr Arkanum in Verruf geraten zu sehen, sogleich den ungebetenen Redner folgendermaßen unterbrechen würden. »Weise Alte, dankt dem Himmel für die Gnade, die er euch verleiht, und wünscht euch Glück für und für, so gut seinen Willen befolgt zu haben. Ihr seid abgelebt, das ist wahr, hinfällig, altersschwach, es ist aber das unvermeidliche Schicksal der Menschheit, und ihr seid dafür bei gesundem Verstand. An allen euren Gliedern seid ihr lahm, allein, desto freier ist euer Kopf. Wirken könnt ihr nicht mehr, aber ihr sprecht wie Orakel, und wenn die Schmerzen an eurem Körper von Tag zu Tag zunehmen, so nimmt dafür auch eure Philosophie zu. Beklagt also jene ungestüme Jugend, deren viehische Gesundheit sie der mit eurer Schwäche verknüpften Vorteile beraubt. Glückliche Schwäche, die so viele geschickte Apotheker mit mehr Arzneien, als ihr Krankheiten habt, so viele gelehrte Ärzte, die euren Puls aufs Haar kennen, die alle eure Rheumatismen auch griechisch zu nennen wissen, die endlich so viele eifrige Tröster und treue Erben um euch versammelt und durch die ihr so anmutig zu eurer letzten Stunde werdet begleitet werden! Wieviel an euch verlorene Hilfe wäre das nicht, wenn ihr euch nicht die Leiden zu verschaffen gewußt hättet, durch welche sie nötig wird.«

Können wir uns nicht auch vorstellen, daß sie sich hernach gegen unseren vorwitzigen Warner wenden und ihn etwa mit diesen Worten ansprechen würden: »Hör auf, heilloser Schwätzer, uns diese frevelhaften Reden zu führen. Dürft Ihr so den Willen desjenigen tadeln, der das menschliche Geschlecht gemacht hat? Entspringt der Zustand des Alters nicht aus der Einrichtung des Menschen? Was wollt Ihr denn mit Euren aufrührerischen Reden? Greift Ihr dadurch nicht ein Naturgesetz und also den Willen des Schöpfers an? Weil der Mensch alt wird, so will ja Gott, daß er alt werden soll. Gibt er nicht durch das, was geschieht, deutlich genug seinen Willen zu erkennen? Lernt also, daß der Mensch bei jungen Jahren nicht eigentlich der ist, den Gott hat schaffen wollen, und daß, um ernstliche Folgsamkeit gegen seine Befehle zu zeigen, man es beschleunigen müsse, Greis zu werden.«

Dies alles vorausgesetzt, frage ich Sie, mein Herr, ob der Paradoxienjäger schweigen oder antworten soll, wie ich auch im letzteren Falle Sie bitte, mir anzuzeigen, was er antworten soll. Alsdann will ich versuchen, Ihren Einwurf aufzulösen.

Weil Sie denn vorhaben, mich durch mein eigenes System anzugreifen, so vergessen Sie nicht, bitte ich, daß zufolge meiner Meinung die Gesellschaft der menschlichen Gattung so natürlich ist wie die Hinfälligkeit dem einzelnen Menschen und daß den Völkern Künste, Gesetze und Regierungen so notwendig sind wie Krücken den Alten. Der ganze Unterschied besteht darin, daß der Zustand des Alters eine Folge der Natur des einzelnen Menschen, der Zustand der Gesellschaft aber eine der des menschlichen Geschlechtes ist, und dies nicht unmittelbar, wie Sie sagen, sondern mit Hilfe gewisser äußerer Umstände, die dasein oder auch nicht dasein oder wenigstens früher oder später eintreffen können und also diesen Fortschritt entweder beschleunigen oder aufhalten. Viele sogar dieser Umstände hängen vom menschlichen Willen ab. Ich bin genötigt worden, um die Fälle vollkommen gleich zu machen, sowohl in dem Individuum das Vermögen, sein Alter zu beschleunigen, als in der Gattung das Vermögen anzunehmen, dieses Alter aufzuhalten. Da demnach der Zustand der Gesellschaft ein letztes Ziel hat, welches die Menschen, wenn sie es selbst wollen, früher oder später erreichen können, so ist es nicht unnötig, ihnen die Gefahr, die mit dem zu schnellen Forteilen verknüpft ist, und das das Elend eines Standes zu zeigen, den sie für eine Vervollkommnung der Gattung halten.

Bei der Aufzählung der Übel, deren Last die Menschen erliegen und die ich für ihr eigenes Werk halte, versichern Sie und Leibniz mir, daß alles gut und so die Vorsehung gerechtfertigt sei.

Ich war sehr entfernt davon, zu glauben, daß sie zu ihrer Rechtfertigung der Philosophie Leibnizens oder irgend jemandes andern bedürfte. Glauben Sie selbst im Ernst, daß ein philosophisches System, es sei, welches es wolle, untadelhafter als die Welt sein könne, und daß, um die Vorsehung zu entschuldigen, die Argumente eines Philosophen mehr Überzeugung gewähren können als die Werke Gottes? Übrigens ist es ein sehr bequemes Mittel, den Urheber des Bösen zu entschuldigen, wenn man leugnet, daß das Böse da ist. Die Stoiker haben sich ehedem noch um einen geringeren Preis lächerlich gemacht.

Leibniz und Pope zufolge ist alles, was ist, gut. Gibt es Gesellschaften, so deswegen, weil das allgemeine Gute es haben will, daß welche sein sollen; gibt es keine, so will das allgemeine Gute auch, daß keine sein sollen, und wenn jemand die Menschen überredete, wieder in ihre Wälder zurückzukehren, so würde es gut sein, daß sie dahin zurückkehren. Man darf nicht auf die Natur der Dinge einen Begriff vom Bösen und Guten anwenden, den man nur aus ihren Verhältnissen herleitet, denn sie können bezogen aufs Ganze gut, obgleich sehr schlimm an und für sich selbst sein. Dasjenige, was zum allgemeinen Guten beiträgt, kann ein besonderes Übel sein, von dem es erlaubt ist, sich zu befreien, wenn es möglich ist. Denn wenn dieses Übel, während man es erträgt, nützlich fürs Ganze ist, so wird das entgegengesetzte Gute, das man sich bemüht, an seine Stelle zu schieben, jenem nicht weniger nützlich sein, sobald es stattfindet. Demselben Grunde zufolge, daß alles gut ist, wie es ist, wird es, sobald jemand sich bemüht, den Zustand der Dinge zu verändern, gut sein, daß er sich ihn zu verändern bemüht, und ob es gut oder böse ist, daß es ihm gelingt, kann man nur aus dem Erfolge lernen, nicht aber durch Vernunftgründe. Nichts hindert dabei, daß das besondere Übel nicht ein wahres Übel für den ist, der es leidet. Es war fürs Ganze gut, daß wir zivilisiert wurden, weil wir es sind, aber es wäre sicher besser für uns gewesen, es nicht zu sein. Kurz, Leibniz hätte niemals aus seinem System etwas hergenommen, wodurch dieser Satz bestritten worden wäre, und es ist klar, daß der wohlverstandene Optimismus weder etwas für mich noch wider mich beweist.

Auch habe ich Leibniz und Pope nicht zu antworten, sondern Ihnen allein, der Sie, ohne das allgemeine Übel, welches jene leugnen, von dem besonderen Übel, welches sie nicht leugnen, zu unterscheiden, behaupten, es sei genug, daß eine Sache existiere, damit es ferner nicht erlaubt sei, in ihr eine Abänderung zu wünschen. Wenn aber, mein Herr, alles so gut ist, wie es ist, so war ja auch alles gut, ehe es Regierungen und Gesetze gab, wenigstens war es überflüssig, sie einzuführen, und Jean-Jacques hätte denn nach Ihrem System ein leichtes Spiel gegen Philopolis gehabt. Wenn alles, nach Ihrer Art, sich den Satz zu denken, gut ist, so wie es ist, wozu sollten dann unsere Laster verbessert, unsere Leiden geheilt, unsere Irrtümer abgelegt werden? Wozu helfen dann unsere Kanzeln, unsere Gerichte, unsere Akademien? Warum lassen Sie einen Arzt rufen, wenn Sie das Fieber haben? Was wissen Sie davon, ob nicht das Wohl des großen Ganzen, das Sie nicht kennen, es erfordert, daß sie phantasieren, und ob die Bewohner des Saturn oder des Sirius nicht darunter leiden könnten, wenn Ihre Gesundheit wiederhergestellt würde? Lassen Sie alles gehen, wie es kann, damit immer alles wohlgehe. Wenn alles so gut ist, wie es sein kann, so müssen Sie alles, was Handlung ist, tadeln, denn jede Handlung bringt notwendigerweise irgendeine Veränderung in dem Zustande, in dem die Dinge sich befinden, hervor, sobald sie geschieht. Man kann also keine Hand rühren, ohne übelzutun, und der vollkommenste Quietismus ist die einzige Tugend, die dem Menschen übrigbleibt. Endlich, wenn alles so gut ist, wie es ist, so ist es auch gut, daß es Lappländer, Eskimos, Algonkin, Chicaca, Kariben, die alle ohne unsere Kultur auskommen, Hottentotten, die sich darüber lustig machen, und einen Genfer gibt, der ihnen darin beipflichtet. Leibniz selbst würde das einräumen müssen.

Der Mensch, sagen Sie, ist so beschaffen, wie es die Stelle, die er auf Erden einnimmt, erfordert. Allein, die Menschen sind so sehr nach Zeit und Ort verschieden, daß man bei einer solchen Logik leicht in Gefahr wäre, die widersprechendsten und nur wenig zum Ziel treffenden Schlüsse vom Besonderen aufs Allgemeine zu machen. Es bedarf nur eines geographischen Irrtums, um dieses ganze vorgebliche Lehrgebäude umzustürzen, welches aus dem, was ist, das, was sein soll, folgern will. Die Biber mögen sich in Höhlen vergraben, wird der Indianer sagen, aber der Mensch muß in seiner an Bäumen hängenden Hängematte schlafen. Nicht doch, wird ein Tatar antworten, ein Wagen ist die wahre Schlafstelle für den Menschen! Ihr armen Leute, werden unsere Philopolis mit mitleidigem Achselzucken ausrufen, seht ihr denn nicht, daß der Mensch geschaffen ist, Städte zu bauen? Wenn es darauf ankommt, über die menschliche Natur zu philosophieren, so ist der wahre Philosoph weder Indianer noch Tatar, noch Genfer, noch Pariser, sondern er ist Mensch.

Mag der Affe ein Tier sein, ich glaube es und ich habe den Grund gesagt, warum er es ist. Daß der Orang-Utan auch eines sei, darüber haben Sie die Güte gehabt, mich zu belehren. Ich gestehe aber, nach den angeführten Tatsachen kommt mir der Beweis dafür ein wenig mißlich vor. Sie philosophieren zu gut, als daß Sie darüber so leicht entscheiden sollten wie unsere Reisebeschreiber, die bisweilen, ohne viel Umstände zu machen, ihresgleichen zu den Tieren herabsetzen. Sicherlich also würden Sie sich das Publikum verbinden und selbst die Naturkundigen unterrichten, wenn Sie die Mittel bekanntmachen wollten, deren Sie sich bedient haben, um diese Frage zu entscheiden.

In meiner Zueignungsschrift wünschte ich meinem Vaterlande Glück dazu, daß es eine der besten Regierungsformen besitzt, die es geben kann. In der Abhandlung selbst fand ich, daß es sehr wenige gute Regierungsverfassungen gibt. Ich sehe nicht, worin hier der von Ihnen bemerkte Widerspruch liegen soll? Woher aber wissen Sie, mein Herr, daß ich, falls meine Gesundheit es erlaubte, mich lieber in die Wälder begeben, als mich unter meinen Mitbürgern, für die Sie meine Zärtlichkeit kennen, aufhalten würde? Ich bin ja sehr weit davon entfernt, in meinem Werk irgend so etwas zu sagen. Sie haben vielmehr darin bemerken müssen, daß ich sehr starke Ursachen habe, jene Lebensart nicht zu wählen. Ich für meinen Teil fühle sehr wohl, wie wenig ich es entbehren kann, mit ebenso verdorbenen Menschen, wie ich es bin, zu leben, und selbst der Weise, wenn es einen gibt, wird jetzt nicht mehr sein Glück in Wüsten suchen. Man muß, sofern man es kann, seinen Aufenthalt in seinem Vaterlande nehmen, es lieben und ihm dienen. Glücklich ist der, der, dieses Vorteils beraubt, wenigstens im Schoß der Freundschaft in dem allgemeinen Vaterlande des menschlichen Geschlechts leben kann, dieser unermeßlichen, allen Sterblichen eröffneten Zuflucht, in der sich die strenge Weisheit und die scherzhafte Jugend wohlgefallen, in der Menschenfreundschaft, Gastlichkeit, sanfter Umgang und alle Reize einer leichten Gesellschaftlichkeit herrschen, in der der Arme noch Freunde, die Tugend noch Beispiele findet, die sie ermuntern, und die Vernunft noch Führer, die ihren Weg erleuchten. Auf dieser großen Bühne des Glücks, des Lasters und bisweilen auch der Tugenden kann man mit Nutzen das Schauspiel des Lebens betrachten, aber in seinem eigenen Vaterlande sollte billig jeder das seinige ruhig beschließen.

Mich dünkt, mein Herr, daß Sie mir ein wenig harte Vorwürfe über eine Bemerkung machen, die mir als sehr wahr vorkommt und die, sie mag nun wahr sein oder nicht, in meiner Schrift nicht den Sinn hat, den Sie ihr durch den Zusatz eines einzigen Buchstabens zu geben belieben. *Hat die Natur uns wirklich bestimmt, heilig* [*saints* statt *sains*, gesund] *zu sein, so scheue ich mich nicht, zu behaupten, daß das Nachdenken ein widernatürlicher Zustand und ein Mensch, der sich in Betrachtungen vertieft, ein aus der Art geschlagenes Tier sei.* Ich gestehe Ihnen, daß, wenn ich so die Gesundheit mit der Heiligkeit vermengt hätte und der Satz wahr wäre, ich mich für sehr fähig halten würde, selber ein großer Heiliger in der anderen Welt zu werden oder mich auch in dieser sehr wohl zu befinden.

Schließlich antworte ich noch auf Ihre drei letzten Fragen. Ich will die Zeit nicht mißbrauchen, die Sie mir zum Nachdenken darüber vergönnen, dafür habe ich schon vorher Sorge getragen.

Würde ein Mensch oder irgendein anderes empfindendes Wesen, das niemals Schmerz gekannt hätte, bei dem Anblick eines Kindes, das man erwürgte, Mitleid oder Rührung fühlen? Ich antworte: nein.

Warum weidet sich das Volk, dem Herr Rousseau eine solche große Dosis Mitleid beilegt, mit so viel Begierde an dem Anblick eines Unglücklichen, der auf dem Rade stirbt? Aus eben der Ursache, aus der Sie ins Schauspielhaus gehen, und Seïde seinen Vater ermorden oder Thyestes das Blut seines Sohnes trinken sehen. Das Mitleid ist eine so süße Empfindung, daß es nicht erstaunlich ist, daß man sie zu zeigen sucht. Übrigens fühlt jeder eine geheime Neugierde in sich, die Bewegungen der Natur bei der Annäherung des fürchterlichen Augenblicks zu beobachten, den niemand vermeiden kann. Endlich kommt auch noch das Vergnügen hinzu, ein paar Monate lang das große Wort in seinem Viertel zu führen und seinen Nachbarn pathetisch den schönen Tod des letzten Geräderten erzählen zu können.

Hat die Zuneigung der Weibchen unter den Tieren für ihre Jungen diese Jungen selbst oder die Mutter zum Gegenstande? Erstens die Mutter ihres Bedürfnisses wegen, sodann die Jungen aus Gewohnheit. Ich hatte es in meiner Abhandlung gesagt. *Wäre es vielleicht der letztere Fall, so würde dadurch das Wohl der Jungen nur desto gesicherter sein.* Ich sollte es meinen. Unterdes bedarf dieser Satz doch mehr einer Einschränkung als einer Erweiterung, denn sobald die Küken ausgebrütet sind, sieht man nicht mehr, daß die Glucke sie nötig hat, und gleichwohl steht sie an mütterlicher Vorsorge keinem anderen Tier nach.

Dies, mein Herr, sind meine Antworten. Vergessen Sie übrigens nicht, daß ich in dieser Abhandlung, so wie in der vorigen, immer das Ungeheuer bin und bleibe, welches behauptet, der Mensch sei von Natur gut. Meine Widersacher hingegen sind immer die Ehrenmänner, die zur öffentlichen Erbauung aus allen Kräften danach streben zu beweisen, die Natur habe nichts als Bösewichter hervorgebracht.

Ich bin, sosehr man es für jemand sein kann, den man nicht kennt, mein Herr etc.

BRIEF

AN HERRN
VON VOLTAIRE

18. August 1756

Ihre letzten Gedichte, mein Herr, haben mich in meiner Einsamkeit erreicht, und obgleich meine Freunde die Neigung kennen, die ich für Ihre Schriften habe, so weiß ich doch nicht, von welcher Hand mir diese Gedichte hätten übersendet werden können, wenn nicht von der Ihrigen. Vergnügen und Belehrung habe ich darin vereint gefunden, und die Hand des Meisters erkannt: so glaube ich Ihnen zugleich für das Exemplar und das Werk selber Dank schuldig zu sein. Ich werde Ihnen nicht sagen, alles gefalle mir darin gleich gut, allein, die Dinge, welche mir darin mißfallen, flößen mir nur desto mehr Zutrauen ein in die, die mich entzükken. Nicht ohne Mühe bewache ich bisweilen meine Vernunft gegen die Reize Ihrer Dichtkunst, aber nur, um meine Bewunderung Ihrer Schriften würdiger zu machen, strenge ich mich an, darin nicht alles zu bewundern.

Ich werde noch mehr tun: ohne Umschweife werde ich Ihnen sagen, nicht welche Schönheiten ich in diesen beiden Gedichten empfunden zu haben glaube, diese Arbeit würde meine Trägheit erschrecken, auch nicht einmal die Fehler, die vielleicht geschicktere Leute, als ich es bin, darin entdecken mögen, sondern nur das Mißvergnügen, welches in diesem Augenblick den Geschmack, den ich an Ihren Lehren fand, vergällt, und dies will ich Ihnen sagen, noch tief gerührt von einem ersten Durchlesen, wo mein Herz sehnsuchtsvoll dem Ihrigen zuhörte, Sie als meinen Bruder liebend, Sie als meinen Lehrer ehrend, in der Hoffnung endlich, Sie werden in meinen Absichten die Freimütigkeit einer redlichen Seele und in meinen Reden den Ton eines Freundes der Wahrheit, der mit einem Philosophen spricht, erkennen. Überdies, je mehr mich Ihr zweites Gedicht entzückt, desto freier darf ich mich gegen das erste erklären, denn wenn Sie sich nicht gescheut haben, sich Ihnen selber entgegenzusetzen, warum soll ich mich scheuen, Ihrer Meinung zu sein. Ich muß glauben, Sie beharren nicht hartnäckig auf Meinungen, die Sie so gut widerlegen.

Alle meine Klagen sind also gegen Ihr Gedicht auf die Zerstörung von Lissabon gerichtet, weil ich darin würdigere Wirkungen der Menschenliebe, welche es Ihnen eingeflößt zu haben scheint, erwartete. Sie werfen Pope und Leibniz vor, daß sie unseres

Elends spotten, wenn sie behaupten, alles sei gut, und Sie malen das Gemälde unseres Jammers so schwarz, daß sie die Empfindung desselben vergrößern: statt der Tröstungen, die ich erhoffte, schlagen Sie mich noch mehr nieder. Man sollte glauben, Sie fürchten, ich sehe nicht genug ein, wie unglücklich ich bin, und es scheint, als glaubten Sie mich zu beruhigen, wenn Sie mir beweisen, alles sei schlimm.

Allein, mein Herr, täuschen Sie sich hierüber nicht, gerade das Gegenteil von dem, was Sie sich vorsetzen, geschieht. Dieser Optimismus, den Sie so grausam finden, tröstet mich gleichwohl in den gleichen Schmerzen, die Sie mir als unerträglich schildern.

Popes Gedicht lindert meinen Gram und lehrt mich Geduld, das Ihrige macht meinen Kummer bitterer, bewegt mich zum Murren, entreißt mir alles außer einer schwankenden Hoffnung und bringt mich zur Verzweiflung. In diesem seltsamen Gegensatz, der zwischen dem, was Sie behaupten, und dem, was ich fühle, herrscht, sollten Sie die Verlegenheit, die mich beunruhigt, stillen und mir sagen, wer sich irrt, das Gefühl oder die Vernunft. »Mensch, sei geduldig«, sagen mir Pope und Leibniz, »dein Elend ist eine notwendige Wirkung deiner Natur und der Einrichtung dieser Welt. Das ewige und wohltätige Wesen, welches dich regiert, hätte dich gerne davor bewahren mögen. Von allen möglichen Einrichtungen hat es diejenige gewählt, die das wenigste Übel mit dem meisten Guten vereinte oder (um den gleichen Gedanken, wenn es sein muß, noch trockener zu sagen) wenn es sie nicht besser gemacht hat, so weil es sie nicht besser machen konnte.«

Was sagt mir nun Ihr Gedicht? »Leide ewig, Unglücklicher. Wenn ein Gott ist, der dich erschaffen hat, so ist er ohne Zweifel allmächtig, allem deinem Elend könnte er vorbeugen: hoffe also nicht, daß es jemals enden werde, denn man könnte nicht einsehen, warum du da bist, wäre es nicht, um zu leiden und zu sterben.« Ich begreife nicht, was eine solche Lehre Tröstlicheres haben kann als der Optimismus und als das Verhängnis selber. Ich meinesteils gestehe, daß sie mir noch grausamer scheint als der Manichäismus. Wenn die Verlegenheit über den Ursprung des Übels Sie zwang, eine von Gottes Vollkommenheiten zu entstellen, warum wollen Sie seine Allmacht auf Kosten seiner Güte rechtfertigen! Wenn man zwischen diesen zwei Irrtümern wählen muß, so ziehe ich noch den ersten vor.

Sie wollen nicht, mein Herr, daß man Ihr Werk als ein Gedicht gegen die Vorsehung betrachte, und ich werde mich wohl hüten, ihm diesen Namen zu geben, obgleich Sie eine Schrift, worin ich die Sache des menschlichen Geschlechts gegen es selbst führte, als ein Buch gegen das menschliche Geschlecht ausgegeben haben. Ich kenne den Unterschied, den man zwischen den Absichten eines Schriftstellers und den Schlußfolgerungen, die man aus seiner Lehre ziehen kann, machen muß. Die gerechte Verteidigung meiner selbst verpflichtet mich bloß, Sie bemerken zu lassen, daß, als ich das menschliche Elend schilderte, mein Endzweck zu entschuldigen und sogar rühmlich war, wie ich glaube, denn ich zeigte den Menschen, wie sie ihr eigenes Unglück selber schufen, und folglich auch, wie sie es vermeiden konnten.

Ich sehe nicht ein, wie man die Quelle des sittlichen Übels anderswo als in dem freien, vervollkommneten, folglich auch verdorbenen Menschen suchen kann, und was die physischen Übel betrifft: wenn die empfindliche und die undurchdringliche Materie einen Widerspruch bilden, wie es mir scheint, so ist dies in jedem System, von welchem der Mensch ein Teil ist, unausweichlich, und dann ist die Frage nicht, warum der Mensch nicht vollkommen glücklich ist, sondern: warum ist er überhaupt da? Noch mehr, ich glaube gezeigt zu haben, daß außer dem Tode, der beinahe nur durch die Zurüstungen, die man vorhergehen läßt, ein Übel wird, auch die meisten physischen Übel noch unser Werk sind. Ohne Ihren Gegenstand Lissabon zu verlassen, gestehen Sie mir zum Beispiel zu, daß nicht die Natur dort zwanzigtausend Häuser von sechs bis sieben Stockwerken versammelt hatte und daß, wenn die Einwohner dieser großen Stadt gleichmäßiger zerstreut und leichter beherbergt gewesen wären, die Verheerung weit geringer gewesen und vielleicht gar nicht geschehen wäre. Bei der ersten Erschütterung wäre alles geflohen und des Morgens darauf hätte man sie zwanzig Meilen von dort so munter gesehen, als ob nichts geschehen wäre. Allein, man muß bleiben, man muß bei diesen Trümmern verweilen, man muß sich neuen

Erschütterungen aussetzen, weil das, was man daselbst zurückläßt, kostbarer ist als das, was man mit sich nehmen kann. Wieviele Unglückliche sind nicht bei diesem Unfall umgekommen, weil der eine seine Kleider, der andere seine Papiere, ein anderer sein Geld retten wollte? Weiß man nicht, daß die Person jedes Menschen der geringste Teil seines Selbst geworden ist und daß es beinahe nicht die Mühe lohnt, sie zu retten, wenn man alles übrige verloren hat?

Sie hätten gewünscht (und wer hätte es nicht mit Ihnen gewünscht), daß dieses Erdbeben eher mitten in einer Wüste als in Lissabon geschehen wäre? Läßt sich daran zweifeln, daß es auch in Wüsteneien Erdbeben gibt? Allein, wir reden nicht davon, weil sie den Herren in den Städten nicht schaden, den einzigen Menschen, die wir unserer Beachtung für wert halten. Selbst den Tieren und den Wilden, die zerstreut in einsamen Gefilden wohnen und die weder den Fall der Dächer noch den Einsturz der Häuser fürchten, schaden sie wenig. Allein, was würde ein solches Vorrecht bedeuten? Sollte es sagen wollen, die Ordnung der Welt solle nach unserem Eigensinn sich ändern, die Natur solle unseren Gesetzen unterworfen sein und, um ihr an irgendeinem Ort ein Erdbeben zu verbieten, brauchten wir nur eine Stadt darauf zu bauen?

Es gibt Begebenheiten, die uns oft je nach den Gesichtspunkten, unter denen wir sie betrachten, mehr oder weniger rühren und die viel von dem Abscheu, den sie uns beim ersten Anblick einflößen, verlieren, wenn man sie aus der Nähe untersucht. Aus *Zadig* habe ich gelernt, und von Tag zu Tag bestätigt mir es die Natur, daß ein plötzlicher Tod nicht immer ein wirkliches Übel ist und daß er bisweilen als ein verhältnismäßiges Glück angesehen werden kann. Von so vielen unter dem Schutt dieser unglücklichen Stadt erschlagenen Menschen sind ohne Zweifel viele noch größeren Unglücksfällen entronnen, und ungeachtet dessen, was eine solche Beschreibung Rührendes und für die Dichtkunst Fruchtbares haben mag, ist es noch ungewiß, ob ein einziger dieser Unglücklichen mehr gelitten hat, als wenn er nach dem gewöhnlichen Lauf der Dinge in langen Bangigkeiten den Tod, der ihn jetzt überrascht hat, erwartet hätte. Kann man sich ein traurigeres Ende denken als das Ende eines Sterbenden, den man mit unnützer Pflege überhäuft, den ein Notar und die Erben nicht mehr zu Atem kommen lassen, den die Ärzte nach ihrem Belieben in seinem Bett ermorden und den barbarische Priester den Tod mit Kunst kosten lassen? Ich meinerseits sehe allenthalben, daß das Elend, dem uns die Natur unterwirft, weit weniger grausam ist als das, was wir selber hinzutun.

Allein, so sinnreich wir auch sein mögen, unser Elend durch eine Menge schöner Einrichtungen zu nähren, so haben wir uns bis jetzt noch nicht bis zu dem Punkt vervollkommnen können, daß wir des Lebens überhaupt überdrüssig werden und das Nichtsein unserem Dasein vorziehen, denn sonst würden Mutlosigkeit und Verzweiflung sich bald der meisten bemächtigt haben und das menschliche Geschlecht hätte nicht lange bestehen können. Wenn es nun für uns besser ist zu sein, als nicht zu sein, so wäre dieses schon genug, unser Dasein zu rechtfertigen, selbst wenn wir keine Entschädigung für das Elend, das wir ausstehen müssen, zu erwarten hätten, und selbst wenn dieses Elend so groß wäre, wie Sie es schildern. Allein, über diesen Punkt ist es schwer, bei den Menschen Redlichkeit und bei den Philosophen richtige Berechnungen zu finden, weil diese beim Vergleich des Glücks und des Elends immer das süße, von jeder anderen Empfindung unabhängige Gefühl des Daseins in Anschlag zu bringen vergessen, und weil die Eitelkeit, den Tod zu verachten, die ersteren bewegt, das Leben zu verleumden, ungefähr wie jene Weiber, die in einem über und über geflickten Kleid und mit einer Schere bewaffnet behaupten, lieber sähen sie Löcher als Flicken.

Sie denken mit Erasmus, daß wenige Leute unter den gleichen Bedingungen, unter denen sie gelebt haben, wieder geboren zu werden wünschten, allein, oft bietet der seine Ware zu sehr hohem Preis an, der, wenn er einige Hoffnung hätte, den Handel abzuschließen, beträchtlich davon ablassen würde. Übrigens, mein Herr, wen soll ich glauben, haben Sie hierüber um Rat gefragt? Vielleicht die Reichen, von falschen Freuden bis zum Ekel satt, die wahren Freuden verkennend, immer des Lebens überdrüssig und immer zitternd, es zu verlieren; vielleicht die Gelehrten, von allen Ständen der Menschen der seßhafteste, der ungesündeste, der nachdenklichste und folglich der unglücklichste. Wollen Sie Menschen finden, die aus besserem Stoff geformt oder wenigstens gemeinhin aufrichtiger sind und die, da sie den größten Teil ausmachen, wenigstens deswegen auch verdienen, vorzüglich gehört zu werden? Fragen Sie einen ehrbaren Bürger, der ein verborgenes und ruhiges Leben ohne Entwürfe und ohne Ehrgeiz durchlebt haben wird, einen guten Handwerker, der gemächlich von seinem Handwerk lebt, selbst einen Bauern, nur nicht in Frankreich, wo man behauptet, man müsse sie Hungers sterben lassen, damit sie uns zu leben geben, sondern in dem Lande zum Beispiel, in dem Sie wohnen und überhaupt in jedem freien Lande. Ich darf als eine Tatsache anführen, daß vielleicht in dem oberen Wallis kein einziger Bergbewohner mit seinem fast automatenhaften Leben unzufrieden ist und nicht mit Freuden, selbst um den Preis des Paradieses, auf den Handel einginge, unaufhörlich wiedergeboren zu werden, um so in einem ewigen Pflanzenleben hinzuleben. Diese Unterschiede lassen mich glauben, daß sehr oft der Mißbrauch des Lebens uns des Lebens überdrüssig macht, und ich habe eine viel schlimmere Meinung von denen, die es bereuen, gelebt zu haben, als von dem, der mit Cato sagen kann: *Nec me vixisse poenitet, quoniam ita vixi, ut frustra me natum non existimem*. Dieses hindert nicht, daß der Weise nicht bisweilen freiwillig ohne Murren und Verzweiflung, wenn die Natur oder das Schicksal den Befehl des Himmels erteilen, aus seiner Herberge ausziehen kann. Allein, nach dem gewöhnlichen Lauf der Dinge ist das menschliche Leben, von wieviel Unglück es auch angefüllt sein mag, im ganzen genommen, doch kein schlechtes Geschenk, und wenn es nicht immer ein Unglück ist zu sterben, so ist es sehr selten eins zu leben.

Unsere verschiedenen Denkungsarten über alle diese Gegenstände belehren mich, warum viele Ihrer Beweise für mich nicht sehr schlüssig sind. Denn nur zu gut weiß ich, wieviel leichter die menschliche Vernunft in die Form unserer Meinungen als in die Form der Wahrheit sich gießen läßt und daß zwischen zwei Menschen von ungleichen Gesinnungen das, was der eine als erwiesen annimmt, für den anderen oft nur ein Trugschluß ist. Wenn Sie zum Beispiel die von Pope so gut beschriebene Kette der Wesen angreifen, so sagen Sie, es sei nicht wahr, daß, wenn man ein Luftstäubchen aus der Welt wegnähme, die Welt nicht mehr bestehen könnte. Hierfür führen Sie Herrn von Crousaz an, dann fügen Sie hinzu, die Natur sei weder einem genauen Maße noch einer bestimmten Form unterworfen, kein Planet bewege sich in einer absolut regelmäßigen Kurve, kein bekanntes Wesen habe eine genaue mathematische Figur, für keine Wirkung werde eine bestimme Größe erfordert, die Natur handele niemals streng, und man habe also keinen Grund zu behaupten, ein Luftstäubchen weniger auf der Erde wäre die Ursache der Zerstörung der Erde. Ich gestehe Ihnen, mein Herr, daß ich bei all dem weit mehr von der Stärke der Behauptungen als von der Stärke der Vernunftschlüsse getroffen bin und daß ich bei dieser Gelegenheit mehr aus Vertrauen in Ihr Ansehen als in Ihre Beweise nachgebe.

Was Herrn von Crousaz betrifft, so habe ich seine Schrift gegen Pope nicht gelesen und bin vielleicht nicht imstande, sie zu verstehen, allein, soviel ist ganz gewiß, daß ich ihm, was ich Ihnen streitig gemacht hätte, nicht zugeben würde und daß ich ebensowenig seinen Beweisen als seinem Ansehen Glauben schenke. Weit entfernt, zu glauben, die Natur sei der Bestimmtheit der Größen und Figuren nicht unterworfen, glaube ich im Gegenteil, daß sie allein dieser Bestimmtheit nach aller Strenge folgt, weil sie allein genau die Endzwecke und die Mittel vergleichen und die Kraft nach dem Widerstande abmessen kann. Was diese vorgeblichen Unregelmäßigkeiten betrifft: läßt sich daran zweifeln, daß sie alle ihre physische Ursache haben, und genügt es, sie nicht wahrzunehmen, um zu leugnen, daß sie wirklich da sind? Diese anscheinenden Unregelmäßigkeiten rühren ohne Zweifel von einigen Gesetzen her, die wir nicht kennen und welchen die Natur ebenso getreu folgt wie denen, die uns bekannt sind. Sie rühren von irgendeiner wirkenden Kraft her, die wir nicht wahrnehmen und deren Hindernis oder Mitwirkung ihre bestimmten Maße bei allen ihren Wirkungen hat. Sonst müßte man rundheraus sagen, es gebe Naturkräfte ohne Ursprung und Wirkungen ohne Ursache, was aller Philosophie zuwiderläuft.

Lassen Sie uns zwei Gewichte im Gleichgewicht und dennoch ungleich annehmen. Dem kleineren füge man die Menge bei, die den Unterschied ausmacht. Entweder werden die beiden Gewichte noch im Gleichgewicht schweben, und man wird eine Ursache ohne Wirkung haben, oder das Gleichgewicht wird aufgehoben sein, und alsdann wird man eine Wirkung ohne Ursache haben. Allein, wenn die Gewichte aus Eisen wären, und unter einem von beiden wäre nur ein Magnetgran verborgen, so würde die Genauigkeit der Natur ihr alsdann den Schein der Genauigkeit nehmen und durch eine vollkommene Richtigkeit würde es ihr daran zu mangeln scheinen. Es gibt keine Figur, keine Wirkung, kein Gesetz in der physischen Welt, auf welche man nicht irgendein dem eben vorgelegten ähnliches Beispiel anwenden könnte.

Sie sagen, kein bekanntes Wesen sei von einer genau mathematischen Figur. Ich frage Sie, mein Herr, ob eine Figur möglich ist, die es nicht ist, und ob die wunderlichste krumme Linie in den Augen der Natur nicht ebenso regelmäßig ist wie ein vollkommener Kreis in den unsrigen. Übrigens stelle ich mir vor, daß wenn irgendein Körper diese Regelmäßigkeit haben könnte, so könnte es nur das Weltall selber sein, wenn man es sich erfüllt und begrenzt denkt. Denn da die mathematischen Figuren nur Abstraktionen sind, so stehen sie nur zueinander in einem Verhältnis, während alle Figuren der natürlichen Körper mit anderen Körpern und mit den Bewegungen, die auf sie wirken, in einem Verhältnis stehen. Also würde dies immer noch nichts gegen die Genauigkeit der Natur beweisen, selbst wenn wir über das, was Sie unter dem Wort *Genauigkeit* verstehen, gleicher Meinung wären.

Sie unterscheiden die Begebenheiten, die Wirkungen haben, von denen, die keine haben. Ich zweifle, ob dieser Unterschied gründlich ist. Jede Begebenheit scheint mir notwendig irgendeine moralische oder physische oder aus beiden zusammengesetzte Wirkung haben zu müssen, die man aber nicht immer wahrnimmt, weil es noch weit schwerer ist, der Herkunft der Begebenheiten als der Herkunft der Menschen zu folgen. Da man im allgemeinen keine Wirkungen suchen muß, die beträchtlicher sind als die Begebenheiten, welche sie hervorbringen, so macht oft die Kleinheit der Ursachen die Untersuchung lächerlich, obgleich die Wirkungen gewiß sind, und oft vereinigen sich auch viele beinahe unbemerkbare Wirkungen, um eine beträchtliche Begebenheit hervorzubringen. Fügen Sie hinzu, daß eine gewisse Wirkung statthat, auch wenn sie außerhalb des Körpers, der sie hervorbringt, wirkt. So kann der Staub, den eine Kutsche in die Luft jagt, auf den Gang der Kutsche nicht wirken und doch Einfluß haben auf den Gang der Welt. Da nichts dem Weltall fremd ist, so wirkt notwendig alles, was darin geschieht, auf das Weltall selber. Folglich scheinen mir Ihre Beispiele, mein Herr, sinnreich, aber nicht überzeugend. Ich sehe tausend wahrscheinliche Gründe, warum es vielleicht für Europa nicht gleichgültig war, ob an einem gewissen Tage der Kopfputz der Erbin von Burgund gut oder schlecht aufgesetzt war, warum es für das Schicksal Roms nicht gleichgültig war, ob Caesar die Augen nach rechts oder nach links wandte, auf die eine oder auf die andere Seite spuckte, als er in den Rat ging an dem Tage, da er dort gestraft wurde. Mit einem Wort, indem ich mich an das von Pascal angeführte Sandkörnchen erinnere, bin ich in gewisser Hinsicht der Meinung Ihres Braminen, und von welcher Seite man die Dinge auch betrachten mag, wenn alle Begebenheiten nicht fühlbare Wirkungen haben, so scheint es mir unwidersprechlich, daß sie doch alle wirkliche Wirkungen haben, deren Faden der menschliche Verstand verliert, die aber niemals von der Natur miteinander vermengt werden.

Sie sagen, es sei erwiesen, daß die himmlischen Körper ihren Kreislauf in dem nicht widerstehenden Raume machen. Gewiß wäre, dies zu beweisen, eine schöne Sache, allein, nach Gewohnheit der Unwissenden glaube ich sehr wenig an die Beweise, die mein Fassungsvermögen übersteigen. Ich könnte mir vorstellen, daß man, um diesen Beweis zu sichern, ungefähr auf folgende Weise geschlossen hätte:

Eine gewisse, nach einem gewissen Gesetz wirkende Kraft muß den Gestirnen in einem nicht widerstehenden Raume eine gewisse Bewegung geben; nun haben die Gestirne genau die ausgerechnete Bewegung; folglich ist kein Widerstand da. Allein, wer kann wissen, ob es nicht vielleicht eine Million anderer möglicher Gesetze, das wahre nicht dazu gerechnet, gibt, nach welchen die gleichen Bewegungen sich noch viel leichter in einem flüssigen

Element als in dem leeren Raum dieses Gesetzes erklären ließen? Hat die schauervolle Ehrfurcht vor dem Leeren nicht lange Zeit die meisten Wirkungen, die man seither der Bewegung der Luft zugeschrieben hat, erklärt? Als nachher andere Erfahrungen den Schauer vor dem Leeren zerstört hatten, hat man dann nicht alles voll gefunden? Hat man nicht das Leere auf neue Berechnungen hin wiederhergestellt? Wer wird uns Bürge sein, daß ein noch richtigeres Lehrgebäude es nicht von neuem zerstören wird? Laßt uns die unzähligen Schwierigkeiten, die ein Naturkundiger vielleicht über die Natur des Lichtes und der beleuchteten Räume machen würde, mit Stillschweigen übergehen, allein, glauben Sie aufrichtig, daß Bayle, dessen Klugheit und Zurückhaltung in Meinungen ich mit Ihnen bewundere, die Ihrige als so erwiesen angenommen hätte? Überhaupt scheint es, die Skeptiker vergessen sich ein wenig, wenn sie den dogmatischen Ton annehmen, und sie sollten mäßiger als irgend jemand sonst sich des Wortes *beweisen* bedienen. Ist das das Mittel, Glauben zu finden, wenn man sich rühmt, nichts zu wissen und doch so viele Dinge behauptet?

Übrigens haben Sie, mein Herr, an Popes Lehrgebäude eine sehr wichtige Verbesserung angebracht durch die Bemerkung, daß zwischen den Geschöpfen und dem Schöpfer kein stufenweise steigendes Verhältnis besteht und daß, wenn die Kette der geschaffenen Wesen bis zu Gott reicht, so nur darum, weil er sie hält, und nicht, weil er sie beschließt.

Über das dem Wohl seines Teils vorzuziehende Wohl des Ganzen lassen Sie den Menschen sagen: »Ich denkendes und fühlendes Wesen muß meinem Herrn so teuer sein wie die Planeten, die wahrscheinlich nicht fühlen.« Ohne Zweifel darf diese materielle Welt ihrem Schöpfer nicht lieber sein als ein einziges denkendes und fühlendes Wesen. Allein, das Gebäude dieses Weltalls, das alle denkenden und fühlenden Wesen erzeugt, erhält und fortpflanzt, muß ihm lieber sein als ein einziges dieser Wesen. Er kann also ungeachtet seiner Güte oder vielmehr durch seine Güte etwas von dem Glück der einzelnen Teile der Erhaltung des Ganzen aufopfern. Ich glaube und ich hoffe, in den Augen Gottes mehr zu gelten als die Erde eines Planeten; allein, wenn die Planeten bewohnt sind, wie es wahrscheinlich ist, warum sollte ich in seinen Augen mehr wert sein als alle Bewohner des Saturn? Man mag diese Gedanken so lächerlich machen, wie man will, gewiß ist, daß alle Analogien für diese Bevölkerung sprechen und der menschliche Stolz allein wider dieselbe. Wenn man nun diese Bevölkerung annimmt, so scheint die Erhaltung des Weltalls für Gott selber eine Sittlichkeit zu haben, die sich durch die Anzahl der bewohnten Welten vervielfältigt.

Daß der Leichnam eines Menschen Würmer, Wölfe oder Pflanzen nährt, dies ist, ich gestehe es, keine Entschädigung für den Tod dieses Menschen, allein wenn es in dem Plan des Weltalls zur Erhaltung des menschlichen Geschlechts notwendig ist, daß ein Kreislauf der Substanz zwischen den Menschen, den Tieren und den Pflanzen herrscht, so trägt das besondere Übel eines einzelnen Teiles zum allgemeinen Wohl bei. Ich sterbe, ich werde von Würmern gefressen, doch meine Kinder, meine Brüder werden leben, wie ich gelebt habe, und ich tue nach der Ordnung der Natur für alle Menschen, was freiwillig Kodros, Curtius, die Decier, die Philenen und tausend andere für einen kleinen Teil der Menschen getan haben.

Um wieder, mein Herr, zu dem Lehrgebäude, das Sie angreifen, zurückzukehren, so glaube ich, man kann es nicht anders schicklich untersuchen, als wenn man sehr sorgfältig das besondere Übel, dessen Wirklichkeit niemals ein Philosoph geleugnet hat, von dem allgemeinen Übel, das der Optimismus leugnet, unterscheidet. Es ist nicht davon die Rede, zu wissen, ob jeder von uns leidet oder nicht, sondern ob die Schöpfung des Weltalls gut war und ob in der Anordnung dieses Weltalls unsere Übel unausweichlich waren. Also würde, wie mir scheint, der Zusatz eines Artikels den Lehrsatz richtiger bestimmen, und statt *Alles ist gut* wäre es vielleicht besser zu sagen: *Das Ganze ist gut*, oder *Alles ist gut für das Ganze*. Alsdann ist es augenscheinlich, daß kein Mensch weder dafür noch dawider bündige Beweise geben könnte, denn diese Beweise hängen von einer vollkommenen Kenntnis der Anordnung der Welt und des Endzwecks ihres Urhebers ab, und diese Kenntnis übersteigt unstreitig den menschlichen Verstand. Die wahren Grundsätze des Optimismus können weder von den

Eigenschaften der Materie noch von der Mechanik des Weltalls abgeleitet, sondern allein durch Induktion aus den Vollkommenheiten Gottes gefolgert werden, der alles regiert, so daß man nicht durch Popes Lehrgebäude das Dasein Gottes, sondern Popes Lehrgebäude durch das Dasein Gottes beweist, und unstreitig ist die Frage nach dem Ursprung des Übels von der Frage der Vorsehung hergeleitet worden. Wenn nun von diesen beiden Fragen die eine so schlecht wie die andere behandelt worden ist, so rührt es daher, daß man über die Vorsehung immer so schlecht vernünftelte, daß das Ungereimte, das man darüber sagte, alle Folgerungen, die man aus dieser großen und tröstlichen Lehre hätte ziehen können, sehr in Verwirrung gebracht hat.

Die ersten, die die Sache Gottes verdorben haben, sind die Priester und die Frömmler, die nicht leiden, daß etwas nach der eingeführten Ordnung geschehe, sondern die immer in bloß natürliche Begebenheiten die göttliche Gerechtigkeit einmischen, und die, um ihrer Sache gewiß zu sein, je nachdem, wie es sich zuträgt, mit Gutem oder mit Bösem ganz gleichgültig entweder die Bösen strafen und züchtigen oder die Guten prüfen und belohnen. Ich meinerseits weiß nicht, ob dies eine gute Gottesgelehrtheit ist, allein, ich finde, es ist eine elende Art zu untersuchen, wenn man die Beweise für die Vorsehung auf das Für und Wider gründet und ihr ohne Wahl alles, was auch ohne sie ebenso geschehen würde, beimißt.

Die Philosophen ihrerseits scheinen mir nicht viel vernünftiger, wenn ich sie den Himmel dafür verantwortlich machen sehe, daß sie noch Leiden unterworfen sind, wenn ich sie ausrufen höre, daß alles verloren ist, wenn sie Zahnweh haben oder arm sind oder wenn man sie bestiehlt, oder wenn ich sie, wie Seneca sagt, Gott die Wache über ihr Gepäck auftragen sehe. Wenn irgendein tragischer Zufall Cartouche oder Cäsar in ihrer Kindheit dahingerafft hätte, so hätte man gesagt: Welches Verbrechen haben sie begangen? Diese beiden Räuber haben gelebt, und wir sagen: Warum sind sie am Leben geblieben? Hingegen wird ein Frommer im ersten Falle sagen, Gott wollte den Vater strafen, indem er ihm sein Kind entriß, und im zweiten, Gott erhielt das Kind dem Volk zur Züchtigung. So hat bei den Frommen, welche Partei auch die Natur ergriffen haben mag, die Vorsehung immer recht und bei den Philosophen immer unrecht. Vielleicht hat sie in der Ordnung der Dinge weder recht noch unrecht, weil alles an dem allgemeinen Gesetze hängt, das für niemanden eine Ausnahme macht. Es ist zu vermuten, daß die besonderen Begebenheiten hier unten in den Augen des Beherrschers der Welt nichts sind, daß seine Vorsehung nur überhaupt sorgt und daß er sich begnügt, die Gattungen und Arten zu erhalten und alles zu regieren, ohne sich darüber, wie jedes einzelne Wesen dieses kurze Leben zubringt, zu bekümmern. Hat ein kluger König, welcher will, daß ein jeder in seinen Staaten glücklich lebe, nötig, sich zu erkundigen, ob die Wirtshäuser dort gut sind? Der Wanderer murrt eine Nacht, wenn sie schlecht sind, und lacht sein ganzes übriges Leben über eine so sehr am unrechten Ort angebrachte Ungeduld. *Commorandi enim natura diversorium nobis, non habitandi dedit.*

Um über diesen Punkt richtig zu denken, scheint es, die Dinge sollten in der physischen Ordnung nur relativ und in der sittlichen Ordnung absolut betrachtet werden, so daß der größte Gedanke, den ich mir von der Vorsehung machen kann, ist, daß jedes materielle Wesen relativ auf das Ganze und jedes vernünftige und empfindende Wesen relativ auf sich selber bestmöglich eingerichtet ist, was in anderen Ausdrücken sagen will, daß es für den, der sein Dasein fühlt, besser ist, dazusein, als nicht dazusein. Allein, diese Regel muß man auf die ganze Dauer jedes empfindenden Wesens und nicht auf einige besondere Augenblicke seiner Dauer, also auf das menschliche Leben, anwenden, was uns beweist, wie sehr die Frage der Vorsehung zusammenhängt mit der Frage der Unsterblichkeit der Seele, an die ich das Glück habe zu glauben, obgleich ich weiß, daß die Vernunft daran zweifeln kann, sowie mit der Frage der Ewigkeit der Strafen, woran weder Sie noch ich, noch irgendein Mensch, der gut von Gott denkt, jemals glauben wird.

Wenn ich diese verschiedenen Fragen auf ihren allgemeinen Grund zurückführe, so scheint es mir, sie beziehen sich alle auf die Frage vom Dasein Gottes. Wenn Gott ist, so ist er vollkommen; wenn er vollkommen ist, so ist er weise, mächtig und gerecht; wenn er weise und mächtig ist, so ist alles gut; wenn er gerecht und mächtig ist, so ist meine Seele unsterblich; wenn meine Seele unsterblich ist, so sind dreißig Jahre Leben nichts für mich und sind vielleicht zur Erhaltung des Weltalls notwendig. Wenn man mir den ersten Satz zugesteht, so wird man niemals die folgenden erschüttern; wenn man ihn leugnet, so muß man über die Schlußfolgerungen nicht streiten.

In diesem letzteren Fall sind weder Sie noch ich. Weit entfernt, daß ich von Ihrer Seite so etwas beim Durchlesen Ihrer gesammelten Werke mutmaßen konnte, bieten mir die meisten von ihnen die größten, die süßesten und die tröstlichsten Begriffe von der Gottheit, und ich ziehe einen Christen von Ihrer Art einem Christen der Sorbonne weit vor.

Was mich betrifft, so will ich Ihnen freimütig gestehen, daß mir in dieser wichtigen Frage weder das Für noch das Wider durch das Licht der Vernunft erwiesen scheint und daß, wenn der Theist seine Meinung nur auf Wahrscheinlichkeiten gründet, der Gottesleugner, noch unbestimmter, die seine nur auf entgegengesetzte Möglichkeiten zu gründen scheint. Noch mehr, die Einwürfe von der einen und von der anderen Seite sind immer unauflöslich, weil sie auf Dingen beruhen, von denen die Menschen keinen wahren Begriff haben. Dieses alles gebe ich zu, und doch glaube ich ebenso stark an einen Gott, wie ich an irgendeine andere Wahrheit glaube, weil glauben und nicht glauben die Dinge sind, die von mir am wenigsten abhängen, weil der Zustand des Zweifels für meine Seele ein allzu heftiger Zustand ist, weil, wenn meine Vernunft wankt, mein Glaube nicht lange in der Ungewißheit schweben kann und sich ohne sie entscheidet, weil mich endlich tausend Gründe auf die tröstlichste Seite locken und zu dem Gleichgewicht der Vernunft das Gewicht der Hoffnung fügen.

Dieses wäre also eine Wahrheit, die wir beide annehmen und unter deren Schutz Sie fühlen, wie leicht der Optimismus zu verteidigen und die Vorsehung zu rechtfertigen ist, und Sie sind nicht der Mann, dem man die abgedroschenen, aber gründlichen Vernunftschlüsse, die so oft über diesen Gegenstand gemacht worden sind, wiederholen muß. Was die Philosophen betrifft, die mein Prinzip nicht zugestehen, so muß man mit ihnen über solche

Gegenstände nicht streiten, weil das, was für uns ein aus der Empfindung genommener Beweis ist, für sie kein klarer Beweis werden kann, und weil es keine vernünftige Rede ist, zu einem Menschen zu sagen: *Ihr müßt dies glauben, weil ich es glaube.* Die Philosophen ihrerseits müssen auch nicht mit uns über dergleichen Gegenstände streiten, weil sie nur Folgesätze des Hauptsatzes sind, den ein redlicher Gegner ihnen kaum entgegensetzen darf, und weil sei unrecht hätten, zu fordern, man solle ihnen den Folgesatz losgelöst von dem Satze, der ihm zum Fundament dient, beweisen. Noch aus einem anderen Grunde, denke ich, müssen sie nicht darüber streiten: weil eine Unmenschlichkeit darin liegt, friedfertige Seelen zu verwirren und die Menschen ohne irgendeinen Nutzen zu bekümmern, wenn das, was man sie lehren will, weder gewiß noch nützlich ist. Mit einem Wort, ich denke, daß man nach Ihrem Beispiel den Aberglauben, der die Gesellschaft in Unordnung bringt, nicht zu stark angreifen und der Religion, die die Gesellschaft aufrechterhält, nicht zu große Achtung bezeugen sollte.

Allein, ich bin, so wie Sie, aufgebracht, daß der Glaube eines jeden nicht die vollkommenste Freiheit genießt und daß der Mensch das Innerste des Gewissens, wohin er doch nicht dringen kann, zu überwachen wagt, als ob es von uns abhinge, zu glauben oder nicht zu glauben an Dinge, bei denen es keinen Beweis gibt, und als ob man jemals die Vernunft unter die Autorität zwingen könnte. Haben denn die Könige dieser Welt auch einige Aufsicht in der anderen und haben sie das Recht, ihre Untertanen hier zu quälen, um sie mit Gewalt ins Paradies hineinzutreiben? Nein, jede menschliche Regierung schränkt sich ihrer Natur nach bloß auf die bürgerlichen Pflichten ein, und was auch der Sophist Hobbes hierüber hat sagen mögen: wenn ein Mensch dem Staate redlich dient, so ist er darüber, wie er Gott dient, niemandem Rechenschaft schuldig.

Ich weiß nicht, ob nicht dieses gerechte Wesen dereinst alle diese in seinem Namen ausgeübte Tyrannei strafen wird; wenigstens bin ich sicher, daß es daran keinen Anteil nehmen und die ewige Seligkeit keinem tugendhaften und redlichen Ungläubigen versagen wird. Darf ich, ohne seine Güte und selbst seine Gerechtigkeit zu beleidigen, zweifeln, daß ein rechtschaffenes Herz nicht einen unwillkürlichen Irrtum wiedergutmachen und unanstößige Sitten tausend von den Menschen vorgeschriebene und von der Vernunft verworfene wundersame Gottesdienste aufwiegen können? Ich will noch mehr sagen: Wenn es in meiner freien Wahl stünde, die Werke auf Kosten meines Glaubens erkaufen und meinen angeblichen Unglauben durch Tugend ersetzen zu können, dann würde ich nicht einen Augenblick schwanken, und lieber wollte ich dereinst Gott sagen können: *Ohne an dich zu denken, habe ich das Gute, das dir angenehm ist, getan, und mein Herz folgte deinem Willen, ohne ihn zu kennen,* als ihm zu sagen, wie ich es dereinst werde sagen müssen: *Ach, ich liebte dich und habe nicht aufgehört, dich zu beleidigen; ich habe dich gekannt und habe nichts getan, dir zu gefallen.*

Ich gestehe es, es gibt eine Art von Glaubensbekenntnis, das die Gesetze vorschreiben können, allein, abgesehen von den Grundsätzen der Sittenlehre und des Naturrechts muß es rein verneinend sein, weil es Religionen geben kann, die die Grundsäulen der Gesellschaft angreifen, und weil man damit anfangen muß, diese Religionen auszurotten, um den Frieden im Staate sicherzustellen. Von diesen verdammenswerten Lehrsätzen ist unstreitig die Unduldsamkeit der häßlichste, allein, man muß sie an ihrer Quelle zu fassen bekommen, denn die blutdürstigsten Fanatiker verändern die Sprache auf gut Glück und predigen nur Geduld und Sanftmut, wenn sie nicht die Stärkeren sind. Also nenne ich aus Grundsätzen unduldsam jeden Menschen, der sich einbildet, man könne kein ehrlicher Mann sein, ohne alles zu glauben, was er glaubt, und der ohne Erbarmen alle die, die nicht denken wie er, verdammt. In der Tat sind die Gläubigen selten dazu geneigt, daß sie die Verworfenen in dieser Welt in Frieden lassen, und ein Heiliger, der unter Verdammten zu wohnen glaubt, maßt sich gerne im voraus das Handwerk des Teufels an. Würde es aber unduldsame Ungläubige geben, die das Volk zwingen wollten, gar nichts zu glauben, so würde ich sie mit nicht geringerer Strenge verbannen als die, die es zwingen wollen, alles zu glauben, was ihnen gefällt.

Ich wollte also, daß man in jedem Staate ein sittliches Gesetzbuch oder eine Art von bürgerlichem Glaubensbekenntnis hätte, welches positiv die gesellschaftlichen Grundsätze enthielte, die jeder verbunden wäre anzunehmen, und negativ die fanatischen Grundsätze, die man genötigt wäre, zwar nicht als gottlos, sondern als aufrührerisch zu verwerfen. Folglich würde jede Religion, die sich mit diesem Gesetzbuch vertragen könnte, gestattet, jede Religion, die sich damit nicht vertragen könnte, verbannt sein, und jeder hätte die Freiheit, keine andere Religion als das Gesetzbuch selbst zu haben. Dieses Werk, sorgfältig ausgearbeitet, würde, wie mir scheint, das nützlichste Buch sein, das jemals geschrieben worden ist, und vielleicht das einzige den Menschen notwendige. Dieses wäre, mein Herr, ein Gegenstand, der Ihrer würdig wäre. Lebhaft wünschte ich, daß Sie dieses Werk unternehmen und mit Ihrer Dichtkunst verschönen möchten, damit es jedermann mit leichter Mühe auswendig lernen könnte und es von Jugend auf in alle Herzen diese Gesinnungen von Sanftmut und von Menschenliebe, die in allen Ihren Schriften glänzen und die den Frommen immer mangelten, bringen möge. Ich ermahne Sie, über diesen Entwurf, der wenigstens Ihrer Seele gefallen muß, nachzudenken. Sie haben uns in Ihrem *Poëme sur la Religion naturelle* den Katechismus des Menschen gegeben: Geben Sie uns jetzt in dem, was ich Ihnen vorschlage, den Katechismus des Bürgers. Dies ist im übrigen ein Gegenstand zu langem Nachdenken und vielleicht ist er für das letzte Ihrer Werke aufzusparen, damit Sie durch eine Wohltat für das menschliche Geschlecht die glänzendste Laufbahn, die jemals ein Gelehrter durchlaufen hat, vollenden.

Ich kann mich nicht enthalten, mein Herr, bei dieser Gelegenheit einen sonderbaren Kontrast zwischen Ihnen und mir in dem Gegenstande dieses Briefes zu bemerken. Sie, von Ruhm gesättigt und von eitler Größe nicht geblendet, leben frei im Schoße des Überflusses; der Unsterblichkeit zuverlässig versichert, philosophieren Sie ruhig über die Natur der Seele, und wenn der Körper oder das Herz leidet, so haben Sie Tronchin zum Arzt und zum Freunde: gleichwohl finden Sie nichts als Übel auf der Erde. Und ich, unbekannt, arm, allein und von einem unheilbaren Übel geplagt, meditiere in meiner Einsamkeit mit Vergnügen und finde, alles sei gut. Woher rühren diese anscheinenden Widersprüche?

Sie selber haben es erklärt: Sie genießen, ich aber hoffe, und die Hoffnung verschönert alles.

Ebensoviel Mühe habe ich, diesen ermüdenden Brief abzubrechen, wie Sie haben werden, ihn ganz durchzulesen. Verzeihen Sie mir, großer Mann, einen vielleicht unbescheidenen Eifer, der sich aber Ihnen gegenüber nicht äußern würde, wenn ich Sie weniger hochschätzte. Gott verhüte, daß ich denjenigen meiner Zeitgenossen beleidigen wollte, dessen Talente ich am meisten verehre und dessen Schriften zu meinem Herzen am besten sprechen, allein, es geht um die Sache der Vorsehung, von der ich alles erwarte. Nachdem ich aus Ihren Lehren so lange Trost und Mut geschöpft habe, so ist es für mich hart, daß Sie mir jetzt dieses alles entreißen, um mir nur eine ungewisse und unbestimmte Hoffnung, eher ein gegenwärtiges Linderungsmittel als eine künftige Entschädigung zu lassen. Nein, zuviel habe ich in diesem Leben gelitten, um nicht ein anderes zu erwarten. Alle Spitzfindigkeiten der Metaphysik werden mich nicht einen Augenblick an der Unsterblichkeit der Seele und an einer wohltätigen Vorsehung zweifeln lassen. Ich fühle sie, ich glaube daran, ich will sie, ich hoffe auf sie, bis zu meinem letzten Seufzer werde ich sie verteidigen, und dies wird von allen Streitigkeiten, die ich geführt haben werde, die einzige sein, bei der mein eigener Nutzen nicht vergessen sein wird.

Ich bin, mein Herr, Ihr ergebener, etc.

BRIEF AN HERRN D'ALEMBERT

ÜBER SEINEN ARTIKEL »GENF« IM VII. BAND DER ENZYKLOPÄDIE UND INSBESONDERE ÜBER DEN PLAN, EIN SCHAUSPIELHAUS IN DIESER STADT ZU ERRICHTEN

Dii meliora piis, erroremque hostibus illum.
Verg. *Georg.* III, v. 513.

1758

VORWORT

Ich bin im Unrecht, wenn ich in diesem Fall ohne Not zur Feder gegriffen habe. Es kann für mich weder vorteilhaft noch angenehm sein, gegen Herrn d'Alembert aufzutreten. Ich schätze seine Person, ich bewundere seine Talente, ich liebe seine Arbeiten, ich bin nicht unempfänglich für das Gute, das er über mein Land gesagt hat. Selber geehrt durch seine Lobesworte, bin ich ihm redlicherweise zu jeder Art von Achtung verbunden. Aber die Achtung überwiegt die Pflichten allein bei denen, deren ganze Moral nur aus Schein besteht. Gerechtigkeit und Wahrheitsliebe sind die ersten Pflichten des Menschen. Menschlichkeit und Vaterland sind seine höchsten Güter. Sooft er aus irgendeiner Rücksicht diese Ordnung umstößt, macht er sich schuldig. Mache ich mich schuldig, wenn ich tue, wozu ich verpflichtet bin? Wer mir antworten will, muß ein Vaterland haben, dem er dient, und muß seine Pflichten mehr lieben als das Mißfallen der anderen fürchten.

Da nicht jeder die Enzyklopädie vor sich hat, will ich hier den Absatz des Artikels *Genf* anführen, der mir die Feder in die Hand drückte. Er hätte sie ihr entfallen lassen müssen, aber ich wage es, eine andere Ehre zu suchen, in der ich keine Konkurrenz zu fürchten habe. Mehr als ein Leser wird, wenn er den Absatz unabhängig vom ganzen Artikel liest, überrascht sein von dem Eifer, der ihn diktiert zu haben scheint. Liest man ihn aber im Zusammenhang des ganzen Artikels, so wird man feststellen, daß das Theater, das es in Genf nicht gibt und das es dort geben könnte, den achten Teil des Platzes einnimmt, den die Dinge innehaben, die es dort gibt.

»Man duldet kein Theater in Genf. Nicht daß man das Schauspiel als solches mißbilligt, aber man fürchtet, heißt es, die Putzsucht, Verschwendung und Zügellosigkeit, welche die Truppen von Schauspielern unter der Jugend verbreiten. Wäre es indessen nicht möglich, diesem Übel durch strenge und gut angewendete Gesetze abzuhelfen, die den Lebenswandel der Schauspieler regeln? Durch dieses Mittel hätte Genf Schauspiele und gute Sitten und würde den Vorzug der einen wie der anderen genießen. Die Theatervorstellungen würden den Geschmack der Bürger bilden und ihnen eine Feinheit des Takts, eine Zartheit des Empfindens verleihen, die ohne diese Hilfe sehr schwer zu erlangen sind. Die Literatur würde Nutzen daraus ziehen, ohne daß die Zügellosigkeit zunimmt, und Genf würde die Weisheit Spartas mit der Lebensart Athens vereinen. Eine weitere Überlegung, würdig einer so weisen und aufgeklärten Republik, sollte ihr nahelegen, das Schauspiel zuzulassen. Das barbarische Vorurteil gegen den Beruf des Schauspielers, die Erniedrigung, der wir diese für den Fortschritt und die Erhaltung der Künste so wichtigen Leute aussetzen, ist sicherlich eine der hauptsächlichen Ursachen für die Sittenlosigkeit, die wir ihnen vorwerfen: sie versuchen sich durch Vergnügungen für die Wertschätzung schadlos zu halten, die ihr Stand ihnen vorenthält. Bei uns ist ein Schauspieler, der gute Sitten hat, doppelt achtbar, aber welche Anerkennung findet er schon dafür? Der Steuerpächter, der die allgemeine Armut verhöhnt und von ihr lebt, der kriechende Höfling, der seine Schulden nicht bezahlt: das ist die Sorte Mensch, die wir am höchsten schätzen. Würden Schauspieler in Genf nicht nur geduldet, sondern durch weise Maßregeln zuerst einmal gezügelt, dann geschützt und sogar geachtet, falls sie sich dessen als würdig erweisen, und schließlich den anderen Bürgern völlig gleichgestellt, dann hätte diese Stadt sehr bald den Vorzug, das zu besitzen, was man für so selten hält und was es doch nur durch unser Verschulden ist, nämlich eine Truppe achtbarer Schauspieler. Fügen wir hinzu, daß diese Truppe bald die beste Europas wäre, denn Leute von Geschmack und Neigung für das Theater, die sich heute zu entehren fürchten, wenn sie sich ihm überlassen, würden nach Genf eilen, um ein so erfreuliches und seltenes Talent zu pflegen und dafür nicht geächtet, sondern geehrt zu werden. Der Aufenthalt in Genf, den viele Franzosen wegen des Fehlens von Schauspielen für öde halten, würde ein Aufenthalt ehrbarer Freude, wie er schon ein Aufenthalt der Philosophie und der Freiheit ist, und die Fremden müßten nicht länger mit Überraschung sehen, daß man in einer Stadt, wo sittsame und ordentliche Schauspiele verboten sind, rohe und geistlose Possen erlaubt, die dem guten Geschmack wie den guten Sitten zuwider sind. Das ist noch nicht alles: allmählich würde das Beispiel der Schauspieler von Genf, die Ordentlichkeit ihres Lebenswandels und die Wertschätzung, deren sie sich infolgedessen erfreuen, als Vorbild für die Schauspieler anderer Nationen dienen und als Lektion für diejenigen, die sie bis dahin mit so viel Strenge und Inkonsequenz behandelt haben. Man sähe sie nicht einerseits als Pensionsempfänger der Regierung, andererseits als Geächtete. Unsere Geistlichen würden aufhören, sie zu exkommunizieren, und unsere Bürger, verächtlich auf sie herabzusehen, und eine kleine Republik hätte den Ruhm, Europa in einem Punkt reformiert zu haben, der vielleicht wichtiger ist, als man denkt.«

Das ist sicherlich das angenehmste und verführerischste Bild, das man uns malen, zugleich aber der gefährlichste Rat, den man uns geben konnte. Zumindest ist dies meine Auffassung, und meine Gründe stehen in dieser Schrift. Mit welcher Wonne wird sich die Genfer Jugend, überwältigt von einer so gewichtigen Autorität, Ideen verschreiben, denen sie schon jetzt nur allzu geneigt ist. Wie viele junge Genfer, ansonsten gute Staatsbürger, warten seit der Veröffentlichung dieses Bandes nur auf den geeigneten Zeitpunkt, um die Errichtung eines Theaters zu fördern, und glauben auch noch, damit ihrem Vaterland, ja der Menschheit einen Dienst zu tun! Dies eben ist der Gegenstand meiner Warnungen, ist das Übel, dem ich zuvorzukommen wünschte. Ich lasse den Absichten Herrn d'Alemberts Gerechtigkeit wiederfahren und hoffe, daß er sie auch den meinen zuteil werden läßt. Ich habe nicht mehr Lust, ihm zu mißfallen, als er, uns zu schaden. Muß ich nicht schließlich, auch wenn ich mich irrte, meinem Gewissen und meiner Einsicht nach handeln und reden? Hätte ich schweigen sollen? Hätte ich es gekonnt, ohne meine Pflicht und mein Vaterland zu verraten?

Um bei dieser Gelegenheit schweigen zu können, hätte ich in weniger wichtigen Fällen niemals zur Feder greifen dürfen. Süßes Dunkel der Unbekanntheit, dreißig Jahre lang warst du mein Glück, hätte ich dich doch nie verlassen! Man dürfte nicht wissen, daß ich Verbindung zu den Herausgebern der Enzyklopädie gehabt und einige Artikel zu dem Werk beigesteuert habe, daß mein Name unter ihren Autoren zu finden ist; mein Eifer für mein Vaterland dürfte nicht so bekannt sein, damit man glauben könnte, daß der Artikel *Genf* mir entgangen sei; oder man dürfte aus meinem Schweigen nicht folgern können, ich sei mit seinem Inhalt einverstanden. Da nichts davon zutreffen kann, so muß ich sprechen, so muß ich verwerfen, was ich nicht billige, damit man mir nicht andere als meine wahren Auffassungen unterstellt. Meine Landsleute brauchen meinen Rat nicht, ich weiß es, aber ich, ich habe es nötig, mich zu ehren, indem ich beweise, daß ich wie sie über unsere Grundsätze denke.

Ich weiß wohl, wie wenig diese Schrift, weit davon entfernt, zu sein, wie sie sein sollte, selbst dem genügt, was ich in glücklicheren Tagen hätte schaffen können. Viele Dinge sind zusammengekommen, um sie noch unter das Mittelmaß zu drücken, das ich doch früher erreichte, so daß ich mich frage, warum sie nicht sogar noch schlechter geworden ist. Ich schrieb für mein Vaterland: wenn es wahr wäre, daß Eifer das Talent ersetzen kann, hätte ich es besser denn je gemacht, aber ich habe gesehen, was getan werden mußte, und habe es nicht auszuführen vermocht. Kalt habe ich die Wahrheit gesagt: wen kümmert sie? Traurige Empfehlung für ein Buch! Wer nützen will, muß angenehm sein, und meine Feder hat diese Kunst verlernt. Nur Bosheit kann diesen Verlust bestreiten. Sei's drum: ich weiß, daß ich gescheitert bin, und man fällt nicht noch tiefer als ins Nichts.

Erstens handelt es sich hier ja nicht um eitles Philosophengeschwätz, sondern um eine wichtige praktische Frage für ein ganzes Volk. Es geht nicht mehr darum, zu wenigen, sondern zum ganzen Publikum zu sprechen, nicht die anderen zum Nachdenken zu veranlassen, sondern meine eigenen Gedanken deutlich zu erklären. Also mußte ich den Stil ändern. Um mich für jedermann leichter verständlich zu machen, habe ich weniger mit mehr Worten gesagt, und in dem Wunsch, klar und einfach zu sein, wurde ich kraftlos und verworren.

Ich rechnete zuerst mit einem, höchstens zwei Druckbögen; hastig begann ich, aber als der Stoff mir unter den Händen aufging, habe ich ihn ohne Zwang gehen lassen. Ich war krank und traurig, und obgleich ich Zerstreuung sehr nötig hatte, fühlte ich mich so wenig imstande zu denken und zu schreiben, daß ich das Manuskript hundertmal hätte ins Feuer werfen mögen, hätte nicht der Gedanke an die Pflicht, die ich zu erfüllen hatte, mich davon abgehalten. So wurde ich weniger streng mit mir selbst. Ich habe in meiner Arbeit eine Zerstreuung gesucht, welche sie mir erleichterte. In jede Abschweifung, die sich mir bot, habe ich mich hineingestürzt, ohne zu bedenken, daß ich dem Leser vielleicht Langeweile bereitete, wo ich nur die eigene vertreiben wollte.

Geschmack, Gewähltheit und Korrektheit wird man in diesem Werk vergeblich suchen. Ich habe es, weil ich allein lebe, niemandem zeigen können. Einst hatte ich einen strengen und scharfsinnigen Aristarch, ich habe ihn nicht mehr und mich verlangt nicht mehr danach*, aber ich werde ihn ohne Unterlaß vermissen und er fehlt meinem Herzen noch mehr als meinen Schriften.

Die Einsamkeit beruhigt die Seele und mildert die Leidenschaften, die das Treiben der Welt erzeugt. Fern von den Lastern, die uns erregen, spricht man von ihnen mit weniger Entrüstung, fern von den Übeln, die uns rühren, ist das Herz von ihnen weniger erschüttert. Seitdem ich keine Menschen mehr sehe, habe ich beinahe aufgehört, die Bösen zu hassen. Außerdem beraubt mich das Böse, das sie mir getan haben, des Rechtes, schlecht von ihnen zu sprechen. Um ihnen nicht zu ähneln, muß ich ihnen künftig verzeihen. Ohne es zu wollen, würde ich sonst die Rachsucht an die Stelle der Gerechtigkeit setzen; besser ist es, alles zu vergessen. Ich hoffe, daß man die Bitterkeit nicht mehr findet, die man mir vorwarf, die aber bewirkte, daß man mich las. Gern soll man mich weniger lesen, wenn ich dafür in Frieden leben kann.

Zu diesen Gründen gesellt sich ein anderer, noch grausamerer, den ich vergeblich zu verbergen wünschte; das Publikum würde ihn trotzdem nur zu gut bemerken. Wenn unter den Versuchen, die aus meiner Feder stammen, dieses Werk noch unter den ande-

* *Ad amicum etsi produxeris gladium, non desperes; est enim regressus ad amicum. Si aperueris os triste, non timeas; est enim concordatio: exepto convitio, et improperio, et superbia, et mysterii revelatione, et plaga dolosa. In his omnibus effugiet amicus.* (Ecclesiastic. 22, 26–27)

ren steht, so geht das weniger zu Lasten der Umstände als zu meinen eigenen, denn ich bin nicht mehr ich selbst. Die Leiden des Körpers erschöpfen die Seele, durch Leiden verliert sie ihren Schwung. Ein Augenblick flüchtiger Gärung erzeugte in mir einen Schimmer von Talent; er zeigte sich spät und ist früh erloschen. Indem ich meinen natürlichen Zustand wiederfinde, bin ich ins Nichts zurückgekehrt. Ich hatte nur einen Augenblick; er ist vorbei; ich schäme mich, mich zu überleben. Leser, wenn du dieses mein letztes Werk mit Nachsicht aufnimmst, empfängst du meinen Schatten, denn für mich bin ich nicht mehr.

Montmorency, den 20. März 1758

BRIEF

Ich habe, mein Herr, mit Vergnügen Ihren Artikel *Genf* im siebenten Bande der Enzyklopädie gelesen. Als ich ihn das zweite Mal mit einem noch größeren Vergnügen durchlas, hat er mir einige Betrachtungen dargeboten, von welchen ich glaubte, daß ich sie unter dem Schutz Ihres Namens dem Publikum und meinen Mitbürgern übergeben dürfte. Vieles ist an diesem Artikel zu loben. Obwohl aber die Lobsprüche, mit denen Sie mein Vaterland beehren, mir das Recht benehmen, Sie dafür wiederum zu loben, so wird doch meine Aufrichtigkeit das Wort für mich führen. Wenn ich in einigen Punkten von Ihrer Meinung abgehe, so erkläre ich mich dadurch genug in Beziehung auf alle übrigen.

Ich beginne mit der Frage, die ich am wenigsten gern behandle und deren Prüfung mir am wenigsten zusagt, über die ich jedoch aus dem eben angeführten Grund nicht schweigen darf. Das ist das Urteil, das Sie über die Lehre unserer Geistlichen in Glaubenssachen fällen. Sie haben dieser ehrenwerten Körperschaft eine sehr schöne und wahre Lobrede gehalten, die unter allen Geistlichen der Welt allein auf sie zutrifft und die Wertschätzung, die sie Ihnen bezeigt haben, nur vermehren kann, denn Sie zeigen, daß man hier die Philosophie liebt und den Blick des Philosophen nicht scheut. Aber, mein Herr, wenn wir jemandem Ehre erweisen wollen, müssen wir es auf seine und nicht auf unsere Weise tun, aus Sorge, er könnte sich mit Grund durch Lobsprüche geschädigt fühlen, die bei aller guten Absicht seinen Stand, seine Interessen, seine Meinungen oder Vorurteile verletzen. Wissen Sie denn nicht, daß die Bezeichnung als Sekte immer abscheulich ist und daß eine Unterstellung dieser Art für Laien selten, für Theologen aber nie ohne Folgen bleibt?

Sie werden einwenden, daß es um Tatsachen, nicht um Lobsprüche geht und daß der Philosoph die Wahrheit mehr als die Menschen achtet. Aber diese vorgebliche Wahrheit ist nicht so klar oder gleichgültig, daß Sie das Recht hätten, sie ohne Bezugnahme auf anerkannte Autoritäten vorzubringen, und ich weiß nicht, wo man diese finden soll, wenn man belegen will, daß die Meinungen, zu denen eine Körperschaft sich bekennt und nach denen sie sich verhält, gar nicht die ihren sind. Sie werden als nächstes erwidern, daß Sie ja nicht der gesamten kirchlichen Körperschaft die Meinungen unterstellen, von denen Sie sprechen, aber Sie unterstellen sie einigen, und einige sind unter wenigen immer so viele, daß alle sich getroffen fühlen müssen.

Nach Ihren Ausführungen huldigen einige Genfer Geistliche einem reinen Sozinianismus. Das ist es, was Sie laut ganz Europa verkünden. Ich erlaube mir zu fragen, wie Sie dies erfahren haben? Entweder beruht Ihr Urteil auf eigenen Mutmaßungen, auf dem Zeugnis eines anderen oder dem Geständnis der fraglichen Pastoren selbst.

Nun, in Fragen der reinen Lehre, die nichts mit Moral zu tun haben, wie kann man da über den Glauben eines anderen aufgrund von Mutmaßungen urteilen? Wer weiß besser als ich selbst, was ich glaube und was ich nicht glaube, und an wen sollte man sich in dieser Frage eher wenden als an mich selbst? Wenn ein Schriftsteller aber aus den Reden oder Schriften eines ehrenhaften Mannes sophistische und fragwürdige Schlüsse zieht, dann tut der erbitterte Priester, der ihn für seine Schlüsse verfolgt, nur seine Pflicht und setzt niemanden in Erstaunen. Sollen wir gute Menschen so ehren, wie ein Gauner sie verfolgen würde? Und wird ein Philosoph die hinterlistigen Argumente nachahmen, deren Opfer er so oft geworden ist?

Es bliebe noch die Möglichkeit, daß diejenigen unserer Geistlichen, die nach Ihrer Behauptung reine Sozinianer sind und die ewigen Höllenqualen ablehnen, Ihnen ihre besondere Meinung hierüber mitgeteilt haben. Aber wenn dies wirklich ihre Meinung wäre und wenn sie sie Ihnen wirklich anvertraut hätten, dann sicherlich im Geheimen, in der ehrlichen und freien Mitteilsamkeit des philosophischen Umgangs; sie hätten es dem Philosophen und nicht dem Schriftsteller gesagt. Dafür, daß sie es nicht getan haben, gibt es einen unwiderleglichen Beweis: Ihre Veröffentlichung.

Deshalb werde ich aber über die Lehre, die Sie ihnen unterstellen, noch lange nicht urteilen oder sie mißbilligen. Ich sage nur, daß man kein Recht hat, sie ihnen zuzuschreiben, wenigstens solange sie sie nicht anerkennen, und ich füge hinzu, daß diese Lehre in nichts derjenigen ähnelt, die sie uns verkünden. Ich weiß nicht, was Sozinianismus ist, und kann deshalb über ihn weder Gutes noch Schlechtes sagen (und aufgrund einiger verworrener Begriffe von dieser Sekte und ihrem Gründer empfinde ich für sie sogar eher Abneigung als Zuneigung). Im allgemeinen aber bin ich ein Freund jeder friedlichen Religion, in der man dem Ewigen dient gemäß der Vernunft, die er uns verliehen hat. Wenn ein Mensch nicht glauben kann, was er widersinnig findet, so ist das nicht sein Fehler, sondern ein Fehler seiner Vernunft*, und wie soll ich begreifen, daß Gott ihn dafür bestraft, sich nicht einen Verstand** gemacht zu haben, der dem, den er von ihm empfan-

* Ich glaube, ich sehe einen Grundsatz, der, so gut dargelegt wie möglich, dem Unduldsamen und Abergläubischen sofort die Waffe aus der Hand schlagen und die Wut des Proselytenmachens besänftigen könnte, welche die Ungläubigen umzutreiben scheint. Er besteht darin, daß die Vernunft kein gut bestimmtes allgemeines Maß hat und daß es keinem Menschen ansteht, seine Vernunft zum Maßstab der Vernunft anderer zu machen.
Setzen wir Redlichkeit, ohne welche jeder Disput nur Geschwätz ist, voraus. Bis zu einem bestimmten Punkt gibt es allgemeine Grundsätze, eine allgemeine Evidenz, und überdies hat jeder seine eigene Vernunft, die ihn bestimmt. So führt diese Meinung nicht zum Skeptizismus, aber auch der hochmütige Dogmatiker ist mit einem Schlag gebremst, weil die allgemeinen Grenzen der Vernunft nicht festgelegt sind und keiner in die des andern hineinblickt. Wenn jemals Friede herrschen soll, wo Interesse, Stolz und Meinung regieren, könnte man hierdurch schließlich auch die Streitereien zwischen Priestern und Philosophen beendigen. Vielleicht freilich wäre das weder für die einen noch für die anderen ein Gewinn: es gäbe weder Verfolgungen noch Streitereien mehr, die einen hätten niemanden zu foltern, die anderen niemanden zu überzeugen; geradesogut könnten sie ihren Beruf aufgeben.
Wenn man mich nun fragt, warum ich selbst noch streite, so antworte ich: ich spreche zur großen Menge, ich erkläre praktische Wahrheiten, ich berufe mich auf die Erfahrung, ich erfülle meine Pflicht und bin nicht böse, wenn man nicht meiner Ansicht ist, solange ich nur habe sagen können, was ich denke.

** Man muß sich ins Gedächtnis rufen, daß ich einem Schriftsteller antworte, der kein Protestant ist, und ich glaube, ich antworte ihm in der Tat, wenn ich zeige, daß es in unserer Religion nutzlos wäre, wenn die Geistlichen täten, was er ihnen vorwirft und was in anderen Religionen notwendigerweise getan wird, ohne daß man es bedenkt.
Die geistige Welt ist, ohne die Geometrie auszunehmen, voll von unbegreiflichen und doch unbestreitbaren Wahrheiten, denn die Vernunft, die sie als existierend beweist, kann über die Grenzen hinweg, welche sie einschränken, diese Wahrheiten

gen hat, entgegengesetzt ist? Wenn ein gelehrter Mann käme und mir im Namen Gottes befehlen würde zu glauben, daß der Teil größer sei als das Ganze, was könnte ich bei mir selbst anders denken, als daß dieser Mann mir befiehlt, verrückt zu sein? Ohne Frage ist der Rechtgläubige, der keinerlei Widersinn in den Mysterien sieht, verpflichtet, an sie zu glauben. Wenn aber der Sozinianer sie widersinnig findet, was soll man ihm sagen? Soll man ihm beweisen, daß es diesen Widersinn nicht gibt? Er wird Ihnen daraufhin sofort beweisen, daß es widersinnig ist, über Dinge, die man nicht begreifen kann, mit Vernunftgründen zu streiten. Was aber dann? Am besten, man läßt ihn in Ruhe.

Auch entrüstet es mich nicht, daß diejenigen, die einem milden Gott dienen, die ewigen Höllenqualen ablehnen, wenn sie sie mit seiner Gerechtigkeit für unvereinbar halten. Wenn sie in diesem Falle die ihrer Meinung widersprechenden Bibelstellen auslegen, so gut sie es eben können, statt sie völlig zu vernachlässigen, was können sie anderes tun? Niemand ist mehr als ich durchdrungen von Liebe und Hochachtung für das erhabenste aller Bücher: es tröstet und belehrt mich täglich, während die anderen mir nur Widerwillen erregen. Aber ich bestehe darauf, daß die Bibel,

sozusagen nicht berühren, sondern nur wahrnehmen. Eine solche Wahrheit ist die Lehre vom Dasein Gottes, solche Wahrheiten sind die im protestantischen Abendmahl zugelassenen Mysterien. Diejenigen Mysterien, die gegen die Vernunft verstoßen, um mit den Worten von Herrn d'Alembert zu reden, sind eine ganz andere Sache. Ihr Widerspruch selbst läßt sie in die Grenzen der Vernunft zurückkehren, die jeden denkbaren Vorzug besitzt, um klarzumachen, daß jene nicht existieren, denn obgleich man eine widersinnige Sache nicht sehen kann, ist doch nichts so klar ersichtlich wie der Widersinn. Das ist es, was geschieht, wenn man zwei widersprüchliche Sätze aufstellt. Wenn Sie mir sagen, ein Zoll sei so viel wie ein Fuß, so sagen Sie mir ganz und gar nichts Mysteriöses, Dunkles, Unbegreifliches; im Gegenteil reden Sie von einem sonnenklaren und greifbaren Widersinn, einer eindeutig falschen Sache. Welcher Art auch die Beweise sein mögen, die diesen Widersinn begründen, sie können ihn nicht über den Beweis stellen, der ihn zerstört, weil er unmittelbar auf einfachsten Begriffen aufbaut, die das Fundament jeder menschlichen Gewißheit bilden. Andernfalls würde die Vernunft Zeugnis gegen sich selbst ablegen und uns zwingen, sie zurückzuweisen, und weit entfernt, uns dies oder jenes glauben zu lassen, würde sie uns daran hindern, überhaupt noch etwas zu glauben, weil die Grundlage jeglichen Glaubens zerstört wäre. Welcher Religion einer auch angehört, wenn er davon spricht, an derartige Mysterien zu glauben, dann tut er nur so oder weiß nicht, was er sagt.

wenn sie uns eine unwürdige Vorstellung von Gott vermitteln sollte, in diesem Punkt abgelehnt werden müßte, wie man in der Geometrie Beweise ablehnt, die zu widersinnigen Schlüssen führen. Denn wie glaubwürdig der heilige Text auch immer sei, es ist immer noch wahrscheinlicher, daß die Bibel verfälscht, als daß Gott ungerecht oder boshaft ist.

Da haben Sie die Gründe, mein Herr, die mich hindern, diese Meinungen bei maßvollen und gerechten Theologen zu mißbilligen, die ihrer eigenen Lehre den Grundsatz entnehmen, sie niemandem aufzuzwingen. Ja, ich sage noch mehr, ich finde diese Denkungsart angemessen für ein vernünftiges und schwaches Geschöpf, würdig eines gerechten und mitleidigen Schöpfers, und ziehe sie der gedankenlosen Zustimmung, welche den Menschen zum Tier macht, ebenso vor wie der barbarischen Intoleranz, der es gefällt, in diesem Leben diejenigen zu quälen, die sie im anderen zu ewigen Qualen verdammt. In diesem Sinne danke ich Ihnen im Namen meines Vaterlandes für den philosophischen Geist und die Menschlichkeit, die Sie in unserem Klerus erkennen, und für die Gerechtigkeit, die Sie ihm widerfahren lassen. Hierin bin ich mit Ihnen einig. Aus der Tatsache, daß seine Mitglieder menschlich, philosophisch und tolerant* sind, folgt aber nicht, daß sie Ketzer sind. Weder hinsichtlich des Namens, den Sie ihnen geben, noch der Lehren, die Sie ihnen unterstellen, kann ich Ihnen zustimmen. Obgleich dieses System diejenigen, die es annehmen, vielleicht nur ehrt, hüte ich mich doch, es meinen Pastoren zuzuschreiben, die es nicht angenommen haben, aus Sorge, daß das Lob, welches ich in dieser Form austeile, für andere zum Gegenstand einer schweren Anklage werden und denen schaden könnte, die ich zu loben vorgab. Warum soll ich mich mit dem Glaubensbekenntnis anderer belasten? Habe ich diese frechen Unterstellungen nicht bereits fürchten gelernt? Wie viele Leute haben sich schon meines Glaubens angenommen und mich ange-

* Über die christliche Toleranz kann man das entsprechende Kapitel im elften Buch der *Doctrine chrétienne* von Herrn Professor Vernet vergleichen. Dort findet man die Gründe dafür, daß die Kirche bei der Zensur von Glaubensirrtümern mehr Sorgfalt und Umsicht walten lassen muß als bei der Bekämpfung moralischer Verfehlungen, und man sieht dort, wie sich in den Regeln dieser Zensur die Milde des Christen mit der Vernunft des Weisen und dem Eifer des Hirten verbindet.

klagt, keine Religion zu haben, weil sie in meinem Herzen nur schlecht zu lesen wußten! Ich werde von ihnen nicht behaupten, es fehle ihnen am Glauben, denn eine der Pflichten, die meine Religion mir auferlegt, ist es, die Geheimnisse des Gewissens zu achten. Urteilen wir über die Handlungen der Menschen, mein Herr, und überlassen wir es Gott, über ihren Glauben zu urteilen.

Vielleicht habe ich schon zuviel über eine Frage geschrieben, deren Untersuchung mir nicht zusteht und die auch nicht der Gegenstand dieses Briefes ist. Die Geistlichen von Genf bedürfen nicht der Feder eines anderen, um sich zu verteidigen*, sie würden dafür die meine nicht wählen, und derartige Diskussionen liegen meiner Neigung zu fern, als daß ich mich ihnen mit Vergnügen überließe. Da Sie ihnen aber in eben dem Artikel, von dem ich handeln will, Meinungen zuschreiben, die wir bei ihnen nicht kennen, hätte mein Schweigen über diese Behauptung den Anschein erweckt, ich billigte sie, und das zu tun bin ich doch weit entfernt. Empfänglich für das Glück, das wir haben, eine Körperschaft philosophischer und friedliebender Theologen oder vielmehr von Offizieren der Moral** und Dienern der Tugend zu besitzen, sehe ich mit Schrecken jede nur mögliche Gelegenheit entstehen, die sie zu bloßen Kirchenmännern erniedrigen könnte. Es ist wichtig für uns, daß sie bleiben, was sie sind. Es ist wichtig für uns, daß sie den Frieden, den sie uns lieben lehren, selber genießen und daß weder ihre noch unsere Ruhe länger durch leidi-

* Wie man mir schreibt, haben sie dies bereits durch eine öffentliche Erklärung getan. Sie ist mir in meiner Zurückgezogenheit nicht zu Gesicht gekommen, aber man hat sie, wie ich höre, allgemein mit Beifall aufgenommen. So habe ich nicht nur die Freude, ihnen als erster die gebührende Ehre bezeigt zu haben, sondern auch das Vergnügen, mein Urteil einmütig bestätigt zu hören. Ich fühle deutlich, daß diese Erklärung den Anfang meines Briefes völlig überflüssig macht, der in jedem anderen Falle vielleicht zudringlich gewesen wäre. Ich war schon im Begriff, ihn wegzulassen, als ich einsehen mußte, daß ich in einem Brief über den Artikel, der auch diese Frage aufwirft, über sie nicht schweigen konnte, ohne den Eindruck einer Art von Einverständnis zu erwecken. Ich beendige diese Überlegungen um so lieber, als sie, auch wenn sie zu ungelegener Zeit kommen und von einer glücklich abgeschlossenen Angelegenheit handeln, nichts enthalten, was nicht ehrenvoll für die Genfer Kirche und nützlich für die Menschen aller Länder wäre.

** So nannte Abbé de Saint Pierre immer die Geistlichen, sei es nun, um auszudrücken, was sie sind, sei es, um zu sagen, was sie sein sollten.

ges Theologengezänk gestört wird. Schließlich ist es wichtig für uns, aus ihren Lehren und an ihrem Beispiel immer wieder zu lernen, daß Milde und Menschlichkeit die Tugenden auch eines Christen sind.

Ich beeile mich, zu einer weniger schwierigen und nicht so ernsten Diskussion zu kommen, die uns jedoch genügend betrifft, um unser Nachdenken zu verdienen, und in die ich um so lieber eintrete, als sie ein wenig mehr in meiner Zuständigkeit liegt. Es geht um das Vorhaben, in Genf ein Schauspielhaus einzurichten. Ich will hier meine Mutmaßungen nicht vortragen über die Beweggründe, die Sie haben dahin bringen können, uns eine Einrichtung vorzuschlagen, die so sehr unsern Grundsätzen entgegenläuft. Ihre Gründe dazu mögen sein, welche sie wollen, mir ist es nur um die unseren zu tun, und alles, was ich mir, Sie betreffend, erlaube zu sagen, ist, daß Sie gewiß der erste Philosoph sein werden*, der jemals ein freies Volk, eine kleine Stadt und einen armen Staat bewogen hat, sich mit einer öffentlichen Schaubühne zu belasten.

Wie viele Fragen finde ich in derjenigen zu erörtern, welche Sie zu beantworten scheinen! Ob nämlich das Schauspiel gut oder schlecht an sich ist, ob es mit den guten Sitten sich vereinbaren läßt, ob es mit republikanischer Strenge sich verträgt, ob man es in einer kleinen Stadt leiden soll, ob der Beruf des Schauspielers ehrlich sein kann, ob die Schauspielerinnen so tugendhaft wie andere ihres Geschlechts sein können, ob gute Gesetze genügen, um Mißständen Einhalt zu tun, ob diese Gesetze füglich beachtet werden können usw. Völlig offen ist noch, welche Wirkungen das Theater denn nun wirklich hat, weil man in den Streitigkeiten, die es veranlaßt, nur zwischen Kirchen- und Weltleuten unterscheidet und ein jeder es nur nach seinen Vorurteilen ansieht. Diese Untersuchungen, mein Herr, wären gewiß Ihrer Feder nicht unwürdig. Ohne zu glauben, daß ich sie ersetzen könnte, will ich zu-

* Von zwei berühmten Historikern, beide Philosophen, beide Herrn d'Alembert teuer, wäre der moderne vielleicht seiner Meinung, aber Tacitus, den er liebt, über den er meditiert, den er zu übersetzen wagt, der ernste Tacitus, den er so gern zitiert und bis auf seine Dunkelheit manchmal so gut nachahmt – wäre er gleichfalls seiner Meinung gewesen?

frieden sein, in diesem Versuch die Aufschlüsse, die Sie uns notwendig gemacht haben, zu suchen. Dabei wollen Sie bitte bedenken, daß ich, wenn ich nach Ihrem Beispiel meine Meinung sage, eine Pflicht gegen mein Vaterland erfülle, und sofern ich mich in meiner Meinung irren sollte, kann dieser Irrtum wenigstens niemandem schaden.

Beim ersten Blick, den ich auf diese Einrichtungen werfe, sehe ich, daß das Schauspiel ein Zeitvertreib ist, und wenn es wahr ist, daß der Mensch Zeitvertreib braucht, werden Sie wenigstens zugeben, daß er nur so weit als notwendig erlaubt ist und daß aller unnütze Zeitvertreib ein Übel für ein Wesen bedeutet, dessen Leben so kurz und dessen Zeit so kostbar ist. Das Menschsein kennt Freuden, die aus seiner Natur, seinen Arbeiten, seinen Beziehungen und Bedürfnissen entspringen, und diese Freuden, die um so süßer sind, je gesünder die Seele dessen ist, der sie genießt, machen den, der sie zu genießen weiß, für alle anderen wenig empfänglich. Ein Vater, ein Sohn, ein Ehemann, ein Bürger haben so kostbare Pflichten zu erfüllen, daß für Langeweile keine Zeit übrigbleibt. Gute Anwendung macht uns die Zeit noch kostbarer, und je besser man Gewinn aus ihr zieht, desto weniger Zeit will man verlieren. Man sieht auch ständig, daß die Gewohnheit zu arbeiten den Müßiggang unerträglich macht und daß ein gutes Gewissen die Lust an leichtsinnigen Freuden ganz auslöscht. Das aber, was einen fremden Zeitvertreib so notwendig macht, ist die Unzufriedenheit mit sich selbst, die Last des Müßiggangs, das Vergessen der einfachen und natürlichen Freuden. Ich sehe gar nicht gern, daß man pausenlos sein Herz an die Bühne hängen muß, gerade als ob ihm in unserem Innern nicht wohl wäre. Die Natur selber hat jenem Barbaren*, dem man die Pracht des Zirkus und der Spiele zu Rom rühmte, die Antwort eingegeben: »Haben denn die Römer«, fragte dieser ehrliche Mann, »weder Frau noch Kinder?« Der Barbar hatte recht. Man glaubt, sich zum Schauspiel zu versammeln, dort aber trennt sich jeder von jedem, man vergißt seine Freunde, Nachbarn und Verwandten, um sich mit Märchen aufzuhalten, um traurige Schicksale längst Verstorbener zu beweinen oder auf Kosten der noch Lebenden zu lachen.

* Chrysostomus, *in Matth.*, Homel. 38

Ich hätte aber wohl merken sollen, daß diese Sprache in unserem Jahrhundert nicht mehr angebracht ist. Versuchen wir, eine Sprache zu reden, die besser verstanden wird.

Fragt man, ob das Schauspiel gut oder schlecht an sich sei, so fragt man zu allgemein, man untersucht einen Zusammenhang, ehe man die Begriffe definiert hat. Schauspiel wird für das Volk gemacht, und aus seinen Wirkungen auf das Volk kann man allein seine notwendigen Eigenschaften bestimmen. Es gibt unzählige Arten von Schauspielen*, wie es von Volk zu Volk eine wunderbare Vielfalt der Sitten, der Temperamente und Charaktere gibt. Es gibt *den* Menschen, ich gebe es zu, der Mensch aber, wie er durch Religionen und Regierungsformen, durch Gesetze, Sitten, Vorurteile und Klima geformt wird, wird von sich selbst so sehr verschieden, daß wir nicht mehr fragen sollten, was für die Menschen allgemein gut ist, sondern was ihnen zu dieser Zeit oder in jenem Lande frommt. So paßten die Stücke von Menander, die für das Theater in Athen gemacht waren, nicht auf das römische, und die Gladiatorenkämpfe, die unter der Republik den Mut und die Tapferkeit der Römer anfeuerten, erfüllten unter den Kaisern den römischen Pöbel nur mit Blutgier und Grausamkeit. Derselbe Gegenstand, demselben Volk zu verschiedenen Zeiten dargeboten, lehrt es zuerst das eigene Leben verachten und hernach, mit dem Leben anderer sein Spiel zu treiben.

So lautet die Frage, wenn sie richtig gestellt wird. Es geht darum, zu wissen, ob die Moral des Theaters notwendig locker ist, ob der Mißbrauch sich nicht vermeiden läßt und ob die Un-

* »Es gibt Schauspiele, welche an sich abzulehnen sind, z.B. weil sie unmenschlich, ungebührlich oder unsittlich sind, wie es einige Schauspiele bei den Heiden waren. Aber es gibt auch solche, die an sich indifferent sind und nur durch den Mißbrauch schlecht werden, den man mit ihnen treibt. So sind Theaterstücke dann nicht schlecht, wenn man in ihnen menschliche Charaktere und Handlungen gemalt findet, aus denen sich angenehme und nützliche Lehren für alle Lebenslagen ableiten lassen. Wenn man durch sie aber eine lockere Moral verbreitet, wenn die Personen, die diesen Beruf ausüben, ein unsittliches Leben führen und dazu beitragen, andere zu verderben, wenn das Schauspiel Eitelkeit, Müßiggang, Verschwendung und Schamlosigkeit unterstützt, dann ist klar, daß die Sache sich zum Mißbrauch wendet und daß man auf diese Art von Zeitvertreib lieber verzichten soll, zumindest, wenn man kein Mittel findet, dem Mißbrauch zu steuern oder sich vor ihm zu schützen.« (*Instructions chrétiennes*, Bd. III, Buch 3, Kap. 16)

zuträglichkeiten sich aus der Natur der Sache oder aus Ursachen ergeben, die man vernachlässigen kann.

Was die Art des Schauspiels betrifft, so bestimmt sie sich notwendig nach dem Vergnügen, das es bereitet, nicht nach dem Nutzen. Wenn ein Nutzen sich findet, um so besser, aber der Hauptzweck ist, zu gefallen, und wenn nur das Volk sich die Zeit vertreibt, so ist diesem Zwecke genüge getan. Schon das wird stets verhindern, daß man dieser Art Einrichtung je all die Vorzüge beilegt, die sie haben kann, und man täuscht sich sehr, wenn man sich von ihr einen Begriff der Vollkommenheit macht, welchen man niemals in die Praxis umsetzen könnte, ohne diejenigen abzuschrecken, die man zu belehren glaubt. Das ist es, woraus die Verschiedenheit der Schauspiele nach dem verschiedenen Geschmack der Nationen entsteht. Ein unerschrockenes, ernsthaftes und grausames Volk will Feste voller Mord und Gefahr, in denen Mut und Kaltblütigkeit erstrahlen. Ein trotziges und ungestümes Volk verlangt Blut, Kämpfe und fürchterliche Leidenschaften. Ein wollüstiges Volk will Musik und Tänze. Ein galantes Volk will Liebe und Lebensart. Ein heiteres Volk will Scherze und Komik. *Trahit sua quemque voluptas*. Dem Volk zuliebe braucht man Schauspiele, welche seine Neigungen begünstigen, statt daß man solche brauchte, die sie mäßigten.

Die Bühne allgemein ist ein Gemälde der menschlichen Leidenschaften, dessen Urbild in allen Herzen ist. Allein, suchte der Maler nicht diesen Leidenschaften zu schmeicheln, so würden die Zuschauer bald abgeschreckt werden, und sie würden sich nicht mehr in einem Bilde sehen wollen, das sie lehrt, sich selbst zu verachten. Schildert er einmal einige mit häßlichen Farben, so wählt er nur diejenigen, die nicht allgemein sind und vor denen man von Natur Abscheu hat. Der Schriftsteller folgt darin also nur der Auffassung des Publikums, und selbst die abstoßenden Leidenschaften dienen nur dazu, andere um so mehr gelten zu lassen und sie, wo nicht erlaubt, so doch den Zuschauern gefälliger zu machen. Auf der Bühne kann man alles, nur die gesunde Vernunft nicht brauchen. Ein Mensch ohne Leidenschaften oder ein Mensch, der beständig Herr darüber wäre, würde niemanden für sich einnehmen können, und man hat schon gesagt, daß ein Stoiker in der

Tragödie eine unerträgliche Figur wäre; in der Komödie würde er außerdem noch zum Lachen bringen.

Man schreibe also dem Theater nicht die Macht zu, die Meinungen und die Sitten zu ändern, welche es nur befolgen und ausschmücken kann. Ein Schriftsteller, der gegen den allgemeinen Geschmack verstieße, würde bald für sich allein schreiben. Als Molière die komische Bühne verbesserte, griff er Moden und Lächerlichkeiten an, aber er verletzte deshalb nicht den Geschmack des Publikums*, sondern befolgte und entwickelte ihn, wie es auch Corneille seinerseits tat. Es war das alte Theater, welches diesen Geschmack zu verletzen begann, weil es in einem Jahrhundert, das feiner geworden war, seine ursprüngliche Roheit bewahrte. Da auch der allgemeine Geschmack sich inzwischen gewandelt hat, würden die Meisterwerke beider Schriftsteller, erschienen sie erst heute, unfehlbar durchfallen. Die Kenner mögen sie immer bewundern, wenn das Publikum sie heute noch schätzt, so mehr aus Scheu, sie fallenzulassen, als aus einem wahrhaften Gefühl für ihre Schönheit. Man sagt, ein gutes Stück falle niemals durch: das glaube ich gerne, weil ein gutes Stück niemals die Sitten** seiner Zeit antastet. Wer zweifelt daran, daß an unseren Theatern das beste Stück des Sophokles durchfallen würde? Man würde sich einfach nicht an die Stelle von Leuten versetzen können, die uns nicht ähnlich sind.

* So wenig er dem Publikumsgeschmack vorgriff, hatte doch selbst Molière Mühe, sich durchzusetzen: das vollkommenste seiner Werke fiel anfänglich durch, weil er es zu früh herausgebracht hatte und weil das Publikum für den *Misanthrope* noch nicht reif war. All dies beruht auf einem offenkundigen Grundsatz, nämlich daß ein Volk oft Bräuchen folgt, die es verachtet oder bereit wäre zu verachten, sobald jemand wagt, ihm dafür das Beispiel zu geben. Als man zu meiner Zeit den Marionettenwahn verspottete, sagte man auf dem Theater nur das, was selbst diejenigen dachten, die sich ihre Zeit mit diesem albernen Vergnügen vertrieben. Der dauerhafte Geschmack eines Volkes aber, seine Bräuche und alten Vorurteile müssen auf der Bühne respektiert werden. Niemals ist es einem Dichter gut ergangen, der dieses Gesetz verletzte.

** Ich gebrauche ›Geschmack‹ und ›Sitten‹ gleichwertig, denn obgleich das eine nicht das andere ist, haben sie doch einen gemeinsamen Ursprung und unterliegen denselben Umwälzungen. Das heißt nicht, daß guter Geschmack und gute Sitten immer zur selben Zeit herrschen, eine Feststellung, die erhellt und diskutiert werden müßte, aber es ist unbestreitbar, daß einem bestimmten Stand der Sitten immer auch ein bestimmter Stand des Geschmacks entspricht.

Jeder Schriftsteller, der uns fremde Sitten schildern will, muß sein Stück sorgfältig den unseren anpassen. Ohne diese Vorsicht gibt es kein Gelingen, und selbst der Erfolg jener, die sie haben walten lassen, hat oft ganz andere Ursachen, als der flüchtige Beobachter meint. Wenn *Arlequin Sauvage* so gut von den Zuschauern aufgenommen wird, so gewiß nicht wegen des Geschmacks, den sie an Verstand und Einfalt dieser Figur finden, denn gerade darin würde nicht einer von ihnen ihm ähnlich sein wollen. Der Grund ist vielmehr der, daß dieses Stück ihrer besonderen Geistesart entgegenkommt, neue und ausgefallene Ideen zu lieben und zu suchen. Nun gibt es für sie aber keine neueren als die natürlichen. Genaugenommen ist es ihr Widerwille gegen die gemeinen Dinge, der sie bisweilen zu den einfachen zurückfinden läßt.

Es folgt aus diesen ersten Beobachtungen, daß die allgemeine Wirkung des Schauspiels darin besteht, den Nationalcharakter zu unterstützen, die natürlichen Neigungen zu vergrößern und allen Leidenschaften neuen Nachdruck zu geben. Seine Wirkung geht nur darauf, die bestehenden Sitten zu stärken, nicht sie zu verändern. In diesem Sinne scheint das Theater gut für die Guten und schlecht für die Schlechten zu sein. Im ersteren Falle müßte man noch wissen, ob die allzu stark gereizten Leidenschaften nicht in Laster entarten. Ich weiß wohl, daß die Poetik des Theaters das Gegenteil zu tun vorgibt und die Leidenschaften zu reinigen behauptet, indem sie sie erweckt, aber ich gestehe es, ich kann diese Regel nicht recht begreifen. Sollte man erst rasend und närrisch werden müssen, wenn man klug und vernünftig werden will?

»Aber nein, das ist es nicht«, sagten die Anhänger des Theaters. »Die Tragödie behauptet zwar, daß die Leidenschaften, die sie schildert, uns erschüttern, aber sie will nicht immer, daß unsere Erregung mit der einer von Leidenschaften gequälten Person übereinstimme. Ihre Absicht ist im Gegenteil sehr oft, Gefühle in uns zu wecken, die denjenigen, welche sie ihren Personen leiht, entgegengesetzt sind.« Außerdem sagen sie: Wenn die Schriftsteller die Macht, die Herzen zu bewegen, mißbrauchen, um unangebrachte Teilnahme zu erwecken, so müsse dieser Fehler der Unwissenheit und Verderbtheit der Künstler, nicht aber der

Kunst zugeschrieben werden. Sie behaupten endlich, daß ein getreues Gemälde der Leidenschaften und der Qualen, die sie begleiten, allein genüge, uns dahin zu bringen, daß wir sie mit aller Sorgfalt meiden.

Um das Unredliche zu bemerken, welches in all diesen Antworten steckt, braucht man nur den Zustand seines Herzens am Ende einer Tragödie zu befragen. Künden denn Erregung, Verwirrung und Rührung, die man in sich verspürt, eine Bereitschaft an, unsere Leidenschaften zu überwinden und zu beherrschen? Sind denn die lebhaften und rührenden Eindrücke, an welche wir uns gewöhnen und die so oft wiederkehren, dazu angetan, unsere Empfindungen auf das nötige Maß zu bringen? Warum sollte das Bild der Qualen, die aus den Leidenschaften entspringen, die Aufwallungen von Lust und Freude auslöschen, die man ebenfalls daraus entstehen sieht, zumal die Schriftsteller ihre Stücke, um sie gefälliger zu machen, sorgfältig herausputzen? Weiß man denn nicht, daß alle Leidenschaften untereinander verschwistert sind, daß eine einzige genügt, um tausend andere zu erregen, und daß eine mit der anderen bekämpfen zu wollen, nur ein Mittel ist, das Herz für alle empfänglicher zu machen? Das einzige Mittel, die Leidenschaften zu läutern, ist die Vernunft, und ich habe schon gesagt, daß die Vernunft auf dem Theater gar keine Wirkung hat. Wir teilen nicht die Gefühle aller Personen, das ist wahr, denn da ihre Interessen einander entgegengesetzt sind, muß der Schriftsteller schon dafür sorgen, daß wir einer von ihnen den Vorzug geben, weil wir andernfalls gar nichts mitbekommen; anstatt aber hierfür diejenigen Leidenschaften zu wählen, die er uns lieben lehren möchte, muß er die nehmen, die wir ohnehin lieben. Was ich von der Gattung des Schauspiels gesagt habe, gilt auch von den Interessen, die man im einzelnen Stück vorherrschen läßt. In London fesselt ein Schauspiel, wenn es zum Haß gegen die Franzosen aufreizt, in Tunis ist die schöne Leidenschaft die Seeräuberei, in Messina eine saftige Rache und in Goa die Ehre, Juden zu verbrennen. Verletzt ein Schriftsteller* diese Grundsätze, so wird

* Um dies zu sehen, stelle man einen rechtschaffenen und tugendhaften Mann, der aber einfach und roh, ohne Liebe und ohne Galanterie ist und keine schönen Reden führt, auf die französische Bühne, oder einen vorurteilslosen Weisen, der von einem

er ein sehr schönes Stück schreiben, in das kein Mensch hineingeht, und man wird diesen Schriftsteller der Unwissenheit bezichtigen müssen, weil er das erste Gesetz seiner Kunst außer acht gelassen hat, das Gesetz nämlich, welches allen anderen als Grundlage dient: Erfolg zu haben.

So läutert das Theater die Leidenschaften, die man nicht hat, und schürt die, die man hat. Ist das nicht eine wahrhaft heilsame Medizin?

Es treffen also allgemeine und besondere Ursachen zusammen, die es nicht zulassen, daß man dem Schauspiel diejenige Vollkommenheit gibt, deren man es für fähig hält, und daß es die vorteilhaften Wirkungen hat, die man anscheinend von ihm erwartet. Wenn wir aber auch die Schauspiele in der größten Vollkommenheit und die Zuschauer in der glücklichsten Gemütsverfassung annehmen, die man sich nur denken kann, so werden diese Wirkungen doch ganz verschwinden, weil es an Mitteln fehlt, ihnen Kraft und Nachdruck zu verleihen. Ich kenne nur drei Mittel, mit deren Hilfe man auf die Sitten eines Volkes Einfluß nehmen kann: die Macht der Gesetze, die Herrschaft der Meinung und die Reizung des Vergnügens. Die Gesetze aber haben keinen Zutritt zum Theater, welches durch den geringsten Zwang aus einem Zeitvertreib zur Qual würde.* Die Meinung hängt nicht vom Theater ab, denn dieses gibt nicht dem Publikum das Gesetz, sondern empfängt es von ihm, und was das Vergnügen betrifft, welches man dort finden kann, so besteht seine ganze Wirkung darin, uns öfter ins Theater zurückkehren zu lassen.

Wir wollen untersuchen, ob das Theater auch andere Wirkun-

Raufbold herausgefordert worden ist und es ablehnt, sich von seinem Beleidiger umbringen zu lassen, und man schöpfe die ganze Kunst des Dramas aus, um diese Rollen dem französischen Volk so lieb wie den *Cid* zu machen: Ich bin im Unrecht, wenn es gelingt.

* Die Gesetze können Inhalt und Form der Stücke sowie die Art, wie sie zu spielen sind, bestimmen, aber sie werden das Publikum nicht zwingen können, Gefallen daran zu finden. Als Kaiser Nero im Theater sang, ließ er alle umbringen, die einschliefen, und doch konnte er nicht alle wachhalten, und es fehlte nicht viel, daß Vespasian die Lust eines Nickerchens mit dem Tode gebüßt hätte. Edle Schauspieler der Pariser Oper, ach, hättet ihr kaiserliche Macht besessen, so würde ich jetzt nicht seufzen, daß ich zu lange gelebt habe!

gen haben kann. Wenn es so gut wie möglich und wünschenswert geleitet wird, heißt es, macht es die Tugend liebenswert und das Laster abstoßend. Was! Liebte man, bevor es Theaterstücke gab, die rechtschaffenen Leute nicht, haßte man nicht die Bösen, und sind diese Gefühle schwächer an Orten, die kein Schauspiel haben? Das Theater macht die Tugend liebenswert. Es tut also ein großes Wunder, wenn es das tut, was schon Natur und Vernunft ohne seine Hilfe tun! Die Bösen werden auf der Bühne gehaßt. Werden sie denn in der Gesellschaft, wenn man sie einmal als solche erkannt hat, geliebt? Ist es ganz sicher, daß dieser Haß das Werk des Schriftstellers ist und nicht so sehr der Untaten, die er sie begehen läßt? Ist ganz sicher, daß die einfache Erzählung dieser Untaten uns weniger Schrecken einflößen würde als all die Farben, mit denen er sie uns malt? Wenn seine ganze Kunst darin besteht, daß er uns Übeltäter zeigt, um sie uns verhaßt zu machen, so sehe ich das Wunderbare dieser Kunst nicht ein, denn auch ohne sie erfährt man darüber gerade genug. Darf ich einen Verdacht anfügen, der mir gerade kommt? Ich zweifle sehr, ob nicht jeder, dem man vorher die Verbrechen Phädras oder Medeas erzählt, sie weit mehr am Anfang als am Ende des Stücks verabscheuen würde, und wenn dieser Zweifel begründet ist, was soll man dann von dieser so gepriesenen Wirkung des Theaters denken?

Ich wünschte sehr, daß man mir klar und ohne Umschweife zeigte, mit welchen Mitteln es Gefühle in uns hervorbringen kann, welche wir sonst nicht hätten, und wie es unser Urteil über moralische Wesen anders zu bestimmen vermöchte, als wenn wir darüber selber urteilen. Wie sind doch alle diese eitlen Behauptungen, wenn man sie näher prüft, so kindisch und bar jeden Sinnes! Ach, wenn die Schönheit der Tugend ein Werk der Kunst wäre, schon längst wäre sie entstellt! Ich jedenfalls, sollte man mich auch wieder als Bösewicht behandeln, weil ich zu behaupten wage, der Mensch sei von Geburt gut, so denke ich es doch und glaube, es bewiesen zu haben. Die Quelle des Reizes, der uns für das Gute einnimmt und uns Abscheu vor dem Bösen einflößt, ist in uns selbst und nicht in den Stücken. Die Kunst kann dieses Streben nicht hervorbringen, sie kann es sich nur zunutze machen. Die Liebe zum Schönen* ist eine dem menschlichen Herzen so natürliche Empfindung wie die Selbstliebe, sie entsteht im Herzen nicht durch eine Anordnung von Szenen, der Verfasser trägt sie nicht hinein, sondern er findet sie darin vor, und aus dieser reinen Empfindung, der er schmeichelt, quellen die süßen Tränen, die er zum Fließen bringt.

Man stelle sich das Theater so vollkommen vor, wie man will, wo ist derjenige, der, wenn er das erste Mal hineingeht, nicht schon vorher von dem überzeugt ist, was man ihm dort beweist, und der nicht schon eingenommen ist für die Personen, die er dort lieben soll? Allein, das ist nicht das Problem, es geht vielmehr darum, daß man nach seinen Grundsätzen handelt und nur Leute nachahmt, die man achtet. Das menschliche Herz ist allemal unparteiisch, solange die Dinge sich nicht auf es persönlich beziehen. In Streitigkeiten, denen wir nur zuschauen, ergreifen wir augenblicklich Partei für die gerechte Sache, und es gibt keine böse Tat, die uns nicht lebhaften Abscheu einflößte, solange wir aus ihr keinen Nutzen ziehen. Sobald aber unser Vorteil mit ins Spiel kommt, verderben alsbald unsere Meinungen, und schon ziehen wir das Böse, das uns nützt, dem Guten vor, das uns die Natur zu lieben befiehlt. Ist es nicht eine notwendige Folge der Beschaffenheit der Dinge, daß der Böse doppelten Vorteil aus seiner eigenen Ungerechtigkeit und aus der Redlichkeit der anderen zieht? Welchen vorteilhafteren Vertrag könnte er schließen als den, der die ganze Welt, ihn selbst ausgenommen, verpflichtet, gerecht zu sein, so daß ein jeder ihm treulich leistet, was er ihm schuldig ist, während er seine Schuldigkeit gegen niemanden erfüllt? Er liebt die Tugend, ohne Zweifel, aber er liebt sie bei den anderen, weil er aus ihr seinen Vorteil zu ziehen hofft, für sich selbst will er sie nicht, weil sie ihn zu viel kosten würde. Was will er also auf dem Theater sehen? Genau das, was er überall zu finden wünscht:

* Hier ist vom Sittlich-Schönen die Rede. Die Philosophen mögen sagen, was sie wollen, die Liebe zu ihm ist dem Menschen angeboren und dient dem Gewissen als Richtschnur. Als Beispiel könnte ich das kleine Stück *Nanine* anführen, bei dem das Publikum unruhig wurde und das sich nur durch den großen Ruf seines Verfassers halten konnte, und zwar deswegen, weil Ehre, Tugend und die reinen Empfindungen der Natur in ihm dem frechen Standesvorurteil vorgezogen werden.

Lehren der Tugend für das Publikum, von dem er sich ausnimmt, Menschen, die alles ihrer Pflicht aufopfern, während man von ihm nichts verlangt.

Ich höre sagen, die Tragödie führe zum Mitleid durch Furcht. Gut. Was ist das aber für ein Mitleid? Eine flüchtige und eitle Erschütterung, die nicht länger dauert als der Schein, der sie verursacht; ein Überrest einer natürlichen Empfindung, die bald darauf wieder von den Leidenschaften erstickt wird, ein unfruchtbares Mitleid, das sich mit seinen eigenen Tränen tränkt und niemals auch nur die geringste Handlung der Menschlichkeit hervorgebracht hat. So weinte der blutdurstige Sulla bei Erzählung der Leiden, die er nicht selber zugefügt hatte. So verbarg sich der Tyrann von Pherä, wenn er im Theater war, aus Furcht, man könnte ihn mit Andromache und Priamos seufzen sehen, während er ungerührt das Geschrei der vielen Unglücklichen hörte, die man alle Tage auf seinen Befehl erwürgte.*

Wenn sich, nach einer Bemerkung des Diogenes Laertius, das Herz leichter von erdichteten als von wirklichen Leiden rühren läßt, wenn die Nachahmungen des Theaters uns bisweilen mehr Tränen entlocken, als es sogar die Wirklichkeit der nachgeahmten Gegenstände könnte, dann liegt das weniger daran, wie der Abbé Dubos annimmt, daß diese Gefühle schwächer sind und nicht bis zum Schmerz gehen**, als daran, daß sie rein sind und keine Sorge um uns selbst ihnen beigemischt ist. Vergießen wir für diese Ein-

* Tacitus berichtet, wie Valerius Asiaticus auf Befehl Messalinas, die ihn vernichten wollte, verleumderisch angeklagt wurde und sich vor dem Kaiser auf eine Art und Weise verteidigte, die den Herrscher rührte und sogar Messalina zum Weinen brachte. Sie trat in ein Nebengemach, um sich zu fassen, nicht ohne Vitellius, noch völlig in Tränen, ins Ohr befohlen zu haben, er solle den Angeklagten auf keinen Fall entkommen lassen. Sooft ich im Theater eines jener Klageweiber der Logen sehe, die so stolz auf ihre Tränen sind, muß ich an die Tränen denken, die Messalina für den armen Valerius Asiaticus vergoß.

** Er sagt, der Dichter verwunde uns nur so stark, wie wir es wollen, und lasse uns seine Helden nur so sehr lieben, wie es uns gefalle. Das ist gegen jede Erfahrung. Manche gehen nicht in die Tragödie, weil sie von ihr bis zur Unpäßlichkeit erregt werden, andere, die sich schämen, im Theater zu weinen, weinen dort dennoch gegen ihren Willen. Diese Wirkungen sind nicht so selten, um als Ausnahmen von dem Grundsatz dieses Schriftstellers gelten zu können.

bildungen Tränen, so haben wir allen Rechten der Menschlichkeit genügt, ohne von uns noch irgend etwas hinzutun zu müssen, und kein Unglücklicher verlangt persönlich Sorge, Linderung und Trost von uns, also Anstrengungen, die uns in sein Leid hineinziehen und wenigstens unserer Trägheit etwas abverlangen würden, wovon befreit zu sein wir durchaus erleichtert sind. Man könnte sagen, daß unser Herz sich verhärtet aus Furcht, es könnte sich auf unsere Kosten erweichen lassen.

Was kann man im Grunde von einem Menschen noch erwarten, wenn er hingeht und schöne Handlungen in Fabeln bewundert und eingebildete Unglücksfälle beweint? Ist er nicht mit sich selbst zufrieden? Freut er sich nicht seiner schönen Seele? Hat er sich nicht der Pflichten, welche er der Tugend schuldet, durch die Huldigung entledigt, die er ihr eben darbrachte? Was soll er mehr tun? Soll er etwa selber tugendhaft handeln? Er hat keine Rolle zu spielen, er ist kein Schauspieler.

Je mehr ich darüber nachdenke, desto deutlicher wird mir, daß man uns das, was man auf dem Theater darstellt, nicht näherbringt, sondern von uns entfernt. Sehe ich den *Comte d'Essex*, so wird die Herrschaft Elisabeths meinen Augen um zehn Jahrhunderte entrückt, und würde man eine gestern in Paris vorgefallene Begebenheit aufführen, so würde ich sie in der Zeit Molières vermuten. Das Theater hat seine besonderen Regeln, seine Grundsätze und seine besondere Moral, so wie es seine eigene Sprache und Kleidung hat. Man sagt sich, daß nichts davon sich für einen schickt, und man würde sich ebenso lächerlich vorkommen, wenn man die Tugenden seiner Helden annehmen, als wenn man in Versen reden und ein römisches Gewand anziehen wollte. Dazu also dienen all diese großen Gefühle und glänzenden Grundsätze, die man mit so viel Nachdruck herausstreicht, daß man sie nämlich für immer auf die Bühne verbannt und uns die Tugend als ein Theaterspiel zeigt, das wohl gut ist, die Zuschauer zu belustigen, welches aber ernsthaft auf die Gesellschaft übertragen zu wollen die äußerste Torheit wäre. So besteht der glücklichste Eindruck, den unsere besten Tragödien auf uns machen können, darin, alle Pflichten des menschlichen Lebens auf einige flüchtige, unfruchtbare und wirkungslose Empfindungen zurückzuführen und zu erreichen, daß wir unseren Mut herausstreichen, indem wir den Mut anderer loben, daß wir stolz auf unsere Menschlichkeit sind, indem wir Übel beklagen, die wir hätten heilen können, und daß wir uns etwas auf unsere Mildtätigkeit einbilden, wenn wir zum Armen sagen: Gott helfe dir!

Es ist richtig, daß man dem Theater eine schlichtere Ausstattung der Bühne geben und im Stück den Ton des Theaters dem Ton der Welt annähern kann, aber auf diese Weise verbessert man nicht die Sitten, man malt sie nur ab, und ein häßliches Gesicht erscheint demjenigen, der es hat, niemals häßlich. Wenn man sie aber zu verbessern sucht, indem man sie vergröbert zeigt, so verläßt man Wahrscheinlichkeit und Natur, und das Gemälde tut keine Wirkung mehr. Die Vergröberung macht Gegenstände nicht hassenswert, sondern nur lächerlich. Daraus ergibt sich eine große Unbequemlichkeit, denn aus Furcht vor der Lächerlichkeit schrecken die Laster schließlich niemanden mehr: man kann aber der Lächerlichkeit nur dann Herr werden, wenn man das Laster verstärkt. Warum soll man diesen Gegensatz als notwendig ansehen, fragen Sie. Warum? Deswegen, mein Herr, weil die Guten die Bösen nicht lächerlich machen, sondern sie mit ihrer Verachtung zu Boden treten, und weil nichts lustiger und drolliger ist als die Empörung der Tugend. Das Lächerliche ist die Lieblingswaffe des Lasters. Mit ihr greift es die Achtung, welche man der Tugend schuldet, im Grunde des Herzens an und löscht schließlich die Liebe zu ihr aus.

Alles zwingt uns also, auf jenen eitlen Begriff von Vollkommenheit zu verzichten, den man uns von der Form eines Schauspiels geben möchte, das dem öffentlichen Nutzen dient. Es ist ein Irrtum, sagte der würdige Muralt, wenn man glaubt, man könne auf der Bühne die wahren Verhältnisse der Dinge zeigen, denn im allgemeinen muß der Dichter sie ändern, um sie dem Geschmack des Volkes anzupassen. In der Komödie verkleinert er sie und stellt sie unter den Menschen, in der Tragödie aber vergrößert er sie, um sie heroisch zu machen, und stellt sie über den Menschen. So entsprechen sie niemals seinem Maß, und immer sehen wir auf dem Theater andere Wesen, als wir selber sind. Ich füge hinzu, daß dieser Unterschied so wahr und anerkannt ist, daß Aristoteles daraus in seiner Poetik eine Regel macht: *Comoedia enim deteriores, Tragoedia meliores quam nunc sunt imitari conantur*. Ist das nicht eine herrliche Nachahmung, die sich zum Gegenstand wählt, was nicht ist, die aber zwischen Mangel und Übertreibung das, was ist, für unnütz ansieht? Was ist aber an der Wahrheit der Nachahmung gelegen, wenn nur der Schein da ist! Es kommt alles darauf an, die Neugier des Volkes zu kitzeln. Diese Hervorbringungen des Witzes haben, wie die meisten anderen, nur den Beifall zum Ziel. Wenn der Autor ihn erntet und die Schauspieler ihn mit ihm teilen, hat das Stück seinen Zweck erfüllt, man sucht darin keinen weiteren Nutzen. Wenn es also kein Gutes gibt, so bleibt nur das Schlechte, und da dieses nicht zweifelhaft ist, scheint mir die Frage entschieden. Aber gehen wir zu einigen Beispielen über, die uns die Lösung einsichtiger machen werden.

Ich glaube, ich kann es als eine Wahrheit behaupten, die auf Grund des Vorhergehenden leicht zu beweisen ist, daß das französische Theater mit all den Fehlern, die es hat, nahezu so vollkommen ist wie nur möglich, sowohl hinsichtlich seiner Unterhaltsamkeit als auch seiner Nützlichkeit, und daß diese beiden Vorzüge sich in einem Verhältnis befinden, das man nicht stören kann, ohne dem einen mehr zu nehmen, als man dem andern gibt, was wiederum dieses Theater weniger vollkommen machen würde. Das heißt nicht, daß ein Mann von Genie nicht eine Art von Stücken erfinden könnte, die den gewohnten vorzuziehen wären, aber diese neue Gattung wäre, um sich zu behaupten, auf das Talent ihres Schöpfers angewiesen und würde notwendigerweise mit ihm verschwinden, und seine Nachfolger, die nicht auf die gleichen Voraussetzungen zurückgreifen könnten, müßten zu den gängigen Mitteln, Interesse zu wecken und zu gefallen, zurückkehren. Welche Mittel sind dies nun bei uns? Berühmte Taten, große Namen, große Verbrechen und große Tugenden in der Tragödie, das Komische und das Lustige in der Komödie, und in beiden immer die Liebe.*

* Die Griechen brauchten das Hauptinteresse ihrer Tragödie nicht auf die Liebe zu gründen, und sie taten es wirklich nicht. Unsere Tragödie, die nicht dieselben Voraussetzungen hat, könnte dieses Interesse nicht entbehren. Der Grund für den Unterschied wird im folgenden sichtbar.

Ich frage, welchen Gewinn die Sitten aus all dem ziehen können.

Man wird mir sagen, daß in diesen Stücken das Verbrechen immer bestraft und die Tugend immer belohnt wird. Ich antworte, daß, selbst wenn das wahr wäre, die Mehrzahl der tragischen Handlungen als bloße Fabeln und als Ereignisse, die, wie man weiß, die Erfindung des Dichters sind, keinen großen Eindruck auf die Zuschauer machen; weil man ihnen zeigt, daß man sie belehren will, belehrt man sie nicht mehr. Zweitens antworte ich, daß diese Strafen und Belohnungen immer mit so außergewöhnlichen Mitteln bewirkt werden, daß man nichts dergleichen im natürlichen Lauf menschlicher Dinge erwartet. Schließlich antworte ich, indem ich die Tatsache selbst bestreite. Es ist nicht und kann nicht allgemein wahr sein, denn da die Schriftsteller ihre Stücke nicht auf dieses Ziel ausrichten, dürften sie es selten erreichen, und oft wäre es auch nur ein Hindernis für den Erfolg. Laster oder Tugend, was gilt's, solange man nur durch große Gebärden beeindruckt. Auch ist die französische Bühne fraglos die vollkommenste, zumindest aber die regelhafteste, die es je gab, und doch triumphieren auf ihr die großen Verbrecher ebenso wie die berühmtesten Helden, wie Catilina, Mahomet, Atrée und viele andere bezeugen.

Ich weiß wohl, daß man nicht immer nur auf die Katastrophe sehen darf, um die sittliche Wirkung einer Tragödie zu beurteilen, und daß in dieser Hinsicht der Zweck erreicht ist, wenn man am Unglück des Guten mehr Anteil nimmt als am Glück des Schuldigen, was freilich nicht verhindert, daß die vorgebliche Regel gleichwohl verletzt wird. Da es niemanden gibt, der nicht lieber Britannicus als Nero wäre, so gestehe ich zu, daß das Stück, das sie auf die Bühne bringt, insofern gut ist, obgleich Britannicus darin umkommt. Wie aber sollen wir, nach demselben Grundsatz, eine Tragödie beurteilen, die uns die Verbrecher, auch wenn sie bestraft werden, in einem so günstigen Licht zeigt, daß alles Interesse ihnen gilt, eine Tragödie, in der Cato, der größte aller Menschen, die Rolle eines Pedanten spielt, in der uns Cicero, der Retter der Republik, der Vater des Vaterlandes, der erste, der diesen Titel erhielt, und der einzige, der ihn verdiente, als ein verächtlicher Rhetor und Feigling gezeigt wird, während der niederträchtige Catilina, den mehr Verbrechen bedecken, als man zählen kann, der bereit ist, jede Obrigkeit zu erwürgen und sein Vaterland in Asche zu legen, die Rolle des großen Mannes spielt und vermöge seiner Talente, seiner Festigkeit und seines Mutes die ganze Achtung der Zuschauer auf sich vereinigt? Mag sein, daß er eine starke Seele hatte, war er deshalb kein abscheulicher Verbrecher, und mußte man den Schandtaten eines Räubers den Glanz von Heldentaten geben? Was soll die Moral eines solchen Stückes anderes bewirken, als einen neuen Catilina zu ermutigen und den Preis der allgemeinen Wertschätzung, der den rechtschaffenen Leuten gebührt, an Bösewichter zu verleihen? Das aber ist genau der Geschmack, dem man auf der Bühne schmeicheln muß, das sind die Sitten eines gebildeten Jahrhunderts. Wissenschaft, Geist und Mut haben allein unsere Bewunderung, und du, sanfte und bescheidene Tugend, bleibst allein ungeehrt. Blind sind wir inmitten des Lichtes der Aufklärung. Opfer unseres eigenen wahnsinnigen Beifalls, werden wir denn niemals lernen, wieviel Verachtung und Haß der Mensch verdient, der das Genie und die Talente, die die Natur ihm gab, zum Unglück des Menschengeschlechts mißbraucht?

Atrée und *Mahomet* haben nicht einmal, was zu einer richtigen Auflösung gehört. In allem Frieden begeht in beiden Stücken das Ungeheuer, welches der Held ist, seine Verbrechen, erfreut sich ihrer, und der eine von beiden spricht es im letzten Vers der Tragödie mit eigenen Worten aus:

So ernte ich endlich den Preis meiner Untaten.

Gerne nehme ich an, daß die Zuschauer, die mit diesem Spruch entlassen werden, daraus nicht schließen, daß das Verbrechen mit Freude und Genuß belohnt wird, aber ich frage auch, was ein Stück ihnen gegeben hat, das diesen Satz zum Muster erhebt.

Was *Mahomet* betrifft, so wäre der Fehler, die allgemeine Anteilnahme dem Schuldigen zuzuwenden, hier um so größer gewesen, als dieser ein ganz anderes Kolorit hat. Der Verfasser war aber so vorsichtig, eine zweite Person so achtbar und verehrungswürdig zu machen, daß dadurch das von Mahomet eingeflößte Entsetzen und Erstaunen ausgelöscht oder zumindest ausgeglichen wird. Überdies ist ihre gemeinsame Szene mit so viel Kunst durchgeführt, daß Mahomet, ohne sich zu widersprechen, ohne von seiner Überlegenheit etwas einzubüßen, doch vom einfachen Menschenverstand und der furchtlosen Tugend Zopires überstrahlt wird.* Es bedurfte eines Schriftstellers, der sich seiner Kraft ganz bewußt ist, um die Gegenüberstellung derartiger Gesprächspartner zu wagen. Ich habe diese Szene noch nie so loben hören, wie sie es mir zu verdienen scheint, denn ich kenne keine Szene im französischen Theater, die die Hand des großen Meisters deutlicher verrät und wo der heilige Charakter der Tugend deutlicher den Sieg über die Erhebung des Genies davonträgt.

Eine weitere Überlegung zur Rechtfertigung dieses Stückes: Es geht hier nicht allein darum, Untaten auszubreiten, sondern um die Untaten des Fanatismus im besonderen, damit das Volk sie kennenlernt und sich gegen sie verteidigen kann. Unglücklicherweise sind solche Bemühungen immer vergeblich und oft nicht ungefährlich. Der Fanatismus ist kein Irrtum, sondern eine blinde und dumme Raserei, der die Vernunft niemals Einhalt tut. Das einzige Geheimnis, um seiner schon in den Anfängen Herr zu werden, besteht darin, diejenigen im Zaum zu halten, die ihn erregen. Vergeblich wird man Toren zu beweisen suchen, daß ihre Anführer sie betrügen, sie werden nicht weniger eifrig ihnen anhängen. Wenn der Fanatismus einmal existiert, sehe ich nur ein Mittel, um seinen Fortschritt aufzuhalten: er muß mit seinen eigenen Waffen bekämpft werden. Da verfangen weder Vernunftgründe noch Überredung, man muß die Philosophie beiseite las-

* Ich erinnere mich, bei Omar gegenüber Zopire mehr Wärme und Erhebung gespürt zu haben als bei Mahomet selbst, und ich hielt das für einen Fehler. Als ich besser darüber nachdachte, habe ich meine Meinung geändert. Omar, von seinem Fanatismus hingerissen, muß von seinem Herrn mit dieser Begeisterung des Eifers und der Bewunderung sprechen, die ihn über Menschenmaß erhebt. Mahomet aber ist kein Fanatiker, er ist ein Betrüger, der sehr gut weiß, daß es Zopire gegenüber nicht darum geht, den Erleuchteten zu spielen, und der deshalb versucht, ihn durch künstliche Vertraulichkeit und ehrgeizige Ziele zu gewinnen. Aufgrund dieses vernünftigen Tones glänzt er weniger als Omar, und auch noch dadurch, daß er größer ist und die Menschen besser zu durchschauen weiß. Er selbst sagt all dies oder gibt es in der Szene zu verstehen. Es war also mein Fehler, wenn ich das nicht gemerkt habe, aber das ist es eben, was uns kleinen Schriftstellern so leicht passiert, wenn wir die Schriften unserer Meister kritisieren wollen, und unser Leichtsinn läßt uns tausend Fehler rügen, die für Männer von Urteil lauter Schönheiten sind.

sen, die Bücher zumachen, zum Schwert greifen und die Schurken bestrafen. Außerdem fürchte ich sehr, daß in den Augen der Zuschauer die Seelengröße Mahomets die Abscheulichkeit seiner Verbrechen beträchtlich mindert und daß ein solches Stück, wenn man es vor Leuten aufführte, denen es freistünde, zu wählen, mehr Mahomets als Zopires machen würde. Sicher ist wenigstens, daß solche Beispiele für die Tugend nicht eben ermutigend sind.

Der finstere Atrée hat keine dieser Entschuldigungen, der Schrecken, den er uns einflößt, ist völlig vergebens, er läßt uns nur vor seinen Verbrechen schaudern, und obgleich er groß nur in seiner Raserei ist, gibt es im ganzen Stück keine einzige Person, die durch ihren Charakter imstande wäre, mit ihm die Aufmerksamkeit des Publikums zu teilen, denn was Plisthène, den verliebten Gecken, betrifft, so weiß ich nicht, wie man ihn in einer solchen Tragödie hat ertragen können. Seneca hat in seine Tragödie keinerlei Liebe hineingebracht, und da der moderne Autor sich entschlossen hat, ihn in allem übrigen nachzuahmen, hätte er es besser auch in diesem Punkte getan. Sicherlich muß man ein recht geschmeidiges Herz haben, um neben den Szenen mit Atrée galante Unterhaltungen zu ertragen.

Bevor ich über dieses Stück abschließe, muß ich ihm ein Verdienst zuerkennen, das vielen Leuten möglicherweise als Fehler erscheinen wird. Die Rolle des Thyeste ist vielleicht von allen, die man bei uns aufs Theater gebracht hat, diejenige, die den Geschmack der Alten am meisten spüren läßt. Er ist kein starker Held, kein Muster an Tugend, ebensowenig kann man behaupten, er sei ein Verbrecher*: er ist ein schwacher Mensch und dennoch interessant allein dadurch, daß er Mensch und unglücklich ist. Mir scheint auch, daß allein hierdurch das Gefühl, das er erregt, außerordentlich zart und rührend ist, denn dieser Mann ist jedem von uns recht nahe, während der Heroismus uns mehr überwältigt als bewegt, weil wir schließlich doch nichts mit ihm zu tun haben. Wäre es nicht wünschenswert, wenn unsere erha-

* Der Beweis dafür ist das Interesse, das er bei uns findet. Was das Vergehen betrifft, für das er bestraft wird, so liegt es lange zurück, ist längst abgebüßt, und außerdem ist es eine Winzigkeit für einen Theaterschurken, den man für einen solchen erst hält, wenn er vor Entsetzen beben macht.

benen Schriftsteller geruhen würden, von ihrer dauernden Erhabenheit ein wenig herabzusteigen und uns hin und wieder für die einfache, leidende Menschheit einzunehmen, damit wir nicht vor lauter Mitleid mit unglücklichen Helden sonst keines übrigbehalten? Die Alten hatten Helden und stellten Menschen auf ihre Bühnen, wir hingegen stellen nur Helden auf die Bühne und haben kaum noch Menschen. Die Alten sprachen von Menschlichkeit in weniger gezierten Sätzen, aber sie wußten sie besser zu üben. Man könnte auf sie und auf uns ein Wort anwenden, das von Plutarch berichtet wird und das ich hierher setzen muß. Ein alter Athener suchte im Schauspiel einen Platz und fand keinen. Junge Leute, die seine Not sahen, gaben ihm von ferne ein Zeichen, er kam, aber sie blieben zusammen sitzen und machten sich über ihn lustig. Der brave Mann machte im Theater die Runde, seinerseits sehr verlegen und fortwährend verhöhnt von der reizenden Jugend. Die Gesandten Spartas wurden dessen gewahr, erhoben sich auf der Stelle und ließen den Greis ehrenvoll in ihrer Mitte Platz nehmen. Diese Begebenheit wurde in dem ganzen Schauplatz bemerkt und mit einem allgemeinen Händeklatschen gebilligt. »O wieviel Böses auf einmal«, rief der gute Alte in wehmütigem Ton, »die Athener wissen, was recht ist, aber die Lakedaimonier tun es.« Das ist die Philosophie von heute, das sind die alten Sitten.

Ich kehre zu meinem Gegenstand zurück. Was lernt man aus *Phèdre* und aus *Oedipe* anderes, als daß der Mensch unfrei ist und daß der Himmel ihn für Verbrechen bestraft, die er ihn begehen läßt? Was lernt man aus *Médée* anderes, als wie weit Wut und Eifersucht eine grausame und entmenschte Mutter zu treiben vermögen? Verfolgt die Mehrzahl der Stücke des Théâtre Français, ihr werdet fast in allen abscheuliche Ungeheuer und gräßliche Begebenheiten finden, die geeignet sein mögen, den Stücken Anteilnahme und den Tugenden ein Übungsfeld zu erschließen, die aber sicherlich insofern gefährlich sind, als sie die Augen des Volkes an Abscheulichkeiten gewöhnen, die es nicht kennen, und an Schandtaten, die es nicht einmal für möglich halten sollte. Nicht einmals das ist wahr, daß der Mord und der Vatermord dort immer hassenswürdig erscheinen. Man setzt ich weiß nicht was für passende Veranlassungen dabei voraus, und macht sie zu erlaubten Mitteln und verzeihlichen Fehlern. Man scheut sich, Phädra, die Inzest begeht und unschuldiges Blut vergießt, nicht zu entschuldigen. Syphax, der sein Weib vergiftet, der junge Horatius, der seine Schwester erdolcht, Agamemnon, der seine Tochter opfert, und Orest, der seine Mutter erwürgt, sie bleiben allemal interessante Personen. Dazu kommt noch, daß der Verfasser, wenn er jede Person sprechen lassen will, wie es ihr Charakter erfordert, gezwungen ist, dem Bösen seine bösen Sätze und Grundsätze in den Mund zu legen, mit allem Pomp schöner Verse und noch dazu in einem verführerischen, spruchreichen Ton gesagt, damit sie ja recht lehrreich für das Parterre sind.

Daß die Griechen solche Schauspiele duldeten, liegt daran, daß sie für sie nationale Altertümer darstellten, die zu allen Zeiten im Volk umliefen und die es sich mit gutem Grund immer wieder ins Gedächtnis rief. Selbst deren Scheußlichkeiten entsprachen noch ihren Absichten. Wie kann dieselbe Tragödie, von eben diesen Beweggründen und Interessen abgelöst, bei Ihnen Zuschauer finden, die fähig sind, die Bilder, die sie ihnen vorführt, und die Personen, die sie in ihnen handeln läßt, zu ertragen? Einer tötet seinen Vater, heiratet seine Mutter und findet sich als Bruder seiner Kinder, ein anderer zwingt einen Sohn, den Vater zu töten, ein dritter läßt den Vater das Blut seines Sohnes trinken. Man schaudert bei dem bloßen Gedanken an die Abscheulichkeiten, mit denen die französische Bühne sich zum Zeitvertreib für das sanfteste und menschlichste Volk auf dieser Erde schmückt. Nein, ich bleibe dabei und rufe dafür das Entsetzen der Leser zum Zeugnis auf, daß die Metzeleien der Gladiatoren nicht so barbarisch waren wie diese scheußlichen Schauspiele. Es ist wahr, man sah Blut fließen, aber man befleckte doch nicht seine Einbildungskraft mit Verbrechen, vor denen die Natur erzittert.

Glücklicherweise ist die Tragödie, so wie sie ist, so fern von uns und stellt uns so riesenhafte, aufgeblähte und chimärische Wesen dar, daß das Beispiel ihrer Laster kaum ansteckender ist als das Beispiel ihrer Tugenden nützlich, und je weniger sie uns belehren will, um so weniger schadet sie auch. So aber steht es nicht mit der Komödie, deren Sitten unmittelbarer mit den unseren zu tun haben und deren Figuren menschenähnlicher sind. Hier ist alles schädlich und schlecht, alles hat Folgen für die Zuschauer, und da sich das Vergnügen am Komischen auf ein Laster des menschlichen Herzens gründet, so folgt daraus notwendig, daß die Wirkung der Komödie um so trauriger für die Sitten sein muß, je angenehmer und vollkommener sie ist. Ich will das, was ich über ihre Natur gesagt habe, nicht wiederholen und mich darauf beschränken, es anzuwenden und einen Blick auf die komische Dramatik Ihres Landes zu werfen.

Nehmen wir sie in ihrer Vollkommenheit, also bei ihrer Geburt. Man ist sich darüber einig und spürt es täglich mehr, daß von den komischen Schriftstellern, deren Werke uns bekannt sind, Molière der vollkommenste ist, aber wer kann auch bestreiten, daß die Theaterstücke dieses selben Molière, dessen Talente ich mehr bewundere als irgend jemand sonst, eine Schule der Laster und der schlechten Sitten sind, weit gefährlicher noch als selbst jene Bücher, in denen man sich ausdrücklich dazu bekennt, Laster und schlechte Sitten zu lehren? Er verwendet den größten Fleiß darauf, Güte und Schlichtheit ins Lächerliche zu ziehen und die Partei, an der man Anteil nimmt, mit List und Lüge auszustatten. Seine ehrenhaften Leute reden nur, seine lasterhaften handeln, und das meistens mit dem größten Erfolg. Die Ehre des Beifalls wird schließlich selten dem Würdigsten, meistens dem Geschicktesten zuteil.

Prüfen Sie die Komik dieses Schriftstellers: Sie werden überall finden, daß charakterliche Mängel ihr Mittel und natürliche Fehler ihr Gegenstand sind, daß die Bosheit des einen die Einfalt des anderen bestraft und daß die Dummen das Opfer der Bösen sind. Weil dies in der Welt nur zu wahr ist, so folgt daraus noch nicht, daß man berechtigt ist, dergleichen Ungerechtigkeiten mit dem Schein der Zustimmung auf das Theater zu bringen, als wenn man dadurch die Spötter auffordern wollte, die Arglosigkeit der Guten unter dem Namen der Dummheit zu strafen.

Dat veniam corvis, vexat censura columbas.

Dies ist die Grundeinstellung Molières und seiner Nachahmer. Es sind Leute, die das Laster nur gelegentlich verspotten, ohne je Liebe zur Tugend zu bewirken, sie wissen, wie einer der Alten sagte, die Lampe gut zu putzen, geben ihr aber niemals Öl.

Sehen Sie sich an, wie dieser Mann, um seine Späße zu vervielfachen, jede Ordnung der Gesellschaft durcheinanderbringt, wie unverschämt er die heiligsten Bande, auf die sie gegründet ist, verwirrt, wie er die achtbaren Rechte der Väter über ihre Kinder, der Männer über ihre Frauen, der Herren über ihre Diener der Lächerlichkeit preisgibt. Es ist wahr, er bringt uns zum Lachen, wird dadurch aber nur noch schuldiger, weil sein unwiderstehlicher Zauber selbst weise Männer zwingt, sich Spöttereien gefallen zu lassen, die ihre Empörung verdienten. Es heißt, er greife die Laster an, aber man sollte doch die, die er angreift, einmal mit denen, die er begünstigt, vergleichen. Wer ist schädlicher, der geistlose und eitle Bürger, der dümmlich den Edelmann spielt, oder der schurkische Edelmann, der ihn hereinlegt? Ist in dem Stück, von dem ich spreche, der letztere nicht der Ehrenmann? Hat er nicht alle Anteilnahme für sich, und applaudiert das Publikum nicht allen Streichen, die er dem anderen spielt? Wer ist schlechter, der Bauer, der so verrückt ist, eine Dame zu heiraten, oder eine Frau, die ihren Gatten zu entehren sucht? Was soll man von einem Stück halten, in dem das Parkett der Untreue, Lüge und Schamlosigkeit dieser Frau Beifall zollt und über den Unverstand des bestraften Bauernlümmels lacht? Es ist ein schweres Laster, geizig zu sein und auf Wucherzinsen zu leihen, aber ist es nicht ein noch größeres, wenn ein Sohn seinen Vater bestiehlt, ihm die Ehrerbietung versagt, ihm tausend beleidigende Vorwürfe macht und, wenn ihn dieser Vater im Zorne verflucht, ihm spöttisch antwortet, er wisse mit den Gaben seines Vaters nichts anzufangen? Der Einfall mag auch noch so vortrefflich sein, ist er deshalb weniger sträflich, und ist das Stück, in dem man den unverschämten Sohn, der ihn hat, liebenswürdiger zu machen sucht, deswegen weniger eine Schule der schlechten Sitten?

Ich will mich nicht damit aufhalten, von den Dienern zu sprechen. Sie werden von aller Welt verurteilt*, und es ist um so un-

* Ich entscheide nicht, ob man sie wirklich verurteilen sollte. Es ist möglich, daß die Diener nur die Werkzeuge der Bosheiten ihrer Herren sind, weil diese sie der Ehre des Erfindens beraubt haben. Indessen habe ich Zweifel, ob das in diesem

gerechter, Molière die Fehler seiner Vorbilder und seines Jahrhunderts vorzuwerfen, als er sie von sich aus abgelegt hat. Wir wollen uns weder die Regelverstöße, die sich in seinen Jugendwerken finden mögen, noch das, was es an weniger Gelungenem in seinen anderen Stücken gibt, zunutze machen, sondern unmittelbar zu dem Werk übergehen, das man einhellig als sein Meisterstück ansieht: ich meine den *Misanthrope.*

Ich finde, daß diese Komödie uns klarer als irgendeine andere den wahren Gesichtspunkt entdeckt, unter dem Molière seine Stücke geschrieben hat, und sie läßt uns seine wahren Wirkungen besser beurteilen. Weil er dem Publikum gefallen mußte, befragte er den allgemeinsten Geschmack derer, die es ausmachen. Von diesem Geschmack machte er sich ein Modell und zu diesem Modell eine Tafel der entgegengesetzten Fehler, der er seine komischen Charaktere entnahm und deren verschiedene Möglichkeiten er auf seine Stücke verteilte. Er hat also nicht beansprucht, einen Ehrenmann zu schaffen, sondern einen Mann von Welt, und folglich hat er nicht versucht, die Laster zu bessern, sondern das Lächerliche, und wie ich schon gesagt habe, hat er im Laster selbst ein sehr geeignetes Mittel gefunden, um damit Erfolg zu haben. Weil er also alle Fehler, die den Vorzügen des liebenswürdigen Mannes, des Mannes der Gesellschaft, entgegengesetzt sind, der allgemeinen Heiterkeit darbieten wollte, blieb ihm, nachdem er so viel anderes lächerlich gemacht hatte, nur noch das bloßzustellen, was die Welt am wenigsten verzeiht: das Lächerliche der Tugend. Das ist es, was er im *Misanthrope* getan hat.

Zweierlei können Sie mir nicht abstreiten: Erstens, daß Alceste in diesem Stück ein rechtschaffener, offenherziger, achtbarer Mann, ein wahrhaft guter Mann ist, und zweitens, daß der Verfasser aus ihm eine lächerliche Person macht. Das genügt meines Erachtens, um Molière unentschuldbar zu machen. Man könnte behaupten, daß er in Alceste nicht die Tugend, sondern einen wirklichen Fehler verspotten wollte: den Haß der Menschen.

Punkt etwas naive Bild der Gesellschaft auf dem Theater gut wäre. Angenommen, daß es in jedem Stück ein paar Gaunereien geben muß, so weiß ich nicht, ob es nicht besser wäre, sie allein den Dienern anzulasten, damit wenigstens auf der Bühne die Ehrenmänner auch Männer von Ehre sind.

Darauf antworte ich: es ist nicht wahr, daß er Alceste mit diesem Haß ausgestattet hat. Der Name Menschenfeind darf nicht den Eindruck erwecken, als sei der, der ihn trägt, ein Feind des Menschengeschlechts. Ein solcher Haß wäre kein Fehler, sondern eine Entartung der Natur und das größte aller Laster, denn da alle gesellschaftlichen Tugenden sich von der Wohltätigkeit ableiten, ist ihnen nichts so unmittelbar entgegengesetzt wie Unmenschlichkeit. Der wahre Menschenfeind ist ein Ungeheuer. Wenn es ihn gäbe, würde er nicht Heiterkeit, sondern Grauen erregen. Vielleicht haben Sie in der Comédie Italienne ein Stück mit dem Titel *La vie est un songe* gesehen? Wenn Sie sich an den Helden dieses Stückes erinnern, das ist der wahre Menschenfeind.

Wie ist es aber dann mit Molières Menschenfeind bestellt? Er ist ein guter Mann, der die Sitten seines Jahrhunderts und die Bosheit seiner Zeitgenossen verabscheut, der gerade weil er seinesgleichen liebt, bei ihnen das Böse, das sie sich gegenseitig tun, und die Laster, aus denen es entsteht, haßt. Wäre er denn selber menschlicher, wenn die Irrtümer der Menschen ihn weniger ergreifen, die Ungerechtigkeiten, die er sieht, weniger empören würden? Geradesogut könnte man sagen, daß ein zärtlicher Vater die Kinder anderer mehr liebt als die eigenen, weil die Fehler seiner Kinder ihn erzürnen, während er gegen die der anderen nie etwas sagt.

Diese Meinungen des Menschenfeindes sind in seiner Rolle vollkommen entwickelt. Zwar sagt er einmal, er habe einen schrecklichen Haß auf das Menschengeschlecht gefaßt, aber bei welcher Gelegenheit sagt er das?* Er hat mitangesehen, wie sein Freund feige seine Überzeugung verriet und den Mann täuschte, der ihn danach fragte, er ist entrüstet und muß auf dem Höhepunkt seines Zorns auch noch Spott einstecken. Es ist natürlich, daß dieser Zorn in Jähzorn ausartet und ihn mehr sagen läßt, als

* Ich möchte darauf aufmerksam machen, daß ich mich in meinen Zitaten irren und die innere Ordnung der Stücke durcheinanderbringen kann, denn ich bin ohne Bücher, ohne Gedächtnis und habe als Material nur eine verworrene Erinnerung an Beobachtungen, die ich einst im Schauspiel gemacht habe. Wenn aber auch meine Beispiele unzutreffend wären, so brauchten es doch meine Gründe nicht zu sein, vorausgesetzt, daß sie nicht aus diesem oder jenem Stück geschöpft sind, sondern aus dem allgemeinen Geist des Theaters, den ich gut studiert habe.

er bei ruhigem Blut denken würde. Übrigens rechtfertigt der Grund, den er für diesen Haß anführt, völlig dessen Sache:

Die einen, weil sie selber schlecht sind,
die andern, weil sie sich den Schlechten gefällig zeigen.

Er ist also nicht Feind der Menschen, sondern der Schlechtigkeit der einen und der Unterstützung, welche diese Schlechtigkeit bei den anderen findet. Gäbe es keine Schurken und Schmeichler, er würde das ganze Menschengeschlecht lieben. Es gibt keinen guten Menschen, der nicht in diesem Sinne ein Menschenfeind wäre, oder vielmehr, die wahren Menschenfeinde sind die, die nicht so denken, denn im Grunde kenne ich keinen größeren Feind der Menschen als den, der mit allen gut Freund ist, der, immer von allem entzückt, pausenlos die Bösen ermutigt und mit seiner verwerflichen Gefälligkeit den Lastern schmeichelt, aus denen alle Mißstände der Gesellschaft entstehen.

Es gibt einen sicheren Beweis dafür, daß Alceste kein Menschenfeind im buchstäblichen Sinne ist: trotz seiner Schroffheiten und seiner Beleidigungen vermag er für sich einzunehmen und zu gefallen. In Wahrheit möchten die Zuschauer ihm nicht ähnlich sein, weil so viel Rechtschaffenheit sehr unbequem ist, aber keiner würde auch bedauern, mit jemandem zu tun zu haben, der ihm ähnelte, was nicht möglich wäre, wenn er ein erklärter Feind der Menschen wäre. In allen übrigen Stücken von Molière ist die komische Person immer hassenswert oder verächtlich, in diesem Stück indessen fühlt man für Alceste, obgleich er wirkliche Fehler hat, über die man mit Recht lachen könnte, doch eine gewisse Ehrerbietung in seinem Herzen, deren man sich nicht erwehren kann. Die Macht der Tugend trägt in diesem Fall den Sieg über die Kunst des Autors davon und ehrt seinen Charakter. Obgleich Molière Stücke schrieb, die man ablehnen muß, war er doch persönlich ein Ehrenmann, und niemals könnte der Pinsel eines ehrenhaften Mannes die Züge von Rechtschaffenheit und Redlichkeit mit häßlichen Farben zudecken. Noch mehr, Molière hat Alceste so viele von seinen eigenen Grundsätzen in den Mund gelegt, daß manche geglaubt haben, er hätte sich selbst schildern wollen. Das wurde an dem Unwillen deutlich, den das Parterre bei der ersten Aufführung zeigte, weil es über das Sonett nicht die

Ansicht des Menschenfeindes teilte, denn zu deutlich war es die des Verfassers.

Trotzdem wird dieser so tugendhafte Charakter als lächerlich dargestellt. Er ist es tatsächlich in gewisser Hinsicht, und daß es die Absicht des Dichters war, ihn lächerlich zu machen, zeigt sich am Charakter des Freundes Philinte, den er ihm gegenüberstellt. Dieser Philinte ist der Weise des Stücks, einer jener ehrenhaften Männer der großen Welt, die in ihren Grundsätzen mit dem Schurken sehr viel Ähnlichkeit haben, einer dieser so sanften und maßvollen Leute, die beständig meinen, daß alles gutgehe, weil ihnen daran gelegen ist, daß es nicht besser geht, die immer mit jedermann zufrieden sind, weil sie sich um niemanden Gedanken machen, die am gutgedeckten Tisch behaupten, es sei nicht wahr, daß das Volk hungere, die es mit gutgefüllter Tasche für sehr übel halten, daß man sich für die Armen erklärt, die es aus ihrem wohlverwahrten Haus mitansehen würden, wie gestohlen, geplündert, gemordet und das ganze Menschengeschlecht hingeschlachtet wird, vorausgesetzt, Gott hat sie mit einer sehr lobenswerten Sanftmut im Ertragen der Leiden anderer ausgestattet.

Es ist offenkundig, daß die vernünftelnde Trägheit dieses Mannes sehr geeignet ist, das Wüten des anderen zu verdoppeln und in komischem Licht erscheinen zu lassen, und Molières Unrecht besteht nicht darin, daß er aus dem Menschenfeind einen hitzigen und galligen Mann gemacht hat, sondern daß er ihn wie ein Kind über Dinge böse werden läßt, die ihn eigentlich nicht einmal berühren sollten. Der Charakter des Menschenfeindes steht nicht in der Macht des Dichters, er ist durch die Natur seiner herrschenden Leidenschaft festgesetzt. Diese Leidenschaft ist ein heftiger Haß auf das Laster, geboren aus brennender Liebe zur Tugend und verschärft durch den beständigen Anblick der Bosheit der Menschen. Nur eine große und edle Seele kann dafür empfänglich sein. Der Abscheu und die Verachtung, die diese Leidenschaft allen Lastern gegenüber hegt, die sie erregt haben, vertreibt diese Laster aus dem Herzen, in dem sie herrscht. Die immerwährende Betrachtung der Unordnung in der Gesellschaft reißt ihn von sich selbst los und heftet sein Augenmerk auf das menschliche Geschlecht. Diese Gewohnheit erhebt und erweitert seine Begriffe, vernichtet in ihm die niedrigen Neigungen, die die Eigenliebe nähren und verstärken, und aus diesem Zusammenfluß gehen ein entschlossener Mut und ein stolzer Charakter hervor, die auf dem Grunde seiner Seele nur Raum für Überzeugungen lassen, die würdig sind, sie zu erfüllen.

Das heißt nicht, daß der Mensch nicht immer Mensch ist, daß die Leidenschaft ihn nicht oft schwach, ungerecht und unvernünftig macht, daß er zum Beispiel nicht die verborgenen Triebfedern im Handeln der anderen ausspäht mit dem heimlichen Vergnügen, die Verdorbenheit ihrer Herzen darin zu erkennen, daß ein kleines Übel ihn nicht oft sehr ärgert und daß ein rechter Bösewicht, der es darauf anlegt, ihn zu erzürnen, es nicht dahin bringen könnte, ihn seinerseits böse scheinen zu lassen. Aber es ist ebenso wahr, daß nicht alle Mittel mit Sicherheit diese Wirkung erzielen und daß sie auf seinen Charakter gut abgestimmt sein müssen, damit er zu spielen beginnt. Andernfalls ersetzt man den Menschenfeind durch einen anderen Menschen und schildert ihn uns mit Zügen, die nicht die seinen sind.

So also müssen die Charakterfehler des Menschenfeindes erscheinen, und davon macht Molière in allen Szenen mit Alceste und seinem Freund auf bewunderungswürdige Weise Gebrauch: die kalten Grundsätze und Spöttereien, mit denen der Freund Alceste dauernd aus der Fassung bringt, geben ihm tausend passende Unverschämtheiten ein. Der rauhe und harte Charakter aber, der ihm bei Gelegenheit so viel Schärfe und Galligkeit gibt, entfernt ihn zugleich von jeglichem kindischen Ärger, der keinen vernünftigen Grund hat, und von jedem lebhafteren persönlichen Interesse, für das er keinesfalls empfänglich sein darf. Daß er sich über die Mißstände, deren Zeuge er nur ist, ereifert, gibt dem Gemälde immer neue Züge. Der Bosheit gegenüber aber, die ihn selber betrifft, muß er kaltes Blut bewahren, denn er hat den Bösen den Krieg erklärt und muß gewärtigen, daß sie ihrerseits Krieg gegen ihn führen. Wenn er das Übel nicht vorausgesehen hat, das seine Offenherzigkeit ihm bringen wird, ist diese nur Dummheit und keine Tugend. Daß ein falsches Weib ihn verrät, daß unwürdige Freunde ihn entehren, schwache ihn verlassen, muß er ohne Murren ertragen, denn er kennt ja die Menschen.

Wenn diese Unterscheidungen richtig sind, so hat Molière den Menschenfeind schlecht getroffen. Und sollte er dies aus Versehen getan haben? Ohne Zweifel nicht. Vielmehr zeigt sich daran, wie weit er nur aus dem Wunsche heraus, auf Kosten dieser Rolle lachen zu machen, die Wahrheit ihres eigentümlichen Charakters hat herabsetzen müssen.

Warum erwartet Alceste nach dem Abenteuer mit dem Sonett nicht das üble Vorgehen von Oronte? Darf er erstaunt sein, wenn er es erfährt, gerade als sei es das erste Mal in seinem Leben, daß er aufrichtig war oder daß er sich mit seiner Aufrichtigkeit einen Feind gemacht hat?

Muß er sich nicht in aller Ruhe darauf vorbereiten, seinen Prozeß zu verlieren, anstatt darüber im voraus kindischen Unwillen zu zeigen?

Es kann mich zwanzigtausend Franken kosten, doch für
zwanzigtausend Franken werd ich fluchen dürfen.

Ein Menschenfeind braucht das Recht, zu fluchen, nicht so teuer zu erkaufen, er braucht nur die Augen zu öffnen, und er hängt nicht genug am Geld, um zu glauben, er habe in dieser Hinsicht durch den Verlust des Prozesses ein neues Recht gewonnen. Aber das Parterre mußte zum Lachen gebracht werden.

In der Szene mit Dubois muß Alceste um so matter und kälter bleiben, je mehr er Grund hat, ungeduldig zu werden, denn die Dummheit des Dieners ist keine Bosheit. Der Menschenfeind und der Aufgeregte sind zwei ganz verschiedene Charaktere: dies war die Gelegenheit, sie voneinander zu unterscheiden. Molière wußte das wohl. Aber das Parterre mußte zum Lachen gebracht werden.

Auf die Gefahr hin, den Leser auf meine Kosten zum Lachen zu bringen, wage ich die Anklage, Molière habe eine Gelegenheit für größeren Anstand, eine große Wahrheit und vielleicht für neue schöne Situationen verpaßt. Er hätte seinen Plan so ändern müssen, daß Philinte zu einer für das Stück notwendigen Figur geworden wäre, so daß man die Handlungen von Alceste und Philinte in offenkundigen Gegensatz zu ihren Grundsätzen und in vollkommene Übereinstimmung mit ihren Charakteren hätte bringen können. Ich will sagen, daß der Menschenfeind immer gegen die allgemeinen Laster wüten, aber die persönlichen Bosheiten, deren Opfer er wird, ruhig ertragen müßte. Der Philosoph Philinte hingegen müßte alle Mißstände der Gesellschaft mit stoischem Gleichmut ansehen, aber über das geringste Übel, das ihn selbst träfe, in Wut geraten. In der Tat beobachte ich, daß diese Leute, die von den öffentlichen Ungerechtigkeiten so ungerührt gelassen werden, über das geringste Unrecht, das man ihnen tut, das lauteste Geschrei erheben und daß sie sich an ihre Philosophie nur so lange halten, als sie selbst ihrer nicht bedürfen. Sie ähneln jenem Iren, der sein Bett nicht verlassen wollte, obgleich das Haus brannte. »Das Haus brennt!« schrie man ihm zu. »Was geht das mich an?« antwortete er, »ich bin nur der Mieter.« Schließlich gelangte das Feuer bis zu ihm. Alsbald stürzt er hinaus, rennt, schreit und regt sich auf, er beginnt zu begreifen, daß wir uns manchmal für das Haus, das wir bewohnen, interessieren müssen, auch wenn es uns nicht gehört.

Mir will scheinen, daß beide fraglichen Charaktere, wären sie entsprechend dieser Idee behandelt worden, wahrer und bühnenwirksamer geraten wären und daß der des Alceste unvergleichlich mehr Wirkung getan hätte. Das Parterre freilich hätte nur noch auf Kosten des Mannes von Welt lachen können, und die Absicht des Autors war es, daß man auf Kosten des Menschenfeindes lache.*

In derselben Absicht läßt er ihn manchmal launische Reden führen, deren Geschmack gar nicht dazu paßt, wie er ihn schildert. So verhält es sich mit dem Witz in der Sonettszene:

Pest über deinen Schluß, Giftmischer, schere dich
zum Teufel, brich die Nase dir zum Schluß,

ein im Munde des Menschenfeindes um so unangebrachterer Witz, als er wesentlich erträglichere Wendungen im Sonett von Oronte gerade kritisiert hat, und es ist recht sonderbar, daß er

* Ich zweifle nicht daran, daß ein Mann von Genie auf der Grundlage der Idee, die ich eben entwickelt habe, einen neuen *Misanthrope* schreiben könnte, der nicht weniger wahr und natürlich wäre als der athenische, an Verdienst dem von Molière gleich und unvergleichlich viel lehrreicher. Ich sehe nur eine Unzuträglichkeit bei diesem neuen Stück: es kann unmöglich Erfolg haben, denn was man auch sagen mag, in Dingen, die an die Ehre gehen, lacht keiner leichten Herzens auf seine Kosten. Damit wären wir wieder bei meinem Prinzip.

diesen Satz sagt und wenig später das *Chanson de roi Henri* als ein Muster des Geschmacks hinstellt. Es nützt nichts, zu sagen, daß ihm dieses Wort in einem Augenblick des Ärgers entwischt, denn der Ärger diktiert nichts weniger als Witze, und Alceste, der sein Leben mit Grollen verbringt, muß, wenn er grollt, selbst das in einem Ton tun, der seinem Geist entspricht:

Zum Henker, Speichellecker; Sie loben Albernheiten!

So muß der Menschenfeind im Zorn sprechen. Danach geht kein Witz mehr. Aber das Parterre mußte zum Lachen gebracht werden, und so machte man eben die Tugend herunter.

Recht bemerkenswert an dieser Komödie ist, daß die fremdartigen Übertreibungen, mit denen der Verfasser die Rolle des Menschenfeindes ausstattete, ihn gezwungen haben, die wesentlichen Charakterzüge zu mildern. Während also in allen seinen anderen Stücken die Charaktere übertrieben werden, damit sie mehr Wirkung haben, werden sie allein in diesem Stück entschärft, damit es bühnenwirksamer wird. Dieselbe Szene, von der ich eben sprach, liefert mir den Beweis dafür. In ihr sieht man Alceste Ausflüchte suchen und Ausreden gebrauchen, um Oronte seine Meinung zu sagen. Das ist nicht mehr der Menschenfeind, das ist ein Welt- und Ehrenmann, der sich bemüht, den zu hintergehen, der ihn um Rat fragt. Der Stärke des Charakters nach mußte er ihm schroff sagen: »Das Sonett taugt nichts, ins Feuer damit!« Aber freilich wäre dann alles Komische verlorengegangen, das aus der Verwirrung des Menschenfeindes und aus seinen wiederholten Beteuerungen »Das sage ich eben nicht« entsteht, die doch im Grunde nichts als Lügen sind. Wenn Philinte an dieser Stelle seinem Beispiel gefolgt wäre und zu ihm gesagt hätte: »Was sagst du da, Verräter?«, was hätte Alceste darauf antworten können? Wahrhaftig, es lohnt die Mühe nicht, Menschenfeind zu bleiben, wenn man es nur zur Hälfte ist, denn wenn man sich einmal die erste Schonung, die erste Abänderung der Wahrheit erlaubt, welchen ausreichenden Grund wird man dann finden, innezuhalten, bevor man so falsch ist wie ein Höfling?

Alcestes Freund sollte ihn kennen. Wie kann er da den Vorschlag wagen, die Richter zu besuchen, mit ehrlichen Worten: sie zu bestechen? Wie kann er annehmen, daß ein Mann, der aus

Liebe zur Tugend in der Lage ist, sich über die Schicklichkeit hinwegzusetzen, fähig wäre, seine Pflichten aus Eigennutz zu verletzen? Einen Richter bitten! Man braucht kein Menschenfeind zu sein, es genügt, daß man ein ehrlicher Mann ist, um das nicht zu tun. Denn schließlich, welche Wendung man der Sache auch gibt, ob der Bittsteller den Richter an seine Pflicht erinnert und ihn damit beleidigt oder ob er ihm die Rücksichtnahme auf Personen nahelegen und ihn also verleiten will, denn jede Rücksichtnahme auf Personen ist ein Verbrechen für einen Richter, der die Sache und nicht die Parteien kennen und nichts als die Ordnung und das Gesetz beachten soll. Ja, ich sage, daß der, der einen Richter zu einer schlechten Handlung veranlaßt, selber schlecht handelt, und daß man lieber eine gerechte Sache verlieren soll, als eine Schlechtigkeit zu begehen. Das ist deutlich und klar, es gibt darauf nichts zu erwidern. Die Moral der Welt hat andere Grundsätze, das weiß ich wohl. Mir genügt es zu zeigen, daß der Menschenfeind in allem, was ihn so komisch macht, nur die Pflicht eines guten Menschen tut und daß sein Charakter von Anfang an schlecht entwickelt war, wenn sein Freund vermuten konnte, er könne es an seiner Pflicht fehlen lassen.

Wenn der kunstreiche Verfasser diesen Charakter manchmal in all seiner Kraft handeln läßt, dann nur, weil diese Kraft die Szene bühnenhafter macht und eine spürbare Komik des Kontrastes oder der Situation erzeugt. So steht es zum Beispiel mit Alcestes schweigsamer und wortkarger Laune in der Unterhaltung bei der Koketten, auf die dann ein kühn und lebhaft vorgebrachter Tadel folgt:

Nur Mut und wacker drauf, ihr meine Höflingsfreunde!

Hier hat der Verfasser den Unterschied zwischen dem Lästermaul und dem Menschenfeind kräftig herausgearbeitet. Dieser, in seiner scharfen und beißenden Galligkeit, verabscheut Verleumdung und Spott. Es sind die öffentlichen Laster, die Bösen im allgemeinen, die er angreift. Niedriges und geheimes Lästern ist seiner unwürdig, er verachtet und haßt es bei den andern, und wenn er über jemanden etwas Böses sagt, so sagt er es ihm gleich ins Gesicht. So ist seine Wirkung während des ganzen Stückes nirgends so groß wie in dieser Szene, weil er hier ganz der ist, der er sein soll, und wenn er das Parkett zum Lachen bringt, so brauchen sich ehrenhafte Leute an dieser Stelle nicht zu schämen, daß sie gelacht haben.

Allgemein aber muß man zugeben, daß der Menschenfeind viel weniger komisch wirken würde, wenn er mehr Menschenfeind wäre, denn sein Freimut, seine Festigkeit würden ihm keine Ausflucht gestatten und ihn nicht in Verlegenheit bringen. Nicht um ihn zu schonen, mildert der Verfasser bisweilen seinen Charakter, sondern im Gegenteil, um ihn noch lächerlicher zu machen. Noch einen anderen Grund hat er dafür: Der Menschenfeind des Theaters, der von dem zu sprechen hat, was er sieht, muß in der Welt leben und deshalb seine Geradlinigkeit und seine Manieren mäßigen durch einige jener falschen und verlogenen Rücksichtnahmen, aus denen die Höflichkeit besteht und die die Welt von jedem verlangt, der von ihr ertragen werden will. Würde er sich dort anders verhalten, täten seine Reden keinerlei Wirkung mehr. Dem Verfasser ist daran gelegen, ihn lächerlich, aber nicht närrisch erscheinen zu lassen, und das wäre er in den Augen des Publikums, wenn er wahrhaft weise wäre.

Es fällt schwer, dieses bewunderungswürdige Stück zu verlassen, wenn man einmal angefangen hat, sich mit ihm zu beschäftigen, und je mehr man über es nachdenkt, desto mehr neue Schönheiten entdeckt man. Da es aber von allen Komödien Molières ohne Zweifel diejenige ist, die die beste und die gesündeste Moral verkörpert, können wir von ihr auf die anderen schließen, und da es Absicht des Verfassers war, verdorbenen Geistern zu gefallen, sind wir uns darüber einig, daß seine Moral entweder zum Bösen führt oder aber ein falsches Gutes predigt, das noch gefährlicher ist als das Böse selber, weil es durch einen Schein von Vernunft verführt, weil es lehrt, sich an die Grundsätze der Welt statt an strenge Redlichkeit zu halten, weil es die Weisheit in der Mitte zwischen Laster und Tugend ansiedelt und weil es die Zuschauer zu ihrer großen Erleichterung überredet, daß es, um ehrenhaft zu sein, genügt, wenn man nicht geradezu ein Verbrecher ist.

Ich würde es mir zu leicht machen, wenn ich von Molière zur Untersuchung seiner Nachfolger übergehen wollte, die weder sein Genie noch seine Redlichkeit besaßen und seinen eigennützigen

Absichten deshalb nur um so besser folgten, indem sie es sich angelegen sein ließen, einer verdorbenen Jugend und sittenlosen Frauenzimmern zu schmeicheln. Ich werde Dancourt nicht die Ehre antun, von ihm zu reden. Seine Stücke erschrecken zwar nicht durch unzüchtige Ausdrücke, aber um sie zu ertragen, muß man schon keusche Ohren haben. Regnard ist sittsamer, aber nicht weniger gefährlich: er überläßt es dem anderen, gefallene Frauen zu unterhalten, und befaßt sich seinerseits damit, Spitzbuben zu ermutigen. Es ist schon unglaublich, daß man mitten in Paris mit Erlaubnis der Polizei eine Komödie öffentlich aufführt, in der sich der Neffe in der Wohnung des Onkels, den er gerade hat sterben sehen, zusammen mit seinem noblen Gefolge mit Dingen befaßt, die das Gesetz mit dem Strick belohnt, und anstelle der Tränen, wie sie in einem solchen Fall die bloße Menschlichkeit sogar dem Gleichgültigen entlockt, belustigt man sich um die Wette mit barbarischen Witzen über die traurige Zeremonie des Todes. Die heiligsten Rechte, die rührendsten Gefühle der Natur werden in dieser häßlichen Szene verlacht. Die sträflichsten Streiche sind in ihr wie zum Spaß versammelt, und das in einer Ausgelassenheit, die all das als Artigkeiten durchgehen läßt. Fälschung, Unterschlagung, Betrug, Lüge, Unmenschlichkeit, hier gibt es alles, und alles wird hier beklatscht. Als es dem Toten zum großen Mißfallen seines lieben Neffen einfällt, wieder zum Leben zu erwachen, und als er nicht alles genehmigen will, was man inzwischen in seinem Namen veranlaßt hat, findet man ein Mittel, ihm die Zustimmung mit Gewalt zu entreißen, und alles endet zur Zufriedenheit der Darsteller und der Zuschauer, die sich gegen ihren Willen für diese Elenden haben einnehmen lassen und nun das Stück mit der erbaulichen Erinnerung verlassen, auf dem Grunde ihres Herzens die Komplizen der Verbrechen gewesen zu sein, denen sie zugeschaut haben.

Sagen wir es ohne Umschweife. Wer von uns ist seiner selbst so sicher, daß er die Aufführung einer solchen Komödie mitansehen kann, ohne halbwegs an den Streichen, die dort gespielt werden, teilzunehmen? Wer ärgert sich nicht ein wenig, wenn der Spitzbube zufällig erwischt wird oder wenn sein Anschlag nicht gelingt? Wer wird nicht wenigstens für einen Augenblick selber

Spitzbube, indem er an ihm Anteil nimmt? Denn was heißt an jemandem Anteil nehmen anderes, als an seine Stelle treten? Eine schöne Lehre für die Jugend, wenn selbst gestandene Männer Mühe haben, sich vor der Verführung durch das Laster zu schützen! Heißt das, daß man tadelnswerte Handlungen nie auf dem Theater darstellen darf? Nein, aber um zu wissen, wie man einen Schurken auf die Bühne bringt, muß der Autor schon ein sehr ehrenhafter Mann sein.

Diese Mängel sind so sehr mit unserem Theater verbunden, daß man, ohne es zu entstellen, sie nicht beheben könnte. Unsere modernen Schriftsteller lassen sich von besseren Absichten leiten und schreiben feinere Stücke. Was aber geschieht? Ihnen fehlt es an wahrer Komik, sie wirken nicht. Sie belehren sehr gut, wenn man so will, aber sie langweilen noch mehr. Ebensogut könnte man in die Predigt gehen.

Bei diesem Niedergang des Theaters sieht man sich gezwungen, seine wirklichen, aber verdunkelten Schönheiten durch kleine Unterhaltsamkeiten zu ersetzen, die in der Lage sind, die Menge zu beeindrucken. Weil man sich nicht mehr darauf versteht, Komik und Charaktere mit Kraft zu erfüllen, so hat man die Liebe stärker betont. In der Tragödie hat man dasselbe getan, um für die Staagsgeschäfte, aus denen sie ihre Situationen schöpft, die aber keiner mehr kennt, Ersatz zu schaffen, und ebenso für die natürlichen und einfachen Empfindungen, die niemanden mehr rühren. Die Schriftsteller wetteifern um des allgemeinen Wohls willen darum, dieser gefährlichen Leidenschaft neue Kraft und eine neue Farbe zu geben, und seit Molière und Corneille sieht man auf dem Theater unter dem Namen drastischer Stücke nur noch Romane den Beifall der Zuschauer erhalten.

Die Liebe ist das Reich der Frauen. Notwendig sind sie es, die dort das Gesetz geben, weil ihnen nach der Ordnung der Natur der Widerstand gehört und weil die Männer ihn nur um den Preis ihrer Freiheit überwinden können. Eine natürliche Wirkung dieser Art von Stücken ist es also, das Reich des weiblichen Geschlechts auszudehnen, Frauen und junge Mädchen zu Lehrmeisterinnen des Publikums zu machen und ihnen über die Zuschauer dieselbe Macht zu geben, die sie über ihre Liebhaber besitzen. Glauben Sie, mein Herr, daß diese Ordnung keine Nachteile hat und daß die Männer besser regiert werden, wenn man den Einfluß der Frauen mit so viel Fleiß vermehrt?

Es mag ein paar Frauen in der Welt geben, die es verdienen, daß ein ehrenhafter Mann ihnen zuhört, aber soll er sich grundsätzlich bei ihnen Rat holen, und gibt es kein Mittel, ihr Geschlecht zu ehren, ohne das unsere herabzusetzen? Der bezauberndste Gegenstand in der ganzen Natur, ein empfindsames Herz zu reizen und es zum Guten zu bewegen, ist, ich gestehe es, eine liebenswürdige und tugendhafte Frau; allein, dieser himmlische Gegenstand, wo ist er verborgen? Ist es nicht sehr grausam, ihn mit so viel Gefallen auf dem Theater zu betrachten, in der Gesellschaft aber ganz etwas anderes zu finden? Das verführerische Gemälde bleibt indes nicht ohne Wirkung. Das Entzücken, das diese Wunder an Weisheit bewirken, kommt den ehrlosen Weibern zugute. Wenn ein junger Mann die Welt nur von der Bühne kennt, dann ist der erste Weg zur Tugend, der sich ihm anbietet, eine Geliebte zu suchen, die ihn führt, und er hofft natürlich, eine Constance oder wenigstens eine Cénie* zu finden. Im Glauben also an ein eingebildetes Muster, an bescheidene und rührende Züge, an eine vorgetäuschte Lieblichkeit, *nescius aurae fallacis,* rennt der junge Wahnsinnige in seinen Untergang und glaubt dabei noch, klug zu werden.

Das gibt mir Gelegenheit, ein bestimmtes Problem vorzutragen. Die Alten hatten überhaupt eine sehr große Ehrfurcht**

* Nicht aus Dummheit zitiere ich an dieser Stelle *Cénie*, obgleich dieses hübsche Stück das Werk einer Frau ist, denn als aufrichtiger Wahrheitssucher verhehle ich nicht, was gegen meine Meinung spricht, und ich spreche nicht *einer* Frau, sondern *den* Frauen die Talente der Männer ab. Die Verfasserin von *Cénie* würdige ich um so lieber, als ich mich über ihre Reden zu beklagen habe, und zolle ihr eine Anerkennung, die so rein und uneigennützig ist wie alle Lobsprüche aus meiner Feder.

** Man gab ihnen mehrere ehrenhafte Namen, die wir nicht mehr haben oder die bei uns niedrig und veraltet sind. Man weiß, welchen Gebrauch Vergil von dem Namen *matres* bei einer Gelegenheit gemacht hat, als sich die trojanischen Mütter alles andere als klug verhielten. Wir haben stattdessen nur das Wort *Damen,* das nicht zu allen paßt, das selbst unmerklich veraltet und das man tatsächlich in der modischen Redeweise verpönt. Ich beobachte, daß man im Altertum die Ehrentitel gerne von den Rechten der Natur ableitete, während wir die unseren nur von den Rechten des Standes ableiten.

gegenüber den Frauen, aber sie gaben diese Ehrfurcht dadurch zu erkennen, daß sie es sorgfältig vermieden, sie der allgemeinen Beurteilung auszusetzen, und glaubten, ihre Bescheidenheit dadurch zu ehren, daß sie von ihren übrigen Tugenden schwiegen. Damals galt die Regel, daß im Land mit den reinsten Sitten am wenigsten über die Frauen geredet wurde und daß man von der ehrbarsten Frau auch am wenigsten sprach. Deshalb unterbrach ein Spartaner zornig einen Fremden, der große Lobreden auf eine Dame seiner Bekanntschaft schwang: »Wirst du wohl aufhören«, sagte er zu ihm, »über eine anständige Frau schlecht zu reden?« Daher kam es auch, daß in der Komödie der Alten die Rollen von Liebhaberinnen und heiratsfähigen Töchtern immer von Sklavinnen und öffentlichen Mädchen übernommen wurden. Man hatte eine so hohe Auffassung von der Sittlichkeit des weiblichen Geschlechts, daß man geglaubt hätte, die Rücksicht, die man ihm schuldet, zu verletzen, wenn man ein ehrbares Mädchen auf der Bühne auch nur dargestellt hätte.* Mit einem Wort: das Bild des nackten Lasters schockierte sie weniger als das Bild der verletzten Scham.

Bei uns hingegen wird diejenige Frau geschätzt, die am meisten Aufsehen erregt, von der man am meisten redet, die man am häufigsten in Gesellschaft sieht, bei der man am häufigsten diniert, die am gebieterischsten den Ton angibt, die die Talente, die Verdienste und Tugenden bestimmt, sie verkündet und ihnen ihren Rang und ihren Platz zuweist, wobei demütige Gelehrte am untertänigsten um ihre Gunst betteln.

Noch schlimmer ist es auf der Bühne. In der Welt wissen sie im Grunde nichts, obgleich sie über alles urteilen, auf dem Theater aber sind sie gelehrt in der Gelehrsamkeit der Männer und dank den Verfassern Philosophen, und so stellen sie unser Geschlecht mit seinen eigenen Talenten völlig in den Schatten.

Die einfältigen Zuschauer aber wollen in aller Redlichkeit von den Frauen lernen, was sie ihnen Wort für Wort eingegeben

* Wenn sie in den Tragödien anders verfahren sind, so lag das daran, daß sie sich gemäß dem politischen System ihres Theaters nicht darüber aufregten, wenn man glaubte, daß Personen von hohem Rang keiner Scham bedürfen und von den moralischen Vorschriften immer ausgenommen sind.

haben. Das alles heißt doch in Wahrheit, daß man sich über sie lustig macht und sie für kindisch eitel hält, und ich zweifle nicht daran, daß die klügeren unter ihnen darüber entrüstet sind.

Gehen Sie die Mehrzahl der modernen Stücke durch, immer kommt eine Frau vor, die alles weiß und die die Männer alles lehrt, immer ist es die Hofdame, die den kleinen Jehan de Saintré den Katechismus aufsagen läßt. Ein Kind kann sein Brot nicht essen, wenn es nicht von seiner Erzieherin geschnitten wird. Dies ist das Bild für das, was in den neuen Stücken geschieht: das Kindermädchen steht auf der Bühne, und die Kinder sitzen im Parkett. Noch einmal, ich leugne nicht, daß diese Methode ihre Vorteile haben mag und daß solche Lehrer ihren Lehren Nachdruck und Wert zu geben vermögen. Aber kehren wir zu meiner Frage zurück. Welcher Brauch ist ehrenvoller für die Frauen und bringt ihrem Geschlecht eher die Achtung ein, die es eigentlich verdient: der antike oder der unsere?

Dieselbe Ursache, die in unseren Tragödien und Komödien den Frauen Vorrang vor den Männern gibt, gibt auch der Jugend den Vorrang vor dem Alter, und dies ist ebenfalls eine Verkehrung der natürlichen Verhältnisse, die nicht weniger getadelt werden muß. Weil die Anteilnahme immer auf seiten der Liebenden ist, können ältere Bühnenfiguren immer nur eine untergeordnete Rolle spielen. In der Verwicklung des Stückes sind sie Hindernisse für die Wünsche der Liebenden, sie sind also hassenswert, oder sie sind selbst verliebt, und dann sind sie lächerlich. *Turpe senex miles*. In den Tragödien macht man Tyrannen und Usurpatoren aus ihnen, in den Komödien Eifersüchtige, Wucherer, Pedanten, unleidliche Väter, gegen die sich alle Welt verschwört, um sie hereinzulegen. Unter diesem ehrenwerten Blickwinkel also zeigt man das Alter auf dem Theater, und diese Achtung vor dem Alter flößt man den jungen Leuten ein. Danken wir dem berühmten Autor von *Zaïre* und *Nanine*, daß er den ehrwürdigen Luzignan und den guten alten Philippe Humbert vor dieser Verachtung bewahrt hat. Es gibt noch ein paar andere Fälle, aber genügen sie, um die Flut des öffentlichen Vorurteils aufzuhalten und um die Erniedrigung auszulöschen, in der die

Mehrzahl der Schriftsteller das Alter der Weisheit, der Erfahrung und der Autorität zu zeigen belieben? Wer kann daran zweifeln, daß die Gewohnheit, die Alten auf dem Theater immer nur als unangenehme Charaktere zu sehen, dazu beiträgt, sie in der Gesellschaft zurückzusetzen, und daß die Gewohnheit, die alten Leute der Gesellschaft mit den Schwätzern und Greisen der Komödie zu verwechseln, die einen wie die anderen mißachtet? Man beobachte in Paris in einer Versammlung den selbstgefälligen und eitlen Ausdruck, den entschlossenen und schneidenden Ton einer schamlosen Jugend, während die Alten, furchtsam und bescheiden, entweder nicht wagen, den Mund aufzutun, oder kaum angehört werden. Sieht man so etwas in der Provinz und an Orten, wo es kein Schauspiel gibt, und ist nicht in der ganzen Welt ein Greisenhaupt achtunggebietend, nur nicht in den großen Städten? Man wird einwenden, daß in Paris die Alten zu ihrer Verächtlichkeit selber beitragen, indem sie das Verhalten, das sich für sie gehört, ablegen und unschicklicherweise das Äußere und die Manieren der Jugend annehmen, und wenn sie dann meinen, nach dem Vorbild der Jugend den Liebhaber spielen zu müssen, so sei es nur natürlich, daß ihnen die Jungen auf ihrem Gebiet vorgezogen werden. All dies aber beruht ganz im Gegenteil darauf, daß den Alten kein anderer Weg bleibt, sich zu halten, und daß sie deshalb gezwungen sind, zu diesem Mittel zu greifen. Sie wollen lieber aufgrund ihrer Albernheiten als gar nicht angenommen werden. Sicherlich werden sie nicht dadurch anziehend, daß sie sich anziehend geben, und ein sechzigjähriger Liebhaber ist in der Tat keine sehr anmutige Erscheinung, aber noch seine Unziemlichkeit schlägt ihm zum Vorteil aus. Es bedeutet einen Triumph mehr für eine Frau, wenn sie einen Nestor vor ihren Wagen spannt und damit zu beweisen glaubt, daß selbst das Eis des Alters nicht vor dem Feuer schützt, das sie entfacht. Deshalb ermutigen die Frauen nach Kräften diese Ältesten Kytheras und haben die Bosheit, alte Esel als bezaubernde Männer zu behandeln, die, wären sie weniger närrisch, von den Frauen auch weniger liebenswert gefunden würden. Aber kehren wir zu meinem Thema zurück.

Dieses sind nicht die einzigen Wirkungen, die ein allein auf die

Liebe gegründeter Bühnenvorwurf erzeugt. Man schreibt ihm viele noch schwerere und wichtigere Wirkungen zu, deren Vorhandensein ich hier nicht untersuche, die aber oft und nachdrücklich von den kirchlichen Schriftstellern vorgetragen worden sind. Man hat ihnen erwidert, daß die Gefahren, die das Gemälde einer ansteckenden Leidenschaft erzeugt, durch die Art ihrer Darstellung gebannt werden. Die Liebe, die man auf dem Theater zeige, werde dort legitimiert, ihr Ziel sei ehrbar, oft werde sie der Pflicht und der Tugend geopfert, und sobald sie schuldig sei, werde sie bestraft. Sehr schön, aber ist es nicht lustig, daß man so tut, als könne man die Bewegung des Herzens nach seiner Erschütterung durch Vernunftvorschriften regeln und als müsse man die Dinge abwarten, um zu wissen, welchen Eindruck man von den Situationen, die sie herbeiführen, empfangen soll? Das Böse, welches man dem Theater vorwirft, besteht nicht eigentlich darin, verbrecherische Leidenschaften zu erregen, sondern die Seele für allzu zärtliche Gefühle zu öffnen, denen man nachher auf Kosten der Tugend nachgibt. Die angenehmen Gefühle, die man im Theater empfindet, haben an sich selber keinen bestimmten Gegenstand, sondern erwecken das Bedürfnis danach, sie flößen nicht eigentlich Liebe ein, sondern sie befördern nur die Empfindung der Liebe, sie wählen nicht eine Person aus, die man lieben soll, sie zwingen uns nur, diese Wahl zu treffen. Also sind sie unschuldig oder verbrecherisch nur nach dem Gebrauch, den wir je nach unserem Charakter von ihnen machen, und dieser Charakter ist von dem Vorbild unabhängig. Wenn es auch wahr wäre, daß man auf dem Theater nur rechtmäßige Leidenschaften schilderte, folgte daraus denn, daß die Eindrücke davon schwächer und ihre Wirkungen nicht so gefährlich sind? Als ob die lebhaften Bilder einer unschuldigen Zärtlichkeit nicht so angenehm, nicht so verführerisch und weniger geeignet wären, ein empfindsames Herz zu erregen, als die Bilder einer verbrecherischen Liebe, der der Schrecken des Lasters wenigstens als Gegengift dient! Aber mag auch der Begriff der Unschuld das Gefühl, welches er begleitet, für einige Augenblicke verschönen, so verschwinden die Umstände doch sehr bald aus dem Gedächtnis, während der Eindruck einer so süßen Leidenschaft auf dem Grunde des Herzens eingegraben bleibt. Als der Patrizier Manilius aus dem römischen Senat verjagt wurde, weil er sein Weib in Gegenwart seiner Tochter geküßt hatte, was war das Tadelnswerte dieser Handlung an sich selbst betrachtet? Ohne Zweifel nichts, sie zeugte sogar von einem lobenswerten Gefühl. Aber die keuschen Flammen der Mutter konnten in der Tochter unreine entzünden. Eine sehr ehrbare Handlung konnte also zu einem Beispiel der Verderbtheit werden. Eben dies ist auch die Wirkung der erlaubten Liebschaften des Theaters.

Man will uns von der Liebe durch das Gemälde ihrer Schwächen heilen. Ich weiß nicht, wie die Schriftsteller es damit halten, aber ich sehe, daß die Zuschauer immer auf der Seite des schwachen Liebenden stehen und oft sogar erzürnt sind, daß er nicht noch schwächer ist. Ich frage, ob dies ein taugliches Mittel ist, um zu verhindern, daß wir ihm ähnlich werden.

Rufen Sie sich, mein Herr, ein Stück ins Gedächtnis, das wir, wenn ich mich recht erinnere, vor einigen Jahren zusammen besucht haben und das uns ein Vergnügen bereitete, das wir kaum erwartet hatten, sei es, daß der Verfasser mehr Theaterschönheit hineingesteckt hatte, als wir erwarteten, sei es, daß die Schauspielerin in die Rolle ihren schlichten Zauber brachte und ihr dadurch Glanz verlieh. Ich spreche von der *Bérénice* Racines. In welcher geistigen Verfassung befindet sich der Zuschauer zu Beginn dieses Stückes? Er empfindet Verachtung für die Schwäche eines Kaisers und Römers, der bloß als Mensch zwischen seiner Geliebten und seiner Pflicht hin und her schwankt, der sich fortwährend in ehrloser Unentschlossenheit treiben läßt, der den fast göttlichen Charakter, den die Geschichte ihm gibt, durch weibische Klagen herabsetzt und der uns den Wohltäter der Menschheit und die Freude des Menschengeschlechts in einem gemeinen Gassenbuhler suchen läßt. Was aber denkt derselbe Zuschauer nach der Vorstellung? Denselben Menschen, den er eben noch verachtete, beklagt er jetzt, weil er an derselben Leidenschaft, die er ihm eben noch vorwarf, jetzt Anteil nimmt, und er murrt insgeheim über das Opfer, das jener den Gesetzen des Vaterlandes zu bringen gezwungen ist. Das ist es, was wir beide in der Vorstellung empfanden. Die sehr gut gespielte Rolle des Titus hätte gewirkt, wenn sie seiner würdiger gewesen wäre. Aber alle fühlten, daß das Hauptinteresse Bérénice galt und daß es das Geschick ihrer Liebe war, das die Art der Katastrophe bestimmte. Nicht daß ihre andauernden Klagen während des Stückes die Gefühle sehr erregt hätten, doch als sie im fünften Akt zu klagen aufhörte und mit düsterem Ausdruck, trockenem Auge und erloschener Stimme einen kalten, fast verzweifelten Schmerz in Worte faßte, verband sich die Kunst der Schauspielerin mit dem Pathos der Rolle, und die Zuschauer waren lebhaft gerührt, sie begannen zu weinen, als Bérénice nicht mehr weinte. Was hieß dies anderes, als daß man zitterte, sie würde weggeschickt werden, als daß man im voraus den Schmerz spürte, von dem ihr Herz durchbohrt werden würde, und als daß jeder sich wünschte, Titus möge sich besiegen lassen, selbst auf die Gefahr hin, daß man ihn dann weniger achten könnte? Das nenne ich mir eine Tragödie, die ihren Zweck gut erfüllt und die Zuschauer lehrt, die Schwächen der Liebe zu überwinden.

Der Schluß entspricht diesen geheimen Wünschen nicht, aber was soll's! Die Schlußlösung löscht mitnichten die Wirkung des Stückes aus. Die Königin geht ohne den Urlaub des Parterres: der Kaiser schickt sie *invitus invitam* fort, und man kann hinzufügen *invito spectatore*. Titus soll nur Römer bleiben, er steht allein damit, die Zuschauer haben alle Bérénice geheiratet.

Aber selbst wenn man diese Wirkung bestreiten und dagegenhalten würde, daß das Beispiel von Kraft und Tugend, das man in Titus, dem Besieger seiner selbst, erblickt, das Interesse des Stückes ausmache und bewirke, daß man, wenn man Bérénice beklagt, mit Freuden klagt, so würde man damit doch nur auf den Boden meiner Prinzipien zurückkehren, denn wie ich schon sagte, die Opfer, die der Pflicht und der Tugend gebracht werden, haben immer, selbst für verderbte Herzen, einen geheimen Zauber. Der Beweis, daß diese Meinung nicht ein Werk des Stückes ist, liegt darin, daß man sie schon hat, bevor es beginnt. Das verhindert freilich nicht, daß man gewisse Leidenschaften, die befriedigt werden, sogar der Tugend vorzieht und daß man nicht noch zufriedener wäre, Titus anstatt tugendhaft und großmütig glücklich und schwach zu sehen, zumindest aber wäre man gerne an seiner

Stelle. Um diese Wahrheit zu verdeutlichen, braucht man sich nur eine Schlußlösung vorzustellen, die der des Verfassers ganz entgegengesetzt ist. Nachdem Titus sein Herz noch einmal befragt hat, will er weder die römischen Gesetze verletzen noch sein Glück an den Ehrgeiz verkaufen, und so tritt er also mit genau den entgegengesetzten Grundsätzen vor Bérénice, um zu ihren Füßen auf die Herrschaft zu verzichten. Sie ist erschüttert von einem so großen Opfer und spürt, daß es ihre Pflicht wäre, auf die Hand ihres Geliebten zu verzichten, und dennoch nimmt sie an. Beide sind trunken vom Zauber der Liebe, des Friedens, der Unschuld, verzichten auf alle eitlen Herrlichkeiten, und in der süßen Freude, die die wahren Regungen der Natur einflößen, entscheiden sie sich, glücklich und unbekannt in einem Winkel der Erde zu leben. Eine so rührende Szene würde belebt durch die zarten und pathetischen Gefühle, die der Stoff eingibt und die Racine so gut hätte zur Geltung bringen können. Titus hält den Römern, ehe er sie verläßt, eine Rede, wie sie sich aus den Umständen und aus der Sache ergibt. Ist es nicht klar, daß eine solche Rede, zumindest wenn der Verfasser nicht von äußerstem Ungeschick ist, die ganze Versammlung in Tränen ausbrechen lassen würde? Das Stück, das so endet, ist, wenn man will, weniger gut, weniger lehrreich, weniger in Übereinstimmung mit der Geschichte, aber wird es den Zuschauern weniger Freude machen, und werden sie weniger zufrieden nach Hause gehen? Die ersten vier Akte würden bis auf weniges so bleiben, wie sie sind, und doch würde man aus ihnen eine unmittelbar entgegengesetzte Lehre ziehen. So wahr ist es, daß die Bilder der Liebe immer mehr Eindruck machen als die Lehren der Weisheit und daß die Wirkung einer Tragödie völlig unabhängig ist von der ihres Schlusses.*

Will man wissen, ob es stimmt, daß die Tragödie lehrt, sich vor den verhängnisvollen Folgen maßloser Leidenschaften zu schützen, indem sie sie zeigt, so befrage man die Erfahrung. Diese verhängnisvollen Folgen werden sehr nachdrücklich in *Zaïre* dargestellt, die beiden Liebenden bezahlen mit dem Leben und

* Im siebenten Band von *Pamela* gibt es eine sehr scharfsinnige Untersuchung der *Andromaque* von Racine, die zeigt, daß dieses Stück seinen beabsichtigten Zweck nicht besser erfüllt als alle anderen.

Orosman sogar mit noch mehr, denn er tötet sich nur, um sich von dem grausamsten Gefühl zu befreien, das ein menschliches Herz erfüllen kann, der Reue, die Geliebte erstochen zu haben. Das sind nun gewiß sehr kräftige Lektionen. Ich wäre neugierig, jemanden, Mann oder Frau, kennenzulernen, der sich zu rühmen wagte, er sei gut gewappnet gegen die Liebe aus einer Aufführung von *Zaïre* gekommen. Ich für meinen Teil glaube jeden Zuschauer am Schluß der Tragödie sagen zu hören: »Ach, gäbe man mir doch eine Zaïre! Ich würde schon zusehen, daß ich sie nicht töte.« Wenn die Frauen es nicht müde wurden, scharenweise in dieses bezaubernde Stück zu laufen und die Männer hineinzuschicken, dann sicherlich nicht, um sich durch das Beispiel der Heldin davon abhalten zu lassen, ein Opfer nachzuahmen, das ihr so schlecht bekommt, sondern weil von allen Tragödien, die es auf dem Theater gibt, keine andere die Macht der Liebe und das Reich der Schönheit bezaubernder zeigt, und weil man obendrein noch durch die Lehre belohnt wird, seine Geliebte nie aufgrund äußeren Anscheins zu richten. Wenn Orosman seiner Eifersucht Zaïre opfert, so sieht eine empfindsame Frau darin ohne jeden Schrecken den Ausbruch der Leidenschaft, denn es ist ein geringeres Übel, von der Hand des Liebhabers zu sterben, als nur mittelmäßig von ihm geliebt zu werden.

Man male uns die Liebe, wie man will, sie verführt, oder sie ist es nicht. Ist sie schlecht gemalt, taugt das Stück nichts, ist sie gut gemalt, verdunkelt sie alles, was um sie herum ist. Ihre Kämpfe, ihre Übel, ihre Leiden machen sie noch rührender, als wenn sie kein Hindernis zu überwinden hätte. Ihre traurigen Wirkungen stoßen ganz und gar nicht ab, sondern sie gewinnt noch an Anziehungskraft gerade durch ihre Mißgeschicke. Gegen seinen eigenen Willen sagt man sich, daß ein so entzückendes Gefühl für alles entschädige. Unmerklich erweicht das süße Bild das Herz, man nimmt sich den Teil der Leidenschaft, der zur Freude führt, und übersieht, was schmerzt. Niemand hält sich für verpflichtet, ein Held zu sein, und deshalb liefert man sich aus Bewunderung für die ehrbare Liebe der verbrecherischen Liebe aus.

Was ihre Bilder angenehm macht, das eben macht sie auch gefährlich. Auf der Bühne sieht man sie nur über ehrbaren Seelen herrschen, und die beiden Liebenden sind immer Muster der Vollkommenheit. Wie soll man sich für eine so verführerische Leidenschaft nicht einnehmen lassen, wenn die liebenden Herzen schon von sich aus so einnehmend sind? Ich glaube nicht, daß es unter allen unseren dramatischen Stücken auch nur ein einziges gibt, in dem die gegenseitige Liebe nicht die Gunst des Zuschauers besitzt. Wenn irgendein Unglücklicher unerwidert liebt, so lehnt das Parkett es ab. Die Dichter glauben Wunder zu tun, indem sie den Liebhaber schätzenswert oder abstoßend machen, je nachdem ob seine Liebe gut oder schlecht aufgenommen wird, indem sie dafür sorgen, daß das Publikum die Gefühle der Geliebten immer billigt, und der Zärtlichkeit die ganze Anziehungskraft der Tugend verleihen, anstatt, wie es nötig wäre, die jungen Leute zu lehren, sich vor den Täuschungen der Liebe zu hüten, den Irrtum einer blinden Neigung zu meiden, die immer meint, sie gründe sich auf Achtung, und sich davor zu fürchten, das tugendhafte Herz einem Gegenstand auszuliefern, der seiner Bemühungen oft unwürdig ist. Außer dem *Misanthrope* kenne ich kein Stück, in dem der Held eine schlechte Wahl getroffen hätte.* Den Menschenfeind zum Liebhaber zu machen, war einfach; ein Geniestreich war es, ihn eine Kokette lieben zu lassen. Der ganze Rest des Theaters ist ein Schatz vollkommener Frauen. Man möchte sagen, sie haben sich alle dorthin geflüchtet. Ist das dann noch ein treues Abbild der Gesellschaft? Will man uns so eine Leidenschaft verdächtig machen, die so viele Leute von guter Herkunft zugrunde richtet? Es braucht nur wenig, dann macht man uns noch glauben, ein ehrenhafter Mann habe die Pflicht, verliebt zu sein, und eine verliebte Liebende könne gar nicht anders als tugendhaft sein. Da wären wir in der Tat bestens belehrt!

Noch einmal, ich will nicht darüber richten, ob es gut oder schlecht ist, das hauptsächliche Interesse des Theaters auf die Liebe zu gründen, aber ich sage, daß ihre Bilder, wenn sie manchmal gefährlich sind, dies immer bleiben werden, was man auch tun mag, um sie zu verhüllen. Ich sage, daß man wider besseres

* Fügen wir das bewundernswerte Stück *Le Marchand de Londres* hinzu, dessen Moral unmittelbarer den Zweck erfüllt als die irgendeines mir bekannten französischen Stückes.

Wissen oder ohne sie zu kennen von der Liebe redet, wenn man ihre Eindrücke durch andere, fremde Eindrücke berichtigen will, die sie nicht bis zum Herzen begleiten oder die das Herz bald von jenen getrennt hat, Eindrücke außerdem, die ihre Gefahren sogar noch verschleiern und diesem täuschenden Gefühl einen neuen Reiz verleihen, mit dem es diejenigen zugrunde richtet, die sich ihm ausliefern.

Ob man aus der Natur der Schauspiele im allgemeinen also die beste Form ableitet, deren sie fähig sind, ob man alles untersucht, was der Geist eines aufgeklärten Jahrhunderts und Volkes zur Erleuchtung des unseren beigetragen hat, so wird man doch meiner Meinung nach aus allen diesen verschiedenen Betrachtungen nicht schließen können, daß die sittliche Wirkung des Schauspiels und des Theaters jemals an sich gut oder heilsam sein kann, denn auch wenn man allein die Vorteile betrachtet, findet sich darunter nicht ein wirklicher Nutzen, der nicht von Unzuträglichkeiten übertroffen würde. Es ist nun eine Folge seiner Nutzlosigkeit, daß das Theater, das die Sitten nicht verbessern kann, sie gleichwohl zu verändern vermag. Indem es alle unsere Neigungen begünstigt, gibt es denen, die uns beherrschen, einen Vorrang. Die dauernden Gefühlsaufwallungen, denen man im Theater unterworfen ist, entnerven und schwächen uns und machen uns unfähiger, unseren Leidenschaften zu widerstehen, und das unfruchtbare Interesse, das wir an der Tugend nehmen, dient nur dazu, unsere Eigenliebe zu befriedigen, statt uns zu zwingen, tugendhaft zu handeln. Diejenigen meiner Mitbürger, die das Schauspiel nicht an sich mißbilligen, haben also Unrecht.

Außer diesen Wirkungen des Theaters, die von den dargestellten Dingen abhängen, gibt es andere, nicht weniger notwendige, die unmittelbar von der Bühne und den Darstellern ausgehen, und letzteren schreiben die schon erwähnten Genfer die Neigung zu Luxus, Putz und Verschwendung zu, deren Einführung bei uns sie mit Recht fürchten. Es ist nicht nur der Umgang mit dem Schauspieler, sondern auch der mit dem Theater, der diese Neigung durch Ausstattung und Schmuck der Schauspieler herbeiführen kann. Selbst wenn das Theater keine andere Wirkung hätte, als zu bestimmten Stunden den Lauf der bürgerlichen und der häuslichen Geschäfte zu unterbrechen und dem Müßiggang ein sicheres Mittel anzubieten, so wäre es doch unmöglich, daß die Bequemlichkeit, alle Tage denselben Ort aufzusuchen, sich selbst zu vergessen und sich mit fremden Dingen zu befassen, dem Bürger nicht andere Gewohnheiten und neue Sitten geben würde. Werden aber diese Veränderungen vorteilhaft oder schädlich sein? Die Beantwortung dieser Frage hängt weniger von der Untersuchung des Schauspiels als von der der Zuschauer ab. Gewiß bringen derartige Veränderungen die Zuschauer mehr oder minder alle an denselben Punkt. Die Unterschiede müssen deshalb von dem Zustand her geschätzt werden, in dem sich ein jeder zuvor befand.

Wenn die Vergnügungen ihrer Natur nach weder gut noch schlecht sind (und ich will das Schauspiel für den Augenblick so betrachten), dann hängt es von der Natur der Tätigkeiten, die sie unterbrechen, ab, ob man sie als gut oder schlecht ansehen muß, zumal dann, wenn sie fesselnd genug sind, um ihrerseits zu Beschäftigungen zu werden und den Gefallen daran an die Stelle der Lust zur Arbeit zu setzen. Die Vernunft will, daß man Vergnügungen von Leuten unterstützt, deren Beschäftigungen schädlich sind. Eine andere allgemeine Überlegung sagt, daß es nicht gut ist, müßiggehenden und verdorbenen Leuten die Wahl ihrer Vergnügungen zu überlassen, aus Sorge, sie könnten sie so lasterhaft gestalten wie ihre Neigungen und in ihren Freuden so schädlich werden wie in ihren Geschäften. Aber laßt ein einfaches und arbeitsames Volk von seinen Mühen ausruhen, wann und wie es ihm gefällt, niemals ist zu befürchten, daß es diese Freiheit mißbraucht, und es kostet keine Mühe, neue und anmutige Zerstreuungen für ein solches Volk zu finden, denn wie es wenig Kunst für eine Mahlzeit braucht, deren Würze Hunger und Enthaltsamkeit sind, so braucht es auch wenig Kunst, um Menschen zu zerstreuen, die von des Tages Last so erschöpft sind, daß Ruhe ihr süßestes Labsal ist. In einer großen Stadt hingegen voller Intriganten, Müßiggänger, Menschen ohne Glauben und Grundsätze, deren Einbildungskraft von Müßiggang, Faulheit, Vergnügungssucht und großen Bedürfnissen verdorben ist und nichts als Ungeheuer gebiert und Bubenstücke eingibt, in einer großen

Stadt, wo Sitten und Ehre nichts sind, weil man sein Leben den Augen des Publikums leicht entziehen kann, nur mit seinem Ansehen in Erscheinung tritt und allein nach seinem Vermögen beurteilt wird, in einer solchen großen Stadt, sage ich, kann die Polizei die erlaubten Vernügungen gar nicht genug vervielfachen, noch sich zu sehr bemühen, sie anziehend zu machen, damit keiner mehr in Versuchung kommt, noch gefährlichere zu suchen. So wie man sie hindert, Übles zu tun, wenn man sie hindert, überhaupt etwas zu tun, so ersparen uns zwei Stunden, die täglich der Wirksamkeit des Lasters entzogen werden, ein Zwölftel der Verbrechen, die sonst begangen würden. Gespräche, die in den Cafés und an anderen Zufluchtsorten der Faulenzer und Halunken des Landes um gesehene oder noch zu sehende Theaterstücke kreisen, sind ebensoviel Gewinn für die Familienväter, für die Ehre ihrer Frauen und Töchter oder für ihren eigenen oder ihrer Söhne Geldbeutel.

Aber in kleinen Städten, an weniger bevölkerten Orten, wo jeder einzelne, immer unter den Augen der Öffentlichkeit, der geborene Sittenrichter des anderen ist und wo die Polizei eine leichte Aufsicht über alle hat, muß man ganz entgegengesetzte Grundsätze befolgen. Wenn es Industrie, Handwerk und Manufakturen gibt, soll man sich hüten, dem strengen Eigennutz, der seine Mühen zu seinem Vergnügen macht und den Fürsten durch die Habgier seiner Untertanen bereichert, Zerstreuungen anzubieten, die ihn zur Trägheit verleiten. Wenn das Land aber keinen Handel hat und seine Bewohner in Untätigkeit ernährt, so muß man sie nicht im Müßiggang bestärken, den ein leichtes und einfaches Leben ohnedies schon zu sehr begünstigt, sondern man muß ihnen das Nichtstun unerträglich machen und sie durch Langeweile zwingen, die Zeit, die sie so gut zu verschwenden wissen, nützlich anzuwenden. In Paris, wo man alles nach dem äußeren Schein beurteilt, weil man nicht die Zeit hat, irgend etwas genauer zu prüfen, glaubt man, wie ich weiß, daß die Einwohner der Provinzstädte, wo es auf den ersten Blick so faul und langweilig aussieht, nur vor sich hinvegetieren, einander schikanieren und sich untereinander verkrachen. Dies ist ein Irrtum, den man leicht einsehen könnte, wenn man bedächte, daß die meisten Gelehrten, die in

Paris glänzen, und die meisten nützlichen Entdeckungen und Erfindungen aus den so verachteten Provinzen kommen. Bleiben Sie eine Weile in einer kleinen Stadt, in der Sie nichts als Automaten anzutreffen erwarteten, sehr bald werden Sie dort nicht nur Leute sehen, die viel vernünftiger sind als Ihre Großstadtaffen, sondern Sie werden auch selten verfehlen, dort in der Verborgenheit irgendeinen sinnreichen Mann zu entdecken, welcher Sie durch seine Talente und durch seine Arbeiten in Erstaunen setzen wird und den Sie noch mehr durch Ihre Bewunderung in Erstaunen setzen, weil er, wenn er Ihnen Wunder von Arbeit, Geduld und Erfindungsgabe zeigt, dennoch glauben wird, er habe Ihnen nur Dinge gezeigt, die in Paris längst bekannt sind. Das ist die Einfalt des wahren Genies; es intrigiert nicht, ist nicht aktiv, es kennt den Weg der Ehrungen und des Glückes nicht und denkt nicht daran, ihn zu suchen, es vergleicht sich mit niemandem, alle seine Hilfsmittel sind in ihm allein, unempfindlich für Beschimpfungen und wenig empfänglich für Lobsprüche, wenn es sich kennt, weist es sich keinen Platz zu und genießt sich selbst, ohne sich selbst zu schätzen.

In einer kleinen Stadt findet man im Verhältnis zweifellos weniger Leben als in einer Hauptstadt, weil die Leidenschaften hier weniger lebhaft und die Bedürfnisse weniger dringend sind. Hingegen findet man mehr originale Geister, mehr sinnreiche Erfindungskraft, mehr wahrhaft neue Dinge, denn bei der kleinen Anzahl von Vorbildern ahmt man weniger nach, jeder nimmt viel mehr aus sich selbst und legt mehr von sich selbst in alles, was er tut, weil sich der menschliche Geist, je weniger ausgebreitet und von den gewöhnlichen Meinungen erstickt er ist, desto mehr verfeinert und in stiller Einsamkeit reift, weil man sich um so mehr vorstellt, je weniger man sieht, und schließlich, weil man um so mehr Muße hat, seine Ideen zu erweitern und zu verdauen, je weniger die Zeit drängt.

Ich erinnere mich, in meiner Jugend in der Gegend von Neufchâtel ein recht anmutiges und auf der Erde vielleicht einzigartiges Schauspiel gesehen zu haben: einen Berg, ganz bedeckt mit Wohnhäusern, von denen jedes den Mittelpunkt der Ländereien bildet, die dazugehören, dergestalt, daß diese Häuser in einer

Entfernung voneinander, die dem Vermögen ihrer Besitzer entspricht, den zahlreichen Bewohnern dieses Berges zugleich die Stille der Zurückgezogenheit und die Reize der Gesellschaft bieten. Diese glücklichen Bauern, alle wohlhabend, frei von Steuern, Abgaben, Staatsbeamten und Frondiensten, bauen mit aller nur denkbaren Sorgfalt das Land, dessen Frucht ihnen gehört, und brauchen die Muße, die diese Arbeit ihnen läßt, um tausend Handarbeiten anzufertigen und den erfinderischen Geist, den die Natur ihnen schenkte, nutzbar zu machen. Besonders im Winter, wenn der hohe Schnee den Verkehr untereinander erschwert, zieht sich ein jeder mit seiner zahlreichen Familie in das warme, hübsche und saubere Holzhaus* zurück, das er selbst gebaut hat, und beschäftigt sich mit tausend unterhaltenden Arbeiten, die die Langeweile aus seinem Heim vertreiben und sein Vermögen mehren. Nie betrat ein berufsmäßiger Tischler, Schlosser, Glaser oder Drechsler dieses Land, alle sind dies für sich selbst, und keiner ist es für den anderen. Unter den zahlreichen bequemen und sogar eleganten Möbeln, die den Hausrat bilden und die Wohnung schmücken, findet man kein Stück, das nicht von der Hand des Hausherrn selbst angefertigt wurde. Es bleibt ihnen noch Zeit, um tausend verschiedene Instrumente aus Metall, Holz und Karton zu erfinden und herzustellen, die sie an die Fremden verkaufen und von denen einige bis nach Paris gelangen, unter anderem jene kleinen Holzuhren, die man dort seit einigen Jahren sieht. Sie machen auch welche aus Eisen, sie stellen sogar Taschenuhren her, und, was unglaublich scheint, ein jeder vereinigt in sich allein all die verschiedenen Berufe, aus denen die Uhrmacherei besteht, und stellt auch alle seine Werkzeuge selber her.

Das ist noch nicht alles: sie haben nützliche Bücher und sind einigermaßen unterrichtet, sie denken vernünftig über alles, über

* An dieser und an einer Reihe anderer Stellen höre ich schon einen Pariser Schöngeist, vorausgesetzt, er liest nicht selber vor, laut Einspruch erheben. Er wird den Damen beweisen (es sind immer die Damen, denen diese Herren etwas beweisen), daß ein Holzhaus unmöglich warm sein könne. »Plumpe Lüge! Physikalischer Irrtum! Ach, der arme Verfasser!« Ich für meine Person nehme den Beweis ohne Widerspruch hin. Alles, was ich weiß, ist, daß die Schweizer ihren Winter warm verbringen in Holzhäusern mitten im Schnee.

vieles mit Geist.* Sie stellen Siphons, Magneten, Brillen, Pumpen, Barometer und Dunkelkammern her, ihr Wandschmuck sind Massen von Instrumenten aller Art, man könnte das Ofenzimmer eines Bauern für die Werkstatt eines Mechanikers oder das Kabinett eines Experimentalphysikers halten. Alle können ein wenig zeichnen, malen, rechnen, die meisten spielen Flöte, viele verstehen sich auf Musik und können singen. Diese Künste werden ihnen nicht von Meistern beigebracht, sondern sozusagen durch Tradition überliefert. Von den Musikverständigen, die ich traf, sagte der eine, er habe es vom Vater gelernt, der andere von der Tante, der dritte vom Vetter, und einige meinten, sie hätten es schon immer gekonnt. Eines ihrer häufigsten Vergnügen besteht darin, mit ihren Frauen und Kindern vierstimmig Psalmen zu singen, und man ist sehr erstaunt, aus diesen ländlichen Hütten die starken männlichen Harmonien Goudimels zu hören, die schon so lange von unseren gelehrten Künstlern vergessen sind.

Ich wurde es um so weniger leid, diese reizenden Orte zu durchstreifen, als ihre Bewohner mir die großzügigste Gastfreundschaft erwiesen. Leider war ich jung, meine Neugier war nur die eines Kindes, und ich war mehr darauf aus, meinen Spaß zu haben, als mich zu unterrichten. Die wenigen Beobachtungen, die ich machte, sind während der dreißig Jahre, die seitdem vergangen sind, in meinem Gedächtnis verblaßt. Ich erinnere mich nur, daß ich an diesen einzigartigen Menschen immer eine erstaunliche Mischung von Bildung und Einfalt bewunderte, wie man sie beinahe für unvereinbar halten sollte und wie ich sie sonst nirgends beobachtet habe. Im übrigen habe ich nichts von ihren Sitten, ihrer Gesellschaft, ihren Charakteren behalten. Heute, wo ich es mit ganz anderen Augen anschauen würde, soll ich dieses glückliche Land nie wiedersehen? Ach, es liegt am Weg in das meine!

Nach dieser Skizze wollen wir uns vorstellen, man errichte auf

* Als Beispiel kann ich einen Mann von Verdienst anführen, der in Paris wohlbekannt ist und mehr als einmal bei Abstimmungen der Akademie der Wissenschaften geehrt wurde: Herrn Rivaz, den berühmten Walliser. Ich weiß wohl, daß nicht viele seiner Landsleute ihm gleichkommen, immerhin aber hat er unter ihnen gelernt, sie zu übertreffen.

dem Gipfel des Berges, von dem ich eben sprach, inmitten der Wohnhäuser ein festes und wenig kostspieliges Theater, zum Beispiel unter dem Vorwand, dauernd arbeitenden Leuten, die in der Lage sind, die geringen Kosten zu tragen, eine ehrbare Erholung zu bieten. Nehmen wir weiter an, daß sie am Schauspiel Geschmack finden, und prüfen wir, welche Folgen seine Einrichtung haben muß. Ich sehe zunächst, daß ihre Arbeiten aufhören, ihr Vergnügen zu sein, sobald sie ein anderes haben, und daß dieses ihnen jenes verleidet. Der Fleiß wird weder so viel Muße noch dieselben Erfindungen hervorbringen. Außerdem wird es jeden Tag eine tatsächlich verlorene Zeit geben für diejenigen, die am Schauspiel teilnehmen, und man kehrt nicht gleich wieder an seine Arbeit zurück, wenn man den Kopf voll hat von dem, was man gerade gesehen hat, man spricht darüber oder man denkt daran. Nachlassen des Fleißes ist folglich der erste Nachteil.

Wie wenig Eintritt man auch bezahlt, man bezahlt ihn, es ist immer eine Ausgabe, die man vorher nicht hatte. Man bezahlt für sich, für seine Frau, für seine Kinder, wenn man sie dorthin führt, und manchmal muß man sie ausführen. Ein Arbeiter geht außerdem nicht in seinem Arbeitskleid in eine Versammlung, er muß also öfter den Sonntagsanzug anziehen, häufiger die Wäsche wechseln, sich pudern und rasieren. All dies kostet Zeit und Geld. Vermehrung der Ausgaben ist der zweite Nachteil.

Eine weniger emsige Arbeit und höhere Ausgaben verlangen einen Ausgleich. Man findet ihn im Preis der Erzeugnisse, den man wird hinaufsetzen müssen. Eine Reihe von Kaufleuten wird diese Verteuerung abschrecken, sie werden die *Montagnons** verlassen und sich bei den ihnen benachbarten Schweizern eindekken, die, ohne weniger fleißig zu sein, kein Schauspiel haben und ihre Preise nicht hinaufsetzen. Verringerung des Absatzes ist der dritte Nachteil.

Bei schlechtem Wetter sind die Straßen nicht passierbar, aber weil die Truppe auch in diesen Zeiten leben muß, werden die Vorstellungen nicht etwa ausgesetzt. Es wird also unvermeidlich sein, das Schauspiel jederzeit zugänglich zu machen. Im Winter wird man Wege durch den Schnee bahnen und sie vielleicht befe-

* So nennt man dort die Bewohner dieses Berges.

stigen müssen; Gott gebe, daß man nicht auch noch Laternen aufsteckt! Es gibt also öffentliche Ausgaben und, als ihre Folge, individuelle Abgaben. Steuern sind also der vierte Nachteil.

Die Frauen der Montagnons werden zuerst hingehen, um zu sehen, und dann, um gesehen zu werden. Deshalb werden sie hübsch gekleidet sein wollen, und das mit Vornehmheit. Die Frau Richterin wird das Schauspiel nicht im gleichen Kleid besuchen wollen wie die Frau Schulmeisterin, und diese wird alles daransetzen, jener in nichts nachzustehen. Daraus wird bald ein Wettstreit in der Kleidung entstehen, der die Ehemänner ruiniert, der sie vielleicht ansteckt, und der fortwährend tausend neue Wege findet, um die Luxusgesetze zu umgehen. Einführung des Luxus ist der fünfte Nachteil.

Das weitere kann man sich leicht vorstellen, ohne die anderen Nachteile, von denen ich gesprochen habe oder im folgenden noch spreche, in Rechnung zu stellen. Ohne Rücksicht auf die Art des Schauspiels und seine sittlichen Wirkungen halte ich mich allein an das, was Arbeit und Gewinn betrifft, und zeige, wie ich glaube, durch klare Schlußfolgerung, daß ein wohlhabendes Volk, das seinen Wohlstand seinem Fleiß verdankt, sobald es die Wirklichkeit gegen den Schein tauscht, sich in dem Augenblick zugrunde richtet, in dem es sich hervortun möchte.

Im übrigen braucht man sich über das Chimärische meiner Annahme nicht aufzuregen, ich gebe sie ja auch nur als das aus und möchte nur die unvermeidlichen Folgen mehr oder weniger spürbar machen. Nehmen Sie einige Umstände hinweg, und Sie werden anderswo andere *Montagnons* finden, und das Beispiel *mutatis mutandis* behält seine Anwendbarkeit.

Wenn es also wahr wäre, daß das Schauspiel nicht an sich schlecht ist, so müßte man immer noch prüfen, ob es nicht mit Rücksicht auf das Volk, für das man es bestimmt, schlecht wird. An einigen Orten wird es dazu beitragen, Fremde anzuziehen, den Kreislauf des Geldes zu verstärken, die Künstler anzuregen, Abwechslung in die Mode zu bringen, die allzu reichen Leute oder die, die es werden wollen, zu beschäftigen, sie weniger bösartig zu machen, das Volk von seinem Elend abzulenken, es seine Herren vergessen zu lassen durch den Anblick seiner Possenreißer, den Geschmack zu pflegen und zu verbessern, wenn die Rechtschaffenheit dahin ist, die Häßlichkeit des Lasters mit einem Firnis von Lebensart zu überziehen, mit einem Wort, zu verhindern, daß die Sittenlosigkeit in Straßenräuberei ausartet. An anderen Orten wird das Schauspiel nur dazu dienen, die Arbeitslust zu vernichten, das Gewerbe zu entmutigen, die einzelnen zu ruinieren, ihnen den Hang zum Müßiggang einzuflößen, sie dahin zu bringen, sich die Mittel für ihren Unterhalt ohne Arbeit zu verschaffen, das Volk untätig und schlaff zu machen, es zu hindern, die öffentlichen und besonderen Fragen, mit denen es sich befassen muß, zu erkennen, die Weisheit lächerlich zu machen, Theatergeschwätz an die Stelle der Ausübung der Tugenden zu setzen, die ganze Sittlichkeit in Metaphysik zu verwandeln, Bürger als Schöngeister, Mütter als Kokotten und Töchter als Liebhaberinnen zu verkleiden. Die allgemeine Wirkung wird auf alle Menschen gleich sein. Aber die so verwandelten Menschen werden nicht gleich gut zu ihrem Land passen. Indem sie gleich werden, verlieren die Guten mehr, als die Bösen gewinnen, alle nehmen einen weichlichen Charakter an, einen Geist der Untätigkeit, der den einen große Tugenden raubt und die anderen davor bewahrt, große Verbrechen auszuhecken.

Aus diesen neuen Überlegungen ergibt sich eine Folgerung, die derjenigen, die ich aus den anfangs angestellten Überlegungen zog, genau entgegengesetzt ist, nämlich daß das Schauspiel für ein verdorbenes Volk gut ist und schädlich, wenn dieses selbst gut ist. Es könnte also scheinen, daß die beiden entgegengesetzten Wirkungen einander aufheben und daß das Schauspiel damit gleichgültig gegen alle ist. Es besteht aber der folgende Unterschied: die Wirkung, die das Gute und das Schlechte verstärkt, ist, da sie sich aus dem Geist der Stücke selber ergibt, wie diese tausend Abwandlungen unterworfen, die sie fast auf nichts reduzieren; die Wirkung hingegen, die das Gute in Schlechtes und das Schlechte in Gutes verwandelt, ergibt sich aus dem bloßen Dasein des Schauspiels, ist wirklich gleichbleibend, wiederholt sich täglich und muß schließlich überwiegen.

Daraus folgt, daß man für die Entscheidung, ob es angemessen ist oder nicht, ein Theater in irgendeiner Stadt zu errichten, zuerst wissen muß, ob die Sitten gut oder schlecht sind, eine Frage, die mit Rücksicht auf uns zu beantworten mir vielleicht nicht zusteht. Wie dem auch sei, alles, was ich in diesem Punkt einräumen kann, ist, daß das Schauspiel uns nur dann nicht schaden wird, wenn uns nichts mehr schaden kann.

Um den Unzuträglichkeiten zuvorzukommen, die sich aus dem Vorbild der Schauspieler ergeben können, sollen sie nach Ihrem Vorschlag gezwungen werden, rechtschaffene Leute zu sein. Durch dieses Mittel, sagen Sie, hätte man zugleich Schauspiele und gute Sitten und verbände die Vorteile beider miteinander. Schauspiele und gute Sitten! Das würde gewiß ein sehenswertes Schauspiel abgeben, zumal es das erste Mal aufgeführt würde. Welches sind denn die Mittel, die Sie uns zeigen, um die Schauspieler in Schranken zu halten? Strenge und gut angewendete Gesetze. Damit geben Sie wenigstens zu, daß die Schauspieler es nötig haben, in Schranken gehalten zu werden, und daß leichte Maßnahmen dafür nicht ausreichen. Strenge Gesetze? Das erste ist, keine Schauspieler zu dulden. Wenn wir dieses verletzen, was wird aus der Strenge der andern? Gut angewendete Gesetze? Die Frage ist, ob das geht, denn die Macht der Gesetze hat ihr Maß wie auch die Macht der Laster, die sie unterdrücken, ihr Maß hat. Erst wenn man diese zwei Größen verglichen und gefunden hat, daß die erste die andere übertrifft, dann kann man der Anwendung der Gesetze gewiß sein. Die Kenntnis dieses Verhältnisses macht die wahre Wissenschaft des Gesetzgebers aus, denn wenn es nur darum ginge, Erlaß auf Erlaß und Verordnung auf Verordnung bekanntzumachen, um Mißstände gleich bei ihrem Entstehen zu beheben, dann würde man fraglos schöne Dinge sagen, in ihrer Mehrzahl würden sie aber wirkungslos bleiben und mehr darauf hinweisen, was man tun müßte, als dazu beitragen, es auszuführen. Die Einrichtung der Gesetze ist im Grunde keine so wunderbare Sache, als daß nicht jeder verständige und gerechte Mensch sehr gut von sich aus diejenigen finden könnte, die gut befolgt für die Gesellschaft am nützlichsten wären. Wo ist der geringste Rechtsstudent, der nicht einen Moralkodex entwirft, der ebenso rein ist wie der der Gesetze Platons? Aber es geht eben nicht allein darum, das Problem ist es, dieses Gesetzbuch dem

Volk, für das es gemacht ist, und den Sachen, die darin geregelt werden, so anzupassen, daß sich seine Anwendung aus dem bloßen Zusammenspiel dieser Übereinkünfte ergibt. Das Problem ist, nach Solons Beispiel einem Volk nicht die an sich besten Gesetze, sondern die besten Gesetze zu geben, die es in der gegebenen Situation ertragen kann. Andernfalls ist es besser, die Mißstände bestehen zu lassen, als sie durch Gesetze beheben zu wollen, die kein Mensch beachtet; denn das bedeutet doch, die Gesetze verächtlich zu machen, ohne das Übel abzustellen.

Nicht weniger wichtig ist die Beobachtung, daß Fragen der Sitte und der allgemeinen Gerechtigkeit sich anders als Fragen des Privatrechts und des strengen Rechts nicht einfach durch Erlasse und Gesetze regeln lassen, oder wenn bisweilen die Gesetze einen Einfluß auf die Sitten haben, so deshalb, weil sie aus ihnen ihre Kraft beziehen. Die Gesetze geben dann den Sitten diese selbe Kraft in einer Art von Reaktion zurück, die wahren Politikern gut bekannt ist. Die erste Amtshandlung der Ephoren zu Sparta bei Antritt ihres Amtes war ein öffentlicher Aufruf, in dem sie den Bürgern befahlen, nicht die Gesetze zu beachten, sondern sie zu lieben, damit ihnen ihre Befolgung weniger schwerfiele. Dieser Aufruf war keine leere Formalität, sondern zeigt vollkommen den Geist der spartanischen Verfassung, die Gesetz und Sitte im Herzen der Bürger so innig verband, daß sie dort sozusagen ein und denselben Leib bildeten. Aber schmeicheln wir uns nicht, inmitten von Handel und Gewinnstreben Sparta wiederauferstehen zu sehen! Hätten wir die Grundsätze Spartas, so könnte man ohne jede Gefahr ein Schauspiel in Genf errichten, denn kein Bürger würde je einen Fuß hineinsetzen.

Wie nun kann die Regierung die Sitten in den Griff bekommen? Ich antworte: durch die öffentliche Meinung. Wenn unsere Sitten in der Zurückgezogenheit unseren eigenen Gefühlen entspringen, so entspringen sie in der Gesellschaft der Meinung der anderen. Wenn man nicht in sich selbst, sondern in den anderen lebt, dann sind es ihre Urteile, die alles bestimmen; nichts erscheint den einzelnen gut und begehrenswert, als was die Öffentlichkeit dafür hält, und das einzige Glück, welches die Mehrzahl der Menschen kennt, ist, für glücklich gehalten zu werden.

Was die Wahl der geeigneten Mittel betrifft, um die öffentliche Meinung zu lenken, so ist das eine andere Frage, die Ihnen zu beantworten nicht nötig und der Menge zu beantworten hier nicht der Ort ist. Ich begnüge mich damit, durch ein eindrückliches Beispiel zu zeigen, daß weder Gesetze noch Strafen, noch andere Zwangsmaßnahmen hierfür taugen. Das Beispiel liegt vor Ihren Augen, ich nehme es aus Ihrem Vaterland, es ist das Tribunal der Marschälle von Frankreich, der eigens eingesetzten höchsten Richter in Ehrensachen.

Bei dieser Einrichtung ging es darum, die öffentliche Meinung über die Duelle, über die Wiedergutmachung von Beleidigungen und über solche Fälle zu ändern, in denen ein wackerer Mann bei Strafe der Ehrlosigkeit verpflichtet ist, sich mit dem Degen in der Hand Genugtuung für eine Kränkung zu verschaffen. Daraus ergab sich:

Erstens, weil die Gewalt keine Macht über den Geist hat, mußte mit großer Sorgfalt jede Spur von Zwang von dem Tribunal ferngehalten werden, das eingesetzt war, um jene Veränderung zu bewirken. Selbst der Name »Tribunal« war schlecht gewählt, ich hätte »Ehrengericht« bevorzugt. Seine einzigen Strafen mußten Ehre und Schande sein, niemals nützliche Entschädigungen, keine Körperstrafe, kein Gefängnis, keine Verhaftungen, keine bewaffneten Wachen, nur ein Gerichtsbote, der den Angeklagten vorlud, indem er ihn mit einem weißen Stab berührte, ohne daß sich daraus irgendein anderer Zwang zu erscheinen ergab. Es ist wahr, daß sich der, der zum festgesetzten Termin nicht vor den Ehrenrichtern erschien, für ehrlos erklärte und selbst verurteilte. Daraus folgten natürlicherweise Ächtung, Herabsetzung im Adel, Unfähigkeit, dem König an seinen Gerichtshöfen und in seinen Armeen zu dienen, und andere Strafen dieser Art, die unmittelbar mit der öffentlichen Meinung zu tun haben oder deren notwendige Auswirkung sind.

Zweitens folgt daraus, daß man, um das öffentliche Vorurteil auszurotten, Richter von großer Autorität in der fraglichen Sache brauchte, und in diesem Punkt entsprach der Gründer vollkommen dem Geist der Einrichtung, denn wer kann in einer durch und durch kriegerischen Nation besser darüber urteilen, wann es richtig ist, Mut zu beweisen, und wann die verletzte Ehre Genugtuung fordert, als altgediente und mit Ehren überhäufte Soldaten, die unter dem Lorbeer ergraut sind und hundertmal um den Preis ihres Blutes bewiesen haben, daß sie wissen, wann man verpflichtet ist, es zu vergießen?

Drittens, weil nichts von der höchsten Gewalt unabhängiger ist als das Urteil der Öffentlichkeit, mußte der Souverän sich auf jeden Fall hüten, seine eigenmächtigen Entscheidungen unter die Beschlüsse zu mischen, die jenes Urteil darstellen und, was mehr ist, bestimmen sollten. Im Gegenteil mußte er sich bemühen, den Ehrengerichtshof über sich zu stellen, als sei er selbst seinen achtbaren Sprüchen unterworfen. Man durfte also nicht damit anfangen, alle Duellanten wahllos zum Tode zu verurteilen, dadurch wäre sogleich ein krasser Gegensatz zwischen Ehre und Gesetz geschaffen worden, denn selbst das Gesetz kann niemanden verpflichten, sich selbst zu entehren. Wenn das ganze Volk einen Mann für einen Feigling hält, kann der König ihn gern für mutig erklären, trotz seiner Macht wird niemand es glauben, und dieser Mann, der immer noch als Feigling gilt, wird nur um so mehr verachtet werden, wenn er zwangsweise geehrt sein will. Was den Wortlaut der Erlasse betrifft, nach denen jeder, der sich schlägt, Gott beleidigt, so ist das ohne Frage eine sehr fromme Auffassung, aber das Zivilrecht richtet keine Sünden, und immer, wenn die souveräne Autorität in Konflikte zwischen Ehre und Religion eingreift, wird sie sich nach beiden Seiten kompromittieren. Dieselben Erlasse argumentieren nicht besser, wenn sie sagen, man solle sich an die Marschälle wenden, anstatt sich zu schlagen. Das Duell so, ohne Unterschied und Ausnahme, zu verdammen, das heißt doch gleich selbst verurteilen, was man dem Urteil der Marschälle unterbreitet. Es ist bekannt, daß sie ein Duell selbst dann nicht erlauben dürfen, wenn die empörte Ehre sich anders nicht zu helfen weiß, und nach den Vorurteilen der Gesellschaft gibt es viele solcher Fälle, denn die zeremoniellen Genugtuungen, mit denen man den Beleidigten hat abspeisen wollen, sind doch eigentlich Kindereien.

Wenn der Grundsatz, daß ein Mann das Recht hat, für sich selbst eine Entschädigung anzunehmen und seinem Feind zu verzeihen, kunstvoll gehandhabt wird, kann man ihn unmerklich an die Stelle des blutdürstigen Vorurteils setzen, gegen das er sich richtet. Ein anderer Fall ist es, wenn die Ehre von Menschen, mit denen die unsere verknüpft ist, angegriffen wurde. Von diesem Augenblick an ist keine Abfindung mehr möglich. Wenn mein Vater geohrfeigt wurde, wenn man meine Schwester, meine Frau, meine Geliebte beleidigt hat, soll ich meine Ehre retten, indem ich die ihre billig verkaufe? Weder Marschälle noch Genugtuungen reichen dann aus, ich muß sie rächen oder bin entehrt; die Erlasse zwingen mich, zwischen Strafe oder Ehrlosigkeit zu wählen. Um ein Beispiel zu nennen, das sich auf mein Thema bezieht: Ist es nicht ein hübscher Zusammenklang zwischen dem Geist der Bühne und dem der Gesetze, daß man auf dem Theater dem Cid Beifall zollt, den man auf dem Grève-Platz hängen würde?

So kann man machen, was man will: weder Vernunft noch Tugend, noch Gesetze werden die öffentliche Meinung überwinden, solange man die Kunst, sie zu ändern, nicht kennt. Noch einmal: diese Kunst hat nichts mit Gewalt zu tun. Die dargelegten Mittel würden, setzte man sie ein, nur dazu dienen, die Mutigen zu bestrafen und die Feiglinge zu verschonen, glücklicherweise aber sind sie zu unsinnig, um eingesetzt werden zu können, und haben nur dazu geführt, daß die Duelle den Namen geändert haben. Wie also hätte man vorgehen sollen? Mir scheint, man hätte die einzelnen Zweikämpfe bedingungslos der Rechtsprechung der Marschälle unterwerfen sollen, um über sie zu urteilen, um ihnen zuvorzukommen oder gar um sie zu gestatten. Man hätte den Marschällen einmal das Recht lassen sollen, freie Bahn zu geben, wenn sie es für angebracht hielten, aber dann wäre es auch wichtig gewesen, daß sie von diesem Recht manchmal Gebrauch machten, sei es auch nur, um der Öffentlichkeit einen schwer zu zerstreuenden Verdacht zu nehmen, der allein genügt, um ihnen ihre ganze Autorität zu rauben, nämlich den, daß sie über die ihnen unterbreiteten Fälle weniger nach ihrer eigenen Überzeugung als nach dem Willen des Fürsten urteilen. Ohne Scheu hätte man von ihnen dann den Kampf in einem unausweichlichen Fall fordern können, ohne Scheu hätte man sogar auf den Kampf verzichtet, wenn die Gründe, ihm zuzustimmen, nicht für ausreichend erachtet worden wären. Aber man wird sich immer scheuen, zu den Marschällen zu sagen: »Ich bin beleidigt worden; sorgt dafür, daß ich mich nicht schlagen muß.«

Durch dieses Mittel wären alle heimlichen Herausforderungen unfehlbar in Verruf geraten, denn weil die verletzte Ehre sich verteidigen und der Mut sich auf dem Feld der Ehre hätte beweisen können, hätte man diejenigen, die sich heimlich schlagen wollten, mit gutem Grund verdächtigt, und diejenigen, von denen der Ehrengerichtshof festgestellt hätte, daß sie sich schlecht* geschlagen haben, wären den Strafgerichten als gemeine Mörder vorgeführt worden. Weil eine Reihe von Duellen erst im nachhinein gerichtet und andere sogar feierlich genehmigt worden wären, hätten, das gebe ich zu, zuerst einige brave Leute mit dem Leben bezahlen müssen, aber das hätte dazu beigetragen, unzähligen anderen künftig das Leben zu retten, während aus dem Blut, das trotz der Erlasse vergossen wird, immer mehr Blutvergießen entsteht.

Was wäre weiter geschehen? Insoweit der Ehrengerichtshof durch die Weisheit und das Gewicht seiner Entscheidungen Einfluß auf die Meinung des Volkes gewonnen hätte, wäre diese allmählich immer strenger geworden, bis in der Ehrenfrage die Grundsätze sich geändert und die Duelle vollständig abgeschafft worden wären, weil ihre rechtmäßigen Anlässe sich tatsächlich auf Null vermindert hätten. In Wahrheit hat man alle diese Ungelegenheiten nicht gehabt, aber man hat auch eine nutzlose Einrichtung geschaffen. Wenn Duelle heute seltener sind, so nicht, weil sie verachtet oder bestraft werden, sondern weil sich die Sitten geändert haben.** Daß diese Veränderung ganz andere Ursa-

* »schlecht« heißt hier nicht nur feige und heimtückisch, sondern auch ungerecht und ohne ausreichenden Grund, was man natürlich von jedem Streit annehmen würde, der nicht vor den Gerichtshof gebracht wird.

** Früher stritten sich die Männer im Wirtshaus. Dieses grobe Vergnügen hat man ihnen verleidet, indem man ihnen andere Vergnügungen verbilligte. Früher erwürgten sie einander um eine Geliebte. Seit sie mit den Frauen vertrauter leben, haben sie entdeckt, daß es die Mühe nicht lohnt, sich um sie zu schlagen. Ohne Trunk und ohne Liebe bleiben wenig Anlässe für Streit. In der Gesellschaft schlägt man sich nur noch um Spielschulden. Soldaten schlagen sich nur noch, wenn sie in ihrem Recht übergangen werden, oder um nicht gezwungen zu sein, den Dienst zu quittieren. In diesem aufgeklärten Jahrhundert berechnet jeder fast bis auf den Taler genau, was ihm Ehre und Leben wert sind.

chen hat, auf die die Regierung keinerlei Einfluß besitzt, daß sich die öffentliche Meinung in diesem Punkt überhaupt nicht geändert hat, das läßt sich daran beweisen, daß nach so vielen unnützen Bemühungen ein Edelmann, der sich nicht mit dem Degen in der Hand Genugtuung für eine Beleidigung verschafft, nicht weniger entehrt ist als zuvor.

Viertens ergibt sich aus dem Zweck dieser Einrichtung folgendes: Weil niemand ohne Ehre bürgerlich leben kann, müssen alle degentragenden Stände vom Fürsten bis zum Soldaten und sogar alle nichtdegentragenden Stände in die Zuständigkeit dieses Ehrengerichtshofes fallen, die einen, um Rechenschaft über ihre Aufführung und ihre Taten abzulegen, die anderen, um ihre Reden und Grundsätze zu verantworten, alle gleichermaßen, um in ihrer Ehre wiederhergestellt oder gebrandmarkt zu werden, je nachdem, ob ihr Leben oder ihre Überzeugungen den Prinzipien der Ehre, die in der Nation gelten und vom Tribunal unmerklich nach denen der Gerechtigkeit und Vernunft reformiert werden, entsprechen oder nicht. Wenn man seine Zuständigkeit auf Adel und Militär beschränkt, so beschneidet man die Triebe und schont die Wurzel, denn das Ehrgefühl läßt den Adel handeln und das Volk reden: die einen schlagen sich nur, weil die andern über sie urteilen, und um die Taten zu ändern, deren Ziel die öffentliche Achtung ist, muß man zuerst die Urteile ändern, die man über die Taten fällt. Ich bin überzeugt, daß man niemals das Ziel, diese Änderung zu bewirken, erreicht, wenn man nicht auch die Frauen eingreifen läßt, von denen die Denkungsart der Männer in weitem Umfange abhängt.

Außerdem folgt aus diesem Grundsatz, daß der Gerichtshof in den verschiedenen Ständen mehr oder weniger gefürchtet sein muß, je nachdem ob sie nach den gewöhnlichen Begriffen, die man hier immer zum Maßstab nehmen muß, mehr oder weniger Ehre zu verlieren haben. Wenn die Einrichtung gelungen ist, müssen die Großen und die Fürsten beim bloßen Namen des Ehrengerichtshofes zittern. Bei seiner Errichtung hätte man alle persönlichen Händel, die es unter den Ersten des Königreiches gab, vor ihn bringen müssen, und das Tribunal hätte sie endgültig abgeurteilt, soweit das allein nach den Gesetzen der Ehre möglich gewesen wäre. Diese Urteile hätten streng sein müssen, sie hätten Rang und Würden, persönlich und unabhängig von den mit der Stellung verbundenen Rechten, aberkannt, sie hätten verboten, Waffen zu tragen, angeordnet, vor dem Fürsten zu erscheinen, und hätten solche Strafen verhängt, die an sich unbedeutend sind, in der öffentlichen Meinung aber schwer wiegen, bis zur völligen Ehrlosigkeit, die man als die vom Ehrengericht zu verhängende Höchststrafe hätte ansehen können. Alle diese Strafen hätten aufgrund des Beistandes der höchsten Autorität dieselben Wirkungen gehabt, die das öffentliche Urteil natürlicherweise hat, wenn seine Entscheidungen nicht mit Gewalt annulliert werden. Das Tribunal hätte nicht über Bagatellfälle befunden, hätte aber niemals etwas halb gemacht, selbst der König wäre zitiert worden, als er seinen Stock aus dem Fenster warf, aus Angst, wie er sagt, einen Edelmann zu schlagen*, er wäre als Angeklagter mit der Gegenpartei erschienen, er wäre feierlich gerichtet und verurteilt worden, dem Edelmann für den indirekten Angriff auf ihn Wiedergutmachung zu leisten, und das Tribunal hätte dem Monarchen zugleich einen Ehrenpreis für seine Mäßigung im Zorn zuerkannt. Dieser Preis, der ein sehr einfaches, aber sichtbares Zeichen hätte sein müssen, vom König sein ganzes Leben lang zu tragen, hätte ihn mit mehr Ehre geschmückt, scheint mir, als die Zeichen seiner Königswürde, und er wäre gewiß von mehr als einem Dichter besungen worden. Was die Ehre betrifft, so sind selbst die Könige sicherlich mehr als irgend jemand sonst dem Urteil des Publikums unterworfen und können folglich, ohne sich herablassen zu müssen, vor dem Ehrengerichtshof erscheinen, der jenes öffentliche Urteil repräsentiert. Ludwig XIV. war würdig, solches zu tun, und ich glaube, er hätte es getan, wenn einer es ihm vorgeschlagen hätte.

Bei all diesen und anderen ähnlichen Vorkehrungen ist es doch sehr zweifelhaft, ob man Erfolg gehabt hätte, denn eine solche Einrichtung ist dem Geist der Monarchie völlig entgegen. Aber ganz sicher hat man, weil jene Vorkehrungen unterblieben, weil man Gewalt und Gesetze in Fragen des Vorurteils eingreifen ließ

* Herrn de Lauzun. Das nenne ich mir nobel ausgeteilte Stockschläge!

und das Ehrgefühl mit Gewalt ändern wollte, der königlichen Autorität geschadet und die Gesetze verächtlich gemacht, die ihre Macht überschritten.

Welches war nun das Vorurteil, das es zu zerstören galt? Es war die ausgefallenste und barbarischste Meinung, die je vom menschlichen Geist Besitz ergriffen hat, daß nämlich alle gesellschaftlichen Pflichten durch Mut ersetzbar seien, daß ein Mann kein Betrüger, Gauner, Schmeichler mehr, sondern bieder, menschlich und höflich sei, wenn er sich zu schlagen wisse, daß Lüge sich in Wahrheit verwandle, daß Diebstahl rechtmäßig, Heimtücke ehrbar, Treulosigkeit löblich werde, wenn man nur all das mit dem Stahl in der Hand vertrete; daß eine Beleidigung mit einem Degenstich bestens gesühnt sei und daß man einem Mann niemals unrecht tue, vorausgesetzt, man tötet ihn. Ich gebe zu, es gibt noch eine andere Art von Streit, wo Artigkeit sich mit Grausamkeit mischt und wo man die Menschen nur durch Zufall tötet, nämlich wenn man sich bis zum ersten Blut schlägt. Bis zum ersten Blut! Großer Gott! Was willst du mit diesem Blut, reißende Bestie? Willst du es trinken? Wie kann man ohne Gefühlsaufwallung an so Schreckliches denken? Das sind die Vorurteile, die die Könige von Frankreich, bewaffnet mit der ganzen öffentlichen Macht, vergeblich angegriffen haben. Die Meinung, die Königin der Welt, ist der Macht der Könige nicht unterworfen; sie selber sind ihre ersten Sklaven.

Ich beende diese lange Abschweifung, die unglücklicherweise nicht die letzte sein wird, und von diesem vielleicht glänzenden Beispiel, *si parva licet componere magnis*, kehre ich zu einfacheren Anwendungen zurück. Eine der unfehlbaren Wirkungen eines Theaters, das in einer so kleinen Stadt wie der unseren eröffnet wird, ist die Änderung unserer Grundsätze oder, wenn man will, unserer Vorurteile und unserer öffentlichen Meinung. Dadurch werden notwendig unsere Sitten gegen andere, bessere oder schlechtere, darüber sage ich noch nichts, ausgetauscht, die aber sicherlich unserer Verfassung weniger entsprechen. Ich frage, mein Herr, durch welche wirksamen Gesetze wollen Sie dagegen Abhilfe schaffen? Wenn die Regierung viel über die Sitten vermag, so nur durch ihre ursprüngliche Einrichtung. Wenn die Sitten einmal festgesetzt sind, so hat sie nicht nur keine Macht mehr, sie zu verändern, ohne sich selbst zu verändern, sondern sie hat sogar alle Mühe, sie gegen die unvermeidlichen Begebenheiten, die sie angreifen, und gegen die natürliche Neigung, die sie abändern will, zu verteidigen. So schwer es ist, die öffentliche Meinung zu lenken, so beweglich und veränderlich ist sie doch aus sich selbst. Der Zufall, tausend unvermutete Ursachen, tausend unvorhersehbare Umstände erreichen, was Gewalt und Vernunft nicht erreichen könnten, oder vielmehr eben weil der Zufall die öffentlichen Meinungen regiert, vermag Gewalt nichts über sie, so wie die Würfel, sobald sie der Hand entfallen sind, man mag sie geworfen haben, wie man will, deshalb nicht leichter die gewünschte Zahl bringen.

Alles, was menschliche Weisheit vermag, ist, den Änderungen zuvorzukommen und rechtzeitig alles aufzuhalten, was sie herbeiführt. Sobald man sie aber duldet und berechtigt, bleibt man selten Herr ihrer Wirkungen und kann niemals dafür einstehen, es noch zu sein. Wie aber werden wir dessen Herr, für dessen Anwesenheit wir selber die Ursache sind? Wollen Sie uns vorschlagen, in Nachahmung der Einrichtung, von der ich eben gehandelt habe, eine Zensur einzuführen? Wir haben sie bereits*, und wenn alle Macht dieses Tribunals kaum ausreicht, uns so zu erhalten, wie wir sind, wie wird es, wenn wir den Verfall unserer Sitten durch eine neue Neigung verstärkt haben, uns gelingen, diesen Fortschritt aufzuhalten? Es ist klar, daß dieser Gerichtshof nicht länger genügen wird. Das erste Zeichen seiner Unfähigkeit, dem Mißbrauch des Theaters vorzubeugen, ist es, seine Errichtung zu dulden, denn es ist leicht vorauszusehen, daß diese beiden Einrichtungen nicht lange miteinander auskommen werden und daß entweder die Komödie die Zensoren lächerlich machen wird oder die Zensoren die Komödianten davonjagen werden.

Aber es geht hier nicht allein darum, daß die Gesetze nicht ausreichen, um schlechte Stitten zu unterdrücken, weil sie deren Ursachen bestehen lassen. Ich sehe voraus, daß man einwenden wird, ich hätte den vorgeschlagenen Ausweg, ehrliche Leute als

* Das Konsistorium und die Reformkammer.

Schauspieler zu haben oder diese ehrlich zu machen, nicht genau genug widerlegt, weil ich in Gedanken zu sehr mit den Mißbräuchen beschäftigt war, die das Theater notwendig erzeugt, und mit der allgemeinen Unmöglichkeit, sie zu verhüten. Im Grunde ist diese besondere Erörterung nicht mehr sehr wichtig. Da alles, was ich bisher von den Wirkungen des Schauspiels gesagt habe, von den Sitten der Schauspieler unabhängig ist, würde es auch zutreffen, wenn sie aus den Lehren, die Sie uns ermahnen, ihnen zu geben, Gewinn gezogen hätten und durch unsere Mühe zu lauter Mustern an Tugend geworden wären. Indes will ich aus Rücksicht auf die Überzeugung derjenigen meiner Landsleute, die keine andere Gefahr im Schauspiel sehen als das schlechte Beispiel der Schauspieler, auch gern untersuchen, ob dieser Ausweg, selbst wenn sie recht hätten, mit einiger Hoffnung auf Erfolg beschritten werden kann und ob dies ausreicht, sie zu beruhigen.

Ehe ich über die Ursachen nachdenke, beobachte ich die Tatsachen und sehe ganz allgemein, daß der Stand der Schauspieler ein Stand der Zügellosigkeit und der schlechten Sitten ist, daß seine männlichen Angehörigen sich der Ausschweifung ergeben und die weiblichen ein skandalöses Leben führen, daß die einen wie die anderen ebenso geldgierig wie verschwenderisch, immer von Schulden überhäuft und bereit sind, das Geld mit vollen Händen hinauszuwerfen, und daß sie in ihren Prassereien ebensowenig zurückhaltend sind wie in der Beschaffung der dafür nötigen Mittel. Ich sehe, daß ihr Beruf in allen Ländern ehrlos ist, daß diejenigen, die ihn ausüben, ob exkommuniziert oder nicht, überall verachtet sind* und daß selbst in Paris, wo sie mehr Achtung genießen und ein besseres Betragen haben als irgendwo sonst, ein Bürger Angst hätte, dieselben Schauspieler aufzusuchen, die man Tag für Tag an den Tischen der Großen sieht. Eine dritte und nicht weniger wichtige Beobachtung ist, daß überall

* Als die Engländer die berühmte Oldfield an der Seite ihrer Könige begruben, wollten sie nicht ihren Beruf, sondern ihr Talent ehren. Bei ihnen adelt ein großes Talent auch den niedrigsten Stand, während ein kleines auch den glänzendsten erniedrigt. Was den Beruf der Schauspieler betrifft, so werden die schlechten und mittelmäßigen Schauspieler in London so gut wie anderswo oder noch mehr verachtet.

dort, wo die Sitten reiner sind, diese Verachtung stärker ist, und es gibt Länder von solcher Unschuld und Schlichtheit, daß der Schauspielerberuf beinahe Schrecken einflößt. Das sind unbestreitbare Tatsachen. Sie werden mir erwidern, daß sich aus ihnen nur Vorurteile ergeben. Das gebe ich zu. Weil aber diese Vorurteile allgemein verbreitet sind, muß für sie eine allgemeine Ursache gesucht werden, und ich weiß nicht, wo man die finden soll, wenn nicht in dem Beruf, auf den jene sich beziehen. Hierauf antworten Sie, daß Schauspieler sich nur verächtlich geben, weil man sie verachtet. Aber warum hat man sie verachtet, wenn sie nicht verächtlich gewesen sind? Warum dachte man schlechter von ihrem Stand als von den anderen Ständen, wenn er sich von ihnen in nichts unterschied? Das ist es, was man vielleicht untersuchen müßte, bevor man sie auf Kosten der Allgemeinheit rechtfertigt.

Ich könnte diese Vorurteile auf den Wortschwall der Priester zurückführen, wenn ich sie nicht bereits vor Entstehen des Christentums bei den Römern vorfände, und zwar nicht nur im Geist des Volkes verschwommen umlaufend, sondern bestätigt durch ausdrückliche Gesetze, die die Schauspieler für ehrlos erklärten, ihnen Titel und Rechte eines römischen Bürgers absprachen und die Schauspielerinnen mit Prostituierten gleichsetzten. Hier gibt es keinen anderen Grund als den, der sich aus der Natur der Sache ergibt. Die heidnischen Priester und Gläubigen waren dem Schauspiel als einem Bestandteil ihrer der Religion geweihten Feste* eher günstig als ungünstig gesonnen, hatten keinerlei Interesse, es zu verunglimpfen, und taten das auch wirklich nicht. Freilich konnte man sich, wie Sie es tun, über die Inkonsequenz aufregen, Leute zu entehren, die man fördert, die man bezahlt und versorgt, was mir, um aufrichtig zu sein, nicht so eigenartig vorkommt wie Ihnen, denn es ist manchmal angebracht, daß der Staat ehrlose, aber nützliche Berufe ermutigt und fördert, ohne daß diejenigen, die sie ausüben, dafür mehr geachtet werden müßten.

* Titus Livius sagt, daß die Spiele auf der Bühne im Jahre 390 aus Anlaß einer Pestepidemie, der man dadurch ein Ende bereiten wollte, in Rom eingeführt worden seien. Heute würde man zu demselben Zweck die Theater schließen, und sicherlich wäre das vernünftiger.

Irgendwo habe ich gelesen, daß dieser Makel weniger auf wahren Schauspielern als auf Gauklern und Possenreißern lastete, die ihre Darstellungen mit Unanständigkeiten und Obszönitäten besudelten. Diese Unterscheidung läßt sich jedoch nicht aufrechterhalten, denn die Worte für Schauspieler und Gaukler, *actor* und *histrio*, sind gleichbedeutend und unterscheiden sich allein durch die einmal griechische, einmal etruskische Herkunft. Cicero nennt die beiden größten Schauspieler, die Rom jemals hatte, nämlich Esopus und Roscius, in seinem Werk *De Oratore* Histrionen, und in der Verteidigungsrede für den letzteren beklagt er, daß ein so ehrenhafter Mann einen so wenig ehrenhaften Beruf ausübe. Das Gesetz ist weit davon entfernt, zwischen Schauspielern, Histrionen und Possenreißern oder zwischen den Darstellern der Tragödie und denen der Komödie zu unterscheiden, sondern bedeckt alle, die die Bühne besteigen, mit derselben Schande. *Quisquis in scenam prodierit, ait praetor, infamis est.* Wahr ist allein, daß diese Schande weniger auf die Darstellung selber fiel als auf den Stand, der aus ihr seinen Beruf machte, denn die Jugend Roms stellte nach Ende der großen Stücke die *Atellanae* oder *Exodia* dar, ohne an Ehre zu verlieren. Mit dieser Ausnahme sieht man aus zahllosen Zusammenhängen, daß die Schauspieler unterschiedslos Sklaven waren und als solche behandelt wurden, wenn das Publikum mit ihnen unzufrieden war.

Ich weiß nur ein Volk, das hierin nicht die Grundsätze aller anderen geteilt hat, und das sind die Griechen. Es ist sicher, daß bei ihnen der Theaterberuf so wenig entehrend war, daß Griechenland Beispiele von Schauspielern bietet, die gewisse öffentliche Ämter bekleideten, sei es im Staat oder als Gesandte. Die Ursachen für diese Ausnahme lassen sich leicht feststellen. (1) Da die Tragödie und die Komödie bei den Griechen erfunden wurden, konnten sie einen Stand nicht im voraus verachten, dessen Wirkungen man noch nicht kannte, und als man sie zu kennen begann, hatte die öffentliche Meinung sich schon gefestigt. (2) Weil die Tragödie in ihren Ursprüngen etwas Heiliges hatte, wurden ihre Darsteller mehr als Priester denn als Possenreißer angesehen. (3) Da die Themen aller Stücke den nationalen Altertümern entnommen waren, die die Griechen anbeteten, sahen sie in denselben Schauspielern weniger Leute, die Fabeln aufführen, als gelehrte Bürger, die ihren Mitbürgern die Geschichte des Landes vor Augen halten. (4) Dieses Volk, das sich an seiner Freiheit bis zu dem Glauben berauschte, daß die Griechen die einzigen von Natur freien Menschen seien*, erinnerte sich mit lebhaftem Vergnügen seiner früheren Mißgeschicke und der Verbrechen seiner Herren. Diese großen Gemälde belehrten es unaufhörlich, und es konnte sich einer gewissen Achtung vor den Organen dieser Belehrung nicht erwehren. (5) Weil ihre Tragödie nur von Männern gespielt wurde, gab es auf ihren Theatern nicht die skandalöse Vermischung von Männern und Frauen, die aus den unseren ebenso viele Schulen der schlechten Sitten macht. (6) Schließlich hatte ihr Schauspiel nichts von der Dürftigkeit unserer Schauspiele. Ihre Theater waren nicht auf Geldgier und Eigennutz errichtet, sie waren nicht in dunkle Gefängnisse eingesperrt, ihre Schauspieler hatten es nicht nötig, von den Zuschauern Geld zu nehmen oder aus dem Augenwinkel die Leute zu zählen, die sie durch die Tür hereinkommen sahen, um eines Abendessens sicher zu sein.

Diese großen und herrlichen Spiele wurden unter freiem Himmel vor den Augen einer ganzen Nation gegeben und boten überall nur Kämpfe, Siege und Preise, also was die Griechen mit brennendem Eifer zu erfüllen und ihren Herzen Verlangen nach Ehre und Ruhm einzuflößen vermochte. Und mitten in dieser eindrucksvollen Veranstaltung, die die Seele erhob und bewegte, teilten die von gleichem Eifer erfüllten Schauspieler je nach ihrem Talent die Ehre mit den Siegern der Spiele, oft den ersten Männern der Nation. Ich bin nicht überrascht, daß ihr Beruf, in dieser Weise ausgeübt, sie nicht nur nicht erniedrigte, sondern ihnen jenen mutigen Stolz, jene edle Selbstlosigkeit verlieh, die den Schauspieler manchmal zu seiner Rolle zu erheben scheint. Trotz alledem wurde Griechenland mit Ausnahme Spartas nie als Beispiel für gute Sitten genannt, und Sparta, das kein Theater duldete, brauchte sich nicht zu hüten, diejenigen, die in ihm auftraten, zu ehren.

* Iphigenie sagt dies ausdrücklich in der Tragödie des Euripides, die ihren Namen trägt.

Kehren wir zu den Römern zurück, die in diesem Punkt dem Beispiel der Griechen ganz und gar nicht folgten, sondern ein ganz entgegengesetztes Beispiel gaben. Als ihre Gesetze die Schauspieler für ehrlos erklärten, geschah das in der Absicht, den ganzen Berufsstand zu entehren? Was wäre der Nutzen einer so grausamen Anordnung gewesen? Sie entehrten diesen Stand durchaus nicht, sie stellten nur die Ehrlosigkeit, die untrennbar von ihm ist, rechtsgültig fest, denn gute Gesetze ändern niemals die Natur der Dinge, sie folgen ihr nur, und nur solche Gesetze werden befolgt. Es bringt also nichts, gleich gegen die Vorurteile zu zetern, ohne erst einmal zu wissen, ob es nur Vorurteile sind und ob der Schauspielerberuf nicht wirklich an sich entehrend ist, denn wenn er das nun einmal sein sollte, so können wir, soviel wir wollen, behaupten, er sei es nicht; statt ihn zu rehabilitieren, werden wir uns nur selbst verächtlich machen.

Was ist das Talent des Schauspielers? Die Kunst, sich zu verstellen, einen anderen als den eigenen Charakter anzunehmen, anders zu erscheinen, als man ist, kaltblütig sich zu erregen, etwas anderes zu sagen, als man denkt, und das so natürlich, als ob man es wirklich dächte, und endlich seine eigene Lage dadurch zu vergessen, daß man sich in die eines anderen versetzt. Was ist der Beruf des Schauspielers? Ein Gewerbe, bei dem er sich für Geld selbst zur Schau stellt, bei dem er sich der Schande und den Beleidigungen aussetzt, die auszusprechen man sich das Recht erkauft, und bei dem er seine Person öffentlich zum Verkauf anbietet. Ich bitte jeden ehrlichen Mann zu sagen, ob er nicht auf dem Grunde seiner Seele spürt, daß dieser Handel mit sich selbst etwas Kriecherisches und Gemeines hat. Ihr übrigen Philosophen, die ihr so hoch über den Vorurteilen zu schweben vorgebt, würdet ihr nicht alle vor Scham sterben, wenn ihr, feige als Könige verkleidet, vor den Augen der Öffentlichkeit eine andere als eure eigene Rolle spielen und eure Majestät dem Geheul des Pöbels aussetzen müßtet? Was also ist im Grund der Geist, den der Schauspieler von seinem Stande empfängt? Eine Mischung aus Niedrigkeit, Falschheit, von lächerlichem Dünkel und würdeloser Gemeinheit, die ihn befähigt, alle Arten von Rollen zu spielen außer der edelsten, die er aufgibt, außer der des Menschen.

Ich weiß, daß das Spiel eines Schauspielers nicht das eines Betrügers ist, der damit täuschen will, daß der Schauspieler nicht wirklich für die Person, die er nachahmt, gehalten werden will, und daß er diese Nachahmung, indem er sie als das ausgibt, was sie ist, völlig unschuldig macht. Auch klage ich ihn nicht an, im wörtlichen Sinne ein Betrüger zu sein, sondern daß er die Fähigkeit, Menschen zu täuschen, für alle Berufe ausbildet und sich in Haltungen übt, die nur auf dem Theater unschuldig sein können, überall sonst aber dazu dienen, Böses zu tun. Diese so gut gekleideten und in der Sprache der Galanterie und der Leidenschaft so geübten Männer sollten diese Kunst niemals zur Verführung junger Mädchen mißbrauchen? Diese spitzbübischen Diener, die auf der Bühne mit der Zunge wie mit der Hand gleichermaßen geschickt sind, sollten sie sich für die Bedürfnisse eines eher kostspieligen als einträglichen Gewerbes niemals eine ihnen nützliche Zerstreung verschaffen? Sollten sie niemals die Geldbörse eines verschwenderischen Sohnes oder geizigen Vaters für Léandres oder Argans Börse ansehen?* Überall wächst die Versuchung, Böses zu tun, mit der Gelegenheit, und Schauspieler müssen schon tugendhafter als andere Menschen sein, wenn sie nicht verdorbener sind.

Der Redner, der Prediger, so könnte man einwenden, setzen ihre Person ebenso ein wie der Schauspieler. Der Unterschied ist sehr groß. Wenn der Redner auftritt, dann, um zu reden, und nicht, um sich zur Schau zu stellen; er stellt nur sich selber dar, er spielt nur seine eigene Rolle, er spricht nur im eigenen Namen und sagt nichts oder sollte nichts sagen, was er nicht auch denkt. Weil Mensch und Rolle dasselbe Wesen sind, ist er an seinem Platz, er ist in derselben Lage wie jeder andere Bürger, der die Pflichten seines Standes erfüllt. Aber der Schauspieler auf der Bühne stellt andere Überzeugungen als seine eigenen zur Schau,

* Man hat hervorgehoben, wie übertrieben und lächerlich dies ist. Man hatte recht. Es gibt kein Laster, dessen die Schauspieler seltener angeklagt werden als des Diebstahls. Ihr Beruf, der sie sehr in Anspruch nimmt und ihnen in gewisser Hinsicht sogar Ehrgefühl gibt, läßt es zu solcher Niedrigkeit nicht kommen. Dennoch lasse ich die Passage stehen, weil ich es mir zum Gesetz gemacht habe, nichts zu streichen, aber ich widerrufe sie laut als eine große Ungerechtigkeit.

sagt nur, was man ihn sagen läßt, stellt oft Chimären dar und verneint sich sozusagen, vernichtet sich in seinem Helden, und wenn von ihm etwas übrigbleibt, dann soll das die Zuschauer belustigen. Was soll ich aber von Leuten sagen, die zu befürchten scheinen, sie könnten als die, die sie sind, zu viel gelten, und sich so weit erniedrigen, Personen zu spielen, denen zu ähneln ihnen sehr verdrießlich wäre? Ohne Zweifel ist es sehr schlimm, so viele Schurken in der Welt die Rolle von Ehrenmännern spielen zu sehen, aber gibt es etwas Häßlicheres, Empörenderes und Feigeres als einen ehrenhaften Menschen, der auf dem Theater die Rolle eines Schurken spielt und all sein Talent aufbietet, um verbrecherischen Grundsätzen zur Geltung zu verhelfen, die ihn selbst erschauern lassen?

Wenn man in all dem nur einen wenig ehrbaren Beruf sieht, so muß man in der Liederlichkeit der Schauspielerinnen eine Quelle der schlechten Sitten sehen, welche die Liederlichkeit der Schauspieler bewirkt und nach sich zieht. Aber warum ist sie unvermeidlich? Ach ja, warum? In keiner anderen Zeit mußte man so fragen, aber in diesem Jahrhundert, in dem die Vorurteile und der Irrtum so hochmütig unter dem Namen der Philosophie regieren, haben die Männer, abgestumpft von ihrer eitlen Gelehrtheit, ihren Geist der Stimme der Vernunft und ihr Herz der Stimme der Natur verschlossen.

In jedem Staat, in jedem Land und jedem Stand besteht zwischen den beiden Geschlechtern eine so starke und natürliche Beziehung, daß die Sitten des einen immer über die des anderen entscheiden. Diese Sitten sind durchaus nicht immer gleich, aber sie haben immer den gleichen Grad von Güte, der in jedem Geschlecht durch die ihm eigentümlichen Neigungen modifiziert wird. Die Engländerinnen sind lieblich und schüchtern, die Engländer sind hart und wild. Woher kommt dieser offensichtliche Gegensatz? Er beruht darauf, daß der Charakter beider Geschlechter sich auf diese Weise verstärkt und daß auch der Nationalcharakter alles zum äußersten treibt. Bis auf diese Ausnahme ist alles ähnlich. Die beiden Geschlechter leben gerne jedes für sich, beide schätzen die Tafelfreuden, beide versammeln sich, um nach dem Essen zu trinken, die Männer Wein, die Frauen Tee, beide ergeben sich ohne Begeisterung dem Spiel und betreiben es mehr als Handwerk denn als Leidenschaft, beide haben große Achtung vor ehrbaren Dingen, beide lieben das Vaterland und die Gesetze, beide achten die eheliche Treue und rechnen es sich nicht zur Ehre an, sie zu brechen, beide lieben den häuslichen Frieden, beide sind wortkarg und verschwiegen, beide sind schwer zu erregen, beide sind aufbrausend in ihren Leidenschaften, für beide ist die Liebe schrecklich und tragisch, sie entscheidet über ihr Lebensschicksal, sie läßt sie, wie Muralt sagt, entweder den Verstand oder das Leben verlieren, schließlich lieben beide das Landleben, und die englischen Damen spazieren ebenso gerne durch ihre einsamen Parks, wie sie sich in Vauxhall zeigen. Aus dem Vergnügen, das sie gemeinsam an der Einsamkeit finden, ergibt sich auch das an betrachtender Lektüre und an den Romanen, von denen England überschwemmt ist.* So sind beide Geschlechter mehr mit sich selbst befaßt, ergeben sich weniger leichtfertigen Nachahmungen, gewinnen mehr Geschmack an den wahren Freuden des Lebens und denken weniger daran, glücklich zu scheinen, als es zu sein.

Ich habe die Engländer besonders hervorgehoben, weil unter allen Nationen bei ihnen die Sitten der beiden Geschlechter zunächst am gegensätzlichsten zu sein scheinen. Aus ihrem Verhältnis in diesem Lande können wir auf die anderen schließen. Der ganze Unterschied ist der, daß das Leben der Frauen eine beständige Weiterentwicklung ihrer Sitten ist, während die Männer bei der Gleichförmigkeit ihrer Geschäfte mehr in den Hintergrund treten, so daß man sie schon bei ihren Vergnügungen aufsuchen muß, wenn man über ihre Sitten urteilen will. Wollt ihr die Männer kennen, so studiert die Frauen! Dieser Grundsatz gilt allgemein, und bis hierher wird jeder mit mir einer Meinung sein. Wenn ich aber hinzufüge, daß es für die Frauen außerhalb eines zurückgezogenen und häuslichen Lebens keine guten Sitten gibt, wenn ich sage, daß die friedliche Sorge für Familie und Haushalt ihr Teil ist, daß die Würde ihres Geschlechts in seiner Beschei-

* Sie sind wie die Menschen dort: großartig oder abscheulich. Man hat bisher, in welcher Sprache auch immer, keinen Roman geschrieben, der *Clarissa* auch nur annähernd gleichkäme.

denheit liegt, daß Scheu und Scham bei ihr nicht von Ehrbarkeit zu trennen sind, daß sie sich bereits von den Männern verführen läßt, wenn sie ihre Blicke sucht, und daß jede Frau sich entehrt, die sich zur Schau stellt: im selben Augenblick, wo ich dies sage, erhebt sich gegen mich jene Eintagsphilosophie, die im Winkel einer großen Stadt entsteht und vergeht und den Ruf der Natur und die einhellige Stimme des Menschengeschlechts ersticken will.

Gemeine Vorurteile! höre ich rufen. Kindische Irrtümer! Blendwerk der Gesetze und der Erziehung! Die Scham ist nichts, sie ist nur eine Erfindung der gesellschaftlichen Regeln, um die Rechte der Väter und Ehegatten zu sichern und in den Familien eine gewisse Ordnung aufrechtzuerhalten. Warum sollen wir über Bedürfnisse erröten, die die Natur uns einpflanzte? Warum sollen wir einen Anlaß zur Scham in einer Handlung sehen, die an sich selbst so gleichgültig und in ihren Wirkungen so nützlich ist, indem sie etwa dazu beiträgt, die Art fortzupflanzen? Da auf beiden Seiten das Verlangen das gleiche ist, warum sollte es sich verschieden zeigen? Warum soll sich das eine Geschlecht mehr als das andere den Neigungen verweigern, die beiden gemeinsam sind? Warum sollte der Mensch in diesem Punkt anderen Gesetzen folgen als die Tiere?

Deine Warum, sagte der Gott, würden niemals enden.

Aber nicht an den Menschen, sondern an seinen Schöpfer muß man diese Fragen richten. Ist es nicht lustig, daß ich mich fragen soll, warum ich mich eines natürlichen Gefühls schäme, wenn diese Scham mir nicht weniger natürlich ist als jenes Gefühl selber? Ebensogut könnte man mich fragen, warum ich dieses Gefühl habe. Ist es an mir, Rechenschaft über das abzulegen, was die Natur gemacht hat? Diese Denkweise müßte dazu führen, daß diejenigen, die nicht einsehen, warum der Mensch existiert, leugnen, daß er existiert.

Ich fürchte, daß diese großen Prüfer der Ratschlüsse Gottes seine Gründe ein wenig leicht genommen haben. Ohne daß ich mir einbilde, diese Gründe zu kennen, glaube ich, einige zu sehen, die ihnen entgangen sind. Was sie auch sagen mögen, die Scham, die die Freuden der Liebe vor den Augen anderer verbirgt, ist etwas, sie ist die Schutzwache, die die Natur den beiden Geschlechtern gegeben hat für einen Zustand der Schwäche und der Selbstvergessenheit, der sie der Gnade des erstbesten, der vorbeikommt, ausliefert. So bedeckt sie ihren Schlaf mit den Schatten der Nacht, damit sie während dieser Zeit der Dunkelheit Angriffen weniger ausgesetzt sind, so läßt sie jedes leidende Tier seine Zuflucht in der Einöde suchen, wo es in Frieden leidet und stirbt, sicher vor Angriffen, die es nicht mehr abwehren könnte.

Was die geschlechtliche Scham im besonderen betrifft: welche lieblichere Waffe konnte die Natur dem Geschlecht geben, das sie sich selbst zu verteidigen bestimmte? Das Verlangen ist das gleiche. Was soll das heißen? Gibt es auf beiden Seiten das gleiche Vermögen, es zu befriedigen? Was würde aus der menschlichen Art, wenn die Ordnung von Angriff und Verteidigung verändert würde? Der Angreifer würde durch Zufall einen Augenblick wählen, in dem der Sieg unmöglich ist. Der Angegriffene würde in Ruhe gelassen, wenn er sich ergeben möchte, und würde dauernd verfolgt, wenn er zu schwach wäre, sich zu unterwerfen. Da Können und Wollen nie übereinstimmen und die Begierden einander nie entsprechen würden, wäre die Liebe nicht mehr die Stütze der Natur, sondern ihre Zerstörerin und ihre Geißel.

Wenn beide Geschlechter den ersten Antrag der Liebe gleichermaßen stellen wie annehmen könnten, so gäbe es keine vergebliche Zudringlichkeit, die in ermüdender Freiheit immer schmachtenden Begierden würden nie erregt, die angenehmste aller Empfindungen würde im menschlichen Herzen nur einen flüchtigen Eindruck hinterlassen und ihr Ziel schwerlich erreichen. Das Hindernis, das uns dieses Ziel zu entrücken scheint, bringt es uns in Wirklichkeit näher. Das Verlangen, das mit Scham bedeckt wird, wird dadurch nur um so verführerischer, die Scham entflammt es, indem sie es hemmt, ihre Befürchtungen, ihre Ausflüchte, ihre Zurückhaltung, ihre schüchternen Geständnisse, ihre zarten und naiven Listen sagen besser, was sie zu verschweigen glaubt, als es die Leidenschaft ohne sie je gesagt hätte. Die Scham ist es, die Gunstbeweisen ihren Wert gibt und abschlägige Antworten mildert. Wahre Liebe besitzt in der Tat das, was ihr allein die Schamhaftigkeit streitig macht; diese Mischung von Schwäche und Sittsamkeit macht sie rührender und zärtlicher, und je weniger sie erhält, desto schätzenswerter ist ihr, was sie erhält. So genießt sie zugleich das Vergnügen, das ihr versagt wird, als auch das Vergnügen, das sie wirklich empfindet.

Warum, so fragt man, soll für eine Frau beschämend sein, was es für den Mann nicht ist? Warum soll für das eine Geschlecht ein Verbrechen sein, was das andere für erlaubt hält? Als ob die Folgen auf beiden Seiten die gleichen wären! Als ob all die strengen Pflichten der Frau nicht allein daher kämen, daß ein Kind einen Vater haben muß! Selbst wenn wir diese wichtigen Überlegungen nicht anstellen könnten, müßten wir immer noch dieselbe Antwort geben, und immer noch wäre sie unwiderleglich: so hat die Natur es gewollt, es ist ein Verbrechen, ihre Stimme zu ersticken. Der Mann soll kühn sein, das ist seine Bestimmung*, schließlich

* Wir wollen diese Kühnheit von Unverschämtheit und Gewalttätigkeit unterscheiden, denn nichts entsteht aus gegensätzlicheren Gefühlen und hat gegensätzlichere Wirkungen. Ich gehe von einer unschuldigen und freien Liebe aus, die ihr Gesetz nur aus sich selbst empfängt, allein dieser Liebe steht es zu, über ihr Geheimnis zu wachen und die Vereinigung der Personen wie der Herzen zu bilden. Wenn ein Mann das geschlechtliche Schamgefühl verletzt und sich gewaltsam an den Reizen eines jungen Dings vergreift, das nichts für ihn empfindet, dann ist seine Grobheit nicht leidenschaftlich, sondern bloß empörend. Sie zeugt von einer Seele ohne Anstand und Zartgefühl, ebenso unempfänglich für die Liebe wie für die Ehre. Der größte Wert der Freuden liegt in dem Herzen, das sie in uns erweckt. Einem wahren Liebenden würde der Besitz dessen, was er liebt, nur weh tun, ihn zornig und verzweifelt machen, wenn er glauben müßte, nicht wiedergeliebt zu werden. Auf unverschämte Art sein Verlangen ohne die Einwilligung derjenigen, die es erweckt hat, befriedigen zu wollen, das ist die Kühnheit eines Satyrs. Die Kühnheit eines Mannes aber besteht darin, daß er Verlangen zeigt, ohne zu mißfallen, daß er es angenehm macht und sich so verhält, daß es geteilt und er Herr seiner Gefühle wird, ehe er sich an die Person selbst wendet. Es ist nicht genug, geliebt zu werden, auch ein erwidertes Verlangen allein gibt nicht das Recht, es zu befriedigen, es gehört noch die Zustimmung des Willens dazu. Vergebens gewährt uns das Herz, was der Wille versagt. Der rechtschaffene Mann und der Liebhaber verzichten lieber, wenn sie es auch erlangen könnten. Diese stillschweigende Einwilligung erzwingen heißt alle Gewalt brauchen, die in der Liebe erlaubt ist: sie in den Augen zu lesen, sie im Verhalten trotz der abschlägigen Antwort des Mundes zu erkennen, das ist die Kunst dessen, der zu lieben weiß. Wird er dann vollkommen glücklich, so handelt er nicht tierisch, sondern ehrenhaft, er verletzt die Scham nicht, sondern achtet sie und dient ihr; er läßt ihr die Ehre, das noch zu verteidigen, was sie vielleicht lieber nicht verteidigt hätte.

muß einer sich erklären. Aber jede Frau ohne Scham ist schuldig und verderbt, weil sie ein Gefühl, das ihrem Geschlecht natürlich ist, mit Füßen tritt.

Wie kann man die Wahrheit dieser Überzeugung bestreiten! Würde nicht die ganze Welt sie ganz klar bezeugen, so genügte der bloße Vergleich der Geschlechter, um sie festzustellen. Ist es nicht die Natur, die die jungen Mädchen mit jenen lieblichen Zügen schmückt, die ein wenig Scham noch rührender macht? Ist sie es nicht, die ihren Augen jenen scheuen und zarten Blick verleiht, dem man nur mit so viel Mühe widersteht? Ist sie es nicht, die ihrem Aussehen mehr Glanz und ihrer Haut mehr Zartheit gibt, damit ein bescheidenes Erröten leichter sichtbar wird? Macht die Natur sie nicht furchtsam, damit sie fliehen, und schwach, damit sie nachgeben? Wozu sollte die Natur ihnen ein für Mitleid empfindsameres Herz, weniger Schnelligkeit, einen weniger kräftigen Körper, einen kleineren Wuchs und zartere Muskeln geben, wenn sie ihnen nicht bestimmt hätte, sich erobern zu lassen? Sie sind den Beschwerden der Schwangerschaft und den Schmerzen des Kindbetts ausgeliefert: sollte dieses Übermaß an Mühsal eine Verringerung der Kräfte fordern? Doch um diesen beschwerlichen Zustand zu ertragen, mußten sie stark genug sein, um nur zu unterliegen, wenn sie es wollen, und schwach genug, um immer einen Grund zu haben, sich zu ergeben. Dies ist genau der Platz, an den die Natur sie gestellt hat.

Gehen wir vom Nachdenken zur Erfahrung über. Wenn das Schamgefühl nur ein Vorurteil der Gesellschaft und der Erziehung wäre, dann müßte es sich an Orten stärker zeigen, wo die Erziehung sorgfältiger ist und wo man die gesellschaftlichen Regeln unaufhörlich verfeinert; überall dort aber müßte es schwächer sein, wo man dem ursprünglichen Zustand näher geblieben ist. Es ist genau umgekehrt.* In unseren Bergen sind die Frauen scheu und sittsam, ein Wort läßt sie erröten, sie wagen die Augen nicht zu den Männern zu erheben und bewahren Schweigen vor

* Ich erwarte den Einwand, die Frauen der Wilden hätten kein Schamgefühl, weil sie nackt gehen. Ich antworte, daß die Frauen bei uns noch weniger Scham kennen, weil sie bekleidet sind. Siehe den Schluß dieses Aufsatzes über die spartanischen Mädchen.

ihnen. In den großen Städten aber gilt das Schamgefühl als unfein und niedrig, es ist das einzige, dessen sich eine wohlerzogene Frau zu schämen hätte, und die Ehre, einen rechtschaffenen Mann zum Erröten gebracht zu haben, gebührt nur Frauen von bestem Stil.

Das Beispiel der Tiere beweist nichts und ist nicht wahr. Der Mensch ist weder ein Hund noch ein Wolf. In seiner Art brauchen sich nur die ersten gesellschaftlichen Bande herauszubilden, schon erhalten seine Gefühle eine Sittlichkeit, die den Tieren immer unbekannt bleiben wird. Die Tiere haben ein Herz und Leidenschaften, aber das heilige Bild des Ehrenhaften und des Schönen wird nur das menschliche Herz erfüllen.

Trotzdem, woher will man wissen, daß der Instinkt bei den Tieren nicht ähnliche Wirkungen hervorbringt wie das Schamgefühl bei den Menschen? Ich sehe täglich Beweise für das Gegenteil. Ich sehe, wie sich einige Tiere bei bestimmten Bedürfnissen verstecken, um den Sinnen einen Gegenstand des Ekels zu entziehen. Ich sehe, wie sie, statt zu fliehen, eifrig ihre Spuren beseitigen. Was fehlt diesen Bemühungen, um einen Zug von Anstand und Ehrenhaftigkeit aufzuweisen, als daß sie nicht beim Menschen angetroffen werden? In ihrer Liebe sehe ich Launen, Wahl, abgestimmte Verweigerungen, die dem Grundsatz recht nahekommen, daß die Leidenschaft durch Hindernisse verstärkt wird. Im Augenblick, da ich dies schreibe, habe ich ein Beispiel vor Augen, das mich bestätigt. Zwei junge Tauben in der glücklichen Zeit ihrer ersten Liebe liefern mir ein Gemälde, das sich nicht wenig von der tierischen Roheit unterscheidet, die unsere angeblichen Weisen ihnen beilegen. Die weiße Taube folgt ihrem Liebsten Schritt um Schritt und ergreift ihrerseits die Flucht, sobald er sich umdreht. Bleibt er stehen und tut nichts, so muntert ein leichtes Picken mit dem Schnabel ihn auf. Wenn er sich zurückzieht, folgt sie ihm. Wehrt er sich, so lockt ihn ein Flug von sechs Schritten wieder an. Die Unschuld der Natur weiß die Neckereien und den sanften Widerstand so kunstvoll anzubringen, daß auch die gewandteste Liebhaberin es ihr kaum nachtun würde. Nein, die ausgelassene Galatea machte es nicht besser, und Vergil hätte einen Taubenschlag als eines seiner bezauberndsten Bilder wählen können.

Selbst wenn man leugnen könnte, daß ein besonderes Schamgefühl den Frauen natürlich ist, wäre es doch nicht weniger wahr, daß ihnen in der Gesellschaft ein häusliches und zurückgezogenes Leben zukommt und daß man sie nach den Grundsätzen erziehen muß, die sich daraus ergeben. Wenn Schüchternheit, Schamhaftigkeit, Bescheidenheit, die ihnen eignen, gesellschaftliche Erfindungen sind, dann ist es für die Gesellschaft wichtig, daß die Frauen diese Eigenschaften erwerben und daß sie in ihnen entwickelt werden, und jede Frau, die sie mißachtet, verletzt die guten Sitten. Gibt es auf der Welt ein so rührendes und achtunggebietendes Schauspiel wie das einer Familienmutter im Kreise ihrer Kinder, wie sie die Arbeiten der Dienerschaft regelt, wie sie für ein glückliches Leben ihres Gatten sorgt und das Haus klug regiert? So erst zeigt sie sich in aller Würde einer ehrbaren Frau, so erst flößt sie wahrhaft Ehrfurcht ein, und so erst teilen sich Schönheit und Ehre in die Huldigungen, die der Tugend dargebracht werden.

Ein Haus ohne Herrin ist ein Leib ohne Seele, der bald zerfällt. Eine Frau außerhalb des Hauses verliert ihren schönsten Schmelz, und ihres wahren Schmuckes beraubt, ist ihr Auftreten unschicklich. Wenn sie einen Mann hat, was sucht sie dann unter Männern? Hat sie keinen Mann, warum riskiert sie, durch ihren Mangel an Zurückhaltung denjenigen abzustoßen, der versucht sein könnte, es zu werden? Was sie auch tun mag, man fühlt, daß sie in der Öffentlichkeit nicht an ihrem Platz ist, und selbst ihre Schönheit, die gefällt, ohne zu interessieren, ist nur ein Fehler mehr, für den das Herz sie tadelt. Dieser Eindruck, mag er uns von der Natur oder von der Erziehung eingegeben werden, ist allen Völkern der Welt geläufig, überall beurteilt man die Frauen nach ihrer Bescheidenheit, überall ist man überzeugt, daß sie die Pflichten ihres Geschlechts vernachlässigen, wenn sie nicht so auftreten, und überall kann man sehen, daß sie dann, wenn sie die männliche und feste Sicherheit des Mannes in Unverschämtheit verwandeln, sich selber durch diese häßliche Nachahmung erniedrigen und zugleich ihr Geschlecht und unseres entehren.

Ich weiß, daß in einigen Ländern entgegengesetzte Bräuche gelten, aber man sehe auch, welche Sitten daraus entstanden sind.

Ich brauche kein anderes Beispiel, um meine Grundsätze zu bestätigen. Wir wollen auf die Sitten der Frauen anwenden, was ich oben über die Ehrerbietung gesagt habe, die man ihnen entgegenbringt. Bei allen zivilisierten Völkern des Altertums lebten sie sehr abgeschlossen, sie zeigten sich selten in der Öffentlichkeit, nie mit Männern, und sie gingen mit ihnen nicht aus, sie hatten nicht den besten Platz im Theater und stellten sich dort nicht zur Schau*, es war ihnen nicht einmal erlaubt, an allen Vorstellungen teilzunehmen, und es ist bekannt, daß diejenigen, die es wagten, sich bei den olympischen Spielen zu zeigen, mit dem Tode bestraft wurden.

Im Hause hatten sie eine besondere Wohnung, die die Männer nie betraten. Wenn ihre Gatten ein Essen gaben, zeigten sich die Frauen kaum: die anständigen Frauen gingen vor Ende der Mahlzeit, und die anderen kamen nicht zu ihrem Beginn. Es gab keine gemeinsame Versammlung beider Geschlechter, und nie verbrachten sie den Tag zusammen. Weil so dafür gesorgt wurde, daß man einander nicht überdrüssig wurde, sah man sich mit um so größerer Freude wieder. Es ist sicher, daß allgemein der häusliche Friede gefestigter war und daß mehr Einigkeit zwischen den Gatten** herrschte als heute.

So war es bei den Persern, den Griechen, den Römern und sogar den Ägyptern Brauch, trotz der üblen Scherze Herodots, die für sich selbst sprechen. Wenn die Frauen einmal die Grenzen dieser Bescheidenheit überschritten, zeigte die öffentliche Erregung, daß dies die Ausnahme war. Was hat man nicht alles von der Freiheit des weiblichen Geschlechts in Sparta gesagt! Auch Aristophanes' *Lysistrate* zeigt, wie empörend die Schamlosigkeit der Athenerinnen in den Augen der Griechen war, und mit welcher Empörung sah man selbst noch im verdorbenen Rom die römischen Damen vor dem Tribunal der Triumvirn erscheinen!

* Im Theater von Athen saßen die Frauen auf einer hohen, *Kerkis* genannten Galerie, von der aus man schlecht sehen konnte und wo man kaum gesehen wurde. Aber aus dem Abenteuer von Valeria und Sulla erhellt, daß sie sich im Zirkus von Rom unter die Männer mischten.

** Man könnte das auf die Leichtigkeit der Ehescheidung zurückführen, aber die Griechen machten wenig Gebrauch davon, und Rom bestand fünfhundert Jahre, bevor man sich dort auf das Gesetz berief, welches sie erlaubt.

Alles hat sich geändert. Seitdem Horden von Barbaren, die in ihren Heeren ihre Frauen mit sich führten, Europa überschwemmt haben und die Freizügigkeit des Lagerlebens in Verbindung mit der Kälte der nördlichen Landstriche die Zurückhaltung weniger notwendig erscheinen ließ, kam eine andere Lebensweise auf, die auch von den Ritterromanen begünstigt wurde, worin schöne Damen ihr Leben damit verbringen, sich von Männern in Anstand und Ehren entführen zu lassen. Da diese Bücher die Schulen der Galanterie ihrer Zeit waren, verbreiteten sich die von ihnen inspirierten Begriffe von Freiheit vor allem an den Höfen und in den großen Städten, wo man sich mehr auf Höflichkeit zugute hält. Durch ihren Fortschritt mußte eben diese Höflichkeit in Roheit ausarten. So ist die Sittsamkeit, die dem weiblichen Geschlecht natürlich ist, allmählich verschwunden, und die Sitten der Marketenderinnen haben sich auf die Frauen von Rang übertragen.

Aber wollen Sie wissen, wie empörend diese den natürlichen Begriffen entgegengesetzten Bräuche auf Leute wirken, die sie nicht gewohnt sind? Urteilen Sie darüber nach der Überraschung und Verlegenheit der Fremden und der Provinzbewohner beim Anblick jener für sie so neuartigen Manieren. Diese Verlegenheit ist eine Lobeshymne auf die Frauen ihres Landes, und man darf annehmen, daß die Frauen, die dieses Erstaunen verursachen, weniger stolz darauf wären, wenn sie seinen Grund besser kennen würden. Es ist nicht so, daß man beeindruckt wäre, sondern eher errötet man, und das Schamgefühl, das die Frauen aus ihren Reden und aus ihrer Aufführung verbannt haben, findet seine Zuflucht im Herzen des Mannes.

Ich kehre jetzt zu unseren Schauspielerinnen zurück und frage: Wie kann ein Stand, dessen einzige Beschäftigung es ist, sich öffentlich und, was noch schlimmer ist, gegen Geld zu zeigen, sich für ehrbare Frauen schicken und sich mit ihrer Bescheidenheit und ihren guten Sitten vertragen? Muß man sich noch über die sittlichen Unterschiede der Geschlechter streiten, damit deutlicher wird, wie unwahrscheinlich es ist, daß eine Frau, die sich für Geld zur Schau stellt, sich nicht auch bald für Geld zur Verfügung stellt und sich nicht versuchen läßt, das Verlangen, das sie mit so viel Mühe erregt, auch zu befriedigen? Wie! Trotz tausend besorgter Vorkehrungen hat eine anständige und kluge Frau, die der geringsten Gefahr ausgesetzt wird, gleichwohl große Mühe, sich ein festes Herz zu bewahren, und diese kühnen jungen Personen, die keine andere Erziehung kennen als ein System von Koketterie und Liebesrollen, die wenig sittsam gekleidet* und dauernd von einer heißblütigen und tollkühnen Jugend umgeben sind inmitten süßer Lust- und Liebesworte, diese jungen Personen, sage ich, sollen in ihrem Alter, bei ihrem Herzen, den Dingen, die sie umgeben, den Worten, die man an sie richtet, den immer neu sich ergebenden Gelegenheiten und dem Gold, mit dem sie schon im voraus halb gekauft sind, widerstehen? Man müßte uns schon für kindlich einfältig halten, um uns in diesem Punkte täuschen zu wollen. Mag sich das Verbrechen auch im Dunkel verbergen, es ist an den schuldigen Gesichtern abzulesen: die Kühnheit einer Frau ist das sichere Zeichen ihrer Schande, denn weil sie zuviel Grund hat zu erröten, errötet sie nicht mehr, und wenn auch manchmal das Schamgefühl die Keuschheit überlebt, was soll man von der Keuschheit halten, wenn das Schamgefühl selbst erloschen ist?

Gehen wir, wenn Sie wollen, davon aus, daß es einige Ausnahmen gegeben hat, nehmen wir an,

Es gebe davon bis zu dreien, die man nennen könnte.

Gerne will ich glauben, was ich niemals gesehen noch habe sagen hören. Aber sollen wir ein Gewerbe ehrbar nennen, in dem eine ehrbare Frau ein Wunder ist, und das uns zwingt, diejenigen, die es ausüben, zu verachten, es sei denn, wir rechneten auf ein dauerndes Wunder? Die Sittenlosigkeit paßt so gut zum Stand der Schauspielerinnen, und sie wissen das selber so gut, daß es nicht eine unter ihnen gibt, die sich nicht lächerlich zu machen glaubte, wenn sie auch nur so täte, als nähme sie Reden von Weisheit und Ehre ernst, die sie dem Publikum vorträgt. Aus Angst, diese strengen Grundsätze könnten eine ihrem Interesse nachteilige Wirkung haben, ist die Schauspielerin immer die erste, die ihre Rolle parodiert und ihr eigenes Werk zerstört. Sobald sie die Ku-

* Was heißt das wohl, wenn wir ihnen die Schönheit unterstellen, die man von ihnen zu verlangen berechtigt ist? Siehe die *Entretiens sur le fils naturel.*

lisse erreicht, verläßt sie die Moral des Theaters ebenso wie seine Würde, und wenn man auf der Bühne Lektionen der Tugend erhält, so wird man sie rasch hinter der Bühne vergessen.

Nach dem, was ich gerade gesagt habe, brauche ich wohl nicht zu erklären, wie die Liederlichkeit der Schauspielerinnen diejenige der Schauspieler nach sich zieht, vor allem in einem Gewerbe, das sie mit der größten Vertraulichkeit zusammen zu leben zwingt. Ich brauche weder zu zeigen, wie durch einen entehrenden Stand ehrlose Gefühle entstehen, noch wie die Laster diejenigen entzweien, die das gemeinsame Interesse verbinden sollte. Ich will mich nicht über die tausend Gründe für Zwietracht und Zank verbreiten, die sich dauernd aus der Verteilung der Rollen und der Einnahmen, aus der Wahl der Stücke und aus dem Neid auf den Beifall vor allem unter den Schauspielerinnen ergeben, gar nicht zu reden von den Liebesintrigen. Noch weniger brauche ich die Wirkungen herauszustellen, die das unter diesen Leuten unvermeidliche Nebeneinander von Überfluß und Armut mit sich bringen muß. Ich habe für Sie und für vernünftige Leute bereits zuviel gesagt und würde nie genug sagen können für die Voreingenommenen, die das, was die Vernunft ihnen zeigt, nicht sehen wollen und nur das zur Kenntnis nehmen, was ihren Leidenschaften und Vorurteilen entspricht.

Wenn all dies mit dem Beruf des Schauspielers verbunden ist, was sollen wir tun, mein Herr, um dessen unvermeidlichen Wirkungen zuvorzukommen? Ich meinerseits sehe nur ein Mittel: die Ursachen müssen beseitigt werden. Wenn ein Mensch an etwas leidet, was aus seiner Natur oder durch eine unabänderliche Lebensweise kommt, können die Ärzte Abhilfe schaffen? Dem Schauspieler verbieten, lasterhaft zu sein, heißt soviel wie dem Menschen verbieten, krank zu sein.

Folgt daraus, daß man alle Schauspieler verachten soll? Im Gegenteil, es folgt daraus, daß ein Schauspieler, der Bescheidenheit, gute Sitten und Ehrenhaftigkeit besitzt, doppelt schätzenswert ist, wie Sie sehr gut gesagt haben, denn er zeigt dadurch, daß die Liebe zur Tugend in ihm den Sieg über die menschlichen Leidenschaften und über den Einfluß seines Berufes davongetragen hat. Der einzige Fehler, den man ihm vorwerfen kann, ist, daß er ihn ergriffen hat, aber zu oft entscheidet ein Jugendstreich über das ganze Lebensschicksal. Und wer kann widerstehen, wenn er ein wirkliches Talent in sich fühlt? Die großen Schauspieler tragen ihre Entschuldigung mit sich, nur die schlechten muß man verachten.

Wenn ich mich so lange mit den allgemeinen Begriffen aufgehalten habe, so heißt das nicht, daß ich aus ihrer genauen Anwendung auf die Stadt Genf nicht noch größere Vorteile ziehen könnte. Aber der Widerwille, meine Mitbürger auf die Bühne zu schicken, läßt mich erst so spät wie möglich von uns sprechen. Ich muß aber schließlich dazu kommen, und ich hätte meine Aufgabe nur unvollständig gelöst, wenn ich nicht für unsere besondere Situation untersuchte, was aus der Einrichtung eines Theaters in unserer Stadt folgen wird, falls Ihre Ansicht und Ihre Gründe die Regierung bestimmen sollten, sie hier zuzulassen. Ich werde mich auf Wirkungen beschränken, die so deutlich sind, daß sie von niemandem bestritten werden können, der unsere Verfassung auch nur ein wenig kennt.

Genf ist reich, das ist richtig, aber obgleich man hier nicht die ungeheuren Vermögensunterschiede sieht, die ein ganzes Land durch die Bereicherung einiger seiner Bewohner arm machen und um den Überfluß herum das Elend säen, besitzen doch einige Genfer gewiß recht umfangreiche Güter, während viele ziemlich bitteren Mangel leiden, und das Wohlergehen der großen Zahl verdankt sich eher angestrengter Arbeit, Sparsamkeit und Bescheidenheit als einem positiven Reichtum. Es gibt viele Städte, die ärmer sind als unsere, wo aber der Bürger viel mehr für sein Vergnügen ausgeben kann, weil der Boden, der ihn ernährt, sich nicht erschöpft und weil er seine völlig wertlose Zeit ohne Vorbehalt verlieren kann. So geht es bei uns nicht, denn ohne Land, um davon zu leben, haben wir nur unsere Gewerbe. Das Volk von Genf erhält sich nur kraft seiner Arbeit und hat das Notwendige nur, wenn es auf alles Überflüssige verzichtet: das ist einer der Gründe für unsere Luxusgesetze. Das erste, was den Fremden, der Genf betritt, überrascht, ist wohl das Leben und die Tätigkeit, die er hier regieren sieht. Alles ist beschäftigt und in Bewegung, alles geht seiner Arbeit und seinen Geschäften nach. Ich glaube nicht, daß irgendeine andere kleine Stadt der Welt ein ähnliches Schauspiel bietet. Besuchen Sie das Viertel St. Gervais: die gesamte Uhrmacherei Europas scheint hier versammelt. Gehen Sie den Molard und die unteren Straßen entlang: der große kaufmännische Aufwand, Haufen von Ballen, durcheinanderliegende Fässer, ein Duft von Indien und nach Gewürzhandel lassen einen denken, man sei in einer Hafenstadt. In Pâquis und in Eaux-Vives scheint Sie der Lärm und der Anblick der Fabriken von bedrucktem Kattun und Leinentuch nach Zürich zu versetzen. Die Stadt vervielfacht sich gewissermaßen durch die Arbeiten, die in ihr verrichtet werden; ich habe Leute getroffen, die ihre Einwohnerzahl auf den ersten Blick auf hunderttausend Seelen geschätzt haben. Die starken Arme, die Ausnutzung der Zeit, die Wachsamkeit und strenge Sparsamkeit, das sind die Schätze der Genfer. Mit ihnen versehen, erwarten wir die Lustbarkeit von Müßiggängern, die uns zugleich die Zeit und das Geld rauben und unseren Verlust verdoppeln werden.

Genf hat, wie Sie auch wissen, keine vierundzwanzigtausend Einwohner. Ich sehe, daß Lyon, das im Verhältnis sehr viel reicher ist und wenigstens fünf- oder sechsmal mehr Einwohner hat, sein Theater kaum tragen kann und daß eine Oper für diese Stadt schon zuviel wäre. Ich sehe, daß Paris, die Hauptstadt von Frankreich und der Abgrund, der alle Reichtümer dieses großen Königreichs verschlingt, drei Theater und zu bestimmten Zeiten des Jahres ein viertes hat. Nehmen wir an, dieses vierte Theater gäbe es ständig.* Ich sehe, daß dieser Treffpunkt von Überfluß und Müßiggang mit seinen mehr als sechshunderttausend Einwohnern alles in allem täglich kaum mehr als tausend oder zwölfhundert Theaterzuschauer liefert. Im übrigen Königreich sehe ich, daß Bordeaux, Rouen, die großen Hafenstädte, daß Lille, Straßburg und die großen Festungen voller müßiger Offiziere, die ihr

* Ich zähle die geistlichen Konzerte nicht mit, denn sie sind kein Schauspiel zusätzlich zu den anderen, sondern ergänzen sie nur. Ich zähle ja auch die kleinen Schaustellungen um das Théâtre de la Foire nicht mit, aber dafür rechne ich dieses das ganze Jahr, obgleich es nur ein halbes dauert. Bei der vergleichenden Untersuchung, ob eine Truppe in Genf bestehen kann, nehme ich überall Verhältnisse an, die der bejahenden Antwort günstiger sind, als die bekannten Tatsachen es zulassen.

Leben damit verbringen, den Mittag und die achte Stunde zu erwarten, ein Theater haben, doch müssen sie unfreiwillige Steuern erheben, um es zu unterhalten. Aber wie viele andere Städte, die viel größer sind als unsere, wie viele Sitze von königlichen und unabhängigen Gerichten können sich kein stehendes Theater leisten!

Um zu urteilen, ob wir imstande sind, es besser zu machen, nehmen wir einen gut bekannten Vergleichspunkt, z. B. die Stadt Paris. Ich sage also: wenn mehr als sechshunderttausend Einwohner täglich den Pariser Theatern alles in allem nur zwölfhundert Zuschauer bringen, werden weniger als vierundzwanzigtausend Einwohner in Genf sicherlich nicht mehr als achtundvierzig zusammenbringen. Von dieser Zahl muß man die Freikarten noch abziehen und annehmen, daß es in Genf nicht, im Verhältnis gesehen, weniger Beschäftigungslose gibt als in Paris, eine Annahme, die mir unhaltbar scheint.

Wenn also die französischen Schauspieler, die königliche Gnadengehälter beziehen und ihre Theater selbst besitzen, sich in Paris mit dreihundert Besuchern pro Vorstellung* kaum halten können, dann frage ich, wie die Schauspieler in Genf mit einem Publikum von achtundvierzig Zuschauern als einziger Geldquelle auskommen sollen. Sie werden sagen, daß man in Genf billiger lebt als in Paris. Ja, aber die Eintrittskarten werden im Verhältnis auch weniger kosten, und dann sind die Ausgaben für Tafelfreuden bei Schauspielern auch nicht das Entscheidende. Die Kostüme sind es, der Schmuck, die sie in Unkosten stürzen. Man wird all das aus Paris kommen lassen oder ungelernte Arbeitskräfte dafür anlernen müssen. Billiger werden alle diese Sachen an den Orten hergestellt, wo sie gebräuchlich sind. Weiter werden Sie einwenden, daß man all das ja unseren Luxusgesetzen unterwerfen wird. Vergeblich wäre es jedoch, das Theater reformieren zu wollen; niemals werden Kleopatra und Xerxes unsere Einfach-

* Wer nur an den guten Tagen ins Theater geht, wenn die Besucherzahl hoch ist, wird diese Schätzung zu niedrig finden. Wer aber wie ich zehn Jahre lang an guten wie an schlechten Tagen ins Theater gegangen ist, wird sie eher zu hoch finden. Wenn die tägliche Besucherzahl von dreihundert in Paris jedoch verringert werden muß, sinkt entsprechend auch die von achtundvierzig in Genf, wodurch meine Einwände verstärkt werden.

heit genießen. Da es der Beruf des Schauspielers ist, Aufsehen zu erregen, würde man ihm die Freude an seinem Berufe nehmen, wenn man ihn daran hindert, und ich zweifle, daß ein Schauspieler jemals freiwillig Quäker werden würde. Schließlich kann man mir entgegenhalten, daß die Genfer Theatertruppe weniger zahlreich wäre als die von Paris und deshalb mit sehr viel geringeren Unkosten bestehen könnte. Einverstanden, aber wird dieser Unterschied sich wie achtundvierzig zu dreihundert verhalten? Man nehme hinzu, daß eine größere Truppe den Vorteil hat, häufiger spielen zu können, denn in einer kleinen fehlen die Ersatzleute, und es können nicht alle täglich spielen; wegen Krankheit oder Abwesenheit eines einzigen Darstellers muß die Vorstellung ausfallen, und das gibt entsprechend Verlust an der Kasse.

Der Genfer liebt das Landleben ungemein, man kann das an der großen Zahl von Häusern sehen, die rings die Stadt umgeben. Die Reize der Jagd und die Schönheit der Umgebung fördern diesen gesunden Geschmack. Da die Tore bei Einbruch der Nacht schließen und so der Freiheit, draußen spazierenzugehen, ein Ende machen und weil die Landhäuser so nahe sind, schlafen nur wenige begüterte Leute während des Sommers in der Stadt. Man verbringt den Tag bei seinen Geschäften, geht am Abend, wenn die Tore schließen, hinaus und zieht sich in seine kleine Bleibe zurück, um die reinste Luft zu atmen und die reizvollste Landschaft zu genießen, die es unter dem Himmel gibt. Viele Bürger und Stadtbewohner verbringen sogar das ganze Jahr dort und haben gar keinen Wohnsitz in der Stadt. All das bringt dem Theater entsprechend Verlust, und während der ganzen schönen Jahreszeit bleiben zu seiner Unterhaltung fast nur Leute, die es nie besuchen. In Paris ist das ganz anders: man verbindet das Theater sehr gut mit dem Landleben, und den ganzen Sommer sieht man zur Stunde, wo die Theater schließen, lauter Kutschen aus den Toren fahren. Was die Leute betrifft, die in der Stadt schlafen, so übt die Möglichkeit, die Stadt jederzeit zu verlassen, auf sie weniger Reiz aus, als die Unannehmlichkeiten, die damit verbunden sind, sie abschrecken. Man langweilt sich sehr bald auf den öffentlichen Spazierwegen, man muß das Land so weit draußen suchen, die Luft dort ist dermaßen mit Schmutz verunreinigt und die

Aussicht so wenig reizvoll, daß man sich lieber gleich ins Theater verkriecht. Das wäre also noch ein Nachteil für unsere Schauspieler und ein halbes verlorenes Jahr. Glauben Sie, mein Herr, daß sie leicht etwas finden werden, diese Zeit zu überbrücken? Ich meinerseits sehe nur ein Mittel: die Stunde zu ändern, wo man die Tore schließt, unsere Sicherheit unserem Vergnügen zu opfern und mitten zwischen drei Mächten, deren entfernteste keine halbe Meile zurücklegen muß, um auf unser Glacis zu gelangen, während der Nacht die Festung offenzuhalten.*

Das ist noch nicht alles. Eine Einrichtung, die unseren überlieferten Grundsätzen so entgegen ist, wird sicherlich nicht allgemein begrüßt werden. Wie viele edle Bürger werden mit Unwillen beobachten, wie sich dieses Denkmal des Luxus und der Verweichlichung auf den Ruinen unserer alten Schlichtheit erhebt und von ferne die allgemeine Freiheit bedroht! Glauben Sie, diese Leute würden die Neuerung, die sie lautstark mißbilligt haben, durch ihren Besuch rechtfertigen? Seien Sie sicher, daß manche, die ohne Zögern in Paris ins Theater gehen, in Genf keinen Fuß hineinsetzen würden, weil ihnen das Wohl ihres Vaterlandes teurer ist als ihr Vergnügen. Wo ist die törichte Mutter, die es wagen wird, ihre Tochter in diese gefährliche Schule zu führen, und wie viele achtbare Frauen würden sich zu entehren glauben, wenn sie selber hingingen? Wenn sich in Paris einige Leute des Theaters enthalten, so geschieht das einzig aus religiösen Gründen, die bei uns sicherlich nicht weniger stark wären, aber wir hätten darüber hinaus noch sittliche, moralische und patriotische Motive, die auch jene noch zurückhalten werden, die die Religion nicht zurückhält.**

* Alle unsere großen Befestigungsanlagen sind natürlich die nutzloseste Sache von der Welt, und sie wären selbst dann noch nutzlos, wenn wir Truppen genug hätten, um sie zu verteidigen, denn sicherlich kommt niemand uns belagern. Um aber keine Belagerung fürchten zu müssen, müssen wir dennoch Vorkehrungen dagegen treffen, damit wir vor jeder Überraschung sicher sind: nichts ist so einfach, wie in unserer Nachbarschaft Truppen zusammenzuziehen. Wir haben den Gebrauch, den man davon machen kann, nur zu gut kennengelernt und müssen bedenken, daß das am wenigsten begründete Recht außerhalb der Mauern sich in das beste verwandelt, wenn man drinnen ist.

** Damit will ich nicht sagen, daß man ohne Religion tugendhaft sein könne. Ich

Ich habe dargetan, daß sich ein Theater in Genf unmöglich allein mit Hilfe der Zuschauer halten kann. Von zwei Möglichkeiten muß deshalb eine gewählt werden: entweder legen die Reichen zusammen, um das Theater zu tragen, eine lästige Auflage, die zu erbringen sie sicherlich nicht lange Lust haben werden, oder der Staat mischt sich ein und trägt es auf seine Rechnung. Wie aber kann er das tun? Wenn er die Mittel für die notwendigen Ausgaben kürzt, für die die geringen Einkünfte ohnehin kaum ausreichen, womit soll er diese Ausgaben dann bestreiten? Oder soll er etwa für diesen wichtigen Zweck die Beträge ausgeben, die durch die Sparsamkeit und Rechtschaffenheit der Verwaltung bisweilen für besonders dringliche Fälle beiseite gelegt werden können? Müssen wir unsere kleine Garnison auflösen und selbst unsere Tore bewachen, müssen wir die geringen Bezüge unserer Beamten senken oder müssen wir uns aller Mittel für den geringsten unvorhergesehenen Fall entblößen? Wenn diese Mittel nichts taugen, sehe ich nur noch eines, das anwendbar wäre, nämlich Steuern und Abgaben zu erheben, unsere stimmberechtigten Bürger zu einer allgemeinen Ratsversammlung in die Kirche St. Pierre einzuberufen und ihnen dort feierlich vorzuschlagen, eine Abgabe für die Errichtung eines Theaters zu bewilligen.

Gott verhüte, daß ich unsere weisen und würdigen Magistrate je für fähig hielte, einen derartigen Vorschlag zu machen, und man kann sich schon aufgrund Ihres eigenen Artikels hinreichend vorstellen, wie dieser Vorschlag aufgenommen werden würde.

Falls wir das Unglück haben sollten, einen Ausweg aus diesen Schwierigkeiten zu finden, so wäre das für uns nur um so schlimmer, denn es wäre nur möglich aufgrund irgendeines geheimen Lasters, das uns in unserer Kleinheit noch mehr schwächen und früher oder später zugrunde richten würde. Unterstellen wir je-

war lange dieser irrtümlichen Meinung, von der ich nun ganz geheilt bin. Ich will damit nur sagen, daß ein Gläubiger sich manchmal aus Antrieben einer rein gesellschaftlichen Tugend gewisser an sich indifferenter Handlungen enthalten kann, die das Gewissen nicht unmittelbar betreffen, wie zum Beispiel das Theater an einem Ort zu besuchen, wo man kein Theater dulden sollte.

doch, daß es ein edler Eifer für das Theater wäre, der uns ein solches Wunder tun ließe, unterstellen wir, daß die Schauspieler in Genf gut versorgt und von unseren Gesetzen gut in Schranken gehalten wären, daß das Theater blühte und besucht würde, und unterstellen wir schließlich, daß unsere Stadt in einem Zustand wäre, wo sie, wie Sie sagen, gute Sitten und Schauspiele besäße und die Vorzüge der einen mit den Vorzügen der anderen verbinden würde, Vorzüge im übrigen, die mir wenig verträglich miteinander erscheinen, denn da der Vorzug des Schauspiels nur darin besteht, Ersatz für gute Sitten zu bieten, besteht er nirgends, wo es gute Sitten gibt.

Die erste spürbare Wirkung dieser Einrichtung wird, wie ich schon gesagt habe, eine Umwälzung unserer Gebräuche sein, aus der sich notwendigerweise eine Umwälzung unserer Sitten ergibt. Wird diese Umwälzung gut oder schlecht sein? Das muß jetzt geprüft werden.

Es gibt keinen gut verfaßten Staat, wo man nicht Gebräuche findet, die von der Form der Regierung abhängen und zu ihrer Aufrechterhaltung beitragen. Dazu gehörten zum Beispiel früher in London die Cliquen, die von den Verfassern des *Spectator* so unpassend ins Lächerliche gezogen worden sind. Den solchermaßen lächerlich gewordenen Cliquen sind die Cafés und verrufenen Häuser gefolgt. Ich bezweifle, daß das englische Volk viel durch diese Änderung gewonnen hat. Ähnliche Cliquen bestehen heute in Genf unter dem Namen »Zirkel«, und ich habe Grund, mein Herr, aus Ihrem Artikel zu schließen, daß Sie nicht unbeeindruckt den verständigen und vernünftigen Ton beobachtet haben, der durch sie in Genf herrschend geworden ist. Dieser Gebrauch ist alt bei uns, auch wenn sein Name es nicht ist. In meiner Kindheit gab es diese Cliquen unter dem Namen »Gesellschaften«, aber ihre Form war weniger gut und weniger geregelt. Die Waffenübung, die uns in jedem Frühjahr zusammenführt, die verschiedenen Preise, die während eines Teils des Jahres gewonnen werden, die militärischen Feste aus Anlaß dieser Preise, das Jagdfieber, das allen Genfern gemein ist, versammeln die Männer oft, geben ihnen Gelegenheit, untereinander Stammtische zu bilden, Landpartien zu veranstalten und schließlich Freundschaftsbande zu knüpfen. Aber diese Versammlungen, die nur zum Vergnügen und Zeitvertreib stattfanden, wurden im Wirtshaus abgehalten. Die Zwietracht in unserer Bürgerschaft und der Druck der Ereignisse zwangen uns, uns häufiger zu versammeln und in aller Ruhe zu beraten, und so verwandelten sich die lärmenden Gesellschaften in ehrbare Zusammenkünfte, die Zirkel genannt wurden, und eine traurige Ursache hatte sehr gute Wirkungen.*

Diese Zirkel sind Gesellschaften von zwölf oder fünfzehn Personen, die ein bequemes Quartier mieten, das auf gemeinsame Rechnung mit Möbeln und den nötigen Vorräten ausgestattet wird. In dieses Quartier begeben sich jeden Nachmittag die Mitglieder, die von ihren Geschäften oder Vergnügungen nicht anderwärts festgehalten werden. Man versammelt sich, ein jeder überläßt sich zwanglos den Genüssen seiner Wahl, man spielt, man schwatzt, man liest, man trinkt und raucht. Manchmal wird auch gegessen, aber selten, weil der Genfer solide ist und gern mit seiner Familie lebt. Oft geht man auch miteinander spazieren und zerstreut sich mit Übungen, die den Körper robust machen und halten. Die Frauen und die Töchter versammeln sich ihrerseits in Gesellschaften, mal bei der einen und mal bei der anderen. Gegenstand dieser Zusammenkünfte ist ein kleines Gesellschaftsspiel, ein Nachmittagskaffee und, wie man sich leicht denken kann, ein unerschöpfliches Geplauder. Die Männer sind von diesen Gesellschaften nicht strikt ausgeschlossen, sie nehmen aber nur selten daran teil, und ich möchte schlechter von denen denken, die man dort immer, als von denen, die man nie dort findet.

Das sind die täglichen Zerstreuungen des Genfer Bürgertums. Ohne daß es ihnen an Vergnügen und Fröhlichkeit gebricht, haben sie etwas Einfaches und Unschuldiges, wie es zu den Sitten einer Republik paßt. Aber von dem Augenblick an, wo es ein Theater gibt, lebt wohl, Zirkel, lebt wohl, Gesellschaften! Da haben wir die Umwälzung, die ich vorausgesagt habe, all dies geht notwenig zugrunde, und wenn Sie mir das Beispiel Londons ent-

* Von den Nachteilen spreche ich später.

gegenhalten, das ich ja selbst zitiert habe, wo das bestehende Theater die bestehenden Cliquen nicht behindert hat, so antworte ich, daß es im Verhältnis zu uns einen riesigen Unterschied gibt: in jener ungeheuer großen Stadt ist ein Theater nur ein verschwindend kleiner Punkt, in der unseren etwas Großes, das alles aufsaugen wird.

Wenn Sie mich dann fragen, was so schlimm daran ist, wenn die Zirkel abgeschafft werden . . . Nein, mein Herr, diese Frage wird von einem Philosophen nicht kommen, so redet ein Weib oder ein junger Mann, der unsere Zirkel mit Wachstuben verwechselt und Tabak zu riechen glaubt. Ich muß jedoch antworten, denn obgleich ich mich an Sie wende, schreibe ich diesmal für das Volk, und zweifellos wird das auch deutlich. Sie haben mich dazu gezwungen.

Erstens: Wenn der Tabakgeruch etwas Schlechtes ist, so ist es etwas sehr Gutes, Herr seines Vermögens zu bleiben und sicher zu sein, daß man zu Hause schläft. Aber ich vergesse bereits, daß ich nicht nur zu lauter d'Alemberts spreche. Ich muß mich anders ausdrücken.

Folgen wir den Hinweisen der Natur und befragen wir das Wohl der Gesellschaft. Wir werden finden, daß die beiden Geschlechter sich hin und wieder versammeln müssen, normalerweise aber getrennt leben. Ich habe das für die Frauen bereits gesagt und sage es jetzt für die Männer.

Ebensosehr wie die Frauen, und mehr als sie, sind die Männer empfindlich gegen den allzu innigen Umfang, bei dem die Frauen nur die guten Sitten, wir aber die Sitten und dazu noch unsere gute körperliche Verfassung einbüßen; denn dieses schwächere Geschlecht ist außerstande, unsere Lebensweise anzunehmen, die ihm zu beschwerlich ist, und zwingt uns deshalb zu der seinen, die für uns zu weichlich ist. Weil sie keine Männer werden können, machen die Frauen uns zu Frauen, sobald sie die Trennung nicht mehr hinnehmen wollen.

Diese Unzuträglichkeit, die den Mann herabsetzt, ist überall sehr groß, aber besonders in Staaten wie dem unseren muß man ihr vorbeugen. Ob ein Monarch über Männer oder Frauen regiert, kann ihm ziemlich gleichgültig sein, solange man ihm gehorcht, in einer Republik jedoch braucht man Männer.*

Die Alten verbrachten beinahe ihr ganzes Leben im Freien: entweder sie gingen ihren Geschäften nach oder sie regelten diejenigen des Staates auf dem öffentlichen Platz, oder sie ergingen sich auf dem Land, in den Gärten, am Ufer des Meeres, im Regen, in der Sonne, und fast immer barhaupt.** Bei alldem keine Frauen; aber man wußte sie, wenn nötig, leicht zu finden, und wir können weder aus ihren Schriften noch aus den Gesprächsproben, die uns geblieben sind, schließen, daß Geist, Geschmack und selbst die Liebe bei dieser Zurückhaltung irgend etwas verloren hätten. Wir haben ein ganz entgegengesetztes Verhalten angenommen. Kraftlos überlassen wir uns den Wünschen des Geschlechtes, das wir beschützen und nicht bedienen sollten; wir haben gelernt, es zu verachten, indem wir ihm gehorchen, und es durch unseren spöttischen Diensteifer zu kränken. Jede Pariserin versammelt in ihrer Wohnung ein Serail von Männern, die weiblicher sind als sie selbst und die der Schönheit alle Arten von Huldigungen darzubringen wissen außer jener des Herzens, die sie verdient hätte. Aber man betrachte diese selben Männer, wie sie, freiwillig in dieses Gefängnis gesperrt, dauernd aufstehen, sich hinsetzen, hin und her gehen und immer wieder zum Kamin, zum Fenster zurückkehren, einen Schirm hundertmal in die Hand nehmen und wieder absetzen, wie sie Bücher durchblättern, Bil-

* Man wird einwenden, Könige brauchten Männer für den Krieg. Mitnichten. Statt dreißigtausend Männern brauchten sie zum Beispiel nur hunderttausend Frauen auszuheben. Den Frauen fehlt es nicht an Mut; sie ziehen die Ehre dem Leben vor; wenn sie sich schlagen, schlagen sie sich tapfer. Ihrem Geschlecht fehlt allein die Fähigkeit, die Beschwerlichkeiten des Krieges und die unangenehme Witterung der verschiedenen Jahreszeiten zu ertragen. Das Geheimnis ist also, immer dreimal so viel, als man braucht, zum Kämpfen zu haben, und die anderen zwei Drittel für die Krankheiten und die Sterblichkeit zu opfern.
Man glaubt es nicht, aber dieser Witz, dessen Anwendung wohl klar genug ist, ist in Frankreich von Leuten von Geist wörtlich genommen worden!

** Nach der Schlacht, in welcher Kambyses über Psammenit siegte, erkannte man unter den Toten die Ägypter, die immer barhaupt gehen, an der außerordentlichen Härte ihrer Schädel, während die Perser, die immer ihre schweren Tiaren tragen, so dünne Schädel hatten, daß man sie ohne Anstrengung zerbrechen konnte. Herodot selbst wurde lange Zeit später Zeuge dieses Unterschiedes.

der überfliegen, sich im Raum drehen und tänzeln, während ihr Idol bewegungslos auf der Chaiselongue ausgestreckt liegt und nur Zunge und Augen in Bewegung hält. Woher kommt dieser Unterschied, wenn es nicht die Natur ist, die den Frauen diese sitzende und häusliche Lebensweise auferlegt, den Männern aber genau die entgegengesetzte vorschreibt? Zeigt nicht diese Unruhe ein wahres Bedürfnis an? Die Orientalen, die in der Hitze ihres Klimas ziemlich schwitzen, machen kaum körperliche Übungen und gehen nie spazieren, aber sie setzen sich doch wenigstens ins Freie und atmen leichter, während sich die Frauen bei uns große Mühe geben, ihre Freunde in ungelüfteten guten Stuben zu ersticken.

Wenn man die Kraft der Männer in der Antike mit der der Männer von heute vergleicht, so findet man keinerlei Art von Gleichheit. Die Übungen unserer Akademie sind Kinderspiele neben denen der Gymnastik der Alten, man hat den Schlagball als zu ermüdend aufgegeben, man kann nicht mehr zu Pferde reisen. Ich sage nichts von unseren Truppen. Man begreift die Märsche der griechischen und römischen Armeen nicht mehr. Die Strecke, die Mühsal und das Marschgepäck des römischen Soldaten ermüden noch, wenn man nur davon liest, und überfordern die Vorstellungskraft. Den Offizieren der Infanterie war nicht erlaubt zu reiten. Oft machten die Generäle zu Fuß dieselben Tagesmärsche wie ihre Truppen. Nie sind die beiden Cato anders gereist, weder allein noch mit ihren Armeen. Selbst Otho, der weibische Otho, marschierte in eiserner Rüstung an der Spitze seiner Armee, als er Vitellius entgegenzog. Man findet heute keinen einzigen Kriegsmann, der dazu fähig wäre. Wir sind in allem gesunken. Unsere Maler und Bildhauer klagen, daß sie keine Modelle mehr finden, die denen der Antike vergleichbar wären. Wie kommt das? Ist der Mensch entartet? Ist die Gattung ebenso im physischen Verfall begriffen wie das Individuum? Im Gegenteil, die Barbaren des Nordens, die Europa sozusagen mit einer neuen Rasse bevölkert haben, waren größer und stärker als die Römer die sie besiegt und unterjocht haben. Wir, die wir meist von diesen Neuankömmlingen abstammen, sollten also selber stärker sein. Aber die alten Römer lebten als Männer und fanden in ihren dauernden Übungen die Kraft, die die Natur* ihnen vorenthalten hatte, während wir unsere Kraft in dem trägen und weichlichen Leben verlieren, auf das uns die Abhängigkeit vom weiblichen Geschlecht beschränkt. Wenn die Barbaren, von denen ich eben sprach, mit den Frauen zusammenlebten, so lebten sie doch nicht wie sie, vielmehr hatten die Frauen den Mut, wie Männer zu leben, wie es auch die Spartanerinnen taten. Die Frau wurde stark, und der Mann wurde nicht geschwächt.

Wenn die Sorgfalt, mit der wir der Natur entgegenarbeiten, dem Körper schadet, so schadet sie dem Geist noch mehr. Man stelle sich vor, von welchem Schlage die Seele eines Mannes sein muß, der sich einzig dem wichtigen Geschäft widmet, die Frauen zu unterhalten, und der sein ganzes Leben damit verbringt, für sie zu tun, was sie für uns tun sollten, wenn unser Geist, erschöpft von Arbeiten, zu denen sie unfähig sind, Entspannung braucht.* Zu welchem großen Ziel können wir uns, diesen kindischen Gewohnheiten hingegeben, noch aufraffen? Unsere Talente, unsere Schriften schmecken nach unseren leichtfertigen Geschäften**,

* Die Römer waren die kleinsten und schwächsten Männer unter allen Völkern Italiens, und dieser Unterschied war so groß, sagt Titus Livius, daß man ihn bei dem ersten Anblick der Truppen der einen wie der anderen bemerkte. Die Übung und die Disziplin waren jedoch so viel stärker als die Natur, daß die Schwachen taten, was die Starken nicht vermochten, und sie besiegten.

** Die Frau liebt im allgemeinen die Künste nicht, versteht sich auf keine einzige, und an Genie fehlt es ihr ganz und gar. Sie kann in kleinen Werken glücklich sein, die nichts als leichten Witz, nichts als Geschmack, nichts als Anmut, höchstens Gründlichkeit und Philosophie verlangen. Sie kann sich Wissenschaft, Gelehrsamkeit und alle Talente erwerben, die sich durch Mühe und Arbeit erwerben lassen. Aber jenes himmlische Feuer, welches die Seele erhitzt und entflammt, jenes um sich greifende, verzehrende Genie, jene brennende Beredsamkeit, jene erhabene Begeisterung, die ihr Entzücken dem Innersten unseres Herzens mitteilt, wird stets in den Schriften der Frauen fehlen. Die Schriften der Frauen sind alle frostig, aber doch hübsch wie sie selber. Man lasse sie auch noch so geistvoll geschrieben sein, es ist doch keine Seele und kein Leben darin, tausendmal eher wird man vernünftige Gedanken als die Sprache der Leidenschaften darin finden. Die Frauen wissen nicht einmal die Liebe selbst zu beschreiben und zu fühlen. Einzig Sappho, soviel ich weiß, und noch eine verdienen, ausgenommen zu werden. Ich würde um alles in der Welt wetten, daß die *Lettres portugaises* von einem Mann geschrieben sind. Überall also, wo die Frauen herrschen, muß auch ihr Geschmack herrschen: er ist es auch, der unser Jahrhundert bestimmt.

sie sind hübsch, wenn man will, aber klein und kalt wie unsere Gefühle, und haben als ganzes Verdienst jene leichte Art, mit der es nicht schwer ist, Nichtigkeiten zu behandeln. Diese Massen von Eintagswerken, die täglich entstehen, sind nur gemacht, um die Frauen zu unterhalten, haben weder Kraft noch Tiefe und fliegen alle vom Ankleidezimmer auf den Ladentisch. Auf diese Weise schreibt man immer wieder dieselben Bücher und macht sie immer wieder neu. Man wird mir zwei oder drei nennen, die als Ausnahme gelten können, ich aber nenne zehntausend, die die Regel bestätigen. Aus diesem Grunde wird die Mehrzahl der Hervorbringungen unseres Zeitalters mit ihm vergehen, und die Nachwelt wird glauben, daß es recht wenige Bücher in dem Jahrhundert gegeben habe, welches doch so viele gemacht hat.

Es wäre nicht schwer zu zeigen, daß die Frauen durch diese Gebräuche nicht gewinnen, sondern verlieren. Man schmeichelt ihnen, ohne sie zu lieben, sie sind von liebenswürdigen Männern umgeben, haben aber keine Liebhaber, und was das Schlimmste ist, die ersteren maßen sich die Rechte der letzteren an, ohne ihre Gefühle zu haben. Die Gemeinschaft der beiden Geschlechter, die zu alltäglich geworden ist, hat diese beiden Wirkungen hervorgebracht, und so erstickt der Geist der Galanterie zugleich das Genie und die Liebe.

Ich meinerseits habe Mühe zu begreifen, wie man die Frauen so wenig ehren kann, daß man sich untersteht, pausenlos jene faden, galanten Redensarten an sie zu richten, jene beleidigenden und spöttischen Komplimente, denen man nicht einmal den Schein von Aufrichtigkeit zu geben geruht. Wenn man sie mit offenkundigen Lügen kränkt, heißt das nicht, daß man ihnen ziemlich deutlich klarmacht, sich ihnen gegenüber zu keinerlei Wahrhaftigkeit verpflichtet zu fühlen? Daß die Liebe sich über die Eigenschaften dessen, was sie liebt, täuscht, das geschieht nur allzuoft, aber geht es bei diesem üblen Gerede überhaupt um Liebe? Führen die, die so reden, diese Reden nicht unterschiedslos bei allen Frauen, und wären sie nicht verzweifelt, wenn man glaubte, daß sie ernsthaft in eine einzige Frau verliebt seien? Sie können ganz beruhigt sein. Man müßte seltsame Begriffe von der Liebe haben, wenn man sie dazu für fähig halten sollte, und nichts ist weiter vom Ton der Liebe entfernt als die Galanterie. So wie ich die schreckliche Leidenschaft der Liebe begreife, ihre Verwirrung, ihre Verirrungen, ihr Herzklopfen, ihre Begeisterung, ihre brennenden Ausdrücke, ihr noch kraftvolleres Schweigen, ihre unaussprechlichen Blicke, die vor Schüchternheit tollkühn werden und das Verlangen als Furcht kundtun, scheint es mir, daß nach einer so ungestümen Sprache eine liebende Frau ihrem Liebhaber, der ihr nur ein einziges Mal »Ich liebe dich« sagte, empört antworten müßte: »Sie lieben mich nicht mehr«, um ihn im Leben nicht wiederzusehen.

Unsere Zirkel bewahren uns ein Bild der Sitten der Alten. Die Männer sind unter sich, brauchen ihre Begriffe nicht dem geringeren Fassungsvermögen der Frauen anzupassen, brauchen die Vernunft nicht in Galanterie zu kleiden und können sich gesetzten und ernsthaften Gesprächen ohne Furcht vor Lächerlichkeit hingeben. Man wagt, vom Vaterland und von der Tugend zu sprechen, ohne deshalb als Langweiler zu gelten, man wagt, man selbst zu sein, ohne sich den Regeln eines Klatschweibes zu unterwerfen. Wenn das Gespräch dann eine weniger höfliche Wendung nimmt, gewinnen die Gründe um so mehr Gewicht, man zahlt einander weder mit Witzen noch mit Liebenswürdigkeiten und zieht sich nicht mit schönen Worten aus der Affäre. Beim Streit gibt es keine Schonung: wer sich vom Gegner mit dessen ganzer Kraft angegriffen fühlt, muß sich mit all seiner Kraft verteidigen, und so gewinnt der Geist Genauigkeit und Schärfe. Wenn dabei ein paar freizügige Redensarten vorkommen, so braucht man nicht zu erschrecken, denn nicht immer ist ehrenhafter, wer weniger grob ist, und diese etwas ungeschliffene Sprache ist immer noch besser als jener ausgesuchte Stil, in dem die beiden Geschlechter einander verführen und sich in allem Anstand mit dem Laster vertraut machen. Diese Lebensweise ist den Neigungen des Mannes besser angepaßt und auch besser auf sein Temperament abgestellt. Man bleibt nicht den ganzen Tag auf einem Stuhl sitzen. Man überläßt sich ertüchtigenden Spielen, man geht, man kommt, mehrere Zirkel tagen auf dem Lande, andere begeben sich dorthin. Man hat Gärten für Spaziergänge, geräumige Höfe für Übungen, einen großen See zum Schwimmen, und das ganze Land ist offen für die Jagd, wobei man nicht denken soll, diese Jagd verlaufe so bequem wie in der Umgebung von Paris, wo man das Wild vor seinen Füßen findet und vom Pferd herunter schießt. Schließlich vereinigt diese ehrwürdige und unschuldige Einrichtung alles in sich, was dazu beitragen kann, aus Männern zugleich Freunde, Bürger und Soldaten zu machen, also alles, was zu einem freien Volk am besten paßt.

Man beklagt an den Gesellschaften der Frauen den Fehler, daß sie die Frauen zu Lästermäulern und Spötterinnen machen, und man kann sich auch leicht vorstellen, daß die Geschichtchen einer kleinen Stadt diesen Frauenausschüssen nicht entgehen, daß auch die abwesenden Gatten dort nur wenig Schonung finden und daß eine hübsche und gefeierte Frau im Zirkel ihrer Nachbarin kein leichtes Spiel hat. Aber vielleicht hat diese Unzulänglichkeit mehr Gutes als Schlechtes, in jedem Falle aber wiegt sie weniger schwer als jene Unzulänglichkeiten, deren Platz sie einnimmt. Denn was ist besser: daß eine Frau mit ihren Freundinnen über ihren Ehemann Übles redet oder daß sie ihm im traulichen Beisammensein mit einem anderen Übles tut, daß sie die Fehltritte ihrer Nachbarin kritisiert oder daß sie sie nachahmt? Obgleich die Genferinnen recht freimütig sagen, was sie wissen und machmal auch nur vermuten, haben sie einen wahren Ekel vor der Schmeichelei, und man wird sie niemals Anklagen erheben hören, die sie nicht für begründet halten, während die Frauen anderer Länder gleichermaßen schuldig werden durch ihr Schweigen wie durch ihr Reden, denn aus Angst vor Vergeltung verbergen sie, was sie wissen, und sagen aus Rachlust, was sie erfunden haben.

Wie viele öffentliche Skandale werden von diesen strengen Beobachterinnen verhindert! Sie versehen in unserer Stadt fast ein Zensorenamt. So klagten sich in den großen Zeiten Roms, als jeder der Wächter eines jeden war, die Bürger aus Eifer für die Gerechtigkeit gegenseitig an, aber als Rom verdorben war und als es den guten Sitten nur noch übrigblieb, die schlechten zu verbergen, wurde aus dem Haß, der die Laster enthüllt, selber ein Laster. Aus den eifrigen Bürgern wurden niederträchtige Denunzianten, und während früher die Guten die Bösen anklagten, wurden jene jetzt von diesen angeklagt. Dem Himmel sei Dank, wir sind von einem solchen traurigen Ende weit entfernt. Wir sind nicht dazu gezwungen, uns vor unseren eigenen Augen zu verstecken, aus Angst, uns Schrecken einzujagen. Ich meinesteils werde keine bessere Meinung von Frauen haben, wenn sie weniger umsichtig sind: eine Frau wird um so rücksichtsvoller sein, je mehr Gründe sie dafür hat und je mehr sie selbst der Rücksicht bedarf, für die sie anderen ein Beispiel gibt.

Man mache sich also nicht unnötig Gedanken über den Klatsch der Frauengesellschaften. Sollen sie lästern, soviel sie wollen, solange sie es untereinander tun. Wahrhaft verdorbene Frauen würden diese Lebensweise nicht lange ertragen, und wie teuer ihnen das Lästern auch wäre, sie würden mit Männern lästern wollen. Was man mir in diesem Punkt auch gesagt hat, ich habe diese Gesellschaften nie ohne ein geheimes Gefühl der Wertschätzung und der Hochachtung für diejenigen betrachten können, aus denen sie sich zusammensetzen. Es ist, sagte ich mir, die Bestimmung der Natur, die den beiden Geschlechtern einen unterschiedlichen Geschmack gibt, damit sie getrennt ein jedes nach seiner Weise leben mögen.* Diese liebenswerten Frauen verbringen also ihre Tage mit Beschäftigungen, die zu ihnen passen, oder mit unschuldigen und einfachen Zerstreuungen, die sehr geeignet sind, ein ehrbares Herz zu rühren und eine gute Meinung von ihnen zu vermitteln. Ich weiß nicht, was sie geredet haben, aber sie haben miteinander gelebt; gewiß haben sie über die Männer gesprochen, aber sie haben sich ihrer enthalten, und während sie so streng das Verhalten der anderen kritisierten, war wenigstens ihr eigenes nicht zu tadeln.

Auch die Männerzirkel haben ohne Zweifel ihre Mängel. Was gibt es Menschliches, das ohne Fehler wäre? Man redet, man trinkt, man betrinkt sich, man durchfeiert die Nacht, all das mag wahr, all das mag übertrieben sein. Überall ist Gutes und

* Dieses Prinzip, von welchem alle guten Sitten abhängen, wird klarer und ausführlicher in einem Manuskript entwickelt, das ich bei mir aufbewahre und das ich veröffentlichen will, wenn mir dazu genug Zeit bleibt, obgleich diese Ankündigung kaum geeignet sein wird, ihm im voraus die Gunst der Damen zu verschaffen. Man versteht heute leicht, daß das Manuskript, von dem ich in dieser Anmerkung sprach, die *Neue Héloise* war, die zwei Jahre nach diesem Werk erschien.

Schlechtes vermischt, aber in unterschiedlichem Verhältnis. Alles wird mißbraucht, eine Binsenweisheit, auf deren Grundlage man doch weder alles ablehnen noch alles zulassen kann. Die Regel, nach welcher man entscheidet, ist ganz einfach. Wenn das Gute das Schlechte übersteigt, muß die Sache trotz ihrer Mängel zugelassen werden, und wenn das Schlechte das Gute übersteigt, muß man sie trotz ihrer Vorzüge ablehnen. Wenn die Sache an sich gut und schlecht nur durch den Mißbrauch ist, wenn ihm ohne große Mühe vorgebeugt und wenn er ohne große Zumutung geduldet werden kann, kann er als Vorwand, aber nicht als Grund für die Abschaffung eines nützlichen Brauchs dienen. Das aber, was schlecht an sich ist, wird immer schlecht sein*, was man auch anstellen mag, um einen guten Gebrauch davon zu machen. Das ist der entscheidende Unterschied zwischen den Zirkeln und dem Schauspiel.

Die Bürger eines Staates, die Bewohner einer Stadt sind keine Einsiedler, sie können nicht immer allein und getrennt voneinander leben, und selbst wenn sie es könnten, dürfte man sie nicht dazu zwingen. Nur der furchtbarste Despotismus erschrickt beim Anblick von sieben oder acht Männern, weil er immer fürchten muß, daß ihre Gespräche sich nur um ihr Unglück drehen.

Nun, von allen Arten von Verbindungen, zu denen sich die Privatleute einer Stadt wie der unseren zusammentun können, sind die Zirkel zweifellos die vernünftigste, ehrbarste und am wenigsten gefährliche, denn sie wollen und können sich nicht verbergen, sie sind öffentlich und erlaubt, und Ordnung und Anstand regieren in ihnen. Es ist auch leicht zu zeigen, daß der Mißbrauch, der mit ihnen getrieben werden kann, aus allen anderen Arten von Verbindungen genauso entstehen würde oder daß sie sogar noch schlimmere Mißbräuche hervorbrächten. Bevor man daran denkt, einen eingeführten Brauch zu zerstören, muß man ihn wohl abwägen gegen die Bräuche, die an seine Stelle treten werden. Wer immer einen Brauch vorzuschlagen weiß, der anwendbar ist und aus dem sich keinerlei Mißbrauch ergibt, der schlage ihn vor, und dann mögen die Zirkel abgeschafft werden, nun gut!

* Ich spreche von der sittlichen Welt, denn in der physischen Welt gibt es nichts absolut Böses. Das Ganze ist gut.

Bis dahin lassen wir, wenn es eben sein muß, die die Nacht durchzechen, die sie sonst vielleicht mit Schlimmerem verbrächten.

Jede Unmäßigkeit ist ein Laster, und vor allem diejenige, welche uns unserer edelsten Fähigkeit beraubt. Der übermäßige Weingenuß erniedrigt den Menschen, beraubt ihn zumindest eine Zeitlang seines Verstandes und stumpft ihn auf die Dauer ab. Aber schließlich ist der Weingenuß kein Verbrechen, selten führt er welche herbei, und er macht den Menschen dumm und nicht böse.* Für einen vorübergehenden Streit, den er verursacht, knüpft er hundert dauerhafte Freundschaften. Trinker reden gern, sind herzlich und freimütig, sind, von ihrem einen Fehler abgesehen, fast immer gute, rechtschaffene, gerechte, treue, wakkere und ehrbare Leute. Wird man das auch von den Lastern sagen können, die man an seine Stelle setzt, oder will man etwa aus einer ganzen Stadt ein Volk von fehlerlosen und in jeder Hinsicht besonnenen Menschen machen? Wie viele scheinbare Tugenden verbergen oft die wirklichen Laster! Der Weise ist nüchtern aus Mäßigkeit, der Halunke aus Falschheit. In den Ländern, in denen Sittenlosigkeit, Intrige, Verrat und Ehebruch an der Tagesordnung sind, fürchtet man einen Zustand der Redseligkeit, in dem das Herz sich zeigt, ohne daß man es merkt. Überall wird die Trunkenheit am meisten von Leuten verabscheut, die am meisten Grund haben, sich vor ihr in acht zu nehmen. In der Schweiz genießt sie beinahe Achtung, in Neapel wird sie verabscheut. Was aber ist im Grunde mehr zu fürchten: die Unmäßigkeit des Schweizers oder die Mäßigkeit des Italieners?

Ich wiederhole, es wäre besser, nüchtern und aufrichtig zu sein, nicht nur um seiner selbst, sondern auch um der Gesellschaft willen, denn alles, was moralisch böse ist, ist auch politisch böse. Aber der Prediger beschränkt sich auf das Böse im Persönlichen,

* Wir wollen das Laster nicht noch anschwärzen, hat es nicht an seiner Häßlichkeit genug? Der Wein ruft die Schlechtigkeit nicht hervor, sondern er enthüllt sie. Der, der Clitus in Trunkenheit tötete, brachte Philotas kaltblütig um. Wenn die Trunkenheit ihre Raserei hat, welche Leidenschaft hat nicht die ihre? Der Unterschied ist, daß die anderen im Innern der Seele verbleiben, während jene sich augenblicklich entzündet und wieder erlischt. Mit Ausnahme dieses Ausbruchs, der vorübergeht und den man leicht vermeiden kann, können wir sicher sein, daß jeder, der im Weinrausch Böses tut, in nüchternem Zustand böse Pläne schmiedet.

der Beamte sieht nur die öffentlichen Folgen. Der eine hat nur die Vollkommenheit des Menschen zum Ziel, die der Mensch nie erreicht, der andere nur das Wohl des Staates, soweit er es erreichen kann. So darf nicht alles, was man mit Grund von der Kanzel tadelt, durch die Gesetze bestraft werden. Noch nie ist ein Volk durch unmäßigen Weingenuß untergegangen, aber alle gehen an der Liederlichkeit der Frauen zugrunde. Der Grund für diesen Unterschied ist klar: das erste dieser beiden Laster hält andere ab, das zweite erzeugt alle übrigen. Die Unterschiede des Alters kommen hinzu. Der Wein versucht die Jugend weniger und wirft sie weniger leicht um, ihre Heißblütigkeit gibt ihr andere Begierden ein, im Alter der Leidenschaften entzünden sich alle an einer einzigen, die Vernunft verdirbt schon, kaum daß sie entsteht, und der noch ungezähmte Mann wird undisziplinierbar, noch ehe er das Joch der Gesetze getragen hat. Aber dem fast schon stockenden Blut lasse man doch das Mittel, das es wieder belebt, mag doch ein wohltuender Liqueur die Geister ersetzen, die schon geschwunden sind.* Wenn ein Greis dieses süße Mittel mißbraucht, hat er seine Pflichten gegen das Vaterland bereits erfüllt und beraubt es nur des unbrauchbaren Restes seiner Jahre. Er hat unrecht, keine Frage, schon vor dem Tode hört er auf, Bürger zu sein. Aber der andere beginnt nicht einmal, es zu werden, sondern macht sich zum öffentlichen Feind durch die Verführung seiner Gesellen, durch das Beispiel und die Wirkung seiner verdorbenen Sitten und vor allem durch die verderbliche Moral, die zu verbreiten er nicht unterlassen kann, um seine Taten zu rechtfertigen. Es wäre besser, er hätte nie gelebt.

Aus der Spielleidenschaft entspringt ein viel gefährlicherer Mißbrauch, dem man jedoch leichter vorbeugen oder Einhalt gebieten kann. Das ist eine Angelegenheit der Polizei, welche die Zirkel viel leichter und mit mehr Anstand als die Privathäuser überwachen kann. Die öffentliche Meinung vermag sehr viel in diesem Punkt, und sobald Übungs- und Geschicklichkeitsspiele an Ansehen gewinnen, geraten Spielkarten, Würfel und Glücksspiele unfehlbar in Verruf. Ich glaube nicht einmal, was man dazu

* Platon in seinen *Gesetzen* erlaubt allein den Greisen den Weingenuß, sogar gelegentlich den Rausch.

auch immer sagen mag, daß diese müßigen und trügerischen Mittel, die Börse zu füllen, bei einem vernünftigen und fleißigen Volk, das den Wert von Zeit und Geld zu gut kennt, als daß es gerne beide verlöre, jemals zu großem Ansehen kommen können.

Erhalten wir also die Zirkel, selbst mit ihren Fehlern, denn diese Fehler liegen nicht in den Zirkeln, sondern in den Menschen, die sie bilden, und es ist im gesellschaftlichen Leben keine Form vorstellbar, in der dieselben Fehler nicht noch schädlichere Wirkungen hätten. Noch einmal: Wir wollen nicht eine chimärische Vollkommenheit ansteuern, sondern das nach der Natur des Menschen und der Verfassung der Gesellschaft Bestmögliche. Es gibt ein solches Volk, zu dem ich sagen würde: »Zerstört Zirkel und Cliquen, reißt jede Barriere des Anstands zwischen den Geschlechtern nieder und erholt euch, wenn möglich, bis ihr nur noch verdorben seid.« Ihr Genfer aber, hütet euch, es zu werden, solange noch Zeit ist. Fürchtet den ersten Schritt, bei dem es nie bleibt, und bedenkt, daß es einfacher ist, die guten Sitten zu bewahren, als den schlechten eine Grenze zu ziehen.

Nur zwei Jahre Theater, und alles ist zerrüttet. Man könnte sich auf so viele Zerstreuungen ja nicht aufteilen: da die Stunde des Schauspiels auch die der Zirkel ist, werden diese sich auflösen, zu viele Mitglieder werden wegbleiben, und die, die kommen, werden zu wenig Eifer zeigen, um einander sehr hilfreich zu sein und die Vereinigung lange zu erhalten. Täglich treffen sich beide Geschlechter am selben Ort, man bildet Gruppen, um gemeinsam hinzugehen, man beeilt sich, die Lebensart, die man dort vorgeführt bekommt, nachzuahmen, die Damen und jungen Mädchen stellen sich aus, putzen sich nach bestem Vermögen heraus und stellen sich in den Logen zur Schau wie in den Auslagen eines Ladens in Erwartung der Käufer. Die hübschen jungen Männer strömen herbei, um sich ihrerseits zu zeigen, und finden es viel schöner, im Theater herumzutänzeln als auf dem Plain-Palais zu exerzieren. Im Weggehen ergeben sich kleine Abendessen mit den Frauen, und sei es auch nur mit den Schauspielerinnen, und schließlich verachtet man die alten Bräuche, weil man neue angenommen hat, und so haben wir bald das angenehme Leben von Paris und das feine französische Gebaren anstelle unserer alten

Schlichtheit. Ich zweifle ein wenig, daß diesen Parisern in Genf unsere Regierung lange gefallen wird.

Man darf es sich nicht verhehlen, die Absichten sind noch gut, aber die Sitten neigen bereits sichtbar zum Niedergang, und wir treten in die Spuren jener Völker, deren Schicksal wir unaufhörlich fürchten. So versichert man mir, die Erziehung der Kinder sei heute im allgemeinen viel besser, als sie es früher war, was indessen nur bewiesen wäre, wenn man zeigte, daß sie bessere Bürger aus ihnen macht. Es stimmt, die Knaben wissen sich hübscher zu verbeugen, sie geben den Damen galanter die Hand und wissen ihnen unendlich viele Höflichkeiten zu sagen, für die ich jedenfalls ihnen die Rute geben würde. Sie wissen zu entscheiden, Probleme zu lösen, zu fragen, Männern das Wort abzuschneiden und alle Welt ohne Bescheidenheit und ohne Unterschied zu belästigen. Man sagt mir, das bilde sie: ich gebe zu, es bildet sie zu Flegeln, und von allem, was sie durch diese Methode lernen, ist dies das einzige, was sie nicht vergessen werden. Das ist noch nicht alles. Um sie an die Frauen zu binden, deren Langeweile zu zerstreuen ihre Bestimmung ist, gibt man sich Mühe, sie genau wie jene zu erziehen. Man schützt sie vor Sonne, Wind, Regen und Staub, damit sie alles dies ja niemals ertragen lernen. Da man sie nicht völlig von der Luft abschließen kann, richtet man es wenigstens so ein, daß die Luft immer erst zu ihnen gelangt, wenn sie halb verbraucht ist. Man enthält ihnen jede Übung vor, man nimmt ihnen alle Fähigkeiten, man macht sie dumm zu jeder anderen Tätigkeit als der, für die sie bestimmt sind, und das einzige, was die Frauen von diesen elenden Sklaven nicht verlangen, ist, daß sie sich ihrem Dienst auf die orientalische Art widmen. Bis auf dieses unterscheidet die Knaben von den Frauen fast nur, daß sie, denen die Natur die weibliche Anmut vorenthalten hat, Lächerlichkeit an ihre Stelle setzen. Auf meiner letzten Reise nach Genf habe ich schon einige dieser jungen Damen im Justaucorps gesehen, die Zähne weiß, das Händchen rund, das Stimmchen flötend, einen hübschen grünen Sonnenschirm in der Hand, und mit wenig Geschicklichkeit äfften sie Männer nach.

Zu meiner Zeit war man viel ungeschliffener. Die kunstlos aufgezogenen Jungen brauchten nicht auf ihre Haut zu achten und hatten keine Angst vor den Unbilden der Luft, gegen die sie sich schon früh abgehärtet hatten. Die Väter nahmen sie mit auf die Jagd, hinaus aufs Land, zu allen Übungen und in alle Gesellschaften. Furchtsam und bescheiden gegen ältere Leute, waren sie keck, kühn und kämpferisch untereinander. Sie brauchten nicht auf ihre Frisur zu achten, sie forderten einander zum Wettlauf, Ringkampf und Faustkampf heraus. Sie schlugen sich ernsthaft, verletzten sich manchmal und umarmten einander dann unter Tränen. Schwitzend, außer Atem und abgerissen kamen sie nach Hause zurück, das waren wahre Wildfänge, aber aus diesen Bengeln sind Männer geworden, das Herz voller Eifer, dem Vaterland zu dienen und ihr Blut für es zu vergießen. Gebe Gott, daß man das eines Tages auch von unseren hübschen, aufgedonnerten Herrchen sagen kann und daß diese Männer von fünfzehn Jahren mit dreißig keine Kinder sind!

Glücklicherweise sind sie nicht alle so. Die meisten haben jene alte Härte bewahrt, welche die gute Verfassung und die guten Sitten erhält. Selbst die, die eine zu ängstliche Erziehung zeitweise verweichlicht, werden sich als Erwachsene den Gewohnheiten ihrer Landsleute anpassen. Die einen verlieren ihre Kanten im Umgang mit der Welt, die anderen kommen zu Kräften, indem sie sie üben, und ich hoffe, daß alle werden, was ihre Vorfahren waren, oder wenigstens was ihre Väter sind. Aber bilden wir uns nicht ein, wir könnten unsere Freiheit bewahren und auf die Sitten verzichten, durch die wir sie uns erworben haben.

Ich kehre zu unseren Schauspielern zurück. Immer noch nehme ich an, daß sie einen Erfolg haben, den ich für ausgeschlossen halte, und ich finde, daß dieser Erfolg unsere Verfassung nicht nur auf indirekte Weise, nämlich auf dem Weg über unsere Sitten, sondern auch ganz direkt angreifen wird, indem er das Gleichgewicht zerstört, das zwischen den verschiedenen Teilen des Staates herrschen muß, damit sein ganzer Körper sich aufrecht erhält.

Von den verschiedenen Begründungen, die ich dafür geben könnte, will ich nur eine auswählen, die der großen Menge eher zusagt, weil sie sich auf Gesichtspunkte des Nutzens und des Geldes beschränkt, die für das gewöhnliche Volk immer spürbarer sind als sittliche Wirkungen, deren Verknüpfung mit den Ursachen es ebensowenig zu sehen vermag wie ihren Einfluß auf das Geschick des Staates.

Man kann ein Theater, wenn es Erfolg hat, als eine Art Steuer betrachten, die, obwohl freiwillig, dennoch für das Volk nicht weniger lästig ist, denn es liefert ihm einen beständigen Anlaß für Ausgaben, dem es nicht widerstehen kann. Diese Steuer taugt nicht nur deshalb nichts, weil nichts davon dem Souverän zufließt, sondern vor allem auch deshalb, weil ihre Verteilung alles andere als verhältnismäßig ist und der Arme über seine Kräfte hinaus belastet und der Reiche entlastet wird, da ihm das Theater Ersatz bietet für teurere Vergnügungen, die er sich andernfalls leisten würde. Wer daran zweifelt, braucht nur darauf zu achten, daß der Unterschied der Platzpreise zu dem Unterschied des Vermögens der Leute, die die Plätze einnehmen, in keinem Verhältnis steht noch stehen kann. In der Comédie Française kosten die ersten Logen und die Bühnenplätze im Normalfall vier, an Tagen mit erhöhten Preisen sechs Franken. Das Parterre kostet zwanzig Sous, man hat sogar mehrfach versucht, es teurer zu machen. Nun wird niemand behaupten wollen, daß das Vermögen der reichsten Besucher auf den Bühnenplätzen nur viermal so groß ist wie das der ärmsten im Parterre. Allgemein gesagt, sind die ersteren ungeheuer reich, während die Mehrzahl der anderen nichts besitzt.* Es steht also hiermit nicht anders als mit den Steuern auf Getreide, Wein, Salz und auf andere lebensnotwendige Güter, Steuern, die auf den ersten Blick gerecht erscheinen, in Wirklichkeit aber äußerst unbillig sind, denn der Arme, der nur für seine dringendsten Bedürfnisse Geld ausgeben darf, ist gezwungen, drei Viertel von dem, was er bezahlt, für Steuern zu

* Wenn man den Unterschied des Preises im Verhältnis der Vermögen vergrößerte, würde dadurch das Gleichgewicht doch nicht wiederhergestellt. Wenn man die unteren Platzgruppen zu billig machte, überließe man sie dem Pöbel, und um ehrenhaftere Plätze zu bekommen, würde sich jeder über seine Verhältnisse verausgaben. Diese Beobachtung kann man bei den Schaustellungen auf dem Markt machen. Der Grund für diesen Mißstand liegt darin, daß die ersten Reihen ein fester Wert sind, dem sich die andern annähern, ohne daß man ihn weiter erhöhen kann. Der Arme versucht sich immer über seine zwanzig Sous zu erheben, aber der Reiche hat jenseits seiner vier Franken keine Zuflucht mehr, um vor ihm auszuweichen, er muß ihn gegen seinen Willen an seiner Seite dulden, und wenn sein Stolz darunter leidet, so kommt das seiner Börse zugute.

verpulvern, während die Steuerlast für den Reichen, in dessen Haushalt dieselben dringendsten Bedürfnisse nur den kleineren Teil ausmachen, fast gar nicht spürbar ist.* Auf diese Weise zahlt, wer viel hat, wenig und viel, wer wenig hat: ich sehe nicht, was man daran so gerecht finden kann.

Man wird mich fragen, wer den Armen zwingt, ins Theater zu gehen. Ich erwidere: erstens diejenigen, die es errichten und ihn in Versuchung führen, zweitens seine Armut selber, die ihn zu fortwährender Mühsal, ohne Hoffnung auf ein Ende, verurteilt, und ihn besonders entspannungsbedürftig macht, damit er seine Armut besser erträgt. Er hält sich nicht für unglücklich, wenn er ohne Unterbrechung arbeitet und alle Welt dasselbe tut, aber ist es nicht grausam, dem, der arbeitet, die Erholung der Müßiggänger vorzuenthalten? Er nimmt also daran teil, und dasselbe Vergnügen, welches dem Reichen etwas einbringt, schwächt den Armen doppelt: durch die wirklichen Mehrkosten und weniger Arbeitslust, wie ich es vorher dargelegt habe.

Aus diesen neuen Überlegungen folgt, wie mir scheint, eindeutig, daß das moderne Theater, an welchem man nur gegen Geld teilnehmen kann, überall die Ungleichheit der Vermögen zu begünstigen und zu verstärken neigt, weniger spürbar, das ist richtig, in Großstädten als in einer so kleinen Stadt wie der unseren. Wenn ich zugebe, daß diese Ungleichheit bis zu einem gewissen Punkt ihre Vorteile haben kann, werden Sie mir sicherlich auch zugeben, daß sie ihre Grenzen haben muß, besonders in einem kleinen Staat und besonders in einer Republik. In einer Monarchie, wo alle Ränge nur zwischen Fürst und Volk vermitteln, kann es ziemlich gleichgültig sein, ob gewisse Männer von einem Rang in den anderen überwechseln, denn da andere an ihre Stelle treten, unterbricht dieser Wechsel nicht die Stufenfolge. In einer Demokratie jedoch, wo die Untertanen und der Souverän dieselben Menschen sind, nur in unterschiedlichen Verhältnissen betrachtet, muß der Staat untergehen oder die Form ändern, sobald

* Das ist der Grund, weshalb die, die Bodin *imposteurs* nennt, und andere öffentliche Gauner ihre Monopole immer in den lebensnotwendigen Dingen errichten, um das Volk sanft auszuhungern, ohne daß der Reiche murrt. Wenn der geringste Gegenstand des Luxus oder des Prunks betroffen wäre, wäre alles verloren. Sind aber die Großen zufrieden, was liegt dann daran, ob das Volk lebt?

die kleinere Zahl die größere an Reichtum übersteigt. Ob der Reiche nun reicher oder der Arme ärmer wird, der Vermögensunterschied vergrößert sich auf die eine Weise nicht weniger als auf die andere, und dieser Unterschied ist es, der, wenn er sein Maß übersteigt, das Gleichgewicht zerstört, von dem ich sprach.

In einer Monarchie kann Reichtum den einzelnen niemals über den Fürsten stellen, aber in einer Republik stellt er ihn leicht über die Gesetze. Dann aber hat die Regierung keine Kraft mehr, und der Reiche ist der wahre Souverän. Hinsichtlich dieser unbestreitbaren Grundsätze bleibt allein zu prüfen, ob die Ungleichheit unter uns nicht jene äußerste Grenze erreicht hat, die sie nicht überschreiten kann, ohne die Republik zu erschüttern. Ich berufe mich hier auf die, die unsere Verfassung und Verteilung unserer Reichtümer besser kennen als ich. Ich weiß nur, daß allein schon die Zeit in die Ordnung der Dinge einen natürlichen Hang zu dieser Ungleichheit und einen schrittweisen Fortschritt bis zu dieser äußersten Grenze bringt und daß es deshalb sehr unklug ist, die Ungleichheit noch zu beschleunigen durch Einrichtungen, die sie begünstigen. Der große Sully, der uns liebte, hätte uns wohl sagen können: »Schauspiel und Theater in einer so kleinen Republik, und vor allem in Genf, schwächen den Staat.«

Wenn schon allein die Errichtung des Theaters uns so sehr schadet, welchen Nutzen werden wir aus den Stücken ziehen, die man dort aufführt? Für die Völker, für die sie geschrieben wurden, mögen sie nützlich sein, aber dieser selbe Nutzen wird bei uns zum Schaden, weil die Stücke uns über das belehren, was sie verurteilen sollten oder weil sie doch zumindest unseren Geschmack und unsere Neigungen auf solche Dinge richten, die auf der Welt am wenigsten zu uns passen. Die Tragödie wird uns Tyrannen und Helden vorführen. Was sollen wir damit anfangen? Sind wir geschaffen, Tyrannen zu haben oder Helden zu werden? Sie wird uns eitle Bewunderung für Macht und Größe einflößen. Was soll uns das? Werden wir darum größer und mächtiger sein? Was sollen wir auf der Bühne die Pflichten von Königen studieren, nur um die Erfüllung der unseren zu vernachlässigen? Wird uns die unfruchtbare Bewunderung der Theatertugenden für die einfachen und bescheidenen Tugenden entschädigen, die den guten

Bürger ausmachen? Statt uns von unseren Lächerlichkeiten zu heilen, wird uns die Komödie die Lächerlichkeiten anderer vor Augen führen. Sie wird uns überreden, daß wir die Laster, die man anderwärts so sehr schätzt, zu unrecht verachten. Was für ein Narr ein Marquis auch sei, er ist schließlich doch ein Marquis. Man stelle sich vor, wie dieser Titel in einem Lande klingt, das glücklich genug ist, keine Marquis zu haben, und wer weiß, wie viele Stutzer glauben werden, sie kleideten sich nach der Mode, wenn sie die Marquis des vorigen Jahrhunderts nachahmen? Ich will nicht wiederholen, was ich schon gesagt habe, und nicht von dem Vertrauen reden, das immer verspottet wird, von dem schlauen Laster, das immer triumphiert, und von dem ständigen Beispiel der Verbrechen, die ins Komische gezogen werden. Welche Lektionen für ein Volk, dessen Gefühle die natürliche Redlichkeit bewahrt haben, das einen Verbrecher immer für verächtlich hält und einen guten Menschen niemals für lächerlich! Wie? Platon verbannte Homer aus seiner Republik, und wir sollen Molière in der unseren dulden? Was könnte uns Schlimmeres passieren, als den Leuten zu ähneln, die er uns schildert, selbst denen, die er uns lieben läßt?

Ich glaube, ich habe darüber genug gesagt, und ich denke kaum besser über die Helden Racines, diese so gezierten, so süßlichen und verzärtelten Helden, die unter einem mutigen und tugendhaften Äußeren doch nur Musterbeispiele jener jungen Leute sind, von denen ich sprach, und die sich der Galanterie, der Verweichlichung, der Liebe und allem, was den Mann weibisch macht und ihm die Lust zu seinen wahren Pflichten schwächt, überlassen. Das ganze französische Theater atmet nur Zärtlichkeit. Sie ist die große Tugend, der man dort alle anderen opfert oder die man dort zumindest den Zuschauern am teuersten macht. Ich sage nicht, daß man darin Unrecht hat, insoweit es den Gegenstand der Poesie betrifft; ich weiß, daß ein Mensch ohne Leidenschaften eine Chimäre ist, daß sich die Anziehungskraft des Theaters nur auf die Leidenschaften gründet und daß das Herz sich nicht für Leidenschaften einnehmen läßt, die ihm fremd sind oder die man bei anderen nicht sehen mag, obgleich man ihnen selber unterworfen ist. Die Liebe zur Menschheit und zum

Vaterland sind die Empfindungen, deren Gemälde am stärksten rührt, wenn man von ihnen durchdrungen ist. Sind diese beiden Leidenschaften aber einmal erstickt, so bleibt zu ihrem Ersatz genaugenommen nur die Liebe, weil ihr Reiz natürlicher ist und im Herzen weniger leicht erlischt als der Reiz aller übrigen Leidenschaften. Indessen ist sie nicht allen Menschen gleich zuträglich: man kann sie eigentlich nur als Ersatz für gute Empfindungen zulassen und nicht selbst als gute Empfindung. Nicht daß sie nicht an sich lobenswert wäre wie jede gut beherrschte Leidenschaft, sondern weil ihre Auswüchse gefährlich und unvermeidlich sind.

Der böseste Mensch aber ist, wer sich am meisten von der Welt absondert und sein Herz am stärksten in sich zusammenzieht. Der beste ist derjenige, der seine Gefühle mit allen seinen Mitmenschen auf gleiche Art teilt. Es ist weit besser, eine Geliebte zu haben, als auf der Welt einzig und allein sich zu lieben. Wer immer aber seine Eltern, seine Freunde, sein Vaterland und das ganze menschliche Geschlecht zärtlich liebt, erniedrigt sich durch ein liederliches Verhältnis, das bald allen anderen schadet und ihnen unfehlbar vorgezogen wird. Nach diesem Grundsatz sage ich, daß in manchen Ländern die Sitten so schlecht sind, daß man glücklich wäre, wenn man sich dort wieder zur Liebe erheben könnte. In anderen Ländern sind sie noch so gut, daß es ärgerlich wäre, wenn sie zur Liebe hinabstiegen, und ich wage mein Vaterland im letzteren Fall zu vermuten. Ich füge hinzu, daß es besonders gefährlich ist, gerade uns allzu leidenschaftliche Stoffe zu zeigen, weil wir von Natur aus nur allzu geneigt sind, sie zu lieben. Unter einem trägen und kalten Äußeren verbirgt der Genfer eine brennende und empfindsame Seele, die leichter zu rühren als zu mäßigen ist. In dieser Heimstatt der Vernunft ist die Schönheit kein Fremdling und nicht ohne Einfluß. Der Sauerteig der Melancholie bringt hier die Liebe oft zur Gärung. Die Männer sind hier nur zu gut befähigt, heftige Leidenschaften zu empfinden, und die Frauen, sie einzuflößen, und die traurigen Wirkungen, die die Leidenschaften hier schon manches Mal hervorgebracht haben, zeigen im Überfluß die Gefahr, die in ihrer Erregung durch rührende und zärtliche Schauspiele liegt. Wenn die Helden mancher

Stücke die Liebe der Pflicht unterwerfen, überläßt sich das Herz doch bei aller Bewunderung für ihre Kraft ihrer Schwäche; und man lernt weniger, sich ihren Mut anzueignen, als sich in die Lage zu versetzen, in der man ihn braucht. Das sind mehr Übungen der Tugend, doch wer es wagte, sie solchen Kämpfen auszusetzen, verdient, darin zu unterliegen. Die Liebe, die Liebe selbst, legt die Maske der Tugend an, um sie zu überrumpeln, sie schmückt sich mit ihrer Begeisterung, maßt sich ihre Kraft an und übernimmt ihre Sprache, und wenn der Irrtum erkannt wird, ist es zu spät, sich anders zu besinnen. Wie viele Männer von guter Herkunft sind, verführt durch diesen Schein, aus den zärtlichen und großzügigen Liebhabern, die sie einmal waren, Schritt für Schritt zu gemeinen Verführern geworden, sittenlos, ohne Achtung für eheliche Treue, ohne Rücksicht auf die Rechte des Vertrauens und der Freundschaft! Glücklich, wer sich am Rand des Abgrundes erkennt und den Sturz vermeidet! Soll man aber mitten im schnellen Lauf darauf hoffen, daß man innehalten kann? Lernt man die Zärtlichkeit überwinden, wenn man sich Tag für Tag verzärtelt? Man triumphiert leicht über eine schwache Neigung, wer aber wahre Liebe kennengelernt und besiegt hat, ach, verzeihen wir diesem Sterblichen, wenn es ihn gibt, daß er es wagt, auf Tugend Anspruch zu machen.

Wie man die Dinge also auch ansieht, immer trifft uns dieselbe Wahrheit. Alles, was die Theaterstücke an Nützlichem für die haben, für die sie gemacht sind, wird für uns schädlich, einschließlich des guten Geschmacks, den wir durch sie glauben werden gewonnen zu haben und der nur ein falscher Geschmack ohne jedes Feingefühl sein wird, von uns ungeschickt an die Stelle der verläßlichen Vernunft gesetzt. Der Geschmack hängt mit mehrerem zusammen. Die ausgesuchten Nachahmungen, die man auf dem Theater sieht, die Vergleiche, die man dort anzustellen Gelegenheit hat, und die Gedanken über die Kunst, den Zuschauern zu gefallen, können diesen Geschmack keimen lassen, aber sie genügen nicht, um ihn zu entwickeln. Dafür braucht man große Städte, schöne Künste und Luxus, zwanglosen Verkehr unter den Bürgern, enge Abhängigkeit der einen von den anderen, Galanterie und sogar Ausschweifung, dafür braucht man Laster, die geschmückt werden müssen, damit man für alles hübsche Formen sucht und findet. Ein Teil dieser Dinge wird uns immer fehlen, und wir sollten davor zittern, den anderen Teil zu erwerben.

Wir werden Schauspieler haben, was für Schauspieler? Wird eine gute Truppe sich ohne weiteres in einer Stadt von vierundzwanzigtausend Seelen einrichten? Wir werden also zunächst schlechte Schauspieler haben, und wir werden zunächst schlechte Richter sein. Werden wir sie oder werden sie uns bilden? Man wird uns gute Stücke zeigen. Wenn wir sie aber auf das Urteil anderer hin für gut halten, werden wir sie nicht zu prüfen brauchen und werden von ihrer Aufführung nicht mehr haben als von ihrer Lektüre. Wir werden deshalb nicht weniger die Kenner und Kunstrichter des Theaters spielen, wir werden für unser Geld nicht weniger entscheiden wollen und werden uns nur lächerlich machen. Lächerlich ist man nicht aus Mangel an Geschmack, wenn man ihn verachtet, aber es ist lächerlich, wenn man sich auf seinen guten Geschmack etwas zugute hält und nur einen schlechten hat. Und was ist im Grunde dieser so gepriesene Geschmack? Die Kunst, sich in kleinen Dingen auszukennen. Wahrhaftig, wenn man etwas so Großes wie die Freiheit zu bewahren hat, ist der Rest recht kindisch.

Ich sehe nur ein Heilmittel für so viele Unzuträglichkeiten: um uns die Stücke unseres Theaters genehm zu machen, müssen wir sie selber schreiben und brauchen deshalb eher Schriftsteller als Schauspieler. Es ist nämlich nicht gut, daß man uns alle Arten von Nachahmungen zeigt, sondern nur die Nachahmungen von Dingen, die ehrenhaft sind und zu freien Menschen passen.* Gewiß können Stücke, die wie die der Griechen die alten Mißgeschicke des Vaterlandes oder die heutigen Fehler des Volkes behandeln, den Zuschauern nützliche Lektionen erteilen. Wer aber werden die Helden unserer Tragödien sein? Berthelier? Lévrery? Ach,

* *Si quis ergo in nostram urbem venerit, qui animi sapientia in omnes possit sese vertere formas, et omnia imitari, volueritque poemata sua ostentare, venerabimur quidem ipsum, ut sacrum, admirabilem, et jucundum: dicemus autem non esse eiusmodi hominem in republica nostra, neque fas esse ut insit; mittemusque in aliam urbem, unguento caput eius perungentes, lanaque coronantes. Nos autem austeriori minusque jucundo utemur Poeta, fabularumque fictore, utilitatis gratia, qui decori nobis rationem exprimat, et quae dici debent dicat in his formulis quas a principio pro legibus tulimus, quando cives erudire agressi sumus.* (Plat. de. Republ. lib III.)

würdige Bürger, ihr wart Helden, kein Zweifel, aber eure Unbekanntheit setzt euch herab, eure gemeinen Namen entehren eure großen Seelen*, und wir selber sind nicht mehr groß genug, um euch bewundern zu können. Wer werden unsere Tyrannen sein? Die Edelleute vom Löffel**, die Bischöfe von Genf, die Herzöge von Savoyen, Vorfahren eines Hauses, mit dem wir gerade ein Bündnis geschlossen haben und dem wir Respekt schulden? Vor fünfzig Jahren hätte ich nicht dafür bürgen könne, daß nicht auch der Teufel*** und der Antichrist ihre Rollen spielen würden. Bei den sonst so heiteren Griechen war alles schwer und ernst, sobald

* Philibert Berthelier war der Cato unseres Vaterlandes, mit dem Unterschied, daß die öffentliche Freiheit mit dem einen endete und mit dem anderen begann. Er hatte ein zahmes Wiesel bei sich, als er verhaftet wurde. Er übergab seinen Degen mit jenem Stolz, der unglücklicher Tugend so gut zu Gesicht steht, dann fuhr er fort, mit seinem Wiesel zu spielen, ohne die Beleidigungen seiner Schergen eines Wortes zu würdigen. Er starb, wie es sich für einen Märtyrer der Freiheit geziemt.
Jean Lévrery war Bertheliers Favonius, nicht indem er seine Reden und Manieren kindisch nachgeahmt hätte, sondern indem er freiwillig wie jener starb, in dem Bewußtsein, daß das Beispiel seines Todes seiner Heimat nützlicher sein würde als sein Leben. Bevor er zum Schafott ging, schrieb er an die Mauer seines Gefängnisses dieses Epitaph, das man seinem Vorgänger gewidmet hatte:
Quid mihi mors nocuit? Virtus post fata virescit;
Nec cruce, nec soevi gladio perit illa Tyranni.
** Dies war eine Verbindung savoyischer Edelleute, die sich verschworen hatten, Räuberei gegen die Stadt Genf zu treiben, und die als Zeichen ihres Bundes einen Löffel um den Hals trugen.
*** In meiner Jugend habe ich ein Trauerspiel über die *Escalade* gelesen, in dem der Teufel in der Tat einer der Darsteller war. Man erzählte mir, daß sich diese Figur, als das Stück einmal aufgeführt wurde, beim Betreten der Bühne verdoppelt fand, gerade als ob das Original eifersüchtig darauf gewesen wäre, daß man die Kühnheit besaß, ihn darzustellen, und daß der Schrecken sofort alle Zuschauer vertrieb und der Aufführung ein Ende bereitete. Diese Geschichte ist burlesk und wird in Paris mehr noch als in Genf so wirken, aber wenn man sie einmal so hinnimmt, dann wird man in dieser doppelten Erscheinung einen theatralischen und wahrhaft schaudervollen Effekt finden. Ich kann mir nur ein noch einfacheres und schrecklicheres Schauspiel vorstellen, das der Hand, die auf Belsazars Fest erscheint und unbekannte Worte auf die Mauer schreibt. Allein die Vorstellung macht schaudern. Mir scheint, daß unsere lyrischen Dichter von so erhabenen Erfindungen weit entfernt sind; um Schrecken zu erzeugen, veranstalten sie ein völlig wirkungsloses Kulissengetöse. Auf der Bühne selbst darf man dem Blick nicht alles zeigen, sondern muß die Einbildungskraft erschüttern.

es um das Vaterland ging. In diesem geistreichen Jahrhundert jedoch, wo nichts außer der Macht der Lächerlichkeit entgeht, wagt man von Heldentum nur in den großen Staaten zu reden, obgleich man es nur in den kleinen findet.

An die Komödie darf man gar nicht denken. Sie würde bei uns die schrecklichsten Mißstände verursachen, sie würde den Cliquen, Parteien und persönlichen Rachegelüsten als Werkzeug dienen. Unsere Stadt ist so klein, daß auch die allgemeinste Schilderung der Sitten dort schnell in Satire und persönliche Anspielungen abgleiten würde. Das Beispiel des alten Athen, einer ungleich stärker bevölkerten Stadt als Genf, liefert uns den schlagenden Beweis: im Theater wurde die Verbannung vieler großer Männer und der Tod des Sokrates vorbereitet. An der Theatermanie ging Athen zugrunde, und diese Katastrophe rechtfertigte nur zu sehr den Ärger, den Solon bei den ersten Vorstellungen des Thespis bezeugte. Sicher ist es für unsere Republik ein schlechtes Zeichen, wenn man sieht, wie unsere Bürger sich als Schöngeister verkleiden und französische Verse und Theaterstücke schreiben, wofür es Talente braucht, die nicht die unseren sind und niemals sein werden. Aber Herr von Voltaire möge uns Tragödien nach dem Muster von *La Mort de César* und dem ersten Akt von *Brutus* schreiben, und wenn wir unbedingt ein Theater haben müssen, dann möge es sich dafür einsetzen, daß es immer mit seinem Genie erfüllt bleibt und so lange lebt wie seine Stücke.

Ich empfehle, diese Überlegungen sorgfältig abzuwägen, bevor man den Geschmack an Putz und Verschwendung in Rechnung stellt, den das Beispiel der Schauspieler unter unserer Jugend erzeugen muß. Aber schließlich wird dieses Beispiel doch seine Wirkung tun, und wenn die Gesetze überall zu schwach sind, um Laster zu unterdrücken, die sich aus der Natur der Sache ergeben (was ich bewiesen zu haben glaube), wieviel unzureichender werden sie bei uns sein, wo der Einzug der Schauspieler das erste Anzeichen ihrer Schwäche ist? Denn in Wirklichkeit haben nicht sie die Verschwendungssucht eingeführt, im Gegenteil, diese ist ihnen vorausgegangen und hat sie eingeführt, und sie befestigen nur eine schon vorher gefaßte Neigung, die ihnen Zutritt verschafft hat und mit um so mehr Grund bewirken wird, daß sie mit allen ihren Fehlern erhalten bleiben.

Ich stütze mich noch immer auf die Annahme, daß sie in einer so kleinen Stadt bequem bestehen können, und sage: wenn wir sie, wie Sie es verlangen, in einem Lande, in dem alle so gut wie gleich sind, in Ehren halten, werden sie jedermann gleich sein und darüber hinaus die öffentliche Gunst genießen, die ihnen natürlicherweise entgegengebracht wird. Sie werden nicht wie anderwärts von den Großen in Schranken gehalten, deren Wohlwollen sie suchen und deren Ungnade sie fürchten müssen. Die Beamten werden ihnen Respekt einflößen, sei's drum, aber die Beamten sind Privatleute, die mit den Schauspielern vertraulichen Umgang gehabt haben können, sie haben Kinder, die mit den Schauspielern verkehren, und Frauen, die das Vergnügen lieben. Alle diese Beziehungen bahnen der Nachsicht und der Protektion den Weg, und beidem wird man unmöglich immer widerstehen können. Bald werden die Schauspieler, der Straflosigkeit sicher, sie auch ihren Nachahmern verschaffen. Durch sie reißt die Unordnung ein, und man sieht nicht mehr, wo sie je aufhören soll. Die Frauen, die Jugend, die Reichen, die Müßiggänger, sie alle werden für die Schauspieler eintreten, alle werden sie Gesetze umgehen, die sie einengen, und alle werden ihre Ausschweifung begünstigen. Jeder wird glauben, er fördere sein Vergnügen, wenn er sie zufriedenzustellen sucht. Wer wird es wagen, gegen diesen Strom zu schwimmen, wenn nicht vielleicht irgendein alter, strenger Prediger, auf den man nicht hören wird und dessen Verstand und Ernsthaftigkeit bei der unbedachten Jugend als Pedanterie gelten werden? Wenn sie ihrem Erfolg schließlich auch nur ein wenig Kunst und Geschicklichkeit hinzufügen, brauchen sie keine dreißig Jahre, um die Schiedsrichter des Staates zu werden.* Man wird sehen, wie die Anwärter für ein Amt um ihre Gunst buhlen, um Stimmen zu erhalten. Die Wahlen werden sich in den Garderoben der Schauspielerinnen entscheiden, und die

* Man muß immer daran denken, daß die Freude am Theater in Genf zur Leidenschaft werden muß, wenn es sich hier halten soll; bleibt sie maßvoll, so muß es eingehen. Die Vernunft gebietet, daß man bei der Prüfung der Wirkungen des Theaters diese an etwas mißt, das in der Lage ist, es zu erhalten.

Führer eines freien Volkes werden zu Kreaturen einer Bande von Gauklern. Die Feder entgleitet der Hand bei der bloßen Vorstellung. Man widerlege sie, soviel man will, man klage mich an, die Vorsicht zu weit zu treiben, ich habe nur noch ein Wort zu sagen. Was immer geschieht, diese Leute müssen bei uns bessere Sitten annehmen, oder sie werden die unseren verderben. Wenn diese Alternative uns nicht mehr erschreckt, sollen die Schauspieler kommen, sie können uns nichts Böses mehr anhaben.

Dies, mein Herr, sind die Erwägungen, die ich dem Publikum und Ihnen vorlegen mußte zu der Frage, die Sie in einem Artikel anzuschneiden beliebten, wo sie für meine Begriffe ganz fehl am Platze war. Falls meine Gründe weniger stark sein sollten, als sie mir erscheinen, falls ihr Gewicht also nicht ausreichen sollte, um die Ihren aufzuwiegen, dann werden Sie mir wenigstens zugestehen, daß in einem so kleinen Staat wie der Republik Genf alle Neuerungen gefährlich sind und daß man sie, wenn nicht dringende und ernsthafte Gründe für sie sprechen, vermeiden sollte. Man beweise uns erst einmal die dringliche Notwendigkeit dieser Neuerung! Wo sind die Mißstände, die uns zwingen, zu einer so fragwürdigen Maßnahme unsere Zuflucht zu nehmen? Ist ohne sie alles verloren? Ist unsere Stadt so groß, sind die Laster und der Müßiggang bereits so weit fortgeschritten, daß sie ohne Theater künftig nicht mehr bestehen kann? Sie erwidern, daß das viel schlimmere Theater, welches sie duldet, Geschmack und Sitten ebenso verderbe, aber es ist ein großer Unterschied, ob man schlechte Sitten zeigt oder gute angreift, denn letzteres hängt weniger von den Eigenschaften des Schauspiels ab als von dem Eindruck, den es macht. Was haben in diesem Sinne flüchtige Possen mit einem festen Schauspielhaus zu tun, was die Hanswurstiaden eines Gauklers mit der regelmäßigen Aufführung dramatischer Werke, was hat eine Bretterbude, die zur Belustigung des Pöbels auf dem Markt aufgeschlagen wurde, mit einem anständigen Theater zu tun, wo ehrbare Leute sich belehren lassen möchten? Die eine Lustbarkeit bleibt ohne Folgen und ist am nächsten Tag vergessen, aber die andere ist ein wichtiger Vorgang, der die ganze Aufmerksamkeit der Regierung verdient. In allen Ländern ist es erlaubt, die Kinder zu unterhalten, und es mag ein Kind sein, wer immer will, ohne daß sich daraus Unannehmlichkeiten ergeben. Wenn diese faden Darbietungen geschmacklos sind, um so besser: man wird sie schneller leid, und wenn sie plump sind, so werden sie weniger verführerisch sein. Kaum je schleicht das Laster sich ein, indem es den Anstand verletzt, sondern indem es sein Aussehen annimmt, und schmutzige Wörter sind mehr der Höflichkeit als den guten Sitten entgegen. Deshalb ist auch die Ausdrucksweise um so gesuchter und sind die Ohren um so empfindlicher, je verdorbener ein Land ist. Macht es den Eindruck, daß die Unterhaltungen in der Markthalle die Jugend, die ihnen lauscht, sehr erregen? Dies aber tun die feinen Andeutungen des Theaters, und es wäre besser, daß ein junges Mädchen hundert Possen sähe als eine einzige Aufführung von *L'oracle*.

Übrigens gebe ich zu, daß ich für meine Person es lieber sähe, wenn wir uns völlig von diesen Bretterbuden trennten und uns, groß und klein, darauf verstünden, unsere Freuden und unsere Pflichten aus unserem Stand und aus uns selbst zu ziehen. Aber daraus, daß man die Gaukler vertreiben sollte, folgt nicht, daß man die Schauspieler herbeirufen müßte. In Ihrem eigenen Lande haben Sie die Stadt Marseille sich lange gegen eine entsprechende Neuerung wehren sehen, sie widerstand sogar den wiederholten Befehlen des Ministers und bewahrte in dieser Geringschätzung leichtfertiger Zerstreuungen ein ehrenhaftes Bild ihrer alten Freiheit. Welch ein Beispiel für eine Stadt, die ihre Freiheit noch nicht verloren hat!

Man glaube im übrigen nicht, man könne eine solche Einrichtung versuchsweise machen, um sie dann wieder abzuschaffen, wenn ihre Nachteile spürbar werden. Diese Nachteile lassen sich nämlich nicht mit dem Theater, das sie hervorbringt, abreißen, sie bleiben, wenn ihr Ursache beseitigt ist, und wenn man sie zu spüren beginnt, sind sie bereits unheilbar. Unsere geänderten Sitten, unser veränderter Geschmack werden sich nicht einfach so wiederherstellen, wie sie verdorben wurden. Selbst unsere Freuden, unsere unschuldigen Freuden, werden ihren Zauber verloren haben, das Theater hat sie uns für immer verleidet. Ist der Müßiggang einmal notwendig geworden, so werden wir uns in Zeiten, die wir nicht auszufüllen wissen, selber zur Last. Bei ihrer Abreise lassen uns die Schauspieler die Langeweile als Pfand für ihre Rückkehr, bald wird sie uns zwingen, sie zurückzurufen oder Schlimmeres zu tun. Wir werden übel daran getan haben, wenn wir die Bühne einrichteten, wir werden übel daran tun, wenn wir sie bestehen lassen, und wir tun übel, wenn wir sie zerstören: nach dem ersten Fehler haben wir nur noch die Wahl zwischen verschiedenen Übeln.

Wie? Soll es in einer Republik denn gar kein öffentliches Schauspiel geben? Im Gegenteil, man braucht sogar viele. In den Republiken wurde das Schauspiel geboren, in ihrem Schoß sieht man es wahrhaft festlich blühen. Zu welchen Völkern paßt es mehr, sich oft zu versammeln und untereinander die sanften Bande des Vergnügens und der Freude zu knüpfen, als zu denen, die so viele Gründe haben, sich zu lieben und für immer vereint zu bleiben? Wir haben bereits eine Reihe öffentlicher Feste, laßt uns davon noch mehr haben, ich werde um so entzückter sein. Aber laßt uns nicht diese sich abschließenden Schauspiele übernehmen, bei denen eine kleine Zahl von Leuten in einer dunklen Höhle trübselig eingesperrt ist, furchtsam und unbewegt in Schweigen und Untätigkeit verharrend, und wo den Augen nichts als Bretterwände, Eisenspitzen, Soldaten und quälende Bilder der Knechtschaft und Ungleichheit geboten werden. Nein, glückliche Völker, nicht dies sind eure Feste! In frischer Luft und unter freiem Himmel sollt ihr euch versammeln und dem Gefühl eures Glücks euch überlassen. Eure Vergnügungen seien weder verweichlicht noch kommerziell, damit nichts, was nach Zwang oder Interesse riecht, sie vergifte, damit sie frei und hochherzig seien wie ihr, damit die Sonne euer unschuldiges Schauspiel beleuchte, ihr seid es selbst, das würdigste Schauspiel, auf das die Sonne scheinen kann.

Was werden aber schließlich die Gegenstände dieses Schauspiels sein? Was wird es zeigen? Nichts, wenn man will. Mit der Freiheit herrscht überall, wo viele Menschen zusammenkommen, auch die Freude. Pflanzt in der Mitte eines Platzes einen mit Blumen bekränzten Baum auf, versammelt dort das Volk, und ihr werdet ein Fest haben. Oder noch besser: stellt die Zuschauer zur Schau, macht sie selbst zu Darstellern, sorgt dafür, daß ein jeder sich im andern erkennt und liebt, daß alle besser miteinander verbunden sind. Ich brauche mich nicht auf die alten Griechen zu berufen, es gibt neuere, es leben noch heute welche, und ich finde sie mitten unter uns. Wir haben alle Jahre Musterungen, öffentliche Wettbewerbe, und im Armbrust- und Geschützschießen sowie im Segeln werden Könige ermittelt. Man kann so nützliche und angenehme Veranstaltungen gar nicht genug vermehren*, man kann gar nicht genug von solchen Königen haben. Warum tun wir nicht, um uns zu ertüchtigen und zu stärken, eben das, was wir tun, um uns in den Waffen zu üben? Hat die Republik Arbeiter weniger nötig als Soldaten? Warum schaffen wir nicht nach dem Vorbild der militärischen Preise andere gymnastische Wettbewerbe im Ringen, im Wettlauf, im Diskuswerfen und verschiedenen anderen Leibesübungen? Warum begeistern wir unsere Segler nicht für Regatten auf dem See? Gibt es einen herrlicheren Anblick auf der Welt als das weite, bezaubernde Becken, bedeckt mit Hunderten elegant ausgerüsteter Boote, die auf ein gegebenes Signal losfahren, um die am Ziel gehißte Flagge zu erbeuten und dann den Sieger heimzugeleiten, der im Triumph zu-

* Es genügt nicht, daß das Volk zu essen und zu leben hat, es muß auch angenehm leben, damit es seine Pflichten besser erfüllt, sich weniger bemüht, sich ihnen zu entziehen, so daß die öffentliche Ordnung sicherer besteht. Mehr, als man denkt, tragen gute Sitten dazu bei, daß ein jeder sich in seinem Stand wohl fühlt. Hinterlist und Intrige entspringen der Unrast und der Unzufriedenheit; alles kommt durcheinander, wenn einer die Stelle des anderen erstrebt. Man muß seinen Beruf lieben, um ihn gut auszufüllen. Die Grundlage des Staates ist nur dann fest und gut, wenn alle sich am richtigen Platz fühlen, wenn die einzelnen Kräfte sich vereinen und um das gemeine Wohl wetteifern, anstatt sich gegenseitig aufzureiben, wie sie es in jedem schlecht verfaßten Staate tun. Dies vorausgesetzt, was soll man von denen denken, die dem Volk die Feste, die Freuden und jede Art von Vergnügen ebenso nehmen wollen wie die Belustigungen, die es von der Arbeit abhalten? Diese Forderung ist barbarisch und falsch. Schlimm genug, wenn das Volk nur die Zeit hat, sein Brot zu verdienen, denn es braucht auch Zeit, es mit Genuß zu essen, wenn es nicht die Lust, es zu verdienen, verlieren soll. Der gerechte und gnädige Gott, der will, daß es arbeitet, will auch, daß es sich entspannt: die Natur gebietet ihm ebenso die Anstrengung wie die Ruhe, Mühsal ebenso wie Freude. Die Abneigung gegen die Arbeit belastet die Unglücklichen mehr als die Arbeit selbst. Wollt ihr ein Volk tätig und fleißig machen? Gebt ihm Feste, bietet ihm Vergnügungen, die es seinen Staat lieben lehren und es davon abhalten, sich einen milderen zu wünschen. Die so verlorenen Tage werden den Wert der anderen steigern. Lenkt seine Freuden, um sie zu veredeln. Das ist das richtige Mittel, um seine Arbeiten zu beleben.

rückkehrt, um den verdienten Preis zu empfangen? Solche Spiele kosten nicht mehr, als man will, und der Wettstreit allein macht sie prächtig genug. Indessen muß man ihnen unter Genfern beigewohnt haben, um zu begreifen, mit welchem Feuer man sich ihnen überlassen kann. Die Genfer sind dann nicht wiederzuerkennen, es ist nicht mehr das so solide Volk, das nie von seinen sparsamen Grundsätzen abgeht, das sind nicht mehr die umständlichen Verstandesmenschen, die alles, auch den Scherz, auf der Waage des Urteils abwägen. Auf einmal ist der Genfer lebhaft, fröhlich, zärtlich, er hat das Herz in den Augen, wie er es immer auf der Zunge trägt, er brennt darauf, seine Freude, sein Vergnügen mitzuteilen und auszutauschen. Wen immer er gerade trifft, lädt er ein, er bestürmt und überwältigt ihn und zieht ihn ins Gespräch. Aus vielen Gesellschaften wird eine einzige, alles wird allen gemeinsam. Es ist beinahe gleichgültig, an welchen Tisch man sich setzt: es wäre ein Bild der Tische Spartas, wenn nicht ein wenig mehr Fülle herrschte. Doch selbst die Fülle ist angemessen, und der Anblick des Überflusses macht den der Freiheit, die ihn hervorbringt, noch rührender.

Der Winter ist die Zeit, die dem privaten Umgang der Freunde untereinander gewidmet ist; deshalb eignet er sich weniger für öffentliche Feste. Eine Art von Festen gibt es indessen, aus der man sich, wenn es nach mir ginge, nicht gar so ein Gewissen machen sollte, und zwar die Bälle für junge Leute im heiratsfähigen Alter. Ich habe nie begriffen, warum man sich dermaßen über den Tanz und die Zusammenkünfte, die er veranlaßt, aufregt. Als ob es schlimmer wäre zu tanzen, als zu singen, als ob das eine Vergnügen nicht ebenso eine Gabe der Natur wäre wie das andere; und als ob es für die, die sich zu vereinigen bestimmt sind, ein Verbrechen wäre, sich öffentlich bei einem ehrbaren Vergnügen zu unterhalten. Mann und Frau sind füreinander geschaffen. Gott will, daß sie ihrer Bestimmung folgen, und sicherlich ist das erste und heiligste Band der Gesellschaft die Ehe. Alle falschen Religionen widerstreiten der Natur, allein die unsere gehorcht ihr, ordnet sie und verkündet eine Einrichtung, die göttlich und dem Menschen angemessen ist. Sie wird doch der Ehe nicht Hindernisse in den Weg legen, die die bürgerliche Ordnung nur durcheinanderbringen, die das Evangelium nicht vorschreibt und die jede gute Regierung verwirft. Man sage mir doch, wo junge, heiratsfähige Leute Gelegenheit haben, Gefallen aneinander zu finden und einander mit mehr Anstand und Behutsamkeit kennenzulernen als in einer Versammlung, wo das immer wache Auge der Öffentlichkeit sie zwingt, sich bescheiden zurückzuhalten und mit der größten Sorgfalt auf sich acht zu geben? Inwiefern soll Gott beleidigt werden durch eine hübsche und gesunde Übung, die für die Lebhaftigkeit der jungen Leute wie geschaffen ist, die sich darauf beschränkt, daß man einander mit Anmut und Anstand gegenübertritt und die durch die Zuschauer eine Würde erhält, die niemand auch nur einen Augenblick wagen wird zu vergessen? Kann man sich ein ehrbareres Mittel vorstellen, einander nicht zu täuschen, zumindest was das Aussehen betrifft, und sich mit den Vorzügen und Fehlern, die man hat, den Menschen zu zeigen, die ein Interesse daran haben, uns gut zu kennen, bevor sie sich verpflichten, uns zu lieben? Schließt die Pflicht, einander zu lieben, nicht auch die Pflicht ein, einander zu gefallen, und ist es nicht zweier tugendhafter und christlicher Personen, die sich binden wollen, würdig, daß sie sich bemühen, ihre Herzen so auf die gegenseitige Liebe vorzubereiten, die Gott ihnen auferlegt?

Was geschieht dort, wo dauernder Zwang regiert, wo man die unschuldigste Freude wie ein Verbrechen bestraft, wo die jungen Leute beiderlei Geschlechts nicht öffentlich zusammenzukommen wagen, wo die eifernde Strenge eines Pastors im Namen Gottes nur unterwürfige Scham, Trauer und Langeweile zu predigen weiß? Man umgeht einfach die unerträgliche Tyrannei, die von der Natur und der Vernunft verdammt wird. Nimmt man der munteren und ausgelassenen Jugend die erlaubten Freuden, so setzt sie gefährlichere an ihre Stelle. Geschickt werden vertrauliche Treffen verabredet, die an die Stelle der öffentlichen Zusammenkünfte treten. Gezwungen, sich zu verstecken, als ob man schuldig wäre, ist man versucht, es zu werden. Die unschuldige Freude möchte sich am hellen Tage auslassen, das Laster aber ist ein Freund der Finsternis, und niemals wohnen Unschuld und Geheimnis lange beieinander.

Ich für mein Teil bin weit davon entfernt, so anspruchslose

Vergnügungen zu tadeln, ja ich wünschte, sie würden öffentlich anerkannt und man käme jedem Fehltritt einzelner zuvor, indem man feierliche Bälle in regelmäßigen Abständen daraus machte, die unterschiedslos der gesamten heiratsfähigen Jugend offenstehen. Ich wünschte, daß ein vom Rat ernannter Beamter* es nicht verschmähte, diesen Bällen beizuwohnen. Ich wünschte, daß Väter und Mütter teilnähmen, um auf ihre Kinder achtzugeben und Zeugen ihrer anmutigen Vorstellung sowie des verdienten Beifalls zu werden und so das angenehmste Schauspiel zu genießen, das ein elterliches Herz rühren kann. Ich wünschte, daß grundsätzlich auch Verheiratete als Zuschauer oder Richter zugelassen würden, ohne daß es ihnen freilich gestattet wäre, die eheliche Würde herabzusetzen, indem sie selber tanzen; denn zu welchem ehrbaren Zweck sollten sie sich öffentlich zur Schau stellen? Ich wünschte, daß man im Saal einen bequemen Ehrenplatz einrichtete, der für die älteren Vertreter des einen und des anderen Geschlechts bestimmt wäre, die dem Vaterland bereits Bürger geschenkt haben und nun zuschauen, wie ihre Enkel sich darauf vorbereiten, Bürger zu werden. Ich wünschte, daß niemand käme und ginge, ohne dieses Parkett zu grüßen, und daß vor Beginn und nach Ende des Tanzes alle jungen Leute in seiner Richtung eine tiefe Verbeugung machten, damit sie sich beizeiten daran gewöhnen, das Alter zu ehren. Ich zweifle nicht, daß diese hübsche Zusammenkunft der beiden Lebensalter der Veranstaltung etwas Ergreifendes geben würde und daß man im Parkett bisweilen Tränen der Freude und der Erinnerung fließen sähe, die einen empfindsamen Betrachter ebenfalls rühren könnten. Ich wünschte, daß jedes Jahr auf dem letzten Ball das junge Mädchen, das sich auf den vorangehenden Bällen nach dem Urteil des Parketts am ehrbarsten und sittsamsten verhalten hat, durch eine

* Jeder Zunft und jeder der öffentlichen Gesellschaften, aus denen unser Staat sich zusammensetzt, sitzt ein Beamter vor, und zwar unter dem Titel *seigneur-commis*. Sie nehmen an allen Versammlungen teil, sogar an den Festessen. Ihre Gegenwart behindert in keiner Weise die ehrbare Vertraulichkeit unter den Mitgliedern der Vereinigung, doch sie sorgt dafür, daß keiner die Achtung, die man den Gesetzen, den Sitten und dem Anstand schuldet, vergißt, auch nicht inmitten von Freude und Lustbarkeit. Diese sehr schöne Einrichtung ist eines der großartigen Bande, welche das Volk mit seinen Herren verbinden.

Krone aus der Hand des *seigneur-commis** und durch den Titel einer Ballkönigin geehrt würde, den sie das ganze Jahr tragen würde. Ich wünschte, daß man sie zum Schluß heimgeleitete und daß man dem Vater und der Mutter Glückwünsche und Dank sagte, eine so gut geborene Tochter so gut erzogen zu haben. Schließlich wünschte ich, daß sie, wenn sie sich im Laufe des Jahres verheiratete, von der Seigneurerie ein Geschenk erhielte oder öffentlich ausgezeichnet würde, damit diese Ehre etwas Ernstes bleibt und nie ein Gegenstand des Spottes werden kann.

Es ist wahr, daß man Parteilichkeit befürchten muß, wenn nicht das Alter der Richter davor schützt, daß nicht dem Verdienst der Vorzug gegeben wird. Wenn aber bescheidene Schönheit bisweilen bevorzugt würde, was wäre daran so unerträglich? Sie muß härteren Angriffen standhalten, braucht sie nicht mehr Ermutigung? Ist sie nicht eine Gabe der Natur wie das Talent? Was ist schlimm daran, wenn ihr Ehren zuteil werden, die sie ermuntern, sich ihrer würdig zu erweisen, und die ihre Eigenliebe befriedigen, ohne die Tugend zu verletzen?

Um diesen Entwurf nach den genannten Gesichtspunkten abzurunden, verknüpfe man ihn bei aller Galanterie und Vergnüglichkeit mit verschiedenen nützlichen Zwecken, die ihn zu einem wichtigen Bestandteil von Ordnung und guter Sitte machen würden. Weil die Jugend sichere und anständige Zusammenkünfte hat, ist sie weniger versucht, gefährlichere zu suchen. Geduldiger überließe sich das eine und das andere Geschlecht den abwechselnden Tätigkeiten und Freuden, die ihm jeweils eigen sind, und fände sich leichter damit ab, den dauernden Verkehr mit dem anderen Geschlecht entbehren zu müssen. Privatleute aller Stände würden die Mittel für ein Schauspiel aufbringen, das vor allem den Beifall der Väter und Mütter fände. Für die Frauen wäre die Sorge um den Schmuck ihrer Töchter eine Quelle des Vergnügens, die vielen anderen Zerstreuung bieten würde, und weil dieser Schmuck einen unschuldigen und lobenswerten Zweck hat, wäre er einmal völlig angebracht. Die Gelegenheit, sich zu versammeln, um sich zu einigen und die Ehe anzubahnen, würde oft

* Siehe die vorhergehende Fußnote.

dazu dienen, zerstrittene Familien wieder zusammenzuführen und so den für unseren Staat so wichtigen Frieden festigen. Ohne die Autorität der Väter zu schwächen, wären die Neigungen der Kinder etwas freier, die erste Wahl hinge etwas mehr von ihrem Herzen ab, die Übereinstimmung von Alter, Temperament und Charakter würde etwas schwerer wiegen, und weniger Gewicht würde man auf die Übereinstimmung von Stand und Vermögen legen, weil unglückliche Ehen geschlossen werden, wenn man sich nach ihr richtet, auf Kosten der anderen. Bekanntschaften würden leichter, und Ehen wären häufiger. Weniger auf die gleiche Herkunft eingeschränkt, würden diese Ehen den Parteiungen zuvorkommen, die extreme Ungleichheit mäßigen und den Volkskörper im Geist seiner Verfassung sicherer bewahren; so würden diese Bälle weniger einem öffentlichen Schauspiel als der Versammlung einer großen Familie gleichen, und aus Vergnügen und Freude würden Bestand, Eintracht und Wohlstand der Republik erwachsen.*

Auf der Grundlage solcher Ideen könnte man für geringe Kosten und ohne jede Gefahr leicht für mehr Schauspiel sorgen, als nötig ist, um den Aufenthalt in unserer Stadt angenehm und heiter zu machen, selbst für die Fremden, die anderwärts nichts Vergleichbares fänden und allein schon deswegen kämen, um etwas Einmaliges zu sehen. Freilich sehe ich, um die Wahrheit zu sagen,

* Bisweilen macht es mir Spaß, mir das Urteil vorzustellen, welches die Leser meiner Schriften über meinen Geschmack fällen werden. Aufgrund dieser Schrift wird man bestimmt sagen: »Der Mann ist ein Tanznarr.« Es langweilt mich, beim Tanzen zuzusehen. »Er kann das Theater nicht ausstehen.« Ich liebe es leidenschaftlich. »Er hat eine Abneigung gegen Frauen.« In dieser Hinsicht bin ich nur zu gut gerechtfertigt. »Er ist unzufrieden mit den Schauspielern.« Ich habe allen Grund, sie zu loben, und die Freundschaft des einen, den ich näher kannte, kann jeden ehrenhaften Mann nur ehren. Dasselbe wird man von den Dichtern sagen, deren Stücke ich tadeln muß: die, die tot sind, seien nicht nach meinem Geschmack, und von den lebenden fühlte ich mich gekränkt. Die Wahrheit ist, daß Racine mich bezaubert und daß ich niemals freiwillig eine Aufführung eines Stückes von Molière versäumt habe. Von Corneille habe ich nur deshalb nicht häufiger gesprochen, weil ich seine Stücke nur selten gesehen habe, und in Ermangelung von Büchern erinnere ich mich zu ungenau, um ihn zitieren zu können. Was den Autor des *Atrée* und des *Catilina* betrifft, so habe ich ihn nur einmal gesehen, und das war aus Anlaß einer Gefälligkeit, die er mir erwies. Ich schätze sein Genie und achte sein Alter, aber wie groß auch die Ehrerbietung ist, die ich seiner Person bezeuge, seinen Stük-

aus vielen gewichtigen Gründen in solchen Besuchen mehr Nachteile als Vorteile, und ich für meine Person bin überzeugt, daß niemals ein Fremder nach Genf gekommen ist, der dort nicht mehr Schaden angerichtet als Gutes getan hätte.

Aber wissen Sie, mein Herr, wen man mit aller Kraft anziehen und in unseren Mauern festhalten sollte? Die Genfer selbst, die bei aller aufrichtigen Liebe für ihr Land alle von großer Reiselust erfüllt sind, so daß es beinahe keine Gegend gibt, wo man sie nicht antrifft. Die Hälfte unserer Bürger, zerstreut über den Rest Europas und der Welt, lebt und stirbt fern von ihrem Vaterland. Mich selbst würde ich mit größerem Schmerz nennen, wäre ich weniger unnütz. Ich weiß, daß wir die Schätze, die unser Land uns verweigert, in der Fremde suchen müssen und daß wir kaum bestehen können, wenn wir uns abschließen. Aber zum Glück ist diese Verbannung nicht für alle von ewiger Dauer: wenn doch die, deren Werke der Himmel gesegnet hat, kämen, um wie die Biene den Ertrag in den Stock zu bringen, um ihre Mitbürger durch den Anblick ihres Glückes zu erfreuen, das Streben der jungen Leute

ken schulde ich nur Gerechtigkeit, und ich verstehe mich nicht darauf, meine Schulden auf Kosten des Gemeinwohls und der Wahrheit zu begleichen. Wenn meine Schriften mir irgend Stolz einflößen, so wegen der Reinheit der Absicht, welche sie diktiert, so wegen einer Interesselosigkeit, für die mir wenige Schriftsteller ein Beispiel gegeben haben und die nur von wenigen wird nachgeahmt werden. Niemals wird Einzelsicht mein Verlangen beflecken, anderen nützlich zu sein. Dieses Verlangen hat mir die Feder in die Hand gegeben, und ich habe fast immer gegen mein eigenes Interesse geschrieben. *Vitam impendere vero* lautet die Devise, die ich mir gewählt habe und deren ich mich würdig fühle. Leser, ich kann mich selbst täuschen, aber euch kann ich niemals willentlich täuschen. Fürchtet meine Irrtümer, nicht meine böse Absicht. Die Liebe zum Gemeinwohl ist die einzige Leidenschaft, die mich zum Publikum sprechen läßt. Ich kann mich dann selbst vergessen, und wenn mich jemand beleidigt, so schweige ich dazu aus Sorge, der Zorn könnte mich ungerecht machen. Dieser Grundsatz ist gut für meine Feinde, weil sie mir nach Lust und Laune ohne Furcht vor Vergeltung schaden können, gut aber auch für meine Leser, die nicht fürchten müssen, daß mein Haß sie belastet, und gut vor allem für mich selbst, weil ich in Frieden lebe, während man mich kränkt, und wenigstens nur unter dem Bösen leide, welches man mir antut, und nicht auch noch unter dem, welches ich litte, wenn ich das Böse vergelten würde. Heilige und reine Wahrheit, der ich mein Leben geweiht habe, niemals sollen meine Leidenschaften die aufrichtige Liebe beflecken, die ich für dich fühle. Weder Interesse noch Furcht sollen die Huldigungen schmälern, die ich dir freudig darbringe, und meine Feder verweigere dir nichts als das, was sie fürchten muß, der Rache einzuräumen.

zu beleben, ihre Heimat mit ihrem Vermögen zu bereichern und bescheiden daheim die ehrenvoll in der Fremde erworbenen Güter zu genießen! Wird man sie mit einem Theater, das bei uns immer weniger gut sein wird als anderswo, zur Rückkehr bewegen? Werden sie dem Schauspielhaus von Paris oder London den Rükken kehren, um das von Genf wiederzusehen? Nein, nein, mein Herr, auf diese Weise bringt man sie nicht zurück. Jeder muß fühlen, daß er anderswo nicht finden kann, was er in seinem Vaterland zurückgelassen hat; ein unbezwinglicher Zauber muß ihn an den Ort zurückrufen, den er nie hätte verlassen sollen; die Erinnerung an die ersten Übungen, Schauspiele und Freuden muß tief in die Herzen eingegraben bleiben; die süßen Eindrücke der Jugend müssen dauern und sich verstärken, während tausend andere verblassen; mitten in der Pracht der großen Staaten und ihrer trübseligen Herrlichkeit muß auf dem Grunde der Seele eine heimliche Stimme fortwährend rufen: »Ach, wo sind die Spiele und Feste meiner Jugend geblieben? Wo ist die Eintracht der Bürger, die allgemeine Brüderlichkeit? Wo ist die reine Freude und die wahrhafte Fröhlichkeit? Wo sind der Frieden, die Freiheit, die Gleichheit und die Unschuld? Laßt uns all dies wieder suchen!« Mein Gott! Woran liegt es, daß wir, bei dem Herzen, das der Genfer hat, bei der Heiterkeit dieser Stadt, dem Zauber des Landes, der Gerechtigkeit der Regierung, bei den wahren und reinen Freuden und bei allem, was es braucht, um sie zu genießen, woran liegt es, sage ich, daß wir das Vaterland nicht anbeten?

Mit bescheidenen Festen und Spielen ohne jeden Prunk rief Sparta seine Bürger zurück, jenes Sparta, welches ich nicht genug hervorheben kann für das Beispiel, das wir uns an ihm nehmen sollten. So sehnte sich inmitten der schönen Künste Athens, in Susa im Schoße des Luxus und der Verweichlichung der gelangweilte Spartiate nach seinen ungehobelten Festmählern und ermüdenden Übungen. In Sparta war in fleißigem Müßiggang alles Freude und Schauspiel, dort galten die härtesten Arbeiten als Erholung, wobei der öffentliche Unterricht noch die geringste war. In Sparta weihten die immer versammelten Bürger ihr ganzes Leben den Freuden, die das große Staatsgeschäft ausmachten, sowie den Spielen, von denen man nur im Kriege ausruhte.

Die Spaßmacher höre ich schon fragen, ob ich mit diesen wunderbaren Lehren unter die Genfer Feste nicht auch den Tanz der jungen Lakedämonierinnen aufnehmen will. Darauf antworte ich: Gerne will ich glauben, daß unsere Augen und unsere Herzen keusch genug sind, um ein solches Schauspiel zu ertragen, und daß die jungen Mädchen hierbei in Genf nicht weniger als in Sparta den Schutz der allgemeinen Ehrbarkeit genießen würden. Aber sosehr ich meine Landsleute auch schätze, so weiß ich doch nur zu gut, wie weit es von ihnen bis zu den Lakedämoniern ist, so daß ich ihnen von den spartanischen Einrichtungen nur die vorschlage, für die sie noch nicht verdorben sind. Wenn der weise Plutarch es auf sich genommen hat, den erwähnten Brauch zu rechtfertigen, warum soll auch ich mich damit belasten? Es genügt, darauf hinzuweisen, daß dieser Brauch nur für die Schüler Lykurgs paßte, deren anspruchslose und arbeitsame Lebensweise, deren reine und strenge Sitten und nur ihnen eigene Seelenstärke bei einem Schauspiel unschuldig zu bleiben vermochten, das auf jedes Volk anstößig wirken muß, welches nur ehrbar ist.

Glaubt man denn, daß der raffinierte Putz unserer Frauen im Grunde weniger gefährlich ist als die vollständige Nacktheit, deren erste Wirkungen durch die Gewohnheit bald in Gleichgültigkeit, vielleicht sogar in Widerwillen verwandelt würden? Weiß man nicht, daß Statuen und Bilder die Augen nur beleidigen, wenn ein Durcheinander von Gewändern die Nacktheit obszön wirken läßt? Die unmittelbare Wirkung der Sinne ist schwach und begrenzt, erst durch die Vermittlung der Phantasie richten sie ihre größeren Verheerungen an. Die Einbildungskraft erregt die Begierden, indem sie ihre Gegenstände mit mehr Vorzügen ausstattet, als die Natur ihnen gegeben hat, die Einbildungskraft läßt das entrüstete Auge entdecken, was es nicht so sehr als nackt, sondern als unbekleidet wahrnimmt. Kein Kleid ist so züchtig, daß ein von der Einbildungskraft entzündeter Blick den Begierden nicht mehr enthüllte. Eine junge Chinesin, die ein Stückchen ihres bedeckten und beschuhten Fußes zeigte, würde in Peking größere Verwirrung stiften als das schönste Mädchen der Welt, das nackt am Fuße des Taygetos tanzte. Wenn man sich aber so kunstvoll und leichtfertig kleidet, wie es die Frauen heute tun, wenn man nur weniger zeigt, um das Verlangen nach mehr zu wecken, wenn das Hindernis, welches die Blicke hemmt, nur dazu dient, die Einbildungskraft stärker zu erregen, wenn man den Gegenstand nur so weit bedeckt, als erforderlich ist, um den unbedeckten Teil zu betonen,

Heu! male tum mites defendit pampinus uvas.

Beenden wir diese zahlreichen Abschweifungen. Dem Himmel sei Dank, dies ist die letzte, ich bin am Ende meiner Schrift angelangt. Ich habe die Feste Lakedämoniens als Vorbild für die Feste hingestellt, die ich bei uns sehen möchte. Nicht nur ihres Inhalts, auch ihrer Einfachheit wegen halte ich sie für empfehlenswert: ohne Pomp, ohne Luxus, ohne große Vorbereitungen, mit dem verborgenen Zauber der Vaterlandsliebe, atmeten sie jenen kriegerischen Geist, der freien Menschen ziemt.* Ohne Geschäfte und ohne Vergnügungen, jedenfalls im heutigen Sinne des Wortes, verbrachten sie in sanfter Einförmigkeit den Tag, ohne ihn zu lang, und das Leben, ohne es zu kurz zu finden. Fröhlich und munter kehrten sie des Abends heim, um das karge Mahl einzunehmen, zufrieden mit ihrem Vaterland, mit ihren Mitbürgern

* Ich erinnere mich an ein recht schlichtes Schauspiel, das mich in meiner Kindheit beeindruckte und dessen Bild mir im Gedächtnis geblieben ist, obgleich es lange her ist und trotz der Mannigfaltigkeit der Dinge. Das Regiment von St. Gervais hatte geübt, und wie gewöhnlich hatte man nach Kompanien getrennt zu Abend gegessen. Nach dem Essen versammelte sich die Mehrzahl der Kompaniemitglieder auf dem Platz von St. Gervais, wo sie alle miteinander, Offiziere und Soldaten, um den Brunnen zu tanzen begannen, auf dessen Beckenrand Trommler, Pfeifer und Fackelträger geklettert waren. Ein Tanz von Leuten, die gut gegessen haben, bietet an sich keinen sonderlich fesselnden Anblick, aber die Übereinstimmung von fünf- oder sechshundert uniformierten Männern, die einander alle bei der Hand halten und eine lange Kette bilden, die sich im Takt und ohne jede Unordnung tausendfach vor und zurück durch tausend sich verschieden entwickelnde Figuren windet, die Melodien, die dazu gespielt werden, der Lichtschein der Fackeln, der ganze militärische Verband auf dem Gipfel des Vergnügens, all dies bewirkte ein sehr lebhaftes Gefühl und konnte nicht kalt lassen. Es war schon spät, und die Frauen waren bereits schlafen gegangen, aber alle standen jetzt wieder auf. Bald waren die Fenster mit Zuschauerinnen gefüllt, die den Akteuren neuen Eifer gaben. Sie hielten es nicht lange an den Fenstern aus und stiegen hinab. Frauen kamen mit ihren Männern, Mägde brachten Wein, und selbst Kinder, die von dem Lärm aufgewacht waren, rannten halb angezogen mit Vater und Mutter herbei. Der Tanz

und mit sich selbst. Wenn man ein Beispiel jener öffentlichen Zerstreuungen wünscht, hier ist eines, wie Plutarch es berichtet. Es gab immer drei Tänze, sagt er, in ebenso vielen Gruppen, die sich dem Alter nach unterschieden; getanzt wurde zum Gesang der einzelnen Gruppen. Die Greise begannen mit dem ersten Tanz, indem sie das folgende Lied sangen:

Jung waren wir einst
und tapfer und mutig im Streit.

Es folgte die Strophe der Männer, die ihrerseits sangen, wobei sie mit den Armen den Takt schlugen:

Wir sind es noch heute,
wer immer es wissen will, komme doch!

Dann kamen die Knaben, die ihnen antworteten, indem sie aus Leibeskräften sangen:

Wir werden bald tapfer sein
und euch alle übertreffen.

Dies, mein Herr, sind die Schauspiele, die man in den Republiken braucht. Was das Schauspiel betrifft, von dem in diesem Aufsatz zu handeln Ihr Artikel *Genf* mich gezwungen hat, so sehe ich traurige Folgen voraus, wenn jemals der Eigennutz es dahin brin-

wurde unterbrochen, das war ein Herzen, Küssen, Lachen und Zutrinken! Alle ergriff eine allgemeine Rührung, die ich nicht schildern kann, die man aber natürlicherweise inmitten all dessen, was man liebt, empfindet. Meinen Vater, der mich umarmte, überlief ein Schauer, den ich noch zu fühlen und zu teilen glaube. »Jean-Jacques«, sagte er, »liebe deine Heimat. Sieh diese braven Genfer! Sie sind alle Freunde, alle Brüder; Freude und Eintracht regieren unter ihnen. Du bist Genfer und wirst eines Tages andere Völker sehen. Aber wenn du auch so viel reist wie dein Vater, du wirst nie ein Volk finden, welches ihnen gleichkommt.«
Man wollte den Tanz wiederaufnehmen, es ging nicht; man wußte nicht mehr, was man tat, die Köpfe waren schwindlig von einer Trunkenheit, die süßer war als von Wein. Lachend und schwatzend verweilte man noch eine Zeitlang auf dem Platz, dann mußte man auseinandergehen. Ein jeder zog sich friedlich mit seiner Familie zurück. Da sah man liebenswürdige und kluge Frauen ihre Gatten heimbringen, nicht um ihr Vergnügen zu stören, sondern um es mit ihnen zu teilen. Ich fühle wohl, daß dieses Schauspiel, das mich so bewegt hat, tausend andere gleichgültig gelassen hätte: man muß Augen haben, um es zu sehen, und ein Herz, um es zu fühlen. Nein, es gibt keine Freude außer der allgemeinen Freude, und die wahren Empfindungen der Natur regieren nur das Volk. O Würde, Tochter des Stolzes und Mutter der Langeweile, hatten deine traurigen Sklaven jemals in ihrem Leben einen ähnlichen Augenblick?

gen wird, innerhalb unserer Mauern ein Theater zu errichten. Einige dieser Folgen habe ich gezeigt, und ich könnte noch mehr zeigen. Aber das hieße, ein vorgestelltes Übel zu sehr fürchten, welches die Wachsamkeit unseres Magistrats wohl verhindern wird. Ich will Leute, die weiser sind als ich, nicht belehren. Es reicht mir, so viel gesagt zu haben, um die Jugend meiner Heimatstadt über das Fehlen eines Zeitvertreibs zu trösten, der das Vaterland so teuer zu stehen käme. Ich ermuntere diese glückliche Jugend, den Rat, der Ihren Artikel beschließt, zu beherzigen. Möge sie ihr Schicksal kennen und verdienen! Möge sie immer fühlen, wie sehr verläßliches Glück eitlen Vergnügungen vorzuziehen ist, die es zerstören. Möge sie den Nachkommen die Tugenden, die Freiheit und den Frieden überliefern, die sie von ihren Vätern erhalten hat. Mit diesem letzten Wunsch beschließe ich meine Schriften, mit ihm wird mein Leben enden.

VIER BRIEFE

AN DEN HERRN PRÄSIDENTEN VON MALESHERBES, DAS WAHRE GEMÄLDE MEINES CHARAKTERS UND DIE WAHREN BEWEGGRÜNDE MEINER GANZEN AUFFÜHRUNG ENTHALTEND

1762

I.

Montmorency, den 4. Januar 1762

Ich hätte weniger gesäumt, mein Herr, Ihnen für den letzten Brief, mit dem Sie mich beehrt haben, zu danken, wenn ich meine Eilfertigkeit, zu antworten, nach dem Vergnügen, das er mir gemacht hat, bemessen hätte. Aber außerdem, daß es mich viel Mühe kostet, zu schreiben, habe ich gedacht, ich müsse den Beschwerlichkeiten der jetzigen Zeit einige Tage opfern und Sie nicht mit den meinigen belasten. Obgleich ich mich nicht über das trösten kann, was geschehen ist, bin ich sehr zufrieden, daß Sie davon unterrichtet sind, weil es mich nicht Ihrer Achtung beraubt hat. Sie wird mir desto mehr gehören, wenn Sie mich nicht besser glauben, als ich bin.

Die Beweggründe, welchen Sie die Entschlüsse zuschreiben, die man mich hat fassen sehen, seitdem ich eine Art von Namen in der Welt führe, machen mir vielleicht mehr Ehre, als ich verdiene, sie sind aber gewiß der Wahrheit näher als diejenigen, welche jene Gelehrten mir zuschreiben, die, da sie alles dem Ruhm aufopfern, von ihrer Denkungsart auf die meine schließen. Ich habe ein Herz, das für andere Anhänglichkeiten zu empfänglich ist, um es so sehr für die Meinung der Welt zu sein. Ich liebe mein Vergnügen und meine Unabhängigkeit zu sehr, um in dem Grade ein Knecht der Eitelkeit zu sein, wie es jene vermuten. Der, für den Glücksumstände und die Hoffnung, etwas zu erreichen, niemals eine vertraute Zusammenkunft oder eine angenehme Abendmahlzeit aufwog, wird natürlich nicht sein Glück für die Begierde verscherzen, von sich reden zu machen, und es ist nicht im mindesten wahrscheinlich, daß ein Mann, der einiges Talent in sich fühlt und der vierzig Jahre säumt, es blicken zu lassen, töricht genug sein wird, sich von der Langeweile die übrige Zeit seines Lebens in einer Wüste bloß deswegen verzehren zu lassen, um den Ruf eines Menschenfeindes zu erwerben.

Aber, mein Herr, obgleich ich die Ungerechtigkeit und die Bosheit äußerst hasse, so ist diese Leidenschaft in mir doch nicht herrschend genug, daß sie allein mich bestimmen könnte, die Gesellschaft der Menschen zu fliehen, wenn ich, indem ich sie verließe, viel aufzuopfern hätte. Nein, mein Beweggrund ist minder edel und liegt mir weit näher. Ich bin mit einer natürlichen Liebe zur Einsamkeit auf die Welt gekommen, eine Neigung, die in dem Maße nur zugenommen hat, als ich die Menschen besser kennenlernte. Mitten unter den Phantasiegebilden, die ich rings um mich versammle, finde ich besser meine Rechnung als mit den Wesen, die ich in der Welt sehe, und die Gesellschaft, die meine Einbildungskraft an meinem Zufluchtsort unterhält, macht mir vollends alle Gesellschaften, welche ich verlassen habe, zum Ekel. Sie vermuten mich unglücklich und von Melancholie verzehrt. O mein Herr, wie sehr Sie sich irren! In Paris war ich es, in Paris nagte die schwarze Galle an meinem Herzen, und die Bitterkeit dieser Galle machte sich in allen Schriften bemerkbar, die ich, solange ich mich dort aufhielt, herausgab. Aber, mein Herr, vergleichen Sie jene Schriften mit denen, die ich in meiner Einsamkeit abgefaßt habe, und ich müßte mich sehr irren, wenn Sie darin nicht eine gewisse Seelenheiterkeit fühlen sollten, die sich nicht spielen läßt und die ein sicheres Urteil über den inneren Zustand des Verfassers zu fällen erlaubt. Die äußerste Unruhe, die ich gerade jetzt empfunden habe, hat Sie zu einem entgegengesetzten Urteil führen können. Aber es ist leicht einzusehen, daß diese Unruhe ihren Grund nicht in meiner gegenwärtigen Lage hat, sondern in einer gestörten Einbildungskraft, die bereit ist, sich über alles zu erschrecken und alles zum Äußersten zu treiben. Anhaltende Erfolge haben mich für den Ruhm empfänglich gemacht, und es ist wohl niemand, der einigen Adel der Seele und einige Tugend besitzt, der ohne die tödlichste Verzweiflung denken könnte, daß man nach seinem Tode unter seinem Namen an die Stelle eines nützlichen Werkes ein schädliches Werk setzen könnte, das imstande wäre, sein Andenken zu entehren und viel Unheil zu stiften. Es kann sein, daß eine solche Erschütterung den Fortschritt meiner Leiden beschleunigt hat, aber unter der Voraussetzung, daß ein solcher Anfall von Wahnsinn mich in Paris ergriffen hätte, ist es ungewiß, ob mein eigener Wille die Natur nicht der übrigen Arbeit überhoben hätte.

Lange habe ich mich selbst über die Ursache dieses unüberwindlichen Ekels getäuscht, den ich immer im Umgang mit Menschen empfunden habe. Ich schrieb ihn dem Kummer zu, daß es mir an Gegenwart des Geistes fehlte, um in Unterhaltungen das wenige, was ich davon besitze, zu zeigen, und zugleich dem Kummer, in der Welt deswegen die Stelle nicht einzunehmen, die ich in ihr zu verdienen glaubte. Als ich aber, nachdem ich Papier besudelt hatte, selbst dann, wenn ich Albernheiten sagte, gewiß war, nicht als dumm zu gelten, als ich sah, daß alle Welt sich um mich bewarb und mich mit einem weit größeren Ansehen ehrte, als ich in meiner lächerlichsten Eitelkeit zu verlangen gewagt hätte, und als ich dessenungeachtet diesen Ekel eher vermehrt als vermindert fühlte, da habe ich geschlossen, daß er einen anderen Grund haben müsse und daß diese Arten des Genusses nicht diejenigen waren, deren ich bedurfte.

Was ist denn endlich die Ursache? Nichts anderes als der unzähmbare Geist der Freiheit, den nichts hat überwältigen können und vor dem Ehre, Glück und sogar der Ruf nichts für mich sind. Es ist gewiß, daß dieser Geist der Freiheit in mir weniger aus Stolz als aus Trägheit entsteht, diese Trägheit aber ist unglaublich, alles macht sie scheu, die geringsten Pflichten des bürgerlichen Lebens sind ihr unerträglich. Ein Wort, das ich zu sagen, ein Brief, den ich zu schreiben, ein Besuch, den ich abzustatten habe, sind wahre Foltern für mich, sobald ich muß. Deswegen ist mir die vertraute Freundschaft so teuer, obgleich mir der gewöhnliche Umgang mit Menschen äußerst zuwider ist, weil es für sie keine Pflichten mehr gibt. Man folgt seinem Herzen, und alles ist geschehen. Dies ist wiederum der Grund, warum ich mich immer vor Wohltaten gefürchtet habe. Denn jede Wohltat fordert Erkenntlichkeit, und ich fühle in mir ein undankbares Herz bloß deswegen, weil die Erkenntlichkeit eine Pflicht ist. Kurz, die Art des Glückes, deren ich bedarf, ist nicht so sehr, zu tun, was ich will, als das nicht zu tun, was ich nicht will. Das tätige Leben hat nichts, was mich reizte, ich würde hundertmal eher einwilligen, niemals etwas zu tun, als etwas gegen meinen Willen zu tun, und hundertmal habe ich gedacht, daß ich nicht allzu unglücklich in der Bastille gewesen wäre, wenn mir keine andere Pflicht obgelegen hätte, als darin zu bleiben.

Indessen habe ich mich dennoch in meiner Jugend einigermaßen bestrebt, in der Welt fortzukommen. Aber dieses Bestreben hat niemals ein anderes Ziel gehabt als Zurückgezogenheit und Ruhe in meinen alten Tagen, und da ich mich nur ruckweise wie ein träger Mensch angestrengt habe, so hatte dieses Bestreben nie den geringsten Erfolg. Als meine Leiden anfingen, haben sie mir einen schönen Vorwand gegeben, mich meiner herrschenden Leidenschaft zu überlassen. Da ich fand, daß es eine Torheit wäre, mich für ein Alter zu martern, das ich nicht erreichen würde, habe ich alles liegengelassen und mich beeilt, zu genießen. Ich beteure Ihnen, mein Herr, daß dies die wahre Ursache meiner Zurückgezogenheit ist, als deren Beweggrund unsere Gelehrten den Wunsch, Aufsehen zu erregen, betrachten wollten, was eine Beständigkeit oder vielmehr eine Hartnäckigkeit voraussetzt, mich an das zu halten, was mich Überwindung kostet, und die meiner natürlichen Gemütsart gerade zuwider ist.

Sie werden mir sagen, mein Herr, daß diese angebliche Lässigkeit sich schlecht mit den Schriften, die ich seit zehn Jahren abgefaßt habe, und mit der Ruhmbegierde verträgt, die mich antreiben mußte, dieselben herauszugeben. Dies ist ein aufzulösender Einwand, der mich diesen Brief zu verlängern und folglich zunächst einmal zu beenden zwingt. Ich werde wieder darauf zurückkommen, mein Herr, wenn Ihnen mein vertraulicher Ton nicht zuwider ist, denn es ist mir unmöglich, in der Ergießung meines Herzens einen anderen anzunehmen, ich werde mich ohne Schminke und ohne Bescheidenheit schildern, ich werde mich Ihnen darstellen, wie ich mich selbst sehe und wie ich bin, denn da ich mein Leben mit mir selbst zubringe, muß ich mich kennen, und ich ersehe aus der Art, wie diejenigen, die mich zu kennen vermeinen, meine Handlungen und meine Aufführung auslegen, daß sie nichts davon wissen. Niemand in der Welt kennt mich als ich allein. Sie werden darüber urteilen, wenn ich alles gesagt habe.

Schicken Sie mir meine Briefe nicht wieder zurück, mein Herr, ich bitte darum. Verbrennen Sie sie, weil sie der Mühe nicht wert sind, aufbewahrt zu werden, aber nicht aus Schonung für mich. Ich bitte Sie, auch nicht mehr daran zu denken, diejenigen zurückzunehmen, die in den Händen Duchesnes sind. Wenn man in der Welt die Spuren aller meiner Torheiten auslöschen wollte, so müßte man so viele Briefe zurücknehmen, und ich möchte nicht einen Finger dafür rühren. Es mag zu meinem Vorteil oder Nachteil ausfallen, ich fürchte nicht, so gesehen zu werden, wie ich bin. Ich kenne meine großen Fehler und fühle alle meine Laster lebhaft. Mit all dem werde ich voller Hoffnung auf den höchsten Gott sterben, fest überzeugt, daß von allen Menschen, die ich in meinem Leben gekannt habe, keiner besser war als ich.

II.

Montmorency, den 12. Januar 1762

Ich fahre fort, mein Herr, Ihnen Rechenschaft über mich abzulegen, da ich einmal damit begonnen habe, denn was mir am schädlichsten sein kann, ist, halb gekannt zu werden, und weil mich meine Fehler Ihrer Achtung nicht beraubt haben, vermute ich nicht, daß meine Freimütigkeit sie mir nehmen wird.

Eine träge Seele, die sich vor jeder Mühe scheut, ein glühendes, galliges Temperament, das leicht erregbar ist und für alles äußerst empfänglich, wodurch es erregt wird, scheinen sich im selben Gemüt nicht verbinden zu lassen, und doch machen diese beiden entgegengesetzten Dinge den Grund des meinigen aus. Obgleich ich diesen Widerspruch nicht mit allgemeinen Grundsätzen auflösen kann, so ist er dennoch wirklich, ich fühle ihn, nichts ist gewisser, und ich kann wenigstens anhand von Tatsachen eine Art Geschichte liefern, die dazu dienen kann, ihn begreiflich zu machen. In der Kindheit bin ich tätiger gewesen, aber niemals wie ein anderes Kind. Diese Langeweile an allem hat mich früh in das Bücherlesen verwickelt. Im sechsten Jahr fiel mir Plutarch in die Hände, im achten wußte ich ihn auswendig. Ich hatte schon alle Romane gelesen, sie hatten mich Ströme von Tränen vergießen lassen, weit vor dem Alter, in dem das Herz an Romanen Anteil nimmt. Daher bildete sich in dem meinigen jener heroische und romanhafte Geschmack, der bis heute immer nur mehr und mehr in mir zugenommen hat und der mir vollends gegen alles Ekel einflößte außer gegen das, was meinen Hirngespinsten ähnlich sah. In meiner Jugend glaubte ich, in der Welt eben die Menschen zu finden, die ich in meinen Büchern kennengelernt hatte. Ich warf mich ohne Zurückhaltung jedem in die Arme, der sich bei mir durch ein gewisses Kauderwelsch in Ansehen zu setzen wußte, durch das ich immer übertölpelt worden bin. Ich war tätig, weil ich töricht war. Je mehr ich aus dem Irrtum erwachte, änderte ich Geschmack, Anhänglichkeit, Entwürfe, und bei all diesen Veränderungen verlor ich immer meine Mühe und meine Zeit, weil ich immer das suchte, was nicht wirklich war. Indem ich erfahrener wurde, verlor ich nach und nach die Hoffnung, es zu finden, und folglich den Eifer, es zu suchen. Durch die Ungerechtigkeiten, die ich erlitten hatte, und durch die, deren Zeuge ich gewesen war, erbittert, oft über die Unordnung betrübt, in die das Beispiel und die Gewalt der Umstände mich wider meinen Willen gestürzt hatten, waren mir mein Jahrhundert und meine Zeitgenossen verächtlich geworden, und da ich fühlte, daß ich mitten unter ihnen keine Lage finden würde, die mein Herz befriedigen konnte, so habe ich es nach und nach von der Gesellschaft der Menschen losgerissen und mir eine andere in der Einbildung geschaffen, die mich umso mehr entzückte, da ich sie ohne Mühe, ohne Gefahr pflegen und sie immer verläßlich und genauso finden konnte, wie ich sie brauchte.

Nachdem ich vierzig Jahre meines Lebens in dieser Unzufriedenheit mit mir selbst und mit anderen zugebracht hatte, suchte ich vergeblich, die Bande zu zerreißen, die mich an diese Gesellschaft fesselten, für die ich so wenig Achtung hatte, Bande, die mich durch Bedürfnisse, die ich für natürlich hielt und die bloß auf die Meinung gegründet waren, an Beschäftigungen fesselten, die am wenigsten mit meinem Geschmack übereinstimmten. Auf einmal lehrte mich ein glücklicher Zufall, was ich für mich selbst tun und von meinen Mitmenschen denken sollte, bei welchen mein Herz immer im Widerspruch mit meinem Verstande lag und die ich, bei so vielen Gründen, sie zu hassen, noch zu lieben geneigt war. Ich wünschte, mein Herr, daß ich Ihnen den Augenblick schildern könnte, der auf so einzigartige Weise in mein Leben eingriff und der mir immer gegenwärtig sein wird, sollte ich auch ewig leben.

Ich besuchte Diderot, der damals in Vincennes gefangensaß. Ich hatte ein Heft des *Mercure de France* in der Tasche, in dem ich unterwegs zu blättern anfing. Ich stoße auf die Frage der Akademie zu Dijon, die zu meiner ersten Schrift Anlaß gab. Hat jemals etwas einer schnelleren Eingebung geglichen, so war es die Bewegung, welche in mir vorging, als ich diese Frage las. Auf einmal fühle ich, daß mein Geist von tausend Lichtern geblendet wird, ganze Massen lebhafter Gedanken stellen sich ihm mit einer Gewalt und in einer Unordnung dar, die mich in eine unaussprechliche Verwirrung versetzt; meinen Kopf ergreift ein Schwindel, welcher der Trunkenheit gleicht. Ein heftiges Herzklopfen beklemmt mich, hebt meine Brust empor; da ich gehend nicht mehr atmen kann, lasse ich mich am Fuß eines Baumes am Wege hinsinken und bringe eine halbe Stunde dort in einer Bewegung zu, daß ich beim Aufstehen den ganzen Vorderteil meiner Weste mit Tränen benetzt finde, ohne gefühlt zu haben, daß ich welche vergoß. Ach, mein Herr, wenn ich jemals den vierten Teil alles dessen, was ich unter diesem Baume gesehen und empfunden habe, hätte niederschreiben können, mit welcher Deutlichkeit hätte ich alle Widersprüche des gesellschaftlichen Systems gezeigt, mit welcher Kraft hätte ich alle Mißbräuche unserer Einrichtungen dargestellt, mit welcher Einfachheit hätte ich gezeigt, daß der Mensch von Natur gut ist, und daß es lediglich von ihren Einrichtungen herrührt, wenn die Menschen böse werden. Alles, was ich von dieser Menge großer Wahrheiten behalten habe, die mich eine Viertelstunde unter diesem Baum erleuchteten, ist sehr schwach in meinen Hauptschriften verstreut erschienen, nämlich in jener ersten Abhandlung, in der über die Ungleichheit und dem Traktat von der Erziehung, welche drei Schriften unzertrennlich sind und zusammen ein einziges Ganzes bilden. Alles übrige ist verloren gegangen, und an dem Orte selbst wurde nichts niedergeschrieben als die Prosopopöie des Fabricius. So ward ich, als ich am wenigsten daran dachte, beinahe ohne es zu wollen, zum Schriftsteller. Es ist leicht zu begreifen, wie mich die Verlockung meines zuerst erhaltenen Beifalls und der Tadel der Sudler auf immer in diese Bahn führte. Hatte ich irgend eine wirkliche Gabe zum Schreiben? Ich weiß es nicht. Eine lebhafte Überzeugung hat mir stets die Beredsamkeit ersetzt, und jederzeit schrieb ich matt und schlecht, wenn ich nicht stark überzeugt war. Also hat mich vielleicht ein heimlicher Kunstgriff der Eigenliebe meinen Wahlspruch wählen und verdienen lassen und mich mit so viel Leidenschaft an die Wahrheit oder an alles, was ich für sie angesehen, gefesselt. Wenn ich nur aus Lust zu schreiben geschrieben hätte, so bin ich überzeugt, daß man mich niemals gelesen hätte.

Nachdem ich in den falschen Meinungen der Menschen die Quellen ihres Elends und ihrer Bosheiten entdeckt hatte oder entdeckt zu haben glaubte, fühlte ich, daß lediglich diese Meinungen mich selbst unglücklich gemacht hatten und daß meine Leiden und meine Laster weit mehr aus meiner Lage als aus mir selbst entsprungen waren. Als zu eben dieser Zeit eine Krankheit, deren erste Anwandlung ich in der Kindheit empfunden hatte, ungeachtet aller Versprechen der ärztlichen Pfuscher, auf die ich nicht lange hereingefallen bin, sich schlechterdings als unheilbar gezeigt hatte, hielt ich dafür, daß wenn ich folgerichtig sein und einmal meine Schultern von dem drückenden Joch der Meinungen befreien wollte, ich keinen Augenblick mehr zu verlieren hätte. Ich faßte plötzlich und mit ziemlichem Mut meinen Entschluß und habe ihn bisher mit einer Standhaftigkeit festgehalten, deren Wert ich allein fühlen kann, weil niemand als ich selbst weiß, welche Hindernisse sich mir gezeigt haben, die ich noch täglich bekämpfen muß, um mich beständig gegen den Strom zu stemmen. Dennoch fühle ich wohl, daß ich seit zehn Jahren ein wenig abgetrieben worden bin, aber wenn ich nur noch vier Jahre zu leben glaubte, so würde ich mir einen zweiten Schwung geben und wenigstens auf meine erste Höhe zurückkommen, um nicht leicht wieder herabgetrieben zu werden. Denn alle großen Proben sind überstanden, und die Erfahrung hat mir für die Zukunft hinlänglich bewiesen, daß der Zustand, in den ich mich versetzt habe, der einzige ist, in dem der Mensch gut und glücklich leben kann, weil diese Lage die unabhängigste von allen ist und die einzige, wo man sich niemals zu seinem eigenen Vorteil in der Notwendigkeit befindet, anderen zu schaden.

Ich gestehe, daß der Name, welchen mir meine Schriften erworben haben, viel zur Ausführung meines Entschlusses beigetragen hat. Man muß für einen guten Schriftsteller gehalten werden, um ungestraft ein schlechter Kopist sein zu können und keinen Mangel an Arbeit zu finden. Ohne den ersten Titel hätte man mich allzusehr in Rücksicht auf den zweiten beim Wort nehmen können, und vielleicht hätte mich dieses gekränkt, denn ich trotze leicht dem Spott, aber ich würde nicht so leicht die Verachtung verschmerzen. Wenn mir aber einiger Ruf in dieser Hinsicht ein wenig Vorteil bringt, so halten ihm alle die Unbequemlichkeiten, die mit eben diesem Ruf verbunden sind, stark das Gegengewicht, wenn man kein Sklave desselben sein, sondern abgesondert und unabhängig leben will. Eben diese Unbequemlichkeiten sind es zum Teil gewesen, die mich aus Paris vertrieben haben, und da sie mich noch in meinen Zufluchtsort verfolgen, würden sie mich unfehlbar noch weiter treiben, wenn nur meine Gesundheit sich nur im geringsten festigen würde. Eine andere Qual war für mich in dieser großen Stadt jener Haufen vorgeblicher Freunde, die sich meiner bemächtigt hatten, und die, da sie mein Herz nach dem ihrigen beurteilten, mich schlechterdings nach ihrer Weise und nicht nach meiner glücklich machen wollten. Mit meiner Absonderung äußerst unzufrieden, haben sie mich bis dahin verfolgt, um mich ihr zu entreißen. Ich habe mich darin nur halten können, indem ich alle Bande zerriß. Seit jener Zeit bin ich erst vollkommen frei.

Frei! Nein, dies bin ich noch nicht. Meine letzten Schriften sind noch nicht gedruckt, und angesichts des erbärmlichen Zustandes meines Körpers kann ich nicht mehr hoffen, den Druck ihrer ganzen Sammlung zu erleben. Wenn ich aber wider Erwarten noch so weit komme und dann einmal von der lesenden Welt Abschied nehmen kann, so glauben Sie, mein Herr, daß ich alsdann frei sein werde oder daß es nie ein Mensch gewesen ist. O utinam! O dreimal glücklicher Tag. Nein, ich werde nicht so glücklich sein, ihn zu erleben.

Ich habe noch nicht alles gesagt, mein Herr, und Sie werden vielleicht noch wenigstens einen Brief aushalten müssen. Glücklicherweise zwingt Sie nichts, diese Briefe zu lesen, und vielleicht würden Sie dadurch in nicht geringe Verlegenheit gesetzt werden. Aber ich ersuche Sie, mir zu verzeihen; um all diesen Plunder wieder abzuschreiben, müßte ich ihn neu verfassen, und wahrhaftig, dazu habe ich nicht den Mut. Ich finde gewiß ein großes Vergnügen daran, an Sie zu schreiben, aber kein geringeres, auszuruhen, und mein Zustand erlaubt mir nicht, lange in einem Zuge zu schreiben.

III.

Montmorency, den 26. Januar 1762

Nachdem ich Ihnen, mein Herr, die wahren Beweggründe meiner Aufführung vorgelegt habe, wünschte ich zu Ihnen über meinen moralischen Zustand in meiner Einsamkeit zu sprechen, aber ich merke, daß es sehr spät ist. Meine Seele, die ganz außer sich selbst ist, hängt völlig von meinem Körper ab. Die Zerrüttung meines armen Gebäudes fesselt sie von Tag zu Tag fester an dasselbe, bis sie sich am Ende plötzlich von ihm trennt. Über mein Glück möchte ich zu Ihnen sprechen, und man kann nur schwer vom Glück sprechen, wenn man leidet.

Meine Leiden sind das Werk der Natur, mein Glück aber ist mein Werk. Man sage, was man will, ich bin klug gewesen, weil ich so glücklich gewesen bin, wie mir meine Natur es zu sein erlaubt hat. Ich habe meiner Wonne nicht in der Ferne nachgejagt, ich habe sie nahe bei mir gesucht und ich habe sie dort gefunden. Spartian sagt, daß Similis, ein Hofmann Trajans, nachdem er wegen eines persönlichen Mißvergnügens den Hof und alle seine Ämter verlassen hatte, um ruhig auf dem Lande zu leben, auf seine Gruft die Worte graben ließ: *Ich habe sechsundsiebzig Jahre auf der Erde zugebracht und sieben Jahre gelebt.* Dies kann auch ich in gewisser Hinsicht sagen, obgleich mein Opfer geringer gewesen ist. Ich habe erst am 9. April 1756 zu leben angefangen.

Ich kann Ihnen nicht sagen, mein Herr, wie sehr es mich getroffen hat, zu sehen, daß Sie mich für den unglücklichsten Menschen halten. Das Publikum wird ohne Zweifel darüber urteilen wie Sie, und auch dies betrübt mich. O könnte doch das Los, das ich genossen, der ganzen Welt bekannt sein! Jedermann würde sich ein ähnliches bereiten wollen, Friede würde auf der Erde herrschen, die Menschen würden nicht mehr bedacht sein, sich zu schaden, und es würde keine Bösen mehr geben, weil niemand mehr seinen Vorteil darin finden würde, es zu sein. Aber was genoß ich denn endlich, als ich allein war? Mich selbst, die ganze Welt, alles, was ist, alles, was sein kann, alles, was die sinnliche Welt Schönes und die Gedankenwelt Erdichtbares in sich faßt. Ich versammelte rings um mich her alles, was meinem Herzen schmeicheln konnte, meine Wünsche waren das Maß meiner Freuden. Nein, niemals haben die Wollüstigen solche Seligkeiten gekannt, und ich habe meine Phantasiegebilde hundertmal mehr genossen, als jene die Wirklichkeit genießen.

Wenn meine Schmerzen mich traurig die Länge der Nächte messen lassen, wenn die Unruhe des Fiebers mich hindert, auch nur einen Augenblick die Süßigkeit des Schlafes zu kosten, so suche ich oftmals in meinem gegenwärtigen Zustand Zerstreuung, indem ich die verschiedenen Begebenheiten meines Lebens überdenke, und Reue, süße Erinnerungen, Bedauern über erlittenen Verlust und Wehmut teilen sich gleichsam die Sorge, mich einige Augenblicke meine Leiden vergessen zu lassen. Welche Zeiten, glauben Sie wohl, sind es, mein Herr, an die ich mich am häufigsten und liebsten in meinen Träumen erinnere? Nicht die Vergnügungen meiner Jugend, diese waren zu selten, zu sehr mit Bitterkeit gemischt und sind jetzt schon zu sehr von mir entfernt. Aber die Vergnügungen meiner Abgeschiedenheit, meine einsamen Spaziergänge, jene schnellen, aber wonnevollen Tage, die ich ganz nur mit mir allein, mit meiner guten und ungekünstelten Haushälterin, mit meinem geliebten Hunde, mit meiner alten Katze, mit den Vögeln des Feldes und den Hindinnen des Waldes, mit der ganzen Natur und ihrem unerforschlichen Urheber zugebracht habe. Wenn ich früher als die Sonne aufstand, um ihren Aufgang in meinem Garten zu betrachten, wenn ich einen schönen Tag beginnen sah, so war mein erster Wunsch, daß weder Briefe noch Besuche seinen Zauber stören möchten. Nachdem ich den Morgen mit verschiedenen Geschäften, die ich alle mit Vergnügen verrichtete, weil ich sie auf eine andere Zeit verschieben konnte, zugebracht hatte, eilte ich mich, zu Mittag zu essen, um lästigen Gesellschaftern zu entfliehen und um mir einen langen

Nachmittag zu bereiten. Sogar an den heißesten Tagen ging ich vor ein Uhr in der brennendsten Sonne mit dem treuen Achates weg und verdoppelte meine Schritte, aus Furcht, jemand möchte sich meiner bemächtigen, bevor ich Zeit gehabt hätte, zu entwischen. Sobald ich aber erst um eine gewisse Ecke gekommen war, mit welchem Herzklopfen, mit welchem Auflodern der Freude fing ich zu atmen an, wenn ich mich gerettet fühlte und mir sagte: Jetzt bin ich mein Herr für den ganzen restlichen Tag! Nun suchte ich mit ruhigerem Schritt einen wilden Ort im Walde, eine verlassene Stelle, wo nichts Menschenhände verriet und Knechtschaft und Herrschaft anzeigte, einen Zufluchtsort, wohin ich zuerst vorgedrungen zu sein glauben konnte und wo kein quälender Dritter sich zwischen die Natur und mich stellen konnte. Hier schien sie vor meinen Augen eine immer neue Pracht zu entfalten. Das Gold des Ginsters und der Purpur des Heidekrautes blendeten meine Augen mit einem Reichtum, der mein Herz rührte, die Majestät der Bäume, die mich mit ihrem Schatten umfingen, die Zartheit der Sträucher, die mich umgaben, die staunenswürdige Verschiedenheit der Kräuter und Blumen, die ich mit meinen Füßen zu Boden trat, hielten meinen Geist in einer beständigen Abwechslung schwebend zwischen der Betrachtung und der Bewunderung. Das Nebeneinander so vieler anziehender Gegenstände, die sich um meine Aufmerksamkeit stritten, lockte mich wechselweise vom einen zum anderen und beförderte meine träumerische und träge Laune und ließ mich oft heimlich zu mir selbst sagen: Nein, in seinem größten Glanze war Salomo nie so gekleidet wie eines von diesen.

Meine Einbildungskraft ließ diese so schön geschmückte Erde nicht lange öde. Ich bevölkerte sie bald mit Wesen nach meinem Herzen und, indem ich Meinungen, Vorurteile, alle erkünstelten Leidenschaften weit von mir weg verjagte, verpflanzte ich in die Freistätten der Natur Menschen, die würdig waren, sie zu bewohnen. Unter ihnen wählte ich mir die anmutigste Gesellschaft, deren ich mich nicht unwürdig fühlte. Ich schuf mir nach meiner Phantasie ein goldenes Zeitalter und indem ich diese schönen Tage mit allen Auftritten meines Lebens ausschmückte, die mir süße Erinnerungen zurückgelassen hatten, und mit allem, was mein Herz noch begehren konnte, füllte, so ward ich über die wahren Freuden der Menschheit bis zu Tränen gerührt, wonnevolle, reine Freuden, von welchen hinfort die Menschen so entfernt sind. Ach, wenn in diesen Augenblicken irgend ein Gedanke an Paris, an mein Jahrhundert, an meinen kleinen Schriftstellerruhm meine Träumereien unterbrach, mit welcher Verachtung vertrieb ich ihn augenblicklich, um mich ohne Zerstreuung den auserlesenen Gefühlen zu überlassen, die meine ganze Seele einnahmen! Mitten unter ihnen jedoch, ich gestehe es, betrübte sie dann und wann plötzlich die Nichtigkeit meiner Phantasiegebilde. Wenn alle meine Träume wahr geworden wären, so wären sie für mich nicht hinreichend gewesen, ich hätte noch erdichtet, noch geträumt, noch gewünscht. Ich fand in mir eine unerklärliche Leere, die nichts ausfüllen konnte, ein gewisses Emporschwingen des Herzens zu einer anderen Art von Genuß, wovon ich keinen Begriff hatte, dessen Bedürfnis ich aber dennoch empfand. Nun, mein Herr, dies selbst war Genuß, weil ich von einem lebhaften Gefühl und einer Wonne der Wehmut durchdrungen war, die ich nicht hätte entbehren mögen.

Bald erhob ich von der Oberfläche der Erde meine Gedanken zu allen Wesen der Natur, zum allgemeinen Gebäude der Dinge, zum unbegreiflichen Wesen, welches alles umfaßt. Dann verlor sich mein Geist in diese Unermeßlichkeit, ich dachte, vernünftelte, philosophierte nicht, mit einer Art von Wollust fühlte ich, daß ich vom Gewicht der Welt erdrückt wurde, mit Entzücken überließ ich mich der Unordnung dieser großen Gedanken, in der Einbildung verlor ich mich gerne im leeren Raume, mein Herz, in den Schranken der Wesen eingeschlossen, fand sich darin zu eng, ich erstickte im Weltall, ich hätte gewünscht, mich ins Unendliche emporschwingen zu können. Ich glaube, wenn ich alle Geheimnisse der Natur entschleiert hätte, mein Zustand wäre weniger wonnevoll gewesen als dieses betäubende Entzücken, welchem sich mein Geist ohne Zurückhaltung preisgab und das in der Erregung der Ausbrüche meiner Freude mich bisweilen ausrufen ließ: O großes Wesen! O großes Wesen, ohne daß ich mehr sagen, noch denken konnte.

In diesem unaufhörlichen Taumel verflossen die lieblichsten

Tage, welche jemals ein menschliches Geschöpf durchlebt hat, und wenn mich der Sonnenuntergang an meinen Rückweg erinnerte, so glaubte ich, über die Flüchtigkeit der Zeit staunend, daß ich meinen Tag nicht genug genutzt hätte, ich dachte denselben noch besser genießen zu können, und um die verlorene Zeit wieder einzubringen, sagte ich mir: Morgen komme ich wieder.

Ich kehrte mit kurzen Schritten, mit etwas müdem Kopfe, aber mit zufriedenem Herzen zurück. Ich ruhte sanft nach meiner Rückkehr aus, indem ich mich den Eindrücken der Gegenstände überließ, aber gedankenlos, ohne zu erdichten, ohne etwas anderes zu tun, als die Stille und das Glück meines Zustandes zu empfinden. Ich fand den Tisch auf meiner Terrasse gedeckt. Mit großer Eßlust verzehrte ich mit meinem kleinen Haushalt meine Abendmahlzeit, kein Bild der Knechtschaft und der Abhängigkeit störte das Wohlwollen, welches uns alle verband. Mein Hund selbst war mein Freund, nicht mein Sklave, unser Wille war immer derselbe und niemals hat er mir gehorcht. Den ganzen Abend bewies meine Munterkeit, daß ich den ganzen Tag allein zugebracht hatte; ganz anders war ich, wenn ich Gesellschaft gesehen hatte, dann war ich selten mit anderen, niemals mit mir zufrieden. Abends war ich mürrisch und still: diese Bemerkung rührt von meiner Haushälterin her, und ich habe sie, sooft ich, seitdem sie sie gemacht hat, auf mich aufmerksam gewesen bin, richtig gefunden. Endlich, nachdem ich noch einige Male in meinem Garten auf und nieder gegangen war oder irgend ein Lied an meinem Spinett gesungen hatte, fand ich in meinem Bette eine Leibes- und Seelenruhe, hundertmal süßer als der Schlummer selbst.

Dies sind die Tage, die das wahre Glück meines Lebens ausmachten, ein Glück ohne Bitterkeit, ohne Langeweile, ohne Zurücksehnen, und darauf hätte ich gerne das ganze Glück meines Daseins eingeschränkt. Ja, mein Herr, es mögen solche Tage für mich die Ewigkeit füllen, ich verlange keine anderen und kann mir nicht vorstellen, daß ich in diesen entzückenden Betrachtungen minder glücklich bin als himmlische denkende Wesen. Aber ein leidender Körper beraubt den Geist seiner Freiheit. Hinfort bin ich nicht mehr allein, ich habe einen lästigen Gast, von dem ich mich befreien muß, um mir selbst zu gehören, und die Probe, die ich von diesem süßen Genuß genommen, dient jetzt nur dazu, daß ich den Augenblick ohne Schrecken erwarte, ihn ohne Zerstreuung zu schmecken.

Aber hier bin ich schon am Ende meines zweiten Bogens. Doch hätte ich noch einen nötig. Also noch einen Brief und dann keinen mehr. Verzeihen Sie, mein Herr, obgleich ich allzu gerne von mir spreche, rede ich doch nicht mit jedermann gerne von mir. Daher kommt es, daß ich die Gelegenheit mißbrauche, es zu tun, wenn ich sie habe und wenn es mir ansteht. Dies ist mein Unrecht und meine Entschuldigung, die ich Sie ersuche, gütig aufzunehmen.

IV.

Montmorency, den 28. Januar 1762

Ich habe Ihnen, mein Herr, in dem Geheimnis meines Herzens die wahren Beweggründe meiner Zurückgezogenheit und meiner ganzen Aufführung gezeigt, Beweggründe, die freilich weniger edel sind, als Sie dieselben vermuteten, aber doch von einer Art, daß sie mich mit mir selbst zufriedenstellen und mir den Stolz der Seele einflößen, der einem Manne zusteht, der sich wohlgeordnet fühlt und der, nachdem er den Mut gehabt, das zu tun, was dazu gehört, es zu sein, sich das Verdienst daran zuschreiben zu dürfen glaubt. Es hing von mir ab, nicht mir ein anderes Temperament noch einen anderen Charakter zu geben, sondern Vorteil aus dem meinen zu ziehen, um mich gut für mich selbst und keineswegs böse für andere zu machen. Dies ist schon viel, mein Herr, und wenige Menschen können Gleiches von sich sagen. Auch will ich Ihnen nicht verhehlen, daß ich ungeachtet des Gefühls meiner Laster eine große Achtung vor mir selbst habe.

Ihre Gelehrten mögen rufen, soviel sie wollen, daß ein Mensch, wenn er allein ist, der ganzen Welt nichts nützt und in der Gesellschaft seine Pflichten nicht erfüllt. Ich aber halte die Bauern von Montmorency für weit nützlichere Mitglieder der Gesellschaft als alle jene Haufen von Müßiggängern, die vom Fett des Volkes bezahlt werden, um sechsmal in der Woche in einer Akademie zu plaudern, und ich bin weit zufriedener, meinen armen Nachbarn gelegentlich einiges Vergnügen zu verschaffen, als jenen Haufen kleiner Intriganten fortzuhelfen, von denen Paris voll ist, die sich alle nach der Ehre sehnen, angestellte Betrüger zu werden, und die man zum allgemeinen und zu ihrem eigenen Nutzen alle in die Provinz zurückschicken sollte, um daselbst die Äcker zu pflügen. Es ist nichts Geringes, Menschen das Beispiel eines Lebens zu geben, das sie alle führen sollten. Es ist nichts Geringes, wenn man weder Kraft noch Gesundheit hat, um mit seinen Armen zu arbeiten, und dann wagt, aus seiner Abgeschiedenheit die Stimme der Wahrheit hören zu lassen. Es ist nichts Geringes, die Menschen vor der Torheit der Meinungen zu warnen, durch die sie unglücklich werden. Es ist nichts Geringes, daß ich die schädliche Einrichtung verhindern oder wenigstens aufschieben konnte, die Herr d'Alembert, um Voltaire auf unsere Kosten gefällig zu sein, bei uns veranlassen wollte. Hätte ich in Genf gelebt, so hätte ich weder die Zueignungsschrift zur *Abhandlung über die Ungleichheit* herausgeben, noch gar gegen die Einrichtung des Schauspiels in dem Ton reden können, wie ich es getan habe. Ich würde meinen Mitbürgern, wenn ich mitten unter ihnen lebte, weit weniger nützen, als ich es in meiner Zurückgezogenheit vermag. Was kommt darauf an, an welchem Orte ich wohne, wenn ich da handle, wo ich handeln soll? Sind übrigens die Einwohner zu Montmorency weniger Menschen als die Pariser, und wenn ich einem derselben abrate, sein Kind in die Stadt zu schicken, wo es verdorben wird, nütze ich alsdann weniger, als wenn ich es aus der Stadt zu seinem väterlichen Herde zurücksenden würde? Würde mich nicht schon allein meine Armut hindern, auf die Art nützlich zu sein, wie all diese Schönredner es sich vorstellen, und da ich nicht mehr Brot esse, als ich mir verdiene, bin ich da nicht gezwungen, für meinen Unterhalt zu arbeiten und der Gesellschaft alles zu vergelten, was ich von ihr bedarf? Es ist wahr, daß ich Beschäftigungen abgelehnt habe, zu denen ich kein Geschick hatte, und da ich das Talent nicht in mir fühlte, das mich die Wohltat verdienen lassen konnte, die Sie mir erzeigen wollten, so hätte ich irgendeinen ebenso armen und zu dieser Arbeit fähigeren Gelehrten bestohlen, wenn ich sie angenommen hätte. Als Sie mir diese Wohltat anboten, glaubten Sie mich imstande, Auszüge aus Büchern zu machen und mich mit Gegenständen zu beschäftigen, die mir gleichgültig waren. Da dies aber nicht so war, hätte ich Sie hintergangen und mich Ihrer Güte unwürdig gezeigt, wenn ich mich anders aufgeführt hätte, als ich es tat. Man ist niemals zu entschuldigen, wenn man eine Arbeit schlecht verrichtet, der man sich freiwillig unterzieht. Jetzt wäre ich mit mir unzufrieden, und Sie wären es auch, und ich würde nicht das Vergnügen genießen, das ich empfinde, indem ich an Sie schreibe. Kurz, solange es mir meine Kräfte erlaubten, habe ich, indem ich für mich arbeitete, alles nach meinem Vermögen getan, was ich für die Gesellschaft vermochte. Wenn ich wenig für dieselbe getan habe, so habe ich noch weniger von ihr gefordert, und in meinem jetzigen Zustand glaube ich, so gut mit ihr abgerechnet zu haben, daß ich, wenn ich künftig ganz ausruhen und für mich allein leben könnte, ich es ohne alle Bedenken tun würde. Wenigstens will ich mit allen meinen Kräften die Belästigung durch das öffentliche Aufsehen von mir entfernen. Sollte ich noch hundert Jahre leben, so würde ich keine Zeile mehr für den Druck schreiben und nur dann wirklich glauben, daß ich von neuem zu leben anfinge, wenn ich gänzlich vergessen wäre.

Dennoch gestehe ich, daß wenig daran gefehlt hat, und ich wäre von neuem in die Welt verwickelt worden und hätte meine Einsamkeit verlassen, nicht aus Überdruß an ihr, sondern aus einer nicht weniger heftigen Neigung, die ich fast meiner Einsamkeit vorgezogen hätte. Sie müßten, mein Herr, den Zustand der Verlassenheit und der Absonderung von allen meinen Freunden, in dem ich mich damals befand, und den tiefen Schmerz kennen, der meine Seele quälte, als der Herzog und die Herzogin von Luxembourg mich kennenzulernen wünschten, um richtig über den Eindruck zu urteilen, den ihre gütigen Freundschaftsanträge und ihre sanften Liebkosungen auf mein betrübtes Herz machten. Ich war im Begriff zu sterben, unfehlbar wäre ich ohne sie vor Gram gestorben, sie haben mir das Leben wiedergeschenkt, folglich ist nichts billiger, als daß ich es daran wende, sie zu lieben.

Ich habe ein sehr liebendes Herz, das sich aber selbst Genüge leisten kann. Ich liebe die Menschen zu sehr, um eine Wahl unter ihnen treffen zu müssen. Ich liebe sie alle, und eben weil ich sie liebe, hasse ich die Ungerechtigkeit; weil ich sie liebe, fliehe ich sie, ihre Schmerzen machen mich weniger leiden, wenn ich sie nicht sehe. Diese Teilnahme an der Gattung genügt, mein Herz zu nähren, ich brauche keine eigenen Freunde, wenn ich aber welche habe, darf ich sie keinesfalls verlieren, denn wenn sie sich loswinden, zerreißen sie mich. Dadurch werden sie umso schuldiger, da ich nur Freundschaft von ihnen fordere und da ich sie nicht einmal zu sehen brauche, wenn sie mich nur lieben, und ich es weiß. Aber sie haben immer an die Stelle des Gefühls Vorsorge und Dienstleistungen setzen wollen, die das Publikum sehen sollte und die ich nicht brauchte. Wenn ich sie liebte, wollten sie mich zu lieben scheinen. Ich, der ich in allem den Anschein hasse, habe mich damit nicht begnügen wollen, und da ich anderes nicht fand, ließ ich es mir gesagt sein. Sie haben, genaugenommen, nicht aufgehört, mich zu lieben, ich habe nur entdeckt, daß sie mich nicht liebten.

Zum erstenmal in meinem Leben fand ich also plötzlich mein Herz einsam, und dies, als ich auch zugleich einsam in meiner Zurückgezogenheit und fast so krank war, wie ich es heute bin. Unter eben diesen Umständen fing jene neue Zuneigung an, die mich so sehr für alle anderen Anhänglichkeiten entschädigte und für welche mich nichts entschädigen wird, denn ich hoffe, daß sie so lange dauern wird wie mein Leben, und es geschehe, was da wolle, sie wird für mich die letzte sein. Ich kann Ihnen nicht verhehlen, mein Herr, daß ich eine heftige Abneigung gegen die Stände habe, die die anderen beherrschen. Ich sage sogar zu unrecht, daß ich sie nicht verhehlen kann, denn es kostet mich nichts, sie Ihnen zu gestehen, Ihnen, der Sie aus einem vornehmen Geblüt entsprungen sind, Sohn des Kanzlers von Frankreich und erster Präsident eines souveränen Gerichtshofes, ja, mein Herr, Ihnen, der Sie mir tausendfach Gutes getan haben, ohne mich zu kennen, und dem ich ungeachtet meiner natürlichen Undankbarkeit gerne verpflichtet bin. Ich hasse die Großen, ich hasse ihren Stand, ihre Härte, ihre Vorurteile, ihre Kleinlichkeit und alle ihre Laster und ich würde sie noch weit heftiger hassen, wenn ich sie weniger verachtete. Mit dieser Gesinnung bin ich in das Schloß von Montmorency gleichsam entführt worden; ich habe die Besitzer desselben gesehen, sie haben mich geliebt, und ich, mein Herr, habe sie gleichfalls geliebt und werde sie zeit meines Lebens mit allen Kräften meiner Seele lieben, ich würde für sie, ich sage nicht mein Leben, dieses Geschenk würde in meinem Zustand zu gering sein, ich sage nicht meinen Ruf bei meinen Zeitgenossen, an dem mir wenig gelegen ist, aber den einzigen Ruhm geben, der jemals mein Herz rührte, die Ehre, welche ich von der Nachwelt erwarte und die sie mir gewähren wird, weil sie mir zukommt und weil die Nachwelt immer gerecht ist. Mein Herz, das keine halbe Freundschaft kennt, hat sich ihnen ohne Rückhalt hingegeben und es gereut mich nicht, es würde mich sogar umsonst gereuen, denn es wäre nicht mehr Zeit, mein Wort zurückzunehmen. In der Wärme der Begeisterung, die sie mir eingeflößt haben, bin ich hundertmal im Begriff gewesen, sie um einen Zufluchtsort in ihrem Hause zu bitten, um meine übrigen Tage bei ihnen zuzubringen, und sie hätten mir es mit Freude zugestanden, wenn ich nicht gar aus der Art, wie sie sich benommen haben, zu glauben berechtigt bin, daß sie mir durch ihr Anerbieten zuvorgekommen sind. Diese Aussicht ist gewiß eine derjenigen, über die ich am längsten und mit dem meisten Vergnügen nachgedacht habe. Dennoch habe ich am Ende einsehen müssen, daß dieser Entwurf nicht gut war. Ich dachte nur an die Anhänglichkeit der Personen, ohne die Zwischenumstände zu bedenken, die uns voneinander entfernt hätten, und es gab deren so vielerlei, zumal wegen der Beschwerlichkeit, die mit meinen Schmerzen verknüpft ist, daß ein solcher Entwurf nur durch das Gefühl zu rechtfertigen ist, das mich auf ihn brachte. Überdies ist die Lebensart, die ich hätte annehmen müssen, meinem Geschmack, allen meinen Gewohnheiten dermaßen zuwider, daß ich sie kaum drei Monate hätte aushalten können. Endlich, mochten unsere Wohnungen auch noch so nahe beieinander sein, so hätte jene wonnevolle Vertraulichkeit, die den größten Zauber einer engen Gesellschaft ausmacht, der unsrigen immer gefehlt, weil der Abstand zwischen unseren Ständen immer derselbe geblieben wäre. Ich wäre weder der Freund noch ein Bedienter des Herzogs von Luxembourg gewesen, ich wäre sein Gast gewesen, ich hätte oft, indem ich mich nicht zuhause gefühlt hätte, nach meinem alten Zufluchtsort geseufzt, und es ist hundertmal besser, von denen , die man liebt, entfernt zu sein und sich in ihre Nähe zu wünschen, als sich der Gefahr eines entgegengesetzten Wunsches auszusetzen. Hätten wir uns um einige Stufen nähergestanden, so hätte das vielleicht einen Umschwung in meinem Leben bewirkt. Hundertmal habe ich mir den Herrn von Luxembourg nicht als Herzog, nicht als französischen Feldmarschall, sondern als einen guten Landedelmann vorgestellt, der in einem alten Schloß wohnte, und J. J. Rousseau nicht als Autor, nicht als Bücherschreiber, sondern als einen Mann von mittelmäßigem Verstande und einigen Kenntnissen gedacht, der sich dem Schloßherrn und der Herrin vorstellte, ihnen gefiele, das Glück seines Lebens bei ihnen fände und zu dem ihrigen beitrüge. Wenn Sie mir, um diesen Traum angenehmer zu machen, erlauben wollten, das Schloß Malesherbes mit einem kleinen Ruck eine halbe Meile davon entfernt hinzuschieben, so dünkt mich, mein Herr, daß mich, wenn ich also träumte, lange die Lust nicht anwandeln würde, wieder aufzuwachen.

Aber es ist nichts damit; mir bleibt nur, diesem langen Traum ein Ende zu setzen, denn es ist künftig nicht mehr an der Zeit, mir andere zu erlauben, und ich muß mich glücklich schätzen, wenn ich mir noch einige wonnevolle Stunden, wie die es waren, die ich im Schloß Montmorency zubrachte, versprechen darf. Wie dem auch sei, ich zeige mich hier so, wie ich fühle, daß alles auf mich wirkt. Bin ich es wert, so beurteilen Sie mich nach all diesem Wust, denn ich kann nicht mehr Ordnung hineinbringen und habe nicht Mut genug, noch einmal anzufangen. Beraubt mich diese allzu wahrhafte Schilderung Ihres Wohlwollens, so werde ich aufhören, mich im Besitze eines Gutes zu erhalten, das mir nicht gehörte. Behalte ich aber Ihre Gunst, so wird sie mir um so teurer werden, als sie mir mehr gehört.

BRIEF

AN CHRISTOPHE DE BEAUMONT

Da veniam si quid liberius dixi, non ad contumeliam tuam, sed ad defensionem meam. Praesumsi enim de gravitate et prudentia tua, quia potes considerare quantum mihi respondendi necessitatem imposueris.
Aug. *Epist.* 238 *ad Pascent.*

1763

Warum, Monseigneur, muß ich Ihnen etwas zu sagen haben? Was für eine Sprache können wir zusammen sprechen, wie können wir uns verstehen und was für ein Verhältnis ist zwischen Ihnen und mir?

Ich muß Ihnen jedoch antworten. Sie zwingen mich dazu. Hätten Sie bloß mein Buch angegriffen, so hätte ich geschwiegen, allein, Sie greifen auch meine Person an, und je mehr Ansehen Sie unter den Menschen besitzen, desto weniger darf ich schweigen, sobald Sie mich entehren wollen.

Am Anfang dieses Briefes kann ich nicht umhin, einige Betrachtungen über die Sonderbarkeiten meines Schicksals einfließen zu lassen. Es sind einige darunter, welche gewiß mich ganz allein betroffen haben.

Ich wurde mit einigem Talent geboren, das Publikum hat so geurteilt. Meine Jugend brachte ich in einer glücklichen Dunkelheit zu, aus der ich mich nie herauswagen wollte. Wenn ich letzteres gesucht hätte, so wäre selbst dies eine Sonderbarkeit gewesen, daß ich während des ersten Jugendfeuers es nicht dahin bringen konnte, während es mir hernach, zu einer Zeit, wo dieses Feuer verlöscht, nur zu sehr glückte. Ich war beinahe vierzig Jahre alt und ich besaß statt Geld, das ich immer verachtete, und eines Namens, der mich nachher so teuer zu stehen kam, die zwei einzigen Güter, nach denen mein Herz strebte, nämlich Freunde und Ruhe. Eine verwünschte akademische Preisfrage fing an, mich unruhig zu machen, und brachte mich zu einer Beschäftigung, für die ich nicht geboren war, und ein unerwarteter Erfolg zeigte mir in ihr Reize, welche mich verführten. Eine ganze Menge von Gegnern widerlegten mich, ohne mich zu verstehen, mit einer Unbesonnenheit, die mich aufbrachte, und mit einem Stolz, von dem ich vielleicht selbst nicht frei blieb. Ich war Schriftsteller geworden in einem Alter, wo man es sonst zu sein aufhört, und Gelehrter durch die Verachtung selbst, welche ich gegen diesen Stand hegte. Alsdann fing ich an, beim Publikum bekannt zu werden, aber die Ruhe und die Freunde verschwanden. Was habe ich nicht ausgestanden, ehe ich wieder einige Ruhe genoß und glücklichere Verbindungen traf! Ich mußte meinen Schmerz unterdrücken und ein bißchen Ruhm mußte mir alles ersetzen. Wenn dies eine

Entschädigung für diejenigen ist, welche immer außer sich selbst sind, so war es doch niemals eine für mich.

Wenn ich auch nur einen Augenblick auf dieses nichtige Gut gezählt hätte, wie schnell wäre ich zur Besinnung gekommen! Mit welcher Unbeständigkeit beurteilte mich das Publikum! Ich war zu weit von ihm entfernt, es beurteilte mich also nach dem Eigensinn oder dem Interesse derer, welche es leiten, und kaum wurde ich zwei Tage nacheinander gleich beurteilt. Bald war ich ein tückischer abscheulicher Mensch, bald wieder ein Engel des Lichts. In dem nämlichen Jahr sah ich mich geehrt, man suchte mich sogar bei Hofe, man rühmte mich, und nachher wurde ich beschimpft, bedroht, verabscheut und verflucht. Des Abends lauerte man mir in den Straßen auf, um mich zu ermorden, und des Morgens kündigte man mir einen geheimen Haftbefehl an. Das Gute und das Böse entsprangen beinahe aus einer Quelle, und all dieses wegen einiger Lieder.

Ich habe über verschiedene Materien geschrieben, aber immer nach denselben Prinzipien: immer dieselbe Moral, derselbe Glaube, dieselben Grundsätze und, wenn man will, dieselben Meinungen. Man hat jedoch meine Schriften sehr verschieden beurteilt, oder vielmehr den Verfasser meiner Schriften, denn man beurteilte mich mehr nach den Materien, die ich abhandelte, als nach meinen Gesinnungen. Nach meiner ersten *Abhandlung* war ich ein Paradoxienjäger, der sich ein Vergnügen daraus machte, etwas zu beweisen, was er selbst nicht glaubte; nach meinem *Brief über die französische Musik* war ich ein erklärter Feind der Nation; es fehlte wenig, daß man mich für einen Verräter hielt, und man hätte glauben sollen, daß das Schicksal des Königreiches von der Ehre der Pariser Oper abhinge; nach meiner *Abhandlung über die Ungleichheit* war ich ein Atheist und ein Menschenfeind; nach meinem *Brief an Herrn d'Alembert* war ich ein Verteidiger der christlichen Moral; nach der *Héloïse* war ich zärtlich und sanft; jetzt bin ich ein Gottloser und vielleicht werde ich bald ein Frömmler sein.

Auf diese Art beurteilte mich das dumme Publikum, und man weiß jetzt ebensowenig, warum man mich haßt, als warum man mich vormals liebte. Ich aber blieb immer derselbe: mehr eifrig als gelehrt bei meinen Untersuchungen, in allem aufrichtig, selbst wider mich; einfältig und gut, aber empfindlich und schwach, tue ich oft das Böse und liebe beständig das Gute; die Freundschaft allein kann mich fesseln, nicht Umstände, und hierin folge ich mehr meinem Herzen als meinem Vorteil; von den Menschen verlange ich nichts und will auch nicht von ihnen abhängen, ihren Vorurteilen gebe ich ebensowenig nach wie ihrem Willen und behalte den meinigen ebenso frei wie meine Vernunft; ich fürchte Gott, ohne vor der Hölle zu zittern, und spreche ohne Leichtfertigkeit von der Religion, weder Fanatismus noch Gottlosigkeit gefallen mir, die Intoleranz aber hasse ich noch mehr als die Freigeisterei; meine Denkungsart verberge ich vor niemandem und bin weder voll Verstellung, noch voll List, meinen Freunden bekenne ich meine Fehler, meine Meinungen bekenne ich jedermann, dem Publikum sage ich die Wahrheit ohne Schmeichelei und Bitterkeit und bekümmere mich ebensowenig darum, ihm zu gefallen, als ihm zu mißfallen. Dies sind meine Laster und meine Tugenden.

Endlich eines betäubenden Dunstes, der aufbläht ohne zu sättigen, überdrüssig, und ermüdet von den Störungen der Müßigen, denen ihre Zeit lastet und die verschwenderisch mit der meinigen sind, seufzte ich nach der Ruhe, welche nach so vielen Leiden mir nötig war, und legte mit Freuden die Feder nieder. Zufrieden, daß ich sie nur zum Besten meiner Mitbrüder ergriffen hatte, verlangte ich von ihnen keine weitere Belohnung, als mich in meiner Einsamkeit in Ruhe sterben zu lassen und mir kein Leid zuzufügen. Ich täuschte mich sehr; die Gerichtsdiener kamen und belehrten mich eines Besseren, und eben zu der Zeit, wo ich dachte, daß all mein Leiden endigen würde, fingen die größten Trübsale meines Lebens an. Hierin liegen schon ganz eigene Schicksale, allein, dies ist noch nichts. Verzeihen Sie, Monseigneur, wenn ich Ihre Geduld mißbrauche: allein, ehe ich mich noch Ihnen gegenüber erkläre, muß ich von meiner jetzigen Lage und von deren Ursachen reden.

Ein Genfer läßt ein Buch in Holland drucken, und das Parlament zu Paris verdammt dieses Buch zum Feuer, ohne den Souverän zu achten, mit dessen Privileg es versehen ist. Ein Protestant bringt in einem protestantischen Lande einige Einwände gegen die Römische Kirche vor, und das Pariser Parlament läßt ihn zitieren. Ein Republikaner verwirft in einer Republik die monarchische Regierung, und das Pariser Parlament zitiert ihn wieder. Gewiß, das Parlament zu Paris muß eine große Meinung von seiner Gewalt haben und sich als den rechtmäßigen Richter des menschlichen Geschlechts ansehen.

Dieses nämliche Parlament, welches sonst in Rücksicht eines Franzosen alle Regeln des Rechts so genau beobachtet, versäumt sie alle, sobald es einen armen Fremden betrifft. Ohne zu untersuchen, ob dieser Fremde auch der Verfasser des Buches ist, welches seinen Namen führt, ob er es als das seinige erkennt, ob er es hat drucken lassen; ohne Mitleid mit seinem traurigen Zustand und ohne Rücksicht auf die Übel, mit welchen er schon beladen ist, droht man ihn zu verhaften; ja, man hätte ihn aus dem Bett gerissen, um ihn mit den übelsten Missetätern in ein Gefängnis zu werfen, man hätte ihn vielleicht, sogar ohne ihn anzuhören, verbrannt, denn wer weiß, ob man in einer mit solcher Gewaltsamkeit begonnenen Prozedur, für die man selbst in den Ländern der Inquisition kein ähnliches Beispiel findet, regelmäßiger fortgefahren wäre? Also bloß mir gegenüber legt ein so weiser Gerichtshof alle seine Weisheit ab, gegen mich allein bewaffnet sich dieses sanfte Volk, von welchem ich glaubte, geliebt zu sein, und das sich seiner Milde rühmt, mit einer befremdlichen Barbarei. Dies ist also die Erkenntlichkeit dafür, daß ich dieses Land allen anderen, die ich um denselben Preis hätte wählen können, vorzog, um darin zu wohnen! Ich weiß nicht, wie sich dieses alles mit dem Völkerrecht vereinbaren läßt, aber soviel weiß ich, daß bei einer solchen Prozedur die Freiheit oder sogar das Leben eines Bürgers in der Hand jedes Buchdruckers steht.

Der Bürger von Genf ist ungerechten und unbefugten Obrigkeiten nichts schuldig, welche auf eine verleumderische Schrift hin ihn nicht erst vorladen, sondern sogleich verurteilen. Da er nicht vorgeladen wurde, so ist er auch nicht verbunden, sich zu stellen. Man braucht Gewalt gegen ihn, und er entzieht sich derselben. Er schüttelt den Staub von seinen Schuhen und verläßt dieses gastfreie Land, wo man sich bemüht, den Schwächeren zu unterdrücken, wo man den Fremden in Ketten legt, ohne ihn vorher zu hören, ohne zu wissen, ob die Sache diese Strafe verdient, ohne zu untersuchen, ob er etwas begangen.

Seufzend verläßt er seine geliebte Einsamkeit. Nur ein einziges, aber kostbares Gut besitzt er, seine Freunde, und auch diese muß er verlassen. Bei seiner Schwachheit muß er die Beschwerlichkeiten einer langen Reise ertragen, er kommt endlich an und glaubt, in Freiheit zu sein, er nähert sich seinem Vaterland, diesem von ihm so gerühmten Vaterland, welches er verehrt und liebt, die Hoffnung einer guten Aufnahme tröstet ihn über alle seine Leiden ... Was soll ich sagen? Mein Herz ist beklommen, meine Hand zittert, und die Feder entfällt ihr, ich muß schweigen, um nicht in das Laster Hams zu verfallen. O warum kann ich meinen bittersten Schmerz nicht in der Stille ertragen!

Und warum all dieses? Ich meine nicht, aus welchem Grunde, sondern unter welchem Vorwand? Man klagt mich der Gotteslästerung an, ohne zu bedenken, daß das Buch, welches sie enthalten soll, in den Händen der Welt ist. Was gäbe man nicht darum, dieses Beweisstück zu unterdrücken, um hernach alles sagen zu können, was man gerne darin finden möchte! Allein, es wird bleiben, man mag tun, was man will, und die Nachwelt wird statt des Lasters, dessen man den Verfasser beschuldigt, nichts als das Unrecht darin finden, welches man einem Liebhaber der Wahrheit angetan hat.

Ich will von keinem meiner Zeitgenossen reden, denn ich will niemandem schaden. Allein, der Gottesleugner Spinoza trug seine Lehre ganz ruhig vor, er ließ seine Bücher ohne Schwierigkeit drucken, und man verkaufte sie öffentlich; er kam nach Frankreich und wurde daselbst wohl aufgenommen; alle Staaten standen ihm offen, überall fand er Schutz oder wenigstens Sicherheit; Fürsten erwiesen ihm Ehre und boten ihm Lehrstühle an; er lebte und starb ruhig, ja sogar geachtet. Heutzutage jedoch, in dem so gerühmten Jahrhundert der Philosophie, der Vernunft und der Menschlichkeit, beschimpft und ächtet man den Verteidiger der Sache Gottes bloß deswegen, weil er mit Behutsamkeit und zum Besten des menschlichen Geschlechts einige Zweifel vorgebracht hat, durch die die Ehre des Schöpfers noch erhöht wird, und man verfolgt ihn von Land zu Land, von Ort zu Ort, ohne Rücksicht auf seine Krankheit und seine Armut, mit einer Wut, mit der man noch keinen Übeltäter verfolgt hat und welche selbst gegen einen gesunden Menschen barbarisch wäre. Er sieht sich beinahe in ganz Europa verfolgt und verlassen, man verjagt ihn sogar aus den Wäldern, und die ganze Standhaftigkeit eines großmütigen Beschützers und die Gnade eines aufgeklärten Fürsten sind nötig, um ihn nicht noch in den Gebirgen zu beunruhigen. Er hätte den Rest seines Lebens in Ketten zugebracht, er wäre vielleicht auf der Folter gestorben, wenn er in der ersten Hitze, die die Regierungen ergriff, in die Hände seiner Verfolger gefallen wäre.

Aus den Händen des Scharfrichters entkommen, fällt er in die Hände der Priester. Dies ist zwar so wunderbar nicht, aber ein tugendhafter Mann, dessen Seele ebenso erhaben ist wie seine Geburt, ein vornehmer Erzbischof, welcher ihre Niederträchtigkeit verabscheuen sollte, unterstützt sie, er schämt sich nicht, er, der die Stütze der Unterdrücker sein sollte, einen Unglücklichen in seinem tiefsten Ungemach noch selbst zu unterdrücken, er als ein katholischer Prälat, erläßt einen kirchlichen Verdammungsbrief gegen einen protestantischen Schriftsteller, er steigt auf seinen Richterstuhl, um die besonderen Meinungen eines Ketzers zu richten, und obgleich er jeden, der nicht zu seiner Kirche gehört, verdammt, ohne daß er dem Angeklagten erlaubte, nach seiner Art zu irren, so schreibt er ihm gewissermaßen den Weg vor, auf dem er zur Hölle gehen soll. Die ganze Geistlichkeit wird alsbald rege, jeder steht auf und rüstet sich gegen einen Feind, den sie glauben vertilgt zu haben. Alles nimmt Teil daran, der Küster selbst will dem Angeklagten noch eins versetzen, und es ist nicht ein Narr im kurzen Kragen, nicht ein Beichtkind, welches nicht dem, den der Bischof verfolgt, gerne den letzten Stoß versetzen möchte.

Alles dies, Monseigneur, ist ein Zusammentreffen von Umständen, für das ich das einzige Beispiel bin, und es ist noch nicht alles . . . Dies ist vielleicht einer der schwersten Augenblicke meines Lebens, wo Eigenliebe und Rache sich Genugtuung verschaffen können und der gerechte Mann sich am wenigsten mäßigen kann. Es kostet mich zehn Zeilen, und meine Verfolger sind für immer das Gespött des ganzen Landes. Warum kann doch das

Publikum zwei Anekdoten nicht erfahren, ohne daß ich es ihm sage! Warum kennt es diejenigen nicht, die auf meinen Sturz gesonnen, und alle Kunstgriffe, welche sie dafür angewandt haben! Durch welche verächtlichen Insekten, durch welche finsteren Griffe würde es die Mächte in Bewegung gesetzt sehen! Welchen Sauerteig würde es aufgehen und durch seine Fäulnis das Parlament in Gärung bringen sehen! Durch welche Kleinigkeiten würde es die Mächte von Europa gegen den Sohn eines Uhrmachers verbunden sehen! Wie wollte ich mich über sein Erstaunen freuen, wenn ich nicht sein Werkzeug zu sein brauchte!

Bisher war meine Feder kühn in der Behauptung der Wahrheit, aber sie hat, frei von aller Satire, niemanden verletzt und die Ehre anderer immer geschont, auch da, wo ich die meinige verteidigte. Sollte ich, indem ich sie niederlegte, sie mit Verleumdung beflekken und sie in die Schande meiner Feinde eintauchen? Nein, mögen sie immer ihre Streiche im Finsteren führen. Ich will mich nicht anders als öffentlich verteidigen und mich auch nur verteidigen. Dazu gehört nichts, als was das Publikum schon weiß oder was es wissen kann, ohne daß jemand dadurch beleidigt wird.

Eine erstaunliche Sache, die ich auch sagen kann, ist, daß der wackere Christophe de Beaumont, welcher nie nachgegeben, noch auch mit den Jansenisten Frieden gemacht hat, auf einmal ein Spießgeselle von ihnen wird und sich als Werkzeug ihrer Bosheit brauchen läßt. Ihr ärgster Feind verfolgt mich, weil ich ihre Partei nicht ergreifen und gegen die Jesuiten nicht schreiben wollte, welche ich nie geliebt, die mir aber kein Leid zugefügt haben und jetzt unterdrückt sind. Schlagen Sie, Monseigneur, den sechsten Band der *Nouvelle Héloïse* in der ersten Ausgabe nach und Sie werden in der Anmerkung zu Seite 138 die wahre Quelle meines Unglücks finden. Ich habe in dieser Anmerkung vorhergesagt (denn ich wahrsage auch zuweilen), daß, sobald die Jansenisten die Oberhand erhalten werden, sie noch viel unduldsamer sein würden als ihre Feinde. Damals dachte ich nicht, daß meine eigene Geschichte diese Prophezeiung erfüllen würde. Der Faden dieser Verschwörung wäre für den, der weiß, auf welche Art mein Buch verurteilt wurde, nicht schwer zu verfolgen. Ich kann nichts davon sagen, ohne zuviel zu sagen, aber wenigstens wollte ich Ihnen zeigen, durch welche Leute Sie bisher, ohne es zu argwöhnen, geführt worden sind.

Soll man etwa glauben, daß Sie, wenn das Parlament mein Buch nicht verurteilt hätte, es dennoch angegriffen hätten? Andere mögen es glauben und sagen, Sie aber, dessen Gewissen keine Lüge ertragen kann, werden es gewiß nicht sagen. Meine *Abhandlung über die Ungleichheit* war in Ihrem Kirchspiel bekannt, und Sie haben sie nicht verboten. Mein *Brief an Herrn d'Alembert* war dort ebenfalls bekannt, und Sie haben ihn nicht verboten. Meine *Neue Héloise* war dort auch bekannt, und Sie haben sie nicht verboten. Unterdessen herrschen in allen diesen Schriften, welche Sie vermutlich gelesen haben, denn Sie beurteilen sie, die nämlichen Grundsätze, die nämliche Denkungsart ist dort nicht versteckter als hier. Wenn auch die Gelegenheit es nicht erlaubte, sie weiter auszuführen, so gewinnen sie ebensoviel an Stärke, als ihnen an Weitläufigkeit abgeht, und man findet darin das Glaubensbekenntnis des Verfassers mit weniger Zurückhaltung als im Glaubensbekenntnis des savoyischen Vikars ausgedrückt. Warum sagten Sie damals nichts? Waren Ihnen Ihre Beichtkinder damals weniger lieb, Monseigneur? Las man mich weniger? Fand man weniger Geschmack an meinen Büchern? Waren sie weniger dem Irrtum unterworfen? Nein, aber damals wollte man die Jesuiten noch nicht verjagen, die Verräter hatten mir noch keine Falle gelegt, die unglückliche Anmerkung war noch nicht bekannt oder wenn sie auch bekannt war, so war es zu spät, das Publikum gab dem Buch seinen Beifall. Man verschob es also, man erwartete die Gelegenheit, man spürte sie aus und ergriff sie, man bediente sich derselben mit der Wut aller Scheinheiligen, man sprach bloß von Ketten und Scheiterhaufen, mein Buch war die Sturmglocke der Anarchie und die Posaune des Atheismus, der Verfasser war ein Ungeheuer, das man ersticken mußte, und man wunderte sich, daß man ihn so lange leben ließ. In dieser allgemeinen Raserei schämten Sie sich, allein stille zu sitzen. Sie wollten lieber eine Grausamkeit begehen, als eines Mangels an Eifer beschuldigt werden, und ihren Feinden eher beistehen, als ihre Vorwürfe anhören. Dies, Monseigneur, gestehen Sie es, ist der wahre Beweggrund Ihres Hirtenbriefs, und das Zusammentreffen so sonderbarer Umstände ist wunderbar genug, um mein Schicksal abenteuerlich zu nennen.

Man hat schon lange angefangen, ein gewisses Staatswohl an die Stelle der Gerechtigkeit zu setzen. Ich weiß auch sehr wohl, daß es Fälle gibt, wo ein Mann in öffentlichem Amte gegen einen guten Bürger wider seinen Willen eifern muß. Wer unter Rasenden sich noch mäßigen will, setzt sich selbst ihrer Raserei aus, und ich weiß wohl, daß man bei einer solchen Wut, wie die, deren Opfer ich jetzt bin, mit den Wölfen heulen oder befürchten muß, selbst von ihnen zerrissen zu werden. Ich beklage mich also nicht, daß Sie einen Hirtenbrief gegen mein Buch ergehen lassen, aber ich beklage mich darüber, daß Sie zugleich mit so wenig Redlichkeit als Wahrheit einen Hirtenbrief gegen meine Person haben ergehen lassen. Ich beklage mich darüber, daß Sie den nämlichen Ton annehmen, welchen Sie mir vorwerfen, daß ich ihn in den Mund des Inspirierten gelegt hätte, und daß Sie mich mit Schimpfreden beladen, welche, ohne meiner Sache zu schaden, meine Ehre, oder vielmehr die Ihrige, angreifen. Ich beklage mich darüber, daß Sie mit fröhlichem Herzen ohne Ursache, ohne Not und ohne Achtung wenigstens für mein Unglück, mich in einem Ton entehren, der Ihrer so unwürdig ist. Und was habe ich Ihnen denn getan, ich, der ich von Ihnen immer mit so viel Achtung sprach, der ich Ihre unerschütterliche Standhaftigkeit so sehr bewunderte, aber freilich auch bedauerte, daß Ihre Vorurteile Sie hinderten, einen rechten Gebrauch davon zu machen, ich, der ich Ihre Sitten verehrte, Ihre Tugenden achtete und sie jetzt noch schätze, wo Sie mich entehrt haben?

So zieht man sich aus der Affäre, wenn man streiten will und doch unrecht hat. Da Sie meine Einwürfe nicht widerlegen konnten, haben Sie mir ein Verbrechen daraus gemacht, Sie glaubten mich zu erniedrigen, indem Sie mir schlecht begegneten, und Sie haben sich geirrt. Ohne meine Gründe umzustoßen, haben Sie großmütige Herzen auf mich aufmerksam gemacht und vernünftige Leute haben Sie auf den Gedanken gebracht, daß man von einem Buch nicht gut urteilen könne, wenn man den Verfasser so schlecht beurteilt.

Monseigneur, Sie waren gegen mich weder großmütig noch

menschenfreundlich, und Sie konnten dies nicht sein, ohne mir etwas von dem, was Sie gegen mein Werk sagten, zu ersparen, und es hätte dann vielleicht noch bessere Wirkung hervorgebracht. Ich gestehe auch, daß ich diese Tugenden weder von Ihnen hätte fordern, noch bei sonst einem Geistlichen hätte suchen sollen. Wir wollen nun sehen, ob Sie wenigstens billig und gerecht waren, denn dies sind die ersten Pflichten eines Menschen, und selbst Heilige sind davon nicht ausgenommen.

In Ihrem Hirtenbrief haben Sie sich zweierlei vorgenommen: erstens, mein Buch zu verdammen, und zweitens, meine Person zu entehren. Ich werde glauben, gehörig geantwortet zu haben, wenn ich beweise, daß Sie da, wo Sie mich widerlegen, unrecht geurteilt, und da, wo Sie mich beschimpfen, mich verleumdet haben. Allein, wenn man immer Beweise führen muß und durch die Wichtigkeit der Sache sowohl als durch den Rang des Gegners gezwungen wird, langsam und Schritt für Schritt seine Einwände zu beantworten, so erfordert jedes Wort eine Seite, und während eine kurze Satire unterhält, macht eine lange Verteidigung gähnen. Ich muß mich jedoch verantworten oder alle Ihre falschen Beschuldigungen auf mich nehmen. Ich werde mich also verteidigen, aber ich werde mehr meine Ehre als mein Buch verteidigen. Nicht das Glaubensbekenntnis des savoyischen Vikars werde ich untersuchen, sondern den Hirtenbrief des Erzbischofes zu Paris, und nur das Böse, welches er über den Verfasser sagt, wird mich bewegen, von dem Buch selbst zu reden. Ich werde mir das zusprechen, was mir zukommt, weil es mir zukommt, ich werde jedoch immer bedenken, daß es eine traurige Lage ist, wenn man sich über einen Mächtigeren beklagen muß, und daß die Rechtfertigung eines Unschuldigen eben nicht die unterhaltendeste Lektüre ist.

Der Hauptgrundsatz aller Moral, den ich in meinen Schriften befolgt und besonders in diesem letzten Werke ganz auseinandergesetzt habe, lautet, daß der Mensch von Natur gut ist und die Gerechtigkeit und die Ordnung liebt, daß das menschliche Herz von Natur nicht verdorben ist und daß die ersten Regungen der Natur immer gut sind. Ich habe gezeigt, daß die einzige Leidenschaft, welche mit dem Menschen geboren wird, die Selbstliebe, an sich selbst in Rücksicht des Guten und des Bösen gleichgültig ist, daß sie bloß durch Zufälle und die Umstände, in welchen sie sich entwickelt, gut oder böse wird. Ich habe gezeigt, daß alle Laster, welche man dem menschlichen Herzen zuschreibt, ihm nicht natürlich sind, ich habe ihre Entstehungsart gezeigt und sozusagen ihre Genealogie geschrieben und endlich habe ich gezeigt, wie durch die allmähliche Veränderung seiner natürlichen Güte der Mensch das geworden ist, was er jetzt ist.

Ich habe auch noch erklärt, was ich unter dieser ursprünglichen Güte verstehe, welche sich von der natürlichen Gleichgültigkeit gegen das Gute und Böse, die der Selbstliebe natürlich ist, nicht herleiten läßt. Der Mensch ist kein einfaches Wesen, er besteht aus zwei Substanzen. Wenn auch nicht jeder diesen Satz zugibt, so geben wir, Sie und ich, ihn doch zu, und ich habe mich bemüht, ihn den anderen zu beweisen. Dieses zugegeben, bleibt die Selbstliebe keine einfache Leidenschaft, sondern sie hat zwei Gründe, das verständige und das empfindsame Wesen, deren Wohlsein sehr verschieden ist. Der sinnliche Trieb strebt nach dem Wohlsein des Körpers, und die Liebe zur Ordnung nach dem Wohl der Seele. Letzterer Trieb, wenn er entwickelt ist und tätig wird, erhält den Namen Gewissen, allein das Gewissen entwickelt sich und wird nicht eher tätig als mit den Einsichten des Menschen. Nur durch diese Einsichten gelangt er zur Erkenntnis der Ordnung, und nur wenn er diese erkennt, bringt ihn sein Gewissen dahin, sie zu lieben. Der Mensch, der noch keinen Vergleich angestellt hat und keine Verhältnisse kennt, hat also noch kein Gewissen. In diesem Zustand kennt der Mensch niemanden als sich selbst, sieht sein Wohlsein dem Wohlsein irgendeines anderen weder entgegengesetzt, noch damit übereinstimmend, er haßt und liebt nichts, und auf den bloßen physischen Trieb eingeschränkt ist er nichts, ist er ein Tier. Dies habe ich in meiner *Abhandlung über die Ungleichheit* bewiesen.

Sobald vermöge einer Entwicklung, deren Fortschreiten ich gezeigt habe, die Menschen anfangen, ihre Augen auf ihresgleichen zu werfen, so fangen sie auch an, ihre Verhältnisse und die der Dinge zu sehen und erhalten Begriffe von Schicklichkeit, Gerechtigkeit und Ordnung, sie fangen an, das moralisch Gute zu empfinden, und alsdann wirkt das Gewissen. Dann besitzen sie Tugenden, und wenn sie auch Laster haben, so geschieht es, weil ihre Interessen sich kreuzen und ihr Ehrgeiz in dem Maße erwacht, in dem ihre Einsichten sich ausbreiten. Solange es aber weniger entgegengesetzte Interessen als übereinstimmende Einsichten gibt, sind die Menschen wesentlich gut. Dies ist der zweite Zustand.

Wenn endlich alle besonderen Interessen sich aneinander stoßen, wenn die zur Gärung gebrachte Selbstliebe zur Eigenliebe wird, wenn die allgemeine Meinung die Welt jedem nötig macht und jeder ein geborener Feind des anderen wird und sein Wohl nur in dem Schaden des anderen findet, dann wird das Gewissen von den überspannten Leidenschaften erstickt und bleibt im Munde der Menschen ein bloßes Wort, um sich gegenseitig zu hintergehen. Jeder stellt sich dann, als ob er sein Interesse dem allgemeinen aufopfern wollte, und alle lügen. Keiner will das allgemeine Beste, außer, wenn es mit dem seinigen übereinstimmt, und diese Übereinstimmung ist auch das Ziel des wahren Politikers, welcher das Volk gut und glücklich zu machen sucht. Allein, ich fange hier an, eine fremde Sprache zu reden, welche die Leser ebensowenig wie Sie verstehen.

Dies, Monseigneur, ist der dritte und letzte Zustand, über den hinaus weiter nichts zu tun übrig bleibt, und so werden die Menschen böse, während der Mensch gut war. Mein Buch hatte ich der Untersuchung gewidmet, wie man es anfangen müßte, die Menschen zu hindern, böse zu werden. Ich habe nicht behauptet, daß dies in dem jetzigen Zustand der Dinge durchaus möglich ist, ich habe aber behauptet und ich behaupte es noch, daß es, um dies zu bewerkstelligen, keine anderen Mittel gibt als die, welche ich vorgeschlagen habe.

Hierauf sagen Sie nun, daß mein Erziehungsplan*, *weit entfernt, mit dem Christentum übereinzustimmen, nicht einmal geeignet ist, gute Bürger oder Menschen zu bilden*, und Ihr einziger Beweis ist, daß Sie mir die Erbsünde einwerfen. Monseigneur, es gibt kein anderes Mittel, uns von der Erbsünde und ihren Wirkungen zu befreien,

* *Mandement*, §. III.

als die Taufe. Nach Ihnen würde also daraus folgen, daß es niemals Menschen oder Bürger gegeben hätte als unter den Christen. Entweder müssen Sie diese Folge leugnen oder mir zugeben, daß Sie zuviel bewiesen haben.

Sie nehmen Ihre Beweise so weit her, daß Sie mich zwingen, meine Antworten ebensoweither zu suchen. Erstens glaube ich nicht, daß diese Lehre von der Erbsünde, die so schrecklichen Schwierigkeiten unterworfen ist, in der Schrift so ausdrücklich und so deutlich enthalten ist, wie es dem Redner Augustin und unseren Theologen gefällt, sie darin zu verankern, und wie kann man sich vorstellen, daß Gott so viele reine und unschuldige Wesen erschuf, bloß um sie hernach mit sträflichen Körpern zu vereinigen, wodurch sie das moralische Verderben annehmen und nachher alle zur Hölle verdammt werden, ohne ein anderes Verbrechen als diese Vereinigung, welche sein Werk ist? Ich will nicht sagen, ob Sie durch dieses System (so wie Sie sich rühmen) das Geheimnis unseres Herzens aufklären, aber ich sehe, daß Sie die Güte und Gerechtigkeit des höchsten Wesens sehr verdunkeln. Sie erledigen einen Einwand und setzen hundertmal stärkere an dessen Stelle.

Allein, was schadet im Grunde diese Lehre dem Verfasser des *Emile*? Obgleich er glaubte, daß sein Buch der Menschheit überhaupt nützen könne, so hat er es doch hauptsächlich für Christen bestimmt, für Menschen, die, wenigstens in Absicht auf ihre Seele, von der Erbsünde und ihren Wirkungen durch das dazu eingesetzte Sakrament reingewaschen sind. Nach eben dieser Lehre haben wir alle in unserer Kindheit die ursprüngliche Unschuld wiedererhalten und sind aus der Taufe ebenso reinen Herzens hervorgegangen, als Adam aus der Hand des Schöpfers kam. Wir haben, sagen Sie, uns wieder verunreinigt, allein, da wir eben davon befreit worden sind, wie konnten wir uns wieder verunreinigen? Ist denn das Blut Christi nicht mächtig genug, um diese Sünde ganz zu tilgen, oder ist sie eine Folge der natürlichen Verderbnis unseres Fleisches, gerade als wenn, auch unabhängig von der Erbsünde, Gott uns verderbt erschaffen hätte, ausdrücklich, um das Vergnügen zu haben, uns dafür zu bestrafen? Sie schreiben der Erbsünde die Laster derjenigen Völker zu, welche Sie selbst von der Erbsünde freigesprochen haben, und werfen mir nachher vor, daß ich diesen Lastern einen anderen Ursprung gegeben habe. Ist es gerecht, mir daraus ein Verbrechen zu machen, daß ich nicht ebenso falsch geurteilt habe wie Sie?

Man könnte mir freilich einwerfen, daß diese Wirkung, welche ich der Taufe* zuschreibe, äußerlich nicht sichtbar wird und daß die Christen nicht weniger zum Bösen geneigt sind als die Ungläubigen, während nach meiner Meinung das Böse der Erbsünde sich bei letzteren merklicher zeigen müßte. Außer der Taufe, könnte man sagen, habt ihr so viele Mittel in der Moral des Evangeliums, daß alle Christen beinahe Engel sein müßten, und die außer ihrer ursprünglichen Verderbnis ihrem irrigen Gottesdienste überlassenen Ungläubigen müßten alle Teufel sein. Ich sehe wohl, daß diese Schwierigkeit, wenn man darauf dringen wollte, einen verlegen machen könnte, denn was sollte man denen antworten, die einem zeigten, daß die um einen so hohen Preis gestiftete Erlösung in Rücksicht des Menschengeschlechts beinahe zu nichts würde?

Allein, Monseigneur, ich weiß wohl, daß ein guter Theologe diese Schwierigkeit wohl wird zu heben wissen. Wenn ich aber auch zugäbe, daß die Taufe nicht alle Übel der Verderbnis unserer Natur wegnimmt, so haben Sie nichtsdestoweniger falsch geurteilt. Wir sind, sagen Sie, Sünder, weil unsere ersten Eltern gesündigt haben, aber warum sündigten denn unsere ersten Eltern? Warum kann der nämliche Grund, aus welchem Sie ihre Sünde erklärten, nicht auch auf ihre Nachkommen angewendet werden, ohne daß man die Erbsünde dazu braucht, und warum wollen wir Gott einer Ungerechtigkeit beschuldigen, indem er

* Wenn man mit Thomas Burnet annähme, daß die Verderbnis und die Sterblichkeit des Menschengeschlechts von dem Fall Adams herrühre und eine Folge der verbotenen Frucht sei, daß diese Speise vergiftende Säfte enthalten habe, die die ganze animalische Ökonomie zerrütteten, die Leidenschaften erregten, den Verstand schwächten und in alle Teile des Lebens Tod und Verderben brachten, so müßte man auch annehmen, daß, da das Heilmittel mit dem Übel in einem Verhältnis stehen muß, die Taufe also auch physisch auf den Körper wirken und ihm die Beschaffenheit wiedergeben müßte, welche er in dem Stand seiner Unschuld hatte, und wo nicht gar die davon abhängige Unsterblichkeit, doch alle moralischen Folgen einer wiederhergestellten animalischen Ökonomie.

uns durch unsere Geburt sündig und strafbar macht, während unsere ersten Eltern sündigten und ohne diese Voraussetzung gleich uns bestraft wurden? Die Erbsünde erklärt alles, nur nicht ihren Grund, und diesen Grund muß man untersuchen.

Sie sagen, daß man durch meinen eigenen Grundsatz* *das Licht verliert, welches uns das Geheimnis unseres Herzens entdeckt*, und Sie bemerken nicht, daß aus diesem weit allgemeineren Grundsatz selbst der Fall des ersten Menschen erklärt werden kann**, welchen Sie mit dem Ihrigen nicht erklären können. Sie sehen bloß den Menschen in den Händen des Teufels, und ich sehe, wie er

* *Mandement*, §. III.

** Es ist natürlich, daß man sich einem unnützen und willkürlichen Verbot widersetzt, und diese Neigung ist nicht allein nicht lasterhaft, sondern der Ordnung der Dinge und der Beschaffenheit des Menschen angemessen, weil er sich sonst nicht erhalten könnte, wenn er nicht eine sehr lebhafte Liebe zu sich selbst und zur Behauptung seiner Rechte hätte, wie er sie von der Natur erhalten hat. Derjenige, der alles vermöchte, würde nichts wollen, als was ihm nützlich ist, aber ein schwaches Wesen, dessen Macht durch das Gesetz noch mehr eingeschränkt wird, verliert einen Teil seiner selbst, und fordert in seinem Herzen zurück, was ihm genommen wurde. Ihm ein Verbrechen daraus zu machen, hieße ihm als Sünde zu rechnen, daß es es selber und nicht ein anderes Wesen ist, hieße von ihm verlangen, gleichzeitig zu sein und nicht zu sein. Auch scheint mir der von Adam übertretene Befehl mehr eine väterliche Warnung als ein eigentliches Verbot; es war bloß eine Warnung vor einer schädlichen Frucht, welche den Tod mit sich bringt. Diese Vorstellung stimmt gewiß mit derjenigen, die man sich von der Güte Gottes machen muß, und selbst mit dem Text der Genesis mehr überein als diejenigen, die die geistlichen Herren uns aufzudringen geruhen, denn was die Bedrohung mit einem doppelten Tod betrifft, so ist bewiesen, daß das Wort *morte morieris* nicht den Nachdruck hat, welchen sie ihm zuschreiben, es ist ein Hebraismus, welcher an anderen Stellen auch vorkommt, wo diese Betonung gar nicht stattfinden kann.

Ferner liegen in der List des Versuchers und in der Verführung des Weibes so viele Beweggründe zur Nachsicht und Barmherzigkeit, daß, wenn man alle Umstände der Sünde Adams zusammennimmt, man das Vergehen sehr gering findet. Allein, welche schreckliche Strafe folgte daraus nach Ihrer Meinung! Es ist beinahe unmöglich, eine schrecklichere zu erdenken, denn welche schrecklichere Strafe konnte Adam wohl für das schrecklichste Verbrechen erdulden, als daß er und seine Nachkommen hier in dieser Welt zum Tode und in der Ewigkeit zu den Flammen der Hölle verdammt wurden? Ist dieses die Strafe, welche ein barmherziger Gott einem schwachen Geschöpf auflegt, weil es sich hat hintergehen lassen? O wie sehr hasse ich die niederschlagende Lehre unserer harten Theologen! Wenn ich sie einen Augenblick annähme, so glaubte ich eine Gotteslästerung zu begehen.

hineingeraten ist. Die Ursache des Übels liegt Ihnen zufolge in der verdorbenen Natur, und diese Verderbnis selbst ist ein Übel, dessen Grund man aufsuchen müßte. Wir geben, denke ich, alle beide zu, daß der Mensch gut erschaffen worden ist. Sie sagen aber, er sei böse, weil er böse gewesen ist, und ich zeige, wie er böse geworden ist. Wer von uns beiden erforscht Ihrer Ansicht nach den Grund am besten?

Nichtsdestoweniger triumphieren Sie, als wenn Sie mich zum Stillschweigen gebracht hätten. Sie stellen mir als einen unauflöslichen Einwurf entgegen* *diese auffallende Mischung von Größe und Niedrigkeit, Liebe zur Wahrheit und Geschmack am Irrtum, Neigung zur Tugend und Hang zum Laster*, die sich in uns findet. *Ein erstaunlicher Kontrast,* fügen Sie hinzu, *welcher die heidnische Philosophie verwirrt und sie in eitlen Spekulationen umherirren läßt.*

Die Theorie des Menschen ist durchaus keine eitle Spekulation, sobald man sich von der Natur leiten läßt und an der Hand der Erfahrung durch wohlverbundene Schlußfolgerungen fortgeht, die Quelle der Leidenschaften entdeckt und ihren Lauf zu ordnen lernt. Wenn Sie das Glaubensbekenntnis des savoyischen Vikars heidnische Philosophie nennen, so ist dieses eine Beschuldigung, welche ich nicht beantworten kann, weil ich sie nicht verstehe**, aber lustig ist es doch, daß Sie beinahe seine eigenen Worte gebrauchen***, um zu sagen, daß er dasjenige nicht erklärt, was er aufs beste erklärt hat.

Erlauben Sie, Monseigneur, daß ich Ihnen die Schlußfolgerung vorlege, welche Sie aus einem so schönen Einwurf ziehen nebst all dem, was sich darauf bezieht****.

Der Mensch fühlt sich von einem schädlichen Hang hingerissen, und wie würde er ihm widerstehen, wenn seine Jugend nicht von tugendhaften, weisen und wachsamen Männern geleitet würde, und wenn er selbst während seines ganzen Lebens mit Beihilfe und durch die Gnade Gottes nicht beständig dagegen stritte?

* *Mandement,* §. III.

** Insofern dies sich nicht auf die Beschuldigung bezieht, welche Herr von Beaumont gegen micht erhebt, daß ich mehrere Götter annehme.

*** *Emile,* viertes Buch.

**** *Mandement,* §. III.

Das heißt: *Wir sehen, daß die Menschen immer böse sind, obgleich man sie beständig und von Kindheit an tyrannisiert; wenn man sie also nicht von Jugend auf tyrannisierte, wie könnte man sie klug machen, da es, selbst wenn man sie unablässig tyrannisiert, unmöglich ist, sie dahin zu bringen.*

Unsere Gedanken über die Erziehung können noch faßlicher werden, wenn man sie auf einen anderen Gegenstand anwendet.

Wir wollen also annehmen, Monseigneur, daß jemand an die Menschen folgende Rede hielte:

»Ihr quält euch über die Maßen, eine gerechte Regierung und gute Gesetze zu erlangen. Ich will euch zuerst beweisen, daß eure Regierungen selbst das Übel hervorbringen, welches ihr durch sie beheben wollt. Ich will euch ferner beweisen, daß ihr niemals weder gerechte Regierungen noch gute Gesetze erhalten werdet, und endlich will ich euch lehren, wie ihr all diesen Übeln, über die ihr klagt, ohne Regierung und ohne Gesetze vorbeugen könnt.«

Wir wollen annehmen, daß er danach sein System und sein vorgebliches Mittel offenbarte. Ich will nicht untersuchen, ob sein System gründlich und sein Mittel anwendbar ist. Wären sie es nicht, so würde man sich begnügen, ihn ins Tollhaus zu den anderen Narren zu sperren, und man würde hierin recht tun. Wären sie es aber unglücklicherweise, so wäre es desto schlimmer, und Sie begreifen leicht, Monseigneur, oder andere werden es für Sie begreifen, daß man nicht Scheiterhaufen und Räder genug bauen könnte, um den Unglücklichen dafür zu strafen, daß er recht hatte. Aber hiervon ist hier die Rede nicht.

Was auch dieser Mann für ein Schicksal haben würde, es ist gewiß, daß man seine Schrift mit einer Flut anderer Schriften zudecken würde. Welcher Schurke würde nicht, um sich bei den Mächtigen angenehm zu machen, und stolz darauf, unter königlichem Privileg zu drucken, eine Schrift gegen ihn aufsetzen und sich hernach rühmen, daß er den zum Stillschweigen gebracht hätte, der ihn keiner Antwort würdigte oder den man gehindert hätte zu reden. Allein hiervon ist die Rede auch nicht.

Wir wollen endlich annehmen, daß ein ernsthafter Mann, welchen die Sache anginge, es den anderen nachtun wollte und unter vielen Deklamationen und Schimpfreden ihn also anredete: *Wie, du Unglücklicher, du willst die Regierung und die Gesetze abschaffen? Wo doch Gesetze und Regierungen die einzigen Zügel für das Laster sind und man es hiermit auch nur schwer zurückhalten kann. Was wäre, o großer Gott, wenn wir diese nicht mehr hätten? Ihr nehmt uns Galgen und Rad, ihr wollt eine allgemeine Räuberei stiften. Ihr seid ein abscheulicher Mensch.*

Wenn dieser arme Mensch zu reden wagte, so würde er vermutlich also sagen: »Hochgeborener Herr, Hochwürden lassen sich eine *petitio principii* zuschulden kommen. Ich sage nicht, daß man das Laster nicht ausrotten müsse, sondern daß es besser sei, seine Entstehung zu verhindern. Ich will den mangelhaften Gesetzen zuhilfe kommen, und Sie halten mir die Mängel der Gesetze entgegen. Sie beschuldigen, daß ich Mißbräuche einführen will, weil ich, anstatt sie zu unterdrücken, ihnen lieber zuvorkommen will. Muß man denn, wenn es ein Mittel gäbe, beständig gesund zu bleiben, dieses Mittel verbieten, damit die Ärzte nicht in Muße gesetzt würden? Hochwürden wollen nur Galgen und Rad sehen, und ich will keine Übeltäter mehr sehen und mit all der Achtung, die ich Ihnen schuldig bin, glaube ich doch nicht, daß ich ein abscheulicher Mensch bin.«

Ach, meine teuersten Brüder, ungeachtet der Grundsätze der vernünftigsten und tugendhaftesten Erziehung, ungeachtet der herrlichsten Versprechungen der Religion und ihrer schrecklichsten Drohungen sind die Ausschweifungen unserer Jugend doch noch zu groß und zu vielfältig. Ich habe bewiesen, daß die Erziehung, welche Sie die vernünftigste nennen, die unvernünftigste ist, und daß die Erziehung, welche Sie die tugendhafteste nennen, den Kindern alle Laster einprägt; ich habe bewiesen, daß ein Stück Zuckerbrot sie mehr reizt als die Freuden des Paradieses und daß sie weit mehr die Langeweile in der Vesper empfinden als die Höllenstrafen fürchten; ich habe endlich bewiesen, daß diese Ausschweifungen der Jugend, die man durch diese Mittel nicht unterdrücken zu können sich beklagt, gerade das Werk dieser Mittel sind. *In welche Verirrungen, in welche Laster würde sie demnach, sich selbst überlassen, sich nicht hineinstürzen?* Die Jugend verirrt sich nie von selbst, alle ihre Irrtümer kommen daher, daß man sie schlecht führte. Die Kameraden und Mätressen vollenden, was die Priester und die Lehrer angefangen haben. *Es ist ein reißender Strom, welcher ungeachtet der mächtigen*

Dämme, die man ihm entgegensetzt, sich ergießt: wie wäre es also, wenn man ihm gar kein Hindernis entgegensetzte und seine Gewalt nicht aufhielte? Ich könnte sagen: *Es ist ein Strom, welcher eure schwachen Dämme durchbricht und alles zerreißt. Erweitert sein Bett und laßt ihm freien Lauf, und er wird kein Unheil mehr anrichten.* Allein, ich schäme mich, daß ich bei einer so ernsthaften Sache Schulfiguren anbringe, die jeder nach Gefallen auslegen kann und die auf keiner Seite etwas beweisen.

Obgleich übrigens Ihrer Meinung nach die Ausschweifungen der Jugend nur zu häufig und zu vielfältig sind wegen des Hanges des Menschen zum Bösen, so scheint es doch, als wenn Sie nicht ganz unzufrieden damit wären, daß Ihnen die jetzige vernünftige und tugendhafte Erziehung, welche sie von wachsamen und tugendhaften Lehrern erhalten, ziemlich gefällt, und daß die Jugend bei einer anderen Erziehungsart viel verlieren würde, und endlich, daß Sie von diesem Jahrhundert, diesem Auswurf aller Jahrhunderte, nicht all das Üble denken, was Sie am Eingang Ihres Hirtenbriefes darüber zu sagen geruhen.

Ich gebe zu, daß es überflüssig ist, neue Erziehungspläne zu suchen, wenn man mit den angenommenen zufrieden ist, allein, gestehen Sie es nur, Monseigneur, daß Sie es hiermit nicht so genau nehmen. Wenn Sie in Sachen der Lehre ebenso biegsam wären, so wäre Ihr Kirchspiel nicht so oft beunruhigt worden, und das Wetter, welches Sie erregten, wäre nicht über den Jesuiten ausgebrochen, ich selbst wäre nicht zur Gesellschaft mit gefallen, Sie wären ruhiger geblieben, und ich auch.

Sie geben zu, daß wenn man die Welt, soweit es ihre Schwachheit und, nach Ihnen, die Verderbnis unserer Natur zuläßt, umändern wollte, so müßte man nur unter der Leitung der Gnade die ersten Strahlen der menschlichen Vernunft beobachten, sie sorgfältig sammeln und sie auf den Weg der Wahrheit leiten.* *Dadurch*, fahren Sie fort, *würden diese von Vorurteilen noch freien Geister für immer vor dem Irrtum bewahrt werden, und diese von heftigen Leidenschaften freien Herzen würden allen Eindrücken der Tugend nachgeben.* Hierin sind wir also einig, denn ich habe das nämliche gesagt. Ich

* *Mandement*, §. II.

habe zwar nicht gesagt, daß man die Kinder durch Priester auferziehen sollte, ich glaube auch nicht einmal, daß dies nötig ist, um Menschen und gute Bürger aus ihnen zu machen, und dieser Irrtum, welcher für einen Katholiken unverzeihlich ist, ist bei einem Protestanten nicht so auffallend. Ich will auch nicht untersuchen, ob bei Ihnen die Priester so gute Bürger sind. Da aber die Erziehung unserer heutigen Jugend ihr Werk ist, so muß man zwischen Ihnen einerseits und Ihren alten Hirtenbriefen andererseits urteilen, ob diese geistliche Milch so gut angeschlagen und ob so große Heilige*, *wahre Verehrer Gottes*, und so große Leute, *würdig, das Heil und die Zierde ihres Vaterlandes zu sein*, dadurch entstanden sind. Ich kann hier eine Bemerkung hinzusetzen, über welche sich jeder wahre Franzose, und also auch Sie, verwundern müßte, nämlich daß der beste von allen Königen, welche Ihre Nation gehabt hat, der einzige war, der nicht von Priestern auferzogen wurde.

Wozu aber all dieses, da ich die Priester von der Erziehung nicht ausgeschlossen habe? So mögen sie die Jugend erziehen, wenn sie fähig dazu sind, ich widersetze mich nicht, und das, was Sie darüber sagen, greift mein Buch nicht an**. Wollten Sie behaupten, daß mein Plan bloß deswegen nicht gut sei, weil er auch für andere als nur für Geistliche taugen kann?

Ist der Mensch seiner Natur nach gut, so wie ich es bewiesen zu haben glaube, so folgt daraus, daß er so lange gut bleibt, als etwas ihm Fremdes ihn nicht verändert, und sind die Menschen böse, so wie man sich bemüht hat, es mir zu beweisen, so folgt daraus, daß ihre Bosheit einen anderen Ursprung hat. Man versperre also dem Laster den Zugang, und der Mensch wird immer gut bleiben. Auf dieses Prinzip baue ich die negative Erziehung als die beste oder vielmehr als die einzig gute. Ich zeige, daß man bei einer positiven Erziehung, welchen Weg man dabei auch einschlage, immer ein ganz anderes Ziel erreicht, als man sich vorgesetzt hat, ich zeige, wie man auf dem Weg, den ich vorgeschlagen habe, zu diesem Ziel gelangt.

Positive Erziehung nenne ich diejenige, welche den Geist vor der Zeit bilden und dem Kinde die Kenntnis der Pflichten des

* *Mandement*, §. II.

** *Mandement*, §. III.

Menschen einprägen will. Negative Erziehung nenne ich diejenige, welche erst die Organe als die Mittel unserer Kenntnisse verfeinern will, ehe man uns Kenntnisse beibringt, und welche zur Vernunft durch die Übung der Sinne erst vorbereitet. Die negative Erziehung ist also bei weitem nicht müßig. Sie gibt keine Tugenden, aber sie kommt dem Laster zuvor, sie zeigt die Wahrheit nicht, sie verhütet aber den Irrtum. Sie bereitet das Kind auf alles vor, womit es das Wahre erkennen kann, sobald es fähig ist, dasselbe zu verstehen, und das Gute, sobald es dasselbe lieben kann.

Dieser Gang mißfällt Ihnen und ist Ihnen anstößig. Man sieht leicht, warum. Sie fangen gleich an, die Gesinnungen desjenigen, der dies vorträgt, zu verleumden. Nach Ihrer Meinung erschien mir dieser Müßiggang der Seele nötig, damit ich ihr meine Irrtümer desto leichter beibringen könnte. Man weiß zwar nicht, welche Irrtümer derjenige seinen Schülern beibringen will, welcher ihn mit der größten Sorgfalt nichts anderes lehrt, als seine Unwissenheit zu fühlen und zu erkennen, daß er nichts weiß. Sie geben zu, daß das Urteil allmählich wächst und nur nach und nach reift. *Aber folgt daraus**, sagen Sie weiter, *daß ein Kind von zehn Jahren das Gute und Böse nicht unterscheiden kann, daß es Weisheit und Torheit, Tugend und Laster, Güte und Härte miteinander vermengt?* All dieses folgt freilich daraus, wenn das Urteil in diesem Alter noch nicht reif ist. *Wie*, fahren Sie fort, *es sollte nicht fühlen, daß seinem Vater gehorchen etwas Gutes und seinem Vater nicht gehorchen etwas Böses ist?* Weit entfernt, ich behaupte im Gegenteil, daß das Kind, wenn es sein Spiel verlassen muß, um seine Lektionen zu lernen, fühlen wird, daß der Gehorsam gegen den Vater ein Übel und daß der Ungehorsam etwas Gutes ist, wenn es eine verbotene Frucht stiehlt. Ich gebe auch zu, daß es fühlen wird, daß es gut ist, belohnt zu werden, böse hingegen, bestraft zu werden, und nach dem Verhältnis dieses Übels und dieses Guten wird sich seine kindliche Klugheit bilden. Ich glaube, dieses in meinen beiden ersten Bänden oft genug bewiesen zu haben, besonders in dem Gespräch zwischen dem Lehrer und dem Kind über das Böse**. Sie aber, Monsei-

* *Mandement* §. VI.

** *Emile,* zweites Buch.

gneur, widerlegen meine zwei Bände in zwei Zeilen, und hier sind sie*: *Dieses behaupten, meine teuersten Brüder, heißt die menschliche Natur verleumden, indem man ihr eine Dummheit andichtet, die sie nicht hat.* Man kann wirklich eine Widerlegung nicht absprechender und in weniger Worten fassen. Allein, die Unwissenheit, welche Sie Dummheit nennen, findet sich beständig bei einem Geist, der in unvollkommene Organe eingezwängt oder nicht gebildet worden ist, dies ist eine leicht zu machende und jedermann auffallende Beobachtung. Wenn man diese Unwissenheit der menschlichen Natur zuschreibt, so verleumdet man sie nicht, sondern Sie haben sie verleumdet, indem Sie ihr eine Bosheit beilegten, welche sie nicht hat.

Sie sagen ferner**: *Wenn man den Menschen die Weisheit erst dann lehren will, wenn er schon von heftigen Leidenschaften beherrscht wird, heißt das nicht, sie ihm vorstellen, damit er sie verwerfe?* Dies ist wieder eine Absicht, die Sie die Güte haben, mir zu leihen, und die gewiß niemand anders als Sie in meinem Buch finden wird. Ich habe erstens gezeigt, daß derjenige, welcher erzogen sein wird, wie ich es will, zu der Zeit, von der Sie sprechen, von den Leidenschaften nicht beherrscht werden wird. Ich habe ferner gezeigt, auf welche Art die Lehren der Weisheit die Entwicklung dieser Leidenschaften verzögern können. Sie messen meiner Erziehung die schlimmen Wirkungen der Ihrigen zu und werfen mir Fehler vor, welche ich zu verhüten lehre. Bis zu den Jünglingsjahren habe ich das Herz meines Schülers vor den Leidenschaften bewahrt, und wenn sie endlich hervorkommen, so zögere ich ihre Fortschritte durch Vorkehrungen hinaus, die sie zurückzuhalten vermögen. Vorher bedeuten alle Weisheitsregeln dem Kinde nichts, welches außerstande ist, daran Anteil zu nehmen und sie zu verstehen, nachher richten sie in einem Herzen nichts aus, das schon die Leidenschaften beherrschen. In dem einzigen Augenblick, den ich gewählt habe, nützen sie, entweder das Kind dagegen zu stärken oder es zu zerstreuen, und es kommt dann auch viel darauf an, daß der junge Mensch sich damit beschäftigt.

* *Mandement,* §. VI.
** *Mandement,* §. IX.

Sie sagen*: *Um die Jugend begieriger auf seine Lehre zu machen, will der Verfasser, daß sie von jedem Prinzip der Religion frei sei.* Der Grund dafür ist einfach. Ich will, daß sie eine Religion hat, und ich will sie nichts lehren, dessen Wahrheit ihr Urteil noch nicht zu fühlen vermag. Aber, Monseigneur, wenn ich sagen würde: *Um die Jugend begieriger auf die Lehren zu machen, welche man ihr einprägen will, sucht man sie sehr sorgfältig schon vor dem Alter der Vernunft in die Lehre zu nehmen,* würde ich dann unrichtiger urteilen als Sie, und wäre dies ein gutes Urteil über das, was Sie die Kinder lehren lassen? Nach Ihrer Meinung wähle ich das Alter der Vernunft, um Irrtümer einzuprägen, und Sie kommen diesem Alter zuvor, um die Wahrheit zu lehren. Sie eilen, das Kind zu unterrichten, ehe es noch das Wahre vom Falschen unterscheiden kann, und ich erwarte, um es zu hintergehen, das Alter, wo es beides schon unterscheiden kann. Ist dieses Urteil natürlich, und wer scheint verführen zu wollen, der, der bloß mit Menschen sprechen will, oder der, der sich an Kinder wendet?

Sie beschuldigen mich, daß ich gesagt und gezeigt habe, jedes Kind, welches an Gott glaubt, sei abgöttisch oder anthropomorphistisch, und Sie bestreiten dies und sagen**, weder das eine noch das andere könne man bei einem Kinde annehmen, das eine christliche Erziehung erhalten habe. Eben dies ist die Frage, wir wollen nun den Beweis sehen. Der meinige ist, daß auch die christlichste Erziehung einem Kind nicht den Verstand geben kann, den es nicht hat, noch seine Begriffe von den materiellen Wesen abziehen, über welche nur wenige Menschen sich erheben können. Ich berufe mich auch noch auf die Erfahrung und ermahne jeden meiner Leser, sein Gedächtnis zu befragen und sich zu erinnern, ob, wenn er als Kind an Gott geglaubt, er sich ihn nicht jedesmal unter einem Bilde vorgestellt hat. Wenn Sie ihm sagen, *die Gottheit könne durchaus nicht von den Sinnen gefaßt werden,* so versteht sein dunkler Verstand entweder gar nichts oder er versteht, daß sie nichts sei. Wenn Sie ihm von einem *unendlichen geistigen Wesen* sprechen, so weiß es weder, was *geistiges Wesen,* noch was *unendlich* ist. Allein, es wird die Worte nachsprechen, die man ihm

* *Mandement,* §. V.

** *Mandement,* §. VII.

vorsagt, es wird sogar, wenn es sein muß, hinzusetzen, daß es sie versteht, denn das kostet es nicht viel, und es wird lieber sagen, es verstehe, als daß es gestraft wird. Alle Alten, selbst die Juden nicht ausgenommen, haben sich Gott körperlich vorgestellt, und wie viele Christen, besonders Katholiken, sind noch heutzutage in diesem Falle? Wenn Ihre Kinder wie Männer sprechen, so sind die Männer noch Kinder. Deswegen eben kostet es so wenig, Geheimnis auf Geheimnis zu häufen. Seine Ausdrücke sind ebenso leicht auszusprechen wie andere. Eine der Bequemlichkeiten des neueren Christentums besteht darin, daß man sich ein gewisses Geschwätz aus Worten angewöhnt hat, hinter denen keine Begriffe sind, und damit tut man allem genug, nur nicht der Vernunft.

Bei der Untersuchung des geistigen Wesens, welche zur Erkenntnis Gottes führt, finde ich, daß es nicht vernünftig ist zu glauben, diese Erkenntnis sei *zur Seligkeit immer nötig**. Ich führe die Wahnsinnigen und die Kinder als Beispiel an und setze die Menschen in die nämliche Klasse, deren Geist noch nicht zu genügenden Einsichten gelangt ist, um das Dasein Gottes zu begreifen. Sie sagen darüber**: *man darf sich nicht wundern, daß der Verfasser des Emile die Zeit für die Erkenntnis des Daseins Gottes so weit hinausschiebt, er hält sie zur Seligkeit nicht für notwendig.* Zuerst aber, um meinen Satz härter zu machen, unterdrücken Sie liebreicherweise das Wörtlein *immer*, welches ihn nicht allein einschränkt, sondern ihm sogar einen ganz anderen Sinn gibt, weil nach meinem Satz diese Erkenntnis gemeiniglich zur Seligkeit notwendig ist, Ihrem mir geliehenen Ausdruck zufolge aber niemals notwendig sein würde. Nach dieser kleinen Verfälschung fahren Sie also fort:

»Es ist klar, *sagt er durch den Mund einer erdichteten Person,* es ist klar, daß ein Mensch, welcher ein hohes Alter erreicht, ohne an Gott zu glauben, deswegen nicht von seiner Anwesenheit in jenem (hier haben Sie das Wort *Leben* ausgelassen) ausgeschlossen sein wird, wenn seine Verblendung nicht vorsätzlich war, und ich sage, sie ist es nicht immer.«

Ehe ich Ihre Bemerkung hierhersetze, erlauben Sie, daß ich die

* *Emile*, viertes Buch.

** *Mandement*, §. XI.

meinige vorbringe. Diese erdichtete Person bin ich selbst, nicht der Vikar, und die Stelle, von der Sie geglaubt haben, sie stehe im Glaubensbekenntnis, steht nicht dort, sondern im Text meines Buches. Monseigneur, Sie lesen sehr obenhin und zitieren sehr nachlässig die Schriften, welche Sie so hart brandmarken, und mich dünkt, daß ein Mann, der von Amts wegen ein Buch richtet, mit ein wenig mehr Urteil zu Werke gehen sollte. Ich komme nun wieder zu Ihrem Text zurück.

Bedenkt es wohl, meine teuersten Brüder, daß hier nicht von einem Menschen die Rede ist, welcher seiner Vernunft beraubt wäre, sondern lediglich von einem, dessen Vernunft noch keine Hilfe durch Unterricht erhalten.

Sie behaupten dann*, *daß eine solche Voraussetzung höchst ungereimt wäre. Der heilige Paulus versichert, daß verschiedene von den heidnischen Philosophen durch die bloßen Kräfte ihrer Vernunft zur Erkenntnis des wahren Gottes gelangt sind,* und dann lassen Sie die Paulusstelle folgen.

Monseigneur, es ist oft ein kleines Übel, einen Autor, den man liest, nicht zu verstehen, aber ein großes Übel ist es, wenn man ihn dann widerlegt, und ein ungeheures, wenn man ihm seinen guten Leumund raubt. Sie haben die Stelle meines Buches, welche Sie hier angreifen, so wie viele andere nicht verstanden. Der Leser mag urteilen, ob es meine oder Ihre Schuld ist, wenn ich ihm die ganze Stelle vor Augen gebracht haben werde.

»Wir (die Reformierten) glauben, daß kein Kind, welches vor dem Alter der Vernunft stirbt, der ewigen Seligkeit verlustig geht. Die Katholiken glauben das nämliche von allen Kindern, welche die Taufe erhalten haben, obgleich sie niemals etwas von Gott gehört haben. Es gibt also Fälle, wo man selig werden kann, ohne an Gott zu glauben, und diese Fälle finden sich, bald bei Kindern, bald bei Verrückten, wenn der menschliche Geist unfähig ist zu den Tätigkeiten, welche zur Erkenntnis der Gottheit erfordert werden. Der ganze Unterschied, den ich hier zwischen mir und Ihnen sehe, ist, daß Sie behaupten, daß die Kinder diese Fähigkeit schon im siebenten Jahr erhalten, und ich sie ihnen nicht einmal im fünfzehnten zugestehe. Ich mag nun recht oder unrecht haben,

* *Mandement,* §. XI.

es ist dies kein Glaubensartikel, sondern eine bloße Beobachtung aus der Naturhistorie.

Aus dem nämlichen Prinzip erhellt, daß ein Mensch, welcher ein hohes Alter erreicht, ohne an Gott zu glauben, deswegen nicht von seiner Anwesenheit in jenem Leben ausgeschlossen sein wird, wenn seine Verblendung nicht vorsätzlich war, und ich sage, sie ist es nicht immer. Sie geben dies zu hinsichtlich der Verrückten, welche durch eine Krankheit ihrer Geisteskräfte beraubt werden, denn sie bleiben Menschen und haben also auch immer noch Anspruch auf die Wohltaten des Schöpfers. Warum geben Sie es nicht auch für die zu, welche von Kindheit an von aller Gesellschaft ausgeschlossen ein Leben vollkommener Wildheit geführt haben und aller Einsichten, zu denen man durch den Umgang mit Menschen gelangt, beraubt gewesen sind? Denn es ist erwiesenermaßen unmöglich, daß ein solcher Wilder jemals seine Betrachtungen bis zur Erkenntnis des wahren Gottes erheben könnte. Die Vernunft sagt uns, daß ein Mensch nur für willentlich begangene Fehler strafbar ist und daß eine unüberwindliche Unwissenheit ihm nicht zur Last gelegt werden kann. Hieraus folgt, daß vor der ewigen Gerechtigkeit jeder Mensch, der glaubt und die nötige Einsicht hat, als ein Gläubiger angesehen wird und also bloß diejenigen als Ungläubige gestraft werden, deren Herz sich der Wahrheit verschließt.« (*Emile*, viertes Buch.)

Dies ist meine ganze Stelle, und Ihr Irrtum fällt in die Augen. Er besteht darin, daß Sie verstanden oder zu verstehen gegeben haben, meiner Meinung nach müsse man von dem Dasein Gottes wissen, um daran zu glauben. Davon ist aber mein Gedanke sehr verschieden. Ich sage, man müsse den Verstand entwickelt und den Geist bis zu einem gewissen Grad erleuchtet haben, um in der Lage zu sein, die Beweise für das Dasein Gottes zu begreifen, und besonders, um sie selbst zu finden, wenn man nie vorher davon reden gehört hat. Ich rede von rohen und wilden Völkern, und Sie führen mir Philosophen an. Ich sage, man müsse einige philosophische Kenntnis besitzen, um sich zu den Begriffen des wahren Gottes zu erheben, und Sie führen den heiligen Paulus an, welcher eingesteht, daß einige heidnische Philosophen sich bis zu Begriffen vom wahren Gott erhoben haben. Ich sage, mancher rohe Mensch sei nicht imstande, sich von selbst eine richtige Vorstellung von der Gottheit zu bilden, und Sie sagen, unterrichtete Menschen seien denn doch imstande, dies zu tun, und nach diesem einzigen Beweis scheint Ihnen meine Meinung *höchst ungereimt.* Wie? Deswegen, weil ein Doktor der Rechte die Gesetze seines Landes kennen muß, ist es ungereimt anzunehmen, daß ein Kind, welches nicht lesen kann, sie nicht kennt?

Wenn ein Schriftsteller sich nicht immer wiederholen will und einmal seine Meinung über eine Sache deutlich erklärt hat, so kann man nicht verlangen, daß er immer die nämlichen Beweise wiederholen soll, sooft er über dieselbe Meinung urteilt. Seine Schriften erklären einander dann gegenseitig, und die letzten, wenn er methodisch ist, setzen immer die ersten voraus. Ich habe mich beständig bemüht, dies zu tun, und habe es besonders bei der Gelegenheit getan, von der hier die Rede ist.

Sie sowohl als andere, die diese Materie behandeln, setzen voraus, der Mensch bringe seine Vernunft ganz ausgebildet mit sich, und nun werde nichts erfordert, als daß er sie anwende. Dies ist aber nicht wahr, denn eine der Eigenschaften, welche der Mensch sich am langsamsten erwirbt, ist die Vernunft. Der Mensch lernt mit den Augen seines Geistes ebenso wie mit den Augen seines Leibes sehen, allein das erstere Lernen dauert weit länger als das letztere, weil die Verhältnisse der Gegenstände des Verstandes sich nicht wie der Raum ausmessen lassen, sondern bloß geschätzt werden, und weil unsere ersten Bedürfnisse, unsere physischen Bedürfnisse, die Untersuchung dieser Gegenstände uns nicht so angelegentlich machen. Man muß lernen, zweierlei Gegenstände auf einmal zu sehen, man muß lernen, sie untereinander zu vergleichen, man muß lernen, die Gegenstände in großer Zahl zu vergleichen, nach und nach zu den Ursachen hinaufzusteigen und sie in ihren Wirkungen zu verfolgen, man muß unendliche Verhältnisse verglichen haben, ehe man Begriffe von Schicklichkeit, Ebenmaß, Harmonie und Ordnung erhält. Der Mensch, welcher aller Hilfe von seinesgleichen entblößt und beständig beschäftigt, seine Bedürfnisse zu befriedigen, in allen Dingen dem Gang seiner eigenen Begriffe überlassen ist, macht in dieser Rücksicht nur sehr langsame Fortschritte: er wird alt und stirbt, ohne aus der Kindheit der Vernunft herausgegangen zu sein. Können Sie im Ernst glauben, daß unter einer Million Menschen, welche auf solche Art erzogen worden, nur ein einziger dazu gelangt, an Gott zu denken?

Die Ordnung der Welt, so bewunderungswürdig sie ist, fällt nicht jedem gleich stark in die Augen. Der Pöbel achtet wenig darauf, weil er die gehörigen Kenntnisse nicht hat, welche diese Ordnung fühlbar machen, und weil er nicht gelernt hat, über das, was er sieht, nachzudenken. Es ist weder Verstocktheit noch böser Wille, es ist Unwissenheit und Trägheit des Geistes. Das geringste Nachdenken ermüdet diese Leute so, wie die geringste Handarbeit einen Gelehrten ermüdet. Sie haben von den Werken Gottes und den Wundern der Natur gehört. Sie wiederholen diese Worte, ohne die nämlichen Begriffe damit zu verbinden, und von all dem, wodurch ein Weiser sich zu seinem Schöpfer erhebt, werden sie wenig gerührt. Da nun der Pöbel bei uns noch so dumm ist, wo er doch Gelegenheit genug hat, sich aufzuklären, was soll denn aus jenen armen Leuten werden, welche, von Jugend auf sich selbst überlassen, niemals etwas von anderen gelernt haben? Glauben Sie, ein Kaffer oder ein Lappländer philosophiere viel über den Gang der Welt und die Erzeugung der Dinge? Und doch haben die Kaffern und Lappländer, da sie in vereinigten Völkerschaften leben, eine Menge erworbener oder mitgeteilter Vorstellungen, durch deren Hilfe sie zu einigen groben Begriffen einer Gottheit gelangen: sie haben gewissermaßen ihren Katechismus, aber der wilde Mensch, welcher verlassen und allein in den Wäldern herumirrt, hat gar nichts. Solche Menschen gibt es nicht, sagen Sie; es sei. Aber wir können doch annehmen, es gebe welche. Es gibt gewiß noch Menschen, welche sich niemals in ihrem Leben philosophisch unterhalten haben und welche ihre Zeit bloß dazu anwenden, ihre Nahrung zu suchen, sie zu verschlingen und zu schlafen. Was können wir mit diesen Menschen anfangen, den Eskimos zum Beispiel? Wollen wir Theologen aus ihnen machen?

Meine Meinung ist also, daß der Geist des Menschen, welcher noch ohne Fortschritte, ohne Unterricht, ohne Bildung und in dem Zustande ist, wie er aus den Händen der Natur kommt, durch sich selbst sich nicht zu den erhabenen Begriffen der Gottheit erheben kann, allein diese Begriffe entstehen in uns in dem Maße, wie sich der Geist entwickelt, und für die Augen jedes Menschen, der nachgedacht, der Betrachtungen angestellt hat, offenbart sich Gott in seinen Werken, er enthüllt sich aufgeklärten Menschen in dem Schauspiel der Natur, und man muß die Augen vorsätzlich zudrücken, um ihn nicht zu sehen. Jeder atheistische Philosoph ist daher entweder unaufrichtig oder von seinem Stolz verblendet, aber auch mancher grobe und ungebildete Mensch, obgleich redlich und einfältig, manche Seele ohne Irrtum und ohne Laster kann aus einer unwillkürlichen Unwissenheit sich vielleicht auch nicht zum Urheber seines Wesens erheben und nicht begreifen, was Gott sei, ohne daß diese Unwissenheit sie strafbar macht, denn es ist ein Fehler, an dem das Herz keinen Teil hat. Dieser ist nicht erleuchtet, und der andere will es nicht sein. Dies scheint mir etwas sehr Verschiedenes.

Wenden Sie nun auf diese Meinung die Stelle des heiligen Paulus an, und Sie werden finden, daß letztere sie nicht nur nicht bestreitet, sondern sie sogar bekräftigt. Sie werden sehen, daß diese Stelle bloß auf jene vorgeblichen Weisen geht, *welchen alles, was man von Gott weiß, offenbar ist, und welche aus der Betrachtung aller erschaffenen Werke Gottes unsichtbares Wesen ersehen, die ihn aber dafür nicht gepriesen, noch ihm gedankt und sich also in die Eitelkeit ihres eigenen Nachdenkens verloren haben*, also ohne Entschuldigung sind, *und da sie sich für weise hielten, sind sie zu Narren geworden.* Da der Grund, warum der Apostel den Philosophen vorwirft, daß sie den wahren Gott nicht gepriesen haben, auf meine Hypothese sich nicht anwenden läßt, so macht er vielmehr eine zu meinem Vorteil ausfallende Induktion aus und bekräftigt, was ich selbst gesagt habe, daß *jeder Philosoph, der nicht glaubt, unrecht hat, weil er die Vernunft, die er gebildet hat, schlecht anwendet und weil er imstande ist, die Wahrheiten, die er verwirft, einzusehen.** Es erhellt endlich aus der Stelle selbst, daß Sie mich nicht verstanden haben und daß Sie, wenn Sie mir etwas vorwerfen, was ich weder gesagt noch gedacht habe, nämlich, daß man nur nach der Autorität anderer an Gott

* *Emile*, viertes Buch.

glaube*, das größte Unrecht haben, denn ich habe im Gegenteil nur die Fälle unterschieden, in denen man durch sich selbst Gott erkennen und in denen man dieses nur mit Hilfe anderer erlernen kann.

Übrigens, wenn Sie auch mit dieser Kritik recht hätten, wenn Sie meine Meinung gründlich widerlegt hätten, so folgte daraus allein noch nicht, daß sie höchst ungereimt ist, wie Sie sie zu nennen belieben: man kann irren, ohne auszuschweifen, und nicht jeder Irrtum ist eine Ungereimtheit. Meine Achtung vor Ihnen erlaubt mir nicht, verschwenderisch mit Beiwörtern zu sein, und wenn der Leser dazu Gelegenheit findet, so ist es nicht meine Schuld.

Immer mit dem Vorsatz, mich zu widerlegen, ohne mich zu verstehen, gehen Sie von einer schweren und falschen Beschuldigung zu einer noch falscheren über, und nachdem Sie mich ungerechterweise beschuldigt haben, daß ich die Evidenz der Gottheit leugne, beschuldigen Sie mich mit noch mehr Ungerechtigkeit, daß ich an ihrer Einzigkeit zweifle. Sie tun noch mehr, Sie geben sich wider Ihre Gewohnheit die Mühe, sich hierüber in Erörterungen einzulassen, und die einzige Stelle in Ihrem Hirtenbrief, in der Sie recht haben, ist die, wo Sie eine Narrheit widerlegen, die ich nicht gesagt habe.

Hier ist die Stelle, welche Sie angreifen, oder vielmehr Ihre Stelle, worin Sie die meinige anführen, denn der Leser soll mich unter Ihren Händen sehen.

»Ich weiß**, *läßt er die erdichtete Person sagen, in deren Namen er spricht,* ich weiß, daß die Welt von einem allmächtigen und weisen Wesen regiert wird, ich sehe es, oder vielmehr, ich fühle es, und es ist mir daran gelegen, es zu wissen. Aber ist diese Welt ewig oder erschaffen? Gibt es nur ein einziges Prinzip aller Dinge? Gibt es deren zwei oder mehrere, und welches ist ihre Natur? Ich weiß

* Herr von Beaumont sagt zwar dieses nicht mit ausdrücklichen Worten, aber dies ist die einzige Art, wie man seinen Text auslegen kann, welchen er mit dem Zeugnis des heiligen Paulus unterstützt, und ich kann auf nichts antworten, als was ich verstehe. (Siehe sein *Mandement*, §. XI.)

** *Mandement*, §. XIII.

es nicht, und was liegt mir daran? . . .* Ich entsage allen überflüssigen Fragen, welche meine Eigenliebe beunruhigen können, die auf mein Leben keinen Einfluß haben und die meine Vernunft übersteigen.«

Im Vorbeigehen bemerke ich, daß Sie hier zum zweiten Mal den savoyischen Vikar für eine erdichtete Person halten. Ich bitte Sie, mir zu sagen, woher Sie dieses wissen? Ich habe gesagt, was ich wußte, Sie leugnen das, was Sie nicht wissen; wer von uns beiden ist der Verwegene? Man weiß wohl, und ich gebe es zu, daß es viele Priester gibt, welche nicht an Gott glauben, es ist aber damit noch nicht bewiesen, daß es deren gar keine gibt. Ich komme wieder zu Ihrem Text.**

Was will also dieser verwegene Schriftsteller sagen? . . . Die Einzigkeit Gottes scheint ihm eine überflüssige und seiner Vernunft zu hohe Frage, gerade als wenn die Vielheit der Götter nicht die größte Ungereimtheit wäre. »Die Vielheit der Götter«, *sagt Tertullian ausdrücklich,* »ist ein Nichtsein der Götter«, *einen Gott annehmen, heißt ein höchstes, unabhängiges Wesen erkennen, welchem alle anderen Wesen untergeordnet sind***. Er behauptet also, daß es mehrere Götter gibt.*

Allein, wer sagt denn, daß es mehrere Götter gibt? Ach, Monseigneur, Sie wünschen vielleicht, daß ich etwas so Törichtes gesagt hätte. Dann hätten Sie sich sicher nicht die Mühe gegeben, einen Hirtenbrief gegen mich herauszugeben.

Ich weiß nicht, warum und wie dasjenige ist, was ist, und ich glaube, daß viele andere, die es zu wissen vorgeben, es ebensowenig wissen als ich. Allein, ich sehe, daß es nur eine erste bewegende Ursache gibt, weil alles deutlich auf dieselben Zwecke hinausläuft. Ich erkenne also einen einzigen und höchsten Willen,

** Diese Punkte zeigen eine Lücke von zwei Zeilen an, in denen diese Stelle gemildert wird, und welche Herr von Beaumont nicht hat abschreiben wollen. Siehe *Emile,* viertes Buch.

** *Mandement,* §. XIII.

*** Tertullian macht hier einen in den Kirchenvätern sehr gewöhnlichen Trugschluß. Er definiert das Wort Gott nach dem Sinne der Christen und dann beschuldigt er die Heiden, daß sie sich widersprechen, weil sie, seiner Definition zuwider, mehrere Götter zulassen. Es lohnte nicht die Mühe, mich eines Fehlers zu beschuldigen, welchen ich nicht begangen habe, nur um unnötigerweise einen Trugschluß Tertullians anzuführen.

welcher alles regiert, und eine einzige und höchste Macht, welche alles ausrichtet. Diese Macht und diesen Willen schreibe ich einem einzigen Wesen zu wegen ihres vollkommenen Einverständnisses, welches sich bei einem besser als bei zweien denken läßt, und weil man ohne Not die Wesen nicht vervielfältigen soll, denn das Übel selbst, das wir sehen, ist kein absolutes Übel und ist dem Guten nicht direkt zuwider, sondern es vereinigt sich mit ihm, um zu der Ordnung des Ganzen beizutragen.

Dasjenige aber, wodurch die Dinge sind, läßt sich sehr gut in zwei Begriffe teilen, nämlich das, was schafft, und das, was geschaffen wird, und selbst diese zwei Begriffe lassen sich nicht ohne Anstrengung des Geistes in einem einzigen Wesen vereinigen, und man begreift nicht leicht eine Sache, die wirkt, ohne zugleich eine andere, auf welche sie wirkt, zu denken. Außerdem ist es ganz gewiß, daß wir zweierlei Substanzen haben, den Geist und die Materie, das, was denkt, und das, was ausgedehnt ist, und diese beiden Begriffe lassen sich sehr wohl voneinander trennen.

Es gibt also zweierlei Arten, den Ursprung der Dinge zu erkennen, nämlich in zwei verschiedenen Ursachen, wovon die eine lebendig, die andere tot, die eine bewegend, die andere bewegt, die eine wirkend und die andere leidend ist, oder in einer einzigen Ursache, welche aus sich selbst alles schafft, was ist und wirkt. Diese beiden Meinungen, welche von den Metaphysikern seit so vielen Jahrhunderten abgehandelt worden sind, sind deswegen der menschlichen Vernunft nicht begreiflicher geworden, und wenn das notwendige Dasein der Materie von Ewigkeit her uns Schwierigkeiten verursacht, so bietet ihre Erschaffung nicht weniger, denn so viele Menschen und Philosophen, die seit langer Zeit über diesen Gegenstand nachgedacht haben, haben alle einstimmig die Möglichkeit der Schöpfung der Welt verworfen, ausgenommen die kleine Anzahl derjenigen, welche ihre Vernunft aufrichtig der Autorität unterworfen haben. Die Beweggründe ihres Nutzens, ihrer Ruhe, ihrer Sicherheit machen aber diese Aufrichtigkeit sehr verdächtig, und sie werden so lange verdächtig bleiben, als man bei dem Bekenntnis der Wahrheit etwas zu befürchten haben wird.

Wir wollen annehmen, daß es ein einziges und ewiges Prinzip

aller Dinge gäbe. Dieses Prinzip ist einfach in seinem Wesen, nicht aus Materie und Geist zusammengesetzt, sondern entweder bloß Geist oder bloß Materie. Nach den Schlußfolgerungen des Vikars kann man nicht begreifen, daß dieses Prinzip Materie sei, und ist es Geist, so kann man nicht begreifen, wie es der Materie das Dasein geben konnte, denn man müßte dann den Begriff der Schöpfung annehmen. Nun ist aber der Begriff der Schöpfung, worunter man versteht, daß durch bloßes Wollen aus Nichts Etwas wird, unter allen Begriffen, welche nicht offenbar widersprechend sind, derjenige, welchen der menschliche Geist am wenigsten fassen kann.

Von beiden Seiten durch diese Schwierigkeiten aufgehalten, bleibt der Vikar unentschlossen und quält sich nicht länger mit einem Zweifel reiner Spekulation, welcher auf die Pflichten des Menschen in dieser Welt gar keinen Einfluß hat, denn warum soll ich schließlich den Ursprung der Wesen erklären, wenn ich doch weiß, wie sie erhalten werden, welche Stelle ich unter ihnen bekleiden soll und warum mir diese Pflicht aufgelegt ist?

Wenn man aber zwei Prinzipien* der Dinge annimmt, was jedoch der Vikar nicht tut, so folgt daraus noch nicht, daß man zwei Götter annehmen muß, oder man müßte sich diese beiden Prinzipien, so wie die Manichäer, wirkend vorstellen. Diese letztere Lehre ist aber der des Vikars ganz zuwider, welcher nur ein erstes geistiges Wesen, ein einziges handelndes Prinzip und also nur einen einzigen Gott annimmt.

Ich gebe zu, daß, da von der Schöpfung der Welt ausdrücklich in unseren Übersetzungen der Genesis die Rede ist, sie positiv zu verwerfen, bedeuten würde, daß man in dieser Hinsicht die Autorität, wenn nicht der Heiligen Schrift, so doch wenigstens der Übersetzungen, die man uns von ihr gibt, verwerfen würde, und dieses eben läßt den Vikar auch in einem Zweifel, den er vielleicht ohne diese Autorität nicht hätte. Im übrigen nämlich scheint die

* Derjenige, welcher nur zwei Substanzen annimmt, kann auch nur zwei Prinzipien annehmen, und das Wort *mehrere*, welches an obiger Stelle hinzugefügt ist, ist nur ein Füllwort, welches höchstens dazu dienen kann, zu verstehen zu geben, daß es ebensowenig darauf ankommt, die Zahl dieser Prinzipien wie ihre Natur zu erkennen.

Koexistenz zweier Prinzipien* die Einrichtung des Universums besser zu erklären und viele Schwierigkeiten zu heben, die man ohne sie nur mit Mühe auflösen kann, wie zum Beispiel die Frage nach dem Ursprung des Bösen. Überdies müßte man vollkommen hebräisch verstehen und sogar ein Zeitgenosse des Mose gewesen sein, um mit Gewißheit zu wissen, welchen Sinn er mit dem Wort verband, welches man uns durch *schuf* übersetzt. Dieser Ausdruck ist zu sehr philosophisch, als daß er im Anfang die bekannte und geläufige Bedeutung gehabt hätte, die wir ihm jetzt auf Treu und Glauben unserer Doktoren beilegen. Diese Bedeutung konnte sich ändern und selbst die Siebzig täuschen, die schon ganz von den Fragen der griechischen Philosophie eingenommen waren. Nichts ist weniger selten, als daß der Sinn gewisser Worte mit der Zeit verändert wird und daß dadurch den alten Schriftstellern, die sich jener Worte bedient haben, Begriffe zugeschrieben werden, die sie nicht gehabt haben. Es ist sehr zweifelhaft, ob das griechische Wort die Bedeutung hatte, welche wir ihm jetzt beilegen, und es ist ganz gewiß, daß das lateinische Wort nicht dieselbe Bedeutung hatte, weil Lukrez, der die Möglichkeit jeder Schöpfung ausdrücklich leugnet, dennoch das nämliche Wort oft gebraucht, um die Bildung der Welt und ihrer Teile zu beschreiben. Endlich hat Herr von Beausobre bewiesen**, daß der Begriff der Schöpfung nicht in der alten jüdischen Theologie enthalten ist, und Sie sind zu gelehrt, Monseigneur, als daß Sie nicht wissen sollten, daß viele Leute, welche der Heiligen Schrift alle Achtung bezeugen, dennoch in der Erzählung Moses nicht die absolute Schöpfung der Welt erkennen wollen. Der Vikar, der die

* Man muß hier anmerken, daß die Frage der Ewigkeit der Materie, welche unsere Theologen so sehr verwirrt, die Kirchenväter, die mit der platonischen Lehre besser bekannt waren, gar nicht in Verlegenheit setzte. Ohne von Justinus Martyr, Origenes und anderen zu reden, bejaht Clemens von Alexandrien diese Frage in seinen *Hypotyposeis* so sehr, daß Photios deswegen der Meinung ist, dieses Buch sei eine Fälschung. Aber dieselbe Meinung erscheint wieder in seinen *Stromata*, wo Clemens den Gedanken des Heraklit anführt, ohne ihn zu verwerfen. Dieser Kirchenvater bemüht sich (im V. Buch) in der Tat, nur ein Prinzip anzunehmen, aber er tut es nur deswegen, weil er der Materie diesen Namen abspricht, obgleich er sogar ihre Ewigkeit einräumt.

** *Hist. du Manichéisme*. T. II.

Macht der Theologen nicht fürchtet, kann also durchaus, ohne deswegen weniger orthodox zu sein, zweifeln, ob es zwei ewige Prinzipien der Dinge oder ob es nur eines gibt. Dies ist ein rein grammatischer oder philosophischer Streit, welcher die Offenbarung gar nicht betrifft.

Dem sei, wie ihm wolle, es ist hiervon nicht die Rede zwischen uns, und ich habe hier weiter nichts zu tun, als Ihnen Ihr Unrecht zu zeigen, ohne daß ich die Meinungen des Vikars zu vertreten hätte.

Sie haben also unrecht, wenn Sie behaupten, daß ich die Einigkeit Gottes für eine überflüssige und der Vernunft zu hohe Frage halte, denn in der Schrift, welche Sie richten, ist diese Einigkeit behauptet und durch Vernunftgründe bewiesen. Sie haben ferner unrecht, eine Stelle des Tertullian anzuführen, um gegen mich zu schließen, es folge daraus, daß es mehrere Götter gäbe, denn ohne Tertullian nötig zu haben, schließe ich ebenfalls, daß daraus folge, daß es mehrere Götter gibt.

Sie haben unrecht, mich deswegen einen vermessenen Schriftsteller zu nennen, denn da, wo es keine Behauptung gibt, kann es auch keine Vermessenheit geben. Man kann nicht leicht einsehen, daß ein Schriftsteller vermessen ist bloß deswegen, weil er nicht so dreist ist wie Sie.

Endlich haben Sie unrecht, wenn Sie glauben, daß Sie die besonderen Lehrsätze, wodurch man Gott menschliche Leidenschaften zuschreibt, und welche, weit entfernt, uns klare Vorstellung von diesem großen Wesen zu geben, sie vielmehr nur verwirren und herabwürdigen, dadurch gerechtfertigt haben, daß Sie mich fälschlich beschuldigen, ich selbst verwirrte und würdigte diese Vorstellungen herab, griffe das göttliche Wesen an, welches ich doch nie angegriffen habe, und zöge seine Einigkeit in Zweifel, an der ich nie gezweifelt habe. Wenn ich es getan hätte, was würde daraus folgen? Einen anderen beschuldigen heißt nicht sich rechtfertigen, aber derjenige, der zu seiner Verteidigung nichts anderes vorbringt als falsche Gegenbeschuldigungen, scheint allein schuldig zu sein.

Der Widerspruch, dessen Sie mich an derselben Stelle beschuldigen, ist ebenso gut begründet wie die vorige Beschuldigung. *Er weiß nicht,* sagen Sie, *was die Natur Gottes ist, und bald nachher erkennt er, daß dieses höchste Wesen mit Verstand, mit Macht, mit Willen, mit Güte begabt ist. Heißt denn dies nicht einen Begriff von der Natur Gottes haben?*

Hier ist, Monseigneur, was ich Ihnen hierauf zu antworten habe.

»Gott ist ein geistiges Wesen, aber wie ist er es? Der Mensch ist verständig, wenn er Vernunftschlüsse macht, der höchste Verstand hat aber nicht nötig, Vernunftschlüsse zu machen, er braucht weder Vordersätze, noch Folgesätze, sogar nicht einmal Sätze. Er ist rein anschauend, er sieht gleichermaßen alles, was ist und was sein kann. Alle Wahrheiten sind für ihn nur eine einzige Vorstellung, so wie alle Orte ein einziger Punkt und alle Zeiten ein einziger Augenblick. Die menschliche Macht handelt durch Mittel, die göttliche Macht wirkt durch sich selbst: Gott kann, weil er will, sein Wille ist Handlung. Gott ist gut, nichts ist offenbarer, allein, die Güte des Menschen ist Liebe zu seinesgleichen und die Güte Gottes ist Liebe zur Ordnung, denn durch die Ordnung erhält er alles, was ist, und verknüpft jeden Teil mit dem Ganzen. Gott ist gerecht, davon bin ich überzeugt, denn dies ist eine Folge seiner Güte. Die Ungerechtigkeit der Menschen ist ihr eigenes Werk und nicht das seinige: die sittliche Unordnung, die in den Augen der Philosophen gegen die Vorsehung zeugt, beweist sie in meinen Augen nur noch mehr. Allein, die Gerechtigkeit des Menschen besteht darin, daß man einem jeden gibt, was ihm zukommt, und die Gerechtigkeit Gottes verlangt von jedem Rechenschaft darüber, was er ihm gegeben hat.

Wenn ich nach und nach diese Eigenschaften entdecke, von denen ich keine absolute Vorstellung gehabt habe, so geschieht dies durch zwingende Schlußfolgerungen und durch den guten Gebrauch meiner Vernunft, aber ich behaupte sie, ohne sie zu verstehen, und dies heißt eigentlich nichts behaupten. Ich mag mir immerhin sagen, Gott ist so, ich fühle es, ich überzeuge mich davon; ich begreife es dennoch nicht, wie Gott so sein kann.

Je mehr ich mich schließlich bemühe, sein unendliches Wesen zu betrachten, umso weniger begreife ich es, allein, es ist, und dies ist mir genug. Je weniger ich es begreife, desto mehr bete ich es an. Ich demütige mich und sage zu ihm: Wesen aller Wesen, ich bin, weil du bist; wenn ich dich ohne Unterlaß denke, so erhebe ich mich zu meinem Ursprung. Der würdigste Gebrauch meiner Vernunft besteht darin, daß sie vor dir sich vernichtet: es ist die Entzückung meines Geistes und das Vergnügen meiner Schwäche, wenn ich mich von deiner Größe in den Staub geworfen fühle.«

Dies ist meine Antwort, und ich glaube, sie ist unumstößlich. Soll ich Ihnen jetzt noch sagen, wo ich sie hergenommen? Ich habe sie Wort für Wort aus der Stelle meines Buches gezogen, die Sie eines Widerspruchs bezichtigen*. Sie machen es wie alle meine Gegner, welche, um mich zu widerlegen, bloß die Einwände hinsetzen, die ich mir selbst gemacht habe, und meine Auflösungen unterdrücken. Meine Antwort ist schon fertig, sie ist das Werk, welches sie widerlegen.

Wir kommen nun, Monseigneur, zu dem wichtigsten Punkt unserer Streitigkeiten.

Nachdem Sie meine Lehre und mein Buch angegriffen haben, greifen Sie auch meine Religion an und wollen mich als einen Feind meiner eigenen Religion vorstellen, weil der katholische Vikar einige Einwände gegen seine Kirche vorbringt, gerade als wenn man eine Meinung ganz verwerfe, weil man einige Schwierigkeiten vorträgt, als wenn jede menschliche Erkenntnis nicht auch ihre Schwierigkeiten hätte, als wenn nicht selbst die Geometrie welche hätte oder als wenn die Mathematiker es sich zum Gesetz machten, sie zu verschweigen, um der Gewißheit ihrer Kunst nicht zu schaden.

Meine Antwort besteht zunächst darin, daß ich Ihnen mit meiner gewöhnlichen Offenherzigkeit meine Meinung in Religionsdingen erkläre, so wie ich sie in allen meinen Schriften bekannt habe und wie sie immer in meinem Munde und in meinem Herzen gewesen sind. Ich werde Ihnen ferner sagen, warum ich das Glaubensbekenntnis des Vikars herausgegeben habe und warum ich es ungeachtet alles Geschreis immer für die beste und nützlichste Schrift des Jahrhunderts halten werde, in dem ich es herausgebracht habe. Weder Scheiterhaufen noch Befehle werden mich

* *Emile,* viertes Buch.

meine Sprache ändern lassen, die Theologen werden mich nicht, wenn sie mir gebieten, demütig zu sein, lehren, falsch zu sein, und die Philosophen werden mich dadurch, daß sie mich der Heuchelei beschuldigen, nicht zum Ungläubigen machen. Ich werde meine Religion bekennen, weil ich eine habe, ich werde sie öffentlich bekennen, weil ich das Herz habe, es zu tun, und weil es für das Wohl der Menschen zu wünschen wäre, daß es die allgemeine Religion wäre.

Monseigneur, ich bin ein Christ, und nach der Lehre des Evangeliums ein aufrichtiger Christ. Ich bin Christ nicht als ein Schüler der Priester, sondern als ein Schüler Jesu Christi. Mein Meister hat wenig über das Dogma gegrübelt und desto mehr auf die Beobachtung der Pflichten gehalten. Er schrieb mehr gute Werke vor als Glaubensartikel, er gebot nichts weiter zu glauben, als was nötig ist, um gut zu sein, und wenn er das Gesetz und die Propheten zusammenfaßte, so geschah dies mehr in Handlungen der Tugend als in Glaubensformeln*, und er hat mir durch sich selbst und durch seine Apostel gesagt, daß der, der seinen Bruder liebt, das Gesetz erfüllt habe**.

Ich für mein Teil bin von den wesentlichen Wahrheiten des Christentums überzeugt, welche der Grund aller guten Moral sind, und suche im übrigen mein Herz mit dem Geist des Evangeliums zu nähren, ohne über das, was mir darin dunkel scheint, zu grübeln, und bin endlich fest überzeugt, daß jeder, der Gott über alles und seinen Nächsten wie sich selbst liebt, ein wahrer Christ ist, und so bemühe ich mich, es zu sein, und verwerfe alle Spitzfindigkeiten in der Lehre, all dieses wichtige Geschwätz, womit die Pharisäer unsere Pflichten verwirren und unseren Glauben verdunkeln, und setze mit dem heiligen Paulus den Glauben selbst unter die Liebe***.

Ich schätze mich glücklich, in der vernünftigsten und heiligsten Religion geboren zu sein, welche auf Erden ist, und werde, solange ich lebe, unverbrüchlich dem Gottesdienste meiner Väter anhängen. So wie sie nehme ich die Heilige Schrift und die Ver-

* Matth. 7,12.
** Galat. 5,14.
*** 1. Korinth. 13,2.

nunft als die einzige Richtschnur meines Glaubens an; so wie sie verwerfe ich die Autorität der Menschen und unterwerfe mich keiner ihrer Formeln, als insofern mir ihre Wahrheit einleuchtet; so wie sie vereinige ich mich im Herzen mit allen wahren Dienern Christi und den wahren Anbetern Gottes, um ihm in der Gemeinschaft der Gläubigen die Huldigungen seiner Kirche darzubringen. Es ist mir ein Trost und eine Freude, daß ich unter ihre Mitglieder gezählt werde und des öffentlichen Gottesdienstes teilhaftig bin, welchen sie Gott widmen, und daß ich unter ihnen zu mir sagen kann: Ich bin unter meinen Brüdern.

Ich bin von Dankbarkeit gegen den würdigen Geistlichen durchdrungen, der sich von dem allgemeinen Strom nicht hinreißen ließ, sondern nach der Wahrheit richtend einen Verteidiger der Sache Gottes nicht aus der Kirche ausgeschlossen hat, und ich werde, solange ich lebe, das Andenken seiner wahrhaft christlichen Liebe bewahren. Ich werde es immer als Ehre schätzen, zu seiner Herde zu gehören, und hoffe, ihre Mitglieder weder durch meine Meinungen noch durch meine Aufführung zu ärgern. Sobald aber ungerechte Priester sich Rechte anmaßen, die ihnen nicht gehören, sich zu Richtern meines Glaubens aufwerfen und mir mit stolzen Reden sagen werden: nehmt dieses zurück, verstellt euch, erklärt dieses, widerruft jenes, so werde ich ihr herrisches Wesen nicht achten und ich werde nicht lügen, um orthodox zu sein, oder, um ihnen zu gefallen, etwas sagen, was ich nicht glaube. Wenn meine Wahrhaftigkeit sie beleidigt und sie mich aus der Kirche ausschließen wollen, so fürchte ich auch diese Drohung nicht, deren Ausführung nicht in ihrer Gewalt steht. Sie können mich nicht hindern, in meinem Herzen beständig mit den Gläubigen vereinigt zu sein, und wenn ich unter den Auserwählten eingeschrieben bin, so werden sie mich nicht ausstreichen. Sie können mir den Trost für dieses Leben rauben, aber nicht die Hoffnung auf das künftige, und es ist mein heißester und aufrichtigster Wunsch, Jesus Christus selbst als Schiedsrichter und Richter zwischen ihnen und mir zu haben.

Dies, mein Herr, sind meine wahren Gesinnungen, die ich niemandem aufdrängen will, die ich aber öffentlich bekenne und die die meinigen bleiben werden, solange es, nicht den Menschen, sondern Gott gefällt, der allein über die Veränderung meines Herzens und meiner Vernunft gebietet, denn solange ich sein werde, was ich bin, und solange ich so denken werde, wie ich denke, werde ich so reden, wie ich rede. Freilich, das gebe ich zu, sehr verschieden von Euren Scheinchristen, die immer bereit sind, zu glauben, was ihnen gesagt wird, und zu reden, was ihren Nutzen und ihre Ruhe erfordern, solange man ihre Bücher nicht verbrennt oder keine Haftbefehle gegen sie erlassen werden. Sie leben in der Überzeugung, nicht nur daß man gewisse Artikel bekennen müsse, sondern daß dies schon hinreichend ist, um ins Paradies zu kommen, und ich denke im Gegenteil, daß das Wesen der Religion in der Ausübung besteht, daß man nicht nur rechtschaffen, barmherzig, menschlich und mitleidig sein muß, sondern daß, wer dies wirklich ist, genug glaubt, um selig zu werden. Ich gebe übrigens zu, daß ihre Lehre bequemer ist als die meinige und daß es weit weniger kostet, sich durch Meinungen als durch Tugenden unter die Gläubigen aufnehmen zu lassen.

Ob ich aber, so wie sie ohne Unterlaß sagen, diese Gesinnungen für mich allein hätte behalten sollen, ob ich dadurch, daß ich sie öffentlich bekannt zu machen das Herz hatte, die Gesetze angegriffen und die öffentliche Ruhe gestört habe, dies werde ich gleich untersuchen. Allein vorher, Monseigneur, erlauben Sie mir, Sie und alle, die dieses lesen, zu bitten, daß sie den Erklärungen eines Freundes der Wahrheit einigen Glauben beimessen und diejenigen nicht nachahmen, die ohne Beweis, ohne Wahrscheinlichkeit und bloß auf das Zeugnis ihres eigenen Herzens hin mich ungeachtet so vieler ausdrücklicher Beteuerungen, die ich meinerseits nie Lügen gestraft habe, der Gottesleugnung und der Verachtung der Religion beschuldigen. Mich dünkt, ich habe wenig von Verstellung an mir, und man kann auch nicht leicht einsehen, was ich durch Verstellung gewinnen könnte.

Man kann vermuten, daß der, der so offenherzig ausspricht, was er nicht glaubt, auch aufrichtig ist in dem Bekenntnis dessen, was er glaubt, und wenn seine Reden, Handlungen und Schriften in diesem Punkte immer übereinstimmen, so muß der, der ihn dennoch der Lüge zu beschuldigen wagt, entweder ein Gott sein oder selbst lügen.

Ich bin nicht immer so glücklich gewesen, ganz allein zu leben. Ich bin mit Menschen aller Art umgegangen. Ich habe Menschen aller Parteien gesehen, Gläubige aller Sekten, Freigeister aller Systeme. Ich habe Große und Kleine gesehen, Freidenker und Philosophen. Ich habe zuverlässige Freunde gehabt und andere, die es weniger waren. Ich bin von Kundschaftern und Übelwollenden umringt gewesen, und die Welt ist voller Menschen, die mich hassen wegen des Bösen, das sie mir angetan haben. Ich rufe sie alle auf, wer sie auch sein mögen, das, was sie von meinem Glauben in Religionssachen wissen, öffentlich zu erklären: ob sie bei dem ununterbrochensten Umgang, ob sie in der engsten Vertrautheit mich jemals von mir selbst verschieden gefunden haben, ob, wenn sie streiten oder spaßen wollten, ihre Gründe oder ihr Spaß mich einen Augenblick wanken gemacht, ob sie mich in einer Veränderlichkeit meiner Meinung überrascht haben, ob sie in meinem Herzen lesen konnten, daß ich mich vor der Welt verstellte, ob sie zu irgendeiner Zeit auch nur einen Schatten von Falschheit oder Heuchelei bei mir gefunden haben, so mögen sie es sagen, sie mögen alles offenbaren, sie mögen mich entlarven, ich wünsche es, ich bitte sie darum und hebe das Geheimnis der Freundschaft zwischen uns auf. Sie mögen alles laut sagen, nicht was sie wünschten, daß ich sei, sondern was sie wissen, daß ich bin. Sie mögen mich nach ihrem Gewissen beurteilen, ich überlasse ihnen ohne Furcht meine Ehre und verspreche, Ihnen keine Einwände zu machen.

Mögen doch diejenigen, welche mich beschuldigen, daß ich ohne Religion sei, weil sie nicht begreifen können, daß man eine Religion haben kann, wenigstens, falls es möglich ist, untereinander übereinstimmen. Denn einige finden in meinen Schriften nichts als ein System des Atheismus, und die anderen sagen, daß ich Gott in meinen Schriften Ehre erzeige, ohne im Grunde meines Herzens an ihn zu glauben. Meine Schriften nennen sie gottlos und meine Gesinnungen Heuchelei. Wenn ich aber öffentlich den Atheismus predige, so bin ich ja kein Heuchler, und wenn ich einen Glauben vorgebe, den ich nicht habe, so lehre ich nicht Gottlosigkeit. Indem sie widersprüchliche Beschuldigungen gegen mich aufhäufen, entdeckt sich ihre Verleumdung von selbst, allein die Bosheit ist blind und die Wut hört keine Vernunftgründe.

Es ist wahr, ich habe zwar nicht den Glauben, dessen ich so viele Leute von so mäßiger Rechtschaffenheit sich rühmen höre, diesen starken Glauben, welcher nie an irgend etwas zweifelt und ohne Umstände alles glaubt, was man ihn glauben heißt, und welcher alle Einwürfe, die er nicht auflösen kann, verschweigt oder bemäntelt. Ich bin nicht so glücklich, in der Offenbarung so deutlich zu lesen wie sie, und wenn ich sie annehme, so geschieht dies, weil mich mein Herz dazu bewegt, weil ich lauter Trost darin finde, und weil die Schwierigkeiten sich ebenfalls häufen, wenn man sie verwirft, nicht aber, weil ich sie bewiesen gefunden, denn dies ist sie gewiß nicht in meinen Augen. Ich bin nicht einmal unterrichtet genug, daß ich einen solchen Beweis, welcher eine so tiefe Gelehrsamkeit erfordert, begreifen könnte.

Ist es nicht lustig, daß ich, der ich meine Einwürfe und meine Zweifel so offen vortrage, ein Heuchler sein soll, und daß all diese so entschiedenen Leute, welche vorgeben, dieses und jenes fest zu glauben, daß diese überzeugten Leute, welche jedoch keine besseren Beweise haben als ich selbst, daß endlich diese Leute, welche nicht gelehrter sind als ich und, weit entfernt, meine Schwierigkeiten heben zu können, mir es im Gegenteil verdenken, daß ich sie vorgebracht habe, daß also diese Leute aufrichtig sein sollen?

Warum soll ich ein Heuchler sein und was würde ich dadurch gewinnen? Ich habe alles Privatinteresse angegriffen, ich habe mir alle Parteien zu Feinden gemacht, ich habe bloß die Sache Gottes und der Menschheit verteidigt, und wer bekümmert sich darum? Selbst das, was ich darüber gesagt habe, hatte nicht die geringste Wirkung, und keine Seele hat es mir gedankt. Wenn ich mich öffentlich für den Atheismus erklärt hätte, so hätten die Frömmler mich nicht schlimmer behandelt und andere nicht weniger gefährliche Feinde würden mir ihre Streiche nicht im Finstern versetzen. Wenn ich mich öffentlich für den Atheismus erklärt hätte, so hätten die einen mich mit mehr Behutsamkeit angegriffen, indem sie mich von den anderen verteidigt und selbst zur Rache bereit gesehen hätten. Aber ein Mensch, der Gott fürchtet, ist wenig zu fürchten, sein Anhang ist nicht schrecklich, er ist beinahe allein, und man kann ihm vieles Üble zufügen, ehe man ihn dahin bringt, sich zu wehren. Wenn ich mich öffentlich für den Atheismus erklärt und mich so von der Kirche abgesondert hätte, so hätte ich ihren Dienern auf einmal die Mittel genommen, mich ohne Unterlaß zu plagen und mich all ihre kleinen Tyranneien erdulden zu lassen. Ich hätte nicht so viele schiefe Kritiken erlebt und, anstatt mich so arg zu beschimpfen, daß ich geschrieben habe, hätte man mich widerlegen müssen, und dies wäre nicht so leicht gewesen. Endlich, wenn ich mich öffentlich für den Atheismus erklärt hätte, so hätte man anfangs etwas Lärm gemacht, allein, man hätte mich nachher, so wie alle anderen, bald in Ruhe gelassen. Das Volk des Herrn hätte die Aufsicht über mich nicht übernommen, nicht jeder hätte geglaubt, mir eine Gnade zu erweisen, wenn er mich nicht exkommunizierte, und ich wäre alle Welt losgewesen. Die heiligen Weiber in Israel hätten mir keine anonymen Briefe geschrieben und ihre christliche Liebe wäre nicht in fromme Schimpfreden ausgeartet. Sie hätten sich nicht bemüht, mir demütig zu versichern, daß ich ein schändlicher Mensch, ein verfluchtes Ungeheuer bin und daß die Welt sehr glücklich gewesen wäre, wenn irgendeine gute Seele mich in der Wiege erstickt hätte.

Auf der anderen Seite hätten mich ehrliche Leute als einen Verruchten angesehen und sich und mich nicht gequält, mich auf den rechten Weg zurückzubringen, sie würden mich nicht nach links und nach rechts zerren und unter der Last ihrer Predigten nicht ersticken, sie würden mich nicht zwingen, ihren Eifer zu segnen, indem ich ihre Zudringlichkeit verfluche, und ihnen dafür zu danken, daß sie dazu berufen sind, mich an Langeweile zugrundegehen zu lassen.

Monseigneur, wenn ich ein Heuchler bin, so bin ich ein Narr, weil es eine große Narrheit ist, sich für das, was ich von den Menschen verlange, für falsch halten zu lassen. Wenn ich ein Heuchler bin, so bin ich auch ein Dummkopf, denn man muß sehr dumm sein, wenn man nicht sieht, daß der Weg, den ich erwählt habe, der Weg des Unglücks ist, und daß, wenn ich auch einigen Nutzen daraus ziehen könnte, ich mir widersprechen müßte. Es ist wahr, noch ist es Zeit für mich, ich brauche die Menschen nur einen Augenblick zu hintergehen und meine Feinde liegen zu meinen Füßen.

Ich bin noch nicht sehr alt, vielleicht habe ich noch vieles auszustehen und sehe das Publikum wiederum mir gegenüber umgestimmt, allein, wenn ich jemals zu Ehren komme und glücklich werde, auf welchem Weg es auch geschehen mag, dann bin ich ganz gewiß ein Heuchler.

Die Ehre eines Freundes der Wahrheit hängt nicht von dieser oder jener Meinung ab. Er sage, was er wolle, wenn er es nur denkt, so strebt er seinem Ziel entgegen. Derjenige, der kein anderes Interesse hat, als wahrhaftig zu sein, gerät nicht in Versuchung zu lügen, und jeder vernünftige Mensch ergreift das einfachste Mittel, wenn es zugleich das sicherste ist. Meine Feinde mögen immer schimpfen, sie werden mir die Ehre, in allem ein wahrheitsliebender Mann zu sein, nicht rauben, sie werden mir nicht nehmen können, daß ich der einzige Schriftsteller meines Jahrhunderts und vieler anderer bin, der aufrichtig geschrieben und nichts gesagt hat, als was er geglaubt hat. Durch Gerüchte und Verleumdungen können sie einen Augenblick meinen guten Namen beflecken, aber er wird, früh oder spät, endlich siegen, denn während sie sich in ihren Beschuldigungen beständig verändern, werde ich immer derselbe bleiben und kann sie ohne eine andere Kunst als meine Offenherzigkeit immer beschämen.

Aber diese Offenherzigkeit ist gegenüber dem Publikum verwerflich! Nicht jede Wahrheit ist gut zu sagen! Und obgleich alle vernünftigen Leute ebenso denken wie Sie, ist es nicht gut, daß der Pöbel so denkt! Dieses ruft man mir von allen Seiten zu, dies würden Sie mir vielleicht selbst sagen, wenn wir alleine in Ihrem Kabinett wären. So sind die Menschen. Sie wechseln ihre Sprache wie ihre Kleider, die Wahrheit sagen sie nur im Morgenrock, im Galakleid können sie nichts als lügen, und angesichts des menschlichen Geschlechts sind sie nicht allein betrügerisch und hinterlistig, sondern sie schämen sich auch nicht, wider ihr Gewissen denjenigen zu strafen, welcher kein öffentlicher Schelm und Betrüger sein will wie sie. Allein, ist denn dieser Grundsatz auch richtig, daß nicht jede Wahrheit sich gleich gut sagen läßt? Und wenn er es wäre, folgte denn daraus auch, daß man keinen Irrtum ausrotten dürfte, und sind denn alle Torheiten der Menschen so heilig, daß man keine einzige von ihnen angreifen darf? Dies müßte man erst untersuchen, ehe man mir einen verdächtigen und unbestimmten Grundsatz als ein Gesetz gibt, welches, wenn es auch an sich selbst wahr wäre, durch seine Anwendung doch schaden könnte.

Ich habe große Lust, Monseigneur, hier meine gewöhnliche Methode zu befolgen und meinen Anklägern bloß dadurch zu antworten, daß ich ihnen die Geschichte meiner Begriffe vorlege. Ich glaube das, was ich zu sagen gewagt habe, nicht besser rechtfertigen zu können, als wenn ich sage, was ich dabei gedacht habe.

Sobald ich imstande war, die Menschen zu beobachten, sah ich sie handeln und hörte sie reden, und nachdem ich sah, daß ihre Handlungen nicht mit ihren Reden übereinstimmten, suchte ich den Grund für diese Verschiedenheit, und ich fand, daß, da Sein und Scheinen bei ihnen ebenso unterschieden war wie Reden und Handeln, letzterer Unterschied der Grund zu ersterem war und selbst noch einen Grund hatte, welcher mir zu untersuchen übrig blieb.

Ich fand ihn in unserer gesellschaftlichen Ordnung, welche in allem der Natur, die durch nichts zerstört werden kann, zuwider ist, sie beständig tyrannisiert und sie ohne Unterlaß ihre Rechte zurückfordern läßt. Ich folgte diesem Widerspruch in seinen Folgen und ich sah, daß er allein alle Laster der Menschen und alle Übel der Gesellschaft erkläre. Hieraus schloß ich also, daß es nicht nötig sei, den Menschen als durch seine Natur böse anzunehmen, weil man den Ursprung und den Fortgang seiner Bosheit bestimmen konnte. Diese Betrachtungen führten mich zu neuen Untersuchungen über den menschlichen Geist im bürgerlichen Leben und ich fand, daß der Fortgang der Einsicht und der Laster immer im gleichen Verhältnis stehe nicht bei einzelnen Menschen, sondern bei ganzen Völkern, eine Unterscheidung, die ich immer sehr sorgfältig gemacht habe und die keiner von denen, die mich angegriffen haben, begreifen konnte.

Ich suchte die Wahrheit in den Büchern und ich fand darin

nichts als Irrtum und Lügen. Ich fragte die Schriftsteller selbst und ich fand nur Marktschreier, die sich ein Vergnügen daraus machen, die Menschen zu täuschen, ohne ein anderes Gesetz als ihren Eigennutz, ohne einen anderen Gott als ihren Ruf, bereit, die Regenten in Verruf zu bringen, die sie nicht nach ihrem Gefallen behandeln, und noch mehr bereit, die Ungerechtigkeit zu loben, die sie bezahlt. Als ich diejenigen hörte, welche öffentlich reden dürfen, bemerkte ich, daß sie nichts zu reden wagen oder reden wollen, als was dem, der sie beherrscht, angenehm ist, und da sie von dem Stärkeren bezahlt werden, um dem Schwächeren zu predigen, so wissen sie dem letzteren von nichts als von seinen Pflichten, und dem anderen nur von seinen Rechten zu sprechen. Jeder öffentliche Unterricht wird sich immer zur Lüge hinneigen, solange diejenigen, welche ihn leiten, ihren Vorteil dabei finden werden zu lügen, und nur für sie ist es nicht gut, die Wahrheit zu sagen.

Warum soll ich denn mit solchen Leuten gemeinschaftliche Sache machen?

Es gibt Vorurteile, die man in Ehren halten muß? Das kann sein, aber nur, wenn alles übrige in Ordnung ist und man diese Vorurteile nicht ausrotten kann, ohne auch das auszurotten, was sie aufwiegt: man läßt dann das Übel aus Liebe zum Guten bestehen. Wenn aber die Dinge so stehen, daß jede Veränderung nur zum Besten gereichen kann, sind dann die Vorurteile so ehrwürdig, um ihnen Vernunft, Tugend, Gerechtigkeit und alles Gute aufzuopfern, welches die Wahrheit den Menschen zu tun vermag?

Ich für mein Teil habe versprochen, die Wahrheit in allen nützlichen Dingen zu sagen, soviel mir möglich ist. Diese Verbindlichkeit habe ich nach meinen Kräften erfüllen müssen, und ein anderer wird sie an meiner Stelle gewiß nicht erfüllen, da jeder sich allen schuldet und keiner für andere zahlen kann. *Die göttliche Wahrheit*, sagt Augustin, *ist weder mein, noch euer, noch sein, sondern sie gehört uns allen und ruft uns nachdrücklich auf, sie gemeinschaftlich bekannt zu machen, und wir werden uns selbst unnütz sein, wenn wir sie anderen nicht mitteilen: denn wer sich allein ein Gut zueignet, welches Gott allen erteilt hat, verliert durch diese widerrechtliche Anmaßung das, was er dem*

*Gemeinwesen vorenthält, und findet, weil er die Wahrheit verraten hat, nichts als Irrtum in sich selbst**.

Die Menschen dürfen nicht halb unterrichtet werden. Wenn sie im Irrtum bleiben sollen, warum läßt man sie nicht in der Unwissenheit? Wozu so viele Schulen und so viele Universitäten, um sie nichts von dem zu lehren, was ihnen nötig ist? Was ist denn der Zweck eurer Kollegien und eurer Akademien und so vieler gelehrter Stiftungen? Vielleicht, das Volk zu hintergehen, seine Vernunft frühzeitig zu verderben und es zu hindern, zur Erkenntnis des Wahren zu gelangen? Ihr Lehrer der Lügen, ihr unterrichtet sie bloß, um sie zu hintergehen, und gleich jenen Räubern, die Leuchtfeuer auf den Klippen machen, erleuchtet ihr sie, um sie zu verderben.

Dies waren meine Gedanken, als ich die Feder ergriff, und indem ich sie niederlege, finde ich keine Ursache, meine Meinung zu ändern. Ich bemerke seit jeher zwei wesentliche Fehler im öffentlichen Unterricht, welche aber unmöglich behoben werden konnten. Der eine ist die Unredlichkeit derer, die ihn erteilen, der andere die Verblendung derer, die ihn empfangen. Wenn Menschen ohne Leidenschaften Menschen ohne Vorurteile unterrichteten, so wären unsere Kenntnisse eingeschränkter, aber auch gewisser, und die Vernunft würde immer herrschen. Man mag aber machen, was man will, das Interesse der Großen wird immer dasselbe bleiben, allein, die Vorurteile des Volkes sind, da sie keinen festen Punkt haben, mehr der Veränderung unterworfen; man kann sie verderben, verändern, vermehren oder verringern. Von dieser Seite könnte also der Unterricht noch Nutzen stiften, und hierauf muß der Freund der Wahrheit sein Augenmerk richten. Er kann hoffen, das Volk vernünftiger zu machen, nicht aber die, die es regieren, zu rechtschaffeneren Menschen.

In der Religion sah ich die nämliche Falschheit herrschen wie in der Politik, und hierüber war ich weit mehr aufgebracht: denn eine schlechte Regierung kann die Menschen nur für diese Welt unglücklich machen, allein wer weiß, wie weit die Irrtümer des Gewissens den armen Sterblichen schaden können? Ich sah, daß

* Aug. *Confes*. L. XII. c. 25.

man Glaubensbekenntnisse, Lehren und Gottesdienste hatte und sie befolgte, ohne daran zu glauben, und daß dies alles weder das Herz noch die Vernunft durchdringt und nur sehr wenig Einfluß auf das Betragen hat. Monseigneur, ich muß frei mit Ihnen sprechen. Der wahre Gläubige kann sich mit all diesen Grimassen nicht abfinden: er fühlt, daß der Mensch ein geistiges Wesen ist, welches einen vernünftigen Gottesdienst haben muß, und ein gesellschaftliches Wesen, welches eine für die Menschheit gemachte Sittenlehre haben muß. Man suche also erst diesen Gottesdienst und diese Sittenlehre, sie wird für alle Menschen sein, und wenn man dann noch nationale Formeln braucht, so untersuche man deren Gründe, Verhältnisse und Schicklichkeit, und wenn man das gesagt hat, was dem Menschen zukommt, so wollen wir sehen, was dem Bürger zukommt. Wir wollen es vor allem nicht so machen wie Ihr Herr Joly de Fleury, welcher, um seinen Jansenismus einzuführen, jedes natürliche Gesetz und jede Verbindlichkeit, die die Menschen untereinander verknüpft, entwurzeln will, so daß nach seinen Grundsätzen der Christ und der Ungläubige, die einen Vertrag miteinander eingehen, einander nichts schuldig sind, weil sie kein gemeinschaftliches Gesetz haben.

Es gibt also zweierlei Arten, die verschiedenen Religionen zu untersuchen und zu vergleichen; die eine vermöge des Wahren und des Falschen, welches sich darin findet, sowohl in Rücksicht der natürlichen oder der übernatürlichen Tatsachen, worauf sie gegründet sind, wie auch in Rücksicht der Begriffe, welche die Vernunft uns von dem höchsten Wesen und dem Gottesdienst gibt, den es von uns verlangt; die andere in Rücksicht auf ihre zeitlichen und sittlichen Folgen in dieser Welt und das Gute und Böse, welches sie der Gesellschaft und dem menschlichen Geschlecht zufügen können. Man darf nicht, um diese doppelte Untersuchung zu verhindern, behaupten, daß diese beiden Dinge immer zusammengehen und daß die wahrste Religion auch immer die geselligste und menschlichste sei, denn dies ist eben die Frage, und man darf denjenigen, welcher diese Frage untersucht, nicht gleich als einen Gottlosen und Atheisten in Verruf bringen, denn eines ist es, zu glauben, und ein anderes, die Wirkung dessen, was man glaubt, zu untersuchen.

Es scheint jedoch, ich gestehe es, ganz gewiß zu sein, daß wenn der Mensch für die Gesellschaft geschaffen ist, so ist die wahrste Religion auch die geselligste und die menschlichste, denn Gott will, daß wir so sein sollen, wie er uns erschaffen hat, und wenn es wahr wäre, daß er uns böse erschaffen hat, so wäre es Ungehorsam gegen ihn, wenn man aufhören wollte, es zu sein. Ferner kann die Religion, wenn sie als ein Verhältnis zwischen Gott und dem Menschen betrachtet wird, nicht anders als durch das Wohl des Menschen Gott zur Ehre gereichen, weil das andere Glied dieses Verhältnisses Gott ist, welcher vermöge seiner Natur über alles erhaben ist, was der Mensch für oder wider ihn tun kann.

Allein, so wahrscheinlich auch diese Meinung ist, so ist sie von der historischen Seite und durch Tatsachen, die ihr im Wege stehen, großen Schwierigkeiten unterworfen. Die Juden waren die geborenen Feinde aller anderen Völker und sie fingen ihre Landeseinrichtung damit an, daß sie sieben andere Völker auf einen ausdrücklichen Befehl, den sie erhalten hatten, ausrotteten. Alle Christen haben Religionskriege geführt, und der Krieg ist den Menschen schädlich; jede Partei war verfolgt oder Verfolger, und die Verfolgung ist den Menschen schädlich; viele Sekten preisen den ledigen Stand, und der ledige Stand ist dem Menschengeschlecht so schädlich*, daß, wenn er überall eingeführt wäre, das menschliche Geschlecht untergehen müßte. Wenn dies auch kein Beweis ist, um zu entscheiden, so ist es doch ein Grund zur Untersuchung, und mehr verlangte ich nicht, als daß man diese Untersuchung erlaubt.

Ich sage und denke nicht, daß es keine gute Religion auf Erden gebe, allein ich sage, und dies ist nur zu wahr, daß keine unter den

* Die Enthaltsamkeit und die Reinheit haben auch ihren Nutzen, sogar für die Bevölkerung. Es ist immer schön, sich selbst zu gebieten, und der jungfräuliche Stand ist deswegen sehr zu schätzen. Es folgt aber daraus noch nicht, daß es schön, gut oder löblich wäre, das ganze Leben hindurch in diesem Zustand zu verharren, indem man dadurch die Natur beleidigt und seine Bestimmung nicht erfüllt. Man achtet ein junges heiratsfähiges Mädchen mehr als eine junge Frau, aber man achtet eine Hausmutter auch mehr als eine alte Jungfer, und dies scheint mir sehr natürlich. Da man sich nicht gleich bei der Geburt verheiratet und es auch nicht nützlich ist, sich sehr jung zu verheiraten, so ist der Stand der Jungfernschaft, welchen alle tragen und ehren sollten, nötig, wertvoll und nützlich, aber nur, um dann, wenn

jetzt herrschenden Religionen ist, welche der Menschheit nicht grausame Wunden geschlagen hat. Alle Parteien haben ihre Brüder gequält, und jede hat Gott Menschenopfer dargebracht. Wo auch die Quelle dieser Widersprüche zu finden ist, sie sind wirklich, und ist es ein Verbrechen, sie aufheben zu wollen?

Die christliche Liebe mordet nicht. Die Liebe zum Nächsten treibt uns nicht, ihn zu erwürgen. Der Eifer für das Wohl der Menschheit ist also nicht die Ursache der Verfolgungen, sondern die Eigenliebe und der Stolz. Je weniger ein Gottesdienst vernünftig ist, desto mehr sucht man ihn durch Gewalt zu befestigen. Derjenige, welcher einer unvernünftigen Lehre zugetan ist, kann nicht leiden, daß man sie sieht, wie sie ist: die Vernunft wird dann zum größten Verbrechen, und man sucht auf alle mögliche Art, sie anderen zu nehmen, weil man sich schämt, in ihren Augen keine zu besitzen. Die Intoleranz und die mangelnde Folgerichtigkeit im Handeln haben also dieselbe Quelle. Man muß die Menschen stets in Furcht und Schrecken halten. Wenn ihr sie einen Augenblick ihrer Vernunft überlaßt, so seid ihr verloren.

Hieraus allein schon folgt, daß man den Völkern in solchem Wahnsinn eine große Wohltat erweist, wenn man sie über die Religion nachdenken lehrt, denn dadurch bringt man sie den Pflichten des Menschen näher, entreißt der Intoleranz den Dolch und setzt die Menschheit in alle ihre Rechte wieder ein. Allein, man muß auf allgemeine und allen Menschen bekannte Prinzipien zurückgehen, denn läßt man bei diesem Nachdenken der Autorität der Priester noch einige Gewalt, so gibt man dem Fanatismus die Waffe wieder in die Hände und gibt ihm Gelegenheit, noch grausamer zu werden.

die Zeit gekommen ist, seine ganze Reinheit die Ehe zu bringen. Wie, höre ich sie mit ihrer dummen triumphierenden Miene sagen, Unverheiratete wollen uns hier die Ehe predigen! Warum verheiraten Sie sich nicht selber? Ach, warum? Weil dieser an sich selbst so heilige und angenehme Stand durch eure albernen Anordnungen ein Stand des Unglücks und des Spottes geworden ist, in welchem man nun kaum mehr leben kann, ohne ein Schurke oder ein Dummkopf zu sein. Ihr eisernen Szepter, unsinnige Gesetze! Euch werfen wir es vor, daß wir unsere Pflichten auf der Erde nicht haben erfüllen können, und durch uns erhebt sich der Schrei der Natur gegen eure Barbarei. Wie könnt ihr sie so weit treiben, uns das Elend vorzuwerfen, in das ihr uns gebracht habt?

Wer den Frieden liebt, darf nicht zu den Büchern Zuflucht nehmen, denn auf diese Art kommt man nie zum Ende. Bücher sind Quellen unaufhörlichen Streits, man sehe nur die Geschichte aller Völker: diejenigen, die keine Bücher haben, streiten nicht. Wollt Ihr die Menschen menschlichen Autoritäten unterwerfen? Der eine wird dem Beweise näher, der andere entfernter davon sein, und alle werden verschieden davon gerührt werden: Bei der aufrichtigsten Gesinnung und bei dem besten Willen ist es unmöglich, daß sie jemals einer Meinung sind. Man baue nicht Schlüsse auf Schlüsse, und gründe sich nicht auf schöne Reden. Die menschliche Sprache ist nicht deutlich genug. Gott selbst, wenn er in unserer Sprache mit uns zu reden geruhte, würde uns nichts sagen, worüber man nicht noch streiten könnte.

Unsere Sprachen sind Menschenwerk, und die Menschen sind eingeschränkt. Unsere Sprachen sind Menschenwerk, und die Menschen sind Lügner. So wie es keine auch noch so klar ausgesprochene Wahrheit gibt, gegen welche man nicht irgendeine Spitzfindigkeit vorbringn könnte, so gibt es auch keine noch so grobe Lüge, welche man nicht mit einem falschen Grund unterstützen könnte.

Man nehme an, daß ein Mensch um Mitternacht uns überreden wollte, daß es Tag sei: man wird ihn auslachen. Man gebe aber diesem Menschen Zeit und Mittel, sich einen Anhang zu schaffen, und früher oder später wird es seinen Anhängern gelingen, euch zu beweisen, daß er wahr geredet. Denn, werden sie sagen, als er behauptete, daß es Tag sei, war es in einem Teil der Welt gewiß Tag. Andere, die ausgemacht haben, daß sich beständig in der Luft einige Lichtteilchen befinden, werden noch in einem anderen Sinne behaupten, daß es sehr wahr sei, daß es bei Nacht Tag ist. Wenn endlich spitzfindige Leute dazukommen, so wird man uns mitten in der Nacht die Sonne zeigen wollen. Nicht jedem wird dies einleuchtend sein. Man wird streiten, und dieser Streit wird nach Gewohnheit in Krieg und Grausamkeiten ausarten. Einige werden Erklärungen verlangen, andere nicht, einige werden den Satz im figürlichen, andere im eigentlichen Sinne nehmen. Der eine wird sagen: er sagte um Mitternacht, daß es Tag wäre, und es war Nacht; der andere wird sagen: er sagte um Mitternacht, es wäre Tag, und es war Tag. Jeder wird den anderen eines Mangels an Aufrichtigkeit beschuldigen, und jeder wird hartnäckig sein. Man wird sich endlich schlagen und ermorden, Blut wird von allen Seiten fließen, und wenn die neue Sekte endlich siegt, so ist es bewiesen, daß bei Nacht Tag ist.

Dieses ist ungefähr die Geschichte aller Religionsstreitigkeiten.

Die meisten neuen Gottesdienste entstehen aus dem Fanatismus und erhalten sich durch die Heuchelei. Aus diesem Grunde sind sie alle der Vernunft anstößig und führen nicht zur Tugend. Enthusiasmus und Wahnsinn denken nicht nach, solange sie dauern, nimmt man alles hin und kümmert sich wenig um die Lehre. Dies ist übrigens so bequem, es kostet so wenig, die Lehre anzunehmen und es kostet so viel, sittlich zu handeln, daß man das Leichteste erwählt und die guten Werke durch das Verdienst eines großen Glaubens erkauft. Der Fanatismus ist jedoch, was man auch tun mag, nur vorübergehend und kann nicht ewig dauern. Er hat seine kürzeren oder längeren, selteneren oder häufigeren Anfälle, aber auch seine guten Tage, an denen man wieder bei kaltem Blut ist. Dann kommt man wieder zu sich selbst und ist ganz erstaunt, daß man durch so viel Widersinn gefesselt ist. Der Gottesdienst ist unterdessen geordnet, die Formeln sind vorgeschrieben, die Gesetze gegeben, und wer sie übertritt, wird gestraft. Soll man nun alleine gegen all das auftreten, die Gesetze seines Landes verwerfen und die Religion seiner Väter verleugnen? Wer wagte dies? Man unterwirft sich stillschweigend, und der Nutzen erfordert, daß man so denkt wie der, den man beerben will. Man tut also wie die anderen und lacht heimlich nach Herzenslust über das, was man öffentlich zu verehren vorgibt. Sehen Sie, Monseigneur, so denkt der gemeine Haufe der Menschen in den meisten Religionen und besonders in der Ihrigen, und dies ist auch der Schlüssel zu all dem Widersprüchlichen, was man zwischen ihrer Sittenlehre und ihren Handlungen bemerkt. Ihr Glaube ist nur Schein, und ihre Sitten sind wie ihr Glaube.

Warum hat ein Mensch Aufsicht über den Glauben eines anderen, und warum hat der Staat Aufsicht über den Glauben seiner Bürger? Weil man glaubt, daß der Glaube der Menschen auch ihre Sittlichkeit bestimmt und daß ihre Aufführungen in diesem Leben von den Begriffen, welche sie von einem künftigen haben, abhängen. Wäre dies nicht der Fall, was läge an dem, was sie glauben oder zu glauben sich stellen? Der Schein einer Religion überhebt sie der Mühe, wirklich eine zu besitzen.

In dem Stand der Gesellschaft ist jeder berechtigt, sich zu erkundigen, ob ein anderer sich für verpflichtet hält, gerecht zu handeln, und der Souverän ist berechtigt, die Gründe zu untersuchen, auf welche jeder diese Verbindlichkeit baut. Ferner müssen die Nationalformeln beobachtet werden, darauf habe ich immer sehr gedrungen. Was aber die Meinungen betrifft, welche die Moral nicht angehen, welche keinen Einfluß auf die Handlungen der Menschen haben und nicht zur Übertretung der Gesetze bewegen, so hat darüber niemand etwas anderes als sein eigenes Urteil zum Richter und keiner hat das Recht oder das Interesse, anderen seine Denkungsart aufzudringen. Wenn zum Beispiel selbst ein Mann von Autorität meine Meinung über die berühmte Frage der Hypostase verlangte, von der die Bibel nicht ein Wort sagt und um welche so viele große Kinder Konzilien gehalten haben und so viele Menschen gepeinigt worden sind, so würde ich ihm zunächst sagen, daß ich ihn nicht verstehe und nicht verstehen will, und würde ihn sehr höflich ersuchen, sich um sich selbst zu kümmern, und würde er weiter fragen, so würde ich ihn stehenlassen.

Einzig aus diesem Prinzip kann man eine richtige und billige Beurteilung aller Religionsstreitigkeiten herleiten. Sonst wird jeder seinerseits das für ausgemacht halten, wonach gefragt ist, und man wird nie über etwas einig werden, man wird sich nie im Leben verstehen, und die Religion, welche das Glück der Menschen befördern sollte, wird die größten Übel hervorbringen.

Je älter aber die Religionen werden, desto mehr verliert man das Wesentliche aus den Augen, die Spitzfindigkeiten häufen sich, man will alles erklären, alles festsetzen und alles verstehen. Unaufhörlich verfeinert sich die Lehre, und die Moral sinkt immer mehr. Sicherlich ist es weit vom Geiste des Deuteronomium bis zum Geist des Talmud und der Mischna, und vom Geist des Evangeliums bis zu den Streitigkeiten über die Konstitution! Der heilige Thomas fragt*, ob die Glaubensartikel mit der Zeit vermehrt wurden und bejaht es. Das heißt, unsere Theologen wollten einer den anderen übertreffen und so wissen sie nun mehr, als die Apostel und Christus gesagt haben. Der heilige Paulus gesteht, daß er nur dunkel sehe und stückweise erkenne.** Fürwahr, unsere Theologen sind hier gewiß viel weiter gekommen, sie sehen alles, sie wissen alles, sie erklären das, was in der Heiligen Schrift dunkel ist, und bestimmen das, was unbestimmt war; sie geben uns mit ihrer gewöhnlichen Bescheidenheit zu verstehen, daß die heiligen Schriftsteller ihre Hilfe sehr benötigten, um verstanden zu werden, und daß der heilige Geist sich ohne sie nicht deutlich hätte ausdrücken können.

Sobald man die Pflichten des Menschen außer acht läßt, um sich mit den Meinungen und nichtswürdigen Streitigkeiten der Priester zu beschäftigen, so fragt man einen Christen nicht mehr, ob er an Gott glaubt, sondern ob er rechtgläubig ist, man läßt ihn Formeln über die unnützesten und oftmals unverständlichsten Fragen unterzeichnen, und wenn er nur unterzeichnet hat, so ist alles gut, um das übrige kümmert man sich nicht. Im übrigen mag er leben, wie er will, wenn er sich nur nicht an den Galgen bringt, denn seine Sitten werden nicht in Betracht gezogen, sobald die Lehre nur gesichert ist. Wenn es nun mit der Religion dahin gekommen ist, welchen Nutzen hat dann die Gesellschaft davon und was hilft sie den Menschen? Sie erregt nur Zwistigkeiten, Unruhen und Kriege aller Art und zwingt die Menschen, sich wegen rätselhafter Fragen gegenseitig zu erwürgen: es wäre dann besser, gar keine als eine so mißverstandene Religion zu haben. Laßt uns, wenn möglich, verhindern, daß sie so weit ausarte, und wir können sicher sein, daß wir ungeachtet der Scheiterhaufen und der Ketten dennoch Wohltäter des Menschengeschlechts werden.

Wir wollen annehmen, das Menschengeschlecht, des Streitens müde, versammle sich, um sich zu versöhnen und eine allgemeine Religion für alle Völker zu errichten. Gewiß wird dann jeder die seinige als die einzige wahre, vernünftige und bewiesene, die ein-

* *Secunda secundae Quaest.* I. Art. VII.

** *1. Korinth.* 13,9,12.

zige, welche Gott angenehm und den Menschen nützlich ist, vorschlagen, aber da seine Beweise nicht mit seiner Überzeugung, wenigstens dem Gutdünken der anderen Sekten nach, nicht übereinstimmen, so wird jeder nur die eigene Stimme für sich haben, alle anderen werden sich gegen ihn vereinigen, dies ist nicht minder gewiß. Die Beratschlagung wird folgendermaßen die Runde machen: einer wird einen Vorschlag machen, und die anderen werden ihn alle verwerfen; dies ist nicht das Mittel, einig zu werden. Vernünftige Leute werden nach so viel Zeitverlust und kindischem Gezänk Mittel zum Vergleich suchen. Sie werden also vorschlagen, alle Theologen aus der Versammlung auszuschließen, und es wird ihnen nicht schwer sein, zu beweisen, wie notwendig diese vorläufige Bedingung ist. Sobald dieses gute Werk verrichtet ist, werden sie zu den Völkern sagen: Solange ihr nicht in irgendeinem Prinzip übereinstimmt, so ist es nicht einmal möglich, daß ihr euch versteht, denn der Satz: du hast unrecht, denn ich habe recht, hat noch keinen Menschen überzeugt.

»Ihr sprecht von dem, was Gott angenehm ist. Dies ist eben die Frage. Wenn wir wüßten, welcher Dienst ihm am angenehmsten ist, so wäre aller Streit zwischen uns beigelegt. Ihr sprecht auch von dem, was den Menschen nützlich ist, das ist eine andere Sache, hierüber können die Menschen urteilen. Man nehme also diesen Nutzen zur Richtschnur und wähle die Lehre, welche ihm am angemessensten ist. Auf diese Art können wir hoffen, der Wahrheit so nahe zu kommen, wie es Menschen vergönnt ist, denn es ist zu vermuten, daß das, was den Geschöpfen am nützlichsten, dem Schöpfer am angenehmsten ist.

Wir wollen nun untersuchen, ob es eine natürliche Verwandtschaft zwischen uns gibt und ob wir uns wechselweise etwas sind. Ihr Juden, was denkt ihr vom Ursprung des Menschengeschlechts? Wir glauben, daß es von Einem Vater herstamme. Und ihr Christen? Wir denken darüber wie die Juden. Und ihr Türken? Wir denken darüber wie die Juden und die Christen. Dies ist schon etwas: Weil also alle Menschen Brüder sind, so müssen sie sich auch als solche lieben.

Sagt uns nun, von wem dieser gemeinsame Vater der Menschen das Leben erhalten hat? Denn von selbst kann er nicht entstanden sein. Von dem Schöpfer des Himmels und der Erde. Juden, Christen und Türken sind auch hierin einig, und dies ist auch ein wichtiger Punkt.

Ist dieser Mensch, dieses Werk des Schöpfers, einfach oder zusammengesetzt? Ist er aus einer einzigen Substanz oder aus mehreren? Er besteht aus zwei Substanzen, wovon die eine sterblich ist und die andere nicht sterben kann. Und ihr Türken? Wir denken das nämliche. Und ihr Juden? Früher waren unsere Begriffe hierüber so wie die Ausdrücke unserer heiligen Bücher sehr dunkel, allein die Essener haben uns aufgeklärt, und wir denken auch hierüber so wie die Christen.«

Indem man so von einer Frage zu der anderen fortgeht und sie über die göttliche Vorsehung, über die Ökonomie des zukünftigen Lebens und alle für eine gute Ordnung des menschlichen Geschlechts wesentlichen Fragen hört, so werden diese Leute von allen beinahe gleichförmige Antworten erhalten und ihnen sagen (man erinnere sich, daß die Theologen nicht dabei sind): »Freunde, warum quält ihr euch? Ihr seid in den wichtigsten Punkten einig; wenn ihr über das übrige nicht einig werden könnt, so sehe ich nicht, daß daran viel liegt. Bildet nur aus dieser kleinen Anzahl von Artikeln eine allgemeine Religion, welche sozusagen die menschliche und gesellschaftliche Religion sein soll, die jeder Mensch, der in der Gesellschaft lebt, zuzulassen verpflichtet ist. Dogmatisiert jemand gegen sie, so stoßt ihn als einen Feind ihrer Grundgesetze aus der Gesellschaft. Was das übrige betrifft, worüber ihr nicht einig werden könnt, so errichtet nach eurem besonderen Glauben ebensoviele Nationalreligionen und jeder befolge sie von ganzem Herzen. Geht aber nicht aus, um andere Völker zu zwingen, sie gleichfalls anzunehmen, und seid versichert, daß Gott dies nicht fordert. Denn es ist ebenso ungerecht, sie euren Meinungen als euren Gesetzen unterwerfen zu wollen, und die Missionare kommen mir nicht viel gescheiter vor als die Eroberer.

Bei der Befolgung eurer verschiedenen Lehren stellt euch dieselben nicht so bewiesen vor, daß ihr den, der daran zweifelt, für einen strafbaren und bösen Menschen haltet. Glaubt nicht, daß alle diejenigen, welche eure Beweise untersuchen und verwerfen, darum Starrsinnige sind, welche man wegen ihres Unglaubens bestrafen muß. Glaubt nicht, daß Vernunft, Wahrheitsliebe und Aufrichtigkeit unter euch allein herrschen. Was man auch tut, am Ende wird man immer geneigt sein, diejenigen als Feinde zu betrachten, die man beschuldigen wird, sich gegen den Augenschein zu stemmen. Man beklagt den Irrtum, aber man haßt die Halsstarrigkeit. Gebt euren Gründen den Vorzug, nun gut, allein wisset, daß diejenigen, welche sie nicht annehmen, auch die ihrigen haben.

Ehret im allgemeinen jeden Stifter eurer verschiedenen Gottesdienste. Jeder erweise dem seinigen die Ehre, die er ihm zu schulden glaubt, aber verachte nicht den der anderen. Sie sind alle großen Geistes gewesen und haben große Tugenden gehabt: dies verlangt allemal Achtung. Sie haben sich Gesandte Gottes genannt, dies kann sein oder auch nicht sein, die Menge kann darüber kein gleichförmiges Urteil fällen, weil die Beweise nicht allen auf die gleiche Weise faßlich sind. Wenn aber dieses auch nicht wäre, so darf man sie doch nicht sogleich der Betrügerei beschuldigen. Wer weiß, wieweit das beständige Nachdenken über die Gottheit und wieweit der Enthusiasmus für die Tugend in ihren hohen Seelen die didaktische und kriechende Ordnung gewöhnlicher Begriffe hat stören können? Bei zu großer Seelenerhebung schwindelt der Kopf, und man sieht die Dinge nicht mehr, wie sie sind. Sokrates glaubte einen Schutzgeist zu haben, und niemand hat ihn deshalb doch beschuldigen dürfen, ein Schelm zu sein. Wollen wir die Stifter der Völker und die Wohltäter der Menschen mit weniger Achtung behandeln als einen einzelnen Bürger?

Streitet endlich nicht mehr über den Vorzug eurer Gottesdienste. Sie sind alle gut, sobald sie von den Gesetzen vorgeschrieben sind und die wesentliche Religion enthalten; enthalten sie aber diese nicht, so sind sie nicht gut. Die Art des Gottesdienstes ist die äußere Ordnung der Religionen und nicht ihr Wesen, und dem Souverän kommt es zu, die äußere Ordnung in seinem Lande einzurichten.«

Ich dachte, Monseigneur, daß der, der so schließt, kein Gotteslästerer, kein Gottesleugner ist, daß er ein vernünftiges und gerechtes Mittel zum Frieden vorschlägt, welches den Menschen nützlich ist, daß er aber dessenungeachtet so wie andere seine besondere Religion haben und ihr von Herzen zugetan sein kann. Der wahre Gläubige weiß, daß der Ungläubige auch ein Mensch ist, daß er auch ein rechtschaffener Mensch sein kann, und er kann also, ohne lasterhaft zu werden, Teil an seinem Schicksal nehmen. Daß er die Einführung eines fremden Gottesdienstes in seinem Land verhindert, ist gerecht, allein, deswegen muß er nicht diejenigen verdammen, die nicht wie er denken, denn wer ein so verwegenes Urteil ausspricht, erklärt sich für den Feind des übrigen Menschengeschlechts. Ich höre beständig sagen, daß man die bürgerliche, nicht aber die theologische Toleranz annehmen müsse; ich denke gerade das Gegenteil. Ich glaube, daß ein rechtschaffener Mann in jeder Religion, der er aufrichtigen Herzens zugetan ist, selig werden kann. Ich glaube aber deswegen nicht, daß man ohne Erlaubnis des Souveräns fremde Religionen in einem Lande einführen darf, denn wenngleich dies nicht geradezu Ungehorsam gegen Gott ist, so ist es doch Ungehorsam gegen die Gesetze, und wer den Gesetzen nicht gehorcht, ist ungehorsam gegen Gott.

Was aber die einmal in einem Lande eingeführten oder geduldeten Religionen betrifft, so ist es ungerecht und grausam, sie dort mit Gewalt auszurotten, und der Souverän schadet sich selbst, indem er ihre Anhänger verfolgt. Es ist ein großer Unterschied, eine andere Religion anzunehmen, oder in der zu leben, worin man geboren ist; der erstere Fall allein ist strafbar. Man soll weder verschiedene Gottesdienste erlauben, noch die einmal eingeführten verbannen, denn der Sohn hat niemals unrecht, der Religion seines Vaters zu folgen. Die öffentliche Ruhe verbietet alle Verfolgungen. Die Religion erweckt niemals Unruhen in einem Staat, als wenn die herrschende Partei die schwächere unterdrücken will, oder wenn die schwächere Partei, die grundsätzlich intolerant ist, mit niemand in Frieden leben kann. Ein rechtmäßiger Gottesdienst aber, das heißt jeder Gottesdienst, welcher die wesentliche Religion enthält und dessen Anhänger bloß geduldet zu werden und in Frieden zu leben verlangen, hat niemals Unruhen oder Bürgerkriege erregt, außer wenn man sich verteidigen und den Verfolgern widerstehen mußte. Die Protestanten haben in Frankreich nicht eher die Waffen ergriffen, als bis man sie verfolgte. Hätte man sich entschließen können, sie in Ruhe zu lassen, so wären sie ruhig geblieben. Ich gebe es ohne Umschweife zu, daß die reformierte Religion anfangs kein Recht hatte, sich dem Gesetz zuwider in Frankreich niederzulassen. Sobald sie aber einmal, von den Vätern auf die Kinder fortgepflanzt, die Religion eines Teiles der französischen Nation geworden war und der Fürst feierlichst mit diesem Teil durch das Edikt von Nantes einen Vertrag eingegangen war, so wurde dieses Edikt ein unverletzlicher Vertrag, welcher nur mit Einwilligung beider Parteien aufgehoben werden konnte, und seit dieser Zeit ist die Ausübung der protestantischen Religion meiner Meinung nach in Frankreich rechtmäßig.

Wenn sie dies auch nicht wäre, so hätten die Untertanen immer die Wahl, entweder mit ihrem Vermögen das Königreich zu verlassen oder sich zu der herrschenden Religion zu bekennen. Allein, sie zwingen, dazubleiben, und sie nicht zu dulden, wollen, daß sie zu gleicher Zeit sein und auch nicht sein sollen, sie sogar des natürlichen Rechts zu berauben, ihre Ehen aufzuheben*, ihre Kinder für Bastarde zu erklären . . . ich muß schweigen, denn

* In einem Beschluß des Parlaments von Toulouse in der Sache des unglücklichen Calas macht man den Protestanten den Vorwurf, daß sie untereinander Ehen schließen, *welche nach den Protestanten bloß bürgerliche Verträge sind und daher sowohl in Rücksicht der Form als auch der Wirkung gänzlich dem Willen des Königs unterworfen sind.*

Wie also bei den Protestanten die Ehe ein bürgerlicher Vertrag ist, so folgt daraus, daß sie verpflichtet sind, sich dem Willen des Königs zu unterwerfen, welcher eine Handlung der katholischen Religion daraus macht. Die Protestanten müssen also, um sich zu verheiraten, dem Gesetze nach katholisch werden, weil die Ehe bei ihnen bloß ein bürgerlicher Vertrag ist. So schließen die Herren Parlamentsräte von Toulouse.

Frankreich ist ein so weitläufiges Königreich, daß die Franzosen sich in den Kopf gesetzt haben, die ganze Welt dürfe keine anderen Gesetze als die ihrigen annehmen. Ihre Parlamente und ihre Gerichte scheinen nicht den geringsten Begriff vom natürlichen Recht oder vom Völkerrecht zu haben, und es ist merkwürdig, daß in diesem großen Reich, in dem es so viele Universitäten, so viele Kollegien, so viele Akademien gibt und wo man mit so viel Gepränge so viele unnütze Dinge lehrt, nicht ein einziger Lehrstuhl des natürlichen Rechts sich findet. Dies ist das einzige Volk in Europa, welches dieses Studium für unnütz erklärt hat.

wenn ich nur das sagen wollte, was wahr ist, so würde ich zuviel sagen.

Folgendes wenigstens kann ich hierüber sagen. Betrachtet man nur die Staatsklugheit, dann hat man vielleicht wohlgetan, daß man den französischen Protestanten alle ihre Anführer nahm, allein, damit mußte man sich begnügen. Die politischen Grundsätze haben ihre Anwendung und ihre Unterschiede. Um Unruhen vorzubeugen, welche man nicht zu befürchten hat, raubt man sich eine Stütze, welche man sehr nötig hätte. Was kann eine Partei, welche weder Große noch den Adel auf ihrer Seite hat, in einem Königreich wie Frankreich Übles tun? Untersuchen Sie alle vorigen Kriege, welche man Religionskriege nennt, und Sie werden nicht einen finden, welcher seinen Ursprung nicht am Hof oder in dem Interesse der Großen gehabt hätte. Kabinettsintrigen brachten die öffentlichen Angelegenheiten in Verwirrung, und nachher wiegelten die Oberhäupter im Namen Gottes das Volk auf. Was für Intrigen, was für Ränke können aber Kaufleute und Bauern schmieden? Wie wollen sie es anfangen, sich einen Anhang in einem Lande zu erwerben, wo man nichts als Herren und Knechte haben will und wo die Gleichheit unbekannt ist oder verabscheut wird? Ein Kaufmann, welcher vorschlägt, Truppen zu werben, kann in England zwar Gehör finden, aber in Frankreich lacht man ihn aus*.

Wäre ich König, nein, Minister, noch weniger, doch ein mächtiger Mann in Frankreich, so würde ich sagen: Alles strebt bei uns nach Ämtern, nach Diensten, jeder will das Recht kaufen, ungerecht zu handeln, Paris und der Hof verschlingen alles. Man lasse also diese armen Leute die Leere der Provinzen füllen, seien sie Kaufleute, nichts als Kaufleute, Bauern und nichts als Bauern. Da sie sich nicht über ihren Stand erheben können, so werden sie ver-

* Der einzige Fall, wo ein Volk, welches keine Anführer mehr hat, gezwungen ist, noch die Waffen zu ergreifen, ist, wenn es von den Verfolgern zur Verzweiflung getrieben wird und ihm also nichts zu wählen übrig bleibt als die Art, wie es umkommen will. So war am Anfang dieses Jahrhunderts der Krieg mit den Camisards. Dann staunt man, welche Kraft die Verzweiflung einer verachteten Partei einflößt. Dieses haben die Verfolger niemals im voraus berechnen können. Solche Kriege kosten jedoch so viel Blut, daß man es vorher reichlich überlegen sollte, ehe man sie unvermeidlich macht.

suchen, das Beste aus ihm zu machen, sie werden die, die zu uns gehören, in dem Privatstand, aus dem wir alle herauszutreten suchen, ersetzen, sie werden den Handel und den Ackerbau emporbringen, welchen wir ganz vernachlässigen, sie werden arbeiten, und wir werden genießen.

Wäre dieser Vorschlag auch nicht gerechter als diejenigen, welche man befolgt, so wäre er wenigstens menschlicher und sicherlich nützlicher. Die Vorurteile und die Kurzsichtigkeit der Großen machen die Nationen unglücklich, und nicht so sehr die Tyrannei und der Ehrgeiz ihrer Befehlshaber.

Zum Schluß werde ich eine Art Rede hierhersetzen, welche eine gewisse Verbindung mit meiner Sache hat und die mich nicht weit davon entfernen wird.

Ein Parse hatte zu Surate heimlich eine Muselmanin geheiratet, es wurde entdeckt, und man nahm ihn gefangen, und da er den mohammedanischen Glauben nicht annehmen wollte, so wurde er zum Tode verurteilt. Ehe er hingerichtet wurde, hielt er folgende Rede an seine Richter.

»Wie, ihr wollt mir das Leben nehmen? Wofür straft ihr mich denn? Ich habe mein Gesetz vielmehr als das eurige übertreten: mein Gesetz spricht zum Herzen und ist nicht grausam. Meine Brüder haben mich durch ihre Verachtung schon für mein Verbrechen gestraft. Was habe ich aber euch getan, daß ihr mich zum Tode verdammt? Ich habe euch als meine Verwandten angesehen und habe mir eine Schwester unter euch ausgesucht. Ich habe sie in ihrem Glauben nicht irregemacht, und sie hat um ihres eigenen Besten willen den meinigen in Ehren gehalten. Nicht ungern auf sie allein eingeschränkt, habe ich sie als das Werkzeug des Gottesdienstes geehrt, den mein Schöpfer verlangt, ich habe durch sie den Zoll bezahlt, welchen jeder Mensch der Menschheit schuldig ist, die Liebe gab sie mir und die Tugend machte sie mir wert, sie war nicht meine Sklavin, sie hat das Herz ihres Mannes ungeteilt besessen, und sie ist ebenso wie ich durch meinen Fehler glücklich geworden.

Um ein so verzeihliches Verbrechen zu sühnen, wolltet ihr einen Betrüger und einen Lügner aus mir machen, ihr wolltet mich zwingen, eure Gesinnungen zu bekennen, ohne daß ich sie liebte oder daran glaubte, gerade als wenn die Übertretung meiner Gesetze mich der Gewalt der eurigen unterwürfe; so habt ihr mir den Meineid und den Tod zur Wahl angeboten, und ich habe also gewählt, denn ich will euch nicht hintergehen. Ich sterbe also, weil ich muß; allein, ich sterbe würdig, wiederum aufzuleben und einen anderen gerechten Mann zu beseelen. Ich sterbe als ein Märtyrer meiner Religion, ohne zu befürchten, daß ich nach meinem Tode die eurige annehmen muß. Möge ich unter den Muselmanen wieder aufwachen, um sie Menschlichkeit, Mitleid und Billigkeit zu lehren, denn obgleich wir beide einem Gott dienen, weil es nicht zwei gibt, verblendet euch euer Eifer und ihr quält seine Diener, und ihr seid nur darum grausam und blutdürstig, weil ihr nicht folgerichtig seid.

Ihr seid Kinder, die bei ihren Spielen den anderen immer Schaden zufügen. Ihr glaubt, gelehrt zu sein, und ihr wißt nichts von Gott. Sind eure neuen Lehren dem angemessen, der ist und zu aller Zeit angebetet sein will? Ihr neuen Völker, wie könnt ihr uns von Religion sprechen? Unsere Riten sind so alt wie die Sterne: die ersten Strahlen der Sonne haben unsere Väter erleuchtet und ihre Verehrung erhalten. Der große Zerdust sah die Welt in ihrer Kindheit, er hat die Ordnung des Ganzen vorhergesehen und bestimmt, und ihr Menschen von gestern her wollt unsere Propheten sein? Zwanzig Jahrhunderte vor Mohammed und vor er Geburt Ismaels und seines Vaters waren unsere Magi schon alt. Unsere heiligen Bücher waren die Gesetze Asiens und der Welt, und drei große Reiche haben unter unseren Vorfahren ihre lange Bahn durchlaufen, ehe eure Vorfahren aus dem Nichts hervorkamen.

Seht, ihr verblendeten Menschen, welch ein Unterschied zwischen uns und euch ist. Ihr wollt Rechtgläubige sein und ihr lebt wie Barbaren. Eure Einrichtungen, eure Gesetze, euer Gottesdienst und selbst eure Tugenden quälen und erniedrigen den Menschen. Ihr habt ihm nichts als traurige Pflichten vorzuschreiben. Fasten, Enthaltsamkeit, Kämpfe, Verstümmelungen und Einsperrung: ihr habt keine anderen Pflichten als solche, die den Menschen niederschlagen und ihn einschränken. Ihr macht ihm das Leben und alles, wodurch es erhalten wird, verhaßt: eure

Weiber sind ohne Männer, eure Ländereien ohne Anbau, ihr eßt die Tiere und tötet die Menschen, ihr seid gierig nach Blut und Mordtaten, alle eure Einrichtungen beleidigen die Natur und erniedrigen die Menschheit, und unter dem doppelten Joch des Despotismus und des Fanatismus erdrückt ihr sie durch ihre Könige und ihre Götter.

Wir aber, wir sind friedliebende Menschen, wir fügen keinem lebendigen Wesen irgendein Leid zu oder wünschen es ihm, nicht einmal unseren Tyrannen: Wir überlassen ihnen ohne Murren die Frucht unserer Arbeit, zufrieden, daß wir ihnen nützen und daß wir unsere Pflicht erfüllen. Eure Weiden sind von unseren zahlreichen Herden bedeckt, die durch unsere Hände gepflanzten Bäume geben euch ihre Früchte und ihren Schatten, euer Feld ernährt euch, weil wir es bearbeiten: ein stilles und friedfertiges Volk vermehrt sich unter eurem Joch und zieht Leben und Überfluß aus dem Schoß der gemeinsamen mütterlichen Erde, woraus ihr nichts ziehen könnt. Die Sonne, die wir zum Zeugen unserer Werke anrufen, bescheint unsere Geduld und eure Ungerechtigkeit; sie geht niemals auf, ohne uns beschäftigt zu finden, Gutes zu tun, und geht sie unter, so führt sie uns in den Schoß unserer Familien, um uns auf neue Arbeiten vorzubereiten.

Gott allein kennt die Wahrheit. Wenn wir uns trotz all dem in unserem Gottesdienst irren, so ist es nicht wahrscheinlich, daß wir, die wir auf Erden nichts als Gutes tun, zur Hölle verdammt werden, und daß ihr, die ihr nichts als Böses tut, die Auserwählten Gottes sein solltet. Befänden wir uns im Irrtum, so solltet ihr ihn um eures eigenen Besten willen achten. Unsere Frömmigkeit macht euch fett und eure verzehrt euch, wir ersetzen den Schaden, welchen eine zerstörende Religion euch zufügt. Glaubt mir, laßt uns einen Gottesdienst, welcher euch so nützlich ist, und zittert, daß wir einst den eurigen annehmen: dies wäre das größte Unglück, das euch begegnen könnte.«

Ich habe mich bemüht, Monseigneur, Ihnen begreiflich zu machen, in welchem Geist das Glaubensbekenntnis des savoyischen Vikars geschrieben worden ist, und welche Betrachtungen mich bewogen haben, es herauszugeben. Ich frage Sie nun, inwiefern Sie seine Lehre gotteslästerlich, gottlos, abscheulich nennen und was Sie Anstößiges und dem menschlichen Geschlecht Schädliches darin finden? Ich frage auch diejenigen, welche mich beschuldigen, daß ich Dinge gesagt habe, welche ich verschweigen sollte, und daß ich die öffentliche Ruhe stören wollte, eine unbestimmte und verwegene Anschuldigung, womit Leute, die niemals über das, was nützlich oder schädlich ist, nachgedacht haben, das leichtgläubige Publikum durch ein einziges Wort gegen einen gutgesinnten Schriftsteller aufwiegeln. Heißt denn das den Unglauben predigen, wenn man das Volk zu dem wahren Glauben zurückführt, welchen es vergessen hat? Stört man die öffentliche Ruhe, wenn man jeden an die Gesetze seines Landes erinnert? Verwirft man deswegen allen Gottesdienst, wenn man jedes Volk auf den seinigen einschränkt? Heißt das, die Religion abzulegen, wenn man behauptet, daß man sie nicht verlassen soll? Verspottet man jede Religion, wenn man alle Religionen in Ehren hält? Und endlich, ist es denn so wesentlich, daß jede Religion die andere haßt, und wird einer Religion alles genommen, wenn man ihr diesen Haß nimmt?

Hiervon indes will man das Volk überzeugen, wenn man ihm gegen seinen Verteidiger Haß einzuflößen versucht und wenn man die Macht in Händen hat. Jetzt, ihr grausamen Menschen, bringen eure Richtersprüche, eure Scheiterhaufen, eure Hirtenbriefe, eure Tagesschriften dieses Volk auf und täuschen es über mich. Es glaubt eurem Geschrei und hält mich für ein Ungeheuer, aber euer Geschrei wird endlich aufhören, und meine Schriften werden trotz euch zu eurer Schande bleiben. Christen, die nicht so von euch verblendet sind, werden erstaunt die Greuel in meinen Schriften suchen, welche Ihr darin zu finden vorgebt, und sie werden außer der Lehre ihres göttlichen Meisters nichts als friedfertige Lehren und Ermahnungen zur Eintracht und Liebe darin finden. Möchten sie doch lernen, gerechter zu sein als ihre Väter! Möchten doch ihre Tugenden, welche sie daraus geschöpft haben werden, mich eines Tages für eure Verwünschungen rächen.

Was endlich die Einwürfe wegen der besonderen Sekten betrifft, in welche die Welt jetzt geteilt ist, so wünschte ich, ihnen Stärke genug geben zu können, um jeden weniger hartnäckig in der seinigen und weniger feindlich gegen die anderen zu machen, um jeden Menschen zur Nachsicht, zur Sanftmut durch die so auffallende und so natürliche Betrachtung zu bringen, daß, wäre er in einem anderen Lande, in einer anderen Sekte geboren, er unfehlbar das für Irrtum halten würde, was er jetzt für Wahrheit, und für Wahrheit, was er jetzt für Irrtum hält! Es wäre so viel daran gelegen, wenn die Menschen weniger auf den Meinungen bestünden, welche sie entzweien, als auf denjenigen, welche sie vereinigen! Sie vernachlässigen aber im Gegenteil alles, was sie verbinden könnte, und verfolgen sich wegen einzelner Meinungen mit einer Art von Wut, und je weniger diese Meinungen mit der Vernunft übereinzustimmen scheinen, desto stärker bestehen sie darauf, und jeder wünscht durch sein Zutrauen ihnen diejenige Autorität zu ersetzen, welche die Vernunft seiner Partei verweigert. Einig mithin im Grunde über alles, was uns nahe angeht, bringt man sein Leben damit zu, sich zu zerstreiten, listig Einwände zu machen, sich zu quälen, zu verfolgen und sich um Dinge zu schlagen, von denen man so gut wie nichts versteht, und deren Verständnis auch höchst unnütz ist. Man häuft um nichts und wieder nichts Entscheidung auf Entscheidung, man übertüncht umsonst die Widersprüche durch einen unverständlichen Wortkram, man findet täglich neue Fragen zu beantworten, täglich entsteht neuer Streit, weil jede Lehre ihre unendlichen Zweige hat und jeder, von seinem kleinen Denken eingenommen, das für wesentlich hält, was es nicht ist, und darüber das wahre Wesentliche vernachlässigt. Macht man ihnen Einwürfe, die sie nicht beantworten können, und dieses wird bei ihrem Gerüst von Lehren täglich leichter, so werden sie gleich Kindern ungebärdig, und weil sie ihrer Partei mehr als der Wahrheit ergeben sind, weil sie mehr Stolz als Aufrichtigkeit besitzen, so verzeihen sie am wenigsten irgendeinen Zweifel an dem, was sie am wenigsten beweisen können.

Meine eigene Geschichte zeichnet besser als irgendeine andere das Urteil vor, welches man über die heutigen Christen zu fällen hat; da sie aber mehr enthält, als man glauben kann, so wird man vielleicht einst ein gegenteiliges Urteil darüber fällen. Das, was jetzt meinen Zeitgenossen zur Schande gereicht, wird vielleicht künftig ihnen zur Ehre gereichen, und die Einfältigen werden beim Lesen meines Buches mit Verwunderung sagen: Welch himmlische Zeiten müssen das gewesen sein, als man ein solches Buch als gottlos verbrannte und seinen Verfasser als einen Übeltäter verfolgte! Ohne Zweifel atmeten damals alle Schriften die erhabenste Andacht, und die Welt war voller Heiliger!

Allein, andere Bücher werden bleiben. Man wird zum Beispiel erfahren, daß dieses nämliche Jahrhundert einen Lobredner der Bartholomäusnacht hervorgebracht hat, der ein Franzose und, wie man leicht denken kann, ein Geistlicher war, ohne daß weder das Parlament noch ein Prälat daran gedacht haben, ihn deswegen auch nur zu beunruhigen. Alsdann, wenn man die Moral beider Schriften und das Unrecht beider Verfasser vergleicht, wird man die Sprache ändern und etwas ganz anderes daraus folgern.

Abscheuliche Lehren sind diejenigen, welche zum Verbrechen, zum Mord verleiten und Fanatiker hervorbringen. Kann es denn wohl etwas Abscheulicheres in der Welt geben, als die Ungerechtigkeit und Gewalttätigkeit in ein System zu bringen und sie aus der Milde Gottes herzuleiten? Ich will mich enthalten, mich hier auf eine Parallele einzulassen, die Ihnen mißfallen könnte. Geben Sie nur zu, Monseigneur, daß, wenn Frankreich sich zu der Religion des savoyischen Vikars bekannt hätte, zu dieser so reinen und einfachen Religion, welche Gott fürchten und die Menschen lieben lehrt, so wäre das französische Land nicht mit so viel Blut überschwemmt worden; dieses sanfte und fröhliche Volk hätte bei anderen Völkern nicht durch seine Grausamkeiten bei so vielen Verfolgungen und Metzeleien von der Inquisition zu Toulouse* bis zur Bartholomäusnacht und von den Albigenser-Kriegen bis zu den Dragonaden das größte Erstaunen erregt; der Ratsherr

* Es ist wahr, daß Dominikus, ein spanischer Heiliger, großen Anteil daran hatte. Dieser Heilige war, einem Schriftsteller seines Ordens zufolge, so liebreich, indem er gegen die Albigenser predigte, einige andächtige und für den Glauben eifrige Personen dazu zu bewegen, daß sie es auf sich nahmen, die Ketzer körperlich auszurotten mit dem materiellen Schwert, die er nicht mit dem Schwert des göttlichen Wortes bekehren konnte. *Ob caritatem, praedicans contra Albienses, in adjutorium sumsit quasdam devotas personas, zelantes pro fide, quae corporaliter illos Haereticos gladio materiali expugnarent, quos ipse gladio verbi Dei amputare non posset.* Antonin. in *Chron.* P. III. tit. 23. c. 14. §. 2. Diese christliche Liebe ist der des Vikars nicht sehr ähnlich; auch wird sie anders belohnt. Die eine führte zur Verurteilung, die andere zur Kanonisierung derer, die sich zu ihr bekannten.

Anne du Bourg wäre nicht gehängt worden, weil er zur Sanftmut gegen die Reformierten gestimmt war; die Einwohner von Merindol und Cabrieres wären von dem Parlament zu Aix nicht zum Tode verurteilt worden, und der unglückliche Calas wäre nicht unter unseren Augen durch die Henker gemartert worden und auf dem Rad umgekommen. Wir wollen nun, Monseigneur, auf Ihre Kritik und auf die Gründe, auf welche Sie sie bauen, zurückkommen.

Das Wort Gottes wird uns immer nur von Menschen bezeugt, sagt der Vikar, und sie bezeugen es uns noch in Sprachen, die uns unbekannt sind. Oft wäre es im Gegenteil sehr nötig, daß Gott uns die Worte der Menschen bestätigte; wenigstens hätte er selbst zu uns sprechen können, ohne sich solcher verdächtiger Werkzeuge zu bedienen. Der Vikar beklagt sich, daß das Wort Gottes durch so viele menschliche Zeugnisse bekräftigt werden muß: *Wieviele Menschen*, sagt er, *zwischen Gott und mir**.

Sie antworten: *Damit Vernunft in dieser Klage wäre, meine teuersten Brüder, müßte man schließen können, die Offenbarung sei falsch, sobald sie nicht jedem Menschen insbesondere geschehen wäre, und man müßte sagen können: Gott kann nicht verlangen, daß ich das glauben soll, wovon man mir versichert, daß er es gesagt habe, sobald er sein Wort nicht unmittelbar an mich richtet***.

Gerade umgekehrt ist in dieser Klage nur insofern Vernunft, als man die Wahrheit der Offenbarung annimmt. Denn, wenn man sie für falsch hält, so kann man sich nicht über die Mittel beklagen, welche Gott gewählt hat, denn er hat sich alsdann gar keiner Mittel bedient. Soll er für die Betrügereien eines Betrügers geradestehen? Wenn Sie sich hintergehen lassen, ist das Ihre Schuld und nicht die seinige. Allein, wenn Gott, der frei seine Mittel wählen kann, vorzüglich solche wählt, die unsererseits so viel Wissen und so tiefe Erörterungen erfordern, hat dann der Vikar unrecht, wenn er sagt: »Laßt uns also zusehen; untersuchen, vergleichen und überprüfen wir. Wenn Gott mich all dieser Arbeit zu überheben geruht hätte, hätte ich ihm dann weniger gern gedient?«

* *Emile*, viertes Buch.
** *Mandement*, §. XV.

Monseigneur, der Mittelsatz Ihres Schlusses ist bewunderungswürdig. Ich muß ihn ganz hierhersetzen, ich führe gerne Ihre eigenen Worte an, das ist meine größte Bosheit.

Gibt es nicht unendlich viele Tatsachen, selbst solche, die vor der christlichen Offenbarung geschehen sind, an denen zu zweifeln widersinnig wäre? Auf welchem anderen Weg als durch menschliche Zeugnisse hat der Verfasser selbst dieses Sparta, dieses Athen, dieses Rom kennengelernt, dessen Gesetze, Sitten und Helden er so oft und so zuversichtlich preist? Wie viele Menschen zwischen ihm und den Geschichtsschreibern, welche das Gedächtnis dieser Begebenheiten aufbewahrt haben!

Wäre diese Materie weniger ernsthaft und hätte ich weniger Achtung für Sie, so könnte mir diese Art zu schließen Gelegenheit geben, meine Leser etwas aufzuheitern, allein, es sei ferne von mir, den Ton zu vergessen, der sich für den Gegenstand ziemt, welchen ich behandele, und für den Mann, mit dem ich rede. Auf die Gefahr also, in meiner Antwort platt zu sein, ist es mir genug, wenn ich beweise, daß Sie sich geirrt haben.

Geruhen Sie also zu bemerken, daß es ganz und gar in der Ordnung ist, daß menschliche Begebenheiten durch menschliche Zeugnisse bestätigt werden. Durch kein anderes Mittel kann dieses geschehen. Ich kann nicht wissen, ob Sparta oder Rom jemals vorhanden gewesen sind, als wenn gleichzeitige Schriftsteller mir es sagen, und zwischen mir und einem anderen Menschen, welcher lange vor mir gelebt, müssen notwendigerweise Mittelspersonen sein; warum aber müssen welche zwischen Gott und mir sein und warum so sehr entfernte, daß sie sogar noch der Hilfe anderer bedürfen? Ist es einfach, ist es natürlich, daß Gott Moses gewählt hat, um mit Jean Jacques Rousseau zu sprechen?

Übrigens ist niemand bei Strafe einer ewigen Verdammnis verbunden, zu glauben, daß Sparta jemals vorhanden gewesen ist, und keiner, der daran zweifelt, wird dafür von ewigen Flammen verzehrt werden. Jede Begebenheit, von der wir nicht Zeugen sind, beruht für uns nur auf moralischen Beweisen, und jeder moralische Beweis ist eines Mehr oder Weniger fähig. Soll ich glauben, die göttliche Gerechtigkeit werde mich bloß deswegen auf immer in die Hölle stürzen, weil ich nicht genau den Punkt bestimmen konnte, wo ein solcher Beweis unumstößlich wird.

Wenn je in der Welt eine Geschichte bestätigt war, so ist es die Geschichte der Vampire. Nichts fehlt daran: Gerichtsakten, Zeugnisse von Notablen, von Wundärzten, von Pfarrern und Magistratspersonen. Der gerichtliche Beweis ist einer der vollständigsten. Bei all dem, wer glaubt an die Vampire? Werden wir alle verdammt werden, weil wir nicht daran geglaubt haben?

So sehr auch einige von Titus Livius erzählte Wundergeschichten selbst dem ungläubigen Cicero bestätigt erscheinen, so sehe ich sie doch als Fabeln an, und sicher bin ich nicht der einzige. Meine beständige Erfahrung und die Erfahrung aller anderen Menschen beweist hier mehr als das Zeugnis einiger weniger. Wenn Sparta und Rom selbst Wunder waren, so waren sie dies in moralischem Verstande, und so wie man sich irren würde, in Lappland die natürliche Größe des Menschen mit vier Fuß zu bestimmen, ebenso würde man sich irren, wenn man bei uns die Größe der menschlichen Seele nach dem Maß derjenigen festsetzte, die man um sich erblickt.

Sie werden sich zu erinnern belieben, daß ich fortfahre, Ihre Schlüsse in sich selbst zu untersuchen, ohne diejenigen zu verteidigen, welche sie bestreiten. Nach dieser nötigen Erinnerung werde ich mir über Ihre Art, Ihre Gründe aufzustellen, noch eine Vermutung erlauben.

Ein Bewohner der Rue St. Jacques kommt zu dem Herrn Erzbischof zu Paris und hält folgende Rede. »Monseigneur, ich weiß, daß Sie weder an die Seligkeit des heiligen Jean de Pâris noch an die Wunder glauben, welche Gott öffentlich auf seinem Grab im Angesicht der gelehrtesten und zahlreichsten Stadt Europas hat geschehen lassen. Allein, ich glaube Ihnen bezeugen zu müssen, daß ich soeben diesen Heiligen an der Stelle, wo seine Gebeine ruhen, habe auferstehen sehen.«

Der Mann aus der Rue St. Jacques wird noch die Erzählung aller dabei vorgefallenen Umstände hinzusetzen, welche den Zuschauer einer solchen Begebenheit in Erstaunen setzen können. Ich bin überzeugt, daß beim Hören dieser Neuigkeit, ehe Sie sich über den Glauben erklären, den Sie ihr beimessen, Sie zunächst diesen Mann, der sie Ihnen bezeugt, über seinen Stand, seine Meinungen, seinen Beichtvater und andere ähnliche Artikel befragen werden, und wenn Sie dann aus seinem Wesen wie aus seinen Reden schließen können, daß er ein armer Handwerksmann ist und Ihnen keinen Beichtzettel vorweisen kann, so wird Sie das in der Meinung bestärken, daß er Jansenist sei, und Sie werden mit spöttischer Miene zu ihm sagen: »Ach, ach, Ihr seid ein Konvulsionär und Ihr habt den Hl. Pâris auferstehen sehen? Dies ist nicht eben erstaunlich, Ihr habt noch viele andere Wunder gesehen!«

Jener wird, immer noch nach meiner Voraussetzung, ohne Zweifel darauf bestehen, und er wird sagen, nicht er allein habe das Wunder gesehen, zwei oder drei Personen seien bei ihm gewesen, welche das nämliche gesehen hätten, und andere, welchen er es erzählen wollte, hätten ihm versichert, es auch gesehen zu haben. Hierauf werden Sie ihn fragen, ob alle diese Zeugen Jansenisten waren. »Ja, Monseigneur«, wird er sagen, »allein, dies schadet nicht, es sind ihrer genug und Leute von guten Sitten, gesunder Vernunft, und ihr Zeugnis ist nicht zu verwerfen; der Beweis ist vollständig und unserer Aussage fehlt nichts mehr, um die Wahrheit der Tatsache zu erhärten.«

Andere weniger milde Bischöfe würden den Polizeidiener herbeirufen lassen und ihm diesen guten, mit der herrlichen Vision begnadeten Mann übergeben, damit er im Irrenhaus Gott dafür danken möchte. Sie aber, Monseigneur, sind menschlicher, aber nicht leichtgläubiger, und werden sich also damit begnügen, nach einer ernsthaften Ermahnung zu ihm zu sagen: »Ich weiß, daß zwei oder drei rechtschaffene und vernünftige Leute das Leben oder den Tod eines Menschen bezeugen können, allein ich weiß nicht, wieviele dazu gehören, um die Auferstehung eines Jansenisten zu beweisen. Unterdessen, bis ich dies erfahre, gehet hin und sucht euren schwachen Kopf zu stärken. Ich spreche euch vom Fasten los, und hier habt Ihr etwas, euch eine gute Fleischbrühe zu kochen.«

Dies etwa, Monseigneur, würden Sie und jeder andere vernünftige Mann an Ihrer Stelle sagen. Hieraus schließe ich nun, daß selbst nach Ihrer und nach jedes anderen klugen Mannes Meinung die moralischen Beweise, welche hinlänglich sind, um Dinge zu beweisen, die in der Ordnung der moralischen Möglichkeit bestehen können, nicht hinreichen, um Dinge, die in eine ganz andere Ordnung gehören und übernatürlich sind, zu beweisen: Sie mögen nun selbst über die Richtigkeit Ihres Vergleichs urteilen.

Indessen ziehen Sie folgenden triumphierenden Schluß gegen mich daraus: *Sein Skeptizismus ist also hier nur auf das Interesse seines Unglaubens gegründet**. Monseigneur, wenn ich jemals ein Bistum von hunderttausend Livres Einkünften dadurch erhalte, dann können Sie von dem Interesse meines Unglaubens reden.

Ich fahre nun fort, Sie abzuschreiben, und werde mir bloß die Freiheit nehmen, die Stellen meines Buches, welche Sie weglassen, im Notfall wiederherzustellen.

»Man nehme an, *fährt er weiter fort*, daß ein Mensch uns folgendermaßen anrede: Sterbliche, ich verkündige euch den Willen des Allerhöchsten; erkennet an meiner Stimme denjenigen, der mich sendet. Ich befehle der Sonne, ihren Lauf zu ändern, ich schreibe den Sternen eine andere Ordnung vor, den Bergen befehle ich, zu Ebenen zu werden, den Wellen, sich zu erheben, und der Erde, ein anderes Aussehen anzunehmen: wer wird an diesen Wundern nicht sogleich den Herrn der Natur erkennen?« *Wer würde nicht glauben, meine teuersten Brüder, daß derjenige, der sich so ausdrückt, nichts weiter verlangt, als Wunder zu sehen, um ein Christ sein zu können?*

Noch mehr als dies, Monseigneur, ich brauche nicht einmal Wunder, um ein Christ zu sein.

Man höre nun, was er weiter sagt. »Es bleibt also, sagt er, noch die höchst wichtige Untersuchung dieser Lehre übrig, denn weil diejenigen, welche behaupten, daß Gott hienieden Wunder tue, auch behaupten, daß der Teufel sie oft nachahme, so sind wir bei den am besten bezeugten Wundern dennoch nicht weiter gekommen als vorher, und weil die Zauberer des Pharao sogar in Gegenwart Moses dieselben Zeichen zu tun wagten, welche Mose auf Gottes ausdrücklichen Befehl tat, warum konnten sie in seiner Abwesenheit nicht auf eben die Ansprüche hin dasselbe Ansehen für sich erlangen? Nachdem man also die Lehre durch Wunder bewiesen hat, muß man die Wunder wieder durch die Lehre beweisen, denn

* *Mandement*, §. XV.

sonst könnte man das Werk des Teufels für das Werk Gottes ansehen*. Was kann man also in einem solchen Fall tun, um dieses Dilemma zu vermeiden? Nur eines: man muß wieder seine Vernunft zu Hilfe nehmen und Wunder Wunder sein lassen. Besser wäre es gewesen, man hätte gar nicht seine Zuflucht zu ihnen genommen.«

Das heißt also: man zeige mir Wunder, und ich werde glauben. Ja, Monseigneur, das heißt, man zeige mir Wunder, und ich werde an Wunder glauben. *Das heißt: man zeige mir Wunder, und ich werde mich immer noch weigern zu glauben.* Ja, Monseigneur, es heißt nach Moses Vorschrift selbst**: man zeige mir Wunder, und ich werde mich immer noch weigern, eine ungereimte und unvernünftige Lehre anzunehmen, welche man durch sie unterstützen wollte. Ich will eher an Magie glauben, als die Stimme Gottes in einer Lehre erkennen, welche wider die Vernunft streitet.

Ich habe gesagt, dies sei die einfachste gesunde Vernunft, die man nur mit übertriebenen Spitzfindigkeiten verwirren könnte: dies war wieder eine meiner Prophezeiungen, hier ist ihre Erfüllung.

*Wenn eine Lehre als wahr, göttlich und auf eine gewisse Offenbarung gegründet anerkannt ist, so bedient man sich ihrer, um über die Wunder zu urteilen, das heißt, die vorgeblichen Wunder, welche von Betrügern hervorgebracht werden, um sie der wahren Lehre entgegenzusetzen. Wenn es sich um eine neue Lehre handelt, die man als eine aus der Gottheit selbst entspringende verkündigt, so dienen die Wunder zum Beweis, das heißt, derjenige, der sich als einen Gesandten des Allerhöchsten ausgibt, bekräftigt seine Sendung, seine Predigt durch Wunder, die das Zeugnis der Gottheit selber sind. Also sind die Lehre und die Wunder gegenseitige Beweise, deren man sich je nach den verschiedenen Standpunkten bedient, die man in der Erforschung und im Unterricht der Religion einnimmt. Es ist darin weder Mißbrauch des vernünftigen Schließens, noch eine lächerliche Sophisterei, noch ein fehlerhafter Zirkel enthalten.****

* Ich sehe mich hier gezwungen, hier die Anmerkung mit dem Text zu vermischen, nach Art des Herrn von Beaumont. Der Leser kann beides in dem vierten Buch [des *Emile*] selbst nachlesen.

** 5. Mose, 13.

*** *Mandement*, §. XVI.

Der Leser mag urteilen. Ich meinesteils will nicht ein Wort hinzusetzen. Ich habe vorher einige Male mit meinen eigenen Stellen geantwortet, aber hier will ich Ihnen mit Ihrer eigenen Stelle antworten.

Wo bleibt also, meine teuersten Brüder, die philosophische Redlichkeit, mit der sich dieser Schriftsteller schmückt?

Monseigneur, ich habe nie mit einer philosophischen Redlichkeit geprahlt, denn ich kenne keine solche. Ich wage es sogar beinahe nicht mehr, von der christlichen Redlichkeit zu sprechen, seitdem die sogenannten Christen unserer Tage es so ungern sehen, daß man die Einwürfe, welche sie in Verlegenheit setzen, nicht unterdrückt. Allein, was die reine und einfache Redlichkeit anlangt, so frage ich, ob man die meinige oder die Ihrige hier am leichtesten finden kann.

Je weiter ich komme, desto interessanter werden die abzuhandelnden Punkte. Ich muß also fortfahren, Sie abzuschreiben. Ich möchte bei Erörterungen von dieser Wichtigkeit nicht ein einziges Ihrer Worte auslassen.

Man sollte glauben, daß nach den größten Bemühungen, die menschlichen Zeugnisse, welche die christliche Offenbarung bestätigen, umzustoßen, der nämliche Schriftsteller sich gleichwohl auf die entschiedenste, feierlichste Weise unterwirft.

Man würde unstreitig recht haben, weil ich jede Lehre für geoffenbart halte, in der ich den Geist Gottes erkenne. Nur muß man Ihren Ausdrücken das Zweideutige nehmen, denn wenn die Worte *sich unterwirft* sich auf die christliche Offenbarung beziehen, so haben Sie recht, aber wenn sie sich auf die menschlichen Zeugnisse beziehen, haben Sie unrecht. Dessenungeachtet werde ich mich Ihres Zeugnisses gegen diejenigen bedienen, welche behaupten, daß ich alle Offenbarung verwerfe; als ob man eine Lehre verwürfe, wenn man sie einigen dem menschlichen Geist unauflöslichen Schwierigkeiten unterworfen sieht, und als ob man sie verwürfe, wenn man sie nicht auf das Zeugnis der Menschen annehmen will, da man andere gleichwertige oder ihnen noch vorzuziehende Beweise hat, welche uns jener überheben? Sie sagen zwar bedingungsweise *man sollte glauben*, allein, *man sollte glauben* bedeutet *man glaubt*, sobald der Grund zur Ausnahme, nicht zu glauben, auf nichts hinausläuft, wie man nachher an dem von Ihnen angegebenen Grund sehen wird. Ich will mit dem bejahenden Beweis anfangen.

Ich muß nun, um Euch, meine teuersten Brüder, zu überzeugen und zugleich auch zu erbauen, diese Stelle seines Werkes Euch vor Augen legen. »Ich gestehe es, die Majestät der heiligen Schriften erregt mein Erstaunen und die Heiligkeit des Evangeliums* spricht zu meinem Herzen. Man lese die Schriften der Philosophen mit all ihrem Pomp; wie klein sind sie gegen diese! Wie ist es möglich, daß ein zugleich so erhabenes und so einfaches Buch von Menschen geschrieben wurde? Ist es möglich, daß derjenige, dessen Geschichte es enthält, selbst nur ein Mensch gewesen ist? Ist dies der Ton eines Schwärmers oder eines ehrgeizigen Sektenstifters? Welche Sanftmut, welche Lauterkeit in seinen Sitten! Welche rührende Anmut in seinen Lehren! Welche Erhabenheit in seinen Grundsätzen! Welche tiefe Weisheit in seinen Reden! Welche Gegenwart des Geistes, welche Feinheit und welche Richtigkeit in seinen Antworten! Welche Beherrschung seiner Leidenschaften! Wo ist der Mensch, wo ist der Weise, der ohne Schwäche und ohne Prunk zu handeln, zu leiden und zu sterben versteht?** Als Platon seinen imaginären Gerechten schilderte, welcher aller Laster beschuldigt und jedes Lohns der Tugend würdig ist, malte er Zug für Zug das Bild Christi. Die Ähnlichkeit ist so auffallend, daß alle Kirchenväter sie bemerkt haben und daß es nicht möglich ist, sich darin zu täuschen. Welche Vorurteile muß man nicht haben, wie verblendet muß man nicht sein, um den Sohn des Sophroniskos mit dem Sohn Marias zu vergleichen? Welch ein Abstand vom einen zum anderen! Sokrates starb ohne Schmerzen,

* Herr von Beaumont hat hier durch seine Nachlässigkeit im Abschreiben zwei Veränderungen in einer Zeile gemacht. Er hat die *Majestät der Heiligen Schrift* statt *die Majestät der heiligen Schriften* und *die Heiligkeit der Schrift* statt *die Heiligkeit des Evangeliums.* Dies sind freilich keine Ketzereien, welche er mir in den Mund legt, allein er läßt mich doch sehr einfältig reden.

** Ich fülle, nach meiner Gewohnheit, die Lücken aus, welche Herr von Beaumont gelassen hat, nicht weil sie hier gerade verfänglich wären, wie an anderen Stellen, sondern weil der Mangel an Zusammenhang und an Verbindung die verstümmelte Stelle schwächt, und auch weil meine Verfolger sorgfältig alles unterdrücken, was ich so offenen Herzens zugunsten der Religion gesagt habe, und es also gut ist, es wiederherzustellen, wenn die Gelegenheit sich dazu bietet.

ohne Schmach und spielte mit leichter Mühe seine Rolle bis ans Ende, und wenn dieser leichte Tod sein Leben nicht geehrt hätte, so würde man noch zweifeln, ob Sokrates bei all seinem Geist etwas anderes als ein Sophist war. Er erfand, sagt man, die Moral. Andere hatten sie schon vor ihm ausgeübt, er sagte bloß, was jene getan hatten, und brachte ihre Beispiele nur in Lehren. Aristides war gerecht gewesen, ehe Sokrates bestimmte, was Gerechtigkeit ist; Leonidas war für sein Vaterland gestorben, ehe Sokrates die Liebe zum Vaterland zur Pflicht machte; Sparta war mäßig, ehe Sokrates die Mäßigkeit lobte, und ehe er bestimmte, was Tugend ist, war Sparta schon voll tugendhafter Männer. Allein, wo nahm Christus unter den Seinigen jene erhabene und reine Moral her, welche er allein lehrte und für die er selbst das einzige Beispiel gab? Mitten aus dem wütendesten Fanatismus ließ die höchste Weisheit sich hören, und die Einfalt der heldenmäßigsten aller Tugenden ehrte das verächtlichste aller Völker. Der Tod des Sokrates, der ruhig mit seinen Freunden philosophierte, ist der sanfteste, den man sich wünschen kann, der Tod Jesu, der unter Martern geschmäht, verhöhnt, von einem ganzen Volk verflucht den Geist aufgab, ist der schrecklichste, den man fürchten kann. Sokrates, indem er den Giftbecher nimmt, segnet den, der ihn ihm weinend reicht. Jesus, mitten unter schaudervollen Martern, betet für seine wütenden Henker. Ja, wenn das Leben und der Tod des Sokrates eines Weisen sind, so sind das Leben und der Tod Jesu eines Gottes. Wollen wir etwa sagen, die Geschichte des Evangeliums sei bloß erfunden? Nein, so erfindet man nicht, und die Handlungen des Sokrates, an denen doch niemand zweifelt, sind weniger beglaubigt als die Jesu Christi. Im Grunde hieße dies nur die Schwierigkeit verrücken, ohne sie zu heben. Es wäre unbegreiflicher, daß mehrere Menschen einstimmig dieses Buch gemacht haben, als daß ein einziger den Inhalt dazu hergegeben hat. Niemals hätten jüdische Schriftsteller diesen Ton und diese Moral gefunden, und das Evangelium zeichnet sich durch so große, so erstaunliche, so vollkommen unnachahmliche Wahrheiten aus, daß sein Erfinder staunenswürdiger sein würde als der Held selbst.«*

* *Emile*, viertes Buch.

*Es dürfte nicht leicht sein, meine teuersten Brüder, der Göttlichkeit des Evangeliums eine schönere Huldigung darzubringen**. Ich bin Ihnen, Monseigneur, für dieses Geständnis verbunden, es ist eine Ungerechtigkeit weniger, die Sie gegen mich begehen, als die anderen. Wir kommen nun zu dem verneinenden Beweis, vermöge dessen Sie *man sollte glauben* statt *man glaubt* sagen.

Indessen glaubt der Verfasser sie nur zufolge menschlicher Zeugnisse. Sie irren, Monseigneur, ich erkenne sie an zufolge des Evangeliums und der Erhabenheit, welche ich darin finde, ohne daß man sie mir bezeugt. Ich habe nicht nötig, daß man mir versichert, es gebe ein Evangelium, wenn ich es habe. *Es sind immer Menschen, welche ihm das wiedererzählen, was andere Menschen erzählt haben.* O ganz und gar nicht! Man erzählt mir nicht, daß das Evangelium da sei, denn ich sehe es mit meinen eigenen Augen, und wenn die ganze Welt behauptete, daß es nicht da sei, so wüßte ich ganz genau, daß die ganze Welt lügt oder sich irrt. *Wie viele Menschen zwischen Gott und ihm!* Nicht ein einziger. Das Evangelium ist hier die entscheidende Urkunde, und diese Urkunde ist in meinen Händen. Auf welche Art ich es erhalten habe und welcher Verfasser es auch geschrieben hat, so erkenne ich darin den Geist Gottes: dies ist so unmittelbar, wie es nur sein kann, und zwischen diesem Beweis und mir gibt es weiter keine Menschen, und in dem Sinne, in welchem es einige geben könnte, nämlich hinsichtlich des Geschichtlichen dieses heiligen Buches, seiner Verfasser, der Zeit, in der es geschrieben wurde usw., gehört dies zu den kritischen Untersuchungen, welche auf moralischen Beweisen beruhen. So ist die Antwort des savoyischen Vikars.

Hier widerspricht er sich also offenbar selbst und wird durch sein eigenes Geständnis beschämt. Ich lasse Ihnen die Freiheit, sich an meiner Verwirrung zu ergötzen. *Aus welcher seltsamen Verblendung hat er dann noch hinzusetzen können:* »Bei all dem ist dieses Evangelium voll von unglaublichen Dingen, von Dingen, welche wider die Vernunft streiten und welche ein vernünftiger Mensch weder begreifen noch annehmen kann. Was ist bei all diesen Widersprüchen zu tun? Man muß behutsam und bescheiden sein und dasjenige in

* *Mandement,* §. XVII.

Stillschweigen* verehren, was man weder verwerfen, noch begreifen kann, und sich vor dem großen Wesen demütigen, welches allein die Wahrheit kennt. Dies ist der unwillkürliche Skeptizismus, bei dem ich geblieben bin.« *Allein, meine teuersten Brüder, kann denn der Skeptizismus unwillkürlich sein, wenn man sich weigert, sich der Lehre eines Buches zu unterwerfen, welches nicht von den Menschen erfunden sein kann? Wenn dieses Buch sich durch so große, so staunenswerte und vollkommen unnachahmliche Wahrheiten auszeichnet, daß sein Erfinder noch erstaunlicher wäre als der Held selbst? Hier kann man wohl sagen, daß die Unbilligkeit sich selbst betrogen hat.***

Monseigneur, Sie beschuldigen mich ohne Ursache der Unbilligkeit, Sie legen mir oft Lügen zur Last und beweisen mir keine. Ich befolge mit Ihnen einen entgegengesetzten Grundsatz und habe bisweilen Gelegenheit, ihn anzuwenden.

Der Skeptizismus des Vikars ist unwillkürlich aus eben dem Grund, aus welchem Sie es leugnen, daß er es sei. Die schwachen Beweise, mit denen man das Evangelium unterstützen will, würden ihn aus den oben angeführten Gründen bewegen, es zu verwerfen, wenn nicht der göttliche Geist, der in der Moral und in der Lehre dieses Buches glänzt, demselben alle Stärke erteilte, die dem Zeugnis der Menschen über einen solchen Punkt fehlt. Er nimmt also dieses heilige Buch mit all den wunderbaren Dingen an, welche es enthält und die er begreifen kann; was aber die unglaublichen Dinge betrifft, welche er darin findet, *welche wi-*

* Damit die Menschen sich diese Ehrerbietung und dieses Schweigen auferlegen, muß man ihnen einmal die Gründe sagen, warum sie sich so verhalten sollen. Wer diese Gründe kennt, kann sie sagen; diejenigen aber, die tadeln und keine angeben, sollten schweigen. Jeder Mensch hat das Recht, dem Publikum seine Meinung frei und ohne Furcht herauszusagen, es ist sogar eine Pflicht, sobald es nützliche Dinge betrifft, aber einem einzelnen ist es kaum erlaubt, einen anderen öffentlich zu tadeln: dies heißt, sich eine zu große Überlegenheit an Tugenden, Talenten und Einsichten beizulegen. Ich habe mich daher niemals gedrängt, jemand zu kritisieren oder zurechtzuweisen. Ich habe meinem Jahrhundert viele harte Wahrheiten gesagt, aber keinem einzelnen Menschen, und wenn ich manchmal diese oder jene Schrift angegriffen und genannt habe, so habe ich von den lebenden Verfassern immer mit aller möglichen Ehrerbietung gesprochen. Man sieht, wie sie es mir vergelten. Mich dünkt, daß alle diese Herren, welche mich die Demut mit so viel Stolz lehren wollen, es für leichter halten, Lehren zu geben, als sie selbst zu befolgen.

** *Mandement*, §. XVII.

der seine Vernunft streiten und welche ein vernünftiger Mensch weder begreifen, noch annehmen kann, so verehrt er sie in Stillschweigen, ohne sie zu begreifen und ohne sie zu verwerfen, und demütigt sich vor dem großen Wesen, welches allein die Wahrheit kennt. Dies ist sein Skeptizismus, und dieser Skeptizismus ist unwillkürlich, weil er von beiden Seiten auf unumstößlichen Beweisen beruht, wodurch die Vernunft gezwungen wird, unentschieden zu bleiben. Dieser Skeptizismus wird auch der jedes vernünftigen und aufrichtigen Christen sein, welcher von den himmlischen Dingen nichts wissen will, als was er begreifen kann, was für seinen Wandel wichtig ist, und mit dem Apostel *sich der törichten und unnützen Fragen entschlägt, welche nur Zank gebären**.

Sie beschuldigen mich gleich, daß ich die Offenbarung verwerfe und mich bloß an die natürliche Religion halte, und ich habe doch die Offenbarung nicht verworfen. Hierauf beschuldigen Sie mich, *daß ich nicht einmal die natürliche Religion annehme oder wenigstens nicht ihre Notwendigkeit erkenne,* und Ihr einziger Beweis besteht in folgender Stelle, die Sie anführen: »Irre ich, so geschieht es aufrichtigen Herzens. Dies genügt**, damit mein Irrtum mir nicht als Verbrechen gerechnet wird. Wenn Sie sich ebenso irrten, so wäre dies kein so großes Übel.« *Das heißt,* fahren Sie fort, *ihm zufolge ist es genug, wenn man sich überredet, daß man die Wahrheit besitzt, und diese Überzeugung, wenn sie auch mit den ungeheuerlichsten Irrtümern vermengt wäre, kann niemals jemandem zur Last gelegt werden, man muß denjenigen immer für einen weisen und frommen Mann halten, der, nähme er sogar die Irrtümer des Atheismus an, dabei sagte, er sei aufrichtig. Heißt das aber nicht allem Aberglauben, allen fanatischen Lehrgebäuden und allen Rasereien des menschlichen Geistes Tür und Tor öffnen?****

Sie, Monseigneur, können nicht mit dem Vikar sagen: *Wenn ich irre, so geschieht es aufrichtigen Herzens.* Denn es ist ganz augenscheinlich, daß Sie mit Vorsatz mich hier mißverstehen und Ihre Leser irreführen wollen. Dies will ich beweisen, ohne daß Sie etwas darauf antworten können, und ich sage dies im voraus, damit Sie genauer zusehen.

* 2. Timoth. 2,23.

** *Emile,* viertes Buch. Herr von Beaumont hat: *dies ist mir genug.*

*** *Mandement,* §. XVIII.

Das Bekenntnis des savoyischen Vikars besteht aus zwei Teilen. Der erste, als der größte, wichtigste, welcher voll von auffallenden und neuen Wahrheiten ist, ist dazu bestimmt, den neueren Materialismus zu bestreiten und die Existenz Gottes und die natürliche Religion mit aller Stärke, deren der Verfasser fähig ist, zu behaupten. Von diesem Teil aber sprechen weder Sie noch Ihre Priester, weil er Ihnen ganz gleichgültig ist und weil im Grunde die Sache Gottes Sie wenig rührt, sobald nur die Sache der Geistlichkeit gesichert ist.

Der zweite Teil, welcher ungleich kürzer, weniger regelmäßig und weniger gründlich ist, enthält Zweifel und Schwierigkeiten über die Offenbarungen überhaupt, spricht aber der unsrigen ihre wahrhafte Gewißheit in der Reinheit, der Heiligkeit ihrer Lehre und der ganzen göttlichen Erhabenheit dessen zu, der ihr Urheber gewesen ist. Der Zweck dieses zweiten Teils ist, einen jeden in seiner Religion zurückhaltender zu machen, damit er andere nicht so leicht eines Mangels an Redlichkeit beschuldige, und zu zeigen, daß die Beweise einer jeden nicht in aller Augen so überzeugend sind, daß man diejenigen, welche nicht dieselbe Deutlichkeit wie wir darin entdecken, für strafbar halten muß. Dieser zweite Teil ist mit aller geziemenden Bescheidenheit und Ehrerbietung geschrieben und hat allein Ihre und die obrigkeitliche Aufmerksamkeit auf sich gezogen. Um meine Vernunftschlüsse zu widerlegen, haben Sie nichts als Scheiterhaufen und Beschimpfungen gehabt. Sie sahen das Übel darin, daß man an dem zweifelt, was zweifelhaft ist, und sahen nicht das Gute in den Beweisen dessen, was wahr ist.

In der Tat ist jener erste Teil, welcher das wahrhaft Wesentliche der Religion enthält, entscheidend und dogmatisch. Der Verfasser ist nicht unentschlossen, er zweifelt nicht. Sein Gewissen und seine Vernunft bestimmen ihn auf eine unüberwindliche Art. Er glaubt, er bejaht, er ist völlig überzeugt.

In dem anderen Teil hingegen beginnt er mit der Erklärung, *daß die ihm noch übrige Untersuchung von der vorigen sehr verschieden sei, daß alles verwirrend, geheimnisvoll und dunkel sei, daß er sie nur mit Ungewißheit und Mißtrauen unternehme, daß man bei seinen Reden nur die Autorität der Vernunft gelten lassen solle, daß er selbst nicht wisse, ob er nicht* *im Irrtum sei und daß alle seine Behauptungen nichts als Gründe zu zweifeln seien.** Er bringt also seine Einwürfe, seine Schwierigkeiten, seine Zweifel vor. Er bringt auch seine großen und starken Gründe zum Glauben vor, und aus dieser ganzen Erörterung entspringt die Gewißheit der wesentlichen Lehre und ein ehrerbietiger Skeptizismus über das übrige. Am Ende dieses zweiten Teils erinnert er noch einmal, daß man, wenn man ihn höre, vorsichtig sein müsse. *Wäre ich meiner Sache gewisser,* sagt er, *so hätte ich einen dogmatischen und bestimmenden Ton angenommen, allein, ich bin Mensch, unwissend, dem Irrtum unterworfen: was sollte ich also tun? Ich habe dir mein Herz ohne Rückhalt aufgeschlossen, und was ich für gewiß halte, habe ich als solches gegeben, ich habe dir meine Zweifel als Zweifel, meine Meinungen als Meinungen gegeben, ich habe dir meine Gründe zu zweifeln und zu glauben gesagt. Jetzt magst du selber urteilen.*

Wenn also der Verfasser in der nämlichen Schrift sagt: *Wenn ich irre, so geschieht es aufrichtigen Herzens; dies genügt, damit mein Irrtum mir nicht als Verbrechen gerechnet wird,* so frage ich jeden vernünftigen und aufrichtigen Leser, ob dieser Argwohn des Irrtums auf den ersten oder den zweiten Teil fallen kann, auf den, wo der Verfasser alles annimmt, oder auf den anderen, wo er zweifelt? Ob dieser Argwohn von einer Furcht zeugt, unrechterweise an Gott zu glauben oder zu unrecht Zweifel an der Offenbarung zu haben? Sie haben wider alle Vernunft und bloß in der Absicht, mir es zum Verbrechen zu machen, das erste gewählt; ich fordere Sie auf, einen anderen Beweggrund anzugeben. Monseigneur, wo bleibt denn, ich will nicht sagen die Billigkeit und die christliche Liebe, sondern bloß die gesunde Vernunft und die Menschlichkeit?

Hätten Sie sich auch über den Gegenstand der Furcht des Vikars täuschen können, so hätte Ihnen sogar der Text, den Sie anführen, selbst wider Ihren Willen die Augen geöffnet. Denn, wenn er sagt: Dies genügt, damit mein Irrtum mir nicht als Verbrechen gerechnet wird, so erkennt er, daß ein solcher Irrtum ein Verbrechen sein könnte und daß er dieses Verbrechens beschuldigt werden könnte, wenn er nicht aufrichtigen Herzens zu Werk ginge. Wenn es aber gar keinen Gott gäbe, wo wäre dann das Verbre-

* *Emile,* viertes Buch.

chen, zu glauben, daß einer sei? Und wäre es ein Verbrechen, wer könnte es denn zurechnen? Die Furcht, hier im Irrtum zu sein, kann sich also hier nicht auf die natürliche Religion beziehen, und die Rede des Vikars wäre in dem Sinne, den Sie ihr leihen, ein wahrer Galimathias. Man kann also aus der Stelle, welche Sie anführen, unmöglich folgern, daß *ich die natürliche Religion nicht annehme* oder daß ich deren Notwendigkeit nicht erkenne; man kann ferner nicht folgern, *daß man allzeit*, dies sind Ihre eigenen Worte, *denjenigen als einen weisen und frommen Mann betrachten solle, der, selbst wenn er die Irrtümer des Atheismus annähme, sagen würde, er täte es aufrichtigen Herzens*, und es ist sogar unmöglich, daß Sie selbst diese Schlußfolgerung für berechtigt gehalten haben. Wenn dieses nicht bewiesen ist, so kann nie etwas bewiesen sein, oder ich bin ein Wahnsinniger.

Um zu zeigen, daß man sich nicht auf eine göttliche Sendung berufen könne, um seine Ungereimtheiten vorzutragen, bringt der Vikar einen Inspirierten, den Sie einen Christen, und einen Denker, den Sie einen Ungläubigen nennen, zusammen und läßt sie, jeden in seiner Sprache, welche er mißbilligt und die gewiß weder die seinige noch die meinige ist, miteinander streiten*. Hierauf beschuldigen Sie mich einer *auffallenden Unredlichkeit*** und beweisen dies durch die Abgeschmacktheit der Reden des ersteren. Ist aber diese Rede abgeschmackt, woran erkennen Sie ihn dann als einen Christen? Und wenn der Vernünftler bloß Abgeschmacktheiten widerlegt, was für ein Recht haben Sie alsdann, ihn des Unglaubens zu beschuldigen? Folgt denn aus den Abgeschmacktheiten, die ein Inspirierter vorträgt, daß er ein Katholik ist, und aus denen, die ein Vernünftler wiederlegt, daß er ein Irrgläubiger sei? Sie hätten wohlgetan, Monseigneur, wenn Sie sich an einer so galligen und vernunftlosen Sprache nicht selbst erkannt hätten, denn Sie hatten damals Ihren Hirtenbrief gegen mich noch nicht erlassen.

Wenn die Vernunft und die Offenbarung einander gerade entgegengesetzt wären, so steht es fest, sagen Sie, *daß Gott mit sich selbst in Widerspruch*

* *Emile*, viertes Buch.
** *Mandement*, §. XIX.

*stünde**. Gewiß ein großes Geständnis, welches Sie hier ablegen, denn es ist sicher, daß Gott sich nicht widerspricht. *O ihr Gottlosen, ihr sagt, daß die Lehren, welche wir als geoffenbart annehmen, die ewigen Wahrheiten bestreiten, allein, es ist nicht genug, dies bloß zu sagen.* Ich gebe es zu, versuchen wir also mehr zu tun.

Ich bin sicher, Sie ahnen es schon voraus, wohin ich will. Man sieht Sie über jenen Artikel der Mysterien wie über glühende Kohlen wegschlüpfen, kaum wagen Sie es, den Fuß aufzusetzen. Sie zwingen mich freilich, Sie in dieser schmerzlichen Lage einen Augenblick aufzuhalten. Ich werde so rücksichtsvoll sein, diesen Augenblick so viel als möglich zu verkürzen.

Sie geben doch wohl zu, denke ich, daß es eine jener ewigen Wahrheiten, die der Vernunft als Grundlehren dienen, ist, daß der Teil kleiner ist als das Ganze, und eben weil der Inspirierte das Gegenteil behauptet hat, scheint er Ihnen eine Rede voller Abgeschmacktheiten zu halten. Allein, nach Ihrer Lehre von der Transsubstantiation, als Christus mit seinen Jüngern das letzte Mahl einnahm und er das Brot brach, gab er seinen Leib jedem von ihnen, und es ist klar, daß er seinen ganzen Leib in seiner Hand hielt, und als er selbst von dem geheiligten Brot aß, wie konnte er das tun, denn er steckte ja seinen Kopf in seinen Mund?

Hier ist also ganz deutlich, ganz genau der Teil größer als das Ganze und das Enthaltende geringer als das Enthaltene. Was sagen Sie dazu, Monseigneur? Ich wüßte nicht, daß irgendwer anders als der Herr Chevalier de Causans Ihnen hier aus der Verlegenheit helfen könnte.

Ich weiß wohl, daß Ihnen noch die Ausflucht des heiligen Augustin bleibt, aber es ist dieselbige. Nachdem er über die Dreieinigkeit eine Menge unverständlicher Dinge zusammengetragen hat, gesteht er, daß kein Sinn darin sei. *Aber,* sagt naiv dieser Kirchenvater, *man drückt sich so aus, nicht um etwas zu sagen, sondern um nicht stumm zu bleiben**.

Alles wohl überlegt, Monseigneur, finde ich, die sicherste Stel-

* *Mandement*, §. XXI.

* *Dictum est tamen tres personae, non ut aliquid diceretur, sed ne taceretur.* Aug. *de Trinit.* L. 5. c. 9.

lung, welche Sie gegenüber diesem Artikel und vielen anderen einnehmen können, ist diejenige, welche Sie aus dem nämlichen Grunde gegen Herrn von Montazet eingenommen haben.

Die Unredlichkeit des Verfassers des Emile *ist nicht weniger empörend in der Sprache, die er einem vorgeblichen Katholiken in den Mund legt**. »Unsere Katholiken, *läßt er ihn sagen*, machen viel Wesens von der Autorität der Kirche, was aber gewinnen sie dadurch, wenn sie ebenso viele Beweise für diese Autorität nötig haben wie andere Sekten, um ihre Lehre unmittelbar festzustellen? Die Kirche sagt, daß die Kirche das Recht habe, zu entscheiden. Ist dies nicht eine trefflich bewiesene Autorität?« *Wer sollte, meine teuersten Brüder, nach den Worten dieses Betrügers nicht glauben, daß die Autorität der Kirche nur auf ihren eigenen Entscheidungen beruht und daß sie so schließt: Ich entscheide, daß ich unfehlbar bin, also bin ich es. Eine verleumderische Beschuldigung, meine teuersten Brüder.* Dies alles, Monseigneur, behaupten Sie, wir wollen nun Ihre Beweise dafür sehen. Wollten Sie wirklich behaupten, daß die katholischen Theologen niemals die Autorität der Kirche durch die Autorität der Kirche bewiesen haben, *ut in se virtualiter reflexam?* Wenn sie es getan haben, so bürde ich ihnen also keine verleumderische Beschuldigung auf.

*Die Beschaffenheit des Christentums, der Geist des Evangeliums, der Irrtum und die Schwachheit selbst des menschlichen Geistes zielen auf den Beweis, daß die von Christus gestiftete Kirche eine unfehlbare Kirche ist**. Monseigneur, Sie beginnen uns da mit wertloser Münze zu zahlen: unbestimmte Reden geben nie einen Beweis, und all diese Dinge, die auf einen Beweis zielen, beweisen nichts. Wir wollen also zu dem Hauptbeweis kommen. Hier ist er.

*Wir versichern, daß wie dieser göttliche Gesetzgeber immer die Wahrheit gelehrt hat, seine Kirche sie auch immer lehre.****

Aber wer sind denn Sie, der Sie uns dies statt eines Beweises versichern? Wären Sie nicht die Kirche und ihre Oberhäupter? Nach Ihrer Art zu argumentieren scheint es, als wenn Sie sich stark auf den Beistand des Heiligen Geistes verließen. Was sagen Sie also, und was hat der Betrüger gesagt? Ich bitte Sie, sehen Sie

* *Mandement*, §. XXI.

** *Mandement*, §. XXI.

*** Ebda. Diese Stelle verdient, im *Mandement* selber nachgelesen zu werden.

es selber, denn ich habe nicht das Herz, hier bis zum Ende zu gehen.

Ich muß jedoch anmerken, daß die ganze Stärke des Einwurfes, welchen Sie so schön angreifen, in diesem Ausdruck liegt, den Sie am Ende der Stelle, von der die Rede ist, so sorgfältig ausgelassen haben. *Wenn du darüber hinausgehst, gerätst du wieder in den Kreis alles dessen, was wir schon erörtert haben**.

Nun, wie urteilt denn hier der Vikar? Um unter den verschiedenen Religionen zu wählen, muß man, sagt er, entweder die Beweise einer jeden Sekte verstehen und sie vergleichen oder sich auf die Autorität derer verlassen, die uns unterrichten. Zu ersterem Mittel nun werden Kenntnisse erfordert, welche wenige Menschen zu erlangen imstande sind, und das zweite rechtfertigt einen jeden, in seiner eigenen Religion zu verharren. Er führt die katholische Kirche als Beispiel an, wo die Autorität der Kirche als Gesetz gilt, und er gründet hierauf das zweite Dilemma. Entweder gibt sich die Kirche selbst diese Autorität und sagt: *ich entscheide, daß ich unfehlbar bin, also bin ich es,* und dann fällt sie in den Trugschluß, den man circulus vitiosus nennt, oder sie beweist, daß sie diese Autorität von Gott erhalten hat, und alsdann hat sie ebensoviel Beweise nötig, um zu zeigen, daß sie diese Autorität wirklich erhalten hat, wie andere Sekten benötigen, um unmittelbar ihre Lehre aufzustellen. Man gewinnt also auch in Absicht eines leichteren Unterrichtes nichts, und das Volk ist ebensowenig imstande, die Beweise für die Autorität der Kirche bei den Katholiken wie die Wahrheit der Lehre bei den Protestanten zu untersuchen. Wie kann es sich also vernünftigerweise anders als durch die Autorität derjenigen, welche es unterrichten, bestimmen? Alsdann wird aber auch der Türke sich auf gleiche Weise bestimmen. Worin wäre dann der Türke strafbarer als wir? Sehen Sie, Monseigneur, dies ist der Schluß, welchen Sie nicht beantwortet haben und welcher auch schwerlich zu beantworten ist**.

* *Emile,* viertes Buch.

** Dies ist einer der fürchterlichen Einwürfe, welchen meine Gegner sich sehr hüten, zu berühren. Es ist nichts bequemer, als durch Beschimpfungen und heilige Reden zu antworten, man weicht damit leicht allen Schwierigkeiten aus. Auch muß man gestehen, daß die Theologen, wenn sie sich untereinander balgen, viele Hilfsmittel haben, welche sie gegen Unwissende nicht gebrauchen können und die sie,

Ihre bischöfliche Freimut zieht sich aus dieser Verlegenheit, indem Sie die Stelle des Verfassers unredlicherweise verstümmeln.

Dem Himmel sei Dank, ich habe endlich dieses langweilige Geschäft geendigt. Ich bin Ihren Gründen, Ihren Zitaten, Ihren Urteilen Schritt für Schritt gefolgt und ich habe gezeigt, daß Sie jedesmal, wenn Sie mein Buch angegriffen haben, auch jedesmal unrecht gehabt haben. Einzig der Artikel über die Regierung ist noch übrig, und diesen will ich Ihnen erlassen, denn ich bin gewiß, daß, wenn Sie den, der das Elend des Volkes beklagt und es selbst fühlt, beschuldigen, daß er die Quellen der allgemeinen Glückseligkeit vergifte, so weiß jeder Leser, was von einer solchen Rede zu halten ist. Wäre die Abhandlung vom *Gesellschaftsvertrag* nicht vorhanden, und müßte ich aufs neue die großen Wahrheiten beweisen, die ich darin entwickele, so könnten die Komplimente, die Sie auf meine Kosten den regierenden Mächten machen, zu den Tatsachen gehören, die ich als Beweis anführen würde, und das Schicksal des Verfassers würde vielleicht ein anderes, noch auffallenderes sein. Ich habe hierüber nichts mehr zu sagen, mein Beispiel allein hat schon alles gesagt, und die Leidenschaft des Privatinteresses darf nützliche Wahrheiten nicht verunreinigen. Der Richterspruch gegen meine Person, die Verbrennung meines Buches durch den Henker sind die Stücke, die ich meiner Nachwelt als Rechtfertigung hinterlasse. Meine Denkungsart wird weniger durch meine Schriften als durch mein Unglück ins rechte Licht gerückt.

Ich habe, Monseigneur, alles erörtert, was Sie gegen mein Buch vorbrachten. Ich habe nicht einen einzigen Ihrer Sätze ununtersucht gelassen, ich habe gezeigt, daß Sie in keinem Punkte recht haben, und ich fürchte keine Widerlegung meiner Beweise: sie

so gut sie können, ersetzen müssen. Sie bezahlen sich gegenseitig mit tausend willkürlich gemachten Annahmen, die man nicht abzulehnen wagt, wenn man selbst nichts Besseres zu geben hat. Von der Art ist hier die Erfindung eines, ich weiß nicht wie, der Seele eingegossenen Glaubens, welchen sie Gott zwingen, von den Vätern auf die Kinder fortzupflanzen, um sich selbst aus der Verlegenheit zu helfen. Allein, dieses Geschwätz sparen sie sich für ihre Streitigkeiten mit den Doktoren auf, denn wenn sie sich seiner gegenüber uns Laien bedienten, so fürchteten sie, ausgelacht zu werden.

sind über alle Antworten, welche die Vernunft vorbringen kann, erhaben.

Wenn ich aber auch zuweilen unrecht gehabt hätte, wenn ich auch immer unrecht gehabt hätte, welche Nachsicht müßte nicht ein Buch verdienen, wo selbst aus den Irrtümern, selbst aus dem Übel, welches darin enthalten sein kann, die aufrichtigste Liebe zum Guten und der stärkste Eifer für die Wahrheit hervorleuchtet? Ein Buch, worin der Verfasser, so wenig behauptend, so wenig entscheidend, seine Leser oft auffordert, in seine Vorstellungen Mißtrauen zu setzen, seine Gründe zu wägen und ihnen nur die Autorität der Vernunft zu leihen? Ein Buch, welches nichts als Frieden, Sanftmut, Geduld, Liebe zur Ordnung und Gehorsam gegen die Gesetze in allen Dingen und selbst in Sachen der Religion atmet? Ein Buch endlich, worin die Sache der Gottheit so sehr verteidigt, die Nützlichkeit der Religion so klar bewiesen wird, worin die Sitten so in Ehren gehalten werden, wo die Waffe des Lächerlichen dem Laster so kräftig entwunden, wo die Bosheit als so unvernünftig und die Tugend als so liebenswürdig gezeigt wird. Wenn es auch nicht ein Wörtchen Wahrheit in diesem Buch gäbe, wohlan, so müßte man die Träumereien des Verfassers als die lieblichsten Hirngespinste ehren und lieben, die nur das Herz eines rechtschaffenen Mannes trösten und nähren können. Ja, ich scheue mich nicht, es zu sagen, wäre in Europa eine einzige erleuchtete Regierung, eine Regierung, die wirklich nützliche und gesunde Absichten hegte, so hätte sie dem Verfasser des *Emile* öffentliche Ehren erzeigt, sie hätte ihm Statuen errichtet. Ich kannte die Menschen zu gut, um von ihnen Dankbarkeit zu erwarten, aber ich kannte sie nicht genug, das gestehe ich, um ihnen das zuzutrauen, was sie getan haben.

Nachdem ich also bewiesen, daß Sie in Ihrem Tadel falsch geurteilt haben, bleibt mir noch übrig zu beweisen, daß Sie mich durch Ihre Schmähungen verleumdet haben. Da Sie mich aber bloß auf das Unrecht hin schmähen, welches Sie mir in meinem Buche beimessen, so beweise ich, wenn ich zeige, mein vorgebliches Unrecht sei nur das Ihrige, wohl hinlänglich, daß die Schmähungen, die daraus folgen, mich nicht treffen können. Sie belegen mein Werk mit den schimpflichsten Beiwörtern, und ich selbst bin ein verabscheuungswürdiger, ein verwegener, ein gottloser Mensch, ein Betrüger. Christliche Liebe, was führst du doch für eine seltsame Sprache in dem Munde der Diener Jesu Christi!

Aber Sie, der Sie es wagen, mir Gotteslästerungen vorzuwerfen, was tun Sie, wenn Sie die Apostel zu Mitschuldigen all der Beleidigungen machen, die Sie gegen mich ausstoßen? Nach Ihren Worten sollte man glauben, der heilige Paulus hätte mir die Ehre erwiesen, an mich zu denken, und mich als den künftigen Antichrist vorherzusagen. Und wie hat er dies vorhergesagt, ich bitte Sie? Hier ist die Stelle. Es ist der Anfang Ihres Hirtenbriefes.

*Der heilige Paulus, meine teuersten Brüder, hat vorhergesagt, daß böse Tage kommen werden, wo Leute, welche in sich selbst verliebt sind, stolz, hoffärtig, Lästerer, gottlos, verleumderisch, aufgeblasen und die sinnlichen Lüste mehr liebend als Gott, aufstehen werden, Menschen von verdorbenem Sinn und verkehrtem Glauben**.

Ich bestreite es wahrlich nicht, daß diese Weissagung des heiligen Paulus nicht schon sehr wohl in Erfüllung gegangen ist; wenn er aber im Gegenteil vorhergesagt hätte, daß eine Zeit kommen würde, wo man solche Leute nicht sehen würde, so hätte ich mich, ich gestehe es, über diese Weissagung weit mehr gewundert, am meisten aber über ihre Erfüllung.

Nach dieser so wohlangebrachten Prophezeiung haben Sie die Güte, ein Gemälde von mir zu entwerfen, in welchem die bischöfliche Ernsthaftigkeit sich mit Antithesen belustigt und worin ich mich als eine sehr possierliche Person antreffe. Diese Stelle, Monseigneur, erschien mir als das reizendeste Stück Ihres Hirtenbriefes. Man kann nicht leicht eine schönere Satire schreiben und einen Menschen mit mehr Geist entehren.

Aus dem Schoße des Irrtums (Es ist wahr, ich habe meine Jugend in Ihrer Kirche zugebracht) *hat sich ein Mann erhoben* (nicht sehr hoch), *von der Sprache der Philosophie erfüllt* (Wie kann ich eine Sprache annehmen, die ich nicht verstehe?), *ohne wahrhaftig ein Philosoph zu sein* (Zugegeben, ich habe nie nach diesem Titel getrachtet, auf welchen kein Recht zu haben ich erkannte und den ich gewiß nicht aus Bescheidenheit ausschlage), *ein Kopf, mit einer Menge*

* *Mandement*, §. I.

Kenntnisse versehen (Ich habe gelernt, über eine Menge Dinge unwissend zu sein, welche ich zu wissen glaubte), *die ihn nicht erleuchtet* (Ich habe durch sie gelernt, mich nicht für erleuchtet zu halten.), *sondern den Geist anderer verfinstert haben* (Die Finsternis der Unwissenheit ist besser als das falsche Licht des Irrtums), *ein Charakter, der sich paradoxer Meinungen und einer paradoxen Aufführung befleißigt* (Verliert man viel daran, wenn man nicht wie alle Welt handelt und denkt?), *der die Schlichtheit der Sitten mit dem Prunk der Gedanken* (Die Schlichtheit der Sitten erhebt die Seele; was den Prunk meiner Gedanken betrifft, so weiß ich nicht, worin er besteht), *den Eifer für alte Grundsätze mit der Wut, Neuerungen einzuführen, verbindet* (Nichts ist neuer für uns als alte Grundsätze, es gibt dabei nichts zu verbinden, und ich bin auch dabei nicht mit Wut verfahren), *eine dunkle Einsamkeit mit dem Verlangen, von aller Welt gekannt zu sein* (Monseigneur, Sie machen es hier wie die Romanschreiber, die alles erraten, was ihr Held in seinem Zimmer gedacht und gesagt hat. Wenn dieses Verlangen mir die Feder in die Hand gegeben hätte, so erklären Sie mir, warum es mir so spät gekommen ist oder warum ich so lange gezögert habe, es zu befriedigen?). *Man hat gesehen, wie er die Wissenschaften schmähte, mit denen er sich doch beschäftigte* (Das beweist, daß ich Ihre Gelehrten nicht nachahme, und daß in meinen Schriften das Interesse der Wahrheit meinem eigenen vorhergeht), *wie er die Vortrefflichkeit des Evangeliums pries* (immer und mit dem aufrichtigsten Eifer), *dessen Lehrsätze er zerstörte* (Nein, aber ich predigte darin die christliche Liebe, welche von den Priestern zerstört worden war), *wie er die Schönheit der Tugenden malte, die er in den Seelen seiner Leser zerstörte* (Rechtschaffene Seelen, ist es wahr, daß ich in euch die Liebe zur Tugend vernichtete?).

Er hat sich zum Lehrer des menschlichen Geschlechts aufgeworfen, um es zu betrügen, zum öffentlichen Ermahner, um jedermann irrezuführen, zum Orakel des Jahrhunderts, um es vollends ins Verderben zu stürzen. (Ich habe soeben untersucht, wie Sie dies alles bewiesen haben.) *In einem Werk über die Ungleichheit der Stände* (Warum der Stände? Dies ist weder der Gegenstand noch der Titel meines Buches) *hatte er die Menschen bis zu den Tieren erniedrigt* (Wer von uns beiden erniedrigt oder erhöht ihn, wenn er eins von beiden sein muß, entweder

Tier oder böse?), *in ein anderes, neueres Werk hat er das Gift der Wollust einfließen lassen* (Ja, warum kann ich denn nicht an die Stelle der Greuel der Unzucht den Reiz der Wollust bringen? Allein, beruhigen Sie sich, Monseigneur, Ihre Priester sind vor der *Héloïse* sicher, sie haben als Verwahrungsmittel die *Aloïsia*). *In diesem bemächtigt er sich der ersten Augenblicke des Menschen, um die Herrschaft des Unglaubens zu errichten.* (Diese Beschuldigung ist schon untersucht worden.)

So, und noch grausamer, Monseigneur, behandeln Sie mich, mich, den Sie nicht kennen und den Sie nur vom Hörensagen beurteilen. Ist dies denn also die Moral des Evangeliums, zu dessen Verteidiger Sie sich aufwerfen? Mag sein, daß Sie Ihre Herde vor dem Gift meines Buches bewahren zu müssen glaubten, wozu aber Persönliches gegen den Verfasser? Ich weiß nicht, was für eine Wirkung Sie von einem so wenig christlichen Betragen erwarten, ich weiß aber, daß seine Religion mit solchem verteidigen, heißt, sie den rechtschaffenen Menschen sehr verdächtig machen.

Mich indessen schelten Sie einen Verwegenen. Wie habe ich denn diesen Namen verdient, da ich nichts als Zweifel vortrage, und diese selbst mit soviel Zurückhaltung, da ich nur Gründe vorbringe, und diese mit soviel Ehrerbietung, ohne daß ich jemanden angreife, ohne daß ich jemanden nenne? Wie, Monseigneur, wagen Sie es denn, mich so zu behandeln und mit so wenig Gerechtigkeit und Anstand, mit so wenig Achtung, so leichtsinnig von mir zu reden?

Sie behandeln mich als einen Gottlosen, und welcher Gottlosigkeit können Sie mich beschuldigen, mich, der ich nie vom höchsten Wesen anders geredet habe, als um ihm die ihm gebührende Ehre zu erweisen, noch vom Nächsten anders, als um bei jedermann die Liebe zu ihm zu befördern? Die Gottlosen sind diejenigen, welche sich selbst zu Dolmetschern der Gottheit, zu Schiedsrichtern zwischen ihr und den Menschen aufzuwerfen wagen, und für sich selbst die ihm schuldigen Ehren verlangen. Die Gottlosen sind diejenigen, welche sich das Recht anmaßen, die Gewalt Gottes auf Erden auszuüben und nach ihrem Gutdünken den Himmel zu öffnen und zu verschließen. Die Gottlosen sind diejenigen, welche die Schmähschriften in den Kirchen verlesen lassen . . . Bei diesem schrecklichen Gedanken entflammt sich mein ganzes Blut, und Tränen des Unwillens entströmen meinen Augen. Priester des Gottes des Friedens, ihr werdet ihm eines Tages, zweifelt nicht daran, von dem Gebrauch Rechenschaft geben müssen, den ihr von seinem Hause zu machen wagt.

Sie behandeln mich als einen Betrüger, und warum? Nach Ihrer Art zu denken irre ich, wo aber liegt mein Betrug? Nachdenken und sich irren: heißt das betrügen? Selbst ein Sophist, der, ohne sich zu täuschen, täuscht, ist noch kein Betrüger, solange er sich auf die Autorität der Vernunft einschränkt, obgleich er sie mißbraucht. Ein Betrüger verlangt, daß man ihm aufs Wort glaubt, und was er sagt, soll, weil er es sagt, Autorität haben. Ein Betrüger ist ein Schelm, der um seines Vorteils willen anderen etwas aufbinden will, und worin, ich bitte Sie, läge denn mein Vorteil in dieser Sache? Betrüger sind, nach Ulpian, diejenigen, welche mit Zauberwerk, Beschwörungen, Geisterbannungen umgehen, gewiß aber bin ich nie mit dergleichen umgegangen.

Wie nach Herzenslust ihr Herren von Stand und Würde doch sprecht, keine Rechte anerkennt als die eurigen, keine Gesetze, als die ihr selbst auferlegt; weit entfernt, euch die Gerechtigkeit zur Pflicht zu machen, glaubt ihr euch nicht einmal zur Menschlichkeit verbunden. Stolz unterdrückt ihr den Schwachen, ohne irgendeinem für eure Ungerechtigkeiten Rede zu stehen. Schmähungen kosten euch ebensowenig wie Gewalttätigkeiten, und sobald es nach dem geringsten bürgerlichen oder Staatsinteresse euch gutdünkt, fegt ihr uns vor euch weg wie Staub. Die einen urteilen und verbrennen, die anderen schmähen und entehren ohne Recht, ohne Ursache, ohne daß sie auch nur verachteten oder zürnten, bloß weil es ihnen so ansteht und der Unglückliche sich in ihrem Wege befindet. Wenn ihr uns ungestraft beschimpft, ist es uns nicht einmal erlaubt, uns zu beklagen, und wenn wir unsere Unschuld und euer Unrecht dartun, bezichtigt man uns noch dazu, wir setzten die schuldige Ehrfurcht beiseite.

Monseigneur, Sie haben mich öffentlich beschimpft, und ich habe nun bewiesen, daß Sie mich verleumdet haben. Wären Sie eine Privatperson wie ich, könnte ich Sie vor einen gerechten

Richterstuhl laden, wir beide müßten vor ihm erscheinen, ich mit meinem Buch, Sie mit Ihrem Hirtenbrief, und Sie würden sicher für schuldig erklärt und würden verurteilt, mir eine ebenso öffentliche Ehrenerklärung zu geben, wie es die Beleidigung gewesen ist. Allein, Sie haben einen Rang inne, in welchem man sich überhoben sieht, gerecht zu sein, und ich bin nichts. Sie indes, der Sie das Evangelium predigen, Sie, ein Prälat, welcher andere ihre Pflichten lehren soll, Sie wissen, was in solchen Fällen Ihre Pflicht ist. Ich habe die meinige erfüllt, ich habe Ihnen weiter nichts zu sagen und ich schweige.

Geruhen Sie, Monseigneur, sich die Bezeugung meiner tiefsten Ehrerbietung gefallen zu lassen.

J. J. ROUSSEAU
Môtiers, den 18. November 1762.

ANHANG

Der Anhang zum ersten Band besteht aus Übersetzungen fremdsprachiger Zitate, Zitatnachweisen und Erläuterungen zu Personen und Sachen. Querverweise innerhalb dieser Ausgabe und auf andere Werke Rousseaus werden nur gelegentlich gegeben.

Die Vorbemerkungen zu den einzelnen Schriften beschränken sich im wesentlichen auf Hinweise zur Entstehungs- und Editionsgeschichte sowie auf den Nachweis der Übersetzungen, die dieser Ausgabe zugrundegelegt wurden. Ein unentbehrliches Hilfsmittel bei der Zusammenstellung des Anmerkungsteils waren die drei großen Werke der Rousseauforschung dieses Jahrhunderts, deren Dienste hier dankbar anerkannt seien. Auf sie wird mit den folgenden Abkürzungen verwiesen:

O.C.: J.-J. Rousseau, *Œuvres complètes*, édition publiée sous la direction de Bernard Gagnebin et Marcel Raymond, Bibliothèque de la Pléiade, Paris, Gallimard, T.I–IV, 1959–1969.
Diese Ausgabe, an der zahlreiche Rousseauforscher mitgewirkt haben, faßt in Edition und Kommentar die bisherige Rousseauforschung zusammen. Sie wird mit einem angekündigten fünften Band abgeschlossen vorliegen.

C.G.: *Correspondance générale de Jean-Jacques Rousseau*, collationnée sur les originaux, annotée er commentée par Théophile Dufour, Paris, Armand Colin, T.I.–XX, 1924–1934.
Die Veröffentlichung dieser bisher einzigen abgeschlossenen Ausgabe des Briefwechsels lag in den Händen von Pierre-Paul Plan.

C.C.: *Correspondance complète de Jean-Jacques Rousseau*, édition critique établie et annotée par R. A. Leigh, Institut et Musée Voltaire (ab Band XV The Voltaire Foundation, Thorpe Mandeville House), Librairie Droz, Genève, T.I, 1965–1977.
Diese kritische und kommentierte Edition des Briefwechsels ist noch nicht zum Abschluß gekommen.

ANMERKUNGEN

VORWORT DES HERAUSGEBERS

7 *Bekenntnisse:* Siehe Buch VIII, am Anfang.
Briefe an Herrn von Malesherbes: Siehe hier S. 483f. Das folgende Zitat ebendort.

9 *Rousseau richtet über Jean-Jacques:* Siehe hier Bd. 2, S. 253ff.

10 *Ernst Howald:* »Jean-Jacques Rousseau«, in E. H., »Deutsch-Französisches Mosaik«, Zürich und Stuttgart, 1962, S. 69.

11 *Jean Starobinski:* »Rousseaus Anklage der Gesellschaft«, Konstanzer Universitätsreden 89, Konstanz 1977 (das folgende Zitat auf S. 15). Starobinskis große Rousseauinterpretation erschien zuerst 1957 und liegt inzwischen in einer um sieben Aufsätze erweiterten Ausgabe vor: J. St., »J.-J. Rousseau. La transparence et l'obstacle«, Paris 1971.

12 *c'est la faute à Rousseau:* »Rousseau ist schuld daran«, so lautet die populäre Formel (siehe V. Hugo, »Les Misérables«).

13 *die Krise der Gesellschaft:* Als Theoretiker der Krise der Aufklärung wird Rousseau von Reinhart Koselleck interpretiert in »Kritik und Krise. Eine Studie zur Pathogenese der bürgerlichen Welt«, Freiburg und München, 1959, S. 132ff.
»me voici donc seul sur la terre . . .«: Siehe hier Bd. 2, S. 639.

14 *Heine:* In »Französische Zustände«, siehe »Sämtliche Schriften«, Bd. 3, München 1971, S. 239.
Jules Michelet: »Histoire de la Révolution Française«, Bd. 1, Paris, Gallimard, S. 57 u.ff.

15 *Nietzsche:* Die Reflexionen über den Streit Rousseau-Voltaire im »Nachlaß der Achtziger Jahre«, in Karl Schlechtas Ausgabe der »Werke«, Bd. III, S. 507 und passim.
Voltaire: In seinem Brief an Rousseau vom 30. August 1755, C. G. II, S. 203–205 (siehe auch K. Weigands zweisprachige Ausgabe von Rousseaus »Schriften zur Kulturkritik«, Hamburg 1955, S. 301ff.)
die »soziale Erfindung . . .«: Nietzsche, a.a.O., S. 508.

16 *Rousseaus »unverschämte Verachtung . . .«:* Ebenda.
»Es kommt aber eine Zeit . . .«: Rousseau in seiner Antwort an Voltaire, C.G., a.a.O., S. 207 (siehe auch in der Ausgabe von K. Weigand, a.a.O.).
Leo Strauss: »On the Intention of Rousseau«, in: Social Research, Bd. 14, 1947, S. 455–487, und »Naturrecht und Geschichte«, Stuttgart 1956, Kap. VI,A.

17 *»Wenn einmal die menschlichen Einrichtungen ...«:* Rousseau in einem Brief vom 11. November 1764 an den Abbé de Carondelet (C. G. XII, S. 52).

18 *Vorrede zu Narcisse:* Siehe hier S. 164.

Diderots Wort ...: In seinem Theaterstück »Le Fils naturel« (»Der natürliche Sohn«) von 1757. Siehe dazu hier Rousseaus Satz im »Brief an d'Alembert« (S. 454): »Der böseste Mensch aber ist, wer sich am meisten von der Welt absondert und sein Herz am stärksten in sich zusammenzieht ...«

Bekenntnisbrief an Saint-Germain: C.G. XIX, S. 233–262.

»Welch eigenartiger Bürger ...«: Diderot an Rousseau, etwa 10. März 1757, C.G. III, S. 20.

19 *Maurice Blanchot:* In »Der Gesang der Sirenen. Essays zur modernen Literatur«, München, 1962, S. 61–72.

20 *»Ich bin im übrigen überzeugt ...«:* An Dom Deschamps, 12. September 1761 (C.G. VI, S. 208–210).

21 *Am 24. Februar 1776 ...:* Siehe hier Bd. 2, S. 619ff.

22 *vitam impendere vero:* Siehe hier Anm. zu S. 469.

23 *Hans Blumenberg:* »Die Legitimität der Neuzeit«, Frankfurt, 1966, S. 66f.

24 *Jean Starobinski:* »La transparence et l'obstacle«, a.a.O., S. 229.

ABHANDLUNG ÜBER DIE WISSENSCHAFTEN UND KÜNSTE

Im Oktober 1749 veröffentlicht die Akademie der Wissenschafter und der Literatur zu Dijon in der Zeitschrift »Mercure de France« die Ausschreibung für den Preis der Moralklasse des Jahres 1750 mit der Frage, »ob die Wiederherstellung der Wissenschaften und Künste zur Läuterung der Sitten beigetragen hat«. Als Preis ist eine Goldmedaille ausgesetzt. Die Arbeiten, die französisch oder lateinisch abgefaßt werden können, sollen die Länge einer halbstündigen Vorlesung nicht überschreiten. Sie sollen anonym eingereicht werden und durch ein Motto gekennzeichnet sein.

Über die Umstände, die Rousseau zur Teilnahme an dem Wettbewerb motiviert haben, berichtet er mehrfach: in dem Brief vom 12. Januar 1762 an Malesherbes (hier S. 483), im Buch VIII der »Bekenntnisse« und im zweiten der Gespräche »Rousseau richtet über Jean-Jacques« (Bd. 2, S. 448).

Rousseau liest die Preisfrage in dem genannten Heft des »Mercure« auf dem Wege von Paris nach Vincennes, wo er während des Spätsommers

1749 seinen Freund Diderot zu besuchen pflegt, der wegen einiger Passagen seines »Briefes über die Blinden« im Schloß und Park von Vincennes unter Arrest steht. Die Preisfrage löst bei Rousseau eine unerhörte Erregung aus, die er als ein Erleuchtungserlebnis beschreibt (siehe das Vorwort). In den »Bekenntnissen« schließt der Bericht: »Wessen ich mich aber sehr deutlich bei dieser Gelegenheit erinnere, ist, daß, als ich in Vincennes ankam, ich in einer Erregung war, die an Wahnsinn grenzte. Diderot bemerkte es. Ich sagte ihm den Grund und las ihm die Prosopopöie des Fabricius vor (siehe hier S. 42–43), die ich mit Bleistift unter einer Eiche geschrieben hatte. Er ermunterte mich, meinen Gedanken freien Lauf zu lassen und mich um den Preis zu bewerben.«
Diese Schilderung des Ganges der Ereignisse bleibt unberührt von anderen Versionen, die schon Anfang der fünfziger Jahre kursierten. So notiert der Schweizer Isaak Iselin in seinem Tagebuch, was er in dem Salon der Mme. de Graffigny gehört hatte: »Als er angefangen, um den Preis der Akademie zu Dijon zu schreiben, war er noch ungewiß, was für eine Meinung er verfechten wolle; endlich sei er auf seine Paradox verfallen, und izzund sei er Enthusiast damit« (14. Juni 1752). Später wird Diderot diese Version in seiner »Réfutation de l'Ouvrage posthume d'Helvétius: L'Homme« (»Widerlegung von Helvétius' Werk ›Vom Menschen‹«, 1774) autorisieren: »Die Akademie von Dijon hatte als Thema eines Preisausschreibens die Frage gestellt, ob die Wissenschaften eher schädlich als nützlich für die Gesellschaft gewesen seien. Damals befand ich mich in der Festung Vincennes. Rousseau besuchte mich dort und fragte mich bei dieser Gelegenheit, welchen Standpunkt er in dieser Frage einnehmen sollte. ›Das ist nicht zweifelhaft‹, meinte ich. ›Sie werden den Standpunkt einnehmen, den kein anderer einnehmen wird.‹ – ›Sie haben recht‹, erwiderte er mir. Und er arbeitete in diesem Sinne« (Diderot, »Philos. Schriften«, Berlin 1961, Bd. 2, S. 16).
Die Niederschrift des Manuskripts erfolgt zwischen Oktober 1749 und März 1750, und mit einigen von Diderot vorgeschlagenen Verbesserungen reicht Rousseau es bei der Dijoner Akademie ein.
Am 10. Juli 1750 erhält Rousseaus Abhandlung unter dreizehn eingereichten Arbeiten den ersten Preis. Der zweite Preis wird dem Beitrag eines gewissen Grosley verliehen, der als einziger unter den Bewerbern die Frage der Akademie ebenfalls negativ beantwortet hatte.
Die gedruckte Ausgabe der Abhandlung erscheint Anfang Januar 1751. Die Drucklegung hatte Diderot übernommen und dem Pariser Buchhändler Pissot anvertraut, der aber auf dem Titel der Erstausgabe nicht genannt wird (statt dessen heißt es dort: A Genève, Chez Barillot & fils).
Wie auch aus Rousseaus Vorrede (S. 29) hervorgeht, hatte er ursprünglich seine Abhandlung für die Veröffentlichung erweitern wollen, dann

aber darauf verzichtet, weil dazu eine besondere Druckerlaubnis erforderlich gewesen wäre. Von dieser Umarbeitung der Abhandlung sind in der veröffentlichten Fassung nur zwei Zusätze geblieben, die nicht eindeutig zu identifizieren sind (siehe Anm. zu S. 29).

In einem Exemplar der Erstausgabe, das Rousseau für eine Ausgabe seiner »Œuvres complètes« korrigiert hat, hat er (um 1763) auf der Rückseite des Titels ein »Avertissement« notiert, das allerdings (wie O.C. III, S. 1237, festhält) nicht in der Ausgabe Duchesne von 1764, wie häufig angegeben, sondern erst in der Ausgabe Du Peyrou von 1781 erscheint: »Was ist der Ruhm? Hier ist das unglückselige Werk, dem ich den meinigen verdanke. Es ist gewiß, daß diese Arbeit, die mir einen Preis eingetragen und einen Namen gemacht hat, bestenfalls mittelmäßig ist, und ich wage hinzuzusetzen, daß sie eine der schwächeren dieser ganzen Sammlung ist. Welchem Abgrund des Elends wäre der Verfasser nicht entgangen, wenn diese erste Schrift so aufgenommen worden wäre, wie sie es verdiente. Aber es sollte so sein, daß eine zunächst ungerechtfertigte Gunst mir nach und nach eine Unbill zugezogen hat, die noch ungerechter ist.«

Trotz dieses absprechenden Urteils über die Qualität seines Erstlingswerkes, die Rousseau auch in den »Bekenntnissen« wiederholt (es »fehlt diesem Werk, voll Feuer und Kraft, völlig an Logik und Ordnung. Von allen, die aus meiner Feder geflossen sind, ist es das schwächste in der Folgerung und das ärmste an Rhythmus und Wohlklang«), bleibt es für ihn nicht nur die Schicksalsschrift, die über seinen Lebensweg entscheidet, sondern auch der Grundstein seines »Systems«, das er in den folgenden Jahren, bis zum »Emile«, entfaltet.

Die im Anschluß an die »Abhandlung« hier abgedruckten Antworten, die Rousseau auf einige der zahlreichen Erwiderungen, die die These unmittelbar provozierte, gegeben hat, beziehen sich nur auf einen kleinen Ausschnitt der Kontroverse, die die Grenzen Frankreichs schnell überschritten hat und in Deutschland, der Schweiz, in Holland aufgenommen wurde. Allein in den unmittelbar folgenden Jahren hat man über 60 Entgegnungen gezählt.

So außergewöhnlich groß die Resonanz auf die »Abhandlung« gewesen ist, so sehr hat man schon früh bedauert, daß Rousseau keinen gleichwertigen Gegner gefunden hat. Melchior Grimm etwa schreibt 1754 in seiner »Correspondance littéraire«: »Es ist sehr schade, daß sich unter der großen Zahl derer, die im Reich der Literatur die Feder führen, kein Gegner gefunden hat, der diesem Philosophen und beredten und überspannten Schriftsteller angemessen hätte entgegnen können« (»Paris zündet die Lichter an«, München, 1977, S. 76). Ähnlich urteilt Lessing in seiner Besprechung der »Abhandlung über die Ungleichheit« (in der Berlini-

schen Privilegierten Zeitung, 10. Juli 1755) rückblickend über die von der ersten Abhandlung erregte Streitigkeit, daß sie »sehr lehrreich hätte werden können, wenn sich in Frankreich nicht fast eben so kleine Geister damit abgegeben hätten, als in Deutschland, wo ein gewisser Schulmeister (gemeint ist Gottsched, siehe hier Anm. zu S. 147) sein gutherzige Knaben davon deklamieren ließ«.
Das liegt ganz auf der Linie von Rousseaus eigenem Urteil, das den Bericht über die Polemik in den »Bekenntnissen« beschließt: »All diese Polemik beschäftigte mich sehr, so daß mir viel Zeit für mein Notenschreiben (womit Rousseau seit dem Erfolg der ›Abhandlung‹ seinen Lebensunterhalt verdient) verlorenging, während die Wahrheit nur wenig gefördert wurde und auch meine Börse geringen Nutzen davon hatte.« Mit Respekt hat Rousseau nur die Entgegnungen des Königs von Polen (S. 67–92) und die Abhandlung von Bordes (S. 107–135) behandelt, wie auch seine Repliken auf diese Gegner von ihm selbst wie von der zeitgenössischen Kritik als der »Abhandlung« gleichwertig und sogar überlegen beurteilt worden sind.

Dem Text der »Abhandlung über die Wissenschaften und Künste« und der folgenden Antikritiken (S. 67–144) liegt die revidierte Fassung von Übersetzungen zugrunde, die 1779 erschienen sind in »Philosophische Werke«, Bd. 1, Reval und Wesemberg, bei Albrecht & Compagnie, S. 7–199. Der darin nicht enthaltene »Brief an Raynal« wurde vom Herausgeber der vorliegenden Ausgabe übersetzt.

27 *Titel der Erstausgabe 1750:* »Discours/qui a remporté le prix / à l'Académie / de Dijon. / En l'année 1750. / Sur cette Question proposée par la même Académie: / Si le rétablissement des Sciences et des Arts a / contribué à épurer les moeurs. / Par un citoyen de Genève.«
Motto: »Hier bin ich ein Barbar, weil ich von jenen nicht verstanden werde.« Ovid, »Tristia« V, 10, 37. Dieser und der folgende Vers Ovids, der über seine Verbannung am Schwarzen Meer spricht (»und in ihrer Dummheit lachen die Geten über mein Latein«), werden von Rousseau zuerst in einem Brief vom 17. Jan. 1742 zitiert (»ich habe oft genug Anlaß, mit Ovid bei den Sarmathen zu sagen . . .«) und erscheinen im selben Jahr als Aufschrift eines Heftes, in welches er seine Gedichte einträgt. Der erste Vers wird von ihm wiederum als Motto verwandt für die posthum veröffentlichten Gespräche »Rousseau richtet über Jean-Jacques« (Bd. 2, S. 253).

29 *derjenige, der heutzutage ... Fanatiker gewesen:* Von Rousseau in die Sammlung der seine Zeit herausfordernden Sätze aufgenommen, siehe Bd. 2., S. 550.
Liga: Die sog. Heilige L., ein Bündnis, das 1576 von fanatischen Katholiken zur Bekämpfung der Hugenotten und der Anhänger des protestantischen Heinrich von Navarra geschlossen wurde.
zwei Zusätze: Da das von Rousseau bei der Akademie eingereichte Manuskript verlorengegangen ist, läßt sich nur vermuten, um welche Stellen es sich handelt. François Bouchardy (O.C. III, S. 1240) schlägt die folgenden Stellen auf S. 34 und S. 54 vor: Wissenschaften, Literatur und Künste »ersticken bei ihnen (den Menschen) diese Empfindung der ursprünglichen Freiheit, um deretwillen sie doch geboren zu sein scheinen, lassen sie ihre Sklaverei lieben und bilden aus ihnen, was man gelehrte Völker nennt«, und: »Woher entstehen diese Mißbräuche anders als aus der unseligen Ungleichheit, die durch die Unterscheidung der Talente und die Geringschätzung der Tugend unter den Menschen eingeführt wurde?«

31 *Decipimur ...:* »Wir werden durch den Anschein des Richtigen getäuscht.« Horaz, »De Arte poetica«, 25. Unter diesem Kennwort hatte Rousseau seine Abhandlung eingereicht.
Hat die Widerherstellung ...: Rousseau ergänzt die Preisfrage der Akademie durch »oder zu verderben«. Mit »Widerherstellung der Wissenschaften und Künste« ist die Renaissance gemeint.

33 *Fall des konstantinischen Thrones:* Die Eroberung Konstantinopels unter dem letzten byzantinischen Kaiser, Konstantin XII., durch die Türken im Jahre 1453.

34 Fußnote *Ichthyophagen:* »Fischesser«, bei den Griechen eine Bezeichnung der Küstenvölker der südlichen Meere. Die Anekdote bei Plinius, »Historia naturalis«, VI, 25.

36 *Pyrrhonismus:* Nach dem Begründer des antiken Skeptizismus, Pyrrhon (376–270 v.Chr.), im 18. Jh. gleichbedeutend mit absolutem Zweifel und Atheismus.
Fußnote *Montaigne:* Michel de M. (1523–1592), »Essais«, Buch III, Kap. 8.
außer einem: Rousseaus Freund Denis Diderot (1713–1784), dessen »Pensées philosophiques« er als einzige zeitgenössische Schrift zitiert (siehe S. 53).

37 *Sesostris:* Nach griechischer Überlieferung ein ägyptischer Pharao, dem Eroberungen in Asien und Europa zugeschrieben wurden.
Kambyses: Der König der Perser und Meder (6. Jh.) besiegt Ägypten im Jahre 525 v.Chr.

38 *auf ihrem eigenen Boden:* Gemeint sind die Perserkriege (500–449 v.Chr.).

das makedonische Joch: Die Eroberung Griechenlands durch Philipp II. (338 v.Chr.).

Demosthenes: Der berühmteste der attischen Redner (384–322 v.Chr.), dessen Aufrufe zum Widerstand gegen die Makedonier Philipp II. und Alexander d.Gr. vergeblich blieben.

zur Zeit des Ennius: Ennius: 239–169 v.Chr.; Terenz: 195–159 v.Chr.; Ovid, Catull, Martial: 1. Jh. n.Chr.

Richter des guten Geschmacks: Diesen Titel (»arbiter elegantiae«) trug der Dichter Petronius (gest. 66 n.Chr.) am Hofe Neros. Vgl. Tacitus, »Annales«, XVI. 8.

39 *philosophischer Roman:* Xenophons »Kyrupädie«, die Erziehungsgeschichte des Kyros. Das Lob der persischen Erziehung kann Rousseau von Montaigne übernommen haben (»Essais«, I, 24).

bäurische Nation: Die Schweizer.

Fußnote *»Aber einerlei . . . Beinkleider«:* Montaigne, »Essais«, I, 31, der Schluß des berühmten Kapitels über die Kannibalen.

40 *ein Tyrann:* Der Athener Peisistratos (560–528 v.Chr.) ließ die homerischen Dichtungen aufzeichnen.

41 *der weiseste und unglücklichste:* Sokrates. Das Zitat ist eine freie Wiedergabe nach Platos »Apologie« (22).

42 *der ältere Cato:* M. Porcius C. Censorius (234–149 v.Chr.). Siehe seine Lebensbeschreibung bei Plutarch.

Epikur: 341–371 v.Chr. Im Mittelpunkt seiner Ethik steht die Idee der »Unerschütterlichkeit« und Schmerzlosigkeit.

Zenon: Aus Kition (335–263 v.Chr.), Begründer der stoischen Philosophie.

Arkesilaos: 313–241 v.Chr., begründet die skeptische Richtung der platonischen Akademie.

Seitdem sich Gelehrte . . .: Seneca, »Epistulae morales ad Lucilium«, 95. Der Satz wird von Montaigne (»Essais«, I, 25) lateinisch zitiert (»postquam docti prodierunt boni desunt«).

Fabricius: Gaius Luscinus F., röm. Feldherr des 3. Jh.s v.Chr., Konsul der Jahre 282 und 278, galt als Muster der Rechtschaffenheit und Unbestechlichkeit. Er war ein Gegner der epikuräischen Ethik. Siehe seine Lebensbeschreibung bei Plutarch (»Phyrrhos«). Zur Niederschrift dieser Rede siehe hier die Vorbemerkung.

43 *Schätze von Karthago:*Karthago wurde im dritten Punischen Krieg (146 v.Chr.) von den Römern erobert.

Flötenspieler: Der röm. Kaiser Nero (54–68).

Kineas: Griech. Redner, dessen Überredungskünste an der Festigkeit des röm. Senats scheiterten, als er nach der Schlacht von Herakleia (280 v.Chr.) im Auftrag des Königs Pyrrhos von Epirus zu Friedensverhandlungen nach Rom geschickt wurde. Er soll damals den römischen Senat als eine Versammlung von Königen bezeichnet haben (Plutarch, »Pyrrhos«).

45 *eine alte Sage:* Siehe hier S. 100 und die Anm.

Fußnote *»Der Satyr . . .«:* Das Thema des Titelkupfers der Erstausgabe der Abhandlung. Rousseau erläutert diese Allegorie in seiner Antwort an Lecat, siehe S. 144.

46 *Sind wir denn geschaffen . . .:* Die Vorstellung, die Wahrheit habe sich in einen Brunnen zurückgezogen, wird Demokrit zugeschrieben.

Fußnote *Peripatetiker:* Die philosophische Schule des Aristoteles (384–322).

Descartes: Siehe seine Abhandlung »Les Meteores« in den »Essais« von 1636.

48 *Sybarit:* Das üppige Leben der Bewohner der griechischen Kolonie Sybaris war sprichwörtlich (»Sybaritenleben«).

von einem Fürsten: Alexander der Große.

Skythen: Sie widerstanden dem Angriff des Perserkönigs Dareios I. im Jahre 515.

zwei berühmte Republiken: Spartas Sieg über Athen im Peloponnesischen Krieg (431–404).

Bergbewohner: Die Schweizer siegten 1476 über Karl den Kühnen von Burgund.

Heringsfischer: Die Niederländer im Aufstand gegen die Spanier (1568–1648).

Fußnote *Platon:* »Politeia« 451.

50 *Arouet:* François-Marie A., Voltaires bürgerlicher Name, den er 1718 ablegt.

Carle: Charles André van Loo (oder Vanloo) (1705–1765), Akademiedirektor und Hofmaler in Paris, malte Bildnisse, religiöse und mythologische Bilder.

Pierre: Jean-Baptiste P. (1713–1789), frz. Maler. Von ihm stammt die Zeichnung zu dem Titelkupfer der Originalausgabe dieser Abhandlung (s.o. S. 45). Rousseau hat sie als »sehr schlecht« bezeichnet (C.G. III, 246).

Pigalle: Jean-Baptiste (1714–1785), der spätere Hofbildhauer Ludwigs XV.

eines Pagoden: Dekorative Gipsfiguren der Rokokozeit, meist nach chinesischen Mustern.

51 *Karl VIII.:* Als Erbe der Rechte Anjous macht Karl VIII., frz. König 1483–1498, einen Feldzug nach Italien und erobert 1495 das Königreich Neapel.

der vernünftige Mann: Montaigne, »Essais«, I, 24.

53 *sagte ein Weiser:* Montaigne, »Essais«, I, 25.
Fußnote *Pensées philosophiques:* Diderots (1713–1784) 1746 anonym erschienene Schrift. »Es gibt Menschen, von denen man nicht sagen sollte, sie fürchten Gott, sondern vielmehr, sie hätten Angst vor ihm« (VIII).
Montaigne: Die drei Anekdoten sind Montaignes Kapitel über Schulmeisterei (»Du pédantisme«) entnommen (»Essais«, I, 25).
Sitz der Musen: Montaigne lokalisiert den Parnass irrtümlich nach Lakonien.
54 *in genero demonstrativo:* In der Rhetorik eine Rede, die die Vorzüge einer Person oder Sache darlegt.
55 *jener große Monarch:* Ludwig XIV., von 1643–1715 König Frankreichs. Rousseau rühmt die ersten Akademiegründungen, die in seine Regierungszeit fielen.
Nachfolger: Ludwig XV., von 1715–1774 König Frankreichs.
56 *Der eine:* George Berkeley (1685–1735).
Der andere: Thomas Hobbes (1588–1679).
Dieser: Baruch de Spinoza (1632–1677) und der Pantheismus.
Jener: Thomas Hobbes.
57 *Leukipp:* Begründer der antiken Atomistik (Mitte des 5. Jh.).
Diagoras: Griech. Sophist der 2. Hälfte des 5. Jh., genannt »der Atheist«. Er wurde wegen seiner Verspottung der eleusinischen Mysterien aus Athen vertrieben.
Fußnote *Sultan Achmed:* Achmed III. regierte von 1703 bis zu seiner erzwungenen Abdankung 1730. Die Druckerei wurde 1727 eingerichtet.
Kalif Omar: Omar I. regierte von 634 bis 644. Die Anekdote ist nicht historisch, wie schon Diderot in seinem Enzyklopädieartikel »Bibliothèque« feststellt.
Gregor der Große: Papst von 590 bis 604. Seine Geringschätzung der Wissenschaften zeigte er in seiner nachlässigen Schreibweise. Ob die Christen nicht in derselben Lage wären wie die Mohammedaner, wenn es nach diesem Papst gegangen wäre, fragt schon Diderot in den »Pensées philosophiques« (XLIV), freilich mit entgegengesetzter Bewertung.
58 *Verulam:* Francis Bacon, Baron of Verulam (1561–1626).
59 *Fürst der Beredsamkeit:* Cicero war im Jahre 63 v.Chr. Konsul.
der vielleicht größte Philosoph: Bacon wurde 1619 Lord-Kanzler.
60 *zwischen zwei großen Völkern:* Athen und Sparta.

BRIEF AN RAYNAL

Der Brief erscheint im Juni 1751 in der von Raynal herausgegebenen Zeitschrift »Mercure de France« zugleich mit den anonymen »Bemer-

kungen« (»Observations sur le Discours qui a été couronné à Dijon«), auf die er antwortet und die der Herausgeber Rousseau vor der Drucklegung zur Stellungnahme vorgelegt hatte. François Bouchardy (O.C. III, S. 1256) vermutet, daß die »Bemerkungen« von Raynal selbst stammen, der in ihnen im Namen nicht genannter, »wohlmeinender« Kritiker der Preisschrift spricht.
Abbé Guillaume-Thomas-François Raynal (1713–1796), ursprünglich jesuitischer Prediger, mußte seine Stellung wegen Freigeisterei aufgeben und war seit 1747 zunächst Herausgeber der handschriftlichen Korrespondenz »Nouvelles Littéraires«, ehe er im Juli 1750 (bis 1754) die Redaktion des »Mercure de France«, der führenden literarisch-politischen Zeitschrift der Zeit übernahm. Rousseau war mit Raynal schon aus der Zeit vor der Veröffentlichung seiner Preisschrift bekannt (siehe »Bekenntnisse«, Buch VIII).

61 *Titel:* »Lettre à Monsieur l'Abbé Raynal. Auteur du Mercure de France«.
64 *den beiden folgenden Bemerkungen:* Sie fragen nach den praktischen Schlußfolgerungen, die aus Rousseaus Abhandlung zu ziehen wären.
in meiner ersten Antwort: Die Antwort an den König von Polen, hier S. 67–92.
65 *der Gegner:* Wahrscheinlich ist Gautier gemeint, auf dessen Widerlegung Rousseau nur indirekt antwortet in seinem »Brief an Grimm«, hier S. 93–106.

BEMERKUNGEN ÜBER DIE ANTWORT DES KÖNIGS VON POLEN

Die »Bemerkungen« erscheinen im November 1751 (in Paris bei Pissot) als eine Broschüre von 62 Seiten (»Observations de Jean-Jacques Rousseau de Genève sur la Réponse qui a été faite à son Discours«).
Sie beantworten einen im »Mercure de France« im September 1751 anonym erschienenen Artikel (»Réponse du discours qui a remporté le prix de l'Académie de Dijon«), dessen Autorschaft jedoch durch eine Vorbemerkung des Herausgebers Raynal kaum im unklaren gelassen wurde. Über den Verfasser heißt es dort (siehe O.C. III, S. 1258): »Ebenso befähigt, die Völker aufzuklären wie zu regieren, ebenso besorgt, ihnen die Fülle der Güter, die zum Leben notwendig sind, zu verschaffen, wie die Einsicht und die Kenntnisse, die zur Tugend bilden, hat er die Verteidigung der Wissenschaften selbst in die Hand nehmen wollen.« Gemeint ist Stanislaus I. Leszcynski (1677–1766), der zweimal (von 1704–1709 und von 1733–1735) König von Polen war, nach dem endgültigen Ver-

zicht auf die polnische Krone den Titel eines Königs und die Herzogtümer Lothringen und Bar behielt, die nach seinem Tode an Frankreich fallen sollten. Er trat die Einkünfte aus seinen Herzogtümern für eine Pension an Frankreich ab, wo er in Nancy und Lunéville residierte und durch wohltätige Stiftungen und als Förderer der Wissenschaften hervortrat. Seine Tochter Maria Leszcynska war seit 1725 die Gemahlin Ludwigs XV. Seine Schriften erschienen 1765 unter dem Titel »Œuvres du philosophe bienfaisant«.

Rousseau hat offenbar schon während der Niederschrift seiner Antwort gewußt, wer der Verfasser des »Mercure«-Artikels war, denn er spielt am Ende der »Bemerkungen« auf sein Wirken als Förderer der Wissenschaften an: »Es gibt in Europa einen großen Fürsten . . .« (hier S. 92). Auch die »Bekenntnisse« (Buch VIII) lassen keinen Zweifel daran, daß die Tonlage genau auf den Adressaten abgestimmt ist: »Die Ehre, die er mir erwies, zwang mich, den Ton in meiner Antwort zu wechseln. Ich schlug einen ernsteren, aber nicht weniger kräftigen an; und ohne es an Achtung vor dem Verfasser fehlen zu lassen, widerlegte ich sein Werk vollkommen.« Hinzu kommt freilich, daß Rousseau von einer doppelten Autorschaft ausgeht, nämlich der Mitarbeit eines Jesuiten, des Pater Menou: »Ich vertraute auf meinen Takt, herauszufinden, was auf Rechnung des Fürsten und was auf Rechnung des Mönchs kam; und während ich über alle jesuitischen Redensarten ohne Schonung herfiel, deckte ich auf diesem Weg einen Anachronismus auf, der meiner Ansicht nach nur von seiner Hochwürden kommen konnte.«

Wegen der Verbindung eines stolzen und respektvollen Tons, der dem Publikum zeigen sollte, »wie ein Privatmann die Sache der Wahrheit selbst gegen einen Herrscher verteidigen könne«, nennt Rousseau noch in den »Bekenntnissen« seine Schrift »ein Werk einzig in seiner Art«.

67 *Titel der Ausgabe von 1751:* »Observations de Jean-Jacques Rousseau de Genève sur la Réponse qui a été faite à son Discours«.

69 *Dem ungenannten Schriftsteller:* Siehe die Vorbemerkung.

71 Fußnote *Trajan:* Plinius der Jüngere (62– ca. 114 n. Chr.) hat durch seine im Senat auf den Kaiser Trajan gehaltene Lobrede ein Muster der literarischen Form des »Panegyrikus« gegeben.

72 *meine Antworten:* Rousseau arbeitet gleichzeitig an der Antwort auf die »Widerlegung« von Gautier, hier S. 93ff.

73 *Vergleich mit den ägyptischen Gefäßen:* Wie die Israeliten bei ihrem Auszug aus Ägypten silberne und goldene Gefäße und Kleider mitnahmen (2. Mose 3,22; 12,35), sollen sich, nach Augustin, »De doctrina christiana«, II, 40, die christlichen Schriftsteller der Wahrheiten des Heidentums zu christlichen Zwecken bedienen.

75 *Ysop:* Strauch aus der Gattung der Labiaten (Hyssopus).
Rede Alfons X.: Der König von Kastilien (1252–1282) soll gesagt haben, er hätte Gott gute Ratschläge erteilt, wenn dieser ihn um Rat gefragt hätte.

77 *ein neueres Volk:* Die Schweizer, hier S. 39 und 48. Von den neueren Völkern erwähnt Rousseau außerdem die Niederländer (S. 48).
von einem Philosophen: D'Alembert (1717–1783) im »Discours préliminaire de l'Encyclopédie« (1751).

79 *Josephus:* Flavius Josephus, jüdischer Geschichtsschreiber (37–nach 95 n.Chr.).
Philo: jüdisch-hellenistischer Philosoph (um 20 v.Chr.–ca. 54 n.Chr.).
Fußnote *Le Bourgeois Gentilhomme:* »Der Bürger als Edelmann«, Komödie von Jean Baptiste Molière (1622–1673). Über Molière hier S. 369ff.

80 *Justinus der Märtyrer:* Justinus Martyr, Kirchenlehrer und Apologet des Christentums (gest. ca. 165). Er steht am Anfang der Entwicklung des christlichen Dogmas. Sein Gespräch mit dem Juden Tryphon über die Messiaserwartung und das Verhältnis des Christentums zum Monotheismus ist seine einzige erhaltene Schrift.
Fußnote *Lukianisches Gespräch:* Lukianos (ca. 125–180), griech. Schriftsteller und eklektischer Philosoph, verfaßte satirische Schriften in Dialogform.
Apologie des Tertullian: Kirchenschriftsteller aus Karthago (ca. 160–nach 220). In seinem »Apologeticum« und anderen Schriften verteidigt er die christliche Wahrheit gegen die Wahrheit der Philosophie.
Theodoros: Anhänger der von Aristippos (um 380 v.Chr.) gegründeten kyrenaischen Schule, einer hedonistischen philosophischen Sekte.
Sustulit amicitiam . . .: »Er hob auch die Freundschaft auf, weil sie weder bei den Unverständigen noch bei den Weisen anzutreffen sei . . . Er sagte, es sei billig, daß der kluge Mann sich nicht für das Vaterland Gefahren aussetze, denn man solle nicht zum Nutzen Unverständiger auf diese Klugheit verzichten. Auch könne der Weise, wenn es geboten ist, Diebstahl, Ehebruch und Sakrileg begehen. Denn nichts von dem sei schändlich von Natur. Sondern die gewöhnliche Meinung hierüber, die von der gemeinen Menge der Dummen und Ahnungslosen ausgeheckt wird, sei auszulöschen . . . Der Weise könne ohne jede Scham und ohne alle Verdächtigung mit den Huren umgehen.« Diogenes Laertius, »Vitae philosophorum«, II, 98–99 (»Aristippos«). Rousseau, der nicht griechisch las, zitiert die griech. Philosophiegeschichte des Diogenes Laertius (3. Jh. v.Chr.) nach einer lateinischen Ausgabe.

81 Fußnote *Clemens von Alexandrien:* Heidnischer Philosoph, der in seinen späteren Lebensjahren zum Christentum übertrat (gest. um 220), in dem er die Vollendung der im Heidentum noch zerstreuten Erkenntnis sah.

82 *Einer der berühmtesten Päpste:* Gregor der Große (540–604). Rousseau bezieht sich hier offenbar auf Diderot, »Pensées philosophiques«, XLIV: »Der heilige Gregor der Große hatte anscheinend von seinen Vorgängern jenen barbarischen Glaubenseifer übernommen, der ihn gegen die Wissenschaften und Künste erfüllte. Wenn es nur nach diesem Pontifex gegangen, so wären wir jetzt in einer ähnlichen Lage wie die Mohammedaner, die auf ihren Koran als einzige Lektüre angewiesen sind. Denn was wäre aus den Schriften des Altertums in den Händen eines Mannes geworden, der aus Gründen der Religion die Sprache verdarb, der sich einbildete, die genaue Beachtung der Regeln der Sprache bedeute eine Unterordnung Jesu Christi unter den Donatus [dessen Grammatik die Grundlage des Lateinunterrichts bildete] . . .« (Diderot, »Philosophische Schriften«, Bd. 1, Berlin 1961, S. 21).

84 *non Aristotelico more, sed Piscatorio:* »Nicht nach aristotelischer Weise, sondern nach der des Fischers.«

85 *Aristipp:* Gründer der kyrenaischen Philosophenschule (geb. um 395 v. Chr.).

87 *Cartouche:* Louis Dominique Cartouche war der Anführer einer Räuberbande, die bis zu seiner Hinrichtung 1721 Paris und Umgebung unsicher machte. Schon während seines Prozesses wurde er Held von Bühnenstücken und in zahlreichen Legenden verherrlicht.

Cromwell: Rousseau bezeichnet Oliver Cromwell (1599–1658) auch im »Gesellschaftsvertrag«, IV, 7, als Heuchler, der sich des religiösen Eifers seiner frommen Mitbürger bedient, um die Macht zu erobern.

91 Fußnote *der Philosoph:* Siehe Anm. zu S. 77.

92 *einen großen Fürsten:* Gemeint ist Stanislaus, dem Rousseau hier antwortet. Siehe oben die Vorbemerkung.

BRIEF AN GRIMM

Der Brief ist von Rousseau selbst datiert: Paris, den 1. November 1751; er erscheint als Broschüre im November 1751.

Mit der Form des Briefes an den damals mit ihm eng befreundeten Melchior Grimm (1723–1807) mag Rousseau den doppelten Zweck verfolgt haben, sowohl seinen Freund, der im literarischen Leben von Paris Fuß zu fassen versucht, an seinem Erfolg teilhaben zu lassen, als auch den Adressaten seiner Entgegnung, dem er nicht antworten will, demonstrativ abzuweisen.

Die »Widerlegung« (»Refutation d'un Discours qui a remporté le Prix de l'Académie . . .«) war im Oktober 1751, wiederum im »Mercure de France«, erschienen. Ihr Verfasser war der Kanoniker Joseph Gautier,

Professor für Mathematik und Geschichte in Lunéville und Mitglied der von König Stanislaus gegründeten Akademie zu Nancy.

93 *Titel:* »Lettre de J. J. Rousseau, /de Genève, / à M. Grimm, / Sur la réfutation de son Discours, / Par M. Gautier, / Professeur de Mathématiques et d'Histoire, / et Membre de l'Académie Royale des / Belles-Lettres de Nancy.«

95 *die Reden Ludwigs des Großen und des Fabricius:* In seiner »Widerlegung« läßt Gautier Ludwig den Großen eine Gegenrede gegen die Rede des Fabricius (hier S. 42–43) halten.

96 *Réaumur:* René Antoine Ferchault de R. (1683–1757), franz. Physiker und Zoologe.

Fontenelle: Bernard Le Bovier de Fontenelle (1657–1757), franz. Schriftsteller der Frühaufklärung, seit 1691 Mitglied der Académie Française, 1697 immerwährender Sekretär der Académie des Sciences. Durch seine »Eloges des Académiciens« wurde er der Schöpfer der akademischen Lobreden. Gautier hatte nicht ihn, sondern den Physiker, Mathematiker und Philosophen Pierre-Louis Moreau de Maupertuis (1698–1759) genannt.

97 *Hier steht also Herodot, Strabo . . .:* Gautier bemerkt, daß zwar Justinus eine Verherrlichung der Skythen geschrieben habe, daß sie aber von Herodot und anderen Geographen und Geschichtsschreibern der Antike als eines der wildesten Völker geschildert werden. Zu Justinus, der die Einfachheit der ersten Völker und ihre Unkenntnis des Lasters an ihrer Nacktheit erkennt, siehe die Anm. zu S. 218.

99 *»Wir fragen gerne . . .«:* Montaigne, »Essais«, I, 25. Rousseau hat die Satzfolge des Montaignezitats verändert.

100 *eine Stelle des Platon:* Die im »Phaidon«, 273d–274a, berichtete Sage, daß der Gott Theuth Zahl und Rechnung, Meßkunst, Sternkunde und die Schrift erfunden und den ägyptischen König Thamus darin unterwiesen habe. Gegen die Schrift wendet Thamus ein, sie werde die Ägypter nicht weiser und gedächtnisreicher machen, sondern Vergessenheit einflößen. Vgl. hier S. 45, Fußnote.

100 *Osymandias:* Gautier erwähnt in seiner »Widerlegung« die bei Diodorus Siculus überlieferte Inschrift der Bibliothek des ägyptischen Königs Osymandias (Ramses II.): »Heilstätte für die Krankheiten der Seele«.

101 *Karneades:* Gründer der sog. dritten Akademie, lebte von 214–129 v. Chr. Im Jahre 155 soll er als athenischer Bittsteller in Rom geglänzt haben, indem er die Wahrheit eines Satzes wie seines Gegenteils bewies. Gautier führt auf diesen Auftritt die Ablehnung der griechischen Literatur durch Cato d. Ä. zurück, der dies aber im Alter noch berichtigt habe, indem er Griechisch lernte.

105 *ridiculum acri:* Hier sinngemäß: Bitterer Spott. Anspielung auf Horaz, »Satiren«, I, 10?
eine prächtige Rezension: In einer Antwort (»Observations sur la Lettre de M. Rousseau, de Genève, à M. Grimm . . .«) auf den »Brief an Grimm« bestreitet Gautier die von Rousseau hier unterstellte Autorschaft an dieser Rezension.

LETZTE ANTWORT

Von der Chronologie her gesehen handelt es sich nicht um die letzte Stellungnahme, die Rousseau in der Debatte um die Preisschrift gegeben hat. Der »Brief an Lecat« wird das Thema noch einmal in der direkten Auseinandersetzung aufnehmen, während die »Vorrede zu ›Narcisse‹« seine Position unabhängig von dem Austausch der Argumente noch einmal formuliert. Vom Anspruch her ist die »Letzte Antwort« als eine abschließende Stellungnahme gedacht, wie sie auch in dem Bericht der »Bekenntnisse« dargestellt wird.
Rousseau veröffentlicht die »Dernière Réponse« als eine Broschüre von 70 Seiten, die im Frühjahr 1752 in Paris (bei Pissot) erscheint. Sie ist eine Entgegnung auf eine Abhandlung über die Vorzüge der Wissenschaften und Künste (»Discours sur les Avantages des Sciences et des Arts«), deren Autor Charles Bordes (oder Borde) Rousseau aus seiner Hauslehrerzeit in Lyon im Jahre 1740 gut bekannt war, den er aber inzwischen aus den Augen verloren hatte, so daß diese Beziehung erst in der Kontroverse über die Preisschrift wiederaufgenommen wird. Charles Bordes (1771–1781) lebte seit 1740, nach einem mehrjährigen Aufenthalt in Paris, wieder in seiner Geburtsstadt Lyon, wo er seit 1745 Mitglied der Akademie ist, deren Direktor er später wird. In Lyon war er der Mittelpunkt eines Kreises, der eine freidenkerische antireligiöse Philosophie propagierte, in die Rousseau wohl durch Bordes selbst eingeführt wurde. In zwei Versepisteln, die an Bordes gerichtet sind, hat Rousseau sich Anfang der vierziger Jahre zu der Philosophie dieses Kreises bekannt (die erste »Epître à M. Bordes« erscheint 1743 im »Journal de Verdun«, die zweite ist wahrscheinlich 1744 in Vendig entstanden, siehe O.C. II, S. 1130 und 1144).
Bordes hat sich durch Rousseaus Antwort noch zu einer zweiten Abhandlung herausfordern lassen (»Second discours sur les avantages des sciences et des arts«), die 1753 in Avignon erscheint. Entgegen der Darstellung der »Bekenntnisse« hat Rousseau diese Abhandlung jedoch unerwidert gelassen. Es ist nur das Bruchstück eines Vorworts zu einem zweiten Brief an Bordes erhalten (O.C. III, S. 103–107).

107 *Titel:* »Dernière Réponse de J.-J. Rousseau, de Genève.«
Motto: »Es soll nicht so aussehen, als schwiegen wir aus Mangel an Selbstvertrauen und nicht vielmehr aus Scheu.« Cyprianus, »Contra Demetrianum«. Thascius Caecilius Cyprianus, der Heilige, lat. Kirchenvater (um 200–258).

110 Fußnote *jener berühmte Philosoph:* Nach O.C., III, 1272, Plutarch in seiner Abhandlung »Vom Neid und vom Haß« (»Moralia«).
Weise war die Antwort . . .: Rousseaus Quelle wohl ebenfalls Plutarch, a.a.O. Die Anekdote wird auch von Montaigne (»Essais«, III, 12) berichtet.
Brutus: Roms Befreier von der Königsherrschaft und erster Konsul (gest. 509 v.Chr.), der seine beiden Söhne Titus und Tiberinus hinrichten ließ, weil sie sich an einer Verschwörung beteiligt hatten. Siehe auch hier, S. 126.

113 Fußnote (zu S. 112) *Kyros, Alexander und Scipio:* Jacques Bouchardy (O.C., III, 1272) führt die ersten beiden Beispiele der Enthaltsamkeit auf Plutarch, »Von der Neugierde«, 13, zurück und vermutet, daß es sich um Scipio den Älteren handelt, der bei der Eroberung von Karthagena eine ihm angebotene schöne Gefangene zurückgewiesen haben soll.
die Stadt der Falisker: Falerii im südlichen Etrurien soll sich den Römern freiwillig ergeben haben (349 v.Chr.), weil der sie belagernde Feldherr den Verrat eines Schulmeisters, der die Kinder der angesehensten Falisker in das römische Lager geführt hatte, zurückwies.
Pyrrhos: König von Epirus (318–272 v.Chr.), der sich trotz seiner Siege gegen die Standhaftigkeit der Römer nicht durchsetzen konnte.
Dryden: John Dryden (1631–1700), englischer Dichter.

114 *die Lehre . . . die man mir entgegensetzt:* Im folgenden gibt Rousseau eine äußerst geraffte Zusammenfassung der Abhandlung von Bordes.

119 *Aristides:* Von dem athenischen Staatsmann (um 540–467 v.Chr.), der schon zu seinen Lebzeiten »der Gerechte« hieß, sagt Rousseau im »Emile« (4. Buch): »Aristides war gerecht, ehe Sokrates sagte, was Gerechtigkeit sei« (siehe auch hier S. 573).

125 *daß Fabricius das Gold des Pyrrhos verachtete:* Siehe Plutarch (»Pyrrhos«).
Fußnote (zu S. 124) *Montaigne:* Wörtlich so in »Essais«, I, 37.
Curius: Marius C. Dentatus besiegte 290 v.Chr. die Samniter und beendete dadurch den dritten Samnitischen Krieg.

126 *Cartouche:* Siehe Anm. zu S. 87.
Ecce spectaculum dignum . . .: »Welch ein Anblick, würdig, daß der eifrig auf sein Werk bedachte Gott darauf schaue! Ein gottgleiches Schauspiel, wie der Tüchtige mit dem widrigen Geschick ringt! Ich sehe nichts, sage ich, was Jupiter auf Erden Schöneres erblicken kann, wenn er seinen Sinn darauf richten mag, als Cato, der, obwohl die Teile mehr als einmal

zerbrachen, trotzdem in den Trümmern des Staates aufrecht steht.« Seneca, »De providentia«, II.

127 *Titus:* Bordes stellt der einfachen Tugendhaftigkeit des Fabricius die sich von der verschwenderischen Umgebung abhebenden Wohltaten des Kaisers Titus Flavius Vespasianus (69–79 n.Chr.) gegenüber.
Fußnote *Privatus atque etiam . . .:* »Als einfacher Bürger und auch unter dem Prinzipat seines Vaters fehlte es nicht an Haß gegen ihn und auch nicht an öffentlichem Tadel. Aber dieser Ruf wendete sich zu seinen Gunsten und wurde in höchstes Lob verwandelt.« Suetonius, »Vita Caesarum«, VIII, »Divus Titus«, I, 7.

128 *Philipp:* Athen zögerte lange, der Unterwerfung Griechenlands durch Philipp von Makedonien (359–336 v.Chr.), dem Vater Alexanders, entgegenzutreten.

130 *Guatimozin:* Der letzte König von Mexiko, der von Cortez 1525 hingerichtet wurde. Die Erzählung von seiner Hinrichtung findet sich bei Montaigne (»Essais«, III, 6).

131 *Ein Hebert, ein Lafrenaye . . .:* Um 1750 erfolgreiche Goldschmiede und Kunsttischler.
Paucis est opus litteris ad mentem bonam: »Es ist nicht viel Wissenschaft vonnöten, um einen guten Geist zu bilden«, Seneca, »Epistulae morales« CVI; zitiert auch bei Montaigne, »Essais«, III, 12.

132 *Tros Rutulusve fuat:* »Mag er Troer sein oder Rutuler«, Vergil, »Aeneis«, X, 108. Jupiter erklärt, daß er keinen Unterschied mache zwischen Aeneas und seinem Gegner Turnus, König der Rutuler an der Küste Italiens.

133 *Melon:* Jean-François Melon, »Essai politique sur le commerce« 1734, verteidigt den Luxus (Kap. IX).

134 Fußnote *in den kleinen kritischen Blättern:* F. Bouchardy (O.C. III, S. 1279) sieht darin eine Anspielung auf Elie-Catherine Frérons »Lettres sur quelques écrits du temps«, die sich zwischen 1751 und 1753 mehrfach mit Rousseau beschäftigten, ohne daß dieser antwortete; er hat eine Antwort an Fréron entworfen, aber nicht abgesandt.
Gautier: Siehe die Vorbemerkung zum »Brief an Grimm« und die Anm. zu S. 105.

BRIEF ÜBER EINE NEUE WIDERLEGUNG

Rousseaus Brief, der wahrscheinlich 1752 in Lyon als eine schmale Broschüre erschienen ist (O.C. III, S. 1280), bezieht sich auf eine Veröffentlichung von 1751, die in zwei Kolumnen Rousseaus Abhandlung mit einer fortlaufenden Widerlegung gegenüberstellt. Der anonyme Verfasser bezeichnet sich im Titel als Mitglied der Dijoner Akademie und erweckt damit den Eindruck, es handele sich um die ausführliche Begründung seines ablehnenden Votums. Aufgrund des Rousseauschen Hinweises auf diesen Sachverhalt (S. 139) veröffentlicht die Akademie zu Dijon eine Gegenerklärung (siehe hier S. 148 und die Anm.), woraufhin sich der Verfasser als Claude-Nicolas Lecat, Chirurg in Rouen und ständiger Sekretär der dortigen Akademie, zu erkennen gibt.

137 *Titel:* »Lettre de Jean-Jacques Rousseau de Genève, sur une nouvelle Réfutation de son Discours, par un Académicien de Dijon«.

140 *Preis der Académie Française:* Siehe S. 72, Fußnote.

141 *noch eine andere:* Rousseau meint wohl die »Widerlegung« von Gautier, hier S. 93–106.

142 *Clénard:* Nicolas Cleynaerts, Professor für Griechisch und Hebräisch in Lüttich. Seine Grammatiken waren im 18. Jahrhundert sehr verbreitet. Fußnote *Abhandlung aus Lyon:* Die Abhandlung von Bordes, siehe die Vorbemerkung zu Rousseaus »Antwort«, S. 608.

investigation: Lecat wirft Rousseau diesen Neologismus vor (die Stelle hier S. 46, erster Absatz: »Erforschung«) und unterstellt, es handle sich um eine Übernahme aus Clenards Grammatik (s.o.), die die »investigatio thematis« kennt. Rousseau weist darauf hin, daß das Wort, das er französiert hat, bei Cicero vorkommt. Ein zweites von Rousseau in die französische Sprache eingeführte Wort ist (ebenfalls hier S. 46): *criterium* (Kriterium).

Ego cur, acquirere pauca . . .: »Warum mißgönnt man es mir, daß ich, wenn ich es vermag, etwas dazuerwerbe, wo doch die Sprache des Cato und des Ennius die Rede der Väter bereichert hat.« Horaz, »De Arte poetica«, 40.

Solezismen: Sprachschnitzer.

143 *quid valeant humeri:* »Was die Schultern tragen können«, Horaz, »De Arte poetica«, 40.

Die Völker Europas . . .: Siehe S. 33.

Raimundus Lullus: Katalanischer Dichter und Philosoph (1234–1316). Mit der »abgeschmackten Lehre« meint Rousseau seine »Ars magna« oder »Lullische Kunst«, die durch die Kombination allgemeinster Grundbegriffe eine Methode universaler Wahrheitsfindung sein will.

144 *Drei Schriftsteller nacheinander:* Stanislaus, Bordes und Lecat.

Von den sieben Theaterstücken Rousseaus, die er entworfen und geschrieben hat, ist sein »Narcisse« als einziges öffentlich aufgeführt und von ihm selbst zum Druck gebracht worden. Es erscheint 1753 zusammen mit der hier abgedruckten Vorrede in einer Ausgabe, deren Titel die Erstaufführung in der Comédie Française am 18. Dezember 1752 nennt (»Narcisse ou l'amant de lui-même. Comédie par J.-J. Rousseau, représentée par les Comédiens du Roi, le 18 Décembre 1752«). Eine zweite Aufführung folgt am 20. Dezember.
Rousseau berichtet darüber in den »Bekenntnissen« (Buch VIII) und bezeichnet seine Vorrede dort als eine seiner guten Schriften, in der er zum Abschluß der hinter ihm liegenden Kontroverse um die Abhandlung seine Grundsätze etwas mehr, als er es bis dahin getan hatte, offenlegt. Die »Vorrede zu ›Narcisse‹« ist, nach den »Bekenntnissen«, jedoch nicht nur ein Schlußwort, sondern zugleich eine Vorbereitung der »Abhandlung über die Ungleichheit«, in der Rousseau die Fragen, die im Streit um die moralische Wirkung der Künste und Wissenschaft aufgerührt worden waren, auf einer tieferen Ebene zu entscheiden unternimmt.

Die Übersetzung (des Herausgebers dieser Ausgabe) folgt dem Text der »Collection complète des Œuvres«, Genève, 1781.

147 *dieses Theaterstück:* Siehe die Vorbemerkung.
Fußnote *von der ersten Antwort:* Die Antwort des Königs von Polen.
vier deutschen Reden: Sie wurden in einer Sitzung der Philosophischen Fakultät der Universität Leipzig zur Verteidigung der Wissenschaften gehalten. Die Sitzung wurde von Gottsched, dem Dekan der Fakultät, auf den 5. September 1752 einberufen. Die Redner waren: Friedrich Burscher, Wilhelm Abraham Teller, Karl Friedrich Brucker und Johann Traugott Schulz. Eine Buchausgabe erschien 1752 in Leipzig bei Breitkopf: »Vertheidigung der Gelehrsamkeit, und sonderlich der schönen Wissenschaften gegen den Herrn Rousseau, aus Genf. Am höchsten Geburtsfeste Sr. Kön. Hoheit des Durchlauchtigsten Königl. Churprinzen zu Sachsen, in dem philosophischen Hörsale zu Leipzig unternommen, von Innenbenannten.« Die »Erste Rede wider den Herrn Rousseau« von Friedrich Burscher beginnt, sinngemäß in Übereinstimmung mit den von Rousseau (aus welcher Quelle?) zitierten Sätzen: »Unsere Zeiten haben darinn, vor den verflossenen, etwas großes voraus, daß wir die Gelehrsamkeit itzo fast allenthalben in einem so ausnehmenden Glanze sehen; welcher die Pracht der älteren Gelehrsamkeit, wo nicht ganz und gar verdunkelt,

doch zum wenigsten sehr unscheinbar machet. Konnte es Plato als eine besondere Wohlthat des Himmels ansehen, daß er in denen Zeiten lebte, da Sokrates noch die Weisheit lehrete: so, glaube ich, haben wir itzo weit mehr Ursache, der weisesten Vorsehung zu danken, daß wir diejenigen Zeiten erlebet haben, in welchen die Wissenschaften vielleicht, doch warum sage ich vielleicht? in welchen die Wissenschaften gewiß weit vollkommener sind, als sie damals gewesen; ja beynahe den höchsten Gipfel ihrer Vollkommenheit erreichet haben. O Sokrates! solltest du itzo wieder aufstehen; solltest du sehen, wie viel Weise dir Europa, Deutschland, Sachsen, ja Leipzig allein, entgegen setzen könnte; solltest du sodann, unsere Tage mit deinen vergleichen: so würdest du wünschen, daß du noch niemals den Namen eines Weisen geführet hättest, sondern nunmehr erst anfangen könntest, die Weisheit, von deinen Nachkommen, zu lernen« (S. 11–12).

148 Fußnote *Widerruf der Akademie zu Dijon:* Lecat hatte seine »Widerlegung« ursprünglich als ein ungenanntes Mitglied der Akademie zu Dijon gezeichnet. Siehe Rousseaus Antwort, hier S. 139. Daraufhin veröffentlichte die Akademie im *Mercure de France*, August 1752, eine Erklärung, in der die Mitgliedschaft des Autors der »Widerlegung« bestritten wird.

150 *satis loquentiae, sapientiae parum:* »Genügend Redefertigkeit, zu wenig Weisheit«.

153 *Le Méchant:* »Der Bösewicht«, Komödie in fünf Akten von Louis de Gresset (1709–1777). Sie wurde am 15. April 1747 mit großem Erfolg zum ersten Mal aufgeführt.

156 *»Wenn die Wissenschaft . . .«:* Montaigne, »Essais«, III, 12.

159 *Illum non populi fasces . . .:* »Ihn beugten nicht die Fasces [die Herrschaftszeichen] des Volkes, nicht der Purpur der Könige und die Zwietracht, die die treulosen Brüder erregte, nicht das römische Geschick und der nahende Untergang des Reiches. Auch bedauerte er nicht arm den Armen und beneidete nicht den Besitzenden«, Vergil, »Georgica«, II, 495–496, 498–499.

ABHANDLUNG ÜBER DEN URSPRUNG UND DIE GRUNDLAGEN DER UNGLEICHHEIT

Im November 1753 veröffentlicht der »Mercure de France« das Thema der Preisaufgabe der Akademie zu Dijon: »Quelle est l'origine de l'inégalité parmi les hommes, et si elle est autorisée par la loi naturelle?« (siehe S. 189). Nach dem Bericht der »Bekenntnisse« (Buch VIII) ist Rousseau offenbar sofort entschlossen, diese Frage aufzugreifen und sich an dem

Wettbewerb zu beteiligen, wohl nicht um seinen Erfolg von 1750 zu wiederholen, sondern um im Schutz dieser Fragestellung seine Grundsätze »völlig zu enthüllen«: »Von dieser großen Frage betroffen, war ich überrascht, daß die Akademie es gewagt hatte, sie aufzugeben; doch da sie diesen Mut gehabt, konnte ich wohl auch den haben, sie zu behandeln, und unternahm es.« Der Umfang und die nicht rhetorische Behandlungsart des Themas mußte eine Berücksichtigung in dem Wettbewerb von vornherein ausschließen. Die von Rousseau eingereichte Abhandlung wird dann auch schon bei der ersten Durchsicht der eingegangenen Antworten aus formalen Gründen ausgesondert.

Das Manuskript der Abhandlung ist am 1. Juni 1754, als Rousseau zu einer mehrmonatigen Reise nach Genf aufbricht, abgeschlossen, während er die Widmung »An die Republik zu Genf«, die er noch in Paris entworfen hat, unterwegs in Chambéry in Savoyen vollendet und dort auf den 12. Juni 1754 datiert, gleichsam in dem Niemandsland, in dem er nach seiner Auswanderung aus Genf im Jahre 1728 in der Idylle von Les Charmettes gelebt hat und von wo er jetzt nach Genf zurückkehrt, um das Recht auf den Titel des »Bürgers von Genf« wiederzugewinnen. Denn durch seinen Übertritt zum Katholizismus 1728 hatte Rousseau das Bürgerrecht verloren, in das er nun durch die Rückkehr zur Religion seiner Vaterstadt wieder eingesetzt wird. Dieser Akt wird am 1. August 1754 vom Genfer Konsistorium vollzogen. Damit ist die Veröffentlichung der Vorrede, in der Rousseau als Bürger Genfs im vollen Besitz seiner politischen Rechte spricht, erst möglich geworden.

Die Topographie, die die biographisch entscheidenden Stationen Genf, Chambéry und Paris umfaßt, ist noch zu ergänzen durch einen gleichsam idealen Ort, an den Rousseau in den »Bekenntnissen« den gedanklichen Ursprung seiner Abhandlung verlegt: »Um über diesen großen Gegenstand in Ruhe nachzudenken, unternahm ich nach Saint-Germain eine Reise von sieben bis acht Tagen (. . .) Den ganzen Tag im Walde vergraben, suchte und fand ich dort das Bild der Urzeit, deren Geschichte ich kühn umriß; ich deckte die kleinen Lügen der Menschen auf; ich wagte, ihre Natur bis zur Nacktheit zu enthüllen, dem Fortschritt der Zeit und der Dinge zu folgen, die sie entstellt haben, und, den Menschen, wie er durch seine Mitmenschen geworden, mit dem natürlichen Menschen vergleichend, ihnen in ihrer angeblichen Vervollkommnung die wahre Quelle ihrer Leiden zu zeigen. Meine Seele, durch diese erhabenen Betrachtungen beschwingt, erhob sich neben die Gottheit. Indem ich von dort meine Menschenbrüder in der Blindheit ihrer Vorurteile dem Weg ihrer Irrtümer, Leiden, Verbrechen folgen sah, rief ich ihnen mit einer schwachen Stimme, die sie nicht verstehen konnten, zu: Wahnwitzige, die ihr ständig über die Natur klagt, lernet, daß alle eure Leiden nur von euch kommen. Aus diesen Betrachtungen ergab sich die ›Abhandlung über die Ungleichheit‹ . . .« (Übers. A. Semerau). Die topographische Spannung zwischen dem Wald von Saint-Germain und der Genfer Republik, ist ein Bild der gedanklichen Spannung zwischen der nostalgischen Idealisierung des Naturzustandes und dem politischen Ideal, das die Vorrede zeichnet.

Im Winter 1754–55 wird die Abhandlung von dem aus Genf stammenden Verleger Marc-Michel Rey in Amsterdam gedruckt, den Rousseau während seines Genfaufenthaltes kennenlernt und bei dem die meisten seiner späteren Schriften erscheinen werden. Im Mai 1755 sind die ersten Exemplare in Paris im Handel.

Der Text dieser Ausgabe ist eine revidierte Fassung der ersten deutschen Übersetzung von Moses Mendelssohn, die 1756 in Berlin bei Christian Friedrich Voß erschienen ist: »Johann Jacob Rousseau/Bürgers zu Genf/Abhandlung/von dem Ursprunge/der/Ungleichheit/unter den/Menschen,/und worauf sie sich gründe;/ins Deutsche übersetzt/mit einem Schreiben an den Herrn Magister Leßing/und einem Briefe Voltairens an den Verfasser/vermehret.«

Die von Rousseau für die Gesamtausgabe seiner Werke vorbereiteten Zusätze, die in der »Collection complète des Œuvres« von Du Peyreu und Moultou (Genf, 1782) zuerst veröffentlicht wurden, sind hier in den Text aufgenommen worden und in den Anmerkungen kenntlich gemacht.

165 *Titel der Ausgabe Amsterdam 1755:* »Discours/sur l'origine et les fondemens/de l'inégalité parmi les hommes/Par Jean Jacques Rousseau/citoyen de Genève.«

Motto: »Nicht in dem, was verderbt ist, sondern in dem, was sich der Natur gemäß gut verhält, ist zu betrachten, was natürlich ist.« Aristoteles, »Politica«, I, 5 (also nicht im II. Buch, wie Rousseau angibt), 1254a.

167 *Gnädige und hochgebietende Herren! . . .:* »Magnifiques, très honorés, et souverains Seigneurs« ist die Anredeformel, mit der man sich in Genf an den Allgemeinen Rat (Conseil général) wandte.

168 *zwei Oberherren:* Ein weltliches und ein geistliches Oberhaupt (das, wie etwa der Papst, ein Fremder wäre).

169 *Völker, die gewohnt sind . . . immer mehr beschweren:* Siehe die »Auszüge« aus Rousseaus Schriften, die seine »unverzeihlichen Verbrechen« belegen sollen (»Rousseau richtet über Jean-Jacques«, Drittes Gespräch, hier Bd. 2, S. 553f.).

173 *Durch rühmliche Verträge:* Die Verträge mit Frankreich (1749) und mit Sardinien (1754).

175 *die schlichten Einwohner:* Im Unterschied zu den Staatsbürgern (citoyens) und Bürgern (bourgeois) diejenigen Genfer, deren verfassungsmäßige Rechte sich auf das bloße Bleiberecht beschränkten (habitants). Die vierte Kategorie (natifs) umfaßte die Söhne von »habitants«, die in der Stadt geboren waren; sie besaßen mehr Rechte als ihre Väter, waren aber von der Regierung ausgeschlossen.

176 *Das Andenken solcher unglücklichen Begebenheiten:* Die Unruhen in Genf nach 1707 und 1734.

177 *Einigkeit zwischen Theologen und Gelehrten:* 1559 gründete Calvin die berühmte Genfer Akademie, aus der bedeutende reformierte Geistliche Frankreichs, der Niederlande, Englands und Schottlands hervorgingen. Zur Genfer Geistlichkeit, siehe hier Rousseaus »Brief an d'Alembert« (S. 341 ff.) und die »Briefe vom Berge«, Bd. 2, S. 38 ff.

181 *Aufschrift auf dem Tempel zu Delphi:* »Erkenne dich selbst«, der Wahlspruch des Sokrates.

des Glaukos Bildsäule: Platon vergleicht den gegenwärtigen Zustand der Seele (gegenüber ihrer wahren Verfassung) mit dem Aussehen des in einen Meergott verwandelten Fischers Glaukos, dessen frühere Natur nicht mehr erkennbar ist, »weil sowohl seine alten Gliedmaßen teils zerschlagen, teils zerstoßen und auf alle Weise von den Wellen beschädigt sind, als ihm auch ganz Neues zugewachsen ist, Muscheln und Tang und Gestein, so daß er eher einem Ungeheuer ähnlich sieht als dem, was er vorher war« (»Politeia«, 611 c, d). Auf Bildwerken wurde Glaukos als Triton dargestellt, überwachsen von Muscheln und Seetang.

183 *Burlamaqui:* Jean-Jacques B. (1694–1748), Theoretiker des Naturrechts, Professor an der Genfer Akademie, Verfasser der »Principes du droit naturel« (1747), auf die sich Rousseau hier bezieht (I, §.2), und »Principes du droit politique«, 1751.

187 *Quem te deus . . .:* »Was zu sein der Gott dir gebot und an welchen Platz im menschlichen Leben du gestellt bist, lerne«, Persius, »Satiren«, III, 71.

188 *Hinweis zu den Anmerkungen:* Die Anmerkungen hier S. 266–302.

192 *Einige:* Hugo Grotius (1583–1645), »De jure belli ac pacis«, 1625.

Andere: Samuel Pufendorf (1632–1694), »De jure naturae et gentium« (1672) und John Locke (1632–1704), »Second Treatise of civil Government«, Kap. II (»Of the State of Nature«).

Noch andere: Thomas Hobbes (1588–1679), »De cive«, I, 14; »Leviathan«, Kap. 17.

193 *Lyzeum zu Athen:* Das dem Apollon (Lykeios) geweihte Heiligtum (mit einem Gymnasion), wo sich die Philosophen, besonders die Peripatetiker, gerne aufhielten.

Xenokrates: griech. Philosoph (396–314 v.Chr.), Schüler und seit 339 zweiter Nachfolger Platons in der Akademie.

195 *wie Aristoteles sagt:* Nach O.C. III, 1307f., läßt sich kein Aristoteleszitat dieses Inhalts nachweisen.

197 *Hobbes behauptet:* »De cive«, I,4 und 12; »Leviathan«, 13.

Ein erleuchteter Philosoph: Charles de Secondat, Baron de La Brède et de Montesquieu (1689–1755). In »Esprit des lois«, I, 2, sagt er, ausdrücklich gegen Hobbes, daß die Menschen im Naturzustand ängstlich und schwach seien und einander nicht anzugreifen suchen.

Cumberland: Richard C. (1631–1718), Bischof von Peterborough, hat in seinem Hauptwerk »De legibus naturae« (1672) Hobbes zu widerlegen versucht. Die Menschen, die ihren natürlichen Antrieben folgen, werden eher zu einem Zustand allgemeinen Wohlwollens als zu Hobbes' Kriegszustand geführt.

Pufendorf: Samuel, Freiherr von Pufendorf (1632–1694), Lehrer des öffentlichen Rechts und erster deutscher Professor des Naturrechts in Heidelberg (1661); seit 1670 in Lund. Er erhob das Naturrecht zu einer selbständigen Wissenschaft (gegenüber Theologie und positiver Jurisprudenz) durch seine Werke »De jure naturae et gentium« (1672) und »De officio hominis et civis« (1673). Rousseau studierte sein Naturrecht in der Übersetzung von Barbeyrac (Anm. zu S. 253).

198 *Daraus ist unstreitig . . . umgekommen ist:* Dieser Absatz erscheint erstmals in der Ausgabe von 1782 (siehe hier die Vorbemerkung).

François Corréal: Francesco Cor(r)eal (1648–1708), spanischer Reisender, aus dessen »Voyages de François Coréal aux Indes Occidentales« Rousseau hier zitiert.

200 *Wenigstens war Platon dieser Meinung:* »Politeia«, 405d.

Podaleirios und Machaon: Söhne des Asklepios, die Ärzte der Griechen vor Troja.

und Celsus erzählt . . . worden sei: Zusatz der Ausgabe 1782.

Celsus: Aulus Cornelius C. römischer Schriftsteller der 1. Hälfte des 1. Jahrhunderts, aus dessen enzyklopädischem Werk nur acht Bücher über die Medizin überliefert sind (»De re medicina«).

Hippokrates: H. von Kos (460–377 v.Chr.) gilt als der Vater der Heilkunde.

202 *von dem ich weiter unten . . .:* Siehe S. 231.

Fußnote Zusatz der Ausgabe 1782.

Corréal: Siehe Anm. zu S. 198.

Tlaquatzin: Beutelratte oder Oppossum.

Laët: Jean Laët (1593–1649), flämischer Geograph und Naturforscher, der den Reisebericht der Niederländisch-Westindischen Kompanie herausgab (niederl. und lat., 1633). Eine frz. Ausgabe (»L'histoire du Nouveau Monde ou description des Indes Occidentales«) erschien 1650.

204 *Einige Philosophen haben behauptet:* Siehe Montaigne, »Essais I, 42 (»Von

der Ungleichheit, die unter uns besteht«); »Plutarch sagt irgendwo (in der Abhandlung: »Daß die Tiere sich des Verstandes bedienen«) er finde keinen so weiten Abstand zwischen Tier und Tier wie zwischen Mensch und Mensch.«

209 *Man erlaube mir, hier . . .:* Die folgenden Überlegungen zum Ursprung der Sprache werden von Rousseau in einer erstmals posthum (in »Traités sur la musique«, Genf 1781) veröffentlichten Abhandlung fortgeführt: »Essai sur l'origine des langues«. Diese Abhandlung war ursprünglich Teil der vorliegenden Sprachuntersuchung, wurde dann aber von Rousseau als zu umfangreich und fehl am Platze als Fragment herausgenommen und wahrscheinlich 1761 für eine gesonderte Veröffentlichung zum Abschluß gebracht. Siehe hierzu die kritische Ausgabe von Charles Porset, »Essai sur l'origine des langues, où il est parlé de la mélodie et de l'imitation musicale«, Paris 1970.

Abbé de Condillac: Etienne Bonnot de Condillac (1715–1780), Begründer des frz. Sensualismus. Das Werk, auf das Rousseau hier anspielt, ist seine Untersuchung über den Ursprung der menschlichen Erkenntnisse: »Essai sur l'origine des connaissances humaines« (1746), wo Condillac von »einer Art Gesellschaft« ausgeht, nämlich zwischen zwei Kindern beiderlei Geschlechts, die nach der Sintflut sich in der Wüste verirrt haben und keinerlei Zeichengebrauch kennen.

213 *denn der erste Begriff . . . übereinkommen:* Zusatz der Ausgabe 1782.

217 *Hobbes:* Vgl. »De cive«, 1–3; »Leviathan«, 13.

218 *Der Bösewicht . . . ist ein starkes Kind:* »De cive«, in der »Vorrede an den Leser«.

tanto plus in illis . . .: »Bei jenen bewirkt die Unkenntnis des Lasters mehr als bei diesen die Kenntnis der Tugend«, Justinus, »Historiae Philippicae«, II, 2, 15. Der römische Geschichtsschreiber des 2. Jahrhunderts sagt dies von den alten Skythen.

der halsstarrigste Verleumder der menschlichen Tugenden: Gemeint ist wohl Bernard de Mandeville, siehe Anm. zu S. 219.

219 *Verfasser der Bienenfabel:* Bernard de Mandeville (1670–1733). Sein Hauptwerk »The Fabel of the Bees« mit dem sprichwörtlich gewordenen Untertitel »private vices, public benefits«, der die These umreißt, daß das öffentliche Wohl seinen Ursprung im Laster der Einzelnen habe, erschien 1714; als Versepos unter dem Titel »The Grumbling Hive« (Der summende Bienenkorb) schon 1705.

wie der blutdürstige Sulla . . . lacrimas dedit: Zusatz der Ausgabe 1782. Bis auf das lateinische Zitat findet sich ein entsprechender Passus im »Brief an d'Alembert«, hier S. 357. Die beiden Anekdoten über Sulla (138–70 v.Chr.) und den Tyrannen von Pherai (der wegen seiner Grausamkeit gegen Blutsverwandte 358 v.Chr. getötet wurde) kannte Rousseau wohl aus Plutarch: »Sulla«, 30, und »Pelopidas«, 29; letztere aber auch aus Montaigne, »Essais«, II, 27.

220 *Mollissima corda ...:* »Die weichsten Herzen hat die Natur den Menschen gegeben, wie sie selber zeigt, denn sie gab ihnen Tränen«, Juvenal, »Satiren«, XV, 131–133.

Man kann ungestraft seinesgleichen ...: In einer Fußnote zu Buch VIII der »Bekenntnisse« erklärt Rousseau, daß »die Stelle von dem Philosophen, der argumentiert und sich dabei die Ohren verstopft, um sich gegen einen Unglücklichen zu verhärten«, von Diderot stamme. Im Brief an Saint-Germain vom 26. 2. 1770 (C.G., XIX, S. 246) wird diese Stelle (»von dem Philosophen, der argumentiert, indem er seine Mütze über die Ohren zieht«) ebenfalls Diderot zugeschrieben. Beide Zeugnisse können aus der gleichen Zeit stammen und damit in die Periode des Verfolgungswahns gehören, als Rousseau Diderot, Grimm u.a. als Anstifter eines Komplotts zu erkennen meint, das sich schon in diesen frühen Eingriffen in seine Schriften ankündigt. Allgemein gehalten, kehrt dieser Vorwurf auch im Zweiten Gespräch von »Rousseau richtet über Jean-Jacques« wieder, hier Bd. 2, S. 475.

237 *Nach des weisen Locke Grundsatz:* »An Essay concerning Human Understanding«, IV, 3, §.18.

241 *Grotius:* »De jure belli ac pacis«, II, 2. Nach O.C. (III. S. 1348f.) zitiert Rousseau wörtlich aus der frz. Grotiusübersetzung von Barbeyrac (siehe Anm. zu S. 253).

244 *Attonitus novitate mali ...:* »Bestürzt über die neuen Übel wünscht der Reiche, der zugleich elend ist, dem Reichtum zu entfliehen, und haßt, was er eben noch ersehnte.« Ovid, »Metamorphosen«, XI, 127.

250 *Wir haben nur deswegen einen Fürsten ...:* Plinius (siehe Anm. zu S. 71), »Panegyricus«, 55, 7.

Die Politiker ... die Philosophen: Die Ausgabe von 1782 hat: unsere Politiker, unsere Philosophen.

Ich kenne die Fröhlichkeiten ...: Die von Rousseau dem spartanischen Feldherrn im Peloponnesischen Krieg zugeschriebene Antwort, richten bei Herodot (»Historiae«, VII, 135) wie bei Plutarch (»Apophthegmata Laconica«, 255F) Boulis und Sperthias an den Satrapen Hydarnes.

251 *miserrimam servitutem ...:* »Die elendeste Knechtschaft nennen sie Frieden«, Tacitus, »Historiae«, IV, 17.

Einige haben ...: Gemeint ist wohl in erster Linie Robert Filmer (gest. 1653), dessen »Patriarcha« (1680) Locke in seinem »First Treatise of Government« widerlegt.

Sidney: Der Republikaner Algernon Sidney (1622–1683) hat gegen Filmers (s.o.) Rechtfertigung der erblichen Monarchie unmittelbar nach Erscheinen der »Patriarcha« seine »Discourses concerning Government«

geschrieben (veröffentlicht 1668), Sidney wurde der Verschwörung angeklagt und 1683 aufgrund des unter seinen Papieren gefundenen Manuskriptes der »Discourses« hingerichtet. Die erste franz. Übersetzung erschien 1702.

252 *»Man sage also nicht ... zum allgemeinen Besten eingerichtet ist«:* Bei dem Schreiben, aus dem Rousseau zitiert, handelt es sich um den anonym erschienenen »Traité des droits de la reine très chrétienne sur divers Etats de la monarchie de de l'Espagne« (1667), ein Manifest, das von Ludwig XIV. nach dem Tode seines Schwiegervaters Philipp IV. von Spanien zur Veröffentlichung gebracht wurde, um seinen Einmarsch in die Niederlande zu rechtfertigen. Der von Rousseau zitierte Abschnitt versteht sich aus dieser Absicht. In dem Schreiben heißt es an anderer Stelle, mehr in Übereinstimmung mit der Auffassung Ludwig XIV., daß die Könige die Urheber der Gesetze in ihren Staaten seien. Vgl. dazu O.C., III, S. 1355, wo vermutet wird, daß Rousseau nur dieses Zitat, ohne den Zusammenhang zu kennen, dem »Discourses« von Sidney (siehe Anm. zu S. 251) entnommen hat.

253 *Ich berufe mich ... nicht Herr ist:* Zusatz der Ausgabe 1782.
Barbeyrac: Jean Barbeyrac (1674–1744), Jurist, war der Übersetzer der Werke von Hugo Grotius und Pufendorf (Anm. zu S. 192 und 197) ins Französische. Rousseau zitiert hier eine Anmerkung Barbeyracs zu seiner kommentierten Übersetzung von Pufendorf (»Le droit de la nature et des gens«, 1706, VII, 8, §.6, Anm. 2.).
nach Locke: »The Second Treatise of Government« §.23.
Pufendorf sagt: »De jure naturae et gentium«, VI, 3, §.4.

257 *seigneur:* In Frankreich ursprünglich der, der ein Lehen mit allen daran haftenden Rechten über Person und Eigentum besaß. Von lat. »senior«, »der ältere«.

259 *So muß einst ... groß erscheinen:* Rousseau zitiert diese Stelle im Dritten Gespräch von »Rousseau richtet über Jean-Jacques« in leicht veränderter Form, siehe hier Bd. 2, S. 553.
sogar ohne daß die Regierung sich einmischt: Zusatz der Ausgabe 1782.

261 *Pectore si fratris ...:* »Verlangst du von mir, das Schwert in die Brust des Bruders, die Kehle des Vaters oder in die Leibesfrucht meiner schwangeren Gemahlin zu stoßen, so werde ich dennoch alles mit der widerstrebenden Rechten tun«, Lukan, »Pharsaliae«, I, 376–378.

262 *cui ex honesto nulla est spes:* »Der vom Ehrenhaften nichts zu hoffen hat.« O.C. (III. S. 1358) nennt als Quelle Sidneys »Discourses« (siehe Anm. zu S. 251): »Diese Leute, quibus ex honesto nulla est spes, verabscheuen die Autorität der Gesetze, weil sie ihre Laster unterdrücken.«

263 *warum Diogenes ...:* Von dem kynischen Philosophen Diogenes von Sinope wird berichtet, daß er bei Tage ein Licht anzündete und sagte:

Ich suche einen Menschen.
Cato: M. Porcius Cato Uticensis (95–46 v. Chr.), der die Republik gegen Caesar, zuletzt auf seiten der Pompejaner, zu verteidigen suchte und sich nach der Niederlage bei Utica das Leben nahm.

266 *Herodot erzählt . . .:* »Historiae«, III, 67–84.
Pseudosmerdis: Gammâta, ein medischer Magier, der sich als Smerdis ausgab, nachdem dieser von seinem Bruder Kambyses heimlich ermordet worden war. Mit seinen zahlreichen Anhängern versuchte er die Macht von den Persern wieder für die Meder zu erobern. Er wurde von Dareios nach Kambyses Tod hingerichtet.
die Einschränkung: die Gesetze der Perser nicht zu übertreten.
»Soviel uns auch . . . wider ihn gearbeitet«: Buffon, »Histoire naturelle, générale et particulière«, Bd. IV, »De la Nature de l'Homme« (Paris 1752, S. 151). George Louis Leclerc, Graf von Buffon (1707–1788), der berühmteste französische Naturforscher seiner Zeit, wird nicht nur in diesen Anmerkungen mehrfach zitiert, sondern ist auch unausdrücklich in der Abhandlung selbst Rousseaus »anthropologischer« Gewährsmann. Sein hier zitiertes Werk über die allgemeine und spezielle Naturgeschichte begann 1749 zu erscheinen und erreichte 1788 einen Umfang von 36 Bdn.

268 *Condillac:* Abbé Etienne Bonnot de Condillac (1715–1780), der Begründer des franz. Sensualismus, in seinem Werk »Essai sur l'origine des connaissances humaines«, I, IV, §.23.
hannoversche Wilde: Der »wilde Peter«, der 1724 in der Nähe von Hameln gefunden und 1726 nach London gebracht wurde, wo er als »Peter the wild man« Aufsehen erregte.

269 *»Die Pflanzen ziehen . . . Teilchen verfliegen«:* Buffon, »Histoire naturelle, générale et particulière«, Bd. I (Paris 1752, S. 354–355).

271 *»Dikaiarch . . . ernährt habe«:* Hieronymus, »Adversus Jovinianum«, II, 13. Der Kirchenvater Hieronymus (340–420) verteidigt in dieser Schrift das von Jovinianus angegriffene Ideal des asketischen und ehelosen Lebens.
Dikaiarch: Diakaiarch aus Messina (347–287 v. Chr.), Schüler des Aristoteles, gibt in seinem »Leben Griechenlands« eine Schilderung der Kulturzustände Griechenlands von den Anfängen an.
»Auch kann man . . . Fleisch gegessen hatten«: Zusatz der Ausgabe 1782.
François Corréal: Siehe Anm. zu S. 198.
Lukayischen Inseln: Die Bahamainseln.

272 *Kolbe:* Peter Kolb(e) oder Kolben (1675–1726) veröffentlichte 1719 in Nürnberg eine »vollständige Beschreibung des Africanischen Vorgebürges der guten Hoffnung« (»Caput Bonae spei hodiernum«). Rousseau zitiert aus der gekürzten franz. Ausgabe in der »Histoire générale des voyages« (siehe Anm. zu S. 284), Bd. 5, 1748, S. 155–156.

Pater du Tertre: Jacques (Père Jean Baptiste) Du T. (1610–1687), war von 1640 bis 1656 als Missionar auf den Antillen und veröffentlichte 1654 die »Histoire générale des isles de Saint-Christophe, de la Guadeloupe, de la Martinique et autres dans l'Amérique«. Eine erweiterte Ausgabe erschien 1667–71 unter dem Titel »Histoire générale des Antilles habitées par les François«.

273 *Gautier:* Jacques G. d'Agoty, Naturwissenschaftler und Graveur. Seine »Observations sur l'histoire naturelle, la physique et la peinture« begannen 1752 in Paris zu erscheinen (bis 1758).

»Die Dauer des Lebens . . . sind sie schon alt«: Buffon, »Histoire naturelle . . .«, Bd. VII. (Paris 1753, S. 249f.)

274 *Ein berühmter Schriftsteller:* Pierre-Louis Moreau de Maupertuis (1698–1759), Physiker, Mathematiker und Philosoph. Sein Größenvergleich von Glück und Unglück findet sich in seinem »Essai de philosophie morale« (Kap. 2: »Daß im gewöhnlichen Leben die Summe der Übel die der Güter übersteigt«). Das Thema der Anmerkung wird von Rousseau in dem »Brief an Voltaire« (hier S. 313ff.) fortgeführt.

275 *daß der Mensch von Natur gut ist:* Diese Überzeugung formuliert Rousseau zum ersten Mal ausdrücklich in seiner »Letzten Antwort«, hier S. 118, Fußnote.

276 *Montaigne:* »Essais«, I, 22 (»Der Nutzen des einen ist der Schaden des andern«). Die Anekdote stammt aus Seneca, »De beneficiis«, VII, 38.

277 *Gift der Gefäße:* Rousseau hatte im »Mercure de France«, Juli 1753, einen Brief über die Schädlichkeit des Gebrauchs von Kupfergeschirr veröffentlicht (»Sur l'usage dangereux des ustensils de cuivre«), der schon 1754 in Erlangen auf deutsch erschienen ist. Siehe C.G. II, S. 47ff.

278 *Aber gibt es . . . Schlimmes findet:* Der ganze Absatz einschließlich des ersten Satzes des folgenden ein Zusatz der Ausgabe 1782.

Was wird man sagen . . .: Bis zum Schluß des Absatzes eine Ergänzung, die Rousseau während der Drucklegung der Abhandlung in einem Brief an seinen Verleger Rey nachgetragen hat (Februar 1755. C.G. II, S. 162). In der Erstausgabe schloß dieser Abschnitt an das Ende des vorletzten Absatzes an (S. 278: ». . . sie bestimmt sind«).

279 *was schon mehr als ein Philosoph bemerkt hat:* Etwa Montesquieu (1689–1755) in den »Lettres Persanes«, CXII–CXXII, über die Ursachen der Entvölkerung.

281 *Wie aber? . . .:* Der ganze Absatz ist während der Drucklegung der Abhandlung im Februar 1755 hinzugekommen. Siehe C.G. II, S. 162.

283 *Ktesias:* Griechischer Geschichtsschreiber aus Knidos (2.H.5. Jh.), der längere Zeit am persischen Hof lebte und Geschichtswerke über Persien und Indien schrieb. Sie sind nur fragmentarisch überliefert.

284 *»Man findet . . .«:* Das lange Zitat (bis S. 285) stammt aus dem großen

Sammelwerk der Reiseliteratur »L'Histoire générale des voyages. Collection de toutes les rélations de voyage par terre et par mer avec les mœurs et les usages des habitants, leur religion, leur gouvernement, leurs arts et leurs sciences«, Bd. V (Paris, 1748), S. 87–89. Der erste Band erschien 1746.

Königreich Loango: An der Westküste Afrikas im Bereich der Mündung des Kongo. Noch in der Mitte des 18. Jh.s soll dieses Königreich eine beträchtliche Ausdehung gehabt haben, zerfiel dann aber bald.

285 *Purchass:* Samuel P. (1575?–1626) zeichnete die von Battel (siehe die folgende Anm.) berichteten Erlebnisse auf und veröffentlichte sie (»Pilgrimes«, 1614). Eine franz. Übersetzung erschien im Band V. der »Histoire des voyages« (siehe Anm. zu S. 284).

Battel: Andrew B. (1565?–1640?), englischer Reisender, der Südamerika und Afrika bereiste und längere Zeit in Angola und im Kongo lebte.

Dapper: Olfert D. (gest. 1690), holl. Arzt und Geograph. Hier ist die franz. Übersetzung seiner Beschreibung Afrikas gemeint (»Description de l'Afrique«, Amsterdam 1668).

Merolla: Jerôme M. (geb. um 1650), italienischer Missionar. Sein Reisebericht über den Kongo erschien 1692 in Neapel (»Breve e succincta relazione del viaggio nel regno del Congo«).

287 *weder Tiere noch Götter, sondern:* Zusatz der Ausgabe 1782.

schon vorhin erwähnt: Siehe Rousseaus Anm. III (S. 268).

289 *Afterphilosophen:* Rousseau prägt hier die verächtliche Wendung »tourbe philosophesque«.

290 *Condamine:* Charles Marie de La C. (1707–1774), Mathematiker und Reisender, der als Teilnehmer der Äquatorexpedition der Académie des Sciences den Meridian unter dem Äquator vermaß. Seine »Relation abrégée du voyage fait à l'intérieur de l'Amérique méridionale« erschien 1745.

Maupertuis: Siehe Anm. zu S. 274. Er wurde 1736 nach Lappland geschickt, um dort den Erdmeridian zu vermessen. Seine Berichte: »Discours lu dans l'Assemblée publique de l'Académie royale des Sciences, sur la mesure de la terre au cercle polaire« (1737) und »Relation d'un voyage au fond de la Lapponie«.

Chardin: Jean Ch. (1643–1713), »Voyage en Perse et aux Indes Orientales« (zuerst 1711, 3 Bde.).

Jesuiten: Die Berichte der Missionare wurden in der Sammlung der »Lettres édifiantes et curieuses« von 1702 an veröffentlicht.

Kempfer: Engelbrecht K(a)empfer (1651–1716), ein deutscher Arzt und Botaniker, der von 1690–1692 in Japan war. Seine »Amoenitatum exoticarum politico-physico-medicarum fasciculi V« (1712) wurden in der »Histoire des voyages« übersetzt.

Gesetzt Montesquieu, Buffon . . .: Rousseau nennt die Herausgeber der »Encyclopédie« und ihnen nahestehende Gelehrte.

Duclos: Charles Pineau (Pinot) D. (1704–1772) wurde 1750 als Nachfolger Voltaires zum Historiographen Frankreichs ernannt und veröffentlichte 1750 und 1751 seine »Considérations sur les mœurs de ce siècle« und die »Mémoires pour servir à l'histoire du XVIIIe siècle«.

291 *Lockes Abhandlung:* »Second Treatise of civil Government« (1690), §§.79 und 80.

296 *Nec quidquam . . . sermone:* »Nichts würde dem Glück des Menschengeschlechts abgehen, wenn die Menschen, nachdem die verderbliche Verwirrung der Vielzahl der Sprachen beseitigt wäre, eine einzige Kunst verständen, und es möglich wäre, durch Zeichen, Bewegungen und Gebärden alles mögliche zu erklären. Nun aber ist es so, daß die Tiere, die gemeinhin für roh gehalten werden, in einer weit besseren Lage sind als wir, da sie ihre Empfindungen und Gedanken ohne Dolmetscher rascher und vielleicht glücklicher mitteilen, als es die Menschen vermögen, zumal, wenn sie sich einer fremden Sprache bedienen.« Isaac Vossius (1618–1689), »De poematum cantu et viribus rhythmi«, Oxford, 1673, S. 65–66.

Platon zeigt . . .: »Politeia«, 522 c, d, e.

297 *Man darf die Eigenliebe nicht mit der Selbstliebe . . .:* »Amour-propre« und »amour de soi-même«. Zu diesem für Rousseaus Anthropologie zentralen Begriffspaar, siehe hier Bd. 2, S. 264.

299 *»Die holländischen . . . betreten«:* »Histoire des voyages«, Bd. V, S. 175. Diese Anekdote war das Thema des Frontispiz der Erstausgabe der »Abhandlung über die Ungleichheit« ebenso wie der hier zugrunde gelegten ersten deutschen Ausgabe.

301 *Marschall von Villars:* Louis-Hector, Herzog von Villars (1653–1734), Marschall von Frankreich.

Isokrates: Attischer Redner (436–338 v.Chr.). Siehe »Areopagitikos«, 20.

BRIEF AN PHILOPOLIS

Rousseau antwortet auf eine mit »Philopolis, citoyen de Genève« (Freund der Stadt, Bürger Genfs) unterzeichnete Erwiderung auf die »Abhandlung über die Ungleichheit«, die im Oktober 1755 im »Mercure de France« erscheint: »Lettre au sujet du Discours de M. J.-J. Rousseau de Genève, sur l'origine et les fondemens de l'inégalité parmi les hommes«.

Ihr Verfasser ist der Genfer Naturforscher und Philosoph Charles Bonnet (1720–1793), der von 1752 bis 1768 Mitglied des Großen Rates in Genf ist und nach Erscheinen des »Emile« und des »Gesellschaftsvertrages«, die in Genf verboten werden, zu der Fraktion der Gegner Rousseaus in Genf gehört. Seine Autorschaft an der Entgegnung auf die »Abhandlung über die Ungleichheit« hat er erst 1783 öffentlich bekanntgemacht, als er sie in seine »Œuvres d'histoire naturelle et de philosophie« (Bd. VIII, Neuchâtel, 1781–1783) aufnahm.
Rousseaus Antwort erscheint erstmals posthum im ersten Band der von Du Peyrou und Moultou herausgegebenen »Collection complète des Œuvres« (Genf 1782). Von ihrer Existenz hat Charles Bonnet schon vor dieser Veröffentlichung gewußt. Er schreibt in einem Brief vom 4. November 1763: »1755 veröffentlichte er seinen Traktat über die Ungleichheit der Stände, der die unglückseligen Keime aller seiner anderen Werke enthielt. Betroffen von dieser Lektüre, setzte ich einen kurzen Brief auf, den ich an den Mercure de France schickte. Ich wahrte die Anonymität, um Rousseau die Freiheit zu geben, mir zu antworten, was er wollte. (. . .) Man hat mir versichert, daß Rousseau schließlich doch diesen Brief widerlegte und daß er es höflich und maßvoll getan hat. Diese Widerlegung ist noch nicht erschienen« (zit. nach »Annales J.-J. Rousseau«, Bd. 11, S. 181).
In einem Brief an den »Mercure de France« vom Januar 1756 erklärt Rousseau, daß er nicht in die Auseinandersetzung mit seinen Gegnern, wie anläßlich der ersten Preisschrift, eintreten wolle: »Ich bedaure die Zeit, die ich damals verlor, indem ich ihnen antwortete. Wenn die Suche nach der Wahrheit in Streitigkeiten und persönlichen Zank ausartet, dann zögert sie auch nicht, die Waffen der Lüge zu ergreifen; hüten wir uns, sie so herabzusetzen« (C.G. II, S. 242). In diesem Brief, in dem er mitteilt, daß er eine ihm zur Veröffentlichung übergebene anonyme Widerlegung des Philopolis-Briefes nicht zum Druck geben will, bezweifelt er zugleich, daß Philopolis ein Bürger Genfs sein könne, denn dann hätte er sich nicht »vor den Augen seines Mitbürgers verhüllt«. Auf diesen Vorwurf antwortet die zitierte Begründung, die Charles Bonnet für seine Anonymität gibt und die er in der Ausgabe seiner Werke in einer Notiz wiederholt. Im übrigen gibt es keinen Hinweis, daß Rousseau um die Autorschaft Charles Bonnets gewußt hat.

Der vorliegende Text ist eine revidierte Fassung der Übersetzung von C. F. Cramer in »Sämtliche Werke«, T. 1, Berlin, Rellstab, 1788, S. 213–226.

303 *Titel:* »Lettre de J.-J. Rousseau à M. Philopolis.«

305 *Sie stellen Fragen an mich:* Siehe den Schluß des Briefes, unten S. 311.
was Ihr Brief im Guten oder Bösen von mir sagt: Bonnet-Philopolis schreibt etwa: »Ich halte viel von dem Verdienst und den Talenten des Herrn Rousseau und ich beglückwünsche Genf, welches auch mein Vaterland ist, daß es ihn unter die berühmten Männer zählen kann, die es hervorgebracht hat, aber ich bedaure, daß er Ideen angenommen hat, die mir so sehr dem Wahren entgegengesetzt scheinen und so wenig geeignet, glücklich zu machen.«

307 *Leibniz:* Gottfried Wilhelm L. (1646–1716), »Essais de Théodicée sur la bonté de Dieu, la liberté de l'homme et l'origine du mal« (zuerst Amsterdam, 1710, 2 Bde.).

308 *Pope:* Alexander P. (1688–1744), englischer Dichter und Essayist. In seinen vier Episteln »Essay on Man« (1733) behandelt er, auf Leibniz fußend (siehe Anm. zu S. 307), die Frage nach dem Ursprung des Übels und seiner Vereinbarkeit mit der Existenz eines gütigen Schöpfers und einer weisen Vorsehung. Er kommt zu der Formel »Alles ist gut« (»Whatever is, is right«, Epistel I, Vers 294; siehe auch hier S. 317). Rousseau setzt sich mit der 1737 erschienenen franz. Übersetzung des Abbé Du Resnel bereits 1742 ausführlich auseinander in einem Brief an F.-J. de Conzié (C. C., I. S. 132–139): »ein sehr widersinniges, aber wohlgefügtes System«. Siehe auch den »Brief an Voltaire«, hier S. 313ff..

309 *Algonkin:* Eine Gruppe von Indianerstämmen in Nordamerika.
Chicaca: Vielleicht die Chickasaw-Indianer nordöstlich des Mississippi. Die »Encyclopédie« verzeichnet die »Chicachas« in Louisiana.

310 *Daß der Orang-Utan . . .:* Bonnet-Philopolis schreibt: »Der Wilde des Herrn Rousseau, den er mit soviel Nachsicht liebt, ist keineswegs der Mensch, den Gott schaffen wollte, sondern Gott hat den Orang-Utan und Affen geschaffen, die nicht Menschen sind.«

311 *in dem allgemeinen Vaterlande . . .:* Frankreich.
saints statt sains: Es handelt sich um einen Druckfehler des »Mercure«.
Seïde: In Voltaires Tragödie »Mahomet« tötet der von Mohammed fanatisierte S. seinen Vater.
Thyeste: In Crébillons Tragödie »Atrée et Thyeste«.

BRIEF AN VOLTAIRE

Über die Umstände, die Rousseaus Brief an Voltaire über die Vorsehung (wie er auch genannt wird) veranlaßt haben, berichtet er in den »Bekenntnissen«, Buch IX. Im Juli erhält er, ohne Nennung eines

Absenders, ein Exemplar der im März des Jahres in Genf erschienenen Ausgabe der zwei Gedichte Voltaires über das Erdbeben von Lissabon und über das natürliche Gesetz, mit Vorreden und Anmerkungen des Verfassers (»Poème sur le Désastre de Lisbonne et sur la Loi naturelle avec des Prefaces, des Notes«). Er vermutet, daß Voltaire selbst der Absender ist, und ergreift die Gelegenheit, die religiösen Überzeugungen, die er zu dieser Zeit in der »Reform« seiner Ansichten gewonnen hat (siehe den dritten Spaziergang der »Träumereien« hier Bd. 2, S. 663ff.), zu formulieren. Über die Absichten seines Briefes an Voltaire schreibt Rousseau in den »Bekenntnissen«: »Betroffen darüber, diesen armen Mann, zu Boden gedrückt sozusagen von Glück und Ruhm, gleichwohl bitter gegen das Elend dieses Lebens deklamieren zu sehen und stets zu finden, daß alles schlecht sei, faßte ich den sinnlosen Plan, ihn zur Einkehr in sich zu bringen und ihm zu beweisen, daß alles gut sei. Voltaire hat, während er stets an Gott zu glauben schien, in Wirklichkeit nur an den Teufel geglaubt, da sein vorgeblicher Gott nur ein Bösewicht ist, der, nach ihm, nur Freude hat, zu schaden. Die Abgeschmacktheit dieser Lehre, die in die Augen springt, ist vor allem bei einem von Gütern aller Art überhäuften Menschen empörend, der, aus dem Schoß des Glücks heraus, seine Mitmenschen durch das schreckliche und grauenvolle Bild all der Leiden, von denen er frei ist, in Verzweiflung zu treiben sucht. Mehr als er berechtigt, die Leiden des menschlichen Lebens zu zählen und zu wägen, unterzog ich sie einer billigen Prüfung und bewies ihm, daß von all diesen Leiden auch nicht eins der Vorsehung zur Last gelegt werden könne und daß ihre Quelle mehr in dem Mißbrauch liege, den der Mensch mit seinen Fähigkeiten treibe, als in der Natur selbst«.
Rousseau übergibt den an Voltaire gerichteten Brief dem Arzt Théodore Tronchin (siehe S. 331 und Anm.) mit der Vollmacht, ihn an Voltaire weiterzuleiten oder nicht. Am 1. September bestätigt Voltaire den Empfang des Briefes und kündigt an, auf die Sache später eingehen zu wollen. Rousseau hat Voltaires Roman »Candide« (1759), der das Thema des Optimismus wieder aufgreift, als die ›Antwort‹ auf seinen Brief über die Vorsehung angesehen: »Ich wollte mit ihm philosophieren; als Antwort darauf hat er mich verspottet« (11. März 1764, C.G. X., S. 347).
Eine Veröffentlichung seines Briefes hatte Rousseau wohl nicht beabsichtigt, ehe er im Juni 1760 von einem Abdruck in der Zeitschrift des Sekretärs der Berliner Akademie, J. H. S. Formey, erfuhr (»Lettres sur l'état présent des sciences et des mœurs«, Nr. 43, 44). Da Rousseau seine Kopie des Briefes nur einem engsten Kreis von Vertrauten zugänglich gemacht hatte, mußte die Veröffentlichung auf eine Indiskretion Voltaires zurückgehen (siehe seinen Brief an Voltaire vom 17. Juni 1760, in »Bekenntnisse«, Buch X).

Mit Rousseaus Einverständnis ist der Brief über die Vorsehung erstmals in der von Duchesne veranstalteten Ausgabe der »Œuvres« (1764) enthalten.
Der vorliegende deutsche Text ist eine nach dieser Vorlage revidierte Fassung einer Übersetzung, die 1779 in Heidelberg (bei Pfähler) in einem Sammelband »Kleine Schriften« erschienen ist.

315 *Ihre letzten Gedichte:* Siehe die Vorbemerkung.
in meiner Einsamkeit: In Montmorency.
Ihr zweites Gedicht: Das Gedicht über das natürliche Gesetz.
das erste: Das Gedicht über das Unglück von Lissabon, auf das Rousseau im folgenden ausschließlich eingeht.
Sie werfen Pope und Leibniz vor: Vers 4: »Getäuschte Philosophen, ihr ruft: Alles ist gut.« Siehe hier Anm. zu S. 307 und 308.
316 *Popes Gedicht:* Siehe Anm. zu S. 308.
317 *Sie wollen nicht . . .:* Vers 222: »Ich erhebe mich nicht gegen die Vorsehung.«
ein Buch gegen das menschliche Geschlecht: Voltaires Brief an Rousseau vom 30. August 1755, mit dem er sich für die Übersendung der »Abhandlung über die Ungleichheit« bedankt, beginnt: »Mein Herr, ich habe Ihr neues Buch gegen das menschliche Geschlecht erhalten . . .« (C.G. II, S. 203).
denn ich zeigte . . .: Siehe die »Abhandlung über die Ungleichheit«.
318 *Sie hätten gewünscht . . .:* Vers 53–55: »Bescheiden wünsche ich, ohne meinen Herrn zu beleidigen, dieser Flammenschlund aus Schwefel und Salpeter hätte seine Feuer in der tiefsten Wüste angezündet.«
Zadig: Voltaires »orientalische Erzählung«, »Zadig, oder das Schicksal« (»Zadig ou la Destinée«, 1748), Kap. 20: »Der Eremit«.
319 *Sie denken mit Erasmus . . .:* Voltaire schreibt (Vers 210): »Keiner will sterben, keiner will wiedergeboren werden«, und in einer Anmerkung dazu: »Man findet kaum jemanden, der dieselbe Lebensbahn, die er durchlaufen hat, noch einmal beginnen und dieselben Ereignisse noch einmal durchleben möchte.« Voltaire erwähnt Erasmus nicht. R. A. Leigh (C.C. IV, S. 66) verweist auf eine Passage in Erasmus, »Convivium religiosum«, auf die Rousseau sich offenbar bezieht, denn dort finden sich auch die Cicerostellen, die Rousseau weiter unten zitiert (Desiderius Erasmus, »Familiarium colloquiorum opus«, in »Opera omnia«, Leyden 1703, I, S. 682–683).
320 *in dem Lande . . ., in dem Sie wohnen:* Voltaire lebt seit 1755 auf seinem Landgut »Les Délices« bei Genf.
Nec me vixisse . . .: »Ich bedaure nicht, gelebt zu haben, denn ich habe so gelebt, daß ich nicht umsonst geboren zu sein glaube«, Cato in Ciceros »Cato maior seu De senectute«, 23.

321 *Kette der Wesen:* Die im 18. Jahrhundert sehr verbreitete Vorstellung einer Abstufung und Verbindung aller Wesen. Rousseau hat sich mit dieser Vorstellung in Popes »Essay on Man« in einem Brief vom 17. Januar 1742 auseinandergesetzt. Die im folgenden referierten Einwände Voltaires finden sich in seinem Kommentar zu Vers 75 (»Gott hält die Kette in der Hand und ist selbst nicht angekettet«) seines Gedichtes.

Crousaz: Jean-Pierre de Crousaz (1663–1750) veröffentlichte zwei Bücher gegen Pope: »Examen de l'Essai de M. Pope sur l'homme« (Lausanne, 1737), und »Commentaire sur la traduction en vers, de M. l'Abbé Du Resnel, de l'Essai de M. Pope sur l'homme« (Genf, 1738).

322 *Sie unterscheiden . . .:* In seinem Kommentar, auf den sich der folgende Absatz bezieht, schreibt Voltaire: Jede Begebenheit »hat ihre Ursache in der Begebenheit, die vorhergeht; daran hat niemals ein Philosoph gezweifelt. Wenn man bei der Mutter Caesars nicht den Kaiserschnitt vorgenommen hätte, hätte Caesar die Republik nicht zerstört, er hätte Octavian nicht adoptiert, und Octavian hätte das Reich nicht dem Tiberius überlassen. Maximilan heiratet die Erbin Burgunds und der Niederlande, und diese Heirat wird die Quelle von zweihundert Jahren Bürgerkrieg. Aber daß Caesar nach rechts oder nach links gespuckt hat, daß die Erbin Burgunds ihren Kopfputz auf die eine oder andere Weise aufsetzte, das hat gewiß am allgemeinen System nichts geändert. Es gibt also Begebenheiten, die Wirkungen haben, und andere, die keine haben. (. . .) Bei jeder Maschine gibt es Wirkungen, die der Bewegung notwendig sind, und andere gleichgültige Wirkungen, die die Folge der ersteren sind, aber nichts hervorbringen. Die Räder einer Kutsche dienen dazu, sie in Gang zu setzen, aber daß sie etwas mehr oder weniger Staub aufwirbeln, läßt die Fahrt unverändert.«

323 *Pascal:* »Pensées«, 176 (Brunschvicq): »Cromwell war dabei, die ganze Christenheit zugrundezurichten, die königliche Familie war verloren, die seinige mächtig für immer – wäre nicht ein kleines Sandkorn gewesen, das sich in seiner Harnröhre festsetzte. Selbst Rom hätte vor ihm gezittert, aber da sich dieser Harngrieß dort festsetzte, starb er, ging es mit seiner Familie abwärts und, ganz in Frieden, wurde der König wieder eingesetzt.« In Voltaires Anmerkung heißt es: »Ein Wassertropfen oder ein Sandkorn mehr oder weniger können an der Grundbeschaffenheit nichts ändern.«

Ihres Braminen: Vielleicht ist der Eremit in Voltaires »Zadig« (siehe Anm. zu S. 318) gemeint, der sagt, die Menschen täten unrecht, über ein Ganzes zu urteilen, von dem sie nur den kleinsten Teil wahrnehmen.

324 *Bayle:* Siehe Voltaires Gedicht, Vers 192: »Die Waage in der Hand lehrt Bayle zu zweifeln . . .« In seiner Anmerkung verteidigt Voltaire die maßvolle Skepsis Pierre Bayles (1647–1706).

Übrigens haben Sie ...: »Gott hält die Kette (der Wesen) in der Hand und ist selbst nicht mit angekettet« (Vers 75). In seinem Kommentar zu diesem Vers schreibt Voltaire über die Vorstellung der Kette der Wesen: »Die allumfassende Kette ist nicht, wie man gesagt hat, eine ununterbrochene Stufenfolge, durch die alle Wesen verbunden sind. Es besteht wahrscheinlich ein ungeheurer Abstand zwischen den Menschen und dem Tier, zwischen dem Menschen und den höheren Substanzen; das Unendliche ist zwischen Gott und allen Substanzen.«

»Ich denkendes ... fühlen«: In einer Anmerkung des Vorworts zum Gedicht über das Unglück zu Lissabon.

325 *Daß der Leichnam ...:* Vers 97–100: »›Des einen Unglück‹, sagt ihr, ›ist das Glück des anderen.‹ Aus meinem blutenden Leib werden tausende Insekten leben; wenn der Tod die Leiden krönt, die ich erduldet, welch schöner Trost, der Würmer Fraß zu werden.«

Kodros: Der sagenhafte letzte König Athens ließ sich bei einem Einfall der Dorier von den Feinden töten, weil das Orakel erklärt hatte, die Athener würden nur siegen, wenn die Feinde ihren König töteten.

Curtius: Der Römer Marcus C. opferte sich für sein Vaterland, als sich mitten auf dem Forum eine tiefe Kluft öffnete, die, wie die Wahrsager erklärten, den Untergang des Staates bedeutete und nur zu schließen sei, wenn das kostbarste Gut Roms hineingeworfen würde. Mit den Worten: »Nichts Besseres hat Rom als Waffen und Heldenmut«, stürzte sich Curtius zu Roß und bewaffnet in den Abgrund, der sich daraufhin schloß. Siehe Titus Livius, VII, 6.

Decier: Publius Decius Mus weihte sich 340 v.Chr. im Krieg mit den Latinern freiwillig dem Tode, um einen Orakelspruch zur Erfüllung zu bringen. Sein Sohn tat es ihm im Samnitischen Krieg nach. Siehe Titus Livius, VIII, 9,10 und X, 28.

Philenen: Zwei Brüder in Karthago, die in einem Grenzstreit zwischen Kyrene und Karthago sich lebendig begraben ließen, um dadurch zu beglaubigen, daß sie sich an die mit den Kyrenern getroffene Absprache über die Festlegung des Grenzverlaufs gehalten hätten. Siehe Sallust, »Bellum Jugurthinum«, 79.

326 *wie Seneca sagt:* »Numquid hoc quoque aliquis a Deo exigit, ut bonorum virorum etiam sarcinas servet?« – »Ob wohl auch jemand von Gott fordert, daß er sich auch um das Gepäck guter Menschen kümmern solle?« Seneca, »De providentia«, VI, 1.

Cartouche: Siehe Anm. zu S. 87.

327 *Commorandi enim natura ...:* »Die Natur hat uns hier eine Stätte gegeben, vorübergehend zu verweilen, nicht dauernd zu wohnen«, Cicero, »De senectute«, XXIII, 84.

329 *Hobbes:* In »De cive« (XV. Religio) vertritt Hobbes die These, daß der

Einzelne mit der Übertragung seiner Rechte an den Staat auch das Recht abgetreten habe, zu bestimmen, wie Gott verehrt werden soll. In »Leviathan«, II, 31, unterscheidet Hobbes öffentlichen und privaten Gottesdienst, wobei dieser aber »nur im Geheimen frei« und, sobald der Menge zugänglich, nie ohne Einschränkung sei.

331 *Poëme sur la Religion naturelle:* »Gedicht über die natürliche Religion«. Ein anderer Titel für das »Gedicht über das natürliche Gesetz«.

Tronchin: Théodore Tronchin (1709–1781), einer der berühmtesten Ärzte seiner Zeit, der sich 1755 in Genf niederließ. Er war Voltaires Arzt, befreundet mit Diderot und Rousseau, dessen vorliegenden Brief er an Voltaire vermittelte. Die Beziehung zu Rousseau kühlte nach Erscheinen des »Briefes an d'Alembert« ab und wurde nach der Veröffentlichung des »Emile« und des »Gesellschaftsvertrages« zu einer ausgesprochenen Gegnerschaft.

BRIEF AN D'ALEMBERT ÜBER DAS SCHAUSPIEL

Der »Brief an d'Alembert« ist eine Zäsur im schriftstellerischen Werk Rousseaus. Sosehr die gedanklichen Motive der moralischen Abrechnung mit dem Theater bis zu Rousseaus erster Abhandlung zurückreichen und als eine konkrete Anwendung der in dem Streit um seine Kulturkritik gewonnenen Grundsätze angesehen werden können, so betont Rousseau wiederholt, mit dieser Schrift einen neuen Ton gefunden zu haben, eine Verbindung der Argumentation mit einer Gefühlslage, die in seinen früheren Schriften nicht anzutreffen war (siehe etwa S. 478 und die Anm.).

In den »Bekenntnissen« (Buch X) nennt er den »Brief an d'Alembert« die erste seiner Schriften, die er mit Lust niederschrieb: »Bisher hatte mir die Empörung der Tugend Apollo ersetzt. Diesmal traten Zärtlichkeit und Sanftmut der Seele an ihre Stelle. Die Ungerechtigkeiten, deren Zeuge ich nur gewesen war, hatten mich erregt. Die, deren Gegenstand ich geworden war, machten mich traurig, und diese Traurigkeit ohne Haß war nur die eines allzu liebevollen, allzu zärtlichen Herzens, das, getäuscht durch die, die es sich gleichgeartet geglaubt hatte, gezwungen worden war, in sich selbst einzukehren. Erfüllt von allem, was mir begegnet war, noch bewegt von so heftigen Erschütterungen, ließ mein Herz das Gefühl seiner Leiden in die Vorstellungen fließen, die das Nachdenken über meinen Stoff in mir erweckt hatte. Meine Arbeit läßt diese Mischung spüren . . .« (Übers. A. Semerau). Es sind die vielfältigen Spannungen und Freundschaftskrisen des Jahres 1757, die in dem Werk ihre Spuren hinterlassen haben, erkennbar in dem Porträt, das Rousseau von Melchior Grimm in der Gestalt des Philinte aus Molières Menschenfeind und von sich selbst in seiner Deutung der Hauptfigur dieses Stückes entwirft, sowie schließlich in der Bemerkung des Vorwortes, die, für jeden Eingeweihten leicht erkennbar, den endgültigen Bruch mit Diderot erklärt (siehe S. 339).

Nach der Darstellung der »Bekenntnisse« geht von Diderot auch der erste Anstoß zu dieser Schrift aus. Bei seinem letzten Besuch in der Eremitage Anfang Dezember 1757, kurz vor Rousseaus Übersiedlung nach Montmorency, weist er auf den im VII. Band der »Encyclopédie« gerade erschienenen Artikel »Genève« hin, dessen Zweck die Errichtung eines Theaters in Genf sei; die Vorbereitungen dafür seien, in Übereinstimmung mit hochgestellten Genfern, bereits getroffen.

Kurz nach seiner Übersiedlung in das Haus von Mont-Louis, um den 20. Dezember, hat Rousseau ein Exemplar des Bandes der »Encyclopédie« in Händen, aber nach den Hinweisen, die sein Briefwechsel gibt, ist er noch nicht zu einer Antwort an d'Alembert entschlossen. Er erwähnt sie zum ersten Mal Mitte Februar 1758, und am 9. März, den »Bekenntnissen« zufolge nach einer dreiwöchigen Arbeit an dem Manuskript, teilt er seinem Verleger Rey mit, daß er ein neues Werk fertig habe, und bietet es ihm zum Druck an.

Die Drucklegung ist im Juli abgeschlossen, und Ende Juli teilt Rousseau seinem Verleger mit, daß der Einfuhr des Werkes nach Frankreich nichts im Wege stehe, nachdem d'Alembert die Fahnen gesehen und seine Zustimmung gegeben hat. Rousseau selbst hatte ihm am 25. Juni von der in größter Geheimhaltung zum Druck gebrachten, an ihn adressierten Schrift Mitteilung gemacht: »Ich habe, mein Herr, auf Ihren Artikel Genève antworten müssen: ich habe es getan und ich habe diese Schrift sogar an Sie adressiert (. . .) Sie geben uns einen verderblichen Ratschlag, und wenn mein Vater desgleichen getan hätte, hätte ich nicht stillschweigen können noch dürfen. Ich habe versucht, das, was ich Ihnen schulde, mit dem zu vereinbaren, was ich meinem Vaterland schuldig bin; ich hätte ein Verbrechen begangen, wenn ich, wo es zu wählen galt, gezögert hätte. Wenn meine Verwegenheit Sie verletzt, so wären Sie nur zu sehr gerächt durch die Schwäche des Werkes. Sie werden dort vergeblich die Reste eines Talents suchen, das nicht mehr vorhanden ist und das sich vielleicht nur aus meiner Verachtung für meine Gegner nährte. Wenn ich nur meinen Ruf befragt hätte, hätte ich diese Schrift gewiß unterdrückt . . .« (C.G. IV, S. 9).

Die Selbsteinschätzung seiner Schrift, die dem in den »Bekenntnissen« darüber Gesagten eigentümlich kontrastiert, findet sich nicht nur in diesem Brief, sondern sie kommt noch deutlicher in Rousseaus Vorwort zum

Ausdruck, in dem sich Rousseau vom Leser mit seinem ›letzten Werk‹, nur noch der Schatten seiner selbst, verabschiedet.
Die erste Auflage des »Briefes an d'Alembert« erscheint im Oktober 1758 und ist in wenigen Wochen vergriffen. Der Erfolg seines Buches dürfte Rousseau die Zweifel genommen haben, die er noch während der Drucklegung haben mochte, ob der Ton, den er darin anschlug, verstanden würde. In der Perspektive der »Bekenntnisse« ist es ihm mit dieser Schrift gelungen, sich aus der Welt der Aufklärungsphilosophie zu lösen und eine neue Sprache zu finden: »Der ›Brief an d'Alembert‹ atmete eine Seelenmilde, der man anmerkte, daß sie nicht gekünstelt war. Wäre ich in meinem Zufluchtsort von übler Laune verzehrt worden, hätte es mein Ton verraten. Er herrschte in allen Schriften, die ich in Paris verfaßt hatte; er herrschte nicht mehr in der ersten, die ich auf dem Lande geschrieben hatte. Für die, die zu beobachten wissen, war diese Beobachtung entscheidend. Man sah, daß ich wieder in mein Element gekommen war« (a.a.O.).

Der »Brief an d'Alembert« ist von Dietrich Feldhausen für diese Ausgabe zum ersten Mal vollständig ins Deutsche übersetzt worden, auf der Grundlage der kritischen Edition von M. Fuchs (»Textes Littéraires Français«, Lille/Genève, 1948). Während es die Absicht der Edition von M. Fuchs ist, den »ersten Wurf« des Briefes hervortreten zu lassen, konnte es hier nur darum gehen, den definitiven Text mit den von Rousseau in späteren Ausgaben angebrachten Korrekturen sowie mit den von ihm für eine Gesamtausgabe seiner Werke vorbereiteten Zusätzen zugrunde zu legen. Diese Zusätze, die Rousseau bei seiner Überfahrt nach England im Jahre 1766 an Du Peyrou übergeben hat, erscheinen zum ersten Mal im Text der von Moultou und Du Peyrou herausgegebenen »Collection complète des Œuvres . . .«, in-8°, Bd. VI. Die späteren Zusätze Rousseaus zum Text der Erstausgabe von 1758 sind in den Anmerkungen kenntlich gemacht.
Eine auszugsweise Übersetzung der vorliegenden Schrift erschien 1761 in Zürich (bei Orell, Geßner und Comp.) unter dem Titel: »Herrn Rousseau, Bürgers in Genf, Patriotische Vorstellungen, gegen die Einführung einer Schaubühne für die Comödie, in der Republik Genf. Aus seinem Schreiben an Herrn d'Alembert gezogen. Nebst dem Schreiben, eines Bürgers von Sanct Gallen: Von den wahren Angelegenheiten einer kleinen, freyen, kaufmännischen Republik.« Diese Übersetzung, die in Auszügen nicht einmal die Hälfte des Textes wiedergibt, ist so verschroben wie ihr Titel und ließ sich deswegen nicht heranziehen.
Als hilfreich erwies sich dagegen eine Übersetzung der unmittelbar nach

Erscheinen des Rousseauschen Theaterbriefes veröffentlichten Entgegnung Marmontels, die 1766 in Leipzig (bei Crusius) auf deutsch herauskam: »Rettung des Theaters oder Zergliederung des Briefes von Herrn Rousseau, Bürger zu Genf, an Herrn d'Alembert.« Auf die in ihr enthaltenen zahlreichen Zitate aus Rousseaus Brief wurde gelegentlich ebenso zurückgegriffen wie etwa auf Lessings Zitat in der »Hamburgischen Dramaturgie«, 53. Stück. Zu Rate gezogen wurde außerdem die englische Übersetzung von Alan Bloom (»Rousseau: Politics and the Arts«, Glencoe, Ill., 1960).

333 *Titel der Ausgabe von 1758:* »J.-J. Rousseau/citoyen de Genève,/à M. d'Alembert,/de l'Académie Françoise, d l'Académie Royale des/Sciences de Paris, de celle de Prusse, de la Société Royale des Bel-/les-Lettres de Suède et de l'Institut de Bologne:/Sur son Article Genève/Dans le VIIe Volume de L'Encyclopédie,/et particulièrement,/sur le projet d'établir un/Théâtre de Comédie en cette Ville.«

Motto: »Mögen Besseres die Götter den Frommen geben, jenen Wahnsinn aber ihren Feinden«, Vergil, »Georgica«, III, 513.

338 *einige Artikel:* Der große Artikel »Économie politique« (»Politische Ökonomie«) erschien 1755 im fünften Band der »Encyclopédie« und wurde schon im 18. Jh. als »Discours sur l'Économie politique« selbständig veröffentlicht (zuerst: Genf, 1758). Außerdem hatte Rousseau eine Reihe von Musikartikeln für die »Encyclopédie« übernommen, die er nach Auskunft der »Bekenntnisse« (siehe den Schluß von Buch VII) innerhalb von drei Wochen um die Jahreswende 1748/49 schrieb. Siehe dazu auch hier Bd. 2, S. 277, Fußnote und die Anm. dazu.

339 *Einst hatte ich . . .:* Mit diesem Satz macht Rousseau den Bruch mit seinem Freund Diderot öffentlich bekannt.

Aristarch: Nach dem griech. Grammatiker Aristarchos von Samothrake (215–143 v. Chr.), dessen Name den Höhepunkt philologischer Kritik im Altertum bezeichnet, sprichwörtlich für einen unerbittlichen Kritiker.

Fußnote: *Ad amicum etsi . . .:* »Wenn du gleich ein Schwert zückst gegen deinen Freund, so gib die Hoffnung nicht auf, denn ihr könnt wohl wieder Freunde werden. Hast du gegen diesen Freund den Mund aufgetan, so sei ohne Sorge; denn man kann alles versöhnen, ausgenommen die Schmach, Verachtung, Offenbarung der Heimlichkeit und böse Tücke. Solche Stücke verjagen den Freund.« »Ecclesiasticus« (Jesus Sirach), 22, 26–27.

Über diese Anmerkung schreibt Rousseau in den »Bekenntnissen« (Buch X): ». . . wie konnte ich von meiner Zurückgezogenheit aus diesen Bruch unzweideutig und ohne Skandal veröffentlichen? Ich kam auf den Gedanken, als eine Anmerkung in mein Werk einen Spruch aus dem Buch des Jesus Sirach einzurücken, der jedem Unterrichteten diesen Bruch und selbst den Grund deutlich genug erklärte und für alle anderen ohne Bedeutung war, übrigens aber den Freund, von dem ich mich lossagte, in dem Werk nur mit der Achtung zu bezeichnen, die man stets auch der erloschenen Freundschaft schuldet. Man kann all das in dem Werk selbst sehen« (Übers. A. Semerau).

340 *dieses mein letztes Werk:* Siehe die »Bekenntnisse«, Buch X, wo Rousseau berichtet, daß er sich dem Tod nahe fühlte und glaubte, der Öffentlichkeit sein letztes Lebewohl zu sagen.

341 *eine sehr schöne und wahre Lobrede:* In dem Teil des Artikels »Genf«, der sich mit der Religion befaßt, heißt es u.a.: »Die Genfer Geistlichkeit hat vorbildliche Sitten: die Prediger leben in großer Einigkeit; man sieht sie nicht wie in anderen Ländern erbittert über unverständliche Dinge streiten, sich gegenseitig verfolgen, sich in ungehöriger Weise vor dem Magistrat anklagen. Allerdings sind sie keineswegs alle gleicher Ansicht über die Glaubensartikel, die man anderswo für die wichtigsten der Religion hält. Manche glauben nicht mehr an das göttliche Wesen Jesu Christi, das Calvin, ihr Oberhaupt, so eifrig verteidigte. (. . .)

Die Hölle, einer der Hauptpunkte unseres Glaubens, ist das für einige Geistliche in Genf heute nicht mehr; man würde ihrer Meinung nach die Gottheit beleidigen, wenn man sich vorstellte, dieses gütige und gerechte Wesen sei fähig, unsere Fehler mit ewigen Qualen zu bestrafen. Sie erklären die Bibelstellen, die ihrer Meinung entgegenstehen, so gut sie eben können, und behaupten, man dürfe in den heiligen Büchern niemals wörtlich nehmen, was Menschlichkeit und Vernunft zu verletzen scheint. Sie glauben also, daß es Strafen im Jenseits gibt, aber nur zeitlich begrenzte. So ist das Fegefeuer, einer der Hauptgründe für die Trennung der Protestanten von der römischen Kirche, heute die einzige Strafe nach dem Tode, die von manchen von ihnen anerkannt wird: ein neues Beispiel, das der Geschichte der menschlichen Widersprüche hinzuzufügen ist.

Um es mit einem Wort zu sagen: Mehrere Pastoren in Genf huldigen keiner anderen Religion als einen reinem Sozinianismus, denn sie lehnen alles ab, was man Mysterien nennt, und denken, daß das oberste Prinzip einer wahren Religion darin bestehe, keinen Glaubensinhalt aufzustellen, der die Vernunft verletzt. Deshalb ersetzen manche auch, wenn man sie über die Notwendigkeit der Offenbarung, dieser so wesentlichen Lehre des Christentums, befragt, den Begriff der Notwendigkeit durch den er Nützlichkeit, der ihnen milder erscheint. Hierin sind sie, wenn auch nicht orthodox, so doch wenigstens konsequent.

Eine Geistlichkeit, die so denkt, muß tolerant sein, und sie ist es in der Tat in solchem Maße, daß sie von den Vertretern der anderen reformierten Kirchen nicht mit freundlichem Blick angesehen wird. (. . .) Ehrfurcht vor Christus und der Heiligen Schrift ist vielleicht das einzige, was das Genfer Christentum von einem reinen Deismus unterscheidet.

342 *Sozinianismus:* Von den ital. Theologen Lelio Sozzini (1525–1562) und Fausto Sozzini (1539–1604) begründete Lehre, die in dem Rakower Katechismus (1605) formuliert worden ist. Prädestination, Erbsünde und Trinität gelten danach als der Vernunft wie der Schrift widerstreitend, die Göttlichkeit Christi wird verneint, Taufe und Abendmahl sind nützliche, aber nicht absolut notwendige Zeremonien.

343 *(und . . . Zuneigung):* In der Erstausgabe erscheint diese Bemerkung im Anhang zusammen mit Ergänzungen und Korrekturen, die Rousseau erst während der Drucklegung gemacht hat. In den späteren Ausgaben ist diese Bemerkung dann in den Text aufgenommen worden, nicht jedoch in den der posthumen Ausgabe von 1782.

344 Fußnote *mit den Worten von Herrn d'Alembert:* Siehe die Anm. zu S. 341.

345 Fußnote *Doctrine chrétienne:* Gemeint ist das 1752 erschienene Buch von Jacob Vernet: »Instruction chrétienne«. V. (1698–1789) war Theologe und Professor der schönen Wissenschaften in Genf. Rousseau hat mit ihm, auch über den »Brief an d'Alembert«, korrespondiert.

346 Fußnote *öffentliche Erklärung:* Im Februar 1758 veröffentlicht die Genfer Geistlichkeit eine »Déclaration de principes«, in der sie zu dem theologischen Teil des Artikels »Genf« Stellung nimmt. Rousseau rühmt diese Erklärung in einem Brief an J. Vernet vom 18. Dez. 1758 für ihre »Mäßigung, Weisheit, Entschiedenheit« (C.G. IV, S. 152).

Fußnote *Abbé de Saint-Pierre:* Charles Irénée Castel (1658–1743), politischer Schriftsteller, über dessen »Projet de paix perpétuelle« (»Projekt eines ewigen Friedens«) von 1713, den »Discours sur la polysynodie« (»Abhandlung über die Polysynodie«) von 1718 und andere Schriften Rousseau gearbeitet hat, um sie in Auszügen herauszugeben. Siehe »Bekenntnisse«, Buch IX, und die Schriften über Abbé de Saint-Pierre (O.C. III, S. 561–682).

Fußnote *der moderne:* Gemeint ist wohl Voltaire, aus dessen Essai über die Universalgeschichte d'Alembert in seinem Artikel zitiert.

Tacitus: D'Alembert zitiert die von Tacitus berichtete »weise Regelung« der Germanen, daß über die weniger wichtigen Fragen die Vornehmen entschieden, über die wichtigeren aber alle, und vergleicht dies mit der Genfer Verfassung.

348 Fußnote *Chrysostomos:* Der Kirchenvater Johannes Ch., Patriarch von Konstantinopel (344–407).

349 Fußnote *Instructions chrétiennes:* Siehe Anm. zu S. 345.

350 *Trahit sua . . .:* »Jeden leitet seine eigene Lust.« Vergil, »Eclogae«, II, 65.

351 *Corneille:* Pierre C. (1606–1684), der Begründer der klassischen franz. Tragödie.
Fußnote *Misanthrope:* »Der Menschenfeind« von Jean Baptiste Molière (1622–1673) wird am 4. Juni 1666 im Palais Royal uraufgeführt.

352 *Arlequin sauvage:* Volkstümliche Komödie von Delisle de la Drévetière, die 1721 im Théatre Italien aufgeführt wurde.

354 Fußnote *Cid:* Mit dem »Cid« (1636), einer Bearbeitung des spanischen Dramas von Guillen de Castro, begründet Pierre Corneille die klassische franz. Tragödie.
Als Kaiser Nero . . .: Siehe Tacitus, »Annales«, XVI, 5 und Suetonius, »De vita Caesarum«, »Vespasianus«, 4.

356 Fußnote *Nanine:* »N. ou le préjugé vaincu« (»N. oder das besiegte Vorurteil«, 1746) Drama von Voltaire.

357 *der blutdürstige Sulla:* Siehe oben S. 219 und Anm.
der Tyrann von Pherai: Siehe ebd.
Abbé Dubos: Jean-Baptiste D. (1670–1742), »Reflexions critiques sur la poésie et sur la peinture« (1719), I, 3.
Fußnote *Tacitus berichtet . . . vergoß:* Zusatz der Ausgabe von 1782. Die Anekdote bei Tacitus, »Annales«, XI, 2.

358 *Comte d'Essex:* »Der Graf von Essex« von Thomas Corneille (1625–1709), dem Bruder Pierre Corneilles.

359 *Muralt:* Béat de M. (gest. 1749), »Lettres sur les Anglais et sur les Francais« (»Briefe über die Engländer und über die Franzosen«), im 5. Brief.

360 *Comoedia enim . . .:* »Die Komödie will nämlich schlechtere, die Tragödie bessere (Menschen) nachahmen, als sie heute sind.« Aristoteles, »Poetica«, 2.

361 *Catilina:* Siehe die gleichnamigen Stücke von Prosper Jelyot de Crébillon (1674–1762) und von Voltaire.
Mahomet: Tragödie Voltaires (1741).
Atrée: Crébillons »Atrée et Thyeste« (1707).
Britannicus: Der Sohn des Kaisers Claudius, der von Nero vergiftet wird; die Hauptfigur in Jean de Racines (1639–1699) gleichnamiger Tragödie von 1669.
eine Tragödie, in der Cato . . .: Gemeint ist »Catilina« von Crébillon.

362 *So ernte ich . . . Untaten:*

364 *Seneca:* Die Tragödie »Thyestes« des Seneca (4. v.Chr.–65 n.Chr.) war das Vorbild für Crébillons »Atrée et Thyeste«.

365 *Phèdre:* Tragödie von Racine.
Oedipe: Der Stoff wurde von Pierre Corneille (1659) und von Voltaire (1718) behandelt.

Théâtre Français: Das 1680 gegründete klassische französische Theater.

367 *Dat veniam corvis . . .:* »Nachsichtig ist die Zensur mit den Raben, die Tauben aber quält sie.« Juvenal, »Satiren«, II, 63.

Wer ist schädlicher . . .: Gemeint ist Molières Komödie »Le Bourgeois gentilhomme« (»Der Bürger als Edelmann«).

Wer ist schlechter . . .: Siehe »Georges Dandin« von Molière.

Es ist ein schweres Laster . . .: Siehe Molières »L'Avare« (»Der Geizige«).

369 *Misanthrope:* Siehe oben Anm. zu S. 351.

370 *da alle gesellschaftlichen Tugenden . . . wie Unmenschlichkeit:* Fehlt in der Ausgabe 1782.

Comédie Italienne: 1716 eröffnetes Pariser Theater, in dem zunächst vorwiegend italienische komische Opern aufgeführt wurden.

La vie est un songe: »Das Leben ist ein Traum«, 1717 aufgeführtes und 1718 gedrucktes Stück eines italienischen Verfassers. 1732 wurde unter demselben Titel ein Stück von Boissy aufgeführt.

371 *Die einen . . . gefällig zeigen:* I, 119–120, 1. Auftritt, Alceste.

Sonett: Orontes' Sonett im 2. Auftritt des Ersten Aktes.

374 *Es kann mich . . . fluchen dürfen:* V, 65–66, 1. Auftritt, Alceste.

375 *Pest über . . . deinem Schluß:* I, 333–34, 2. Auftritt, Alceste. Das Wortspiel von »chute«, Sonettschluß und Fall, ist im Deutschen nicht wiederzugeben.

Fußnote *einen neuen Misanthrope:* Ein nach Rousseaus Vorschlägen umgearbeiteter »Menschenfeind« wird von Fabre d'Églantine (1750–1794) in den Jahren der Revolution geschrieben (»Philinte ou La suite du Misanthrope«).

der athenische: Die antike Komödie »Der Menschenfeind« von Menander wurde erst vor einigen Jahren wieder aufgefunden.

376 *Zum Henker . . . Albernheiten:* I, 325, 2. Auftritt, Alceste.

377 *Nur Mut . . . Höflingsfreunde:* II, 225, 4. Auftritt, Alceste.

379 *Ich werde Dancourt . . . Spitzbuben zu ermutigen:* In einem Brief an seinen Verleger Rey in Amsterdam (14. März 1759) hat Rousseau für spätere Auflagen folgende Textänderung festgehalten, die zuerst 1762 vorgenommen wurde: »Sie haben als erste jene groben Zweideutigkeiten eingeführt, die von Geschmack wie Anstand gleichermaßen geächtet werden, die lange Zeit die Unterhaltung übler Gesellschaften und die Verlegenheit keuscher Personen waren und von denen ein besserer Ton, der nur langsame Fortschritte macht, gewisse Provinzen noch immer nicht gereinigt hat. Andere Schriftsteller, zurückhaltender in ihren Launen, überließen es jenen, die gefallenen Frauen zu unterhalten, während sie selbst es unternahmen, die Schurken zu ermutigen. Regnard, der sich

nicht die meisten Freiheiten erlaubt, ist gleichwohl nicht der ungefährlichste.«

Dancourt: Florent Carton D. (1661–1725), Verfasser von Lustspielen und Possen, die amüsante Tagesgeschehnisse behandeln.

Regnard: Jean François R. (1655–1709) galt als bester franz. Lustspieldichter nach Molière.

eine Komödie: Regnards Komödie »Le légataire universel« (»Der Universalerbe«), deren beiden letzten Akte Rousseau hier zusammenfaßt.

381 *Constance:* Figur aus Diderots »Le Fils naturel«, (»Der natürliche Sohn«) von 1757.

Cénie: Von Françoise d'Isembourg d'Apponcourt, Dame de Graffigny (1695–1758), die durch ihre »Lettres péruviennes« von 1747 bekannt wurde.

nescius aurae fallacis: »Das Zeichen des Trugs nicht erkennend.« Horaz, »Carmina«, I, 5, v. 11–12.

Fußnote *als ich mich über ihre Reden zu beklagen habe:* In den »Bekenntnissen«, Buch IX, erzählt Rousseau, daß Frau von Graffigny das Gerücht ausstreute, es sei im Zusammenhang mit den gegen Diderot wegen seines »Fils naturel« erhobenen Plagiatvorwürfen zum Bruch zwischen den beiden Freunden gekommen.

Vergil: »Aeneis«, V, 654.

383 *Jehan de Saintré:* »L'hystoire et plaisante Cronique du petit Jehan de Saintré« (»Geschichte und unterhaltsame Chronik des kleinen Jehan de Saintré«) von Antoine de la Sal(l)e (1388–1470), ein Roman über die ritterliche Erziehung der Zeit.

Turpe senex miles: »Häßlich ist ein alter Soldat.« Ovid, »Amores«, I, 9, 4. Bei Ovid lautet die Fortsetzung: »turpe senex amor« – »häßlich ein alter Liebhaber«.

384 *Kytheras:* Aphrodite, die Liebesgöttin, wurde auch nach ihrem ersten Heiligtum auf der Insel Kythera benannt.

386 *Als der Patrizier Manilius . . .:* Siehe Plutarch, »Marcus Cato«, 17.

Bérénice: 1670 zuerst aufgeführt. Am 15. Nov. 1752 hat Rousseau gemeinsam mit d'Alembert eine Aufführung besucht.

387 *invitus invitam:* »Gegen seinen und ihren Willen.« Suetonius, »Titus«, VII, 2.

invito spectatore: »gegen den Willen des Zuschauers«.

388 *Zaire:* Tragödie von Voltaire.

Fußnote *Pamela:* Roman von Samuel Richardson (1689–1761).

390 Fußnote *Le Marchand de Londres:* »The London Merchant« (»Der Kaufmann von London«) des englischen Dramatikers George Lillo (1693–1739), das erste »bürgerliche Trauerspiel« wurde 1731 zuerst aufgeführt. Die Fußnote ist ein Zusatz der Ausgabe 1782.

396 *Goudimel:* Claude G. (1505–1572), franz. Komponist.
Fußnote *Rivaz:* 1711–1772, aus dem Wallis gebürtiger Mathematiker, Historiker und Erfinder, u.a. auf dem Gebiet der Uhrmacherei, der Salzerzeugung und Graviertechnik.

398 *mutatis mutandis:* Nach Änderung des zu Verändernden.

399 *anfangs angestellten Überlegungen:* Siehe oben S. 352.

404 *Grève-Platz:* Dort fanden in Paris die Hinrichtungen statt.

407 Fußnote *de Lauzun:* Antoine Nompar de Caumont, Herzog von L. (1633–1723), Günstling Ludwigs XIV. Die Anekdote wird in Saint-Simons Memoiren berichtet.

408 *Si parva licet ...:* »Wenn man Kleines mit Großem vergleichen darf.« Vergil, »Georgica«, IV, 176.

409 Fußnote *Konsistorium:* In Genf die moralische Aufsicht über die Stadt. Es setzte sich aus den Pastoren und zwölf Ältesten zusammen.
Reformkammer: Sie war in Genf vom Rat beauftragt, über die Befolgung der Luxusgesetze zu wachen, und nahm die Beschwerden des Konsistoriums entgegen.

410 Fußnote *Oldfield:* Anne O. (1683–1730) war die berühmteste englische Schauspielerin ihrer Zeit.

411 Fußnote *Titus Livius:* VII, 2.

412 *Cicero:* »De Oratore«, I, 61. A. Blum zufolge kommt die von Rousseau erwähnte Bemerkung Ciceros in seiner Verteidigungsrede »Pro Roscio« nicht vor, sondern in »Pro Quinto«, 25. Das franz. Wort »histrion« bezeichnet abwertend den Komödianten, während das lat. Wort, von dem es sich ableitet, »histrio«, diesen pejorativen Akzent nicht immer hat, obwohl es auch abwertend Marktschreier und Scharlatan bedeutet.
Quisquis in scenam ...: »Wer immer die Bühne betritt, sagte ein Prätor, ist ehrlos.« Sinngemäß so in »Digesta«, III, 2, 1.
Atellanae: Die von der Jugend aufgeführten witzigen szenischen Darstellungen, die ihren Namen von der Stadt Atella, einem lateinischen Schilda, hatten. Siehe Livius VII, 2.
Exodia: Das »exodium«, das Schluß- oder Nachspiel, bestand hauptsächlich in den sog. »atellanae«.

413 *Sparta, das kein Theater duldete:* Als Rousseau von Julien-David Le Roy von der Akademie der Inschriften in einem Brief vom Anfang November 1758 darauf hingewiesen wird, daß Sparta sehr wohl ein Theater besaß, kündigt er an, diesen Irrtum (der auf widersprüchliche Aussagen Plutarchs zurückging) korrigieren zu wollen (siehe C.G. IV, S. 105–107). Diese Korrektur ist unterblieben. Die »Collection complète des Œuvres« von 1782 verweist jedoch in einer Fußnote auf den erwähnten Brief von Le Roy.

415 Fußnote *Man hat ... Ungerechtigkeit:* Die Fußnote ist ein Zusatz der Ausgabe 1782.
417 *Muralt:* Siehe oben Anm. zu S. 359.
Vauxhall: Vergnügungsstätte in London.
Fußnote *Clarissa:* Samuel Richardsons Roman »Clarissa Harlowe« (1747/48).
418 *Deine Warum ... enden:* Voltaire, »Discours en vers sur l'homme« (»Abhandlung in Versen über den Menschen«), VI.
424 *üblen Scherze Herodots:* Siehe seine »Historiae«, II, 35.
Fußnote *Valeria und Sulla:* Siehe Plutarch, »Sulla«, 35.
426 *Es gebe ... könnte:* Nicolas Boileau-Despréaux (1636–1711) in der zehnten seiner Satiren (»Über die Frauen«).
Fußnote *Entretiens sur le Fils naturel:* In seinen »Unterhaltungen über den Natürlichen Sohn« (1757) begründet Diderot seine neue Dramaturgie.
428 *Genf ist reich ...:* D'Alembert hatte in seinem Artikel geschrieben: »Obwohl die Stadt reich ist, ist der Staat arm, weil die Bewohner selbst die geringsten neuen Besteuerungen ablehnen ...«
429 *Lyon:* Das neue Theater in Lyon war, von Soufflot 1754 entworfen, 1756 von Munet fertiggestellt worden.
Paris: Die drei großen Pariser Theater waren die Oper, das Théâtre Français und die Comédie Italienne, das vierte das in der Fußnote genannte Théâtre de la Foire, wo die Stücke von Alexis Piron und Alain René Lesage aufgeführt wurden.
432 Fußnote *Wir haben den Gebrauch ...:* Gemeint ist der Überraschungsangriff, mit dem Karl Emanuel von Savoyen im Jahre 1602 die Befestigungsanlagen nachts mit Leitern zu stürmen versuchte. Der Jahrestag dieser glücklich abgeschlagenen »Escalade« wurde in Genf unter diesem Namen begangen.
433 *aufgrund Ihres eigenen Artikels:* Siehe oben die Anm. zu S. 428.
434 *Spectator:* Von Joseph Addison (1672–1719) und Richard Steele (1671–1729) 1711 begründete moralische Wochenschrift.
437 Fußnote *Man glaubt ... genommen worden:* Zusatz der Ausgabe von 1782.
Herodot: »Historiae«, III, 12.
438 *die beiden Cato:* Der ältere Cato Censorius (234–149 v.Chr.) und der jüngere Cato Uticensis (95–46 v.Chr.).
Otho: Der römische Kaiser Marcus Salvius O. (32–69 n.Chr.), der sich nach der Niederlage gegen die Germanen unter Vitellius das Leben nahm.
439 Fußnote *Sappho:* Die größte Dichterin der Antike, aus Lesbos (um 600).
Lettres portugaises: Als Verfasserin der vielfach aufgelegten »Portugiesischen Briefe« galt die portugiesische Nonne Marianna Alcoforado (1640–1723) und als Adressat ihrer Briefe ihr Geliebter, Noel Bouton de

Chamilly, Graf von Saint-Léger. Nach neuerer Auffassung ist der franz. Diplomat und Schriftsteller Gabriel-Joseph Guilleragues (1628–1685) ihr Verfasser.

443 Fußnote *Man versteht ... erschien:* Zusatz der Ausgabe von 1782.

Neue Héloise: Der Briefroman »Julie ou La Nouvelle Héloise« erschien im Februar 1761. Rousseau hatte das Manuskript im Frühjahr 1756 begonnen und Anfang November 1757 die Teile I-IV (von sechs Teilen der endgültigen Fassung) abgeschlossen. Rousseaus Hinweis hier bezieht sich auf den zehnten Brief des vierten Teils, wo er die Trennung der Geschlechter als einen bei allen Völkern der Erde außer bei den Franzosen und denen, die sie nachahmen, anzutreffenden Brauch und als die »natürlichste Ordnung« schildert. Weitere Übernahmen aus der »Neuen Héloise«, siehe unten S. 464–465.

445 Fußnote *Clitus in Trunkenheit tötete ...:* Alexander d.Gr. tötete seinen Feldherrn Clitus (Kleitos) bei einem Gastmahl, weil dieser ihn getadelt hatte. Alexanders Feldherr Philotas wurde vom mazedonischen Heer zum Tode verurteilt, weil er eine Verschwörung gegen den König nicht angezeigt hatte.

446 Fußnote *Platon:* »Nomoi«, II (666 a–c).

447 *Plain-Palais:* Vorort Genfs.

448 *Auf meiner letzten Reise nach Genf:* Im Jahre 1754.

Justaucorps: Eng anliegender Oberrock der männlichen Kleidung, der um 1660 in Frankreich aufkam und bis etwa 1740 Mode blieb.

450 *Bühnenplätze:* Bis 1759 war es in Paris üblich, auf der Bühne Bänke für die Zuschauer aufzustellen.

an Tagen mit erhöhten Preisen: Wenn ein Stück Erfolg hatte, gab man zwei Vorstellungen am Tag und erhöhte die Preise (»tiercer«: den Preis um ein Drittel erhöhen).

451 *imposteurs:* »Betrüger«, zugleich eine Anspielung auf die, die Abgaben (»impots«) erheben.

452 *Sully:* Der franz. Staatsmann Maximilien de Béthune, Baron von Rosny, Herzog von Sully (1560–1661), der gegen die Verschwendung des Königs von Navarra, des späteren Heinrich IV., anging und seit 1597 die königlichen Finanzen verwaltete und das Steuerwesen reformierte.

456 Fußnote *Si quis ergo ...:* »Wenn also jemand in unsere Stadt käme, der sich durch Gewandtheit des Gemüts in alle möglichen Gestalten verwandeln und alles nachahmen könnte, und wollte seine Dichtungen uns vorführen, so würden wir ihn selbst zwar als heilig, bewundernswert und anmutig verehren, würden ihm aber sagen, daß es in unserer Stadt einen derartigen Menschen nicht gäbe und auch nicht geben dürfe. Wir würden ihm das Haupt mit Salbe begießen und mit Wolle bekränzen und ihn in

eine andere Stadt schicken. Wir selber aber würden uns mit dem strengeren und minder anmutigen Dichter und Fabelbildner der Nützlichkeit halber begnügen, der uns die Regel des Schicklichen ausdrückt und, was gesagt werden muß, nach jenen Vorschriften ausspricht, die wir von Anfang an als Gesetze angesehen haben, als wir darangingen, Bürger zu erziehen.« »Politeia« III, 398 a, b. (Der von Rousseau zitierte lat. Text weicht geringfügig von dem griechischen Original ab.)

457 Fußnote *Cato:* Der jüngere C.

Favonius: Bewunderer und Nachahmer des jüngeren Cato. Im Bürgerkrieg zwischen Caesar und Pompejus stellte er sich auf die Seite des letzteren. Er wurde auf Befehl Oktavians hingerichtet.

Quod mihi mors . . .: »Was schadet mir der Tod? Die Tugend erstarkt am Unglück, sie geht weder am Kreuz noch durch das Schwert des grausamen Tyrannen zugrunde.«

Escalade: Siehe Anm. zu S. 432.

Belsazars Fest: Daniel 5, 5.

458 *Solon:* Siehe Plutarch, »Solon«, 29.

461 *L'Oracle:* »Das Orakel«, Komödie von Saint-Foix.

464 *Mann und Frau sind füreinander . . .:* Bis S. 465, vorletzte Zeile, hat dieser Text eine fast wörtliche Entsprechung in der »Neuen Héloise«, Teil IV, Brief 10. Siehe oben Anm. zu S. 443.

468 Fußnote *den ich näher kannte:* Joseph-Baptiste Sauvé de Lanoue, der Rousseaus »Narcisse« zur Aufführung bringt. Siehe »Bekenntnisse«, Buch VIII.

Autor des Atrée und des Catilina: Siehe Anm. zu S. 361.

469 Fußnote *vitam impendere vero:* »Sein Leben der Wahrheit weihen.« Juvenal, »Satiren«, IV, 91. Über diese Devise Rousseaus, siehe den »Vierten Spaziergang« der »Träumereien eines einsamen Spaziergängers«, hier Bd. 2, S. 674ff. Sie erscheint auch als Motto der »Briefe vom Berge«, hier Bd. 2, S. 7.

471 *der weise Plutarch:* »Lykurgos«, 14.

472 *Heu! male tum . . .:* »Ach, dann wird das Weinlaub die süßen Trauben nur schlecht schützen!« Vergil, »Georgica«, I, 448.

473 *wie Plutarch . . .:* »Lykurgos«, 21. Siehe auch hier Bd. 2, S. 755.

474 *Rat, der Ihren Artikel beschließt:* »D'Alembert schließt mit dem lat. Vers »O fortunatos nimium, sua si bona norint« (»O im Übermaß Glückliche, wenn sie nur ihr eigens Wohl erkennen!«).

VIER BRIEFE AN MALESHERBES

Über den Hintergrund der vier Briefe an Malesherbes berichtet Rousseau im Buch XI der »Bekenntnisse«. Sein durch eine abgebrochene Harnsonde zusätzlich verschlimmertes Blasenleiden läßt ihn – nicht zum ersten Mal (siehe »Bekenntnisse«, Buch VIII) – den nahen Tod erwarten. Zugleich verzögert sich aus ihm undurchsichtigen Gründen die Drucklegung des »Emile«, der unter der Protektion Malesherbes nicht nur, wie Rousseau zunächst glaubt, in Holland von Néaulme, sondern von seinem Verleger Duchesne auch in Frankreich selbst gedruckt wird. Chrétien Guillaume de Lamoignan de Malesherbes (1721–1794), der seit 1750 als Direktor des Buchwesens für die Zensur und die Erteilung der Druckerlaubnis zuständig ist, überwacht und fördert die Drucklegung zwar selbst, doch glaubt Rousseau, daß sein Manuskript das Opfer eines Komplotts geworden ist, daß die Jesuiten sich seiner bemächtigt haben und daß man den Druck verzögert, um seinen Tod abzuwarten und das Werk zu verstümmeln und zu verändern.

Als Rousseau im Dezember 1761 das Wahnhafte seiner Befürchtungen zu durchschauen beginnt, schreibt er, zugleich mit zwei Briefen des Abschieds und des Vermächtnisses an seine Genfer Freunde Moultou und Roustan (C.G. VII, S. 3–7), am 23. Dezember an Malesherbes: »Schaudernd öffne ich die Augen und sehe mich so verächtlich, wie ich es geworden bin. Geworden? Nein. Der Mensch, der fünfzig Jahre das Herz in sich trug, welches ich in mir sich wieder beleben fühle, ist nicht der, der sich bis zu dem Grade vergessen konnte, wie ich es getan habe. (. . .) Doch, mein Herr, ich habe mit dem nichts zu schaffen, der sich meines Namens bemächtigt und ihn entehrt hat. Ich liefere ihn Ihrem gerechten Unwillen aus, doch er ist tot, um nicht mehr wiedergeboren zu werden« (ebd., S. 8).

Den unmittelbaren Anstoß zu den vier Briefen, in denen Rousseau sich zum ersten Mal zusammenhängend porträtiert, gibt eine Bemerkung in Malesherbes' Antwort vom 25. Dezember, daß das durch eine düstere Melancholie verursachte Unglück im Leben Rousseaus nicht nur durch die Krankheit, sondern auch durch seine Einsamkeit zum Äußersten gesteigert werde (a.a.O., S. 11. Siehe hier S. 478). In dieser Bemerkung vernimmt Rousseau das Echo der Reden seiner früheren Philosophenfreunde, die ihm seiner Meinung nach den Rückzug aus der Pariser Gesellschaft, den er 1756 mit der Übersiedlung in die Ermitage seiner damaligen Gönnerin Frau von Épinay einleitete, nicht verzeihen konnten. »Empfindlich über diesen Irrtum«, schreibt er in den »Bekenntnissen«, »bei einem Mann, den ich so achtete, schrieb ich ihm vier Briefe nacheinander, in denen ich ihm die wahren Gründe meiner Haltung darlegte und ihm meinen Geschmack, meine Neigungen, meinen Charakter und alles, was in meinem Herzen vorging, schilderte. Diese vier, so schnell, wie die Feder lief, ohne Entwurf zu Papier gebrachten und nicht einmal wieder gelesenen Briefe sind vielleicht das einzige, was ich in meinem Leben leicht niedergeschrieben habe, und was sehr erstaunlich ist, inmitten meiner Leiden und äußersten Niedergeschlagenheit. Ich seufzte, da ich meine Auflösung fühlte, bei dem Gedanken, in dem Geist der redlichen Leute von mir eine so wenig richtige Meinung zurückzulassen, und durch die in diesen vier Briefen eilig umrissene Skizze suchte ich in gewisser Weise die von mir geplanten Erinnerungen zu ersetzen. Diese Briefe, die Herrn von Malesherbes gefielen und die er in Paris zeigte, sind gleichsam die Summe dessen, was ich hier [in den ›Bekenntnissen‹] mehr im einzelnen auseinandersetze, und verdienen mit Rücksicht darauf, aufbewahrt zu werden« (Übers. A. Semerau).

So gehören die Briefe an Malesherbes in die Vorgeschichte der »Bekenntnisse«, der Memoiren, die Rousseau schon seit 1759 plant und die noch weiter zurückliegende Vorstufen haben. In dem Augenblick ihrer Niederschrift sollen sie ein Ersatz für dieses Vorhaben sein, das er nicht mehr glaubt ausführen zu können. Am 26. Oktober 1762 bittet Rousseau dann Malesherbes um eine Kopie der Briefe, von denen er keine Abschrift besitzt und die nun in das Dossier der geplanten Memoiren aufgenommen werden.

Zum ersten Mal (nach einer unbekannten Abschrift) gedruckt wurden die vier Briefe an Malesherbes von dem Rousseauverehrer Jean-Antoine Roucher in einer Sammlung seiner Gedichte, die im Jahre 1780 unter dem Titel »Les Mois« erschien, als Ergänzung zu einer von ihm verfaßten Eloge auf den verstorbenen Schriftsteller, den die Briefe »besser bekannt machen sollen, als er es bisher sein konnte« (siehe C.C.X, S. 8–9 und O.C.I., S. 1908). Die von Rousseau von Malesherbes erbetene Kopie seiner Briefe liegt dann der Ausgabe in Du Peyrous »Œuvres posthumes«, Bd. VIII (Genf, 1782) zugrunde.

Der hier vorgelegte Text ist die revidierte Fassung einer Übersetzung, die im September 1782 anonym erschienen ist im »Journal von Tiefurt«, 29.–31. Stück, S. 233–256, zusammen mit Übersetzungen von Briefen Rousseaus an Diderot und den auf Rousseau bezüglichen Passagen aus Diderots »Essai sur les règnes de Claude et de Néron«. Der Verfasser der Übersetzung ist Prinz August von Gotha (1772–1822), der mit den Übersetzungen und in einem Aufsatz Rousseau gegen die von Diderot erhobenen »Anklagen« verteidigen will. Siehe dazu die Neuausgabe des »Journal von Tiefurt« in den »Schriften der Goethe-Gesellschaft«, VII, von E. von der Hellen, Weimar 1892, S. 193ff., und Roland Mortier, »Diderot in Deutschland« (Stuttgart, 1972), S. 171f.

475 *Titel:* »Quatre Lettres à M. le Président de Malesherbes contenant le vrai tableau de mon caractère et les vrais motifs de toute ma conduite.« Der Titel geht auf eine handschriftliche Notiz Rousseaus zu seiner Kopie (siehe die Vorbemerkung) der Briefe zurück.

477 *den letzten Brief:* Malesherbes' Brief vom 24. Dezember 1761 (siehe die Vorbemerkung).

478 *vergleichen Sie jene Schriften . . .:* Die Schriften vor dem »Brief an d'Alembert«. Siehe auch »Bekenntnisse«, Buch X.

480 *Duchesnes:* Der Pariser Buchhändler und Verleger Nicolas-Bonaventure Duchesne (1712–1765), der den »Emile« druckt und 1764 eine Ausgabe der »Œuvres« Rousseaus herausbringt. Hier sind wohl die Briefe gemeint, die Rousseau an seinen Verleger schreibt, als er an ein Komplott des Jesuiten gegen sein Manuskript glaubt.

483 *Ich besuchte Diderot . . .:* Siehe hier die Vorbemerkung zur »Abhandlung über die Künste und Wissenschaften«.

Traktat von der Erziehung: »Emile, ou de l'Education«, erscheint 1762. Rousseau bevorzugt später die Bezeichnung »Traktat von der menschlichen Natur«.

Prosopopöie des Fabricius: Siehe hier S. 42f. und die Anm. Prosopopöie wird in der Rhetorik die erdichtete Rede einer Person oder die Personifikation einer Sache genannt.

484 *meinen Wahlspruch:* Siehe Anm. zu S. 469. Rousseau hat sich ein Briefsiegel mit seiner Devise anfertigen lassen, das er seit Frühjahr 1759 benutzt.

eine Krankheit: Rousseaus Blasenleiden, das ihn zum ersten Mal nach der Veröffentlichung der »Abhandlung über die Wissenschaften und Künste« seinen baldigen Tod erwarten läßt (siehe »Bekenntnisse«, Buch VIII). Im Frühjahr 1762 läßt sich Rousseau bei einer neuen Untersuchung seines Leidens davon überzeugen, daß es nicht tödlich ist (»Bekenntnisse«, Buch XI).

485 *O utinam:* O daß (ich) doch (diesen Tag erleben möge)!

486 *Spartian:* Aelius Spartianus, der um 300 an den Kaiserbiographien der »Scriptores historiae Augustae« mitgewirkt hat. Die von Rousseau berichtete Anekdote findet sich bei ihm nicht.

Similis: Servius Sulpicius S., der unter Trajan vom einfachen Zenturio zum Kommandanten der kaiserlichen Wache aufsteigt, großen politischen Einfluß gewinnt und sich kurz vor seinem Tode (um 120) von der Politik zurückzieht. Die Anekdote wird bei Dion Cassius berichtet. Rousseaus Quelle, die ihn diese Anekdote irrtümlich Spartian zuschreiben läßt, ist J.-B.-L. Crévier, »Histoire des Empereurs romains depuis Auguste jusqu'à Constantin«, Paris, 1749–55 (12 Bde.). Siehe den Kommentar von R. A. Leigh in C.C. X, S. 56–57.

am 9. April 1756: Datum des Einzuges in die Ermitage, das am Rande des Waldes von Montmorency gelegene Haus, das Mme d'Épinay für ihn einrichtet.

488 *mit dem treuen Achates:* Nach dem Gefährten des Äneas auf der Flucht von Troja, »fidus Achates«, sprichwörtlich für einen treuen Genossen, hier Rousseaus Hund Turc.

in seinem größten Glanze war Salomo: Matthäus 6, 28–29; Lukas 12, 26.

492 *die schädliche Einrichtung:* Die Errichtung eines Theaters in Genf, siehe den »Brief an d'Alembert«, S. 333ff.

Zueignungsschrift: Hier S. 167–179.

die Wohltat . . ., die Sie mir erzeigen wollten: Malesherbes hatte Rousseau eine Stelle als Redakteur des »Journal des Savans« angeboten, die er ablehnt (siehe »Bekenntnisse«, Buch X).

493 *der Herzog und die Herzogin:* Der Herzog von Montmorency und Marschall von Frankreich Charles François Frédéric de Luxembourg (1702–1764) und seine zweite Frau Madeleine Angélique (1707–1787). Der Herzog besucht Rousseau im April 1759 in seinem Gartenhaus Mont-Louis und stellt ihm, als dieses renoviert werden muß, für einige Monate das »Kleine Schloß« in Montmorency zur Verfügung. Die Freundschaft mit den Luxembourgs dauert bis zu Rousseaus Flucht vor dem Haftbefehl, der ihn nach dem Verbot des »Émile« 1763 aus Frankreich vertreibt. Siehe »Bekenntnisse«, Buch X und XI.

BRIEF AN BEAUMONT

Der Brief an den Erzbischof von Paris, Christophe de Beaumont (1703–1781), ist die erste der beiden großen Verteidigungsschriften, mit denen Rousseau auf das Verbot des »Gesellschaftsvertrages« und des »Émile« im Jahre 1762 antwortet. Die »Briefe vom Berge« (siehe hier Bd. 2) werden 1764 diese Verteidigung noch einmal aufnehmen, diesmal jedoch nicht an einen katholischen Adressaten gerichtet, sondern an Rousseaus eigene Glaubensgenossen in Genf. Mit dem »Glaubensbekenntnis des savoyischen Vikars« im vierten Buch des »Emile«, auf das sich beide Angriffe in erster Linie beziehen, hatte Rousseau eine religiöse Position gegen den Materialismus und Atheismus der zeitgenössischen Philosophie aufrichten und sie mit den Ideen der Toleranz und der Gewissensfreiheit verbinden wollen: sie war nun in den Streit der christlichen Bekenntnisse geraten und der politischen Zensur zum Opfer gefallen. »Hier beginnt das Werk der Finsternis«, so wird Rousseau 1770 das Buch XII der »Bekenntnisse« eröffnen, »in die ich mich seit acht Jahren versenkt fühle, ohne daß es mir trotz aller Mühe möglich gewesen wäre, ihr erschreckendes Dunkel zu durchdringen . . .« Der »Brief an Beaumont« und die »Briefe vom Berge« sind vor den autobiographischen Schriften der letzten Jahre, die erst nach Rousseaus Tod erscheinen werden, der Versuch, seinen Verfolgern in der offenen Auseinandersetzung entgegenzutreten.

Der »Emile«, der Ende Mai 1762 in Paris im Handel ist, wird Anfang Juni von der Polizei beschlagnahmt, und am 9. Juni ordnet der Oberste Gerichtshof, das Parlament von Paris, an, das Buch öffentlich zu verbrennen. Gegen Rousseau selbst wird ein Haftbefehl erlassen, dem er sich durch die Flucht entzieht. Nach kurzem Aufenthalt in Yverdon auf Berner Territorium, von wo er durch eine Anordnung der Regierung verwiesen wird, läßt er sich in dem zu Preußen gehörigen Fürstentum Neuchâtel, in Môtiers, nieder. Inzwischen sind in Genf, am 19. Juni, sowohl der »Gesellschaftsvertrag« (der im April des Jahres in Holland erschienen war) als auch der »Emile« verbrannt worden, gegen Rousseau ist ein Haftbefehl ergangen.

Am 28. August wird der Verdammungsbrief des Erzbischofs von Paris veröffentlicht: »Mandement de Mgr. l'Archevèque de Paris, portant condamnation d'un Livre qui a pour titre: Emile ou de l'Education, par Jean-Jacques Rousseau, citoyen de Genève«. Er verurteilt den »Emile« als ein Buch, das »eine schändliche Lehre« enthalte, »die geeignet ist, das natürliche Gesetz umzustoßen und die Grundlagen der christlichen Religion zu zerstören«. Im November folgt die »Zensur« der theologischen Fakultät der Sorbonne. Auf den 18. dieses Monats datiert Rousseau seine Antwort an Beaumont, an der er seit etwa Ende September arbeitet und die er am 1. Januar 1763 an seinen Verleger M.-M. Rey in Amsterdam abschickt. Sie erscheint dort im März 1763.

Über seine Polemik gegen den Pariser Erzbischof, die eine Verteidigung des Gesamtwerks und seiner Person gegen die Angriffe ist, die auf seine letzte Schrift zielen, schreibt Rousseau in den »Bekenntnissen« (Buch XII): »Eine andere Schrift [es ist vorher von der ›Zensur‹ der Sorbonne die Rede] berührte mich mehr, weil sie von einem Mann kam, für den ich stets Achtung hatte und dessen Beständigkeit ich bewunderte, während ich seine Verblendung beklagte. Ich spreche von dem Erlaß des Erzbischofs von Paris gegen mich. Ich glaubte, darauf antworten zu müssen. Ich konnte es, ohne mich zu erniedrigen. Es war ein Fall, der dem des Königs von Polen [siehe hier S. 67 ff.] fast ähnlich war. Ich habe nie rohe Zänkereien nach Voltaires Manier geliebt. Ich weiß mich nur mit Würde zu schlagen und wünsche, daß mein Angreifer meine Schläge nicht entehrt, wenn ich mich zur Verteidigung herablasse. Ich zweifelte nicht, daß dieser Erlaß von den Jesuiten fabriziert wäre, und erkannte, obwohl sie damals selbst im Unglück waren [siehe Anm. zu S. 505] darin doch ihren alten Grundsatz, die Unglücklichen zu vernichten. Ich konnte also auch meinem alten Grundsatz folgen, den vorgeschützten Verfasser zu ehren und das Werk zu zerschmettern. Und das glaube ich mit ziemlichem Erfolg getan zu haben« (Übers. A. Semerau).

Der Text dieser Ausgabe ist eine Bearbeitung der Übersetzung von 1779 in »Philosophische Werke«, Bd. 1, Reval und Wesemberg, Albrecht & Comp., S. 203–263. Ergänzend herangezogen wurde die Übersetzung (von C. F. Cramer?) in: »Sämmtliche Werke«, 11. T., 1. Abt., Berlin 1799, S. 3–231.

497 *Titel der Ausgabe Amsterdam 1763:* Jean Jacques Rousseau,/citoyen de Genève,/à/Christophe de Beaumont,/Archevèque de Paris, Duc de St. Cloud,/Pair de France, Commandeur de/l'Ordre du St. Esprit, Proviseur/de Sorbonne, etc.
Motto: »Verzeih, wenn ich etwas freimütig gesprochen habe, nicht um dich zu kränken, sondern um mich zu verteidigen. Denn ich habe mit deiner Charakterfestigkeit und Klugheit gerechnet, weil du berücksichtigen kannst, einen wie großen Zwang zu antworten du mir auferlegt hast.« Augustinus, »Epistulae«, 238, ad Pascentium (»Briefe. An Pascentius«).
499 *akademische Preisfrage:* Die Frage der Dijoner Akademie, ob die Wiederherstellung der Wissenschaften und Künste zur Läuterung der Sitten beigetragen hat, die Rousseau mit seiner ersten Abhandlung (hier S. 27ff.) beantwortet. Zum Motiv des mit der Preisfrage anhebenden Unglücks siehe hier die »Vier Briefe an Malesherbes«, S. 483, und das erste der Gespräche »Rousseau richtet über Jean-Jacques«, Bd. 2, S. 448.
500 *In dem nämlichen Jahr . . .:* Gemeint sind die Ereignisse des Jahres 1753. Nach dem Erfolg seiner Oper »Le Devin du village« (»Der Dorfwahrsager«), die bei ihrer ersten öffentlichen Aufführung im März des Jahres von dem Publikum ebenso günstig aufgenommen wird wie im Jahre zuvor vom Hof, veröffentlicht Rousseau im November seine »Lettre sur la musique françoise« (»Brief über die französische Musik«), worin er nicht nur die Überlegenheit der italienischen Musik betont, sondern zu dem Schluß kommt, die Franzosen hätten keine Musik und könnten keine haben, weil ihre Sprache des musikalischen Ausdrucks nicht fähig sei. Im Buch VIII der »Bekenntnisse« berichtet Rousseau von dem Sensationserfolg dieser Broschüre und von den Feindseligkeiten, die sie ihm eintrug: ein Haftbefehl habe gegen ihn erlassen werden sollen und ein Anschlag auf sein Leben sei geplant gewesen.
Nach meiner ersten Abhandlung . . .: Siehe hier die »Vorrede zu ›Narcisse‹«, S. 145ff.

Brief über die französische Musik: »Lettre sur la musique françoise« (1753).

501 *legte mit Freuden die Feder nieder:* Nach Abschluß des »Emile« und des »Gesellschaftsvertrages« wollte Rousseau nichts mehr veröffentlichen. Siehe dazu »Bekenntnisse«, Buch XI.

Parlament zu Paris: Der oberste Gerichtshof Frankreichs, der am 9. Juni 1762 anordnet, den »Emile« öffentlich zu verbrennen, und einen Haftbefehl gegen den Verfasser erläßt.

503 *das Laster Hams:* 1. Mose 9, 20–25. Ham, der jüngste Sohn Noahs, sieht die Blöße seines trunkenen Vaters. – Rousseau will die Entwürdigung seiner Vaterstadt Genf nicht aussprechen, die am 19. Juni 1762 den »Emile« und den »Gesellschaftsvertrag« verurteilt hat, »zerrissen und verbrannt zu werden«.

Spinoza: Mit dem Besuch Frankreichs meint Rousseau wohl den mehrwöchigen Aufenthalt im Lager der Franzosen, die im Krieg gegen die niederländische Republik bei Utrecht standen. Im selben Jahr 1673 lehnt Spinoza eine Berufung als Professor nach Heidelberg ab.

504 *eines großmütigen Beschützers:* George Keith (1686?–1778), meist Mylord Maréchal (Lord Marschall) genannt (seine Familie hatte die erbliche Marschallswürde von Schottland inne), stand seit 1751 in preußischen Diensten als Gesandter und seit 1762 als Gouverneur des zu Preußen gehörigen Fürstentums Neuchâtel. Rousseau lebt unter seiner Protektion und mit ausdrücklicher Billigung Friedrichs des Großen seit dem 10. Juli 1762 in Môtiers.

eines aufgeklärten Fürsten: Friedrich II., d.Gr. (siehe vorige Anm.).

kirchlichen Verdammungsbrief: Das »Mandement« des Erzbischofs im folgenden »Hirtenbrief«.

505 *Jansenisten:* Anhänger des holländischen Theologen Jansenius (1585–1638), dessen Lehre von göttlicher Gnade, Sünde und Vergebung im 17. Jh. in Frankreich bedeutende Wirkung hatte und auch nach der Schließung des Klosters Port-Royal, des Zentrums des franz. Jansenismus, durch Ludwig XIV. und nach der Verdammung durch die päpstliche Bulle »Unigenitus« 1713 lebendig blieb. Die schärfsten Gegner der Jansenisten waren die Jesuiten, deren Orden 1764 in Frankreich aufgehoben wurde. Rousseau vermutet hinter dem Angriff des Erzbischofs, der als unbeirrbarer Gegner der Jansenisten und der »Philosophen« bekannt war, die Jesuiten.

Nouvelle Héloise: In einer Fußnote zum 7. Brief von Teil IV der »Neuen Héloise« nennt Rousseau die Pietisten zusammen mit Methodisten, mährischen Brüdern und Jansenisten »Toren, die sich einbildeten, Christen zu sein und das Evangelium nach dem Buchstaben zu befolgen«. Den Jansenisten fehle es dabei nur an Macht, um härter und unduldsamer zu sein als ihre Feinde.

506 *Glaubensbekenntnis des Verfassers:* Siehe »Julie oder Die neue Héloise«, Teil VI, Brief 7, 8 und 11.

507 *des Inspirierten:* Im Dialog mit dem »raisonneur« über Vernunft und Offenbarungsglauben im »Glaubensbekenntnis des savoyischen Vikars«.

512 Fußnote *Thomas Burnet:* 1635–1715, Cambridger Theologe, der 1681 ein Werk über die Erdgeschichte und ihre biblischen Epochen veröffentlicht: »Telluris theoria sacra, orbis nostri originem et mutationes generales . . . complectens. Libri duo priores de diluvio et paradiso.«

513 Fußnote *morte morieris:* Siehe 1. Mose, 2, 16–17: »Und Gott der Herr gebot dem Menschen und sprach: Du sollst essen von allerlei Bäumen im Garten; aber von dem Baum der Erkenntnis des Guten und Bösen sollst du nicht essen; denn welchen Tages du davon issest, wirst du des Todes sterben.«

514 *beinahe seine eigenen Worte:* Beaumont schreibt: ». . . in uns findet sich eine erstaunliche Mischung von Größe und Niedrigkeit, Glut für die Wahrheit und Geschmack am Irrtum, Neigung zur Tugend und Hang zum Laster . . .« Im »Glaubensbekenntnis« heißt es: »Indem ich über die Natur des Menschen nachdachte, glaubte ich zwei verschiedene Prinzipien zu entdecken, deren eines zum Studium der ewigen Wahrheiten erhob, zur Liebe der Gerechtigkeit und des moralisch Schönen, in die Gefilde der geistigen Welt, deren Betrachtung das Vergnügen des Weisen ist, während das andere Prinzip ihn tief in sich selbst zurückzog, ihn der Herrschaft der Sinne unterwarf, den Leidenschaften, die ihnen dienen, und durch sie allem entgegenarbeitete, was das Gefühl für das erste Prinzip ihm eingab.«

516 *petitio principii:* Voraussetzung des zu Beweisenden.

517 *was Sie am Eingang . . . zu sagen geruhen:* »Die durch alle Leidenschaften ermutigte Zweifelsucht zeigt sich in allen möglichen Formen, um sich jedem Alter, jedem Charakter, jedem Stand angemessen zu machen. Bald nimmt sie, um sich bei den Geistern einzuschmeicheln, die sie durch Spielereien schon bestrickt findet, einen leichten, angenehmen und frivolen Ton an: daher die vielen Romane, die gleichermaßen unzüchtig wie gottlos sind, und deren Ziel es ist, die Einbildungskraft zu unterhalten und das Herz zu verderben. Bald gibt sie sich einen Anschein von Tiefe und Erhabenheit ihrer Anschauungen, scheint zu den ersten Grundsätzen unserer Erkenntnis zurückzugehen und will aus ihnen ein Recht herleiten, um ein Joch abzuschütteln, welches ihr zufolge die Menschheit und selbst die Gottheit entehrt. Bald deklamiert sie erregt gegen den Eifer der Religion und predigt leidenschaftlich die allumfassende Toleranz. Und schließlich verbindet sie all diese verschiedenen Sprachen, mischt das Ernste mit dem Lustigen, reine Grundsätze mit Schlüpfrigkeiten, große Wahrheiten mit großen Irrtümern, Glauben und Gotteslästerung,

mit einem Wort, sie unternimmt es, das Licht und die Finsternis, Jesus Christus und Belial gleichzusetzen.«

518 *der beste von allen Königen:* Heinrich IV. (1553–1610) wurde protestantisch erzogen.

524 *den heiligen Paulus:* Römer 1, 19–22. Das Zitat hier S. 527.

529 *Tertullian:* Siehe Anm. zu S. 80. Beaumont zitiert aus seiner Schrift »Adversus Marcionem« (»Gegen Marcion«), I, 3: »Deus cum summum magnum sit, recte veritas nostra pronuntiavit: Deus si non unus est, non est« (»Da Gott das größte Große ist, hat unsere Wahrheit richtig geurteilt: Wenn Gott nicht eins ist, ist er nicht«).

Fußnote *eine Lücke:* »In dem Maße, wie diese Erkenntnisse für mich wichtig werden, werde ich mich bemühen, sie zu erwerben. Bis dahin entsage ich . . .«

531 *Manichäer:* Nach der im 3. Jh. von Manes begründeten Lehre, die Gnostisches und Christliches vermischt, liegen zwei entgegengesetzte Grundprinzipien in ewigem Streit miteinander.

532 *die Siebzig:* Die den sog. siebzig Dolmetschern zugeschriebene griechische Übersetzung des Alten Testamentes, die »Septuaginta«.

Lukrez: »De Natura rerum« (»Von der Natur der Dinge«). L., über dessen Leben nur wenig bekannt ist, lebte von etwa 99 oder 94 bis etwa 54 v. Chr. In O.C. IV, S. 1739 wird darauf hingewiesen, daß Lukrez mit »creare« die Entstehung neuer Formen aus schon existierenden bezeichnet, während er (I, 156–157) ausdrücklich sagt, »daß aus Nichts nichts könne hervorgehen« (»nil posse creari de nilo«).

Fußnote Nach O.C. IV, S. 1739 handelt es sich um eine Zusammenfassung längerer Erörterungen in dem S. 533 zitierten Werk von Beausobre.

Justinus Martyr: Siehe Anm. zu S. 80.

Origenes: Der bedeutendste Schriftsteller der vorkonstantinischen Kirche (183–252).

Clemens von Alexandrien: Siehe Anm. zu S. 81.

Photios: Byzantinischer Gelehrter und Kirchenpolitiker (vor 820–897/98), in dessen »Bibliotheca« Auszüge aus griechischen, heidnischen und christlichen Prosaschriftstellern überliefert sind.

532 *Beausobre:* Isaac de B. (1659–1738), franz. protestantischer Theologe. Sein Werk über den Manichäismus (»Histoire du Manichée et du Manichéisme . . .«) erschien 1734–1739.

537 *den würdigen Geistlichen:* Gemeint ist der Pastor von Môtiers, Frédéric-Guillaume de Montmollin (1709–1783), der Rousseau zunächst zum Abendmahl zuläßt, nach der Veröffentlichung der »Briefe vom Berge« sich aber auf die Seite seiner theologischen Gegner stellt. Rousseau sieht in ihm später den Aufwiegler der Bevölkerung von Môtiers, durch die er von dort vertrieben wird. Siehe Buch XII der »Bekenntnisse«.

544 *Die göttliche Wahrheit ... in sich selbst«:* Freie Wiedergabe von Augustin, »Confessiones«, Buch XII. In der Übersetzung von W. Thimme (Zürich und Stuttgart, 1950) lautet der Abschnitt: »Denn deine Wahrheit ist nicht mein, ist auch nicht dieses oder jenes Menschen, sondern unser aller eigen, die du laut aufrufst zu gemeinsamem Besitz, die du drohend ermahnst, sie nicht als Privatbesitz uns anzueignen, da wir sonst enteignet werden würden. Denn wer das, was du zum gemeinsamen Genuß aller bestimmt hast, für sich allein beansprucht und will, daß nur sein eigen sei, was doch Eigentum aller ist, der verliert das Gemeinsame und behält das Eigene, das heißt, er verliert die Wahrheit und behält die Lüge« (a.a.O., S. 356).

545 *Die Menschen dürfen ... um sie zu verderben:* Diesen Absatz zitiert Rousseau in »Rousseau richtet über Jean-Jacques«, hier Bd. 2, S. 550.

546 *Joly de Fleury:* Jean-Omer J. de F. (1715–1810), von 1746–1768 Staatsanwalt am Pariser Parlament, der gegen den »Emile« Strafantrag gestellt hatte.

551 *Frage der Hypostase:* Im Streit des 3. und 4. Jh.s über die Deutung der Trinität die Auffassung der drei Personen als drei Erscheinungsformen, Hypostasen, nicht Substanzen.

Deuteronomium: »Zweites Gesetz«, das 5. Buch Mose.

Talmud: Die Zusammenfassung der Lehren, Vorschriften und Überlieferungen des nachbiblischen Judentums.

Mischna: Die Aufzeichnung der Religionsgesetze des Judentums im Talmud.

Konstitution: Die von Papst Clemens XI. 1713 erlassene Bulle »Unigenitus« gegen die jansenistischen »Réflexions morales«, eine Bearbeitung des Neuen Testaments mit moralischen Reflexionen, von Paschasius Quesnel.

552 *Der heilige Thomas:* Th. v. Aquin (1225–1274) beantwortet in seiner »Summa theologiae« die Frage, ob die Glaubensartikel mit der Zeit zugenommen haben (»Utrum articuli fidei secundum successionem temporum creverint«), in dem Sinne, daß es *eine* Offenbarung gebe, daß aber ihre Entzifferung zunehme (vgl. O.C. IV, S. 1744).

554 *Essener:* Auch Essäer; eine im 2. Jh. v. Chr. entstandene jüdische Ordensgesellschaft. Nach Josephus (»De bello judaico« II, VIII, 2) haben sie gelehrt, daß eine immaterielle und unsterbliche Seele in einem vergänglichen Leib gefangen sei.

menschliche und gesellschaftliche Religion: Rousseaus »religion civile«, siehe hier den »Brief an Voltaire« (S. 330f.), vor allem aber das Schlußkapitel des »Gesellschaftsvertrages« (IV, 8) und den ersten der »Briefe vom Berge« (Hier Bd. 2, S. 29ff.).

557 *Edikt von Nantes:* Das am 13. April 1598 von Heinrich IV. erlassene

Gesetz, das den Hugenotten Religionsfreiheit gewährte und ihnen u.a. Zutritt zu öffentlichen Lehranstalten, Ämtern und Würden gab. Das Edikt von Nantes wurde am 23. Oktober 1685 von Ludwig XIV. widerrufen.

Fußnote *Calas:* Der Hugenotte Jean C. (1698–1762) wurde von dem Parlament (Gericht) zu Toulouse zum Tod auf dem Rad verurteilt, weil er seinen Sohn Antoine getötet habe (der 1761 Selbstmord begangen hatte), um ihn am Übertritt zum Katholizismus zu hindern. Vor allem von Voltaire wurde die Wiederaufnahme des Verfahrens betrieben, und 1765 kommt es zur Rehabilitation des Hingerichteten und seiner Familie. Die bürgerliche Eheschließung von Protestanten wurde nach der Aufhebung des Edikts von Nantes erst im Jahre 1787 anerkannt.

558 Fußnote *Camisards:* Kamisarden, die Hugenotten in den Cevennen, die sich zuerst 1689 gegen die unerträglich gewordene Unterdrückung erhoben. Zwischen 1702 und 1704 kam es zu kriegerischen Auseinandersetzungen mit dem königlichen Heer, das zeitweise in einer Stärke von 60000 Mann aktiv wurde. Nachdem die meisten Kamisarden 1704 von dem Vergleichsangebot des königlichen Marschalls Villars Gebrauch gemacht hatten, kam es noch zu vereinzelten Aufständen (bis 1713).

559 *Parse:* Anhänger der Religion Zoroasters, die von Persien nach Indien auswanderten, wo sie sich im 15. Jh. in Surate niederließen.

560 *Zerdust:* Zoroaster.

Ismael: Der Sohn Abrahams, der Stammvater der zwölf Wüstenvölker der Ismaeliten.

564 *Lobredner der Bartholomäusnacht:* Nach O.C. IV, S. 1748, ist gemeint: Jean Novi de Caveirac, »Apologie de Louis XIV et de son Conseil, sur la révocation de l'édit de Nantes . . .« (»Verteidigung Ludwig XIV. und seines Rates hinsichtlich der Aufhebung des Edikts von Nantes . . .«), 1758.

Inquisition zu Toulouse: Die 1229 in Toulouse errichtete päpstliche Inquisition, die die gewaltsame Bekehrung der südfranzösischen häretischen Gemeinden vollendete.

Bartholomäusnacht: Die Ermordung der Hugenotten in Paris am 24. August 1572.

Albigenserkriege: Der Vernichtungsfeldzug gegen die südfranzösischen häretischen Gemeinden (Katharer, Patarener und Waldenser) von 1208 bis 1229.

Dragonaden: Unter Ludwig XIV. wurden seit 1681 in protestantischen Orten und Häusern Dragoner einquartiert, die die Bewohner durch fortgesetzte Peinigung wieder dem Katholizismus zuführen sollten.

Fußnote *Ob caritatem . . .:* Antonius Senensis, »Chronicon fratrum ordinis praedicatorum«, Paris, 1585 (die Übersetzung gibt der vorhergehende Satz).

565 *Anne du Bourg:* Ratsschreiber des Pariser Parlaments, der Todesurteile gegen Reformierte unterschlug, weil man ihnen kein Verbrechen vorwerfen könne, und dafür 1559 hingerichtet wurde.
Merindol und Cabrieres: Die Einwohner dieser Orte wurden 1545 wegen Ketzerei hingerichtet.
Calas: Siehe Anm. zu S. 557.
567 *Jean de Pâris:* Der Diakon J. de P. (1690–1727) wurde in jansenistischen Kreisen verehrt. Sein Grab auf dem Friedhof Saint-Médard in einer Vorstadt von Paris war der Sammelpunkt der Konvulsionäre, einer Schwärmersekte, die sich während der Verfolgungen der Jansenisten gebildet hatte. Die Regierung ließ den Zugang zu dem Friedhof 1732 vermauern, als die Wunder, Verzückungen und Volksaufläufe dort überhandnahmen.
568 *Konvulsionäre:* Siehe die vorige Anmerkung.
572 *Platon:* »Politeia«, II (361 c, d).
Sohn des Sophroniskos: Sokrates.
573 *Aristides:* Siehe Anm. zu S. 119.
Leonidas: König der Spartaner, der 480 die Thermopylen verteidigte.
579 *Galimathias:* Verdrehung, verworrenes Geschwätz.
580 *Chevalier de Causans:* Er glaubte die Quadratur des Kreises entdeckt zu haben. Seine Werke erschienen Mitte des 18. Jh.s.
581 *Montazet:* Antoine de Malvin de M., Erzbischof von Lyon, der mit den Jansenisten sympathisierte. Eine 1758 von ihm gegen Beaumont gerichtete Streitschrift war von diesem nicht beantwortet worden.
582 *circulus vitiosus:* Zirkelschluß.
585 *der heilige Paulus:* Mit der im nächsten Absatz zitierten Stelle (2. Timoth. 3,1–5) leitet Beaumont sein »Mandement« ein. Die Fortsetzung siehe hier Anm. zu S. 517.
587 *über die Ungleichheit der Stände:* Die »Abhandlung über die Ungleichheit« wurde häufig unter diesem Titel (»Discours sur l'inégalité des conditions«) zitiert.
ein anderes, neueres Werk: »Julie ou La Nouvelle Héloïse«.
Aloïsia: Ein im 18. Jh. vielfach aufgelegtes, für seine Obszönität berühmtes Werk von Nicolas Chorier (1612–1692): »Aloisiae Sigeae Toletanae satyra sotadica de arcanis Amoris et Veneris«, Grenoble, 1658.
588 *Ulpian:* Domitius Ulpianus (um 170–228 n. Chr.), röm. Rechtsgelehrter.